O Princípio da Boa-Fé no Direito Civil

O Princípio da Boa-Fé no Direito Civil

2020

Eduardo Tomasevicius Filho

O PRINCÍPIO DA BOA-FÉ NO DIREITO CIVIL

AUTOR: Eduardo Tomasevicius Filho
DIAGRAMAÇÃO: Almedina
DESIGN DE CAPA: FBA
ISBN: 9788584936335

Dados Internacionais de Catalogação na Publicação (CIP)
(Câmara Brasileira do Livro, SP, Brasil)

Tomasevicius Filho, Eduardo
O princípio da boa-fé no direito civil/
Eduardo Tomasevicius Filho. – São Paulo : Almedina,
2020.

Bibliografia.
ISBN 978-85-8493-633-5

1. Boa-fé (Direito) 2. Contratos 3. Direito civil
I. Título.

20-33637 CDU-347

Índices para catálogo sistemático:

1. Boa-fé : Direito civil 347

Cibele Maria Dias - Bibliotecária - CRB-8/9427

Este livro segue as regras do novo Acordo Ortográfico da Língua Portuguesa (1990).

Abril, 2020

EDITORA: Almedina Brasil
Rua José Maria Lisboa, 860, Conj. 131 e 132, Jardim Paulista | 01423-001 São Paulo | Brasil
editora@almedina.com.br
www.almedina.com.br

SOBRE O AUTOR

Eduardo Tomasevicius Filho é Livre-Docente, Doutor e Bacharel em Direito pela USP – Universidade de São Paulo. Mestre em História Social pela Faculdade de Filosofia, Letras e Ciências Humanas da USP.

Professor Associado do Departamento de Direito Civil da Faculdade de Direito da USP – Universidade de São Paulo. Professor do Curso de Direito das Faculdades Integradas Campos Salles. Advogado.

AGRADECIMENTOS

A Deus,

À Universidade de São Paulo,
que me proporcionou o estudo do Direito

À Fundação de Amparo à Pesquisa do Estado de São Paulo – FAPESP,
que financiou a realização desta tese

Ao Max-Planck Institut (Hamburgo),
pela acolhida e oportunidade de aprimorar esta tese

Ao Prof. Dr. João Baptista Villela,
pela amizade nascida em Hamburgo,
por todos os ensinamentos,
e por todo apoio que me deu nos últimos tempos

Ao Prof. Tit. Fábio Maria De-Mattia (in memoriam),
pela oportunidade de ter sido seu orientando,
pela confiança que sempre depositou em mim,
e sobretudo pela amizade construída desde os meus
primeiros dias nesta Universidade

Aos amigos e amigas,
pelo incentivo

À Janaina e à minha família,
por tudo

SUMÁRIO

Introdução

Esta obra cuida da boa-fé[1]. Trata-se de importante princípio jurídico de feição notadamente procedimental, que indica as condutas corretas no agir em sociedade. Em matéria contratual, é um guia de como contratos devem ser negociados, celebrados e cumpridos. Quando se age em conformidade com a boa-fé, são obtidos os plenos efeitos do programa econômico contratual, proporcionando uma melhor alocação de recursos.

Por outro lado, o desprezo à boa-fé faz com que contratos sejam malformados. Basta pensar que, no dia-a-dia, qualquer pessoa enfrenta o receio de comprar um produto ou serviço por não saber ao certo suas qualidades e perigos. Fica na dúvida em saber se será cumprido o que foi combinado. Percebe o desperdício de energia para defender-se do oportunismo da outra parte nos negócios. Arrepende-se pela descoberta posterior de que não se deveria confiar nem agir de determinado modo, ou tem a sensação de sentir-se enganada, abusada. Lamenta, ainda, que a outra parte podia ter colaborado sem que tal ação lhe causasse qualquer prejuízo ou incômodo. Inclui-se neste rol, ainda, o desconhecimento sincero do que era proibido fazer, gerando-se apreensão quanto às consequências dessa situação. Lesões, danos e prejuízos ocorrem, a começar da insatisfação por não ver seu interesse plenamente atendido. Enfim, tais comportamentos levam à deterioração dos relacionamentos e da consideração que anteriormente se tinha um para com o outro.

[1] O título original dessa obra, escrita como tese de doutorado, é "Informação Assimétrica, Custos de Transação, Princípio da Boa-Fé", defendida em 2007 perante a Faculdade de Direito da Universidade de São Paulo, sob a orientação do Prof. Tit. Fabio Maria De-Mattia.

Embora já tivesse previsão expressa em dispositivos específicos do Código Civil de 1916, assim como no Código de Defesa do Consumidor, a boa-fé recebeu atenção da comunidade jurídica somente a partir de janeiro de 2002, quando se promulgou um novo Código Civil no Brasil, o qual tem a eticidade como um de seus pilares. Antes desse fato, bem como nos seus cinco primeiros anos de vigência, havia poucos acórdãos mencionando a boa-fé, posto que ainda levariam anos para que chegassem aos tribunais as causas em que esta fora invocada. Desse modo, foi possível acompanhar o seu desenvolvimento no Brasil e em diversos países nos últimos vinte anos. Inicialmente restrita ao âmbito do direito privado, faz-se igualmente presente no direito público, especialmente no direito processual – civil e penal – e no direito administrativo. Ainda que seja reconhecida sob a forma de cláusula geral, esta tem sido paulatinamente esmiuçada em outros Códigos Civis, a título de contribuição doutrinária para cada um desses assuntos.

Entre as várias possibilidades de estudo desse tema, o objetivo aqui adotado foi o de demonstrar os fundamentos do princípio da boa-fé. Nesse sentido, a doutrina, ao realizar essa tarefa, seguiu o modelo de sistematização das aplicações da boa-fé em grupos de casos (Fallengruppen), a partir do trabalho por juristas alemães. Costumeiramente, encontram-se referências às funções da boa-fé – hermenêutico-integrativa, limitadora de direitos e criadora de deveres, com notória inspiração na definição de direito pretoriano (*adjuvandi, vel supplendi vel corrigendi iuris civile gratia*). Afirma-se, a partir desse axioma, que a boa-fé é um princípio cuja compreensão se dá somente no caso concreto, a partir de exemplos obtidos da jurisprudência.

Nesta obra, ao contrário, procurou-se identificar por que a boa-fé existe no direito, como esta funciona e se manifesta na estrutura dos ordenamentos jurídicos. Nesse sentido, a Nova Economia Institucional oferece contribuições para o entendimento desse problema. Assim, a chave de interpretação da boa-fé usada nessa tese consistiu no uso os conceitos de informação assimétrica, custos de transação e instituições. Procurou-se provar que a razão de ser da boa-fé está na existência de informação assimétrica entre as pessoas, especialmente entre contratantes, assim como há custos de transação decorrentes das relações jurídicas. Estes dois fatos geram problemas de malformação contratual, quebras de expectativas e dificuldades desnecessárias no bom desenvolvimento das relações. Instituições, inclusive as jurídicas, como a boa-fé, desempenham a função de redução do estado de informação assimétrica e dos custos de transação, o que torna mais eficiente a relação entre as partes. Mais especificamente, a tese consiste em provar que a boa-fé é um princípio instrumental que reduz o estado de informação assimétrica e custos de transação entre as partes.

A metodologia adotada na tese consistiu na descrição as diversas situações em que a boa-fé se manifesta no direito e provar que o mesmo ocorre nos diversos ordenamentos jurídicos. Porém, devido ao dinamismo do princípio da boa-fé, reestruturou-se parcialmente o texto para fins de publicação, de modo a focar mais nas hipóteses e menos nos acórdãos, que se conservaram como exemplos relevantes.

O texto foi dividido em quatro partes. Na primeira delas se apresenta o referencial teórico relativo à boa-fé, com a apresentação dos conceitos da Nova Economia Institucional – informação assimétrica, custos de transação e instituições. No segundo capítulo, construiu-se panorama relativo ao princípio da boa-fé, buscando-se precisar o seu significado, suas vertentes, classificações e funções. Em seguida, traçou-se apresentação geral doa boa-fé pelos ordenamentos jurídicos, em especial, aqueles com os quais o direito brasileiro tem maior ligação: França, Alemanha, Itália, Espanha e Portugal. Era imperioso o estudo da boa-fé na Inglaterra, Canadá e Estados Unidos, para tirar lições das experiências deles. Também se mencionaram os direitos peruano e argentino, além do brasileiro. No texto original de janeiro de 2007, havia menções aos projetos de codificação em nível comunitário. Todavia, optou-se por suprimi-los, posto que alguns não se tornaram leis e dificilmente serão, enquanto outros ainda estão em discussão e quiçá terão o mesmo destino.

Na segunda parte, encontra-se o estudo dos três deveres decorrentes para quem quer agir de acordo com a boa-fé: os deveres de coerência, de informação e de cooperação. O dever de coerência consiste na exigência de não quebrar a expectativa gerada no outro, tampouco se aproveitar dessa situação. Afinal, além da irritação e sensação desagradável de que houve má-fé, causam-se prejuízos a quem confiou e estes devem ser reparados. Discutiu-se ainda a relação entre boa-fé e abuso do direito. Já o dever de informação visa à redução do estado de informação assimétrica entre as partes, causada por elevados custos de transação, justificando indenizações quando prejuízos advierem desse estado. Por fim, o dever de cooperação, por sua vez, impõe a redução direta dos custos de transação quando isso for possível sem qualquer prejuízo a quem pudesse assim ter feito.

Na terceira e quarta partes são analisados dois temas importantes relacionados à boa-fé. Consistem no estudo da denominada boa-fé subjetiva e na análise da boa-fé pré-contratual, iniciando-se pelo tema das negociações cooperativas, demonstrando em que medida esta técnica de negociação reduz custos de transação, para, em seguida, passar-se ao estudo da ruptura injustificada das negociações, tema que mais atenção recebeu por parte da doutrina ao longo dos anos e que caminhou junto com o tema da responsabilidade pré-contratual, apresentada no capítulo subsequente, enfatizando-se a questão do ressarcimento dos custos de transação.

Parte I
Referencial Teórico

1. A Nova Economia Institucional

1. Introdução

A nova economia institucional é uma escola de pensamento econômico que surgiu nos Estados Unidos na década de 1960. Seus objetivos consistiam em criticar o idealismo dos modelos da economia neoclássica, elaborados no fim do Século XIX e início do Século XX, usados amplamente até os dias atuais e propor o aperfeiçoamento desses modelos pelo reconhecimento da influência de fatores não econômicos no desempenho da economia.

O marco inicial da nova economia institucional foi o artigo de Ronald Coase, intitulado "A Natureza da Empresa", escrito em 1937. Nesse trabalho, procurou-se explicar por que empresas existem, justificando tal fato pela existência por meio da apresentação de um novo conceito: os custos de transação. No entanto, essa ideia ganhou destaque somente em 1960, quando o próprio Coase escreveu outro artigo, intitulado "O Problema do Custo Social", no qual lançou ideias que ficaram conhecidas como Teorema de Coase. Desde então, os custos de transação, suas causas e efeitos, passaram a fazer parte das análises econômicas. Posteriormente, a nova economia institucional foi além da análise dos custos de transação e voltou seus estudos para uma série de situações, tais como a organização industrial dos mercados, processos de escolha pública, existência dos direitos de propriedade e de instituições sociais. O termo "nova economia institucional" foi criado por Oliver Williamson para chamar a atenção para as diferenças conceituais desta escola em relação à antiga economia institucional.[2]

A nova economia institucional pressupõe a existência da sua antecedente, a economia institucional. Ademais, a nova economia institucional apresentou críticas à economia neoclássica, a qual, por sua vez, é a continuidade da economia clássica. Por isso, para facilitar a compreensão do leitor, os próximos itens apresentam, brevemente, as principais ideias das escolas clássica e neoclássica, como também da economia institucional, antes de apresentar os postulados da nova economia institucional.

1.1. Escola Clássica (1776-1871)

A escola clássica abrange, em geral, os autores que difundiram o pensamento liberal na economia desde o fim do século XVIII até a primeira metade do século XIX. Pelo fato de a economia estar em formação na época em que publicaram seus trabalhos, a obra deles cuidava de diversos temas, desde as teorias do valor e da troca, trabalho e produção, as despesas do Estado e o comércio internacional, com o intuito de explicar e justificar as importantes transformações do capitalismo em decorrência da Revolução Industrial, entre as quais a substituição parcial do trabalho manufaturado pelas máquinas. Os produtos passaram a ser fabricados em maior quantidade, o que demandava, inclusive, a ampliação do número de consumidores por meio do acesso aos mercados de outros países. Tudo isso exigia explicações sobre o valor das mercadorias produzidas, como também o preço dos salários dos operários, uma vez que a riqueza, a partir desse momento, não vinha exclusivamente da terra nem todo trabalho se reduzia à agricultura ou ao comércio.

O marco inicial dessa escola está em Adam Smith, professor de lógica e filosofia moral da Universidade de Glasgow, Escócia, que, em 1776, escreveu "A Riqueza das Nações". Nesse livro, ele trouxe os princípios do liberalismo, os quais, em boa parte, ainda se fazem presentes no pensamento econômico contemporâneo. Smith cuidou de vários assuntos, entre eles, as vantagens da divisão do trabalho, a qual permitiria maior produtividade

[2] Coase, Ronald H. The new institutional Economics. The American Economic Review, v. 88, n. 2, p. 72-74, May 1998. p. 72.

dos trabalhadores, mediante a satisfação do interesse próprio.[3] Apresentou o conceito de "mão invisível" no mercado, a qual levaria à melhor configuração do produto social. Em relação ao valor, Smith usou os conceitos de valor de uso e valor de troca e afirmou que o valor de qualquer mercadoria seria igual à quantidade de trabalho que o capacitaria a comprar ou comandar.[4] Ele também analisou as origens do valor de troca: os salários, os lucros e a renda da terra. Preocupou-se ainda com a natureza, acumulação e emprego do capital, estudando os tipos de trabalho (agregado, produtivo e improdutivo) e concluiu que a poupança era a responsável pelo aumento do capital. Quanto a certos países serem mais ricos que os outros, explicou que esse fato estava no aumento do mercado proporcionado pelo comércio exterior.

Embora Smith tivesse sido o pioneiro, David Ricardo foi o principal pensador liberal da escola clássica. Escreveu os "Princípios de Economia Política e Tributação", por meio do qual enfrentou diversos assuntos econômicos de sua época. Sobre o valor de uma mercadoria, por exemplo, ele aperfeiçoou as ideias smithianas de que este equivaleria à quantidade de trabalho. Afirmou que o valor, na verdade, dependeria da quantidade relativa de trabalho necessária para sua produção, e não da maior ou menor remuneração paga pelo mesmo. Ricardo percebeu que outros fatores, tais como a produtividade da terra, alteravam a proporção entre trabalho e valor dos produtos de um ano para outro,[5] porque o enfoque por ele dado estava no custo de produção das mercadorias e não no equilíbrio entre oferta e procura.[6] Ainda sobre o valor, Ricardo explicou que a utilidade de uma mercadoria não poderia ser a medida do valor de troca, porque o valor de uma mercadoria útil derivaria de dois fatores: sua escassez ou da quantidade de trabalho necessária para obtê-la.[7]

Ricardo, contudo, é mais conhecido por ter sido o criador da Teoria das Vantagens Comparativas, criada tão-somente para buscar o aperfeiçoamento do comércio inglês, jamais para servir de lei fundamental da

[3] Smith, Adam. Uma investigação sobre a natureza e causas da riqueza das nações. Tradução: Norberto de Paula Lima. São Paulo: Hemus Editora, 1981. p. 8.

[4] Smith, Adam. op. cit. p. 18.

[5] Ricardo, David. Princípios de economia e tributação. Tradução: Paulo Henrique Ribeiro Sandroni. São Paulo: Abril Cultura, 1982. p. 45.

[6] Ricardo, David. op. cit. p. 257.

[7] Ricardo, David. op. cit. p. 43.

economia, aplicável a todo e qualquer país. De acordo com esta teoria, o aumento dos lucros não decorreria do aumento das compras e vendas decorrentes da expansão dos mercados, mas sim da redução dos salários dos trabalhadores. Por isso, Ricardo sustentou que os gêneros de primeira necessidade dos trabalhadores ingleses deveriam ser adquiridos de outros países a preços baixos, em vez de empregarem recursos para a produção dos mesmos na própria Inglaterra. Dessa forma, os salários poderiam ser reduzidos, aumentando os lucros.[8] Também era contra o comércio colonial, porque o monopólio exercido pela metrópole levava a um aumento desnecessário de preços, o qual não ocorreria em condições de livre concorrência entre os países.[9]

Thomas Malthus, reverendo da Igreja Anglicana, também deu contribuições à escola clássica. Em sua obra "Ensaio sobre a População", discutiu o aperfeiçoamento futuro da sociedade a partir de uma ótica pessimista sobre a felicidade humana. A passagem mais conhecida de sua obra é a de que o poder de crescimento da população seria maior do que a capacidade da terra em produzir meios de subsistência.[10] A população, quando não controlada, cresceria em progressão geométrica, enquanto os meios de subsistência cresceriam em progressão aritmética. Malthus não ofereceu provas que confirmassem tais progressões, permitindo-se concluir que esta afirmação foi arbitrária e de cunho retórico, inclusive para os padrões da época, sem apoio em dados estatísticos. Porém, isso não o impediu de concluir que a miséria seria, portanto, consequência do descompasso entre a produção de alimentos e o crescimento da população, o que seria, no entender dele, um problema insuperável na busca da perfeição da sociedade.[11] Discutiu ainda se a renda dos pobres aumentaria, caso tivessem mais filhos, por teoricamente aumentar a possibilidade de serem sustentados na velhice por estes. Na opinião dele,[12] isso não aconteceria, pois o maior número de pessoas faria com que o valor do trabalho decrescesse e o preço dos alimentos aumentasse; a classe operaria teria que trabalhar

[8] Ricardo, David. op. cit. p. 101-103.

[9] Ricardo, David. op. cit. p. 231.

[10] Malthus, Thomas. Ensaio sobre a população. *In*: Malthus, Thomas. Princípios de economia e considerações sobre sua aplicação. Tradução: Ernane Galvêas. São Paulo: Abril Cultural, 1983. p. 282.

[11] Malthus, Thomas. op. cit. p. 282.

[12] Malthus, Thomas. op. cit. p. 285.

ainda mais para ganhar o mesmo que ganhava antes. Malthus[13] também criticou as "Leis dos Pobres", pois o pagamento de renda não aumentaria a quantidade de produtos no mercado; apenas aumentaria a inflação, e somente os mais abastados continuariam a ter acesso a alimentos, empobrecendo os trabalhadores. Concluiu Malthus que as "Leis dos Pobres" apenas criavam pobres, e o dinheiro empregado nestes programas deve ser muito mal administrado, pois a miséria nunca acabava. Enfim, a importância de Malthus para o pensamento clássico está em mostrar o peso dos fatores de produção e da população no desempenho da economia, indicando os impactos da relação entre o crescimento da população e a produção de alimentos na lei da oferta e da procura.

1.2. Escola Neoclássica (1871-hoje)

A escola neoclássica surgiu simultaneamente em três países na década de 1870, como aperfeiçoamento das ideias desenvolvidas pela escola clássica e um estágio superior no desenvolvimento da ciência econômica. Seus postulados representam a continuação da visão liberal na economia, refletindo a transformação pela qual as demais ciências passaram no Século XIX sobre a concepção do ser humano como um ser racional, inclusive em termos de avanços metodológicos, como, por exemplo, o uso da matemática na economia. O pensamento neoclássico é ainda dominante nos manuais econômicos.

Essa escola pode ser dividida em dois grandes ramos: a escola anglo-americana e a escola europeia. Esta última divide-se em escola austríaca e a escola nórdica. Os primeiros pensadores desta escola são conhecidos como "marginalistas", porque desenvolveram o conceito de utilidade marginal, que é uma teoria do valor não mais ligada ao trabalho, mas, sim, a ideia de que um determinado bem tem seu valor conforme à abundância ou escassez do mesmo.

Nos Estados Unidos, esta escola iniciou-se com William Stanley Jevons, que desenvolveu uma teoria do valor baseada no prazer e no sofrimento. Entendia ser possível quantificar estes dois sentimentos; por consequência, estes poderiam ser calculados. A qualidade abstrata que torna um objeto apropriado para os fins, caracterizando-se como bem, denomina-

[13] Malthus, Thomas. op. cit. p. 297.

-se utilidade e altera-se conforme as circunstâncias.[14] Ele mencionou o exemplo da água. Uma pessoa no deserto dará grande valor a ela. Quando as quantidades adicionais de água aumentam, sua utilidade diminui gradativamente até zero, podendo ter inclusive uma desutilidade, como nas enchentes e tsunamis.[15] Assim, poder-se-ia estabelecer o grau de utilidade de um bem, que varia com a quantidade do mesmo, e diminui na medida em que a sua quantidade aumenta. Daí se falar em utilidade marginal, que consiste na medida do aumento da utilidade de um bem ao adicionar-se uma unidade a mais deste mesmo bem.

Já a escola neoclássica austríaca iniciou-se com Carl Menger. Em sua obra "Princípios de Economia Política", dedicou-se ao estudo dos bens e dos preços. Ao contrário de Jevons, que via a utilidade do bem relacionada com o prazer e o sofrimento que este pudesse causar, Menger[16] entendia que o valor de um bem, isto é, uma coisa ou um serviço útil e escasso, decorria do juízo de valor de uma pessoa sobre a aptidão do bem em satisfazer suas necessidades. Tanto que a motivação da troca entre as pessoas decorria da necessidade de atender às próprias necessidades.[17] Para Menger, o valor não seria uma qualidade inerente aos bens, mas sim, uma qualificação subjetiva. Não haveria, portanto, relação entre o valor de um bem e a quantidade de trabalho necessária para produzi-lo. A escola austríaca manteve-se até a década de 1940 na Europa. Com a Segunda Guerra Mundial, vários de seus membros emigraram para os Estados Unidos. Os economistas mais famosos pertencentes a essa escola são Joseph Schumpeter e Friedrich August von Hayek. Essa escola continua sob a rubrica de escola neo-austríaca.

Leon Walras foi o fundador da escola marginalista na França.[18] O foco de sua obra estava na noção de equilíbrio geral entre os preços. Em sua obra "Compêndio dos elementos de economia política pura", voltou-se para a questão da produção e do equilíbrio entre a oferta e a procura.

[14] JEVONS, William Stanley. Teoria da economia política. Tradução: Cláudia Laversveiller. São Paulo: Abril Cultural, 1983. p. 47.

[15] JEVONS, William Stanley. op. cit. p. 50.

[16] MENGER, Carl. Princípios de economia política. Tradução: Luiz João Baraúna. São Paulo: Abril Cultural, 1983. p. 288.

[17] MENGER, Carl. op. cit. p. 324.

[18] Seu sucessor foi o italiano Vilfredo Pareto.

Para Walras,[19] o mercado atingiria o equilíbrio quando a oferta de produtos fosse igual à procura pelos mesmos. Neste caso, a relação entre duas mercadorias quaisquer, e que é igual ao preço de uma na outra, é a mesma para todos os detentores destas mercadorias.[20] Posteriormente, a escola neoclássica recebeu as contribuições de Alfred Marshall (1842-1924) e Paul Samuelson (1887-1975). Ambos tiveram papel importante na consolidação desta escola, ao terem elaborado, cada um na sua época, manuais de economia que consolidavam o pensamento econômico neoclássico, e foram usados por muito tempo nas universidades.

Os pressupostos da economia neoclássica refletem as crenças típicas do Século XIX sobre o ser humano e o liberalismo. Refletem-se nos modelos de concorrência perfeita, oligopólio e monopólio, existentes nos manuais de economia. São estes:

a) busca do autointeresse;
b) racionalidade completa;
c) informação completa;
d) preços como sinalizador da economia;
e) elasticidade das curvas de oferta e procura;
f) ausência de externalidades;
g) neutralidade institucional.

A busca do autointeresse significa que os seres humanos buscam atender suas necessidades individuais; o altruísmo, embora se reconheça sua existência, é desprezado na análise econômica. A racionalidade completa consiste na pressuposição de que os seres humanos são capazes de tomar as melhores decisões e de processar todas as informações que obtêm. A informação completa é uma premissa de que todas as pessoas têm acesso às informações necessárias para a tomada de decisões, sabem onde estão os menores preços a qualquer momento, onde se encontram os vendedores e os compradores. Nessa visão, os preços são sinalizadores da economia. Controlam o desempenho da economia e é desprezada na

[19] MALRAS, Léon. Compêndio dos elementos de economia política pura. Tradução: João Guilherme Vargas Netto. São Paulo: Abril Cultural, 1983. p. 47.
[20] MALRAS, Léon. op. cit. p. 90.

análise a existência de outros custos a serem suportados pelas pessoas. Também se consideram elásticas as curvas de oferta e procura, partindo-se do princípio de que os preços podem aumentar ou baixar imediatamente, conforme a variação da oferta e da procura. Por fim, a inexistência de externalidades significa que os direitos de propriedade são plenamente definidos e o seu exercício não interfere no exercício do direito de terceiros. Em consequência, reconhece-se uma neutralidade institucional. Estas últimas, sobretudo o direito, não influem de modo algum na economia, ou seus efeitos são desprezíveis.

1.3. Economia Institucional

Desde as últimas décadas do Século XIX até a primeira década do Século XX, as ciências passaram por mudanças paradigmáticas decorrentes das novas ideias e descobertas científicas. Uma delas foi a constatação da seleção natural, lançada por Thomas Malthus, mas só foi levada adiante na biologia por Charles Darwin. Tempos depois, a ciência econômica recebeu de volta estas influências da biologia. Neste caso, a dúvida era saber se a existência de ricos e pobres era resultado de seleção natural e, dessa forma, justificar cientificamente a manutenção desta situação.[21] Foi também nesta época o período em que se desenvolveu a sociologia.

As primeiras críticas aos postulados da economia neoclássica por um grupo de pensadores denominados de escola institucionalista. Por meio deles, inseriram-se nas teorias econômicas os hábitos, regras e instituições, porque o indivíduo nasce imerso nas mesmas e sofre suas influências desde o dia de seu nascimento. Assim, o surgimento das instituições econômicas decorreria de um processo evolutivo na própria economia.

O principal pensador da chamada escola da economia institucional foi Thorstein Veblen. Ele escreveu um livro que se tornou um clássico da literatura sociológica, e que consiste no estudo sobre o papel da classe ociosa nas sociedades. Veblen apontou que a forma pela qual as pessoas tinham de evidenciar que pertenciam à classe ociosa – ou seja, à classe superior – era o gosto por coisas inúteis, cultura inútil, alimentos extravagantes, sofrer de determinadas doenças, usar determinados tipos de roupa e acessórios, como a cartola e a bengala, gastar dinheiro em jogos de azar,

[21] GALBRAITH, John Kenneth. A era da incerteza. Tradução: F.R. Nickelsen Pellegrini. 7. ed. São Paulo: Pioneira, 1986. p. 41.

mostrando que terem tanto dinheiro, a ponto de se dar ao luxo de perdê-lo, entre outras coisas.[22] Do ponto de vista da economia, esta observação indicava que a acumulação de riqueza tinha papel importante no sistema econômico, já que nem todos os recursos econômicos seriam destinados para seu melhor uso.

Veblen também escreveu um artigo de epistemologia da economia intitulado "Os preconceitos da ciência econômica", pelo qual fez críticas à economia neoclássica, a qual fundava seus pressupostos na psicologia hedonista-associacionista.[23] Isso se refletia nos modelos econômicos por meio da ideia de que tudo ser humano sempre buscaria a maximização de seu autointeresse. Essa concepção, consubstanciada na teoria da utilidade marginal, adotara a concepção do filósofo utilitarista Jeremy Bentham, e aperfeiçoada por John Stuart Mill, de que os seres humanos eram movidos unicamente por questões de busca do prazer e fuga da dor. Para ele, a economia neoclássica precisava dar atenção a outros aspectos inerentes à personalidade humana na tomada de decisões.[24] Posteriormente, Veblen criticou a da utilidade marginal, por esta não era capaz de explicar totalmente o mecanismo de preços, pois cada pessoa tem motivações próprias; ou seja, não seria possível afirmar categoricamente que todo ser humano busca o hedonismo o tempo todo.[25] Além disso, a teoria da utilidade marginal de preços teria um caráter estático, porque se ocupava somente com o ajustamento de valores a uma determinada situação, mas não era capaz de explicar questões macroeconômicas.[26]

Dessa forma, seria imprescindível levar em conta na análise econômica as instituições humanas. [27] Afinal, se a economia se propõe a explicar o comportamento humano, esta precisa inserir em seus modelos os elementos que o influenciam, seja o hedonismo ou outros motivos que em sua época não eram suficientemente claros. Além disso, são as instituições

[22] Veblen, Thorstein B. Teoria da classe ociosa (Um estudo econômico das instituições). Tradução: Olívia Krähenbühl. São Paulo: Livraria Pioneira Editora, 1965. p. 79-80.

[23] Veblen, Thorstein B. The preconceptions of economic science. The Quarterly Journal of Economics, v. 14, n. 2, p. 396-426, Feb. 1900. p. 242.

[24] Veblen, Thorstein B. op. cit. p. 247.

[25] Veblen, Thorstein B. The limitations of marginal utitliy. The Journal of Political Economy, v. 17, n. 9, p. 620-636, Nov. 1909. p. 620.

[26] Veblen, Thorstein B. op. cit. p. 621.

[27] Veblen, Thorstein B. op. cit. p. 625.

que conferem estabilidade à vida social[28] e são elas que estabelecem os hábitos de pensamento comuns à generalidade dos homens. De acordo com Veblen, "uma teoria adequada da conduta econômica não pode ser traçada somente em termos de individualidade. As instituições agem, dimensionam e definem os fins da conduta".[29] Um exemplo de que a teoria de preços não é completa, é esta não explicar por que certas pessoas querem acumular mais e mais, em vez de gastarem o que têm. Ter bens não significa que vão trocar tudo o que têm por outras coisas.[30] Em outras palavras, nem sempre o hedonismo é que controla a atividade econômica.

Outro pensador importante da escola institucional foi John R. Commons. Ele chamou a atenção para o fato de que a ciência econômica não inseria em seus raciocínios as questões éticas, de riqueza social, nem o interesse público.[31] Enquanto para a economia clássica o valor decorria do trabalho e, para a economia neoclássica, decorria da utilidade marginal do bem, ele propunha a criação de uma teoria do valor, denominada de teoria do valor razoável.[32] Ele propôs formular uma teoria da economia institucional a partir das decisões do *common law*. Na opinião dele, as decisões judiciais criam um *goodwill*, ou seja, um valor intangível do bem, e que deve ser levado em consideração.[33] Este *goodwill* seria puro valor institucional e poderia exceder o custo de produção, como poderia também estar abaixo dele. Em um trabalho intitulado "Law and Economics", Commons buscava entender as relações pelas quais o direito e a economia não andavam juntas, se ambas também cuidam do problema da escassez. No direito, esta se representa no direito de propriedade; na economia, pela lei da oferta e da procura.[34]

Wesley Mitchell, também pertencente à escola institucional, sustentou que a unidade de investigação econômica deveria ser aquela que combinasse os três elementos de dependência, conflito e ordem estabilizados

[28] Veblen, Thorstein B. op. cit. p. 626.

[29] Veblen, Thorstein B. op. cit. p. 629.

[30] Veblen, Thorstein B. op. cit. p. 634.

[31] Commons, John R. Institutional Economics. The American Economic Review, v. 26, n. 1, p. 648-657, Mar. 1936. p. 237.

[32] Commons, John R. op. cit. p. 237.

[33] Commons, John R. op. cit. p. 239.

[34] Commons, John R. Law and Economics. Yale Law Journal, New Haven. v. XXXIV, p. 371--382, 1924-1925. p. 371.

pelo controle social. Esta unidade seria a transação.[35] Haveria três tipos de transação: a) transações negociais, que ocorrem no mercado; b) transações gerenciais, que ocorrem dentro de empresas; c) transações racionais, que ocorrem em relações institucionais (superior, inferior, juiz). Apontou que as mudanças institucionais, tais como a nota promissória, direito de autor, produziram mudanças econômicas.[36]

Clarence Ayres[37] defendeu a ideia de que o institucionalismo não era uma teoria do valor, tal como era a teoria da utilidade marginal. Relativizou a importância dos valores não econômicos nos modelos da economia. Conciliou ambos os argumentos, reconhecendo que o valor não era o elemento mais importante da análise econômica, pois estes eram relativos.[38] Por exemplo, os valores de uma sociedade desenvolvida são tão legítimos quanto os de uma sociedade tribal, bem como os de um ditador em um regime totalitário, que estabelece o que, quem, e para quem será produzido. Assim, não haveria diferença entre uma economia centralizada e uma economia de mercado.

John Kenneth Galbraith foi o principal economista institucionalista contemporâneo. Escreveu diversas obras nas quais chama a atenção para incoerências dos fundamentos da economia. Dentre elas se destacam "A Sociedade Afluente" e "O Novo Estado Industrial", escritos na década de 1960. Diversas observações de Galbraith ainda são atuais.

Em "A Sociedade Afluente",[39] Galbraith concentrou sua análise em quatro aspectos. O primeiro deles foi encontrar explicações na história do pensamento econômico para a existência de ricos e pobres, fazendo referência aos pensadores clássicos, assim como ao que ele chamou de *darwinismo social*, teoria esta que recorreu à ideia de seleção natural para justificar a desigualdade entre as pessoas. O segundo aspecto estava na obsolescência da teoria econômica no que se refere à procura de bens e serviços. Enquanto a teoria econômica tradicional entende que o consu-

[35] MITCHELL, Wesley C. Commons on Institutional Economics. The American Economic Review, v. 25, n. 4, p. 635-652, Dec. 1935. p. 638.

[36] MITCHELL, Wesley C. op. cit. p. 641.

[37] AYRES, Clarence E. The co-ordinates of institutionalism. The American Economic Review, v. 41, n. 2, p. 47-55, May 1951. p. 53.

[38] AYRES, Clarence E. op. cit. p. 53-54.

[39] GALBRAITH, John Kenneth. A sociedade afluente. Tradução: Carlos Afonso Malferrari. São Paulo: Pioneira, 1987. p. 130.

midor indica suas vontades aos produtores e estes, com base nestas vontades, direcionam sua produção, Galbraith apontou que nada disso ocorre. As empresas, por meio do *marketing*, manipulam a vontade dos consumidores, induzindo-os a consumir, mesmo quando não têm necessidade de tanto. Ou seja, ocorre exatamente o inverso do que se sustenta na teoria econômica, sendo o endividamento da população uma das consequencias.[40] O terceiro aspecto desta obra foi a crítica aos instrumentos de política econômica voltados para o controle da inflação, sobretudo a política monetária, que procura este controle por meio da retração do crédito com o aumento das taxas de juros,[41] e fiscal, com o aumento dos impostos. O último aspecto é a análise social, acerca do papel da educação, dos serviços públicos, da pobreza, e do desemprego.

Em "O Novo Estado Industrial", Galbraith estudou a grande empresa nos Estados Unidos, na forma de sociedades por ações, apontando as dificuldades da teoria econômica para explicar a influência dessas empresas na economia. Apontou que estas grandes empresas eram oligopólios e exerciam poder de mercado, para não correrem os riscos decorrentes da lei da oferta e da procura.[42] A realidade mostra que a busca pelo lucro não era necessariamente o fim último delas: podiam abrir mão de maior lucratividade para se preservarem. Outro aspecto é que as grandes empresas nos Estados Unidos não eram controladas por seus proprietários, mas sim por uma tecnoestrutura, que atuava em grupos dentro delas. Dessa forma, o poder de tomada de decisão deixava de ser do indivíduo em si, para ser exercido pela companhia.[43] A diretoria também assumiria independência dos acionistas, e estes últimos não teriam condições de opinar sobre os rumos da sociedade. Lembrou os casos das primeiras grandes empresas norte-americanas, em que seus fundadores, cedo ou tarde, perderam o controle da atividade para as diretorias.[44]

Galbraith também analisou as relações de trabalho nas grandes empresas. Pelo fato destas serem controlados não por seus proprietários, mas por

[40] GALBRAITH, John Kenneth. op. cit. p. 147.

[41] GALBRAITH, John Kenneth. op. cit. p. 168-176.

[42] GALBRAITH, John Kenneth. O Novo Estado industrial. Tradução: Leônidas Gontijo de Carvalho. Revisão de Aldo Bocchini Neto sobre a 3. ed. do autor. São Paulo: Pioneira, 1983. p. 30.

[43] GALBRAITH, John Kenneth. op. cit. p. 60.

[44] GALBRAITH, John Kenneth. op. cit. p. 77.

funcionários, verifica-se que na relação entre empregadores e empregados, aqueles pertencem à classe destes últimos. Outra classe de pessoas, como os cientistas, técnicos especializados, teriam relação com as grandes empresas, porque estas precisam constantemente de novas tecnologias. Estas pessoas também acabam não se sentindo como tais.[45] Quanto mais especializados são os empregados, menor a vontade de sindicalizarem-se. Por fim, Galbraith analisou a relação entre grandes empresas e o Estado. Antes havia uma relação antagônica; nos últimos tempos a relação tornou-se de dependência, porque o Estado absorve muitos produtos das indústrias, e estas recebem diversos incentivos, por exemplo, com isenções tributárias. O que chama a atenção de Galbraith é o fato de que as diferenças de fundo entre o capitalismo e o socialismo – ele escreveu este livro na década de 1960 – não eram muito acentuadas. Enquanto nos países socialistas o controle da produção e dos preços era feito pelo Estado, no capitalismo este controle acaba sendo feito pelas grandes companhias, que contam com a participação do Estado na condução de suas atividades.

De acordo com Hodgson,[46] a antiga economia institucional não conseguiu ser a escola de pensamento econômico dominante ao longo do Século XX. Perdeu espaço a partir da década de 1930, e sofreu críticas por não teria conseguido ser uma teoria sistemática, ao permanecer teórica e meramente descritiva, sustentando suas explicações sem apelar à matemática.

2. A Nova Economia Institucional

A nova economia institucional pretende oferecer uma crítica aos postulados econômicos neoclássicos, visando ao aprimoramento destes, sem deixar de ser neoclássica, nem se colocar como uma alternativa, tal como pretendiam os antigos institucionalistas. Apenas contesta a irrealidade dos modelos neoclássicos, que adotam como pressupostos a perfeição do funcionamento do mercado, abundância de informações, absoluta racionalidade das pessoas em seus atos e aprendizado da realidade, e que instituições sociais não exercem qualquer influência no comportamento humano.

[45] Galbraith, John Kenneth. op. cit. p. 213.

[46] Hodgson, Geoffrey M. The approach of Institutional Economics. Journal of Economic Litterature, v. 36, n. 1, p. 166-192, Mar. 1998, p. 166-167.

Os três principais postulados da nova economia institucional são a existência de informação assimétrica entre as pessoas, custos de transação, e o papel das instituições no desempenho econômico.

2.1. Informação Assimétrica

A nova economia institucional parte do princípio de que existe assimetria, disparidade e incompletude de informações entre as pessoas. O conceito de informação não é estudado por esta escola. É tomado como um dado. Por isso será feito um breve estudo sobre os conceitos de mensagem e de informação, antes de apresentar o conceito de informação assimétrica.

2.1.1. Informação e suas Características

Antes de definir informação, é necessário definir o conceito de mensagem, que consiste em um conjunto de elementos (gráficos, sonoros, elétricos) dispostos em determinada sequência, os quais, colocados com uma estrutura prévia (por exemplo, a língua), produz significado.[47] Para exemplificar esta definição, basta pensar que o conjunto de palavras desta frase só produz significado à luz da língua portuguesa; este mesmo texto lido por um leitor que não conhece esta língua não tem sentido, não passando de mero conjunto de palavras desconhecidas.

Já a informação é atributo quantitativo de determinada mensagem. Consiste na capacidade de provocar alteração no comportamento do seu destinatário ou receptor. É diretamente proporcional ao ineditismo da mensagem: quanto maior a novidade de uma mensagem para seu receptor, maior seu valor informativo e mais provável será a mudança de comportamento.[48]

Um exemplo baseado em Moles[49] de que a informação não está necessariamente relacionada com o tamanho da mensagem, mas sim com o ineditismo, a imprevisibilidade, é o caso de alguém dizer "bom dia", e "fogo". Por ser muito previsível receber a mensagem "bom dia", tem menos informação do que a palavra "fogo!". Embora seja uma mensagem curta,

[47] Cf. TOMASEVICIUS FILHO, Eduardo. A natureza jurídica do software à luz da linguística. Revista da ABPI, Rio de Janeiro, n. 79. p. 46-59. nov./dez. 2005.

[48] COELHO NETO, J. Teixeira. Semiótica, informação e comunicação. São Paulo: Perspectiva, 1980. p. 128.

[49] MOLES, Abraham. Teoria da informação e percepção estética. Tradução: Helena Parente Cunha. Rio de Janeiro: Tempo Brasileiro; Brasília: Ed. da UnB, 1978. p. 37.

é repleta de informação, por ser menos previsível. A melhor mensagem é aquela que consegue informar o máximo possível ao seu receptor, a que for capaz de esclarecer o maior número de dúvida e de eliminar o máximo possível de ambiguidades.

A informação tem três limites. O primeiro deles é a impossibilidade desta ser totalmente imprevisível. Quanto mais imprevisível for a mensagem, maior a probabilidade de não entendê-la pela falta de informações prévias que permita compreender o que foi transmitido. Decorre que a total previsibilidade da mensagem, ou seja, nenhuma originalidade, implica nenhuma informação. Do mesmo modo, a imprevisibilidade total, isto é, a originalidade máxima da mensagem, também implica nenhuma informação.[50]

O ruído é o segundo limite na transmissão de informação, o qual se caracteriza por ser uma mensagem indesejada ou a perturbação na transmissão da informação, que impede a total compreensão do destinatário da mesma. Deve-se à imperfeição natural de todo e qualquer canal transmissor de informação, ou da indesejabilidade de outras mensagens que se transmitem junto com a mensagem principal. Por exemplo, uma sinfonia pode ser uma mensagem para quem está em uma sala de concerto, mas o toque de um telefone celular nesta mesma sala durante a execução da peça, ainda que tenha um som agradável, será um ruído.[51] Devido à existência de ruído, as mensagens necessitam da redundância ou informação em demasia, para facilitar sua percepção e entendimento, de modo a compensar as perdas de informação que existem em toda transmissão de mensagem. Estima-se que as línguas naturais (inglês, francês, português) tenham uma taxa de redundância de cinquenta por cento.[52]

A terceira limitação é a insensibilidade à informação ou sua saturação durante a sua transmissão. Uma quantidade mínima de mensagens pode ser insuficiente para ser considerada informação; por outro lado, uma quantidade excessiva pode impossibilitar o receptor das mesmas de processá-las e deixar de responder aos estímulos que na transmissão da

[50] Coelho Neto, J. Teixeira. op. cit. p. 131-133.

[51] Moles, Abraham. op. cit. p. 118.

[52] Coelho Neto, J. Teixeira. op. cit. p. 135.

mesma se quer provocar, já que o seu objetivo é mudar o comportamento do destinatário da informação.[53]

2.1.2. Conceito de Informação Assimétrica

Informações não costumam ficar organizadas e acessíveis a qualquer um e a qualquer hora e lugar: estão dispersas por todos os lugares.[54] Os consumidores sabem mais sobre seus gostos e preferências do que os fornecedores; estas conhecem melhor seus custos do que os governos.[55] Quem deseja, por exemplo, comprar uma camisa, tem que pesquisar nas lojas os diversos artigos vendidos, suas qualidades e defeitos e a diferença de preços entre vendedores. Salvo onde houver apenas um único estabelecimento – daí não ter opções – a tendência é pesquisar, para se informar onde está a melhor oportunidade de compra. A dificuldade aumenta para produtos ou serviços não adquiridos com frequência, porque será preciso informar-se sobre quem os fornece e quais suas características básicas.

Pode acontecer ainda de não ser possível o acesso à informação, mesmo mediante pesquisa. É uma característica do ser humano não conseguir compreender com precisão o mundo em que vive, e não obter, portanto, informação sobre a própria realidade. Também é comum ter somente acesso parcial a informações, insuficientes para a tomada de decisões. Aquilo que não se consegue saber, fica a cargo da sorte ou do azar, que, na verdade, são situações de risco, decorrentes da incerteza sobre o futuro por falta de informações suficientes para a tomada de uma decisão mais adequada. O fato de a informação encontrar-se na sociedade de forma não concentrada ou integrada, distribuída de forma desigual e incompleta entre as pessoas, parece ser um fato natural. As diferenças de cada ser humano em relação a outro, e as oportunidades que teve na vida de desenvolver sua capacidade de entender o mundo, por meio da educação, ou por meio das experiências adquiridas ao longo da vida, afetam a capacidade

[53] MOLES, Abraham. op. cit. p. 24.

[54] Nem mesmo nas bibliotecas e na Internet a informação aparece de forma integrada. Caso contrário, pesquisas não seriam necessárias, pois bastaria o acesso a uma única fonte bibliográfica, que informaria tudo sobre determinado assunto. Talvez o uso de inteligência artificial possa superar essa dificuldade.

[55] SALANIÉ, Bernard. The economics of contracts. A primer. Cambridge, Massachussets; London, England: The MIT Press, 1997. p. 2.

de processar todas as informações que recebe e transmite a terceiros. A esta incapacidade do ser humano dá-se o nome de racionalidade limitada.

Este conceito opõe-se ao pressuposto presente até hoje nas ciências sociais de que o ser humano sempre age racionalmente, sendo capaz de conhecer todos os aspectos relevantes do ambiente em que vive, e de que teria um sistema estável e organizado de preferências, o que lhe permitiria sempre tomar as melhores decisões.[56] Portanto, ainda que existisse pleno acesso às informações, o ser humano não teria capacidade de processar racionalmente tudo o que recebe e transmite a terceiros.

Assim, sempre haverá pessoas mais informadas que as outras sobre um mesmo fato em qualquer relação social, ou pela dispersão de informações, ou pela incapacidade do ser humano de ter acesso, reconhecer e interpretar as informações que recebe. A esta característica de que as informações estão dispersas e dispostas de forma desequilibrada entre as pessoas dá-se o nome de informação assimétrica.

A primeira crítica da nova economia institucional aos economistas neoclássicos está no fato de que estes adotam como pressuposto o acesso fácil, imediato e completo às informações. Nessa perspectiva, quem quer adquirir uma camisa, já saberia que o melhor produto está no estabelecimento "A", e que o menor preço está no estabelecimento "B". Saberia sobre a qualidade intrínseca do produto, e se valeria a pena adquiri-lo, e que o produto da outra loja não é de boa qualidade. Os economistas neoclássicos também pressupõem que os seres humanos sejam capazes de compreender e processar todas as informações que recebem, para tomarem a melhor decisão. Com abundância destas, excluir e seriam capazes de adquirir os melhores produtos pelo menor preço em qualquer situação. O comerciante também saberia que seu concorrente está vendendo abaixo do preço e, por isso, teria condições de reagir imediatamente, baixando os preços de seus produtos. Porém, nem sempre isso acontece. Muitas vezes não é possível saber *a priori* onde está a melhor oferta. A sorte pode ajudar a pessoa, ao ter feito o melhor negócio sem saber que isso ocorreu. Mas também esta mesma pessoa pode ter azar, e encontrar a melhor oferta em último lugar. É muito comum não ser possível verificar a qualidade do bem ou do serviço a ser adquirido. Por

[56] SIMON, Herbert A. A behavioral model of rational choice. The Quarterly Journal of Economics, v. 69, n. 1, p. 99-118, Feb. 1955. p. 99.

exemplo, em uma compra e venda, o vendedor na grande maioria dos casos sabe mais sobre as características, qualidades e defeitos do produto que está vendendo, em relação ao comprador. O que se verifica no dia-a-dia é perguntar para quem já adquiriu determinado bem ou serviço, ou então, arriscar; se o bem ou o serviço não for bom, não o adquire na próxima vez.

A nova economia institucional procura levar em conta a existência de informação assimétrica nas análises econômicas. Diversos estudos foram realizados sobre seus efeitos no mercado. Embora sejam artigos pequenos, as ideias contidas neles valeram dois Prêmios Nobel de Economia a seus autores. Os estudos sobre o papel da informação inclusive tornaram-se um sub-ramo da economia, conhecido como economia da informação.

Friedrich August von Hayek foi um dos primeiros a colocar sistematicamente o papel da informação no funcionamento da economia. Apontou a relação entre informação e equilíbrio econômico e chamou a atenção para o fato de que as informações necessárias para a tomada de decisões nunca estão concentradas ou integradas, mas sim, dispersas, fracionadas e frequentemente contraditórias. A consequência é que um dos problemas econômicos não seria o de coordenar os recursos existentes, mas o de realizar esta tarefa tendo em vista as diferenças de conhecimento que as pessoas têm sobre a realidade em que estão inseridas.[57] Hayek criou o conceito de informação relevante, que é o conhecimento que realmente influencia as ações de uma pessoa, não por ser correto ou incorreto, mas por dispor ou não deste conhecimento.[58]

Armen Alchian,[59] no mesmo sentido, defendeu a alteração na análise econômica para incorporar a informação incompleta e a previsão incerta nos modelos econômicos. George Stigler escreveu em 1961 um texto em que analisou a verificação de preços no mercado. Partiu da observação de que os preços variam constantemente e que ninguém é capaz de saber todos os preços cobrados, a menos que se disponha a pesqui-

[57] VON HAYEK, Friedrich August. Individualism and economic order. Chicago University Press, 1949. p. 77.

[58] VON HAYEK, Friedrich August. op. cit. p. 50.

[59] ALCHIAN, Armen A. Uncertainty, evolution and Economic Theory. The Journal of Political Economy, vol. 58, n. 3, p. 211-221, Jun. 1950. p. 211.

sar.[60] Por causa destes fatos, a dispersão dos preços consiste na medida da ignorância do mercado.[61] Também notou que o custo do consumidor de procurar o menor preço é diretamente proporcional ao número de vendedores existentes e que há um momento em que se torna caro demais continuar pesquisando.[62] Stigler deu exemplos interessantes sobre os efeitos da informação no mercado. O primeiro deles seria o das feiras medievais. Aumentava-se sua eficiência ao proibirem a comercialização de produtos dentro de determinado perímetro da feira, ou em dias em que esta não se realizava. Desta forma, era possível aos vendedores e compradores verificar todos os produtos e preços cobrados naquele local.[63] Outro exemplo é a observação de que os turistas, que são compradores inexperientes em um determinado mercado, sempre pagam mais caro do que os habitantes, pelo fato de não terem conhecimento acumulado sobre os preços cobrados naquele local.[64] Modernamente, a propaganda teria esse papel de disseminação de informações sobre os vendedores aos compradores, reduzindo os custos da procura pelos melhores preços e produtos, servindo como um instrumento valioso para a eliminação da ignorância no mercado.[65] O preço é um instrumento de informação no mercado, porque por meio dele se induz a qualidade do produto, já que é comum produtos similares mais caros serem melhores do que os mais baratos.[66]

Todavia, foi George Akerlof quem melhor estudou este fenômeno da dispersão das informações no mercado, ao escrever famoso artigo sobre o mercado de carros usados nos Estados Unidos. Neste artigo ele se propôs a estudar a relação entre a qualidade dos produtos e a falta de informação que existe sobre os produtos no mercado. Constatou-se que em muitos mercados a qualidade dos produtos é julgada com base em informações estatísticas, que decorrem das experiências adquiridas pelos compradores

[60] Stigler, George. The Economics of information. The Journal of Political Economy, v. 69, n. 3, p. 213-225, Jun. 1961. p. 213.

[61] Stigler, George. op. cit. p. 214.

[62] Stigler, George. op. cit. p. 216.

[63] Stigler, George. op. cit. p. 216.

[64] Stigler, George. op. cit. p. 218-219.

[65] Stigler, George. op. cit. p. 220.

[66] Cooper, Russell; Ross, Thomas W. Prices, product qualities and asymmetric information: the competitive case. The Review of Economic Studies, v. 51, n. 2, p. 197-207, Apr. 1984. p. 197.

nas compras e vendas anteriores. Quando houvesse variação de qualidade entre os produtos, sem ser de fácil verificação, a tendência era de que os vendedores de produtos de baixa qualidade procurassem vendê-los como se fossem bons; no entanto, a consequência é a tendência da redução dos preços de todos os produtos, sejam eles bons ou ruins.[67]

Para exemplificar este fato, Akerlof usou o mercado de automóveis usados. Ele chamou a atenção para o fato de que existe uma diferença considerável entre o valor de um automóvel à venda em uma concessionária e um automóvel com apenas poucos quilômetros de uso. Ele faz a divisão entre automóveis e usados, e automóveis bons e ruins (estes últimos chamados de "limões"). Assim, um automóvel adquirido na concessionária tanto pode ser bom, quanto ruim, do mesmo modo que um automóvel usado também pode ser bom ou ruim.[68] No mercado de automóveis usados, os vendedores sabem bastante sobre a qualidade dos mesmos, porque os utilizam por bastante tempo; já os compradores não têm esse conhecimento sobre os veículos, a menos que levem consigo um mecânico. Dessa maneira, os automóveis bons são desvalorizados, porque não é possível, salvo após uma avaliação desse profissional, saber se o automóvel é ruim – por isso o preço de mercado – ou se vale mais, por estar em boas condições. Daí a queda de valor dos automóveis após deixarem as concessionárias: eles não se diferenciam dos automóveis ruins, e perdem valor. Tanto os automóveis usados bons quanto os ruins serem vendidos pelo mesmo preço. Essa queda de preços deve-se à informação assimétrica, porque os vendedores têm maior conhecimento que os compradores, o que permite aos vendedores de automóveis ruins obterem vantagem sobre os compradores.[69]

Akerlof deu outros exemplos de informação assimétrica. O primeiro deles[70] é a contratação de planos de saúde para pessoas com mais de sessenta anos. Estas pessoas têm mais dificuldade de serem aceitas, ou os valores cobrados são caros demais, já que não é possível *a priori* saber quais segurados ficarão mais doentes que os outros; por isso acaba-se cobrando

[67] Akerlof, George A. The market for 'Lemons': quality uncertainty and the market mechanism. The Quarterly Journal of Economics, v. 84, n. 3, p. 488-500, Aug. 1970. p. 488.

[68] Akerlof, George A. op. cit. p. 489.

[69] Akerlof, George A. op. cit. p. 489.

[70] Akerlof, George A. op. cit. p. 492.

um preço excessivo para evitar que o valor pago pelo segurado seja insuficiente para a cobertura dos riscos. Na contratação de empregados,[71] como não é possível aferir o talento de cada um, quem tem formação universitária, tende a ocupar postos melhores, ainda que pessoas sem esta formação possam ser mais competentes.

Assim, a informação assimétrica afeta o desempenho econômico, porque dá margem ao oportunismo, devido à possibilidade de uma das partes obter vantagens da ignorância da outra parte.[72] Também atrapalha o funcionamento do mercado, porque há a tendência de os produtos ruins expulsarem os bons do mercado[73], já que os vendedores destes últimos costumam a não aceitar vendê-los por um valor menor do que realmente têm.[74]

O uso aberto e irrestrito da Internet comprovou a validade das teorias sobre informação assimétrica. Por meio do Google, é possível a qualquer um encontrar informações das quais necessita. Mais especificamente, os websites de compra de produtos e serviços, sobretudo os de livros usados, como a "Estante Virtual" no Brasil, permitem ao comprador localizar em que local do Brasil determinado livro usado está disponível para venda. Do mesmo modo, os sites de reserva de hotéis, de imóveis para aluguel e os aplicativos de transporte, que trazem todos eles avaliações dos usuários. Desse modo, é possível escapar dos efeitos do estado de informação assimétrica no mercado.

Diversos estudos econômicos foram realizados, levando-se em conta a informação assimétrica. Furubotn e Richter[75] identificaram que a literatura econômica distinguia o momento em que as partes estão em estado de informação assimétrica: em um grupo, os casos em que uma das partes tem mais informação que a outra antes da celebração do contrato, fato

[71] Akerlof, George A. op. cit. p. 494.

[72] Williamson, Oliver E. Markets and hierarchies: some elementary considerations. The American Economic Review. v. 63, n. 2, p. 316-325, May 1973. p. 317.

[73] Akerlof, George A. op. cit. p. 495.

[74] O equilíbrio entre automóveis usados bons e automóveis usados ruins ocorre na medida em que, se não houver também uma diferença de preços entre um automóvel novo e usado, o proprietário deste último não conseguirá vendê-lo. Cf. Kim, Jac-Cheol. The market for 'lemons' reconsidered: a model of the used car market with aAsymmetric information. The American Economic Review. v. 75, n. 4, p. 836-843, Sep. 1985.

[75] Furubotn, Eirik; Richter, Rudolf. Institutions and economic theory: the contribution of the New Institutional Economics. Ann Arbor: Michigan University Press, 2000. p. 180.

este que recebe o nome de seleção adversa ou informação assimétrica pré-contratual; no outro grupo, os casos em que uma das partes tem mais informação que a outra após à celebração do contrato, fato este que recebe o nome de *risco moral* ou informação assimétrica pós-contratual.

2.2. Custos de Transação

O segundo pressuposto fundamental da nova economia institucional é o reconhecimento da existência de custos de transação nas operações econômicas, os quais geram perdas que reduzem a eficiência da operação, afetando o desempenho econômico.

Os custos de transação e sua relação com os modelos econômicos podem ser entendidos mediante analogia com a Física. O deslocamento dos corpos, por exemplo, não se dará exatamente como previsto pelas leis do movimento, porque todo sistema tem perdas de energia provocadas pelo seu próprio funcionamento. A existência de atrito interno em máquinas e também com a superfície, bem como a resistência do ar, impõe perdas de energia. Conforme a aplicação a ser dada ao corpo, estes efeitos podem ser desprezíveis para efeitos de análise; em outros casos, não são desprezíveis, sendo necessária a tomada de medidas para a redução de seus efeitos, por exemplo, mediante o uso de lubrificantes em motores, ou com o *design* de estruturas em forma de ogiva, como no caso dos aviões. Na economia ocorre fato semelhante. Os fenômenos econômicos não corresponderiam exatamente ao que as leis econômicas preveem, pelo fato de que existem perdas decorrentes do próprio funcionamento do sistema econômico. Estas perdas, que analogicamente equivaleriam ao "atrito" nos sistemas mecânicos, são os custos de transação. Ronald Coase foi quem descobriu a existência destes na economia. A nova economia institucional surgiu com a publicação de dois artigos seus: "A Natureza da Empresa", em 1937, e "O Problema do Custo Social", em 1960.

2.2.1. Histórico do Conceito de Custos de Transação

Em 1987 foi lançado um livro comemorativo[76] dos 50 anos do artigo "A Natureza da Empresa", que trata de organização industrial, com artigos do próprio Ronald Coase, explicando como este conceito surgiu:

[76] Williamson, Oliver; Winter, Sidney (Orgs). La naturaleza de la empresa: orígenes, evolucion y desarrollo. Ciudad de Mexico: Fondo de Cultura Económica, 1996.

Os tribunais nem sempre se referem muito claramente ao problema econômico assinalado nos casos que lhes são apresentados, mas parece provável que da interpretação da palavra e frases tais como 'razoável' ou 'uso comum ou ordinário' surja algum reconhecimento, quiçá inconsciente e certamente muito explícito, dos aspectos econômicos da coisa tratada.[77]

Uma das discussões no início do texto de Coase formula-se pelo seguinte exemplo:[78] duas propriedades rurais, sendo que uma é voltada à agricultura, e outra, à pecuária. Coase supôs quais seriam os efeitos econômicos do gado invadir a propriedade vizinha e destruir parte das plantações em duas situações: a) o pecuarista é responsável pelo pagamento dos danos causados ao vizinho; b) o pecuarista é isento de indenizar seu vizinho pelos danos causados pelo gado. No primeiro caso, o pecuarista contabilizará na sua atividade as despesas de indenização decorrentes da destruição da plantação pelo gado; no segundo caso, a saída está no produtor agrícola pagar para o pecuarista tomar providências com relação ao gado, ou até mesmo, pagar para que menos gado seja criado. O resultado a que Coase chegou foi o de que, caso o sistema de preços funcione sem custos, o resultado final que maximiza o valor da produção seria independente do sistema legal. Isso significa que, na ausência de custos de transação, o resultado social será socialmente eficiente, qualquer que seja a distribuição dos recursos econômicos entre as pessoas. Esta afirmação tornou-se o Teorema de Coase.[79] *A contrario sensu*, existindo custos de transação, o sistema jurídico é fundamental para o funcionamento da economia.

Coase concluiu que a melhor solução para estes problemas de conflito de interesses estava em buscar o ponto ótimo, de tal forma que se pudesse obter o máximo de utilidades sociais de ambas as atividades, em vez de impedir que uma delas deixe de existir, para que a outra possa ser exercida sem qualquer interferência.[80] Para isso é preciso sempre ver os dois lados da questão e sopesar os prós e contras da atividade. Um exemplo atual para esta afirmação de Coase seria o desenvolvimento sustentável em matéria de uso do meio ambiente. Não é razoável explorar

[77] Coase, Ronald H. op. cit. p. 22.

[78] Coase, Ronald H. op. cit. p. 2-8.

[79] Coase, Ronald H. op. cit. p. 14.

[80] Coase, Ronald H. op. cit. p. 43-44.

uma floresta indiscriminadamente, assim como também não seria razoável impedir que uma única árvore desta seja derrubada, tendo em vista que muitas pessoas sobrevivem da floresta. A solução ideal está em equilibrar o uso, de forma que a exploração da natureza não provoque a sua extinção.

Cabe também uma analogia para entender o Teorema de Coase. Imaginem-se duas pessoas andando por uma rua. Ambas estão na mesma direção, mas em sentido contrário. Ocorre algumas vezes de nenhuma das duas pessoas desviar sua trajetória; por não terem se desviado da mesma direção, ficam de frente à outra, esperando que se ceda espaço para continuar em frente. Uma das pessoas pode decidir desviar-se, dando um passo para o lado, deixando a outra pessoa manter a mesma trajetória. A outra pessoa pode fazer a mesma coisa. Ou ambas tomam trajetórias diferentes para que não haja o "choque" entre elas.

Supondo-se que nenhuma delas abra mão de desviar sua trajetória, o que vai ocorrer é o caminho das duas pessoas ficar bloqueado. Necessariamente, uma das pessoas terá que dar a passagem para a outra, ou ambas desviam para lados opostos. Tendo em vista que não custa nada uma das pessoas desviar-se para não esbarrar na outra – afinal basta dar um passo para o lado – qualquer que seja a solução dada para esse problema (uma das pessoas desvia a trajetória ou ambas fazem isso) será eficiente: isto é, as duas pessoas vão seguir seus caminhos. Este é um exemplo em que, na ausência de custos, qualquer solução é eficiente. Neste caso, não são imprescindíveis regras para disciplinar quem dará a preferência na passagem.

No entanto, quando há custos para a mudança da trajetória, por exemplo, uma das pessoas tem dificuldades de locomoção, não se pode dizer que qualquer solução é a ideal. Por isso existe uma regra moral que interfere na decisão: quem tem maiores dificuldades de locomoção, deve ter a preferência na passagem. Poderia existir uma regra jurídica no mesmo sentido. De qualquer modo, isso mostra que, existindo "custos de transação" (aqui representados pela dificuldade de locomoção), não se pode obter a máxima eficiência (passagem livre) em toda e qualquer situação. Esta é a razão pela qual Coase considerava o papel do direito na redução dos custos de transação, e não o contrário. Este teorema recebeu críticas da doutrina econômica, porque seria um caso particular de duopólios, ou que não seria válido se houvesse mais de dois participantes na relação;[81] também que o Teorema de Coase prega a primazia dos mercados e a desnecessidade do direito. Coase rebateu estas críticas, afirmando que seu texto não foi compreendido da forma que gostaria. Prova disso estaria no fato dos economistas só se referirem ao Teorema de Coase, desconsiderando o resto da argumentação.[82] Isto porque a simulação das relações em um mundo sem custos de transação era só pra chamar a atenção para a importância de inseri-los nas análises econômicas,[83] e mostrar o papel que as instituições têm no sistema econômico.[84] Com efeito, Coase não disse em nenhum momento do texto que, quanto menor for a intervenção jurídica no mercado, maior seria a eficiência econômica.[85]

Hsiung fez importantes observações sobre os custos de transação. A primeira delas é que só faria sentido falar em custos de transação quando a informação fosse incompleta e assimétrica. Se a informação é completa, as partes não precisariam buscar a informação relevante necessária para a conclusão do contrato; portanto, não precisam pesquisar, negociar ou monitorar o seu cumprimento. Se não precisam pesquisar, não existiriam mercados.[86] Inexistindo custos de transação, não existiriam preços. O dinheiro não serviria como reserva de valor, e perderia sua função, porque as pessoas não precisariam transformar os atributos quantitativos e qualitativos dos bens e serviços em unidades monetárias.[87] Por essa razão, apesar dos efeitos dos custos de transação, estes são fundamen-

[81] Aivazian, Varouj A.; Callen, Jeffrey L. The Coase Theorem and the empty core. The Journal of Law and Economics, Chicago, v. 24, n. 1, p. 175-181, Apr. 1981. p. 175.

[82] Coase, Ronald H. The firm, the market and the Law. *In*: Coase, Ronald H. The firm, the market and the Law. Chicago: University of Chicago Press, 1988. p. 13.

[83] Coase, Ronald H. op. cit. p. 15.

[84] Hoffmann e Spitzer simularam o Teorema de Coase entre alunos. De economia por meio da realização de jogos, e obtiveram resultados que indicavam o Teorema de Coase ter dado certo em 90% das simulações realizadas, tanto com dois participantes, como com três participantes. Cf. Hoffmann, Elizabeth; Spitzer, Matthew L. The Coase Theorem: some experimental tests. The Journal of Law and Economics, v. XXV, n. 1, p. 73-98, Apr. 1982.

[85] No mesmo sentido, Cf. Calabresi, Guido. The pointless of Pareto: carrying Coase further. The Yale Law Journal, New Haven, v. 100, n. 5, p. 1211-1237, Mar. 1991. p. 1213.

[86] Hsiung, Bingyuang. Sailing toward the brave new world of zero transaction costs. European Journal of Law and Economics, v. 8, n. 2, p. 153-169, Sep. 1999. p. 155-156.

[87] Hsiung, Bingyuang. op. cit. p. 157-158.

tais para o funcionamento da economia, porque o mundo dos custos de transação-zero é estático; não haveria mais espaço para aprender, ajustar ou inovar. Interações entre dois indivíduos são um processo e ocorrem em um mundo em que existem custos de transação.[88]

Portanto, os custos de transação não são um mal em si mesmos, pois eles promovem o funcionamento da economia. Caso não existissem, muitos direitos não circulariam, porque somente aqueles absolutamente perfeitos seriam desejados pelas pessoas. Somente devem ser reduzidos quando necessários à boa contratação.

2.2.2. Especificação dos Custos de Transação

Embora o atrito nos sistemas mecânicos possa ser medido, a análise da medição dos custos de transação ainda requer profundo estudo por parte dos economistas. O estágio atual da matéria está em identificar quais são os custos de transação existentes.

Coase indicou quais seriam os custos de transação:[89]

> A fim de realizar uma transação de mercado, é preciso descobrir quem deseja negociar, informar as pessoas que aquela pessoa deseja negociar e quais os termos da negociação, conduzir as negociações até um acordo, redigir o contrato, comprometer-se com a inspeção necessária para assegurar que os termos do contrato estão sendo observados e assim vai. Estas operações são geralmente caras, suficientemente caras a ponto de impedir muitas transações que poderiam ser levadas em um mundo onde o sistema de preços funcionasse sem custos.

Williamson fez uma separação entre custos de transação *ex ante contractus* e custos de transação *ex post contractus*. Os custos de transação *ex ante contractus* são os seguintes:[90] a) custos de redação do contrato; b) custos de negociação do contrato; c) custos de salvaguarda do contrato.

[88] Hsiung, Bingyuang. op. cit. p. 154.

[89] Coase, Ronald H. The Problem.... op. cit. p. 15.

[90] Williamson, Oliver E. The economic institutions of capitalism. New York: Macmillian, 1986. p. 20.

Já os custos de transação *ex post contractus* são os seguintes:[91] a) custos de má adaptação incorridos quando as transações se desviam do planejado; b) custos de rediscutir os preços se esforços bilaterais feitos para corrigir estes desvios; c) custos de ajuste e de funcionamento associados com as estruturas de governo às quais são levadas as disputas; d) custos de vinculação de dar efeito a compromissos seguros.

Assim, custos de transação são os riscos e incertezas provocados por incoerência de comportamento ou por falta de informação, bem como aqueles decorrentes da falta de cooperação, isto é, o tempo, esforço e recursos empregados desnecessariamente para solucionar estes problemas decorrentes da informação assimétrica. Em outras palavras, são os custos de realizar um negócio, já que o equivalente do termo inglês "transaction" significa "negócio". Assim como a economia neoclássica sustenta que o mercado opera sem custos de transação, os juristas também pressupõem que os negócios jurídicos ocorrem sem despesas para tanto. Segue classificação dos custos de transação, que tem por mera finalidade sintetizar as conclusões dos autores:

Custos *ex ante contractus:*

a) custos da informação:
- pesquisa;
- custos de avaliação.

b) custos de negociação;
c) custos de conclusão do contrato (tomada de decisão).

Custos *ex post contractus:*

d) custos de monitoramento do cumprimento dos contratos;
e) custos de rediscussão para ajuste do contrato.

Custos institucionais:

f) uso dos mecanismos de solução de controvérsias;
g) burocracia.

É importante notar que existem custos de transação elimináveis e custos de transação elevadíssimos ou proibitivos. Os custos de transação eli-

[91] WILLIAMSON, Oliver E. op. cit. p. 21.

mináveis são aqueles que podem ser mitigados por meio da redução da informação assimétrica. Já os custos de transação proibitivos são aqueles custos cuja eliminação é excessivamente difícil ou impossível. Enquanto os custos de procura, de negociação e de rediscussão para ajuste do contrato podem ser eliminados, ou mitigados, os custos de conclusão do contrato e do uso dos mecanismos de solução de controvérsias podem ser muito elevados; os custos de monitoramento do cumprimento dos contratos são quase impossíveis de serem reduzidos. Esta observação decorre da observação de Williamson[92] de que a informação assimétrica existe porque uma das partes sabe mais que a outra, mas, no entanto, é muito caro (proibitivo) revelar o que sabe.

2.2.2.1. Custos de Aquisição de Informações

Informações são fundamentais para a tomada de decisões da melhor forma possível. Do contrário, tudo seria mera loteria e o acerto da decisão não teria como ser previsto. Quanto menos informações uma pessoa tem, maior a incerteza e risco a que está submetida, assim como será maior a chance de cometer erros. Por outro lado, é comum que características de toda transmissão de informação – como a impossibilidade de compreendê-las por ausência de informações prévias para seu entendimento, ou o recebimento excessivo de informações – sejam custos de transação.

Os custos de aquisição de informações são um elemento importante na composição dos custos de transação.[93] Variam de uma pessoa para outra, de acordo com as capacidades prórpias de ter condições para obter informações e processá-las corretamente.[94] Sendo fundamental a informação relevante para a tomada da decisão, ainda que esteja disponível de forma organizada, integrada e de fácil acesso, faz-se necessária uma atividade: a pesquisa de informações.

No entanto, qualquer pesquisa está sujeita a dificuldades naturais, como o tempo gasto, o esforço necessário para conseguir as informações necessárias e os recursos necessários para tanto. Verifica-se que é sempre

[92] Williamson, Oliver E. op. cit. p. 82.

[93] Demsetz, Harold. op. cit. p. 141.

[94] Chan, Yuk-Shee; Leland, Hayne. Prices and qualities in markets with costly information. The Review of Economic Studies, v. 49, n. 4, p. 499-516, Oct. 1982. p. 499.

mais difícil obter uma informação adicional, devido aos esforços feitos para obter a informação anteriormente obtida. Portanto, a diferença no custo da informação pode acarretar diferentes tipos de comportamento nas pessoas.[95]

Sem a intervenção do princípio da boa-fé, restam dois modos de aquisição de informações: a informação obtida pelo consumidor por meio de sua pesquisa e a informação fornecida espontaneamente pelo vendedor.[96]

Em relação ao primeiro modo de aquisição de informações, ela existe pela necessidade de que se descubra quem quer vender e quem quer comprar. Quando os produtos e serviços são adquiridos com maior frequência por grande número de pessoas, não há tanta dificuldade de descobrir os vendedores, porque os custos de transação são baixos; mas se requer ênfase na pesquisa, isto é, maiores custos de transação, quando a frequência com que são adquiridos é menor. A procura pelo melhor produto com o menor preço requer em geral muito tempo, esforço e dinheiro para ir ao encontro dos diversos vendedores. Se todas as pessoas adquirissem frequentemente o que necessitam, provavelmente teriam adquirido um repertório de informações. Como visto acima, quando determinada transação não é feita com frequência, torna-se mais difícil a aquisição deste repertório de informações, o que acarreta o risco, surgindo custos de transação. Além disso, quando os custos de pesquisa são altos, as empresas oferecerão preços e contratos anticompetitivos.[97]

Há, no entanto, um limite para a pesquisa: se a diferença de preço e qualidade entre os produtos for pequena, a vantagem que se obterá com a melhor oferta se perderá com os esforços feitos para encontrá-la.[98] Em outras palavras, os custos de transação fazem com que não valha a pena

[95] NELSON, Phillip. Information and consumer behavior. The Journal of Political Economy, v. 78, n. 2, p. 311-329, Mar/Apr. 1970. p. 311.

[96] LANE, W.J.; WIGGINS, Steven N. Quality unicertainty, search and advertising. The American Economic Review, v. 73, n. 5, p. 881-894, Dec. 1983. p. 881.

[97] SCHWARTZ, Alan. Legal Implications of imperfect information in consumer markets. The Journal of Institutional and Theoretical Economics, Tübingen, v. 141, n. 1, p. 31-48, Mar. 1995. p. 32.

[98] ERICKSON, John R.; GOLDBERG, Victor P. Quantity and price adjustment in long-term contracts: a case study of petroleum coke. The Journal of Law and Economics, Chicago. v. XXX, n. 2, p. 369-398, Oct. 1987. p. 388.

descobrir o melhor preço. A propaganda é um meio natural de reduzir os custos de transação com a procura de vendedores e compradores. As pessoas podem anunciar que estão vendendo uma casa, ou um carro, na Internet; as empresas fazem anúncios nos meios de comunicação. Dessa forma economizam-se tempo, esforço e recursos. No entanto, nem toda propaganda é gratuita: tem seus custos e vale a pena fazê-la dentro de certos limites. De nada adianta os lucros das vendas serem consumidos com o seu pagamento. Por exemplo, anúncios em rádio, televisão e na Internet têm custos, aliás, de transação. Isto também dá margem ao abuso, que ocorre por meio da divulgação de informações inexatas, distorcidas, ou enganosas, o que também representa um custo para selecionar e evitar a tomada de decisão com base em informações erradas. Outros meios se dão pela própria experiência adquirida pela pessoa em situações passadas e por meio de testemunhos de terceiros.[99]

Como já mencionado anteriormente, a Internet ajudou a reduzir a praticamente zero os custos de transação em termos de aquisição de informações, pelo fato de que o acesso é gratuito. Não se paga nada – ao menos diretamente – para fazer uma pesquisa no Google. Pelos sites de comparação de preços se consegue obter com facilidade qual o menor preço – ainda que, lamentavelmente, se possa descobrir que determinado produto tem exatamente o mesmo preço em qualquer loja virtual, o que pode indicar prática anticompetitiva no mercado e violação da lei de defesa da concorrência. Também se pode, gratuitamente, descobrir o menor preço de um livro usado ou o quarto de hotel mais adequado à necessidade da pessoa. Do mesmo modo, os sites de reserva de hotéis: é possível saber, imediatamente, o valor das diárias de todos os estabelecimentos, como também a opinião dos usuários sobre as experiências que tiveram durante as hospedagens, o que ajuda enormemente a reduzir os custos de transação para os turistas. Aplicativos de transporte também reduzem os custos de transação em termos de aquisição da informação sobre a existência de um veículo e qual foi a experiência dos usuários anteriores com o uso do serviço do motorista.

Devido à racionalidade limitada, pode ocorrer que a abundância de informações represente custos de transação para a aquisição da infor-

[99] SPENCE, Michael. Consumer misperceptions, product failure and producer liability. The Review of Economic Studies, v. 44, n. 3, p. 561-572, Oct. 1977. p. 571.

mação. A hipótese mais simples é o destinatário das informações não ter conhecimento técnico para saber do que se trata a informação disponível. Sabe-se que se trata de uma mensagem, mas não se sabe qual é o seu conteúdo. Por exemplo, não adianta fornecer a um leigo um manual de instruções de um aparelho repleto de especificações redigido em linguagem técnica. Embora a pessoa esteja realmente abastecida de informações, nada disso faz qualquer sentido para ela. Daí ser necessário que se esclareça a informação para um perfeito entendimento.[100]

Já o segundo modo de aquisição de informações consiste no recebimento de informações relevantes e não relevantes em grande quantidade. As informações irrelevantes representam ruído, que pode dificultar ou até mesmo impedir a percepção e entendimento das informações relevantes. Neste caso pode ser humanamente impossível processar e organizar a informação sem erro, [101] o que gera inevitavelmente custos de transação.

Os custos de avaliação e medição das qualidades de um bem decorrem do fato de que, muitas vezes, a obtenção de informações requer a averiguação de sua exatidão. Difere da manipulação de *marketing*, que consiste em não esconder os atributos positivos e negativos do bem, mas de induzir às pessoas a pensar que receberão "compensações" pelo mal causado pelo produto, como acontecia à época em que se permitiam propagandas de cigarros[102] e bebidas alcoólicas, que induziam à pessoa a pensar que terão dinheiro e poder, se consumirem estes produtos.

Estes custos de avaliação e medição são produzidos pela necessidade de saber se determinado produto corresponde às informações prestadas pelo vendedor, em termos de quantidade, qualidade, materiais usados em sua fabricação, ou se foi fabricado conforme padrões de qualidade, higiene e segurança necessários. Com a maior complexidade dos produtos e serviços, a tendência é ficar cada vez mais difícil ao comprador obter estas

[100] Goldberg, Victor P. The economics of product safety and imperfect information. The Bell Journal of Economics and Management Science, v. 5, n. 2, p. 683-688, Autumm 1974. p. 684.

[101] Exemplo disso é a pesquisa de informações em mecanismos de busca, os quais, por um lado, fornecem informações gratuitamente e em abundância; por outro lado, a dificuldade de selecionar as informações relevantes das irrelevantes, assim como as verdadeiras das falsas.

[102] No Brasil, a Lei nº 9.294, de 15 de julho de 1996, proíbe o anúncio de cigarros nos meios de comunicação.

informações para realizar sua avaliação, levando-os a adquirir produtos errados, inadequados, ou indesejados.[103] Por isso costumam-se fornecer amostras grátis e *test-drives* aos consumidores, para reduzir-lhes os custos de transação decorrentes da avaliação e medição das qualidades. Muitas vezes a experimentação substitui a pesquisa de informações, pois é mais fácil ou mais barato arriscar comprar determinado produto e avaliá-lo – se for bom, compra-se o mesmo da próxima vez; se for ruim, tenta-se outro produto – a ter que buscar mais informações sobre o mesmo.[104] Além disso, os bens e serviços podem ter defeitos ocultos, que talvez nem mesmo o vendedor tenha consciência de sua existência, ou porque são muito elevados os custos para o desenvolvimento de pesquisas sobre o produto. Daí o mecanismo de preços ser importante para o funcionamento da economia. Trata-se de um mecanismo de atribuição indireta das qualidades de um bem ou serviço. Em vez de especificar os atributos do bem ou serviço, é mais fácil atribuir-lhe um preço sobre o mesmo. Também há a dificuldade natural de comparar bens e serviços similares. Os compradores podem encontrar dificuldades nesta tarefa por não terem condições de sopesar as semelhanças e as diferenças entre os mesmos.[105] A compra de um automóvel usado, por exemplo, pode exigir a vistoria de um mecânico, para saber se o automóvel está realmente em boas condições, ou se o vendedor está vendendo para transferir os prejuízos que terá adiante, caso continue com o mesmo. Pode ser impossível à parte tentar obter estas informações, tais como a realização de testes de qualidade em laboratórios.

Há situações em que nem mesmo o vendedor sabe os atributos do bem que está vendendo. A aquisição de uma empresa, por exemplo, é um exemplo disso. É preciso conferir sua situação por meio de auditorias jurídicas e contábeis. Isso exige a contratação de advogados e contadores. Portanto, produzem-se custos de transação. Akerlof[106] referiu-se ao "custo da desonestidade", que consiste no fato de que existem produtos vendidos no mercado, de forma honesta e de forma desonesta e que não é possível, muitas vezes, verificar de imediato a qualidade dos mesmos. Isso atrapa-

[103] Schwartz, Alan. op. cit. p. 32.
[104] Nelson, Phillip. op. cit. p. 312.
[105] Lane, W. J; Wiggins, Steven N. op. cit. p. 881.
[106] Akerlof, George A. op. cit. p. 495-497.

lha o bom desempenho dos mercados, e explicaria por que nos países em desenvolvimento o mercado de crédito cobra juros mais altos em comparação com o mercado de crédito nos países desenvolvidos.

Outro problema relativo à informação é o risco de uma pessoa ter que confiar na informação fornecida pela outra parte, que é diretamente interessada no fato. São os problemas enfrentados pelos tomadores de decisão – o exemplo mais comum é o do juiz – em que o resultado daquela afetará o próprio informador. Por isso surgem mecanismos de produção de concorrência de ideias, por exemplo, o princípio do contraditório no processo – para que se estimule o aparecimento da verdade.[107]

2.2.2.2. Custos de Negociação

As negociações são processos necessários para a conclusão de diversos tipos contratuais. Consistem em procedimentos realizados pelas partes, com ou sem método, destinados a revelar informações sobre suas intenções e descobrir as intenções da outra parte. Não se confundem com persuasão, embora possam fazer uso dela. O direito estabelece o surgimento da obrigação, que se dá com a declaração da vontade do sujeito. Em se tratando de contratos, em que se faz necessário o acordo de manifestações de vontade, os livros jurídicos pouco se preocupam com o meio pelo qual as partes chegam a esse acordo. No máximo, referências aos acertos obtidos antes da assinatura do contrato são feitos; mesmo assim, o enfoque é no resultado obtido, não no meio usado.

A formação do acordo de vontades ocorre com a convergência de interesses de cada uma das partes. No início, cada parte tem seus próprios interesses e procura fazer com que os seus interesses prevaleçam perante a outra. Para a obtenção do consenso, portanto, é preciso negociação, o que significa, em outras palavras, produzir um conjunto comum de informações suficientes para que se possa formar esse acordo. Em geral, as pessoas negociam de maneira simples: estabelecem limites para si mesmas – por exemplo, até que valor aceitam comprar ou vender – e anunciam à outra parte, conforme a posição que ocupa na relação, um valor maior ou menor. Um vendedor sempre vai cobrar mais caro e um comprador sempre vai

[107] Milgrom, Paul; Roberts, John. Relying on the information of interested parties. The RAND Journal of Economics, v. 17, n. 1, p. 18-32, Spring 1986. p. 19.

oferecer menos. Aos poucos, as partes vão jogando, como se estivessem em um "leilão", propondo valores até que obtenham um valor em comum.

O processo de negociação serve também para que se conheça melhor a outra parte. O grande problema – talvez um dos principais problemas do estado de informação assimétrica – é a impossibilidade de obtenção de informações sobre os antecedentes da outra parte. Aqui se verifica um problema de seleção adversa. Muitas vezes é praticamente impossível saber se a outra parte é honesta ou não, porque obviamente não irá revelar sua falta de caráter e suas más intenções, e como há o dolo na conduta, agem de forma ardilosa. Existem métodos de negociação, que procuram levar uma das partes a investigar os interesses da outra, e assim, obter de modo mais satisfatório e eficaz o consenso necessário para a realização do negócio. Esta investigação dos interesses da outra parte pode facilitar a identificação de interesses escusos da outra parte, e, assim, evitar prejuízos no futuro. Todavia, negociar implica custos. Pelo fato de que todas as informações não são disponibilizadas à outra parte imediatamente, gasta-se tempo, dinheiro e realizam-se esforços para que se atinja um determinado nível de informações necessárias à obtenção do consenso. São gastos com viagens e contratação de negociadores.

Os custos de negociação decorrem do estado de informação assimétrica, mas também da falta de cooperação em fornecer voluntariamente as informações necessárias para a formação do contrato. Assim, pode-se dizer que os custos de negociação consistem nos custos de transação decorrentes de não conhecer os verdadeiros interesses da outra parte, para que se forme ou não o acordo de vontades.

2.2.2.3. Custos de Conclusão do Contrato

Apesar dos esforços na obtenção de informações por meio da pesquisa e da negociação, a conclusão do contrato pode representar uma fonte de custos de transação para as partes. É possível não se obter um número suficiente delas para a tomada de decisão, devido à racionalidade limitada das partes em processar as informações que recebeu e transmitiu, assim como as limitações naturais do processo de negociação. Também pode ocorrer das informações obtidas não terem sido corretamente processadas pela parte, ou terem sido fornecidas informações falsas durante o processo de negociação. Na realidade, portanto, o estado de informação assimétrica entre as partes permanece, ainda que em menor grau, ou com outra configuração. É pertinente a afirmação de Barzel[108] de que não é possível afirmar que uma pessoa fez bom ou mau uso da informação, porque não há como saber exatamente se está agindo corretamente ou não.

A permanência do estado de informação assimétrica faz com que exista incerteza e, portanto, risco na tomada da decisão de concluir ou não o contrato e, consequentemente, custos de transação. Não saber exatamente tudo sobre a pessoa da outra parte, ou se esta está agindo com dolo, nem sempre ser possível conhecer os atributos do bem e serviço negociado. Não ter entendido corretamente as informações obtidas e não compreender exatamente os interesses da outra parte, ou não ter deixado claro a esta quais são seus próprios interesses, tudo isso faz com que a tomada de decisão sobre a conclusão do contrato represente custos de transação. A consequência será a quebra do contrato, porque este deixará de ser um instrumento de salvaguarda dos interesses das partes.[109] Pode ocorrer o contrário: o estado de informação assimétrica faz com que só reste a uma das partes confiar naquilo que a outra passou ou deixou de passar, a fim de tomar sua decisão. Esse estado de informação assimétrica faz com que a pessoa tome uma decisão errada, que lhe traga prejuízos no futuro.

2.2.2.4. Custos de Monitoramento do Cumprimento dos Contratos

Os custos de monitoramento do cumprimento dos contratos são aqueles decorrentes do acompanhamento da conduta das partes do negócio. Em contratos de execução instantânea, o custo de monitoramento é menor; em contratos de execução continuada, obviamente os custos de monitoramento serão maiores.

O primeiro custo de transação aqui relacionado deve-se à informação assimétrica em relação à outra parte, no tocante à possibilidade de saber se a outra pessoa irá cumprir o que prometeu, ou se terá condições de cumprir o contrato. Essa descoberta não costuma ocorrer logo após a conclusão do contrato. Leva-se algum tempo para descobrir-se a verdade e constatar se a outra parte estava sendo oportunista no relacionamento

[108] Barzel, Yoram. Some fallacies in the interpretation of information costs. The Journal of Law and Economics, v. XX, n. 2, p. 291-307, Oct. 1977. p. 291.

[109] Hekathorn, Douglas D.; Maser, Steven M. Bargaining and the sources of transaction costs: the case of Government Regulation. Journal of Law, Economics and Organization, v. 3, p. 69-98, Spring 1987. p. 80.

contratual. Infelizmente isso ocorre na prática empresarial, em que funcionários, pressionados por seus superiores, são forçados a fechar contratos, mesmo sabendo que não serão cumpridos. O grande problema está nos contratos em que são feitos grandes investimentos para o seu adimplemento, como a aquisição de máquinas destinadas ao aumento de produção de uma indústria, e a contratação de novos funcionários. Esta situação de incerteza sobre o futuro do contrato gera riscos e, portanto, custos para o monitoramento do adimplemento.[110]

Sem dúvida, a situação de monitoramento da conduta da parte contrária poderia evitar prejuízos, caso soubesse dos problemas desta, ou fosse informada sobre os mesmos. No entanto, há a impossibilidade da parte "culpada" de revelar estas informações, pelo fato de que é altamente custoso para ela em termos de consequências da revelação, por se tratar da hipótese da mãe falsa do julgamento salomônico, que não pode revelar a verdade.[111]

2.2.2.5. Custos de Rediscussão para Ajuste do Contrato

Durante a execução dos contratos, cada parte vai adquirindo informações não só sobre a conduta da outra, mas também sobre contingências relativas à alteração das circunstâncias negociais, as quais não podiam ser previstas na ocasião da celebração do contrato, seja pela racionalidade limitada das partes ou por fatos extraordinários.

A ocorrência de lacunas contratuais pode ocorrer, sendo necessária a realização de ajustes na relação contratual. De acordo com Klein,[112] a incerteza implica a existência de um grande número de contingências possíveis, sendo muito caro reconhecê-las e especificá-las no contrato. Pode até mesmo ser impossível prevê-las. Por isso, costuma-se deixar para resolver as lacunas contratuais à medida que forem surgindo.[113]

[110] Holmstrom, Bengt. Moral hazard and observability. The Bell Journal of Economics, v. 10, n. 1, p. 79-91, Spring 1979. p. 74.

[111] Williamson, Oliver E.. The economic... op. cit. p. 82.

[112] Klein, Benjamin. Transaction cost determinants of 'unfair' contractual arrangements. The American Economic Review, v. 70, n. 2, p. 356-362, May 1980, p. 356.

[113] Goldberg, Victor P. Regulation and administered contracts. The Bell Journal of Economics, v. 7, n. 2, p. 426-448, Autumn 1976. p. 428.

Dessa forma, incorrem-se nos custos de renegociação dos contratos, bem como nos custos do uso dos mecanismos de solução de controvérsias abaixo mencionados, quando for necessária a intervenção de um terceiro para resolver a lacuna. No entanto, devido à dificuldade do ser humano processar todas as informações e prever todas as situações possíveis no mundo, muitas pessoas e empresas passaram a estabelecer suas relações contratuais sem apelo ao contrato escrito, fundando a relação na confiança e na boa-fé.[114]

2.2.2.6. Uso dos Mecanismos de Solução de Controvérsias

O contrato não cumprido, além dos prejuízos causados por este fato, traz custos enormes para requerer a sua execução forçada pelo Poder Judiciário.

Em primeiro lugar, há custos com honorários advocatícios e despesas judiciais. Há, sobretudo, uma grande perda de tempo para solucionar-se a questão, o que gera incerteza sobre os efeitos da decisão final no futuro. Constituem custos de transação o anacronismo de certas normas processuais, que permitem uma série de recursos protelatórios da decisão, bem como a impossibilidade de prever qual das partes vencerá a disputa judicial. A incerteza sobre o cumprimento da decisão final é outro fator que influi nestes custos. O desgaste da disputa judicial também pode trazer outros custos, tais como o abalo do relacionamento comercial entre as partes. A publicidade dos atos judiciais faz com que a imagem da pessoa ou da empresa seja afetada, ao ser tachada de tecnicamente incompetente ou de inadimplente.

2.2.2.7. Burocracia

Conforme se verá abaixo, as instituições são capazes de reduzir os custos de transação. Porém, há instituições que podem aumentá-los. A burocracia, por ser um comportamento irracional e vantajoso apenas para o burocrata, acaba aumentando a incerteza da relação entre as partes. As consequências são o aumento do risco e dos custos de transação. Tempo e esforços são perdidos desnecessariamente para escapar de seus efeitos,

[114] Cf. Macaulay, Stewart. Non-contractual relations in business: a preliminary study. American Sociological Review, v. 28, n. 1, p. 55-67, Feb. 1963.

isso quando não ocorre a corrupção ativa e passiva, o que constitui mau uso de recursos.

2.3. Instituições

O terceiro postulado fundamental da nova economia institucional é que as instituições influenciam o desempenho econômico.

Aqui ocorre uma tentativa de abertura metodológica da economia, ao procurar não só levar em conta a existência de outras variáveis que afetam o desempenho econômico, como o reconhecimento da racionalidade limitada dos seres humanos em processar informações, a existência de informação assimétrica e o reconhecimento dos custos de transação. Assim como a cada dia os juristas vêm reconhecendo que o direito sofre limitações de ordem econômica, por outro lado também a nova economia institucional procura reconhecer as limitações institucionais – sobretudo as jurídicas – no funcionamento da economia.[115]

2.3.1. Conceito de Instituição

O conceito de instituição está presente tanto no senso comum, como no âmbito científico. Naquele, instituições são organizações com estrutura própria que realizam atividades de interesse social. Por exemplo, as instituições religiosas, as escolas, hospitais, associações, os poderes do Estado, entre outros exemplos.

Porém, para a sociologia, o termo tem significado mais amplo. Instituições são processos e modelos de comportamento social estruturados e vinculantes. Como se pode perceber, não são entidades físicas, ou estabelecimentos. Abrangem organizações, mas não se confundem com estas. Compreendem todos os modelos de comportamento e não só aquelas que se manifestam em organizações, abrangendo os tabus, os rituais e línguas.[116]

Para Douglas,[117] instituição é, especificamente, um ordenamento de relações sociais em modelos regulares, ou um sistema de normas de com-

[115] Coase, Ronald H. Economics and contiguous disciplines. The Journal of Legal Studies, v. VII, n. 2, p. 201-222, Jun. 1978. p. 211.

[116] Cavalli. Alessandro. Istituzioni. Processi e Tipologia. (verbete). *In:* Enciclopedia delle Scienze Sociali. v. 5. Roma: Istituto della Enciclopedia Italiana, 1996. p. 122.

[117] Douglas, Mary. Istituzioni. Problemi teorici. (verbete) *In:* Enciclopedia delle Scienze Sociali. v. 5. Roma: Istituto della Enciclopedia Italiana, 1996. p. 126.

portamento fundados em princípios, impondo sanções para quem viola estas normas e recompensas para quem as confirma. Einsenstadt[118] define instituições como princípios reguladores que organizam a maioria das atividades dos indivíduos de uma sociedade. Para Mendras,[119] as instituições, além de constituírem um conjunto de normas que se aplicam na sociedade, definem o que é legítimo e o que não é nesse sistema. De acordo com Anderson e Parker,[120] todas as sociedades institucionalizam práticas sociais, regulando e padronizando suas atividades internas, para que se convertam nos métodos formais e estabelecidos de conduta social.

As instituições impõem um comportamento de grupo destinado à consecução de determinados fins importantes para seus membros, de natureza material, intelectual ou espiritual, por meio de normas, leis e valores relativamente estáveis, de mudança lenta, socialmente coercitivos, e que conferem estrutura à vida humana.

Também se costuma substituir a definição de instituição por processo de institucionalização, que significa a consolidação de certos valores, sanções e organizações que regulam o acesso a diferentes posições e estabelecem certas normas de intercâmbio.[121] Recasens Siches[122] apontou que as instituições se regem por normas que organizam sua estrutura e prescrevem determinadas condutas a seus membros. Nelas os seres humanos desenvolvem, além de relações não reguladas, relações reguladas por normas estabelecidas e que possui, quanto ao grupo, unidade funcional e estrutural, ou somente funcional. Não são, portanto, apenas o conjunto de seres humanos que as compõem, mas sim o conjunto de relações sociais entre seus membros. As regras que as estruturam e que impõem condutas aos seus membros podem ser de natureza consuetudinária, como o caso de religiões, mas também podem ser de natureza jurídica, como os parla-

[118] Einsenstadt, Shmuel N. Instituciones sociales: concepto (verbete) *In:* Sills, David L. (org). Enciclopedia Internacional de las Ciencias Sociales. v. 6. Edición Española. Madrid: Agullar, 1974. p. 85.

[119] Mendras, Henri. Princípios de sociologia. Uma iniciação à análise sociológica. 4. ed. Rio de Janeiro: Zahar Editores, 1975. p. 114.

[120] Anderson, Walfred A.; Parker, Frederick B. Uma introdução à sociologia. Tradução: Álvaro Cabral. Rio de Janeiro: Zahar Editores, 1975. p. 247.

[121] Einsenstadt, Shmuel N. op. cit. p. 91.

[122] Recasens Siches, Luis. Tratado de sociologia. Tradução: Prof. João Baptista Coelho Aguiar. Porto Alegre: Globo, 1965. p. 542-545.

mentos. A institucionalização de um grupo ocorre quando as normas, leis e valores que compõe a instituição se cristalizam, assumindo caráter de estabilidade. Porém, o grau de institucionalização depende de diversos fatores, dentre os quais os graus de aceitação da parte da sociedade, os de interiorização de suas regras nos indivíduos, a maior ou menor rigidez do controle social que consegue imprimir à sociedade e o tipo e da intensidade das sanções que impõe.[123]

Embora existam para a satisfação das necessidades humanas, as instituições são uma forma de controle social e se impõem aos indivíduos que a compõem, dentro de seu âmbito de poder.[124] O indivíduo nasce imerso em diversas instituições, cujas regras foram criadas por seus antepassados, as quais devem ser obedecidas. Por exemplo, o Estado. Não é possível a cada indivíduo celebrar um contrato social com as demais pessoas. Deve aceitar as liberdades, os direitos e deveres estabelecidos.

As instituições têm as seguintes características:

a) buscam a consecução de determinados fins (unidade funcional);
b) têm estabilidade e longa duração no tempo;
c) têm estrutura organizada;
d) impõem a seus membros a realização de determinadas condutas;
e) têm existência independente dos indivíduos que a integram em determinado momento;
f) acumulam um conjunto de experiências humanas.

Por meio das instituições, os grupos sociais buscam a satisfação de necessidades ou desejos de caráter permanente, como a subsistência, a transmissão de cultura e a regulamentação de condutas e comportamentos.[125] Por serem necessidades constantes, as instituições têm estabilidade e longa duração no tempo. Por exemplo, um ônibus em uma viagem leva um grupo de pessoas e todas elas têm o mesmo propósito, a mesma necessidade, que é ir de um lugar para outro. No entanto, quando o ônibus chegar ao seu destino, o grupo se desfaz. Uma igreja também reúne um grupo de pessoas com o mesmo propósito. Por ser uma necessidade constante,

[123] Cavalli, Alessandro. op. cit. p. 124.

[124] Weber, Max. Fundamentos da sociologia. 2. ed. Porto: Res, 1983. p. 112.

[125] Freyre, Gilberto. Sociologia: Introdução ao estudo dos seus princípios. Tomo 1. 4. ed. Rio de Janeiro: José Olympio, 1967. p. 148-149.

adquire estabilidade e longa duração no tempo.[126] Isso explica o fato de as religiões com maior número de adeptos existirem há milênios. Embora as instituições sejam pré-estabelecidas, não são petrificadas. Quando uma instituição passa a não atender plenamente às necessidades das pessoas, sofre alterações de modo a adequar-se aos tempos atuais.[127]

Outra característica das instituições é possuírem um conjunto comum de experiências humanas que fazem parte de seu patrimônio, as quais podem ser de caráter técnico-material, psicológicas, ou de caráter social.[128] Elas têm sempre uma história, da qual são produtos. É impossível compreender adequadamente uma instituição sem entender o processo histórico em que foi produzida.[129]

As instituições são necessárias para a vida em sociedade, porque o ser humano não tem os meios biológicos necessários para dar estabilidade à conduta humana.[130] Ao estabelecerem condutas para seus membros, tipificam papéis sociais para os indivíduos, de tal modo que cada um sabe o que fazer, e também pode esperar o que a outra pessoa irá fazer, o que confere maior estabilidade à vida social, aliviando os indivíduos de tensões e poupando-lhes de aprender a todo momento como comportar-se em sociedade e relacionar-se com as demais pessoas:

> A vantagem mais importante [da existência de instituições] é que cada qual será capaz de predizer as ações do outro. Concomitantemente, a interação de ambos torna-se predizível. (...) Isto liberta ambos os indivíduos de uma considerável quantidade de tensão. Poupam tempo e esforço não apenas em qualquer tarefa externa em que estejam empenhados, separada ou conjuntamente, mas em termos de suas respectivas economias psicológicas. Sua vida conjunta define-se agora por uma esfera ampliada de rotinas supostas naturais e certas. Muitas ações são possíveis em um baixo nível de atenção. Cada ação de um deles não é mais uma fonte de espanto e perigo

[126] Cavalli, Alessandro. op. cit. p. 122.

[127] Gusmão, Paulo Dourado de. Manual de sociologia. 6. ed. revista e aumentada. Rio de Janeiro: Forense Universitária, 1983. p. 68.

[128] Recasens Siches, Luis. op. cit. p. 550.

[129] Berger, Peter L.; Luckmann, Thomas. A construção social da realidade: tratado de sociologia do conhecimento. Tradução: Floriano de Souza Fernandes. 18. ed. Petrópolis: Vozes, 1985. p. 79.

[130] Berger, Peter L.; Luckmann, Thomas. op. cit. p. 75.

> potencial para o outro. Em vez disso, grande parte do que está sendo feito reveste-se da trivialidade daquilo que para ambos será a vida cotidiana. Isto significa que os dois indivíduos estão construindo um fundamento no sentido acima exposto, que servirá para estabilizar suas ações separadas e sua interação.[131]

Existem diversos tipos de instituições. Há aquelas de cunho econômico, que controlam a aquisição, troca, e circulação de bens e serviços. Mercado é instituição, porque é um sistema de regras por meio do qual a circulação de bens e serviços é feita.[132] As instituições políticas regulam a transmissão e o exercício do poder. O parlamento é o principal exemplo. Há ainda as instituições religiosas, que são mediadoras do ser humano com o sagrado, por exemplo, as igrejas.[133] Deve-se atentar para o fato de que a instituição não é apenas o lugar físico, mas sim as relações que se fazem nestes lugares.

Com efeito, o conceito de instituição não pode ser dissociado do ponto de vista jurídico. O direito em muito contribuiu para com as definições sociológicas de instituição. Do ponto de vista jurídico, instituição tem dois significados. O primeiro deles, que é o mais antigo, é um conjunto de regras relativas a um determinado fato jurídico.[134] A palavra instituição é de origem latina (*instituere/instruere*) e significa ensino, instrução, regra, princípio. É comum tratar como sinônimos os termos instituição jurídica e instituto jurídico. Os manuais de direito, desde a Antiguidade, denominam-se instituições.

Ao consultar-se o Código Civil, verifica-se um conjunto de regras sobre determinado fato jurídico. Há regras sobre capacidade, contrato, propriedade, posse, sociedade, a família, casamento, união estável, herança, entre outros. Ao consultar-se o Código Penal, há regras sobre a configuração de crime e imputação de penas. O Código Tributário Nacional traz regras sobre tributos e constituição da regra-matriz de incidência tributária.

[131] BERGER, Peter L.; LUCKMANN, Thomas. op. cit. p. 82.

[132] CAVALLI, Alessandro. op. cit. p. 123.

[133] BOUDON, Raymond; BOURRICAUD, François. Dicionário crítico de sociologia. Tradução: Maria Letícia Guedes Alcoforado e Durval Ártico. 2. ed. São Paulo: Atica, 2001. p. 302.

[134] MIRANDA, Francisco Cavalcanti Pontes de. Tratado de direito privado. v. I. Rio de Janeiro: Borsói, 1954. p. 124.

O Código de Processo Civil dispõe sobre a ação, a jurisdição e o processo. Cada uma destas categorias é chamada de instituto jurídico:

> A propriedade é uma instituição, na medida em que, sob este termo, se compreende a somatória de condutas uniformes dos membros do grupo social, em relação a coisas a que se atribuem valor econômico; e é uma instituição jurídica, pois tal comportamento é definido em suas linhas básicas por expressões normativas de natureza jurídica.[135]

De acordo com Pontes de Miranda,[136] a apresentação esquemática da instituição, em torno da relação jurídica, dá-lhe o perfil e ao mesmo tempo serve à comparação das instituições, de que se extraem conhecimentos sobre o ramo de direito a que pertencem.

O princípio da boa-fé é um instituto jurídico, porque implica a observância de uma série de comportamentos às partes e dela surgem várias funções e regras específicas.

As instituições foram objeto de estudo dos juristas no início do Século XX. Desenvolveu-se na Europa a escola institucionalista, inspirada na sociologia, que defende a ideia de direito não jurídico, que surge espontaneamente na sociedade, anterior ao Estado de Direito como organizador social. Esta concepção é oposta à concepção normativista, de acordo com a qual se sustenta que a realidade do direito é a norma jurídica, e que aquele cria a ordem existente na sociedade. Seus dois principais expoentes são Maurice Hauriou e Santi Romano. O conceito de instituição de Hauriou e a classificação que propôs, inclusive, são referências dentro da própria sociologia.

A teoria da instituição de Hauriou parte do princípio de que as instituições representam no direito a categoria da duração, da continuidade e do real, e que fundamenta juridicamente o próprio Estado.[137] Para ele, nos tempos em que os grupos viviam em tribos, clãs, o direito era consuetudinário: não era a expressão da vontade. Com o passar dos tempos, as

135 Coelho, Luiz Fernando. Teoria das instituições (verbete). *In:* França, Rubens Limongi (coord.). Enciclopédia Saraiva do Direito. v. 44 (Indivisibilidade do Imóvel Rural – Instituições de Direito). São Paulo: Saraiva, 1977. p. 512.

136 Miranda, Francisco Cavalcanti Pontes de. op. cit. p. 124.

137 Hauriou, Maurice. La teoría de la institución y de la fundación (Ensayo de vitalismo social). Tradução: Arturo Enrique Sampay. Buenos Aires: Abeledo-Perrot: 1968. p. 31.

organizações políticas foram se aprimorando e desenvolveram sua personalidade jurídica. Só a partir deste momento é que a regra de direito passou a existir.[138]

No entender de Hauriou, o direito não cria instituições sociais.[139] Elas surgem espontaneamente. O meio social age por inércia para a manutenção das instituições, ao reforçar as iniciativas de quem as adota, e reprovar e inibir, quem as contesta. Mas não têm poder para criar-se por si só. Por isso mesmo a teoria jurídica da instituição é oposta à teoria contratualista, em que por meio da vontade de seus membros se reorganiza a ordem social. A definição proposta por ele é a seguinte:

> Uma instituição é uma ideia de obra ou de empresa que se realiza e dura juridicamente no meio social; para a realização desta ideia, organiza-se um poder que procura pelos órgãos necessários; por outra parte, entre os membros de grupo social interessado na realização da ideia, produzem-se manifestações de comunhão dirigidas pelos órgãos do poder e regulamentadas por procedimentos.[140]

Podem-se notar nesta definição as características das instituições apontadas pelos sociólogos. A finalidade, a duração, o conjunto de ideias, as regras que estruturam a instituição e que impõem condutas (procedimentos) aos seus membros, bem como a ideia de poder interno.

Hauriou ainda fez uma classificação das instituições em dois tipos: as instituições personificadas e as instituições não personificadas. As instituições personificadas, ou instituições-pessoas, são aquelas em que, além da obra a realizar no grupo social, há o poder organizado a serviço da realização desta e manifestações de comunhão que se produzem no grupo social a respeito da ideia de sua organização.[141] Exemplos de instituições dessa natureza são o Estado, as associações, os sindicatos. As instituições não personificadas, ou instituições-coisas, são aquelas em que não há um elemento de poder organizado para realizar a ideia da instituição. Ou ainda

[138] Hauriou, Maurice. op. cit. p. 34.

[139] Hauriou, Maurice. op. cit. p. 37.

[140] Hauriou, Maurice. op. cit. p. 39-40.

[141] Hauriou, Maurice. op. cit. p. 41.

que exista um poder nesse sentido, é exterior à instituição. O principal exemplo apontado por Hauriou é a norma jurídica.[142]

Santi Romano também analisou as instituições sob o viés sociológico. Para ele, instituição é todo ente ou corpo social com existência objetiva e concreta e individualidade exterior e visível.[143] Não perde sua identidade com a mudança de seus membros. Porém, vai mais longe ao vislumbrar uma relação entre direito e instituição, ao estudar o conceito de ordenamento jurídico. Nesse sentido, a instituição é um ordenamento jurídico, uma esfera mais ou menos completa de direito objetivo.[144] O direito se concretiza nas instituições. O ordenamento jurídico consiste em um conjunto de instituições, ou todo ordenamento jurídico é uma instituição e vice-versa.

Há, portanto, semelhança entre os conceitos sociológico e jurídico de instituição. Ambos decorrem de uma evolução histórica, da coletânea de experiências ao longo de décadas ou séculos. O enfoque normativo também é outra característica. Tanto do ponto de vista sociológico, quanto do ponto de vista jurídico, as instituições visam ao controle da conduta humana, a fim de obterem-se determinados fins. O descumprimento destes comportamentos sempre provoca sanções. As diferenças entre ambos os conceitos são de enfoque: enquanto a sociologia se concentrará no grupo, o direito se concentrará nos efeitos do comportamento e suas consequências.

2.3.2. Instituições e Nova Economia Institucional

Para a nova economia institucional, o termo "instituição" é considerado em seu sentido mais amplo possível, abrangendo as instituições políticas, organizacionais e jurídicas, sejam elas formais ou informais. A religião, a cultura, os usos e costumes sociais, a linguagem, são instituições. O direito é uma instituição. Os institutos jurídicos, como o direito de propriedade, o contrato, a responsabilidade civil, o casamento, também são instituições. Enfim, tudo aquilo que representar uma limitação à conduta humana é considerado instituição. Nessa tese, o princípio da boa-fé, considerado

[142] Hauriou, Maurice. op. cit. p. 40.

[143] Romano, Santi. L'ordinamento giuridico: studi sul concetto, le fonti e i caratteri del diritto. Parte prima. Pisa: Tipografia Editrice Ca. Mariotti, 1917. p. 35.

[144] Romano, Santi. op. cit. p. 40.

uma instituição, será estudado de que forma as limitações que este impõe, contribuem para a redução dos custos de transação.

As instituições interferem no desempenho econômico, porque reduzem as incertezas da convivência social. Impõem comportamentos às pessoas, decidindo previamente quais serão as condutas e aumentando a previsibilidade das demais pessoas em suas relações sociais. Modificam o resultado das relações sociais onde não há cooperação natural entre as pessoas.

O principal estudioso sobre o papel das instituições é Douglass C. North. Seu livro "Instituições, Mudança Institucional e Desempenho Econômico" constitui uma síntese dos postulados da nova economia institucional, ao procurar elaborar uma teoria sobre as instituições e de que maneira elas contribuem para melhorar o desempenho econômico, ao reduzirem os custos de transação decorrentes do estado de informação assimétrica e de falta de cooperação.

A preocupação de North era com o desempenho das economias em geral. Na opinião dele, os economistas não têm conseguido explicar de forma satisfatória a existência de economias díspares, como a dos países desenvolvidos em relação aos países em desenvolvimento.[145] Ele entendeu que o problema é a falta de compreensão sobre o que são a coordenação e a cooperação humanas. A tese dele é que, quando não vale a pena cooperar, o desempenho econômico é baixo. No mundo de hoje, a situação que faz com que as pessoas cooperem é difícil de acontecer, porque:

> (...) em um mundo de alta tecnologia, da especialização enorme e grande divisão de trabalho, tudo aquilo caracterizado pelo intercâmbio impessoal, é extremamente raro, porque não necessariamente precisamos fazer operações repetidas, nem conhecer a outra parte, nem tratar com um número reduzido de pessoas. Na realidade, a essência das trocas impessoais é a antítese da (...) cooperação teórica.[146]

Por isso, é preciso fazer com que as pessoas comecem a cooperar, por meio de instituições. Ele sustentou que os esforços de inserir as instituições no raciocínio econômico poderão complementar o enfoque teórico

[145] NORTH, Douglass C. Instituciones, cambio institucional y desempeño economico. Tradução: Augustin Barcena. Ciudad de Mexico: Fondo de Cultura Economica, 1994. p. 23.
[146] NORTH, Douglass C. op. cit. p. 25.

da economia neoclássica. Assim, para North,[147] instituições são as regras do jogo em uma sociedade, limitações idealizadas pelo ser humano que dão forma à interação humana. Incluem todos os tipos de limitação que os seres humanos criam para dar forma a essa interação humana. Reduzem a incerteza, porque proporcionam uma estrutura à vida diária. Constituem um guia para a interação humana em uma determinada sociedade. Definem e limitam o conjunto de escolhas dos indivíduos. Fornecem um incentivo estrutural para a economia. Modelam a direção da mudança econômica rumo ao crescimento, ou ao declínio.[148]

A ideia principal de North é que, quando os custos de transação são insuportáveis, surgem instituições para obrigar os indivíduos a mudarem seus comportamentos, de tal forma que os custos de transação sejam reduzidos para níveis aceitáveis. Nessa perspectiva, existem para suplementar as imperfeições do mercado. Há instituições que reduzem custos de transação, como também há instituições que aumentam custos de transação, por exemplo, as que exigem inspeções inúteis ou as que não asseguram a efetividade dos direitos.[149]

A mudança social provoca a mudança institucional, a qual consiste em ajustes marginais ao conjunto de regras, normas e cumprimento obrigatório que constituem as instituições.[150] O quadro institucional atual, que antes era eficiente, pode vir a se tornar ineficiente, devido à evolução social. Assim, requer-se uma mudança na limitação institucional, a qual poderá alterar os custos de transação.[151] Pode ser necessária uma mudança nas instituições formais, por exemplo, uma nova lei; ou também mudanças nas limitações informais, as quais vêm com o tempo.

Como diversos estudiosos já notaram, a carga da história influencia demais a vida das pessoas. Muitos hábitos surgidos há séculos perpetuam tanto situações eficientes, quanto situações ineficientes. Ao fato dos hábitos anteriores influenciarem a tomada de decisões no presente se dá o nome de "via da dependência".

[147] North, Douglass C. op. cit. p. 13-14.
[148] North, Douglass C. op. cit. p. 97.
[149] North, Douglass C. op. cit. p. 88.
[150] North, Douglass C. op. cit. p. 110.
[151] North, Douglass C. op. cit. p. 114-115.

North deu exemplos de inovações que ocorreram na Europa, que reduziram os custos de transação. Essas inovações foram de três tipos: 1) aquelas que aumentavam a mobilidade do capital; 2) aquelas que reduziram os custos de informação; 3) aquelas que dispersaram o risco. São exemplos a limitação da usura, o desenvolvimento dos títulos de crédito, a disciplina da representação, a impressão dos preços das mercadorias e a padronização dos pesos e medidas.

A história econômica mostra que as inovações institucionais decorreram de quedas dos custos de transação, as quais permitiram a captura de maiores ganhos do comércio e consequente expansão dos mercados. Os países em desenvolvimento são, em geral, pobres, porque suas limitações institucionais definem uma série de contingências em matéria política e econômica que não encorajam a atividade produtiva.

É interessante encontrar, a partir das observações de North, uma explicação para o fato de que muitas vezes as doutrinas jurídicas ou teorias econômicas desenvolvidas nos Estados Unidos e Europa nem sempre funcionam como se esperavam, porque as instituições sociais influem no resultado final. Ou seja, a importação acrítica das teorias significa o uso de um texto fora de seu contexto, o que pode ser desastroso.

Os economistas apontam em seus trabalhos os efeitos das instituições sobre o desempenho econômico, ainda que forma assistemática e pontual.

No texto em que tratou sobre o mercado dos "limões", Akerlof[152] apontou algumas instituições voltadas à redução da informação assimétrica. O *franchising* é o primeiro exemplo. O consumidor sabe que, ao dirigir-se a determinado estabelecimento pertencente à rede, encontrará os produtos da marca desta, o preço em geral será o mesmo, dispensando a pesquisa entre diversos estabelecimentos da mesma rede, o atendimento será de determinada forma, e assim por diante. O segundo exemplo dado é a expedição de certificados e prêmios. Como não é possível aferir diretamente a quantidade e qualidade do conhecimento que cada um tem, esta medida é feita de forma indireta por meio destes títulos. As marcas são o terceiro exemplo. Por meio delas o consumidor pode saber, de forma indireta, os atributos qualitativos dos bens e serviços que deseja adquirir. Em relação

[152] AKERLOF, George A. op. cit. p. 499.

a estas últimas, Klein e Leffer[153] sutentaram que as marcas têm uma função de evitar a desonestidade dos vendedores, porque, se o produto de determinada marca não corresponder às suas especificações e expectativas que produziu, a tendência é o consumidor não comprá-lo mais.

Sobre o papel das instituições jurídicas na determinação dos custos de transação, é interessante o estudo de Ronald Gilson sobre o papel dos advogados.[154] As pessoas em geral consideram os serviços advocatícios como "custos de transação", tendo em vista os elevados valores cobrados a título de honorários. Porém, pode-se ver a mesma questão sob ponto de vista diverso, considerando os advogados como "engenheiros de custos de transação". Isto porque os advogados protegem seus clientes de riscos e os ajudam a realizar negócios da melhor maneira.[155]

Em condições competitivas, o mercado incentiva que se reduzam custos de transação. Nesse sentido, de acordo com Gilson,[156] a relação entre custos de transação e conhecimento jurídico dos advogados, está na capacidade destes últimos em criar uma estrutura transacional que reduza estes custos e, portanto, resulte, em preços mais exatos. Além disso, os advogados reduzem a distância entre o mundo perfeito, sem custos de transação, com o mundo real, onde há custos de transação, permitindo que tudo ocorra da melhor maneira possível.[157]

Por isso, continou Gilson,[158] os advogados deveriam conscientizar seus clientes para o fato de que os contratos que elaboram, contribuem para a redução dos custos gerais da transação, tendo em vista que o valor total da mesma será o valor da coisa em si, acrescidos dos valores dos custos de transação. E também critica as faculdades de direito, que não proporcionam a devida atenção para a formação de profissionais aptos a negociar e, portanto, reduzir custos de transação.

[153] KLEIN, Benjamin; LEFFER, Keith B. The role of market forces in assuring contractual performance. Journal of Political Economy, v. 89, n. 4, p. 615-641, Aug. 1981. p. 619.

[154] GILSON, Ronald J. Value creation by business lawyers: legal skills and asset pricing. Yale Law Journal, New Haven. v. 94, n. 2, p. 239-313, Dec. 1984.

[155] GILSON, Ronald J. op. cit. p. 242 e 294.

[156] GILSON, Ronald J. op. cit. p. 255.

[157] GILSON, Ronald J. op. cit. p. 294.

[158] GILSON, Ronald J. op. cit. p. 272.

3. Distinções da Nova Economia Institucional com Áreas Afins

Concluída a exposição dos postulados da nova economia institucional, será feita a distinção entre esta em relação à antiga economia institucional e a análise econômica do direito.

3.1. Antiga Economia Institucional x Nova Economia Institucional

Os economistas filiados à nova economia institucional insistem em estabelecer diferenças entre si e os antigos economistas institucionais, como Veblen, Commons, Mitchell, Ayres e Galbraith. Por esta razão, afirmam a existência de uma "nova" economia institucional, e não, uma continuação da economia institucional.

A primeira diferença é que a antiga economia institucional desejava ser uma alternativa à economia neoclássica, como metodologia do pensamento econômico, como de fato o foi. Contestava os pressupostos neoclássicos que até hoje estão presentes nos raciocínios econômicos. Já a nova economia institucional não pretende ser uma alternativa ao pensamento neoclássico. Quis apenas aprimorar os modelos neoclássicos, ao procurar levar em conta a existência de informação assimétrica, custos de transação, e que as instituições, tanto formais (como o direito), quanto informais (como a moral, os costumes, entre outros), exercem influência no comportamento econômico.

A segunda diferença se refere à argumentação usada pelos autores.[159] Enquanto a antiga economia institucional vale-se da argumentação literal, a nova economia institucional tende a usar a matemática para descrever seus modelos (econometria). Com efeito, diversos autores que tratam de problemas apontados pela nova economia institucional iniciam sua argumentação em linguagem humana e depois reescrevem o que disseram em linguagem matemática, com forte apelo ao cálculo. No entanto, as ideias centrais da nova economia institucional, como a informação assimétrica, os custos de transação e o papel das instituições no desempenho econômico – foram apresentados em linguagem natural, sem apelo à matemática.[160]

[159] Rutherford, Malcolm. Institutions in economics: the old and the new institutionalism. Cambridge: Cambridge University Press, 1994. p. 7-8.

[160] Na nossa opinião, os textos que usavam a matemática para tentar explicar determinados fenômenos econômicos são, no fundo, de baixa qualidade científica, pois: 1) seus autores se

A terceira diferença[161] diz respeito ao referencial adotado na análise. A antiga economia institucional seria holista, ao enfocar como as estruturas sociais interferem na ação individual, enquanto a nova economia institucional seria individualista, ao procurar explicar os fenômenos sociais, inclusive a formação de instituições a partir da ação individual. No mesmo sentido, a antiga economia institucional entende o comportamento dos indivíduos a partir das restrições impostas pelas instituições, enquanto a nova economia institucional entende o comportamento humano como a busca do seu próprio interesse, apesar das restrições institucionais. Isso se explica pelo fato de que a antiga economia institucional tradicionalmente foi ligada à sociologia, enquanto a nova economia institucional não conseguiu se desprender da concepção individualista, que fortemente marca a economia neoclássica. De acordo com Hodgson,[162] a despeito do adjetivo "nova" economia institucional, para se dissociarem da "antiga" economia institucional, esta última seria mais moderna, porque a "nova" economia institucional usa modelos de ação humana individualistas, elaborados durante o Iluminismo, enquanto os postulados da ação humana para a "antiga" economia institucional desenvolveram-se no século seguinte.

3.2. Nova Economia Institucional x Análise Econômica do Direito

A análise econômica do direito – também conhecido por *Law and Economics* – existe desde o Século XVIII.

De acordo com Posner,[163] existiam dois ramos de análise. O primeiro deles surgiu com Adam Smith, quando estudava os efeitos da restrição do comércio provocados pelo direito e de cuja análise o direito concorrencial é derivado. Envolve atualmente a análise dos mecanismos de patentes, regulação de serviços públicos, tributos e comércio internacional.

mostram completamente ignorantes sobre o direito, inclusive o direito do país onde vivem; 2) procuram defender situações irrelevantes, e que nunca ocorrem, justamente pela existência de normas jurídicas que disciplinam o fato analisado; 3) entendem ser verdadeiras suas teses por conseguirem traduzir uma oração escrita em linguagem natural em equações que usam cálculo integral.

[161] RUTHERFORD, Malcolm. op. cit. p. 27.

[162] HODGSON, Geoffrey M. op. cit. p. 176.

[163] POSNER, Richard A. Some uses and abuses of Economics in Law. The University of Chicago Law Review, Chicago. v. 46, n. 2, p. 281-306, Winter 1979. p. 281.

O segundo deles surgiu com Bentham, ao analisar leis que regulam o comportamento não mercadológico, como crimes, acidentes, poluição e processos políticos. Sua crença era a de que se poderia usar o modelo do comportamento de maximização do auto interesse na explicação de comportamentos não econômicos, por exemplo, a punição criminal.

Na década de 1960 foram escritos trabalhos sobre análises econômicas destes comportamentos não mercadológicos. Gary Becker escreveu sobre a discriminação racial; Guido Calabresi analisou a responsabilidade civil e Coase, sobre o custo social.[164] Este artigo de Coase teria despertado o interesse dos economistas e a partir daí proliferaram as análises econômicas sobre o direito. A geração seguinte de estudiosos da análise econômica do direito voltou-se para a aplicação da teoria dos jogos como ferramenta metodológica. Hoje em dia, além de Coase, o grande representante da análise econômica do direito foi Richard.

Ao partir do princípio da maximização do autointeresse na explicação de comportamentos não mercadológicos, a ênfase da análise econômica do direito acabou exacerbando o papel da eficiência como valor preponderante. Para agravar a situação, afirmou-se que o *common law*, entendido como o direito produzido pelos juízes, era mais eficiente na atribuição dos recursos, o que gerou diversas críticas.[165] Posner defendeu-se afirmando que no caso dos Estados Unidos o *common law* era o meio mais eficaz de atribuição dos direitos, do que outras instituições sociais naquele país,[166] e não que o direito norteamericano era superior ao direito dos demais países.

Para Posner,[167] não haveria distinções entre a análise econômica do direito e a nova economia institucional. Ambas são os dois lados de uma mesma moeda. As diferenças apontadas não são verdadeiramente diferenças. São apenas questões de enfoque e vocabulário.

[164] POSNER, Richard A. op. cit. p. 281.

[165] BECKER, Gary. Law or Economics?. The Journal of Law and Economics, Chicago. v. XXXV, n. 2, p. 455-468, Oct. 1992. p. 459.

[166] POSNER, Richard A. Economic analysis of Law. 5. ed. New York: Aspen Law & Business, 1998. p. 27.

[167] POSNER, Richard A. The new Institutional Economics meets Law and Economics. The Journal of Institutional and Theoretical Economics, Tübingen, v. 149, n, 1, p. 73-87, Mar. 1993. p. 74.

Com efeito, há semelhanças e diferenças entre ambas as correntes. Elas têm o mesmo referencial teórico: a economia neoclássica. Outro aspecto é a relevância para a eficiência. Enquanto a análise econômica do direito procura identificar as fontes de eficiência e ineficiência dos comportamentos não mercadológicos, apontando sugestões para o aumento daquela quando possível, a nova economia institucional, por sua vez, tem como pano de fundo a eficiência, ao mostrar que as instituições sociais e as mudanças institucionais visam ao seu aumento.

Já as diferenças entre ambas são sutis. A análise econômica do direito procura apontar o grau de eficiência das instituições, enquanto a nova economia institucional procura mostrar que os modelos econômicos não são reais, chamando a atenção para a necessidade de levar em conta a influência da informação assimétrica, custos de transação e das instituições nos modelos econômicos da escola neoclássica.

2. O Princípio da Boa-Fé: Considerações Gerais

1. Introdução

A boa-fé é um conceito jurídico do qual muito se fala, mas cujo significado nem sempre se consegue precisar. Muito antiga na cultura ocidental, enraizada no linguajar coloquial, foi empregada na solução de problemas que nem sempre guardavam relações entre si. A doutrina encontrou dificuldades para defini-la. Vouin,[168] por exemplo, dizia que a expressão boa-fé não tinha um sentido perfeito e, se houvesse uma definição única de boa-fé, esta só poderia ser vaga e imprecisa. Sacco,[169] na mesma linha, afirmou que, da forma pela qual a doutrina da boa-fé vinha se desenvolvendo até então, qualquer definição seria válida. Puente y Lavalle[170] também expressou a mesma dúvida:

> Segue a dúvida a respeito do que é realmente o princípio da boa-fé. É a ausência de dolo ou culpa? É honradez? É sinceridade? É colaboração? É fidelidade? É veracidade? É moralidade? Realmente parece ser tudo isso junto, tanto que assim que, com diversos matizes, apresentam-se tanto na boa-fé objetiva quanto na boa-fé subjetiva (...).

[168] Vouin, Robert. La bonne foi: notion et rôle actuels en droit privé français. Paris: LGDJ, 1939. p. 38.

[169] Sacco, Rodolfo. La buona fede nella teoria dei fatti giuridici di diritto privato. Torino: G.Giapicchelli, 1949. p. 3.

[170] Puente y Lavalle, Manuel de la. El contrato en general. Comentarios a la Sección Primera del Libro VII del Codigo Civil. Primera Parte (Artículos 1351 a 1413). Tomo II. Biblioteca Para leer el Codigo Civil. Vol. 11. S.L. Lima: Pontificia Universidad Catolica del Peru. Fondo Editorial, 1991. p. 26.

Menezes Cordeiro[171] apontou a mitificação da boa-fé, por esta ser uma "noção vaga, carregada de história, rica em implicações emotivas e objeto de utilização alargada, embora de contornos pouco conhecidos", ensejando o desenvolvimento de um discurso eloquente, mas vazio de conteúdo. Apesar das dificuldades de conceituação, Junqueira de Azevedo[172] chamava a atenção para o fato de a boa-fé ter grande aplicação na vida prática do povo brasileiro, pois se nota que as expressões "boa-fé" e "má-fé" são muito usadas quando se comenta a conduta pessoal na realização de negócios jurídicos. Por ser um valor importante nas relações sociais, ela aparece em três sistemas de ordenação da convivência humana: a religião, a moral e o direito. O direito ora se valeu de noções religiosas de boa-fé, ora de noções éticas de boa-fé, conforme a época histórica e a finalidade para a qual se invocava esta ideia. Nos dias atuais, tem-se uma boa-fé jurídica, que tende a não mais se apoiar nas suas homólogas religiosa e ética. Por outro lado, o discurso sobre a boa-fé, devido à importância que se dá a essa instituição jurídica, está saturado e sobrecarregado de redundâncias informacionais, dando-se muita importância ao que não é mais tão importante, em especial ao que se fez no século XX, o que faz, de certo modo, com que se perca de vista o modo como esta evita problemas, quando respeitada, e como os problemas são solucionados, quando esta é violada.

1.1. Definições Religiosas e Morais de Boa-fé

No contexto religioso, a boa-fé apareceu em duas épocas históricas. A primeira delas foi na religião romana, por meio da deusa Fides.[173] Entre aquele povo, o ato de dar as mãos não era somente uma saudação. Era um ato que respaldava compromissos. Com as mãos entrelaçadas, fazia-se o *ius iurandum* (juramento), do qual resultava o *foedus* (aliança). Não só isso, esse ato também representava a presença no santuário da deusa Fides, perante a qual os romanos se obrigavam a agir com honestidade e

[171] CORDEIRO, Antonio Manuel da Rocha e Menezes. Da boa fé no direito civil. 2. reimpressão. Coimbra: Almedina, 2001. p. 41.

[172] AZEVEDO, Antonio Junqueira de. A boa-fé na formação dos contratos. Revista de Direito do Consumidor. São Paulo, n. 3, p. 78-87, set./dez. 1992. p. 85.

[173] BRANDÃO, Junito de Souza. Fidelidade (verbete). *In:* BRANDÃO, Junito de Souza. Dicionário mítico-etimológico da mitologia e da religião romana. Petrópolis: Ed. Vozes e Ed. UnB, 1993. p. 144.

lealdade. Pelo fato da cultura ocidental ser tributária da cultura greco-romana, a palavra *fides* é raiz das palavras fé, fidelidade e confiança. Tempos depois, Fides também passou a simbolizar a justiça. Cícero, em uma passagem de "Dos Deveres", afirmou que o "[o] alicerce da justiça é a boa-fé, ou seja, a sinceridade nas palavras e a lealdade nas convenções. (...) Cremos que fé vem de fazer, porque se faz o que se diz".[174] A boa-fé consiste, nessa perspectiva, em um estado de coerência, de concordância, de conformidade entre duas manifestações externas de um mesmo indivíduo, entre sua palavra e seus atos. Até hoje a boa-fé manifesta-se como fidelidade à palavra dada. Essa ideia foi incorporada pelo direito da época para garantir a força obrigatória dos contratos, impedindo-se que qualquer das partes voltasse atrás em sua palavra; assim, a boa-fé garantia que *pacta sunt servanda*, brocardo inexistente à época. Em Roma, não havia maior prova da boa-fé do que cumprir o que prometeu.[175] Também se nota a influência da Fides em outros institutos jurídicos, como *o fideicomissum* (fideicomisso) ou a *fiducia cum creditore*, da qual proveio a atual propriedade fiduciária e que conserva até os dias atuais este caráter de confiança.[176]

A segunda época histórica em que se usou a boa-fé em um contexto religioso foi com o direito canônico. Nessa época, era entendida como ausência de pecado.[177] Nesse sentido, desenvolveu-se a regra *mala fides superveniens nocet*. Além disso, os canonistas viam o direito de um ponto de vista subjetivo, em que era relevante a pureza da intenção.[178] As Decretais de Gregório IX fizeram com que qualquer acordo, inclusive os *pacta nuda*, desprovidos de ação, tivessem força obrigatória, dando origem ao princípio do consensualismo.[179] Isso resultou na ideia de que todos os contratos

[174] CÍCERO, Marco Tulio. Dos deveres. Tradução: Alex Martins. São Paulo: Martin Claret, 2005. p. 37.

[175] VOUIN, Robert. op. cit. p. 69.

[176] POVEDA VELASCO, Ignácio Maria. A boa-fé na formação dos contratos (direito romano). Revista de Direito Civil, Imobiliário, Agrário e Empresarial. São Paulo. v. 16. n. 61, p. 35-42, jul./set. 1992. p. 37.

[177] CORDEIRO, Antonio Manuel da Rocha e Menezes. op. cit. p. 154.

[178] TRAZEGNIES GRANDA, Fernando de. Desacralizando la Buena Fé en el Derecho. *In:* CORDOBA, Marcos M. (Org). Tratado de la buena fe en el derecho. v. 2. Buenos Aires: La Ley, 2004. p. 21.

[179] POVEDA VELASCO, Ignácio Maria. op. cit. p. 40.

eram *bona fidei*, desaparecendo a então distinção destes com os contratos *stricti iuris* a partir do Século XVIII.

As legislações também se socorreram na moral para definir a boa-fé. Aliás, buscou-se deliberadamente este apoio como meio de promover o avanço do direito sem que houvesse necessidade de mudança legal, porque o uso de definições de boa-fé fortemente inspiradas na moral, tem forte apelo emocional, conferindo legitimidade à argumentação. Volansky[180] definiu a boa-fé como o aspecto social da honestidade, em que se analisa o estado de consciência resultante da conformidade existente entre a vida humana e a moral. Sacco[181] entendeu a boa-fé como consciência de agir da pessoa honesta ou a vontade de não lesar o próximo. Colombo,[182] por sua vez, disse que a boa-fé seria um *standard* de comportamento que reflete a moralidade do tempo e lugar em que é considerada. Larenz,[183] em definição amplamente conhecida, indicava que o personalismo ético, base da capacidade e autodeterminação, seria incompleto sem um elemento ético-social, no caso, o princípio da boa-fé. Alípio Silveira[184] definiu a boa-fé como um conceito ético-social, que se refere à moralidade na conduta dos indivíduos; agir de boa-fé significaria valorar moralmente esta conduta. Por fim, Camila Gonçalves considerou que a ideia aristotélica de ética como conduta, fez com que a boa-fé, em sentido ético, tivesse significado de amor e respeito à verdade, não de modo absoluto, mas relativo – no sentido aristotétlico de mesotes – pois é condizente com a boa-fé a possibilidade do uso da mentira em nome de um bem maior, como, por exemplo, a defesa da vida.[185]

[180] VOLANSKY, Alexandre. Essai d'une définition expressive du droit basée sur l'idée de bonne foi. Paris: Librairie de Jurisprudence Ancienne e Moderne. Edouard Duchemin, L. Chauny e L. Quinsac, Sucesseurs, 1930. p. 190.

[181] SACCO, Rodolfo. op. cit. p. 12.

[182] COLOMBO, Sylviane. The implications of good faith in culpa in contrahendo. 1990. Tese (Doutoado em Direito). Yale Law School, 1990. p. 59.

[183] LARENZ, Karl. Derecho Civil. Parte general. Tradução e Notas: Miguel Izquierdo y Macías-Picavea. Madrid: Editorial Revista de Derecho Privado e Editoriales de Derecho Reunidas, 1978. p. 58.

[184] SILVEIRA, Alípio. A boa-fé no Código Civil. v. 1. São Paulo: Editora Universitária de Direito, 1972. p. 10.

[185] GONÇALVES, Camila de Jesus Mello. Princípio da boa-fé: perspectivas e aplicações. Rio de Janeiro: Elsevier, 2008. p. 131.

Durante o Século XX esta concepção moral sobre boa-fé foi, infelizmente, usada por regimes totalitários. De acordo com Colombo,[186] o estudo da base legal e ideológica da boa-fé no nazi-fascismo é essencial para qualquer discussão sobre a possibilidade de aplicação de noções estendidas de boa-fé no mundo moderno.[187] No nazismo, esse conceito foi usado como instrumento de propagação da ideologia do regime no ordenamento jurídico, bem como para promover a discriminação de judeus naquela época.[188] Para tanto, procurou-se substituir a origem romana da boa-fé por valores de origem puramente germânica no seu sistema jurídico e *Treu und Glauben* (boa-fé) foi um tema conveniente para tanto. Ao pesquisarem a raiz não romana da boa-fé, chegou-se à conclusão de que a fidelidade do direito germânico, oriunda das relações de vassalagem, era mais profunda que sua equivalente romana. A fidelidade era ligada à honra pessoal do vassalo que se obrigava para com o senhor. Sua infração levava à desonra e ao banimento, o que era estranho à *bona fides*.[189] Além disso, como explicou Jaluzot,[190] a doutrina nacional-socialista interpretou as cláusulas gerais com os "novos valores", tais como a ideia de comunidade, ou de sentimento jurídico, a fim de infiltrar estes valores na lei já posta. É por isso que elas foram consideradas o fundamento mais apropriado para pôr em obra o velho direito com um novo conteúdo. Conforme Reifner,[191] a boa-fé no Código Civil alemão tornou-se o fundamento de uma ordem jurídica

[186] COLOMBO, Sylviane. op. cit. p. 133.

[187] No entender de Sylviane COLOMBO, nazismo e fascismo são particularmente ricas fontes de insights nos mais profundos aspectos da política machista cultural do mundo, e caracterizam-se por terem valores patriarcais, pouca introspecção, extremismo e violência, reproduzindo a visão freudiana do filho contra o pai. (COLOMBO, Sylviane. op. cit. p. 133)

[188] ZIMMERNANN, Reinhard; WITTAKER, Simon. Good faith in European Contract Law: surveying in the legal landscape. *In:* ZIMMERMANN, Reinhard; WITTAKER, Simon (Orgs). Good faith in European Contract Law. Cambridge: Cambridge University Press, 2000. p. 21-22.

[189] JALUZOT, Béatrice. La bonne foi dans les contrats. Étude comparative de droit français, allemand et japonais. Paris: Dalloz, 2001. p. 16.

[190] JALUZOT, Béatrice. op. cit. p. 48.

[191] REIFNER, Udo. Good faith: interpretation or limitation of contracts? The power of german judges in financial services Law. *In:* BROWNSWORTH, Roger; HIRD, Norma J.; HOWELLS, Geraint (Orgs). Good faith in contract: concept and context. Ashgate, Darmouth, 1999. p. 291.

separada. Referências diretas ao "Programa do Partido" foram permitidas para preencher o conteúdo do princípio da boa-fé.[192]

No fascismo, a ideia era de unidade e coesão da nação como fundamento político-social, valendo-se da noção orgânica de solidariedade humana, com o intuito de promover justiça social.[193] Para assegurar a unidade, o Estado fascista era estruturado como se fosse uma família patriarcal, tendo o *Duce* como cabeça. O direito contratual desse regime limitava significativamente a autonomia da vontade. A liberdade de contratar somente podia ser exercida quando fosse em benefício de todos[194] e a boa-fé não escapou desta influência. De acordo com Colombo,[195] na Itália a boa-fé não teria sido somente o elemento básico da filosofia jurídica daquela época, mas também um dos alicerces ideológicos do regime, modelo da organização social fascista.[196] Nesse sentido, o art. 1175 do Código Civil italiano de 1942, que impõe às partes um comportamento segundo a *correttezza* (lealdade), incluía a disposição de que esta seria em conformidade com as regras da "solidariedade corporativa". Tal expressão foi revogada logo após a queda do regime.

Ainda que não tivesse havido mau uso destes conceitos nestes regimes totalitários, existem dificuldades naturais para o estabelecimento dos limites entre ética e direito. Tudo isso contribuiu para que surgissem inúmeras objeções às definições morais de boa-fé. De acordo com

[192] De acordo com Udo REIFNER, a boa-fé foi usada para reduzir ou excluir pensões de cidadãos judeus, pois não se podia dar-lhes segundo a boa-fé a oportunidade de participar da riqueza criada pela nação germânica, o que provocou a paulatina segregação destes de seus colegas, ao ficarem privados de suas fontes e deixados em total insegurança. (REIFNER, Udo. op. cit. p. 289-290)

[193] COLOMBO, Sylviane. op. cit. p. 138 e 148.

[194] D'EUFEMIA, Giuseppe. L'autonomia privata e suoi limiti nel diritto corporativo. Milano: Giuffrè, 1942. p. 10-11.

[195] COLOMBO, Sylviane. op. cit. p. 134.

[196] Em maio de 1940 realizou-se em Pisa um congresso sobre princípios gerais. A escolha do tema não era ao acaso, porque a solução individualizada do fascismo para modificar o caráter neutro do código foi aquela de fazê-lo preceder de uma série de princípios gerais que impunham respeitar a ideologia fascista e iluminar o conteúdo de normas individuais. Teria sido mérito dos civilistas daquele tempo ter impedido a realização deste programa. (PATTI, Salvatore. Fascismo, Codice Civile ed Evoluzione del Diritto Privato. Rivista del Diritto Commerciale e del Diritto Generale delle Obbligazioni, Padova. v. 96, n. 7-8, p. 543-564, lugl./ago. 1998)

Corradini,[197] desde a época da escola da exegese, o apelo a fórmulas retóricas perdeu espaço no direito, ocorrendo o desinteresse pelo conceito de boa-fé, restringindo-se o âmbito de eficácia desta. Sacco[198] chamou a atenção para o fato de que não se pode falar que boa-fé é honestidade e lealdade, sem antes definir o que estas palavras significam. Para Gorphe,[199] a boa-fé estaria no campo do direito; seu equivalente na moral seria a boa-vontade. Para ele, esta não seria um conceito exclusivamente jurídico, mas sim, uma qualidade da vontade em geral. Outra crítica feita[200] é que a boa-fé pressupõe a honestidade, mas não se confundiria com esta, nem em seu ponto de partida, nem por seus fins. Honestidade consiste na busca do bem, para si e para o interesse moral ou a perfeição do indivíduo. Boa-fé, por seu turno, consiste na verdade a observância e busca do bom ou do útil, para manter as relações sociais e tornar possível o estado de sociedade civil. No mesmo sentido, Trazegnies Granda,[201] ao sustentar que o direito moderno não tem por objeto tornar os seres humanos bons, mas apenas que não sejam socialmente maus, condenando o exercício da liberdade de modo tal que se coloque a sociedade em perigo.

Romain[202] indicou outra razão para a não coincidência entre boa-fé moral e boa-fé jurídica: o direito exige segurança jurídica. Se fosse possível anular todo contrato com base na falta de boa-fé da outra parte, a maior parte deles seria desfeito. Para Colombo,[203] a boa-fé poderia levar a exigência de que não haja mais atores comerciais, mas sim, camaradas, resultando em uma interferência injustificada por parte de terceiros. Como lembrou Ruy Rosado de Aguiar Júnior,[204] a boa-fé não serve tão-só para a

[197] CORRADINI, Domenico. Il criterio della buona fede e la scienza del diritto privato: dal Codice Napoleonico al Codice Civile Italiano del 1942. Milano: Giuffrè, 1970. p. 68.

[198] SACCO, Rodolfo. op. cit. p. 5.

[199] GORPHE, François. Le principe de la bonne foi. Paris: Dalloz, 1928. p. 6.

[200] VOLANSKY, Alexandre Al. op. cit. p. 190-191.

[201] TRAZEGNIES GRANDA, Fernando de. op. cit. p. 24.

[202] ROMAIN, Jean-François. Théorie critique du principe général de bonne foi en droit privé: des atteintes à la bonne foi, en Général, et de la fraude, en particulier ("Fraus omnia corrumpit"). Bruxelas: Bruylant, 2000. p. 113.

[203] COLOMBO, Sylviane. op. cit. p. 273.

[204] AGUIAR JUNIOR, Ruy Rosado de. A boa-fé na relação de consumo. Revista de Direito do Consumidor, São Paulo, n. 14, p. 20-27, abr./jun. 1995. p. 22.

defesa do débil. Também tem por objetivo orientar a ordem econômica, podendo fazer com que se façam prevalecer interesses contrários aos daquele, quando necessário.

A íntima relação entre os conceitos moral e jurídico de boa-fé, que se formou ao longo dos tempos, causou dificuldades para a doutrina diferenciá-las nestas duas ordens de comportamento humano. Isso se deve mais à inadequação da pergunta do que propriamente ao problema em si. Isso porque a doutrina não se atentou para o fato de saber de que ética se estaria falando. Existem correntes sobre a ética, todas diferentes entre si. Muito provavelmente os adeptos da concepção moral da boa-fé se sentiriam incomodados com a utilização do utilitarismo ou do hedonismo como critério da moralidade da boa-fé, pois o resultado poderia ser diametralmente diferente do que se pretendia. Além disso, a liberdade prevê o direito de errar, de aprender com a experiência. O conceito de boa-fé, entendido como a moralização das relações jurídicas, pode tornar o indivíduo hipossuficiente e hiperdependente da sociedade para resolver seus problemas. Por isso só deve interferir quando necessário à proteção razoável das pessoas. Sem dúvida que a moral influi na criação do direito, não só em matéria de boa-fé, mas como em qualquer outro princípio jurídico. Falar que não existe uma boa-fé jurídica, ou que o princípio da boa-fé é somente moral, é, sem dúvida, um exagero. Define-se boa-fé como lealdade, mas isso é um círculo vicioso, pois também não se sabe ao certo o que é lealdade, ou se lealdade significa boa-fé.

Com efeito, a aproximação do conceito de boa-fé com a moral deu-se com o intuito de suprir as deficiências do direito civil da época. Quem é ético, fala a verdade, coopera e não lesa terceiros. No entanto, a descoberta das origens dos problemas jurídicos que levaram à invocação da boa-fé dispensa a invocação de conceitos morais na solução destes problemas. Ademais, o uso de conceitos morais para atenuar a eficácia jurídica de determinadas regras foi um rudimento da chamada interpretação teleológica da norma jurídica, que hoje encontra suporte doutrinário mais aprimorado, com o desenvolvimento do conceito de princípios jurídicos.

1.2. Definições Jurídicas de Boa-Fé

No âmbito do direito, o primeiro tipo de definição jurídica de boa-fé manifesta-se como proibição do dolo. No Digesto diz-se que *fides bona contraria est fraudi et dolo.* (D,17,2,3,3) Má-fé e dolo seriam, neste sentido, sinônimos. Agir com dolo significa agir de má-fé; agir de boa-fé é agir sem dolo. Agir com dolo é ter a intenção de causar dano; agir sem dolo é evitar causar danos. Agir de má-fé é saber que está agindo mal, ou, propriamente, agir mal. O aspecto mais importante é o fim que o agente busca ou a sua intenção. É neste sentido que as pessoas dizem estarem de boa-fé. Hoje em dia o dolo tem significado próprio e nenhuma referência à boa-fé se faz necessária para justificar a sua existência.

Outra tentativa de conceituação jurídica da boa-fé ocorreu nos Estados Unidos, em vista da inserção deste conceito na legislação comercial norte-americana. Robert Summers, em 1968, propôs-se a formular um conceito de boa-fé. Para ele, tratava-se de um termo vago, sem significado próprio. Com base em Aristóteles e em John Austin, a boa-fé atuaria como um "excluder": um termo jurídico que não tem significado próprio, mas exclui uma série de formas heterogêneas de má-fé.[205] Ele reconhecia que a boa-fé era aquilo que o juiz entendesse ser "boa-fé", mediante a descrição da conduta de má-fé.[206] Na opinião de Summers,[207] a boa-fé não pode ser definida em termos de honestidade, isto é, de forma positiva. Só existiria má-fé e a boa-fé seria o antônimo da má-fé. Para comprovar sua tese,[208] elaborou uma lista na qual há a conduta de má-fé e qual a sua tradução em termos de boa-fé:

[205] Summers, Robert S. Good faith in general contract Law and the sales provision of the Uniform Commercial Code. Virginia Law Review, v. 54, n. 2, p. 195-267, Mar. 1968. p. 196.

[206] Summers, Robert S. op. cit. p. 200.

[207] Summers, Robert S. op. cit. p. 206.

[208] Summers, Robert S. op. cit. p. 203.

Forma da Conduta de Má-Fé	**Significado de Boa-Fé**
Vendedor esconde um defeito naquilo que ele vende	Completa revelação de fatos materiais
Construtor intencionalmente falha em cumprir completamente, através de outro modo adimplemento substancial	Adimplemento substancial sem conhecimento desviando das especificações
Contratante abertamente abusa de seu poder de barganha para forçar um aumento do preço do contrato	Limitação do abuso do poder de barganha
Contratação de um corretor e deliberadamente impede-se-lhe de fechar o negócio	Agir de forma cooperativa
Falta consciente de diligência em mitigar os prejuízos da contraparte	Agir com diligência
Exercer, arbitrária e caprichosamente, o poder de denunciar o contrato	Agir sem justa causa
Adotar uma interpretação extensiva na interpretação da linguagem do contrato	Interpretar os termos do contrato com lealdade
Assediar a parte contrária para assegurar repetidamente a performance	Aceitar seguros adequados

Quadro 1: **"Lista de Summers"**

Patternson[209] criticou Summers, porque o conceito de "excluder" não funciona bem para um conceito como a boa-fé, nem para má-fé, já que ambos, por apresentarem dificuldade de conteúdo, seriam "substantive-hungry". Com efeito, a "Lista de Summers" consiste em tão-somente na descrição de problemas (condutas de má-fé) e seus reflexos no plano deontológico, onde as soluções jurídicas têm seu *locus*. Estas últimas, sob a forma da descrição das condutas diametralmente opostas, são os desdobramentos do princípio da boa-fé, que serão estudados adiante.

Também se costuma definir juridicamente a boa-fé a partir dos seus objetos de proteção: a confiança e a segurança nas relações jurídicas. De acordo com Gorphe,[210] isso se deu para conferir à boa-fé um aspecto mais

[209] Patternson, Dennis M. Wittgenstein and the Code: a theory of good faith performance and enforcement under Article Nine. University of Pennsylvania Law Review, v. 137, n. 2, p. 335-429, Dec. 1988. p. 348.

[210] Gorphe, François. op. cit. p. 24.

objetivo. Como explicou Larenz,[211] a convivência social não é possível sem a proteção da confiança que deve ser incentivada. Por isso, a boa-fé tornou-se o fundamento das relações humanas, pois é por meio desta que se promove a sua valorização. Para tanto, as pessoas devem fornecer informações precisas e considera-se ato ilícito o exercício do direito que frauda a expectativa alheia. Ademais, a boa-fé protege a aparência e sua finalidade é o aumento da segurança das relações jurídicas, facilitando a circulação de mercadorias e prestações.

Esta concepção de que a confiança é o objeto de proteção da boa-fé surgiu em 1923 com Stoll, ao associar o princípio da confiança à *culpa in contrahendo*. Tempos depois, esta ideia desenvolveu-se para fundamentar deveres de proteção à parte contrária durante o período anterior ao contrato.[212] Em 1950, Ballerstedt aprimorou esta ideia; posteriormente a *culpa in contrahendo* passou a ser considerada espécie de responsabilidade pela confiança, teoria desenvolvida por Canaris[213] na década de 1970, a qual se funda no princípio da boa-fé, ao impor a responsabilidade à pessoa que faz uma declaração a outra no contexto da formação do negócio jurídico, protegendo quem confiou na aparência de uma declaração. Mais recentemente, Frada também desenvolveu essa ideia de que a confiança é imprescindível à ordem jurídica, pois esta é pressuposto fundamental para a "coexistência ou cooperação pacíficas, isto é, da paz jurídica".[214]

Na década de 1990, definiu-se a boa-fé com base no conceito de dignidade da pessoa humana. Romain sustentou a existência de uma relação fundamental de direito, baseada na reciprocidade que deve existir entre os sujeitos de boa-fé, e que exige o respeito mútuo.[215] Este dever significa que cada um deve respeitar a personalidade do outro como se fosse a

[211] LARENZ, Karl. op. cit. p. 58-60.

[212] LARENZ, Karl. Metodologia da ciência do direito. Tradução: José Lamego. 3. ed. Lisboa: Fundação Calouste Gulbenkian, 1997. p. 602.

[213] CANARIS, Claus-Wilhelm. Autoria e participação na *culpa in contrahendo*. Revista de Direito e Economia, Coimbra, Anos XVI a XIX, p. 5-42, 1990-1993. p. 11.

[214] FRADA, Manuel Antonio de Castro Portugal Carneiro da. Teoria da confiança e responsabilidade civil. Coimbra: Almedina, 2004. p. 19.

[215] ROMAIN, Jean-François. op. cit. p. 51.

sua, já que ambas têm a mesma dignidade. [216] Teresa Negreiros[217] também entendeu que o princípio da boa-fé funcionaliza o princípio da dignidade da pessoa humana. Seria o instrumento por excelência do enquadramento constitucional do direito obrigacional, pois esta impõe o respeito aos interesses que a parte contrária espera obter.[218]

O conceito de boa-fé passou por transformações, que consistem na autonomia de determinadas regras que dele emanam, implicando o enxugamento de sua função e consequente redução de seu significado, sem, contudo, ter diminuído sua aplicação nos diversos casos concretos. O maior conhecimento das causas dos problemas que o princípio da boa-fé resolveu, fez com que se pudesse enunciar o seu significado com maior precisão e em harmonia com o ordenamento jurídico. Nos últimos tempos, nota-se o maior reconhecimento da íntima ligação entre a boa-fé e a economia. Giovanni Maria Uda[219] afirmou que a boa-fé tem como objeto uma conduta específica, consistente em um fazer ou em um não fazer, instrumental à busca da finalidade do contrato e à realização do programa contratual. Trazegnies Granda,[220] por sua vez, sustentou que a boa-fé consiste simplesmente em respeitar as condições nas quais o mercado opera e garantir o espaço de liberdade das pessoas para buscarem a satisfação de seu auto-interesse, sem prejuízo da coletividade.

Na nossa opinião, boa-fé significa agir corretamente, o que implica dizer: agir da melhor maneira. Ou, ainda, valendo-se da expressão italiana, agir ou comportar-se "secondo correttezza" ou, em português, lealdade. Dessa forma, a boa-fé impõe o bom andamento das relações jurídicas, mediante a inserção de deveres de coerência, informação e de cooperação, os quais, se respeitados, dificultam o comportamento oportunista, protegendo-se a confiança que naturalmente se desperta no contato social. Pensar em deveres de coerência, informação e de cooperação dispensa qualquer invocação de conceitos morais para dar significado ao princípio da boa-fé. Estes conceitos morais, que se propõem a resolver todos os pro-

[216] ROMAIN, Jean-François. op. cit. p. 802.

[217] NEGREIROS, Teresa Paiva de Abreu Trigo de. Fundamentos para uma interpretação constitucional do princípio da boa-fé. Rio de Janeiro: Renovar, 1998. p. 222.

[218] NEGREIROS, Teresa Paiva de Abreu Trigo de. op. cit. p. 270.

[219] UDA, Giovanni Maria. La buona fede nell'esecuzione del contratto. Torino: G. Giapicchelli (In Colaborazione con Unversità di Sassari – Facoltà di Giurisprudenza), 2004. p. 147.

[220] TRAZEGNIES GRANDA, Fernando de. op. cit. p. 28.

blemas jurídicos, são meros *topoi*, próprios para argumentações retóricas. Ademais, a boa-fé conduz a máxima eficiência procedimental, devido à redução do estado de informação assimétrica e dos custos de transação que proporciona.

2. Boa-Fé Subjetiva e Boa-Fé Objetiva

É comum a distinção entre a boa-fé subjetiva e a boa-fé objetiva. Aquela consiste em um particular estado psicológico, de acreditar que tem um comportamento conforme o direito. Trata-se de uma composição de interesses, ao conferir efeitos jurídicos a comportamentos decorrentes da falibilidade humana, mas que são úteis do ponto de vista socioeconômico.[221] Esta, por sua vez, consiste em um comportamento correto. Wieacker,[222] por exemplo, distinguia as figuras ao denominá-las de boa-fé psicológica e boa-fé ética.[223]

A boa-fé subjetiva remonta à Idade Média, quando os juristas daquela época estudaram os textos romanos sobre a boa-fé possessória. Discutia-se se bastava a boa-fé no início da posse, ou se deveria perdurar todo o tempo da mesma. Na Roma Antiga, bastava a boa-fé no início; mas no direito canônico, a boa-fé passou a ser exigida por todo o período.[224] Ali se começou a associar a boa-fé com erro e crença de não lesar terceiros.[225] Esta discussão foi retomada na Alemanha por volta de 1870 no âmbito de um processo judicial acerca de uma questão sucessória, no qual Bruns, pelo autor, e Wächter, pelo réu, elaboraram pareceres sobre a matéria. Este último reproduziu a parte teórica de seu parecer, atacando Bruns, sustentando que a boa-fé é um fato intelectivo, uma crença, que independe se se funda em erro de fato ou de direito. Isso se evidenciaria com passagens do Digesto, no qual há expressões como *putare, ignorare* e *nescire*. Bruns,

[221] Uda, Giovanni Maria. op. cit. p. 24.

[222] Wieacker, Franz. El principio general de la buena fé. Tradução: José Luis Carro. Prólogo de Luis Diez-Picazo. Madrid: Civitas, 1977. p. 14.

[223] Também se poderia falar em má-fé subjetiva, como o conhecimento de estar lesando direito alheio, ou a ignorância, quando lhe era possível saber da verdadeira situação jurídica, e má-fé objetiva, como a intenção de agir mal.

[224] Jaubert, Joseph. Des effets civils de la bonne Foi. Paris: A. Pedone Éditeur, 1899. p. 291.

[225] Alves, José Carlos Moreira. A boa-fé objetiva no sistema contratual brasileiro. Roma e América – Diritto romano comune: Rivista di Diritto dell'Integrazione e Unificazione del Diritto in Europa e in America Latina. Roma n. 7, p. 187-204, 1999. p. 187.

por sua vez, respondeu a Wächter também sob a forma de livro, indicando que este tinha uma visão psicológica da boa-fé, enquanto ele tinha uma visão ético-jurídico-comercial. No seu entender, a inquirição dos aspectos volitivos do ser humano para aferir a boa-fé, traria insegurança jurídica e só seria facilmente encontrável com as pessoas néscias. Afirmou Bruns que a identificação da boa-fé com a ideia de crença só apareceu no direito canônico, sendo a boa-fé a mesma tanto na usucapião como nos contratos, porque não se admite boa-fé em se tratando de erro inescusável.[226]

No entanto, esta distinção entre boa-fé subjetiva e boa-fé objetiva não é unânime na doutrina.[227] Sacco[228] discordou desta distinção, porque a boa-fé objetiva também pode ser um estado de volição ou de consciência. Loussouarn[229] também criticou a esta definição, afirmando que ambas as boas-fés têm conteúdo moral. Vouin[230] concluiu que a boa-fé do contratante não lhe traz qualquer vantagem real; pode no máximo livrá-la de responsabilidade por inexecução de suas obrigações; pode ser considerada como ignorância de um fato qualquer, mas hoje se apresenta como o interesse reduzido e negativo. Para Otávio Moreira Guimarães,[231] protege-se a boa-fé subjetiva quando esta se originar de um erro escusável e só deve produzir efeitos jurídicos quando o interessado procurou conhecer o fato e, não obstante seu esforço, interpretou-o diferentemente da verdade. Como explicou Alferillo,[232] a má-fé consiste na abstenção intencional de

[226] ALVES, José Carlos Moreira. op. cit. p. 190.

[227] Esta dificuldade conceitual também aparece nas legislações. Tanto que em alguns países, como a Itália, fala-se também em *correttezza* (lealdade); na Holanda, em Redelijkheid en Billijkheid (razão e equidade); na Alemanha, *Treu und Glauben* (lealdade e crença); nos Estados Unidos, *fair dealing*. No Brasil, boa-fé subjetiva e boa-fé objetiva. Na França, Espanha e Portugal o termo boa-fé é usado nos dois sentidos.

[228] SACCO, Rodolfo. op. cit. p. 8.

[229] LOUSSOUARN, Yves. La bonne foi. Rapport de synthèse. *In:* TRAVAUX DE L'ASSOCIATION HENRI CAPITANT DES AMIS DE LA CULTURE JURIDIQUE FRANÇAISE. La bonne foi: (journées louisianaises). Paris: Litec, 1994. p. 12.

[230] VOUIN, Robert. op. cit. p. 190.

[231] GUIMARÃES, Otávio Moreira. A boa-fé no direito civil brasileiro. São Paulo: Revista dos Tribunais, 1938. p. 37.

[232] ALFERILLO, Pascual Eduardo. Reflexiones sobre la vinculación de la 'mala fé' con los factores de atribuicción subjetivos. *In:* CORDOBA, Marcos M. (Org). Tratado de la buena fe en el derecho. v. 1. Buenos Aires: La Ley, 2004. p. 232.

procurar conhecer determinada situação, a qual se verifique ser reprovável do ponto de vista jurídico tal desconhecimento, e que, portanto, considera ilegítimo permanecer na ignorância da mesma. Para Miquel Gonzales,[233] seria possível descumprir de boa-fé as regras da boa-fé objetiva, ou a lei ou uma cláusula contratual. Mas quem observa as exigências da boa-fé objetiva, pelo contrário, não viola nenhuma norma, nem lesiona direito. Por isso a boa-fé subjetiva não recebe proteção exclusivamente por si mesma.

Na nossa opinião, a boa-fé subjetiva é o objeto de proteção da boa-fé objetiva, pois não é lícito lesar a confiança legítima despertada em terceiros. Se o dispositivo da norma for voltado para o beneficiário da proteção, esta será classificada como boa-fé subjetiva; se for voltado para a proteção da confiança como bem jurídico a ser tutelado, será classificada como boa-fé objetiva. Em outras palavras, a boa-fé subjetiva é a crença legítima; a boa-fé objetiva é norma que protege a boa-fé subjetiva de outrem. Quem age corretamente, age de boa-fé; quem age incorretamente, age de má-fé. Se não foi possível agir corretamente, mas procurou agir desta forma, estava de boa-fé; quem não se esforçou para saber se estava agindo corretamente, estava de má-fé. Assim, a alegação de boa--fé sem prévia ação da pessoa no sentido de buscar informações relevantes para dar consistência à sua representação mental da realidade – em outras palavras, agir conforme a boa-fé objetiva – faz com que a boa-fé se repute como má-fé. Deve-se notar ainda que existe profunda relação entre informação e cognição. A boa-fé objetiva dissemina informação; a boa-fé subjetiva exclui a ilicitude da conduta, quando não havia informação nem possibilidade de obtê-las. Por isso, a boa-fé subjetiva seria decorrência da conduta de acordo com a boa-fé objetiva. Somente quem agiu corretamente, isto é, segundo a boa-fé objetiva, pode invocar que estava de boa-fé, ou seja, deve ter sua boa-fé subjetiva protegida. Vale destacar que essa expressão "boa-fé objetiva" é usada com mais frequência no direito brasileiro, pois os demais países apenas usam o termo "boa-fé" e nada mais.

Dessa forma, a proteção da crença e da aparência legítimas, entendidas como boa-fé subjetiva, ainda é objeto de vasto grupo de regras espe-

[233] MIQUEL GONZÁLEZ, J.M. Buena fe (verbete). *In:* Enciclopedia Jurídica Básica. En Cuatro Volúmenes. I. ABA-COR. Madrid: Editorial Civitas, 1995. p. 834.

cíficas decorrentes do princípio da boa-fé, que se estruturam de modo a atenuar os efeitos dos custos de transação na aquisição de informações, provocados, sobretudo pelo estado de informação assimétrica, caso a pessoa tenha agido corretamente, isto é, de acordo com a boa-fé objetiva. No mesmo sentido, com fundamento no dever de coerência, impede-se a alegação do desconhecimento da situação, quando esta podia ser conhecida facilmente, o que resulta em proibição de comportamento. É certo que parte dos temas relativos à boa-fé subjetiva aproxima-se do desuso, pela facilidade na aquisição de informações a custos muito reduzidos. É o caso da posse de boa-fé é o exemplo de proteção da boa-fé subjetiva em matéria de direitos reais, adquirida e exercida na ignorância da situação de posse injusta, provocada pela impossibilidade de acesso a informações sobre a verdadeira situação da relação real. Trata-se a situação em que o possuidor não quis transgredir a lei, prejudicar a outrem, mas, por ignorância, está na posse do que não deveria. Por outro lado, a posse de má-fé é ciência de que a posse é injusta, com a qual está violando direito alheio. O conhecimento do vício equivale ao conhecimento do direito alheio. Embora a finalidade da posse de boa-fé seja a proteção do possuidor, para que não seja duplamente punido pelo fato de desconhecer a injustiça de sua posse, há na estrutura da posse de boa-fé um modelo de comportamento, o que implica dizer que somente se poderá alegar boa-fé quem agiu segundo a boa-fé, procurando saber sobre a verdadeira situação de fato. O casamento putativo é outro exemplo de boa-fé subjetiva em desuso. Concebido por Pedro Lombardo na Idade Média para que a conduta pecaminosa – ilícita – resultasse em prejuízo ao cônjuge inocente e aos filhos, que seriam considerados ilegítimos. Essas regras foram usadas no Brasil até o advento da Lei do Divórcio em 1977, posto que era possível que a pessoa casada pudesse enganar o futuro consorte inocente, até mesmo pela estrutura registral menos organizada em comparação com o que se tem atualmente. Com o fim da distinção entre filhos legítimos e ilegítimos, a boa-fé ou má-fé dos pais em nada altera a condição dos filhos.

3. Standard de Boa-Fé ou Princípio da Boa-Fé?

A boa-fé estrutura-se de dois modos: como *standard jurídico*, modelo de comportamento abstraído da conduta social média da população, ou como norma jurídica, sob a forma de princípio, ou de cláusula geral ou norma específica. Para Vouin,[234] seria um instrumento de método empírico, construído a partir de casos particulares, arbitrando uma categoria de conflitos com a ajuda e um método livremente adotado. Por exemplo, o *standard* mais famoso é o do *bonus paterfamilias*. De acordo com Volansky,[235] a boa-fé é um estado de conformidade às regras básicas, isto é, um estado de conformidade social constatado. Para Jaluzot,[236] a boa-fé aproxima-se do conceito de bom pai de família, que, no direito dos contratos se trata do "contratante de boa-fé". Já para Farnsworth:

> A execução de boa-fé sempre exigiu a cooperação de uma das partes quando fosse necessário, a fim de que a parte contrária pudesse assegurar os benefícios esperados do contrato. E o *standard* para determinar que tipo de cooperação era necessário, sempre foi o *standard* objetivo, baseado na decência, lealdade ou razoabilidade da comunidade e não nas crenças individuais de cada um acerca de decência, justiça ou razão. Tanto o senso comum quanto a tradição impõem um *standard* objetivo de boa-fé.[237]

Devido à carga emocional do conceito de boa-fé, o *standard* ligado a esta consiste na ação honesta e leal. Focaliza-se o meio para alcançar o resultado, isto é, se a pessoa agiu de forma adequada, de acordo com os usos e costumes, e as regras da experiência, sintetizadas nas ideias de lealdade e honestidade. Quem pauta sua conduta pelo *standard* de boa-fé, certamente estará agindo de acordo com o que exige o princípio da boa-fé. Sendo esta um modelo de conduta, existem graus de boa-fé.[238] É possível agir de acordo com esta mediante abstenção de agir mal, ou agir com todos os esforços para cumprir com sua obrigação. Exemplo disso é a distinção entre *good faith* e *utmost good faith* (*bona fides* e *uberrima fides*). Tendo em vista que para se atingir determinado grau de boa-fé se faz necessário maior ou menor esforço, esta incorpora o dever de diligência, ou, em linguagem moderna, impõe intensidades para o cumprimento dos deveres e

[234] Vouin, Robert. op. cit. p. 93.

[235] Volansky, Alexandre Al. op. cit. p. 203.

[236] Jaluzot, Béatrice. op. cit. p. 74.

[237] Farnsworth, E. Allan. Good faith performance and commercial reasonableness under the Uniform Commercial Code. The University of Chicago Law Review, v. 30, p. 666-679, 1962-1963. p. 672.

[238] Picod, Yves. Le devoir de loyauté dans l'exécution du contrat. Paris: LGDJ, 1989. p. 26.

obrigações de acordo com o caso. Para Breccia,[239] boa-fé e diligência são regras de conduta que concorrem em larga medida à definição da obrigação. Não se identificam, nem se sobrepõem e uma não é fundamento da outra, porque boa-fé é limite, medida, critério de determinação do objeto e conteúdo da obrigação, enquanto diligência é critério geral de responsabilidade, medida do adimplemento nas obrigações de fazer. Também não se deve confundir boa-fé com *best efforts* (melhores esforços). Aquela tem em seu núcleo a correção da conduta, exigível em todo contrato. Já este é um *standard* que tem a diligência como seu núcleo.[240]

A boa-fé também é considerada princípio jurídico, reunindo regras jurídicas em seu entorno, hierarquizando-as. Wieacker[241] definia o princípio geral de boa-fé como uma norma jurídica completa, a qual impõe que todas as pessoas devem comportar-se em conformidade com esta em suas relações, tanto na formação das obrigações, como em seu cumprimento. Além disso, guia o juiz na decisão e o permite criar novas regras na ausência da lei.[242] Pode assumir a forma de cláusula geral, a qual consiste em uma regra cuja hipótese de incidência é ampla devido à sua vagueza semântica, tal como as cláusulas gerais de boa-fé dos Códigos Civis;[243] ou manifestar-se de forma casuística, cuja hipótese de incidência é restrita a determinado caso, tal como a norma que estabelece o dever de agir de boa-fé na formação do contrato de seguro.

Na nossa opinião, a boa-fé é um princípio jurídico, cuja finalidade é proporcionar o bom andamento das relações jurídicas, que serve de fonte para a elaboração de regras jurídicas, tal como as cláusulas gerais sobre a boa-fé. Já como *standard* jurídico, é o conteúdo do dever de agir em conformidade com a boa-fé. Serve de indicação, guia, modelo, de como se deve adimplir o dever de agir segundo a boa-fé. É meio para agir segundo a boa-fé, mas não o único. Pode-se perfeitamente agir dessa maneira sem seguir determinado *standard*, pois o que importa é o fim da norma jurídica,

[239] Breccia, Umberto. Diligenza e buona fede nell'attuazione del rapporto obbligatorio. Milano: Giuffrè, 1968. p. 84-85.

[240] Farnsworth, E. Allan. Farnsworth on Contracts. 2. ed. V. II. Aspen Law & Business, 1998. p. 383.

[241] Wieacker, Franz. op. cit. p. 12.

[242] Jaluzot, Béatrice. op. cit. p. 74.

[243] Martins-Costa, Judith. A boa-fé no direito privado. São Paulo: Revista daos Tribunais, 2000. p. 306.

e não se o *standard* foi ou não seguido. O princípio da boa-fé, portanto, é norma jurídica, enquanto *standard* de boa-fé não o é.[244]

4. Funções do Princípio da Boa-Fé

O princípio da boa-fé tem diversas funções no direito. Esta é sua característica: solucionar problemas jurídicos diferentes entre si. Isso se deve ao fato de que o conteúdo da boa-fé, em uma concepção ampla, se aproxima da ideia de justiça. Assim, toda vez que o operador do direito precisa dizer que algo é injusto, contrário ao direito, pode-se dizer que é contrário à boa-fé, ou que se violou a boa-fé.

Loussouarn[245] comparou o princípio da boa-fé a dois animais: o camaleão e o crocodilo. A boa-fé "camaleão" adapta-se às necessidades de que deve satisfazer, podendo variar de uma disciplina a outra, por exemplo, implica um limite à liberdade de contratar (fase pré-contratual), e um dever de informar. Já a boa-fé "crocodilo" manifesta-se em todos os domínios e devora todos os institutos concorrentes. Ao valer-se deste exemplo, ele quis afirmar que o princípio da boa-fé atua na correção das anomalias que se formam nas diversas relações jurídicas, muitas das quais não guardam relações entre si – daí a função de "camaleão". Nos países em que por diversas razões determinadas institutos jurídicos não "pegaram", a boa-fé ocupou o lugar deles, dando a impressão de que os "devorou". Caso estes institutos ganhem novos desenvolvimentos, é certo que o princípio da boa-fé voltará ao seu núcleo básico, que é o de assegurar melhor eficiência nas relações jurídicas.

No Brasil, Clóvis do Couto e Silva[246] observou este fenômeno da boa-fé "camaleão" sob outro aspecto. Para ele, os deveres derivados da boa-fé poderiam ser classificados em graus de intensidade, em função da categoria das relações jurídicas a que se aplicavam. Para um tipo de relação jurídica, o princípio da boa-fé emanava deveres específicos para cumprir sua função. Porém, advertiu para a sua aplicação indiscriminada:

[244] Ferreira Rubio, Delia Matilde. La buena fe: el principio general en el derecho civil. Madrid: Montecorvo, 1984. p. 101.

[245] Loussouarn, Yves. op. cit. p. 9.

[246] Silva, Clóvis Veríssimo do Couto e. A obrigação como processo. São Paulo: José Butschasky Editor, 1976. p. 31.

impõe-se cautela na aplicação do princípio da boa-fé, pois, do contrário, poderia resultar verdadeira subversão da dogmática, aluindo os conceitos fundamentais da relação jurídica, dos direitos e dos deveres. Desde logo importa deixar claro que nem todo adimplemento que não satisfaça integralmente a outra parte, redunda em lesão ao princípio, pois a infringência há de se relacionar sempre com a lealdade de tratamento e o respeito à esfera jurídica de outrem.[247]

Em linhas gerais, a boa-fé atua como corretivo nas relações jurídicas, ampliando, modificando e atenuando o conteúdo delas, de modo a dar-lhes harmonia de interesses e proporcionalidade. É por meio desta função que o juiz impõe justiça ao caso concreto, por inspiração da função dos pretores romanos de *introduxerunt adjuvandi vel supplendi vel corrigendi iuris civilis gratia* (D,1,1,7,1). Com isso, desenvolveram-se várias funções para o princípio da boa-fé, como os deveres laterais da relação obrigacional.

Judith Martins-Costa[248] sintetizou todas as aplicações dadas ao princípio da boa-fé. A primeira delas consiste em aperfeiçoar o comportamento das partes para possibilitar o satisfatório cumprimento dos contratos, conforme a finalidade econômico-social e o concreto programa contratual, bem como das situações jurídicas subjetivas das partes. A segunda consiste em corrigir e reequilibrar, conforme o caso, o conteúdo do negócio jurídico, como nos casos de violação da base do negócio ou excessiva onerosidade superveniente. A terceira aplicação consiste no reconhecimento de deveres instrumentais necessários ao adequado desenvolvimento das negociações contratuais, inclusive no período pós-contratual. A quarta hipótese de aplicação da boa-fé é o preenchimento de lacunas, na atividade de interpretação do contrato. A quinta, na concretização da máxima *alterum non laedere*. A sexta aplicação consiste na limitação do exercício dos direitos subjetivos, direitos potestativos e posições jurídicas, ao servir de fundamento para indenização ou levando à anulação de atos, ou impedindo a resolução do contrato, se o seu adimplemento tiver sido substancial.

[247] Silva, Clóvis Veríssimo do Couto e. op. cit. p. 35.

[248] Martins-Costa, Judith. La buena fe objetiva y el cumplimiento de las obligaciones. *In*: Cordoba, Marcos M. (Org). Tratado de la buena fe en el derecho. v. 2. Buenos Aires: La Ley, 2004. p. 103.

Nesse trabalho, o critério usado para classificar as funções da boa-fé consiste em indicar suas funções típicas e atípicas. As funções típicas do princípio da boa-fé são aquelas presentes nos diversos ordenamentos jurídicos. As funções atípicas são aquelas que aparecem de forma localizada, em substituição a institutos jurídicos existentes e consagrados nos demais países.[249]

Desse modo, o princípio da boa-fé tem duas funções típicas:

a) a proteção da crença e confiança legítimas, em consideração à pessoa da contraparte;
b) a disciplina da boa formação e execução dos negócios jurídicos, por meio dos deveres de coerência, informação e cooperação.

Em relação à primeira função típica da boa-fé, nota-se a busca de harmonização de valores importantes para o direito. Por um lado, o direito pode ser entendido como uma ordem normativa da conduta humana, que estabelece proibições, permissões e faculdades às pessoas, além de procedimentos para que a conduta praticada esteja em harmonia com os fins a que se procura atingir. Há uma série de atos que exigem o cumprimento de requisitos, para que se produzam os regulares efeitos jurídicos, sob pena de invalidade. Por outro lado, o direito consagra determinados valores socialmente importantes, tais como a confiança legítima em determinada representação da realidade, a convicção de ter agido com honestidade e lealdade na prática de determinado ato. Assim, há casos em que haverá injustiça com a incidência rigorosa da lei, na exigência de requisitos na celebração de negócios jurídicos. Com o objetivo de proteger a confiança, o princípio da boa-fé pode impedir excepcionalmente a produção dos regulares efeitos das normas jurídicas, levando em consideração a boa-fé da pessoa. Ao tratar desta função, a doutrina destaca a intenção correta, a ignorância correta, a convicção errônea de agir conforme o direito, e a proteção da crença provocada pela aparência.

Esta proteção dá-se de duas maneiras. A primeira delas é mediante a proteção da confiança por meio da proteção da "boa-fé subjetiva", em geral, mediante a validação de um negócio jurídico inválido. Por isso se

[249] Faz-se a distinção das funções da boa-fé entre limitação de direitos e instituição de deveres. No entanto, não nos parece ser exata esta distinção, pois a imposição de deveres implica limitação de direitos.

diz que a boa-fé permite a superação de nulidades e a exclusão de culpabilidade no descumprimento dos requisitos de validade do ato. A segunda delas decorre do fato que o contato social desperta naturalmente a confiança de uma parte em face da outra. Com a necessidade dos mesmos se desenvolverem em níveis toleráveis, o direito impõe o dever de coerência, para que não seja frustrada a confiança despertada, reconhecendo-se a liberdade de ação das pessoas, contanto que esta não cause danos a outrem, como nos casos da sanção ao comportamento contraditório de uma das partes. Nesse sentido, Frada apontou que existiria uma proteção "positiva" e uma proteção "negativa" da confiança, sendo que aquela assegura à pessoa a manutenção de sua expectativa, enquanto esta, por sua vez, apenas confere direito a uma indenização.[250]

Acerca da segunda função típica da boa-fé, é preciso ter em mente que o conceito de ato ou negócio jurídico ainda reflete hoje em dia as características socioeconômicas daquele tempo. Presume-se que as estas se desenvolvem instantaneamente da melhor maneira possível, sem problemas nem conflitos em sua formação, porque as operações das quais resultavam as relações jurídicas eram de baixa complexidade. Em outras palavras, as regras existentes para a formação dos negócios jurídicos, por exemplo, eram ideais em condições de equilíbrio informacional e de poder entre as partes. Na prática, contudo, revelaram-se insuficientes para evitar problemas na formação de contratos. Também em matéria de execução das obrigações, a ausência de determinadas regras prejudicava o bom adimplemento das mesmas. Naturalmente, invoca-se o princípio da boa-fé para corrigir estes problemas, mediante a criação de deveres laterais à relação obrigacional, existentes e eficazes independentemente da formação do vínculo obrigacional. No caso, os principais deveres são os de coerência, informação e de cooperação. São deveres instrumentais, procedimentais, que têm por objetivo a melhor formação e cumprimento das mesmas. Invocou-se a boa-fé, porque a referência à conduta honesta e leal dava parâmetros para que as partes pudessem agir de modo a evitar os problemas decorrentes do negócio jurídico.

Com efeito, a tipificação acima decorre da proposta de análise sustentada pelo referencial neoinstitucionalista. A partir desse reconhe-

[250] Frada, Manuel Antonio de Castro Portugal Carneiro da. op. cit. p. 41.

cimento, a releitura das situações em que há problemas relacionados à boa-fé torna-se mais simples, por ser agora possível observar o "denominador comum" entre os casos aparentemente díspares: a boa-fé, que é instituto jurídico e, também, uma instituição social na modalidade de instituição-norma; destina-se à correção do estado de informação assimétrica entre as partes e à redução dos custos de transação nas relações jurídicas. Essa correção dá-se mediante a imposição de deveres de coerência, de informação e de cooperação. Portanto, quem age de boa-fé, é coerente, mantém a palavra dada, transmite informações corretas e relevantes, e coopera, facilitando a vida das pessoas com quem relaciona. Quem viola o princípio da boa-fé, age de má-fé, voltando atrás do que disse, mentindo, omitindo, dificultando, procrastinando, sem se importar com as consequências do exercício irresponsável de sua liberdade. Sem a garantia da coerência de comportamento, seria excessivamente custosa a especialização das atividades na sociedade, pois ninguém poderia contar com o seu semelhante, tendo despesas – elevados custos de transação – que normalmente não teria. Em suma, o dever de coerência visa ao combate da má-fé nas relações; o dever de informação, a vedação à mentira; o dever de cooperação, o desestímulo à má-vontade para com o próximo.

Já as funções atípicas do princípio da boa-fé seriam as seguintes:

a) Imposição de deveres de proteção às partes em uma relação jurídica;
b) Vedação ao abuso do direito;
c) Reequilíbrio das prestações contratuais.

A primeira função atípica da boa-fé relaciona-se com a integridade física da pessoa, que sempre foi uma preocupação do direito. Há regras neste sentido desde os direitos mais antigos até os mais recentes. Por meio dessa matéria, pode-se até mesmo ver de que maneira o direito se humanizou. O primeiro avanço significativo foi com o Código de Hamurábi, ao estabelecer a Lei de Talião, e a reação à agressão passou a se chamar retaliação (re-Talião). No Digesto (D,1,1,10,1) diz-se que um dos três princípios do direito é o de não causar dano a outrem (*alterum non laedere*). Hoje em dia há a responsabilidade civil, a qual se revela ramo autônomo do direito, tamanha a sua abrangência. Os Códigos Civis modernos, desde o Código Civil francês, estabelecem uma cláusula geral de responsabilidade civil, a qual abrange praticamente todas as hipóteses de dano. Porém, havia situações em que o abrangente princípio do *alterum non laedere* não era suficiente para a proteção da pessoa; daí o princípio da boa-fé ser invocado subsidiariamente, sob a rubrica de deveres de proteção, de modo a servir de fundamento jurídico para o dever de indenizar em casos em que houve danos à integridade física da contraparte. A situação mais comum ocorre quando a cláusula geral de responsabilidade civil tem menor abrangência que as suas similares em outros ordenamentos jurídicos, como na Alemanha e em Portugal.

Nessa matéria, é famoso o caso alemão do *Linoleumfall* (queda dos rolos de linóleo), de 7 de dezembro de 1911. Uma senhora estava em uma loja onde realizou algumas compras. Dirigiu-se depois ao lugar onde estavam expostos rolos de linóleo[251] com a intenção de comprar um tapete deste material. O funcionário da loja, ao tirar o rolo indicado para a cliente, não conseguiu impedir que outros dois rolos caíssem sobre a cliente e seu filho, provocando ferimentos. Neste caso, reconheceu-se uma obrigação indenizatória contratual, mesmo não tendo sido realizado o contrato de compra dos tapetes. O problema subjacente do acidente com os rolos de linóleo era que, se nesse caso fosse aplicada a responsabilidade extracontratual, o funcionário seria o único responsável, pois seria fácil para o dono do estabelecimento provar que havia escolhido bem o seu empregado, isto é, não incorrera em *culpa in eligendo*[252]. Para evitar este tipo de alegação, o Tribunal do Reich alemão estendeu-se a proteção contratual ao caso, considerando que havia um "início de contrato" entre a cliente e o estabelecimento.[253] Com base nesta decisão, Franz Leonhard desenvolveu a chamada *culpa na formação dos contratos* (*Verschulden beim Vertragsschluss* – VbV).

[251] Tecido impermeável, feito de juta e untado com óleo de linhaça e cortiça em pó, usado para tapete. Ferreira, Aurélio Buarque de Hollanda. Novo dicionário básico da língua portuguesa. Rio de Janeiro e São Paulo: Nova Fronteira e Folha de S. Paulo, 1996. p. 396.

[252] Código Civil alemão

§ 278 Responsabilidade do devedor por terceiros

O devedor tem que responder pela culpa de seu representante legal e das pessoas de que se serve para a execução dos seus compromissos com o mesmo alcance como pela própria culpa. A disposição do § 276, (...) não encontra aplicação.

[253] Asúa Gonzalez, Clara I. La culpa in contrahendo: tratamiento en el derecho alemán y presencia en otros ordenamientos. Erandio: Servicio ed. Univ. del País Vasco, 1989. p. 90.

Isto é, o fundamento para a responsabilização da loja não foi a violação do *alterum non laedere*, mas sim, uma malformação contratual.[254]

Como já visto acima, Stoll em 1923 sustentou que o fundamento para a proteção da pessoa decorria de uma relação obrigatória, decorrente do contato social[255] para as negociações contratuais.[256] Devido ao *alterum non laedere*, quem se coloca em contato para negociar, torna-se responsável pelos interesses da parte contrária. Neste caso, exige-se ao menos que se conduza de tal maneira que se possa chegar próximo à celebração do contrato. De acordo com Canaris,[257] estes deveres a serem observados durante o contato social são fundados no § 823, II, do Código Civil alemão, e foram denominados de deveres de proteção.

Na doutrina, costumam-se manter sob a mesma categoria jurídica de deveres de proteção os deveres de conservação e proteção da integridade física das partes, e os deveres de informação e esclarecimento,[258] o que reforça a indução de que a verdadeira natureza jurídica destes deveres é o princípio da boa-fé. Além disso, tanto os deveres de proteção, quanto os deveres de coerência, de informação e de cooperação, por serem laterais aos deveres de prestação, acabam sendo equiparados como se todos decorressem da boa-fé.

Todavia, no nosso entender, o princípio da boa-fé distingue-se do princípio do *alterum non laedere*, pelo fato de que aquele tem uma finalidade instrumental ao princípio da autonomia privada, enquanto este último tem por objetivo assegurar a reparação de danos, inclusive decorrentes dos negócios jurídicos. Somente se deve usar o princípio da boa-fé nos casos em que não for possível a aplicação da responsabilidade civil. Até mesmo a responsabilidade civil do fornecedor pelos danos causados por produtos e serviços para os consumidores independe de fundamentação

[254] Evidentemente o fundamento jurídico desta decisão foi artificial, porque, se a senhora com o filho tivessem entrado na loja para se abrigarem da chuva ou para solicitar uma informação, por exemplo, e tivessem sofrido o acidente, não seria possível argumentar que houve malformação contratual.

[255] Contato social é a interferência recíproca de uma pessoa na esfera pessoal.

[256] Asúa Gonzalez, Clara I. op. cit. p. 49.

[257] Canaris, Claus-Wilhelm. Norme di protezione, obblighi del traffico, doveri di protezione (parte prima). Rivista Critica del Diritto Privato, anno I, n. 3, p. 567-617, Sett. 1983. p. 568.

[258] Wieacker, Franz. op. cit. p. 56.

na boa-fé, ou até mesmo da existência de um contrato[259], tamanha a sua importância e reconhecimento. Na Reforma do Livro das Obrigações do Código Civil alemão, como se verá abaixo, esta matéria foi positivada não se exigindo mais sua aplicação por meio do princípio da boa-fé.

A segunda função atípica da boa-fé – a vedação ao abuso do direito, presente em diversos ordenamentos jurídicos – decorre do fato de que na Alemanha esse conceito não se desenvolveu de modo satisfatório, porque, a despeito de sua previsão no § 226 do Código Civil alemão,[260] sua hipótese de incidência era restrita. Por essa razão, o princípio da boa-fé foi chamado a substituí-lo, de modo a dar resposta jurídica ao abuso do direito, pois a boa-fé é um instituto invocado para restringir os efeitos de direitos subjetivos em casos concretos. Com efeito, a vedação ao abuso do direito derivado da boa-fé tem origem na *exceptio doli* dos romanos. Naquela época havia os contratos *stricti iuris,* formais, nos quais se deveria atender somente ao significado das palavras, impedindo-se o credor de receber a mais e o devedor de entregar menos do que o estipulado. O pretor, então, atenuava a rigidez do contrato, mediante a concessão de uma *exceptio doli* ao devedor, quando a exigência inflexível do contrato fosse contrária à boa-fé.[261] Esse fato jurídico era conhecido pela doutrina alemã no Século XIX, e que continuou a ser aplicada no Século XX. Desenvolveram-se "grupos de aplicação" do princípio da boa-fé ("Fallengruppen"). A partir daí surgiu a classificação das situações representadas como exercício inadmissível de pretensões jurídicas, representando avanço significativo do conceito de abuso do direito, mas não a sua negação ou substituição.

Por fim, o princípio da boa-fé é considerado um critério de interpretação dos atos jurídicos. Por meio desta, impõe-se a busca do respeito à verdadeira intenção do declarante ou das partes,[262] existente na formação do

[259] É o caso da extensão da proteção a terceiros por acidentes de consumo, comumente denominados de consumidores por equiparação ou *by-standers.* Neste caso pouco importa se a vítima de acidente provocado por produtos ou serviços era ou não a adquirente dos mesmos como destinatária final, pois receberá a mesma proteção.

[260] Código Civil alemão

§ 226. Não se permitirá exercitar um direito quando o seu exercício se puder ter como único propósito causar prejuízo a outrem.

[261] Von Tuhr, Andreas. La buena fe en el derecho romano y en el derecho actual. Revista de Derecho Privado, Madrid, Año XII, n. 145, 15 Noviembre 1925. p. 340.

[262] Gorphe, François. op. cit. p. 35.

contrato, bem como na sua execução.[263] Esta função nasceu da antiga distinção entre contratos *stricti iuris* e *bona fidei* do direito romano. Do mesmo modo, como já mencionado acima, esta função de interpretação perdeu a finalidade com o ocaso desta distinção a partir do reconhecimento de que todos os contratos são de boa-fé.

Posteriormente, retomou-se esta função interpretativa do princípio da boa-fé para justificarem-se correções no negócio jurídico, quando a sua interpretação normal conduzisse a um resultado injusto ou para suprir lacunas do mesmo. Dessa forma, a interpretação conforme a boa-fé seria usada, por exemplo, quando a exigência do cumprimento de determinada cláusula contratual levasse o devedor à ruína. O juiz, neste caso, socorrer-se-ia da boa-fé para corrigir o conteúdo do negócio mediante atividade interpretativa, que cumpre a função de diversos institutos contratuais, entre os quais a cláusula *rebus sic stantibus*, a teoria da imprevisão, da pressuposição, da base do negócio jurídico[264], quando não presentes em determinado ordenamento jurídico. Com base na boa-fé o juiz supria lacunas no contrato, tal como fariam pessoas honradas e conscientes de seu dever no caso em questão.[265]

Por meio da interpretação conforme a boa-fé, estabelece-se fundamentalmente o *quid* da prestação (o conteúdo da dívida), enquanto as disposições gerais sobre boa-fé estabelecem o modo pelo qual se deve cumprir a prestação.[266] Também por meio da interpretação conforme a boa-fé busca-se manter a paz e a harmonia na comunidade e provocar o respeito das normas elementares de convivência.[267] Na Alemanha, a boa-fé é um critério objetivo de interpretação, no sentido de ser uma noção independente da vontade das partes.[268]

A ideia de modelo de comportamento estaria presente nesta parte, pois quem age conforme os padrões de conduta segundo a boa-fé, isto é, com lealdade e honestidade, não abusa nem exige prestações injustas e desequilibradas. Enquanto a violação da boa-fé por lesão à confiança alheia é

[263] VOUIN, Robert. op. cit. p. 71.

[264] Atualmente positivada no § 313 do Código Civil alemão.

[265] ENNECCERUS, Ludwig; KIPP, Theodor; WOLFF, Martin. Tratado de derecho civil. Primer tomo – Parte general, Volumen I. Barcelona: Bosch, 1943. p. 216.

[266] ENNECCERUS, Ludwig; KIPP, Theodor; WOLFF, Martin. op. cit. p. 19.

[267] FERREIRA RUBIO, Delia Matilde. op. cit. p. 209.

[268] JALUZOT, Béatrice. op. cit. p. 172.

aferida do ponto de vista da responsabilidade civil conforme a culpabilidade do agente, já a boa-fé independe de culpa, como meio de correção de prestações do negócio jurídico,[269] pois o desequilíbrio do negócio jurídico ocorre independentemente da vontade das partes. Inclusive pela correção do negócio e instituição de deveres é que a boa-fé ficou associada à equidade.

A despeito de existirem disposições sobre a interpretação conforme a boa-fé, entendemos que se trata de mera tautologia, tendo em vista que não existe interpretação contrária à boa-fé, ou interpretação de má-fé. Ademais, interpretação não é questão relativa ao princípio da boa-fé, mas sim, de hermenêutica jurídica. Invoca-se a boa-fé quando o intérprete abusa da interpretação, ou pretende sustentar uma interpretação distorcida. A atividade de correção dos negócios jurídicos por meio da interpretação é feita independentemente da existência de normas jurídicas positivadas. Quando esta produzir um significado que viola a boa-fé, não se faz nada além do que se faz em matéria de interpretação. Com efeito, o que ocorre, nesse caso, é a causa do dano por meio da atividade de interpretação, ou, sob a desculpa de interpretar o negócio jurídico, o agente pretendeu prejudicar a parte contrária. Ambas as situações são contrárias ao princípio da boa-fé.

Ademais, a interpretação integradora, por meio da qual se "inseriam" deveres implícitos ao contrato por meio da equidade, decorria da deficiência que havia para se justificar a responsabilização por danos causados à contraparte, o que obrigava o juiz a estender os efeitos do contrato para períodos anteriores ou posteriores ao mesmo, ou por ter que considerar implicitamente a existência de outros elementos contratuais com fundamento na boa-fé. É pacífico o reconhecimento de deveres emanados de princípios, exigíveis independentemente da validade e eficácia da relação jurídica obrigacional. Assim, não se faz interpretação integradora; apenas se faz interpretação declaratória de que estes deveres foram violados. Restando evidente que a interpretação em conformidade com a boa-fé destinou-se apenas a suprir a inexistência ou ineficácia de determinados institutos jurídicos, conclui-se que esta função da boa-fé é atípica.

[269] Romain, Jean-François. op. cit. p. 932.

Seguem dois quadros para facilitar a sistematização da matéria tanto em linhas gerais quanto em matéria contratual, cujos significados serão aprofundados nos capítulos seguintes.

5. O Princípio da Boa-Fé nos Ordenamentos Jurídicos

Em cada ordenamento jurídico há diversas normas relativas à boa-fé, que regulam as diversas situações específicas relativas à boa-fé subjetiva, assim como existem regras pontuais sobre o tema na disciplina dos tipos contratuais. Nesta parte do texto, serão indicadas apenas as normas gerais sobre a boa-fé nos países, com o intuito de descrever como esse instituto jurídico é mais ou menos reconhecido por meio da consagração de regras gerais ou princípios, conforme o caso, deixando-se a análise específica de regras sobre boa-fé subjetiva para capítulo próprio e a menção acerca de outras regras específicas ao longo dos capítulos.

5.1. Europa

5.1.1. França

Na França, não se usou o princípio da boa-fé de forma intensa ao longo dos séculos XIX e XX. Porém, isso não significa que fosse um princípio desconhecido nesse ordenamento jurídico. Ao contrário, o artigo 1134, III, do Código Civil, em sua redação original, dispunha o seguinte:

> Art. 1134. 1. As convenções legalmente formadas fazem lei entre as partes.
> 2. Elas só podem ser revogadas por consentimento mútuo, ou nos casos em que a lei autoriza.
> 3. Elas devem ser executadas de boa-fé.

O art. 1135, também na redação original do Código Civil, não fazia referência expressa à boa-fé, mas com este se relacionava: "As convenções obrigam não só ao que nelas se exprime, mas também a tudo aquilo que a equidade, os usos ou a lei conferem à obrigação, conforme sua natureza".

Ambos os artigos do Código Civil francês não foram profundamente debatidos durante os trabalhos preparatórios de sua elaboração. Foram aprovados por unanimidade por serem considerados evidentes. Contudo, o projeto do Código Civil francês previa originalmente que os contratos "devem ser contratados e executados de boa-fé", mas, no Conselho de Estado, Portalis pediu para tirar a palavra "contratados", a qual significava nesse contexto "legalmente formados" porque esse termo tornaria inúteis as disposições anteriores do art. 1134.[270] Bastava que houvesse regras sobre a capacidade das partes, objeto e causa, porque os remédios para os problemas relativos à formação dos contratos fundam-se nas regras sobre os vícios do consentimento.

De acordo com Romain,[271] estabeleceu-se uma relação entre o princípio da autonomia da vontade (art. 1134,1), o princípio da força obrigatória dos contratos (art. 1134, 2) e o princípio da boa-fé (art. 1134, 3). Nesse sentido, o princípio da execução de boa-fé precede o da convenção-lei, que constitui uma garantia. Tal encadeamento seria lógico: a boa-fé obriga notadamente ao respeito à palavra dada entre os co-contratantes e seria natural que a convenção, expressão da palavra dada e proferida de boa--fé, fizesse lei entre as partes. Paradoxalmente, na opinião de Romain,[272] a autonomia da vontade eclipsou a disposição da boa-fé no art. 1134, 3, pois "um estranho fenômeno de esquecimento do princípio da boa-fé se produziu no Século XIX (...) e o princípio de execução segundo a boa-fé, prescrito no art. 1134, 3, do Código Civil, foi restringido ao extremo".[273]

Há várias explicações para isso. Pensou-se que o art. 1134, 3, signficasse a extinção da divisão dos contratos em sentido estrito e em boa-fé no direito francês.[274] Também se pensou que tanto os incisos 2 e 3 seriam expressões do princípio da boa-fé.[275] De um ou outro modo, a hipertrofia do princípio da autonomia da vontade resultou no entendimento de que execução conforme à boa-fé significaria ação em conformidade com a intenção das partes no negócio. Outro fator afetou a plena eficácia do então art. 1382 (atual art. 1240) do Código Civil francês, bem como a consagração das teorias do abuso do direito e da imprevisão para a solução de problemas nas relações privadas, o que implicou a dispensa da invocação do princípio da boa-fé. Para a defesa das partes na fase pré-contratual, bastava a disciplina sobre os vícios do consentimento. Por essas razões, não houve aplicações práticas significativas sobre a boa-fé em boa parte

[270] FENET, P.A. Recueil complet des travaux préparatoires du Code Civil. Tome treizieme. Paris: Au Depôt, 1828. p. 54.

[271] ROMAIN, Jean-François. op. cit. p. 85.

[272] ROMAIN, Jean-François. op. cit. p. 93.

[273] ROMAIN, Jean-François. op. cit. p. 135.

[274] ROMAIN, Jean-François. op. cit. p. 140.

[275] VOLANSKY, Alexandre Al. op. cit. p. 326.

do Século XX, embora tivessem sido elaboradas importantes monografias sobre o tema.[276]

Contudo, a partir da década de 1980, a boa-fé foi reavivada.[277] Ghestin,[278] por exemplo, discorreu em seu "Tratado de Direito Civil" sobre a influência da boa-fé na formação e execução do contrato e a lealdade como complemento necessário à justiça contratual. Em 1992, a Associação Henri Capitant realizou encontro em que se discutiu amplamente o princípio da boa-fé, tendo contribuído no despertar do interesse dos juristas franceses a respeito do assunto.[279]

No século XXI, a jurisprudência francesa usou frequentemente o princípio da boa-fé, nos termos do art. 1134, 3, na execução dos contratos em geral, como expressão da conduta correta entre as partes,[280] além de sancionar a conduta da parte que desiste de prosseguir na relação contratual de forma inesperada.[281] Ainda se aplicou o art. 1134, 3, para justificar o reequilíbrio das prestações contratuais.[282] Do mesmo modo, o direito do trabalho, que, de acordo com o art. 1221-1 do Código Francês do Trabalho de 2007, dispõe que "o contrato de trabalho submete-se às regras

[276] Cf. Gorphe, François. op. cit; Vouin, Robert. op. cit.; Volansky, Alexandre Al. op. cit.

[277] Jaluzot, Béatrice. op. cit. p. 245.

[278] Ghestin, Jacques. Traité de droit civil. Les obligations. Le contrat: formation. 2. ed. Paris: LGDJ, 1988. p. 200.

[279] Jaluzot, Béatrice. op.cit; Romain, Jean-François. op. cit; Picod, Yves. op. cit.

[280] França. Cour de Cassation (Chambre Civile 3). Pourvoi n. 11-20441, 30 Janvier 2013; Cour de Cassation (Chambre Civile 3). Pourvoi n. 12-13.760, 12 Février 2013; Cour de Cassation (Chambre Civile 3). Pourvoi n. 11-21.045, 16 Janvier 2013; Cour de Cassation (Chambre Civile 3). Pourvoi n. 11-26.464, 30 Janvier 2013; Cour de Cassation (Chambre Civile 1) Pourvoi n. 12-15.578, 20 Mars 2013; Cour de Cassation (Chambre Commercial). Pourvoi n. 11-24.205, 18 Decembre 2012; Cour de Cassation (Chambre Commercial). Pourvoi n. 10-28.501, 10 Janvier 2012; Cour de Cassation (Chambre Civile 3). Pourvoi n. 10-25.451, 30 Novembre 2011; Cour de Cassation (Chambre Civile 3). Pourvoi n. 10-26.203, 3 Novembre 2011; Cour de Cassation (Chambre Civile 3). Pourvoi n. 10-11721, 18 Mai 2011.

[281] Por exemplo: França. Cour de Cassation (Chambre Commerciale). Pourvoi n. 11-18.904, 22 Janvier 2013; Cour de Cassation (Chambre Commerciale). Pourvois n. 11-19.730 e 11-25.079, 12 Mars 2013.

[282] França. Cour de Cassation (Chambre Civile 3). Pourvoi n. 11-25.978. 13 Fevrier 2013; Cour de Cassation (Chambre Commerciale). Pourvoi n. 12-11.709, 12 Février 2013; Cour de Cassation (Chambre Commerciale). Pourvoi n. 09-66.852, 26 Mars 2013; Cour de Cassation (Chambre Civile 2),. Pourvoi n. 11-21.051, 28 Juin 2012; Cour de Cassation (Chambre Civile 1). Pourvoi n. 11-19.104, 12 Juin 2012.

de direito comum. Pode ser celebrado conforme as formas que as partes houverem adotado". Em seguida, consagrou-se esse princípio ao dispor no art. 1222 que "o contrato de trabalho deve ser executado de boa-fé". Nesse particular também há farta jurisprudência sobre a aplicação desse princípio, o qual se considera violado quando o empregador ou o empregado não agem corretamente nas relações de trabalho.

Devido a esse maior interesse pela boa-fé no direito francês, aproveitou-se a oportunidade da reforma do direito francês das obrigações de 2016 para reestruturá-la no Código Civil. Agora se encontram importantes regras sobre esse instituto jurídico. O então art. 1134 foi desmembrado em três, de modo que o então inciso 3 se tornou o art. 1104 com a seguinte redação:

> Art. 1104. Os contratos devem ser renegociados, formados e executados de boa-fé. Essa disposição é de ordem pública.

Interessante observar que se previu a fase pré-contratual ao estender expressamente a boa-fé nas negociações, em vez de presumir que isso tenha ocorrido. Além disso, afirmou-se que se trata de matéria de ordem pública, o que impede o seu afastamento por vontade das partes. Inseriram-se três regras sobre negociações contratuais (arts. 1112, 1112-1 e 1112-2), as quais serão estudadas no capítulo relativo à matéria. No entanto, não se foi muito além. Admitiu-se o *hardship* contratual no art. 1195, mas não se fez qualquer referência à boa-fé em matéria de interpretação contratual e manteve-se a redação do então art. 1135 no art. 1194,[283] o qual continua, portanto, sem fazer referência à boa-fé, mas, sim, à equidade.

Na opinião de Porchy-Simon, em obra recente sobre o direito francês das obrigações, a obrigação de executar o contrato de boa-fé, do art. 1134 da redação original do Code Civil, não produziu efeitos concretos ao longo do tempo, pois foi criada apenas para distinguir a distinção romana entre contratos *stricti iuris* e contratos de boa-fé e foi por um esforço de Demogue que se procurou dar concretude ao referido art. 1134. Agora, com a modificação do direito das obrigações francês, erigiu-se a boa-fé a princípio geral, com a vantagem de que este novo art. 1104 irrigará o contrato

[283] Art. 1194. Os contratos obrigam não somente ao que neles é expresso, mas também à tudo o que impõem a equidade, os usos e a lei.

desde o nascimento até sua extinção e a boa-fé não será mais uma simples obrigação de lealdade, mas também uma obrigação de cooperação.[284]

5.1.2. Alemanha

Por sua vez, a Alemanha foi um dos países em que mais se aplica o princípio da boa-fé (*Treu und Glauben*)[285]. Não por causa das soluções modernas para os problemas jurídicos, mas sim, pela deficiência que o Código Civil alemão apresentava em especial na solução de problemas relacionados com o abuso do direito, desequilíbrio de prestações contratuais e imputação de responsabilidade civil. Porém, desde o século XIX, na busca de criar uma ciência do direito, a doutrina alemã ofereceu contribuições significativas ao direito privado moderno a respeito da boa-fé. Rudolf Von Jhering havia percebido as contingências das regras sobre vícios do consentimento para a solução de problemas relativos ao contrato nulo; para tanto, desenvolveu a teoria da *culpa in contrahendo*, que posteriormente deu origem à teoria da declaração, em matéria de interpretação do negócio jurídico, com o intuito de proporcionar maior segurança nas relações jurídicas. Windscheid desenvolvera a teoria da pressuposição, para fundamentar a modificação dos contratos quando houvesse alteração das circunstâncias presentes no momento da sua formação. O Tribunal do Reich alemão recorria à *exceptio doli* para solucionar casos de abuso do direito, tendo em vista que o Digesto era direito vigente na Alemanha naquela época. Durante o processo de elaboração da codificação civil alemã, os legisladores inspiraram-se no Código Civil francês para redigir a famosa regra sobre a boa-fé,[286] a qual foi inserida no Código Civil alemão em dois dispositivos principais. O primeiro deles é a interpretação segundo a boa-fé no § 157 e o segundo, a cláusula geral do § 242, os quais seguem em destaque:

> § 157 Interpretação dos Contratos
> Os contratos devem ser interpretados como exige a boa-fé, levando-se os usos e costumes em consideração.

[284] PORCHY-SIMON, Stéphanie. Droit civil. 2e annéé. Les obligations. 11. ed. Paris: Dalloz, 2018. p. 212.

[285] Conforme Béatrice JALUZOT (op. cit. p. 16), Martinho Lutero teria traduzido *bona fides e boem um et aequum* por Treu und Glauben.

[286] JALUZOT, Béatrice. op. cit. p. 134.

> § 242 Prestação de acordo com a boa-fé
> O devedor está obrigado a executar a prestação como exige a boa-fé, levando os usos e costumes em consideração.

De acordo com Volansky,[287] a Comissão do Projeto do Código pretendeu inserir uma alínea no § 242 para prever a *exceptio doli*, mas não o fez. De acordo com Zimmermann, [288] não se poderia afirmar que o codificador alemão a rejeitara, pois se arguiu que esta era desnecessária em razão das diversas disposições contidas no projeto do Código Civil e que podiam ser consideradas desdobramentos daquela. No mesmo sentido, Eckl[289] afirmou que o § 242 não constituía um princípio geral, mas sim, um meio para recepção de princípios gerais mais antigos e doutrinas anteriores ao Código Civil alemão. Também não se inseriu dispositivo que permitisse a correção do contrato em casos de alteração das prestações contratuais por alteração das circunstâncias. Este último fato se devia ao reconhecimento da plena liberdade de contratar no direito alemão, bem como a resistência a teorias que permitissem a alteração nas prestações dos contratos.[290] Windscheid afirmou que a falta de dispositivo legal para o reajuste das prestações contratuais era lacuna grave no Código Civil alemão e que sua teoria entraria "pela janela" daquele ordenamento jurídico.[291] Por sua vez, a cláusula geral de responsabilidade civil subjetiva no Código Civil alemão era interpretada literalmente e sua aplicação era difícil dentro daquele ordenamento jurídico, pois não previa a lesão ao patrimônio como hipótese de obrigação de indenizar, tampouco se definia o termo "propriedade" como sinônimo de "patrimônio". Ape-

[287] VOLANSKY, Alexandre Al. op. cit. p. 348.

[288] ZIMMERMANN, Reinhard. Roman Law, Contemporary Law, European Law. The Civilian Tradition Today. Oxford: Oxford University Press, 2001. p. 85.

[289] ECKL, Christian. Algunas observaciones alemanas acerca de la buena fe en el derecho contractual español: de un princípio general de derecho a cláusula general. *In*: ESPIAU ESPIAU, Santiago; VAQUER ALOY Antoni (Orgs). Bases de un derecho contractual Europeo. Basis of a European Contract Law. Valencia: Tirant lo Blanch, 2003. p. 46.

[290] ZIMMERMANN, Reinhard. op. cit. p. 80.

[291] ZIMMERMANN, Reinhard. op. cit. p. 80.

nas se previu a hipótese de obrigação de indenizar por violação aos bons costumes.[292]

Em seus primeiros vinte anos de vigência, o § 242 do Código Civil alemão praticamente não teve aplicação, até que a Alemanha passou a enfrentar enormes dificuldades econômicas. O Marco alemão, moeda daquela época, sofreu forte desvalorização. Em novembro de 1923, um Marco de ouro valia 522 bilhões de Marcos representados em cédulas.[293] Diante deste fato, os contratos que previam o pagamento em valor nominal, tiveram suas prestações severamente desequilibradas. O problema é que não se havia inserido no Código Civil alemão dispositivo que permitisse a correção da prestação desvalorizada pela inflação. O Tribunal do Reich, então, permitiu a correção, cumprindo-se a profecia de Windscheid. Posteriormente, desenvolveu-se a teoria da base do negócio jurídico, com fundamento no princípio da boa-fé; primeiramente com Oertmann, e depois, com Larenz.

Apesar de todos estes problemas ocorridos até o fim da 2ª Guerra Mundial, o princípio da boa-fé na Alemanha desenvolveu-se de tal sorte que o § 242 transcendeu o direito das obrigações e se tornou um "Código Civil paralelo".[294] Devido ao caráter vago da boa-fé, tudo podia ser subsumido a esse parágrafo. Larenz[295] explicava que o § 242 era o preceito fundamental da juridicidade, uma norma que transborda o direito das obrigações, a ponto de todas as normas jurídicas estarem sujeitas ao império da boa-fé. Inclusive teria "usurpado" do § 157 do mesmo Código a finalidade de possibilitar ao juiz a interpretação conforme a boa-fé. O dispositivo sobre o abuso do direito no Código Civil alemão, positivado no § 226, tinha alcance restrito, por só admitir a sanção quando o ato abusivo fosse come-

[292] § 823. Direito exclusivamente por lesão culposa. (1) Quem, por dolo ou negligência, lesar antijuridicamente a vida, o corpo, a saúde, a liberdade, a propriedade ou qualquer outro direito de uma pessoa, estará obrigado, para com essa pessoa, à indenização do dano daí resultante // § 826. Ofensa aos bons costumes. Quem, de um modo atentatório contra os bons costumes, causar, dolosamente, um dano a outrem, estará obrigado, para com o outro, à indenização do dano.

[293] ZIMMERNANN, Reinhard; WITTAKER, Simon. Good faith.... op. cit. p. 20.

[294] SANZ, Fernando Martinez. Buena Fe. *In:* CAMARA LAPUENTE, Sergio (Coord). Derecho privado europeo. Editorial COLEX, 2003. p. 482.

[295] LARENZ, Karl. Derecho de obligaciones. Tomo I. Versão espanhola e notas: Jaime Santos Briz. Madrid: Editorial Revista de Derecho Privado, 1958. p. 145.

tido com a intenção de causar dano. Para contornar este problema, a doutrina e os tribunais alemães socorreram-se na boa-fé do § 242 para limitar o exercício de direitos, quando feitos de forma inadmissível. Além disso, os prazos prescricionais do Código Civil alemão eram longos demais, tornando-se inaceitáveis com o passar do tempo. A boa-fé também foi invocada para "reduzi-los".

Tendo em vista a magnitude de situações resolvidas pelo § 242 do Código Civil alemão, Wieacker conseguiu organizar a aplicação desse parágrafo, a fim de torná-lo inteligível para os estudantes,[296] ou, de acordo com Zimmermann e Whittaker[297], para "domesticar o monstro". Nessa tarefa, ele escreveu um pequeno livro sobre a boa-fé, no qual categorizou em grupos típicos as aplicações desta na função de *exceptio doli*, estruturando as famosas figuras de proibição do comportamento contraditório, como o *venire contra factum proprium*, a *Verwirkung*, o abuso na alegação de nulidade por motivos formais, e *dolo facit qui petit quot statim redditurus esset*,[298] os quais serão vistos adiante. A boa-fé também serviu de fundamento para a imposição de deveres laterais de conduta, procedimentais, que contribuem para o bom adimplemento da obrigação, como os deveres de custódia, informação, esclarecimento e defesa dos interesses da contraparte.[299]

No início do século XXI, a boa-fé passou por um "processo de enxugamento" de suas aplicações, tendo em vista que o § 242 fora "inflado" para solucionar lacunas do Código Civil alemão. Como afirmaram Zimmermann e Whittaker,[300] diversos institutos jurídicos baseados no § 242 ganharam autonomia. Em 2002, a *Schuldmodernisierungsgesetz* (Lei de Modernização do Direito das Obrigações) reformou o Código Civil alemão para acomodar estes institutos jurídicos em outras bases.

O primeiro dispositivo relevante inserido no Código Civil alemão foi o § 241 (2),[301] segundo o qual, no cumprimento das obrigações, há deve-

[296] SCHLECHTRIEM, Peter. Good faith in German Law and in International Uniform Laws. Roma: Centro di Studi e Ricerche di Diritto Comparato, 1997. p. 8.

[297] ZIMMERNANN, Reinhard; WITTAKER, Simon. op. cit. p. 23.

[298] WIEACKER, Franz. op. cit. p. 21-22.

[299] WIEACKER, Franz. op. cit. p. 56.

[300] ZIMMERNANN, Reinhard; WITTAKER, Simon. op. cit. p. 31.

[301] § 241 Natureza da obrigação. (...) (2). A obrigação pode também, segundo seu objeto, exigir que as partes levem em consideração os direitos legalmente protegidos e outros interesses da parte contrária.

res de proteção dos interesses da parte contrária, que recebe o nome de dever de consideração, o qual, nesse trabalho, é definido como dever de cooperação. Este termo "consideração" é intencionalmente genérico para abranger todos os deveres decorrentes da boa-fé. Com isso, permite-se dar novo fundamento aos deveres de proteção no direito alemão.[302] Karina Nunes-Fritz explicou que os deveres de consideração, também entendidos como deveres de conduta e decorrentes da boa-fé, compõem o que se entende por relação jurídica complexa. Tais deveres manifestam-se sob a forma de deveres de cooperação, informação, esclarecimento, lealdade e sigilo.[303] Não há espécies previstas nesse artigo, razão pela qual se teria inserido uma cláusula geral de responsabilidade civil pré-contratual.[304]

Ademais, a *culpa in contrahendo* também está positivada no Código Civil alemão no § 311 (2) e (3).[305] No caso, existe relação entre o § 241 (2) e o § 311, ao estabelecer que os deveres de consideração são exigíveis desde o primeiro contato entre as partes de um contrato, bem como no início das negociações. Optou o legislador alemão por disciplinar esta matéria por meio de diversas regras, e não por meio de uma única. Abrange, ainda, a possibilidade de terceiros causarem danos na fase pré-contratual.

O terceiro dispositivo consagra expressamente o princípio da boa-fé, com a finalidade de corrigir desequilíbrios da prestação a ser cumprida.[306]

[302] Asua Gonzalez, Clara I.; Hualde Sanchez, Jose Javier. op. cit. p. 1427.

[303] Nunes-Fritz, Karina. Boa-fé objetiva na fase pré-contratual. A responsabilidade pré-contratual por ruptura das negociações. Curitiba: Juruá, 2008. p. 53.

[304] Nunes-Fritz, Karina. op. cit. p. 56.

[305] § 311. Obrigações criadas por negócio jurídico ou obrigações semelhantes a estas: (1) Salvo disposição legal em contrário, um contrato entre partes é necessário para criar uma obrigação por negócio jurídico ou para alterar o conteúdo da obrigação. (2) Uma obrigação com deveres decorrentes do § 241 (2) inicia-se com: 1. o início de negociações contratuais; 2. o início de um contrato onde uma das partes, com relação a qualquer relação contratual possível, cede ou confia a outra parte a possibilidade de afetar seus direitos, interesses juridicamente protegidos ou similares; 3. contatos comerciais similares. (3) Uma obrigação com deveres segundo o § 241(2) pode também surgir para pessoas que não tinham intenção de ser partes no contrato. Tal obrigação surge em particular se um terceiro tenha assumido um grau particularmente alto de confiança material, influencia as negociações contratuais ou a conclusão do contrato.

[306] § 275. Impossibilidade do Adimplemento da Prestação. (1) A ação para exigir o adimplemento da prestação não pode ser proposta se for impossível ao devedor ou a outrem realizá-la. (2) O devedor pode recusar o adimplemento enquanto a execução exigir despesas que, tendo em vista o conteúdo da obrigação e o princípio da boa-fé, forem manifestamente despropor-

No mesmo sentido, a teoria da base do negócio jurídico agora está positivada no Código Civil alemão no § 313.[307]

Depois de mais de década de reestruturação das regras sobre a boa-fé no Código Civil alemão, pode-se afirmar que a aplicação das mesmas sofreu uma segunda ampliação, tal como havia ocorrido na segunda metade do século XX. Nesse sentido, Kähler, ao ter comentado o § 242, apontou que este ainda regula as condutas entre credores e devedores, razão pela qual é uma norma fundamental do direito privado por exigir – não apenas recomendar, a despeito da vagueza semântica do termo – o respeito aos interesses do outro, reforçando o cumprimento das obrigações e vedando o abuso do direito, ao impedir que estas sejam assim realizadas como bem entender as partes, sem significar, contudo que exista um dever de proteção recíproco entre si, pois cada um é livre para tomar as decisões que julgar adequadas. Todavia, no século XXI, tornou-se imprescindível na europeização do direito privado, como também se faz presente no direito público e, em especial, na eficácia horizontal dos direitos fundamentais, sendo a boa-fé a porta de entrada dessas normas constitucionais na relação entre particulares, tal como se tem com o art. 1 (1) da Lei Fundamental alemã, de acordo com o qual se desenvolveu o conceito de direito geral de personalidade para a proteção da privacidade, o direito à informação, ao trabalho e a vedação à autoincriminação, bem como o art. 3, para se exigir tratamento isonômico e o art. 4, para evitar que se pretenda eximir-se de

cionais ao interesse do credor no adimplemento. Quando se determinar o que pode ser razoavelmente exigido do devedor, leva-se em conta se este foi responsável pela impossibilidade do adimplemento. (3) Ademais, o devedor pode recusar a execução quando este deva cumpri-la pessoalmente, após sopesar o interesse do credor no adimplemento e o impedimento no adimplemento, esta não puder ser razoavelmente exigida do devedor. (4) Os direitos do credor são determinados pelos §§ 280, 283 a 285, 311a e 326.

[307] § 313. Interferência na base do negócio. (1) Se circunstâncias sobre as quais um contrato foi celebrado alterarem-se substancialmente após sua conclusão e em tais circunstâncias não o teriam concluído ou o teriam celebrado com conteúdo diverso, caso tivessem previsto a alteração, a adaptação do contrato pode ser exigida, levando-se em conta todas as circunstâncias do caso concreto, em particular a alocação de riscos contratual ou legal, que não se possa exigir seu cumprimento em sua forma original. (2) Se afirmações materiais que se tornaram a base do contrato subsequentemente se verificarem incorretas, estas são tratadas como se houvesse tido alteração das circunstâncias. (3) Se a adaptação do contrato não for possível ou inexigível da parte contrária, a parte prejudicada pode resolver o contrato. Em caso de em caso de obrigações continuadas, o contrato pode ser denunciado, em vez de resolvido.

uma obrigação alegando estar amparado na liberdade de crença e consciência, entre outros aspectos.[308]

Como se pode comprovar por pesquisa jurisprudencial. Há milhares de decisões sobre essa matéria e serão mencionadas apenas algumas delas a título de ilustração. Chama a atenção a aplicação do princípio da boa-fé em novas situações atípicas. Por exemplo, o Superior Tribunal de Justiça alemão – BGH aplicou o § 242 para efetivar a redução proporcional da multa contratual, quando esta se revelava excessiva.[309] Outro caso interessante foi o reconhecimento do direito de arrependimento de uma compra e venda a distância de um aparelho detector de radar, o que seria proibido pelas leis de trânsito alemãs, porque foi necessário definir a possibilidade ou não de negócios imorais receberem a mesma proteção consumerista conferida aos demais negócios. A solução dada foi a de que o exercício do direito de arrependimento, inclusive nesse caso específico, não era imoral – a despeito do objeto da prestação ser imoral – e, portanto, não estava em desacordo com o § 242.[310] Houve ainda o caso de um presidiário condenado a doze anos de prisão por roubo, que pediu indenização ao Estado por ter sido encarcerado em condições desumanas, tais como a permanência em cela de nove metros quadrados com outros presos, cujo vaso sanitário de uso comum entre eles era separado por uma cortina. O Estado alemão, por sua vez, reconveio, apresentando o custo das despesas decorrentes do processo penal. O BGH extinguiu o processo, considerando ambas as pretensões inadmissíveis à luz do § 242 do BGB.[311] Em matéria de direito de família, o § 242 tem sido usado na interpretação de acordos pré-nupciais.[312] Também foi aplicado para discutir a existência de um dever de informar a renda própria para fins de fixação do valor da pensão alimentícia a ser paga ao filho. Entendeu-se que o filho tinha o direito de confiar nas informações prestadas pelo pai, no sentido de preservar a boa-fé no relacionamento entre eles.[313]

[308] KÄHLER, Lorenz. Kommentierung von § 242. *In:* Beck'schen Großkommentar zum BGB. München: C.H. Beck, 2014.

[309] ALEMANHA. BGH. I ZR 168/05 – OLG Hamburg, 17 Juli 2008.

[310] ALEMANHA. BGH. VIII ZR 318/08 – LG Aurich, 25 November 2009.

[311] ALEMANHA. BGH. III ZR 18/09 – OLG Karlsruhe, 1 Oktober 2009.

[312] ALEMANHA. BGH. XII ZR 24/04 – OLG Koblenz, 5 Juli 2006; XII – ZR 165/04 – OLG Karlsruhe, 28 Februar 2007; XII – ZR 129/10 – OLG Oldenburg, 31 Oktober 2012.

[313] ALEMANHA. BGH. XII ZB 329/12 – OLG Karlsruhe, 17 April 2013.

Já os casos clássicos referentes ao princípio da boa-fé foram deslocados para o § 241, II, do BGB. Por exemplo, entendeu-se que era contrária a boa-fé nos termos do § 241, II, do BGB, a cobrança elevada de valores relativos à instalação de parede *drywall*, em favor do instalador, por falta de informação prestada ao cliente.[314] No mesmo sentido e relacionando os §§ 241, II e 311, II, decidiu-se que um consultor de investimentos é responsável pela proteção dos interesses de seus clientes, quando a confiabilidade é afetada pela existência de antecedentes criminais de pessoas que lesaram investidores.[315] O terceiro caso é de morador de edifício afetado por um vazamento de água provocado pela máquina de lavar do vizinho, o que teria alagado seu imóvel. Entendeu-se que se violou o dever de consideração com a secagem inadequada do local, pois a permanência de umidade provocou mofo.[316]

5.1.3. Itália

A Itália é um país que também dá grande valor ao princípio da boa-fé, notadamente pela influência do direito alemão a partir do Código Civil de 1942.[317] A primeira disposição importante nesta matéria é o art. 1175, que cuida da *correttezza* (lealdade) e que, de acordo com Patti,[318] equivale ao § 242 do Código Civil alemão:

> Art. 1175. Comportamento segundo a *correttezza*. O devedor e o credor devem comportar-se segundo a regra da *correttezza* (Cód. Civ. 1337 e 1358).

A *correttezza*, de acordo com Carusi,[319] é critério de avaliação do comportamento social, ou a conformidade do comportamento às regras de convivência social e aos bons costumes, considerada o meio mais idôneo

[314] ALEMANHA. BGH. VII ZR 116 – OLG Hamm, 14 Marz 2013.

[315] ALEMANHA. BGH. III ZR 296/11 – OLG München, 14 Marz 2013.

[316] ALEMANHA. BGH. V ZR 62/06 – OLG München, 10 November 2006.

[317] O antigo Código Civil italiano de 1865 inspirava-se no Código Civil francês e consistia na fusão dos arts. 1.134, 3 e 1.135 deste último:
Código Civil Italiano de 1865. Art. 1124. Os contratos devem ser executados de boa-fé e obrigam não somente àquilo que exprimiram, mas também a todas as consequências que, de acordo com a equidade, o uso ou a lei, dele derivam.

[318] PATTI, Salvatore. op. cit. p. 551.

[319] CARUSI, Franco. Correttezza (Obblighi di). (verbete). *In:* ENCICLOPEDIA DEL DIRITTO. Vol. X. Contratto-Cor. Milano: Giuffrè, 1962. p. 709.

à avaliação das posições dos dois sujeitos da relação. Para Benatti,[320] significa o comportamento de uma pessoa correta, ou conduta leal e honesta. Para Del Fante,[321] a doutrina italiana procurou diferenciar os conceitos de *correttezza* e boa-fé. Aquela consistiria em um mero dever negativo de não realizar atos danosos para a contraparte e esta última, um dever positivo de colaboração. No direito italiano, é interessante notar que existe uma "boa-fé ética", intitulada de *correttezza*, cujo equivalente em português seja "lealdade", e uma "boa-fé jurídica", que conserva este nome. A primeira vista, para o jurista não italiano, é difícil distinguir estas duas figuras ou os motivos que levaram a esta duplicação, o que não ocorre com um jurista italiano, capaz de indagar se o objeto de estudo é a *correttezza* contratual, ou se é a *buona fede* contratual.

A segunda disposição sobre a boa-fé no Código Civil refere-se à responsabilidade pré-contratual:

> Art. 1337. Tratativas e responsabilidade pré-contratual. As partes, no desenvolvimento das tratativas e na formação do contrato, devem comportar-se segundo a boa-fé. (1366, 1375, 2208)
>
> Art. 1338. Conhecimento das causas de invalidade. A parte que, conhecendo ou devendo conhecer a existência de uma causa de invalidade do contrato (art. 1418 e seguintes), não dá notícia à parte contrária, deve ressarcir o dano desta, por ter confiado, sem sua culpa, na validade do contrato (art. 1308).

O art. 1337 é uma cláusula geral que compreende o dever de agir segundo a boa-fé; o art. 1338 é influência direta da teoria de Jhering sobre a *culpa in contrahendo,* pela imposição de um dever específico de informar sobre a existência de uma causa de invalidade do contrato. Betti,[322] por exemplo, já falava que o art. 1337 consistia no dever de lealdade negocial, como hábito de falar com clareza, revelando à contraparte a situação real da coisa, desenganando-a de eventuais erros que seriam reconhecíveis, sobretudo abstendo-se de toda forma de reticência dolosa e de toda forma

[320] Benatti, Francesco. La responsabilità precontrattuale. Milano: Giuffrè, 1963. p. 36.

[321] Del Fante, Anna. Buona fede prenegoziale e principio costituzionale di solidarietà. Rassegna di Diritto Civile, Napoli. Anno IV, 1983. p. 151.

[322] Betti, Emilio. Teoria generale delle obbligazioni. v. 1. Prolegomeni, funzione economico-sociale dei rapporti d'obbligazione. Milano: Giuffrè, 1953. p. 82.

de dolo que possa induzir a uma falsa determinação do valor do querer desta contraparte. Muito se produziu na Itália sobre a boa-fé, sobretudo em matéria de responsabilidade pré-contratual, no que compete à ruptura injustificada das negociações com fundamento no art. 1337.[323]

O art. 1338 tem sido interpretado como aplicação específica do dever de lealdade do art. 1337, ao cuidar exclusivamente da hipótese da validade do contrato em que há uma circunstância que é de conhecimento de uma das partes do contrato. No entanto, na doutrina italiana, a relação entre estes dois artigos ainda não é pacífica. Argumenta-se que se existe uma norma específica sobre o dever de informar (art. 1338), ter-se-ia excluído a possibilidade de considerar a existência de um dever de informar com fundamento no art. 1337.[324] Por outro lado, sustenta-se que este artigo pode recepcionar este dever, pois o art. 1338 prevê um dever específico e não um dever geral de informar.[325]

A terceira norma sobre a boa-fé, também por influência alemã, é o art. 1366, que cuida da interpretação conforme a boa-fé: "Interpretação de boa-fé. O contrato deve ser interpretado segundo a boa-fé. (art. 1337, 1371, 1375)". A exegese dada a este artigo do Código Civil italiano é a de que o contrato deve ser entendido sob um ponto de vista objetivo, estabelecendo o sentido mais conveniente ao declarante, mas tendo por pano de fundo a lealdade recíproca entre as partes. Dessa forma, não se consideraria apenas o vínculo psicológico das partes, mas também a diligência em seu comportamento na ocasião da celebração do contrato.[326]

A quarta disposição sobre a boa-fé refere-se à execução do contrato segundo a boa-fé no art. 1375: "Execução de boa-fé. O contrato deve ser executado segundo a boa-fé (art. 1337, 1358, 1366, 1460)". Neste caso, entende-se que este tem por finalidade zelar pelo atendimento do programa econômico contratual, que se dá pelo reconhecimento do dever de cooperação.[327]

[323] Del Fante, Anna. op. cit. p. 148.

[324] Pignataro, Gisella. Buona fede oggettiva e rapporto giuridico precontrattuale: gli ordinamenti italiano e francese. Napoli: Edizioni Scientifiche Italiane, 1999. p. 8.

[325] Tardia, Ignazio. Buona fede ed obblighi di informazione tra responsabilità precontrattuale e responsabilità contrattuale. Rassegna di Diritto Civile, Napoli. n. 3, p. 724-776, 2004. p. 737.

[326] Constanza, Maria. Profili dell'interpretazione del contratto secondo buona fede. Milano: Giuffrè, 1989. p. 40-42.

[327] Uda, Giovanni Maria. op. cit. p. 355.

Entretanto, a aplicação do princípio da boa-fé na Itália nem sempre foi tranquila. Com a queda do regime fascista na Itália, imediatamente se procurou eliminar todos os traços que esta ideologia havia deixado no Código Civil, e também no princípio da boa-fé. De acordo com Patti,[328] considerou-se suficiente eliminar as referências ao fascismo e ao regime corporativo do texto do Código Civil. Por isso, por um bom tempo, houve pessimismo para com a boa-fé. Stolfi,[329] por exemplo, afirmava que esse princípio, entendido no sentido de dever de *correttezza*, não havia nascido sob uma boa estrela. O desinteresse sobre este se dava pelo fato deste princípio ter estado ligado à doutrina do fascismo ou ao sistema corporativo. No mesmo texto, Stolfi[330] afirmou que o art. 1366 (interpretação) era inútil duplicação do art. 1375, e este artigo, por sua vez, era inútil na execução testamentária, por exemplo. Também a boa-fé seria inaplicável aos direitos reais, pois esta tem que ceder às disposições de ordem pública.[331] Além disso, o sistema de publicidade prescindiria da boa-fé individual, porque tem por objeto a tutela da fé pública.[332] Só a partir da década de 1970 é que a boa-fé na Itália se desvencilhou da sua reputação negativa perante a doutrina. De acordo com Del Fante,[333] o princípio da boa-fé e os conceitos de solidariedade foram sendo "filtrados" à luz dos princípios constitucionais. Ainda em textos recentes, observa-se que se destaca o antigo receio de usar-se a boa-fé na Itália durante a segunda metade do século XX, pelo fato desta estar estruturada sob a forma de cláusulas gerais, ainda mais porque, inicialmente, faziam referências ao regime corporativista. Somente a partir da década de 1980 houve o uso da boa-fé, ao interpretá-la de forma objetiva, sem referência a valores morais.[334] Com essa abertura,

[328] PATTI, Salvatore. op. cit. p. 553.

[329] STOLFI, Giuseppe. Il principio di buona fede. Rivista del Diritto Commerciale e del Diritto Generale delle Obbligazioni, Anno LXII. n. 5-6. Maio/Giugno 1964. p. 163.

[330] STOLFI, Giuseppe. op. cit. p. 164.

[331] STOLFI, Giuseppe. op. cit. p. 168.

[332] STOLFI, Giuseppe. op. cit. p. 171.

[333] DEL FANTE, Anna. op. cit. p. 159.

[334] FEBBRAJO, Tommaso. Good faith and pre-contractual liability in Italy: recent developments in the interpretation of Article 1337 od the Italian Civil Code. Italian Law Journal, v. 2, n. 2, p. 291-312, 2016. p. 295-297.

em 1996, inseriu-se no Código Civil o art. 1469-bis, que dispõe sobre cláusulas abusivas nos contratos, em razão da Diretiva 93/13/CEE.[335]

No século XXI, a boa-fé consiste em uma das principais decorrências da agora intitulada solidariedade econômico-social, por força da expressão contida no art. 2º da Constituição italiana. Ademais, o princípio solidarístico não se baseia mais em meros aspectos corporativistas, mas assumiu finalidade política, econômica e social. Trata-se de uma solidariedade centrada no homem, funcional à atuação de sua personalidade e a esta função se prende os institutos patrimoniais por excelência, como a propriedade e a empresa.[336] No mesmo sentido Giovanni Maria Uda,[337] que também interpretou o conteúdo do art. 1375 como manifestação do princípio geral de solidariedade social.

5.1.4. Espanha

Na Espanha, o princípio da boa-fé também está presente na legislação e na jurisprudência. Em matéria contratual também se havia estabelecido normas de aplicação da boa-fé. A principal delas, inserida por influência do Código Civil francês, é prevista no art. 1258:

> Art. 1258. Os contratos aperfeiçoam-se pelo mero consentimento, e desde então obrigam não só ao cumprimento do expressamente pactuado, mas também a todas as consequências que, segundo a sua natureza, sejam conformes à boa-fé, ao uso e à lei.

Também é importante destacar o art. 57 do Código de Comércio Espanhol, de 1885: "Os contratos de comércio se executam e cumprem-se de boa-fé, segundo os termos em que forem feitos e redigidos, sem tergiversar com interpretações arbitrárias no sentido reto, próprio e usual das palavras ditas ou escritas, nem restringir os efeitos que naturalmente se derivem de modo com que os contratantes tivessem expresso sua vontade e contraído suas obrigações".

[335] Art 1469-bis. Cláusulas vexatórias no contrato entre profissional e consumidor. No contrato concluído entre consumidor e profissional, que tenha por objeto a cessão de bens ou a prestação de serviços, se consideram vexatórias as cláusulas que, a despeito da boa-fé, deixam a cargo do consumidor um significativo desequilíbrio de direitos e obrigações derivadas do mesmo. (...)

[336] Del Fante, Anna. op. cit. p. 156.

[337] Uda, Giovanni Maria. op. cit. p. 82.

Na década de 1950, Cossio y Corral[338] sustentava que a boa-fé no direito espanhol era cláusula geral do sistema jurídico e também como fonte de obrigações concretas; de uma parte, de forma negativa, enquanto determina a nulidade dos atos jurídicos que a ela se opõem (arts. 4, 1225 e 1275 do Código Civil), e positiva, de outra parte, enquanto se apresenta como norma que exige determinada conduta no cumprimento das obrigações. A doutrina espanhola interpretava o art. 1258 como uma norma que impunha a função integradora da boa-fé, por meio da qual se corrige a vontade privada que deu vida ao negócio. De acordo com De los Mozos,[339] fala-se em função integradora, porque a boa-fé influi no conteúdo do negócio, já que nem sempre a vontade privada é capaz de prever todas as possibilidades que se derivam do mesmo e, por isso, faz-se inútil supor uma vontade presumida.

O direito espanhol é bastante desenvolvido em termos de utilização da teoria dos atos próprios, a partir da obra do Prof. Diez-Picazo. Tanto que essa doutrina se irradiou da Espanha para vários países da América Latina. Graças a isso, em 1974, o Código Civil espanhol foi reformado para erigir a boa-fé a um princípio geral de direito. A tentativa de criar regra parecida vinha desde 1940. Essa perspectiva é decorrência do trabalho do Tribunal Supremo em aplicar a boa-fé em vários casos, sobretudo na teoria dos atos próprios e no abuso do direito.[340]

Assim, no Código Civil espanhol há o art. 7º, 1, relativo ao exercício geral dos direitos de acordo com a boa-fé e que serviu de modelo para outras legislações, conforme segue: "1. Os direitos deverão exercitar-se conforme as exigências da boa-fé. Já o art. 7.2 trata do abuso do direito e será analisado no capítulo seguinte.

O princípio da boa-fé abunda na jurisprudência espanhola, tornando-se difícil proceder à seleção dos principais casos. Em se tratando do art. 1258, também bastante usado pelas partes e pelo Tribunal, vale destacar

[338] Cossio y Corral, Alfonso. El dolo en el derecho civil. Madrid: Editorial Revista de Derecho Privado, 1955. p. 227.

[339] De Los Mozos, José Luis. El principio de la buena fé: sus aplicaciones prácticas en el Derecho Civil Español. Barcelona: Bosch, 1965. p. 124-125.

[340] Pasa, Barbara. Strategie argomentative fondate sulla "buona fede" nella dottrina e nella giurisprudenza spagnole: riflessioni storico-comparatistiche. Rassegna di Diritto Civile, Napoli, n. 3/4, p. 741-820, 2002. p. 744.

a Sentença de 12 de julho de 2002,[341] na qual se fez síntese da aplicação da boa-fé pela jurisprudência, a qual tem sido reproduzida literalmente em decisões subsequentes.[342] O caso em questão refere-se à divergências entre o empreiteiro de uma obra contratado para fazer reformas em uma casa, bem como a regularização das modificações na prefeitura local. O contratante, insatisfeito com a demora na realização dos serviços, propôs ação de indenização pela resolução do contrato. O Tribunal Supremo, ao analisar a questão, fixou a lide na identificação da obrigação de realização de determinadas obras e a correspondente legalização das modificações realizadas no local. Segue o trecho que sintetiza a aplicação do art. 1258 no direito espanhol:

> A boa-fé a que se refere o art. 1258 é um conceito objetivo, de comportamento honrado, justo, leal... (Sentenças de 26 de outubro de 1995, 6 de Março de 1999, 30 de Junho e 25 de Julho de 2000, entre outras), que opera em estreita relação com uma série de princípios considerados imprescindíveis pela consciência social, ainda que não tenham sido formulados pelo legislador, ou estabelecidos pelo costume ou contrato (Sentença de 22 de setembro de 1997). Pressupõe as exigências de comportamento coerente e da proteção da confiança alheia (Sentenças de 16 de novembro de 1979, 29 de Fevereiro e 02 de outubro de 2000), bem como o cumprimento das regras de conduta presentes na ética social vigente, que vêm significadas pelos valores de honestidade, correção, lealdade e fidelidade à palavra e dada e à conduta adotada (Sentenças de 26 de janeiro de 1980, 21 de setembro de 1987, 29 de Fevereiro de 2000). Aplicando-a concretamente ao campo contratual, a boa-fé integra o conteúdo do negócio no sentido de que as partes ficam obrigadas não apenas ao que está expresso literalmente, mas também as suas derivações naturais, impondo condutas adequadas para dar ao contrato a devida efetividade, a fim de obter os objetivos propostos (todas, Sentença de 26 de outubro de 1995).

[341] ESPANHA. Tribunal Supremo. Sala de lo Cível. Roj STS 5229/2002. Sentença no Recurso de Cassação nº 214/1997. Ponente: Jesus Eugenio Corbal Fernandez, 12 Julio 2002.

[342] Cf. ESPANHA. Tribunal Supremo. Sala de lo Cível. Roj STS 3047/2010. Sentença no Recurso de Cassação n. 1214/2006. Ponente: Antonio Salas Carceller, 10 Junio 2010; Tribunal Supremo. Sala de lo Cível. Roj STS 8055/2012. Sentença no Recurso de Cassação nº 1214/2006. Ponente: Francisco Javier Arroyo Fiestas, 29 Noviembre 2012.

Contudo, pode-se afirmar, a partir da pesquisa no site do Tribunal Supremo da Espanha, que a hipótese mais frequente está na aplicação do art. 7º do Código Civil, como princípio geral de direito, sobretudo por meio da aplicação da teoria dos atos próprios, a qual teve enorme desenvolvimento nesse ordenamento jurídico, assim como suas aplicações específicas concernentes ao dever de coerência.

5.1.5. Portugal

O Código Civil português de 1966, inspirado no direito alemão, dispõe sobre o princípio da boa-fé em grande intensidade.[343] O Código de 1867, por sua vez, era inspirado no direito francês e, nesse sentido, não teria resultado em grandes aplicações do mesmo na solução dos casos concretos, tal como aconteceu com o Código Civil francês durante o século XX. De acordo com Menezes Cordeiro,[344] a doutrina e jurisprudência reconheciam institutos relacionados com a boa-fé, como a culpa na formação dos contratos, o abuso do direito e a modificação do contrato por alteração das circunstâncias.

A disciplina geral da boa-fé está em quatro artigos, abrangendo a formação dos contratos, a execução e interpretação dos mesmos, assim como a vedação ao abuso do direito, com fundamento na boa-fé, cujos artigos seguem transcritos:

> Art. 227º. Culpa na formação dos contratos
>
> 1. Quem negoceia com outrem para conclusão de um contrato deve, tanto nos preliminares como na formação dele, proceder segundo as regras da boa fé, sob pena de responder pelos danos que culposamente causar à outra parte.
>
> Art. 239º. Integração
>
> Na falta de disposição especial, a declaração negocial deve ser integrada em harmonia com a vontade que as partes teriam tido se houvessem previsto o ponto omisso, ou de acordo com os ditames da boa fé, quando outra seja a solução por eles imposta.

343 Costa, Mário Júlio Brito de Almeida. Direito das obrigações. 7. ed. Coimbra: Almedina, 1999. p. 91.

344 Cordeiro, Antonio Manuel da Rocha e Menezes. op. cit. p. 27.

Art. 334º. Abuso do direito.

É ilegítimo o exercício de um direito, quando o titular exceda manifestamente os limites impostos pela boa-fé, pelos bons costumes ou pelo fim social ou econômico desse direito.

Art. 762º. [Cumprimento e Não Cumprimento das Obrigações]. Princípio Geral.

1. O devedor cumpre a obrigação quando realiza a prestação a que está vinculado.

2. No cumprimento da obrigação, assim como no exercício do direito correspondente, devem as partes proceder de boa-fé.

Pode-se afirmar, em pesquisa jurisprudencial do Supremo Tribunal de Justiça de Portugal, que o art. 334º foi o mais aplicado ao longo dos anos, como também o dever de coerência nas suas mais variadas formas de expressão. O art. 227º também é bastante aplicado em Portugal para reger a formação dos contratos em conformidade com os deveres decorrentes do princípio da boa-fé, bem como para sancionar problemas ocorridos durante a execução do contrato, quando este problema guardar relação com condutas praticadas antes de sua conclusão. O art. 762º é usado na jurisprudência portuguesa, mas em menor frequência, quando se deseja fundamentar deveres decorrentes da boa-fé na execução do contrato, como o adimplemento substancial e o cumprimento imperfeito do contrato, ou para modular o exercício de direitos subjetivos, como, por exemplo, o exercício da garantia à primeira demanda.[345] Por fim, o art. 239º é pouco invocado na jurisprudência, com poucas referências à boa-fé.

5.1.6. Reino Unido

A análise do princípio da boa-fé no Reino Unido chama a atenção para um fato curioso: em geral pode-se identificar o princípio da boa-fé no direito inglês, mas não é um princípio bem aceito naquele país. É visto com desconfiança pela doutrina, por ser uma possível fonte de insegurança jurídica.

[345] Portugal. Supremo Tribunal de Justiça (2ª Seção). Acórdão n. 2271/07.2TBMTS-A.P1.S1. Relator: Min. Serra Baptista, 18 de novembro de 2010; Supremo Tribunal de Justiça. Acórdão n. 04B4166. SJ200501130041667. Relator: Min. Oliveira Barros, 13 de janeiro de 2005.

A estrutura do direito inglês é fruto do desenvolvimento das instituições políticas e judiciárias daquele país. Em diversos episódios da história inglesa, lutou-se pela independência dos tribunais feudais, que aplicavam as regras locais, em detrimento daqueles organizados pela monarquia, aos quais se fazia resistência, por serem um meio pelo qual o rei buscava aumentar e consolidar o seu poder. Ainda na Idade Média, os tribunais feudais aplicavam o direito que se formou na região em que se localizava. Para este direito local dá-se o nome de *Law of the Land*. Com o renascimento das Universidades, provocado pelo estudo do Digesto na Europa Ocidental, muitos juízes migraram para estes centros de estudo; quando voltavam, reinterpretavam o direito local à luz daquele direito. Assim se formou o *common law*. De acordo com Powell,[346] na sua aula inaugural da cátedra de direito romano da Universidade de Londres, apesar destes tribunais de *common law* terem absorvido o direito romano, eles não eram eficazes para garantir o cumprimento dos contratos. A regra *pacta sunt servanda* tinha pouca importância no surgimento do *common law*, porque estes tribunais, organizados pela monarquia, não se preocupavam em proteger acordos privados. Daí se buscava ajuda em tribunais eclesiásticos, denominados Court of Chancery, que julgavam por *equity*. E foi por aí que se introduziu a boa-fé em matéria contratual no direito inglês. Os *chancellors* eclesiásticos julgavam segundo a boa-fé. Eles usavam as expressões "*against good faith and conscience*" e "*what good faith and conscious require*" para obrigar a parte culpada ao cumprimento dos contratos.[347] Goode[348] também apontou que as antigas cortes comerciais inglesas exigiam um dever geral de boa-fé.

Em um segundo momento, com o desenvolvimento das instituições judiciárias inglesas, bem como o de uma cultura que acentua a autonomia do ser humano em face do Estado, o *pacta sunt servanda* tornou-se o princípio contratual mais importante do direito inglês. Nota-se que o direito inglês adotou um modelo de "tudo-ou-nada" ("*all or nothing*") em matéria de boa-fé: reconhece-se a plena liberdade contratual, e a boa-fé é exi-

[346] O'Connor, Joseph F. Good faith in English Law. Aldershot: Dartmouth, 1990. p. 17.

[347] Powell, Raphael. Good faith in contracts: an inaugural lecture. London: Stevens, 1956. p. 9.

[348] Goode, Roy. The concept of good faith in English Law. Roma: Centro di Studi e Ricerche di Diritto Comparato, 1992. p. 2.

gida em situações particulares, mas com a sua máxima intensidade. Assim, os juízes interferem o mínimo possível no conteúdo do contrato, obrigando cada qual a cuidar-se de si mesmo para que não se arrependa de ter feito um mau contrato.[349] Por outro lado, reconhece-se em matéria de contratos de seguros, o conceito de *uberrima fides, utmost good faith, absolute good faith, greatest good faith, most perfect good faith,* em que se impõe às partes em um contrato de seguro o comportamento dentro da maior e melhor boa-fé possível, declarando a verdade na formação e execução dos mesmos, tendo em vista que somente uma das partes possui conhecimento de todas as informações relevantes.[350] O *Sale of Goods Act* de 1893 também trazia diversas normas em que faz referência à boa-fé nas regras n. 22 (1), 25 (1) e (2), 26 (1) e 47. A regra n. 62 (2) dispõe que o termo "good faith" significa que, de fato, agiu-se honestamente.

Com efeito, a boa-fé no direito inglês, em sentido amplo, permaneceu no limbo durante vários anos.[351] No fim da década de 1980, houve dois casos judiciais em que se procurou aplicar a boa-fé no direito inglês: *Interfoto Picture Library Ltd v. Stileto Visual Programmes Ltd.* e *Walford v. Miles,* em razão de problemas relacionados à formação dos contratos, porque, nesse ordenamento jurídico, a aferição do vínculo contratual é feita não pelo consenso, mas pela *consideration,* invocando-se a boa-fé para se tentar o reconhecimento da formação do contrato ou, ainda, tentar fazer valer elementos negociais em seu objeto.

No caso *Interfoto Picture Library Ltd. v. Stileto Visual Programmes Ltd,*[352] o autor emprestou quarenta e sete transparências fotográficas ao réu, em prévio contato telefônico. No envio das mesmas, enviou-se junto um contrato de adesão com nove cláusulas. A cláusula segunda deste contrato estabelecia que, se não fossem devolvidas dentro de quatorze dias, cobrar-se-ia £5 por cada transparência retida. O réu, que jamais havia usado o

[349] Isto não quer dizer que não existam remédios para se proteger dos engodos. Há o instituto da misrepresentation (dolo), fraudulent misrepresentation (fraude), duress (coação).

[350] EGGERS, Peter MacDonald; FOSS, Patrick. Good faith and insurance contracts. London: LLP, 1998. p. 7.

[351] BROWNSWORD, Roger; HIRD, Norma J.; HOWELLS, Geraint. Good faith in contract: concept and context. *In:* BROWNSWORD, Roger (Org). Good faith in contract: concept and context. Aldershot: Ashgate, 1999. p. 1.

[352] REINO UNIDO. Interfoto Picture Library Ltd v. Stileto Visual Programmes Ltd. [1989] 2QB 433.

serviço do autor, não leu o contrato de adesão (porque o contato foi feito por telefone), e devolveu-as quatro semanas depois. Quando cobrada a multa, recusou-se a pagar a multa de £ 3,783.50. Decidiu-se que, quando há cláusulas que trazem condições extremamente onerosas, cabe a parte informar a parte contrária sobre a existência das mesmas, por uma questão de lealdade e razoabilidade; logo, entendeu-se que esta cláusula segunda deste contrato não fez parte do acordo entre autor e réu, e que só podiam cobrar o valor do aluguel, jamais a multa onerosa. Segue a *ratio decidendi* deste caso:

> BINGHAM L.J. Em diversos sistemas jurídicos continentais, e talvez na maior parte dos sistemas jurídicos do *common law*, o direito das obrigações reconhece e dá exequibilidade ao princípio predominante segundo o qual as partes devem agir de boa-fé ao celebrar e executar contratos. Isso não significa que não se deve mentir ou distorcer a verdade para com a parte contrária, pois isso qualquer sistema jurídico deve reconhecer. Seu efeito talvez mais adequado é descrito por expressões metafóricas como "jogar limpo", "abrir-se para o outro" ou "pôr as cartas na mesa com a face virada para cima". Isso é na essência o princípio de negociações justas e abertas. (...) O direito inglês tem por característica não comprometer-se com tal princípio, mas acabou desenvolvendo gradualmente soluções para responder a estes problemas de deslealdade. Vários exemplos podem ser dados. A equidade interveio para derrubar negócios em estado de ignorância. O Parlamento vem regulando cláusulas de exceção e a forma de certos contratos de aluguel e compra. O *common law* também vem dando sua contribuição, ao afirmar que certos tipos de contratos requerem a mais completa boa-fé, ao tratar como irrecuperável o que apresentou para ser contratado estima o dano, mas na verdade mudou-se a pena para a quebra, entre outros.

Já no caso *Walford v. Miles*[353] discutiu-se a *culpa in contrahendo* no direito inglês, tornando-se famoso por ter afirmado a inexistência de um dever geral de negociar segundo a boa-fé. Os réus, marido e mulher, eram proprietários de uma empresa do ramo fotográfico. Em janeiro de 1987 iniciaram negociações para a venda da mesma para os autores por 2 milhões de libras. Em 17 de março deste mesmo ano, o réu exigiu a apresentação

[353] REINO UNIDO. Walford v. Miles [1992] 2AC 128.

de uma "comfort letter" em três dias, sob pena de interromper as negociações. O autor, no dia seguinte, atendeu ao pedido do réu. Todavia, em 25 de março de 1987, os réus encerraram as negociações com o autor, pois as ações da companhia foram vendidas a terceiros. Os autores alegaram a existência de um contrato colateral verbal para negociar. Decidiu-se que o acordo de 17 de março não continha qualquer disposição sobre a extensão da obrigação de negociar nem fazia qualquer ressalva sobre interrupção de negociações. Decidiu-se que o dever de negociar segundo a boa-fé é impraticável e inconsistente com a posição adversarial que caracteriza as negociações e, por isso, podiam interrompê-las livremente:

> A razão por que um contrato para negociar, tal como um "agreement to agree" é inexequível, é simples, porque lhe falta necessária certeza. O mesmo não se aplica a um contrato para envidar os melhores esforços. Esta incerteza é demonstrada no caso em questão pela disposição pela qual se afirmou estar implícito um contrato para a realização das negociações. Como pode uma corte tentar decidir se, subjetivamente, existia razão para o encerramento das negociações? A resposta sugerida depende de como e se as negociações eram fundadas na boa-fé. Contudo, o conceito de dever de conduzir negociações segundo a boa-fé é inerentemente repugnante à posição adversarial das partes, quando envolvidas em negociações. Cada parte da negociação está autorizada a buscar seu próprio interesse, desde que não aja com dolo. Para avançar qual interesse deve ser atendido, se ele o acha apropriado, ameaçar a retirada das negociações futuras ou retirar-se de fato, na esperança que a parte contrária possa procurar reabrir as negociações ao oferecer-lhe condições melhores.

Devido a estes dois casos, estabeleceu-se intenso debate doutrinário sobre o papel da boa-fé no direito inglês. Em geral, mesmo após estes dois casos, ainda predomina a repulsa a este instituto, porque sua aceitação aumentaria a incerteza nas negociações e na interpretação do contrato. Whincup, especialista em direito contratual comparado, tem uma visão contrária à boa-fé no direito inglês. Em referência ao caso Interfoto, por exemplo, ele entendeu que esse julgado foi um fato raro na prática inglesa.[354]

[354] WHINCUP, Michael. Contract law and practice: the English System and continental comparisons. 4. ed. Alphen: Kluver, 2001. p. 214.

Goode[355] destacou que os juristas ingleses desconhecem o conteúdo do termo "boa-fé" e, por isso, não o aplicavam. Wightman[356] defendeu a boa-fé normativa somente nos contratos de transações frequentes, pois neste caso todos sabem qual o padrão a ser seguido. Por exemplo, um fabricante já está habituado a lidar com os defeitos de fabricação; o consumidor, não. Para Howells,[357] o princípio da boa-fé seria pesado demais. Dever-se-ia ser entendido como um princípio-guia para a promoção do diálogo entre empresários e consumidores e conduzir negociações em direção a um regime contratual ético e justo. Porém, não se admite que a interpretação conforme a boa-fé possa prever algo que ambas as partes jamais cogitaram.

Em interessante artigo, Teubner relatou que o princípio da boa-fé no Reino Unido, no início do século XXI, era irritante e que só criava atritos na tentativa de unificação do direito europeu. Ele testemunhou que "os tribunais britânicos rejeitavam enfaticamente este princípio em diversas ocasiões, tratando-a como uma doença contagiosa de origem distante e de aplicação pouco prática".[358] Continuando seu raciocínio, defendeu que instituições não podem ser transplantadas sem qualquer critério e isso, no entender dele, estaria atrapalhando o trabalho dos profissionais do direito, devido à insegurança provocada pela eventual aplicação do princípio da boa-fé.[359] A raiz destes problemas estaria nas estruturas econômicas do direito em países de *common law*, em face de países de tradição continental. Em primeiro lugar, haveria grandes diferenças na forma de aplicação do direito por um juiz alemão em comparação com um juiz inglês.[360] O primeiro tem como substrato conceitos abstratos, como o próprio conceito de boa-fé, enquanto o segundo trabalha a partir dos fatos que lhe são submetidos. Em relação à boa-fé, esta foi usada pelos juízes alemães para contornar os formalismos do direito alemão, sobretudo em matéria

[355] GOODE, Roy. op. cit. p. 2.

[356] WIGHTMAN, John. Good faith and pluralism in the Law of Contract. *In:* BROWNSWORD, Roger (Org). Good faith in contract: concept and context. Aldershot: Ashgate, 1999. p. 52

[357] HOWELLS, Geraint. Good faith in consumer contracting. *In*: BROWNSWORD, Roger (Org). Good faith in contract: concept and context. Aldershot: Ashgate, 1999. p. 91.

[358] TEUBNER, Gunther. Legal irritants: good faith in British Law or how unifying Law ends up in new divergences. The Modern Law Review, v. 61, n. 1. p. 11-32, Jan. 1998. p. 11.

[359] TEUBNER, Gunther. op. cit. p. 12.

[360] TEUBNER, Gunther. op. cit. p. 19.

de modificação do contrato por alteração das circunstâncias. Teubner[361] ainda comparou a organização socioeconômica alemã com a organização socioeconômica britânica. Na Alemanha, as relações pautam-se pela interdependência e cooperação entre as pessoas, enquanto, nos países de cultura inglesa, predomina a concorrência, a competição. A conclusão a que Teubner chegou é que a aplicação da boa-fé, notadamente desenvolvida segundo a cultura alemã, causaria enormes transtornos ao direito contratual inglês, pois neste o risco faz parte das "regras do jogo", e a possibilidade dos juízes interferirem nos contratos se revela excessiva e indesejada por todos.[362]

Nos últimos tempos, a boa-fé vem sendo retomada nos tribunais, mas, ainda, com ressalvas. Vale destacar o caso *Petromec Inc, Petro-deep Inc, Societa Armamento Appogio Spa ("Sana") v. Petrobras, Braspetro, Den Norske Bank Asa*,[363] em que se considerou exigível a negociação de acordo com a boa-fé. A empresa Sana era proprietária de uma plataforma de petróleo denominada *Spirit of Columbus*, originalmente construída para uso no Mar do Norte. Como não foi possível sua utilização na Europa, a empresa brasileira Marítima intermediou junto a Petrobras o seu uso no Campo Marlim Sul, localizado na Bacia de Campos. Para isso, celebrou-se em 1996 um MoA (memorando de entendimentos) em que se estabelecia que a empresa Marítima compraria a Plataforma da SANA. Essa operação foi feita pela empresa Petro-deep, controlada pela Marítima, mediante pagamentos quadrimestrais pelo prazo de doze anos. Ademais, estabeleceu-se que, em 1997, a Petro-deep assinaria com a Braspetro um contrato de frete da plataforma com opção de compra ao final de doze anos.

Com a descoberta do Campo Roncador e o receio da Petrobras de que empresas estrangeiras pudessem explorar o petróleo da região, devido às mudanças advindas com a Lei nº 9.478/97, decidiu-se que essa plataforma Spirit of Columbus – batizada no Brasil de Plataforma P-36, seria empregada nesse novo campo. Porém, devido a pressa, não foram feitos estudos adequados sobre a região, sobretudo quanto às condições marítimas e do

[361] Teubner, Gunther. op. cit. p. 27.

[362] Teubner, Gunther. op. cit. p. 29.

[363] Reino Unido. Petromec Inc, Petro-deep Inc, Societa Armamento Navi Appoggio Spa v. Petróleo Brasileiro S.A. Petrobras, Braspetro Oil Services Company e Den Norske Bank ASA. [2005] EWCA Civ 891.

óleo que dali seria extraído. Como a renegociação do acordo para uso da plataforma no Campo Roncador era muito complexa em razão do financiamento anteriormente liberado para uso no Campo Marlim Sul e não, no Campo Roncador, a Petrobras e Marítima resolveram, em 1997, assinar o contrato nos termos primitivos, cujo objeto era o uso da plataforma no Campo Marlim Sul – embora, na prática, tivessem acertado informalmente o uso da mesma no Campo Roncador. A Marítima e a Petrobras permaneceram por bastante tempo renegociando quem suportaria os custos adicionais pela mudança de planos. Todavia, nesse ínterim, a plataforma explodiu em 20 de março de 2001 e afundou no mar.

Entre os vários aspectos decorrentes desse conflito, a Court of Appeal inglesa teve que julgar se o MoA celebrado entre as partes era ou não obrigatório e se, dentro desse acordo, era exequível a cláusula que determinava a obrigação de negociar conforme a boa-fé. Quanto à força obrigatória, a corte decidiu o seguinte:

> Do meu ponto de vista, se a especificação de trabalho nem o preço foram acordados entre as partes, é difícil considerar que um MoA possa ensejar obrigações a serem incorporadas no negócio e, se não há obrigatoriedade, é difícil afirmar que as partes têm outras obrigações entre si. Logo, o MoA não dá origem a qualquer obrigação legalmente exigível entre as partes.

Noutra parte do acórdão, encontra-se o subtítulo: "Problemas na negociação de boa-fé: uma obrigação legal?". A razão desse tópico está no fato de o advogado da Petromec ter sustentado o abandono do *Walford v Miles*, de tal sorte a tornar exequível no direito inglês a obrigação de negociar de boa-fé. Do mesmo modo, não se aceitou esse argumento e manteve-se o entendimento do referido leading case.

Também merece destaque o litígio entre Yam Seng Pte Ltd, de Singapura e a International Trade Corporation Ltd – ITC,[364] no qual se observa mudança no entendimento das cortes inglesas acerca da boa-fé, impulsionada pelo julgamento de contratos internacionais, celebrados em ordenamentos jurídicos em que se reconhece a boa-fé como princípio jurídico. Neste caso, as partes, em razão de terem celebrado em 12 de maio de 2009

[364] REINO UNIDO. High Court of Justice. Queen's Bench. [2013] EWHC 111 (QB).

– com vigência até 30 de abril de 2010 e prorrogação até 31 de dezembro de 2011 – o denominado "Manchester United Distribution Agreement", por meio do qual a ITC autorizava a distribuição de perfumes da marca Manchester United no Oriente Médio, Ásia, África e Austrália, assim como a venda em duty free em Hong Kong, Macau e em duas províncias da China. Durante as negociações, feitas sem a assistência de advogados, a ITC não revelou que ainda não tinha um acordo de uso da marca dos perfumes junto ao Manchester United, tampouco ainda tinha autorização para comercialização desses produtos na China. Por isso, a ITC atrasou o envio dos produtos a serem comercializados pela Yam Seng, sobretudo no duty free de Dubai. Ademais, vendas estavam sendo perdidas em cidades asiáticas nas quais o Manchester United faria jogos de pré-temporada. Enfim, após nova série de atrasos na entrega dos produtos e pelo fato de a ITC ter violado o acordo de distribuição, ao ter vendido os mesmos produtos a terceiros, resultando em prejuízos nas vendas, a Yam Seng, em 29 de julho de 2010, deu por resolvido o contrato e ingressou em juízo para requerer indenização pelos prejuízos sofridos.

Embora a solução do caso tenha se encaminhado na consideração de inadimplemento contratual e prática de dolo (*misrepresentation*), houve reflexões sobre a boa-fé. Mr. Justice Leggatt apresentou no acórdão longa reflexão sobre a possibilidade de a boa-fé ser reconhecida como princípio implícito. Em resumo, afirmou-se de início que grande número de juristas sustentava sua existência, embora nenhuma decisão anterior tivesse reconhecido tal dever. Apontou o seguinte:

> (...) essas referências sobre a boa-fé entram no direito inglês por meio da legislação comunitária, como, por exemplo, a Unfair Terms in Consumier Contracts Regulation 1999. (...) Atentos à harmonização do direito contratual dos membros da comunidade européia, os Princípios de Direito Europeu dos Contratos proposto pela Comissão Lando e a proposta da Comissão Européia para Regulação de um Direito Comum Europeu sobre a compra e venda, ainda em fase de consulta, também consagram um dever geral de agir de acordo com a boa-fé e a lealdade. Não há dúvida que a penetração desse princípio no direito inglês e a pressão para um direito contratual europeu cada vez mais unificado fazem com que esse princípio tenha um papel significativo e crescente.

Apenas em dois casos haveria esse dever no direito inglês. O primeiro deles seria no contrato de seguro, com a *utmost good faith* e no direito do trabalho. Apresentou também reflexões sobre o direito estrangeiro, como à Seção 205 do 2º Restatement americano, os precedentes das cortes australianas e escocesas, nos quais se reconhece a boa-fé e que, ao contrário, os tribunais canadenses têm visto com muita cautela o reconhecimento na boa-fé, assim como na Nova Zelândia. Porém, em certo momento de seu argumento, Mr. Justice Leggatt afirmou que, em sua opinião, a Inglaterra já estaria preparada para reconhecer um dever geral de agir segundo a boa-fé. Isso porque o cerne desta era a honestidade e a omissão dolosa de informações relevantes seria hipótese de má-fé. Acrescentou, ainda, que era entendimento "simplista" afirmar que a boa-fé só estaria presente entre sócios ou em trustes, e não nos demais contratos. Isso porque há contratos de trato sucessivo, como as *joint ventures*, franquias e contratos de distribuição, ou ainda os denominados "contratos relacionais", nos quais as partes têm maior tempo de relacionamento e fazem compromissos substanciais entre si. Nesses casos, as partes necessitam de elevado grau de comunicação, cooperação, confidencialidade e expectativas de lealdade e confiança recíprocas. Dessa maneira, Mr. Justice Legatt fez defesa da boa-fé, conforme segue:

> Existem algumas observações que gostaria de fazer sobre as razões anteriormente mencionadas sobre a relutância do direito inglês em aceitar um dever implícito de agir segundo a boa-fé como um princípio implícito pelo qual as partes contratantes devem negociar reciprocamente de boa-fé. A primeira delas é que o conteúdo desse dever seria altamente dependente do contexto e estabelecido através do processo de interpretação do contrato, porém, esse processo, no entanto, não é diferente do realizado nos países de civil law. Não haveria necessidade dos advogados de common law de abandonar seus métodos característicos e adotar métodos dos sistemas de civil law na aplicação do princípio. Em segundo lugar, como a base do dever de boa-fé é a intenção presumida das partes no significado do contrato, seu reconhecimento não seria restrição ilegítima à liberdade das partes de buscar seu auto-interesse. A essência de contratar está nas partes se vincularem a fim de cooperar em benefício mútuo. As obrigações que assumem, incluem aquelas que são implícitas no acordo como aquelas que teriam sido explícitas. Em terceiro lugar, a consequência do fato de que

> esse dever ser baseado na intenção presumida das partes, abre a possibilidade de sua modificação por termos expressos no contrato e, em última análise, excluí-lo. Digo, "em última análise", porque, na prática, dificilmente se conceberá que as partes expressamente concordem em excluir a obrigação fundamental de agir honestamente. Em quarto lugar, não vejo objeção alguma, ao contrário, vejo vantagem, em descrever o dever de boa-fé como lealdade. Digo nenhuma objeção, desde que esse dever não requeira que a corte imponha esse dever entre as partes e que o significado de lealdade seja definido no contrato por aqueles padrões de conduta a que, objetivamente, as partes tenham razoavelmente aceito sem a necessidade de estatuí-las. A vantagem de se usar o termo "fair dealing" é que esse standard é objetivo e distingue o relevante conceito de boa-fé de outros significados em que esta é usada. Em quinto lugar, apesar de o direito inglês ser menos aberto que outros sistemas ao interpretar o dever de boa-fé, tal como ocorrido no caso Interfoto, no sentido de jogar limpo, vir limpo ou colocar as cartas abertas na mesa, isso não passa de diferença de opinião, que apenas reflete normas culturais diferentes sobre o que significa boa-fé e lealdade em alguns contextos contratuais do que propriamente a recusa de aceitar o que boa-fé e lealdade impõem às pessoas. Em sexto lugar, é injustificado o medo de o dever de boa-fé gerar incerteza excessiva. Não há nada impropriamente vago ou impraticável sobre esse conceito. Sua aplicação não é nada diferente da interpretação um contrato qualquer. À luz desses pontos, respeito a hostilidade inglesa à teoria sobre a boa-fé na execução dos contratos, mas isso, se persistir, é inadequado.

A Corte reconheceu que o inadimplemento contratual decorreu da má-fé da ITC na execução do contrato. Essa decisão é importante, porque abriu a possibilidade de se admitir o dever de agir segundo a boa-fé, desde que haja previsão expressa no contrato.

Logo em seguida, a Court of Appeal julgou o conflito entre um trust (Mid Essex Hospital Services NHS Trust) que administra dois hospitais e uma empresa de prestação de serviços de limpeza (Compass Group UK and Ireland Ltd – Medirest).[365] O caso resulta da assinatura de um contrato em 1º de abril de 2008 entre e Mid Essex e Medirest, pelo período de sete anos, para fins de limpeza e coleta de lixo. Composto por quatro

[365] Reino Unido. Court of Appeal (Civil Division). [2013] EWCA Civ 200.

instrumentos, o contrato estabelecia detalhadamente que a empresa faria relatórios detalhados sobre os serviços e o Trust auditaria a qualidade dos mesmos, por meio de pontuações e notas de advertência.

A Medirest teve o prazo de carência de três meses para adaptar-se à rotina dos hospitais. Ao final desse período, fez-se reunião para definição dos pontos que necessitavam de aperfeiçoamento. Nos meses seguintes, as partes entraram em desacordo sobre a qualidade dos serviços prestados. O Trust apontou deficiências, por exemplo, como a falta de funcionários e de líderes de faxina, e devido ao não atendimento dos padrões de limpeza nas cozinhas. Além disso, a empresa não estaria entregando relatórios adequados de monitoramento dos serviços, tampouco das providências tomadas ao longo do dia. O Trust descontou certa quantia do pagamento feito à Medirest. Porém, esta última questionou as deduções, alegando que o Trust considerava como graves pequenas desconformidades, como, por exemplo, não ter jogado fora um copo com mousse de chocolate, nem ter recolhido saches de ketchups e de manteigas, sendo que estas últimas não tinham prazo de validade. Em dezembro de 2008, as partes reuniram-se e elaboraram um plano de ação conjunto, o que resultou na melhoria dos serviços nos primeiros meses de 2009. Porém, entre julho e setembro deste ano, houve nova deterioração do relacionamento entre as partes por causa da divergência dos valores a serem descontados pelas desconformidades no serviço de limpeza, o que resultou na notificação do Trust endereçada à Medirest em que considerava resolvido o contrato entre as partes.

A Midrest propôs ação de indenização por danos materiais advindos da quebra do contrato e o Trust reconviu com o mesmo fundamento. O primeiro ponto analisado foi sobre o "abuso" ou não por parte do Trust ao considerar o contrato resolvido por causa das deficiências nos serviços prestados, a partir da interpretação das cláusulas do contrato. Entretanto, parte do acórdão voltou-se à análise da cláusula 3.5 do contrato celebrado entre as partes. O conteúdo dessa cláusula era o seguinte:

> 3.5. O Trust e a contratada comprometem-se a cooperar mutuamente segundo a boa-fé e tomarão todas as medidas necessárias para a transmissão eficiente de informações e de instruções e permitirão ao trust ou, conforme o caso, a qualquer beneficiário, a transferência dos benefícios decorrentes desse contrato. Durante todo o tempo da prestação dos serviços, o contratante cooperará plenamente com quaisquer outros contratados indicados

pelo trust ou qualquer beneficiário quanto aos outros serviços prestados no local.

O juiz de primeira instância aceitou a validade dessa cláusula no contrato. Em sede recursal, a Midrest sustentou o acerto do juiz em sua decisão, ao afirmar que a natureza da prestação contratual exigia contínua e detalhada cooperação, razão pela qual se deveria, ademais, reconhecer no direito inglês a validade do dever de cooperação segundo a boa-fé. Por sua vez, o Trust sustentou a invalidade dessa cláusula, porque a prática comercial não vê com bons olhos esse tipo de dever, razão pela qual os contratos devem ser detalhados quanto às obrigações a serem cumpridas.

Lord Justice Jackson, relator do acórdão, afirmou que não existe uma "teoria da boa-fé" naquele ordenamento jurídico, embora tivesse sido reconhecida no caso *Yam Seng Pte Ltd.* v *International Trade Corporation Ltd*, ao permitir que se as partes possam exigir condutas segundo a boa-fé, desde que expressamente previstas no contrato. Lord Justice Jackson, relator do acórdão, afirmou:

> Ambas as partes apresentaram fortes argumentos. Entretanto, após sopesá-los, eu cheguei à conclusão de que Mid Essex tem razão na interpretação da cláusula 3.5. A obrigação de cooperação segundo a boa-fé não qualifica ou reforça as demais obrigações das partes em todas as situações que tiverem que interagir. (...) No caso da cláusula 3.5, o conteúdo da obrigação de cooperação segundo a boa-fé, a meu ver, é o seguinte: as partes trabalharão juntas honestamente para atingir os propósitos almejados.

Dessa maneira, o Lord Justice Jackson entendeu que a dedução nos pagamentos por insuficiência nos serviços prestados não seria hipótese de violação do dever de cooperação. Na nossa opinião, o desconto nos pagamentos não seria caso de falta de cooperação, ainda que a corte inglesa tivesse reconhecido tal dever. Dessa maneira, resta aguardar como as cortes inglesas trabalharão com a boa-fé nos contratos a ela submetidos a julgamento.

Assim como se passou entre as décadas de 1990 e 2000, apesar dessas decisões, a boa-fé ainda não é aceita de modo amplo no direito inglês. Como opinião mais recente, McEndrick destacou que há diversas razões para isso, embora algumas delas já tenham sido mencionadas por outros autores. Por um lado, este autor sustenta que há exagero na afirmação de que não há boa-fé nesse ordenamento jurídico, no sentido de defender-se dos argumentos de que haveria uma "insensibilidade" dos juristas daquela jurisdição para o tema. Como exemplo, apontou-se o reconhecimento do dolo negocial (*false statements*) como hipótese de anulação do contrato. No mesmo sentido, para este autor inglês, as regras sobre contratos *uberrima fides, promissory estoppel*, a figura do fiduciário no *trust*, além de regras de interpretação e integração contratual, podem ser considerads como exemplos de boa-fé, ou, ainda, que há institutos jurídicos, como o caso da frustration, que são mais precisos que a cláusula de boa-fé. Porém, este autor não nega que o individualismo contrtatual é uma característica do direito inglês e que a boa-fé não impede que os contratos busquem a satisfação do autointeresse. Ademais, apontou o desconforto dos juristas com o uso de conceitos gerais, preferindo usar, como no caso Interfoto, o critério de definir o que é má-fé no caso concreto, em vez de usar um princípo geral. Por fim, entende-se naquele país que um princípio geral gera muita incerteza na sua aplicação.[366] Por exemplo, é sintomática a frase: "quando o dever de boa-fé surge e qual é o seu conteúdo? Aplica-se a todos os contratos ou somente no contexto não comercial, onde a necessidade de precisão é menos premente? São questões difíceis que os defensores da boa-fé devem responder".[367] Mas, por outro lado, McEndrick reconhece que a boa-fé é usada no comércio internacional e que, "se as partes que negociam ou contratam desejam usar a linguagem da boa-fé, por que negar-se validade a isso?".[368] Por fim, Perry, em análise recente sobre esses acórdãos desta década sobre o tema, entendeu que, ainda, não se pode afirmar que se reconheceu um dever geral de boa-fé no direito inglês.[369]

5.2. América

5.2.1. Estados Unidos da América

Nos Estados Unidos da América, a boa-fé também se faz presente em diversas situações, embora não seja amplamente reconhecida como prin-

[366] McEndrick, Ewan. Contract Law. 11. ed. London: Palgrave Macmillan, 2013. p. 221-222.

[367] McEndrick, Ewan, op. cit. p. 222.

[368] McEndrick, Ewan, op. cit. p. 222.

[369] Perry, Christina. Good faith in English and US Contract Law: divergent theories, practical similarities. Business Law International, v. 17, n. 1. January 2016. p. 37.

cípio fundamental em razão do valor da adoção de valores competitivos em processos de negociação de contratos, de tal sorte que esta apenas visa à correção de abusos praticados por qualquer das partes. Farnsworth, entusiasta da boa-fé naquele país, afirmou que os tribunais norte-americanos ainda têm muito receio de aplicá-la, embora se perceba o aumento de decisões em contrário.[370] Emanuel, por sua vez, embora sem aprofundamento, sustentou que os tribunais têm exigido a observância da boa-fé e de lealdade em todos os contratos, em especial, ao impor uma conduta correta, com respeito aos deveres de coerência com as expectativas da contraparte, bem como o dever de cooperar na execução do contrato.[371] Embora pareça ser mais exata a afirmação de Farnsworth, pode-se apontar seu reconhecimento legal em certos textos desse ordenamento jurídico, como também no *common law* americano.

O principal texto legislativo norte-americano que prevê a boa-fé é o Uniform Commercial Code – UCC (Código Comercial Uniforme). Ratificado entre 49 Estados,[372] tal como se fosse um "tratado interestadual", tem por objetivos esclarecer e simplificar e modernizar o direito comercial norte-americano, disciplinando contratos de compra e venda, *leasing*, títulos de crédito e valores mobiliários. Foi elaborado pelo American Law Institute e assinado em 1952. Karl Llewellyn, grande teorizador da boa-fé nos Estados Unidos, foi o presidente dos trabalhos de elaboração do UCC. Devido a sua atuação,[373] a boa-fé permeia todo o texto deste diploma legal,[374] a qual é definida na Seção § 1-201 (20) como honestidade de fato e observância de *standards* comerciais razoáveis de lealdade negocial. Esta definição também se repete na Seção § 5-102 (7) e Seção § 7-102. A honestidade de fato é um *standard* subjetivo; já a observância de *standards* comerciais razoáveis de negociação leal é um *standard* objetivo. Na

[370] Farnsworth, E. Allan. Contracts. 4. ed. New York: Aspen, 2004. p. 490.

[371] Emanuel, Steven. L. Contracts. New York: Aspen, 2006. p. 72-73.

[372] O Estado da Louisiana não foi signatário do art. 2º do UCC.

[373] Beatson, Jack; Friedman, D. Introduction: from 'classical' to 'modern' contract Law. *In*: Beatson, Jack; Friedman, D. (Orgs). Good faith and fault in Contract Law. Oxford: Clarendon Press, 1995. p. 5.

[374] No UCC, a boa-fé também se apresenta sob a forma subjetiva, e seus institutos derivados – direito de retenção por posse de boa-fé, aquisição de boa-fé. Na Seção 1 do UCC, que traz as disposições gerais, há importantes regras sobre o tema. Na Seção § 1-201 (9), define-se comprador no curso ordinário dos negócios como sendo o comprador de boa-fé.

Seção § 1-304, impõe-se o princípio geral de boa-fé e na Seção § 1-302 (b), a intensidade do cumprimento deste dever:

> 1-201 (20). Boa-fé, saldo o disposto no artigo 5, significa honestidade de fato e observância de standards comerciais razoáveis de lealdade negocial.
>
> § 1-304. Todo contrato ou dever dentro do UCC deve ser cumprido e executado segundo a boa-fé.
>
> § 1-302 (b). As obrigações de boa-fé, diligência, razoabilidade, e cuidado, exigidas pelo UCC não podem ser excluídas por acordo. As partes, por acordo, podem determinar *standards* pelos quais o cumprimento destas obrigações será medido, se não forem manifestamente não razoáveis. Sempre que o UCC exigir uma conduta em tempo razoável, o tempo que não for manifestamente razoável pode ser fixado por acordo.

Ainda quanto à impossibilidade do afastamento do princípio da boa-fé, a Seção § 2a-103 (2) estabelece que é da parte que exerceu o poder o ônus de estabelecer a boa-fé quando envolver consumidores; na Seção § 4-103, não se pode afastar a responsabilidade do banco por falta de boa-fé ou de diligência.

Estas definições do UCC sempre foram objeto de muita discussão, de tal sorte que a redação dos artigos que dispunham sobre o assunto alterou-se ao longo do tempo. O conceito desmembrava-se em dois artigos. O § 1-203 (19) definia a boa-fé apenas como sendo a honestidade de fato na conduta ou transação em questão, e o § 2-203 (1)(b), que se encontra atualmente revogado, dispunha que boa-fé era a honestidade de fato e a observância de padrões comerciais razoáveis de negociação legal no comércio. Ainda na fase de discussão do UCC, a Seção de Direito Comercial, Societário e Bancário da Ordem dos Advogados Americanos (ABA) sugeriu que apenas se definisse a boa-fé como honestidade de fato.[375] Temia-se que não se soubesse definir na prática quais seriam os usos e costumes comerciais. Estes *standards* foram propositalmente deixados em aberto, para que os tribunais fossem definindo o que significavam.[376]

Em matéria de compra e venda, o UCC procura dar suporte à validade dos contratos sem *consideration*. Nos termos do § 2-305, o contrato não

[375] SUMMERS, Robert S. op. cit. p. 209.
[376] FARNSWORTH, E. Allan. Good Faith... op. cit. p. 676.

se torna inválido se o preço não tiver sido fixado, mas a boa-fé será usada como critério na fixação do preço. Também é usada no § 2-306 (1), como critério do credor, quando tiver que fazer a escolha da coisa. O § 2-311 (1) dispõe que um acordo para venda, que puder ser considerado um contrato, não se torna inválido pelo fato de se ter deixado a uma das partes a definição da forma pela qual cumprirá sua prestação. Porém, esta especificação deve ser feita conforme a boa-fé e dentro dos limites da razoabilidade comercial. Por fim, o § 7-208, segundo o qual o comprador de boa-fé pode interpretar o preenchimento como autorizado.[377]

O UCC, todavia, não consagrou sobre a boa-fé como princípio condutor do período pré-contratual. De acordo com Farnsworth, os tribunais não a aplicam nesse período, ao contrário da Europa e do disposto nos Princípios UNIDROIT.[378] No entanto, isso não significa completa desproteção às partes, mas sim o uso de clássicos institutos jurídicos como o dolo (misrepresentation).[379] Apesar dessas ressalvas, os tribunais aplicam as regras do UCC, ainda que com a devida cautela para não interferir na liberdade das partes de celebrar o contrato. Por outro lado, procurou-se suprir esta lacuna acerca da aplicação da boa-fé no período pré-contratual por meio de *softw law*. Assim, embora não seja norma legislada, regras sobre a boa-fé foram sistematizadas no *Restatement of Laws*, elaborado pelo American Law Institute, os quais versam sobre diversos ramos do direito. O primeiro *Restatement of Contracts* foi elaborado em 1932. Em 1981, na

[377] A boa-fé ainda aparece em diversos artigos do UCC como sinônimo de lealdade e boa-intenção, nos § 2-323 (b), § 2-328 (4), § 2-506 (1), § 2-603 (3), § 2-615 (a) (§ 2A-405), § 2-706 (1), § 2A-204, § 2A-508, § 2A-511, § 2A-518, § 2A-527 (2), § 4-109, § 4-207, § 4-209, § 4-503 (2), § 6-107, § 7-504 (4), § 7-601, § 9-403 (b)(2), § 9-405 (a), § 9-617 (b). Como boa-fé subjetiva (crença), § 1-309, § 2A-109 (1). Sobre o adquirente de boa-fé, o UCC dispõe na Seção § 2-403(1), § 2-702 (3), § 2-706 (5), § 2A-208 (2), § 2ᴬ-511, § 2A-527 (4), § 7-209 (5) (e), § 7-308 (d), § 7-501, § 9-230 (d). Como posse de boa-fé, § 2-402 (2) e § 2ᴬ-208, direito de retenção em caso de posse de boa-fé. Quanto ao pagamento feito de boa-fé, há diversas regras neste sentido, sobretudo em matéria de títulos de crédito (Seção 3), e atividade bancária (Seção 4). § 3-302, § 3-403 (a), § 3-404 (a) e § 3-404 (2), § 3-405 (b), § 3-406, § 3-407 (c), § 3-417, § 4-401, § 4-404, § 4-406.

[378] FARNSWORTH, E. Allan. Contracts. 2. ed. op. cit. p. 198.

[379] FARNSWORTH, E. Allan. Contracts. 2. ed. op. cit. p. 234.

elaboração do segundo *Restatement* (*Restatement 2nd of Contracts*), inseriu--se a Section 205, a qual dispõe sobre a boa-fé:[380]

> § 205. Dever de Boa-Fé e Lealdade nas Negociações (Fair Dealing)
> Todo contrato impõe às partes do dever de boa-fé e lealdade nas negociações em sua realização e execução.

A inclusão da Section 205 deve-se ao fato de que diversas decisões judiciais impuseram o dever de boa-fé nos casos concretos, pelo *common law* e pelo UCC, assim como pelo reconhecimento doutrinário da boa-fé nos Estados Unidos.[381] Nos comentários da Section 205 do *Restatement 2nd*, faz-se referência às definições de boa-fé do UCC e define-se que:

> [a] expressão 'boa-fé' é usada em vários contextos, e seu significado varia de acordo com o contexto. Realização e execução de boa-fé em um contrato enfatiza a crença na proposta de comum acordo e consistência com as expectativas da outra parte; exclui uma variedade de tipos de condutas caracterizadas por 'má-fé' porque violam padrões sociais de decência, lealdade e razoabilidade. O remédio apropriado para a quebra do dever de boa-fé também varia conforme as circunstâncias.[382]

Para Summers[383] não se tentou criar nova definição de boa-fé no *Restatement*, conforme já havia sustentado em sua teoria de que não é possível defini-la: somente é possível definir o que é a má-fé. No *Restatement*, afirma-se que:

> [u]m catálogo completo dos tipos de má-fé é impossível, mas os tipos seguintes são entre aqueles que têm sido reconhecidos nas decisões judiciais: evasão do espírito da negociação, falta de diligência e desídia, provocação intencional do cumprimento imperfeito, abuso de poder na

[380] SUMMERS, Robert S.. The general duty of good faith – its recognition and conceptualization. Cornell Law Review, v. 67, n. 6, p. 810-840, Aug. 1982. p. 810.

[381] SUMMERS, Robert S. op. cit. p. 812.

[382] AMERICAN LAW INSTITUTE. Restatement of the Law (Second) of Contracts. As adopted and promulgated. 17 May 1979, Vol. 2 – §§ 178-315. St. Paul: American Law Institute Publishers, 1981. p. 100.

[383] SUMMERS, Robert S. The General... op. cit. p. 820.

especificação de termos, e interferência ou falha em cooperar no adimplemento da parte contrária.[384]

Em Porto Rico também há Código Civil, quase idêntico ao art. 1258 do Código Civil espanhol.[385] Já a Louisiana não é signatária do UCC. Por influência francesa, esse Estado tem ordenamento jurídico similar ao europeu-continental. Seu Código Civil traz várias disposições sobre a boa-fé. Existem dois artigos que tratam de forma ampla a boa-fé dentro do direito das obrigações. O art. 1759[386] impõe o dever de agir segundo a boa-fé tanto para o credor como para o devedor. Já o art. 1983[387] inspira-se na redação do então art. 1134, 3 do Código Civil francês.

Além disso, dispõe sobre as consequências jurídicas para quem age de boa-fé e quem age de má-fé, agravando-se a responsabilidade deste último.[388] Também se avalia a conduta do credor que agiu de má-fé, ao reduzir-se a responsabilidade do devedor.[389]

Na Louisiana, que segue a tradição francesa em direito civil, tornou-se conhecido o caso *Brill v. Catfish Shaks of Am. Inc.*[390] rata-se de um caso de franchising da rede Catfish, em que se alegaram diversas violações da

[384] American Law Institute. op. cit. p. 100-101.

[385] Art. 1.210. Como se aperfeiçoam os contratos. Os contratos aperfeiçoam-se pelo mero consentimento, e desde então obrigam não só ao cumprimento do expressamente pactuado, mas também a todas as consequências que segundo a sua natureza sejam conformes à boa-fé, ao uso e à lei.

[386] Art. 1.759. Boa-fé. A boa-fé deve governar a conduta das partes enquanto durar a obrigação.

[387] Art. 1.983. Execução segundo a boa-fé. Os contratos têm efeito de lei entre as partes e só podem ser rescindidos com o consenso de ambas as partes ou com fundamento na lei. Os contratos devem ser executados de boa-fé.

[388] Art. 1.996. Obrigado de boa-fé. O devedor de boa-fé é responsável somente pelos danos que eram previsíveis ao tempo em que o contrato foi feito.
Art. 1.997. Obrigado de má-fé. O devedor de má-fé é responsável por todos os danos, previsíveis ou não, que tenham consequência direta no inadimplemento da obrigação.

[389] Art. 2.003. Credor de má-fé. O credor pode não receber indenização pelos danos quando por sua má-fé causou o inadimplemento da parte contrária, ou quando, no tempo do contrato, omitiu do obrigado fatos que ele sabia ou devia saber que causariam o inadimplemento. Se a culpa do credor contribui para o inadimplemento do devedor, as perdas e danos serão reduzidas em proporção a esta.

[390] Estados Unidos da América. United States District Court E.D. Louisiana. Brill v. Catfish Shaks of America, Inc. 727 F. Supp. 1035 (E.D. La. 1989), 10 October 1989.

boa-fé, como a não informação sobre pontos relevantes da franquia, ou que não se havia informado que a marca da rede era contestada, e que também era contrário à boa-fé não promover uma promoção no início do funcionamento da loja, para atrair clientes. Dois anos após ter iniciado o negócio, o franqueado foi à falência. Decidiu-se que:

> Este Tribunal está vinculado ao direito da Louisiana [e não ao UCC]. Considerando a jurisprudência, o Código Civil e as Leis Revistas, este Tribunal entende que, de acordo com o Direito da Louisiana, a obrigação implícita de execução segundo a boa-fé em contratos e obrigações, não é medida por um elevado padrão objetivo, mas por um padrão subjetivo. A mera falha em cumprir esta obrigação, sem a demonstração de mostrar a intenção neste sentido, não constitui violação da boa-fé.

Quanto ao *common law* americano, os tribunais norte-americanos interpretam a obrigação de execução de boa-fé como regra de interferência no poder contratual de uma das partes. No máximo, reconhece-se como obrigação implícita nas cláusulas contratuais, e não, um dever jurídico externo, o que se justifica pela lógica daquele ordenamento jurídico, no qual o direito objetivo não é supletivo ao instrumento contratual, razão pela qual tais documentos costumam ser longos e detalhados. Os precedentes abaixo ilustram a prudência e cautela dos tribunais americanos na aplicação desse princípio, com o fim de preservar a liberdade contratual típica dos Estados Unidos.

Por exemplo, em 1933 a Corte de Apelações de Nova Iorque julgou o caso *Kirke La Shelle Co. v. Paul Armstrong Co.*[391] Tratava-se de uma ação para recuperar parte do dinheiro recebido pelo réu em decorrência da venda de direitos sobre um drama escrito por Paul Armstrong, intitulado "Alias Jimmy Valentine" à Metro-Goldwyn Mayer Corp. em 21 de setembro de 1928, a título de *copyright*. Decidiu-se que "em todo contrato existe uma obrigação implícita de atuar de boa-fé e lealdade e nenhuma das partes pode agir de tal modo a suprimir o direito da parte contrária de receber os frutos do mesmo".

[391] ESTADOS UNIDOS DA AMÉRICA. New York Court of Appeals. Kirke La Shelle Co. v. Paul Armstrong Co (263 N.Y. 79; 188 N.E. 163; 1933 N.Y)

No caso *Rio Algom Corp. v. Jimco Ltd.*[392] em que se julgou o pagamento de *royalties* sobre a extração de urânio no Estado de Utah, reconheceu-se o dever de agir segundo a boa-fé, mas este dever não significava que a parte fosse obrigada a exercer seus direitos em detrimento de seu próprio benefício, com o propósito de beneficiar a parte contrária.

Em *K.M.C. Co Inc. v. Irving Trust Co*[393] discutiu-se um contrato de financiamento desta para aquela, no valor de US$ 3 milhões. A K.M.C solicitou um adiantamento de US$ 800 mil a Irving Trust e esta negou. Com isso, a K.M.C enfrentou dificuldades e posteriormente foi à falência. A K.M.C alegou que a Irving Trust violara o dever de boa-fé ao recusar-se a conceder o adiantamento. Esta alegou por sua vez que agiu em conformidade com a boa-fé, ao exercer um direito discricionário de conceder ou não o adiantamento, pois a K.M.C já estava indo à falência. Em primeira instância, solicitou-se ao júri decidir se em todo contrato havia a obrigação implícita de agir segundo a boa-fé e entendeu-se que sim: a Irving Trust violou-a com a não notificação da interrupção do empréstimo.[394]

Farnsworth, por sua vez, destacou casos que orientam a aplicação da boa-fé nos Estados Unidos. O primeiro deles[395] refere-se à ação movida por Duquesne Light Company, The Cleveland Electric Illuminating Company, The Toledo Edison Company, Ohio Edison Company, e Pennsyl-

[392] Estados Unidos da América. Supreme Court of Utah. (618 P2d 497, 505 1980)

[393] Estados Unidos da América. United States Court of Appeals. Sixth Circuit. K.M.C. Co Inc. v. Irving Trust Co. (757 F.2d 752. 92 A.L.R.Fed. 661, 1 Fed.R.Serv. 3d 1095 – 4 March 1985)

[394] Esta decisão foi objeto de críticas de Snyderman, que a classificou como exemplo de como um caso difícil gera direito de má qualidade. Na opinião dele, uma concepção aberta de boa-fé não é problemática na teoria, mas gera problemas na prática. Jamais se deve modificar termos expressos do contrato. A boa-fé deve ajudar na interpretação do contrato, mas não, na sua modificação, o que gera incerteza jurídica. Inclusive sustentou (1988, p. 1.350) que não havia dever de informar, pois a taxa de juros do empréstimo tem por finalidade suprir os riscos provocados pelos custos de transação para a aquisição de informações sobre a capacidade financeira do tomador do empréstimo. (Snyderman, Mark. What's so good about good faith? The good faith performance obligation in commercial lLending. The University of Chicago Law Review, v. 55. n. 4, p. 1335-1370, Fall 1988. p. 1.355 e 1.346)

[395] Estados Unidos da América. United States Court of Appeals. Third Circuit. Duqnesne Light Company, The Cleveland Electric Illuminating Company, The Toledo Edison Company, Ohio Edison Company, and Pennsylvania Power Company v. The Westinghouse Elec. Co. (66 F.3d 604 33 Fed.R.Serv. 3d 773, 27 UCC Rep.Serv. 2d 823 – 12 September 1995)

vania Power Company, que compõem a Beaver Valley Nuclear Power Station, localizada na Pensilvânia. Essas empresas, na década de 1960, realizaram licitação para aquisição de reatores nucleares, os quais foram instalados pela Westinghouse nas décadas de 1970 e 1980, sendo que os mesmos deveriam funcionar por quarenta anos. A Duquesne detectou avarias nos reatores e descobriu que os equipamentos eram muito suscetíveis à corrosão. Ademais, percebeu que a desmontagem dos equipamentos era extremamente difícil. Dessa forma, em 1991, a Duquesne ingressou com ação contra a Westinghouse, alegando violação da boa-fé prevista no UCC. Entendeu-se, no entanto, que a boa-fé não pode ser invocada para criar deveres que não haviam sido cogitados pelas partes: "Assim, os tribunais costumam usar o dever de boa-fé como ferramenta interpretativa para aferir as expectativas justificáveis das partes, e não para impor deveres independentes dissociados das cláusulas específicas do contrato". Por essa razão, não se poderia sustentar que a Westingthouse se comprometia a garantir a qualidade dos reatores por quarenta anos.

Outro caso[396] é o de empréstimo bancário feito pelo Banco Riggs a uma sociedade limitada, no valor de US$ 11 milhões, para o fim de aquisição de imóveis em Gainsville, Virginia, com taxas de juros pós-fixadas pelo banco, as quais não poderiam ser superiores a 15%. Os sócios atuaram como fiadores da operação. Com a falência da sociedade, executou-se a garantia do empréstimo e os fiadores alegaram, entre outras coisas, a violação do dever implícito de agir segundo a boa-fé na fixação das taxas de juros. O tribunal não aceitou essa alegação, porque o dever implícito de agir segundo a boa-fé não pode ser usado para superpor ou modificar termos contratuais explícitos.

Merece destaque este caso,[397] interessante por ter sido julgado pelo juiz Richard Posner e este fez uma síntese doutrinária e jurisprudencial da boa-fé nos Estados Unidos. A rede varejista J.C. Penney Company, sucedida por Market Streets, realizou uma operação de lease-back com a General Eletric Pension Trust pelo prazo de vinte e cinco anos para fins de

[396] Estados Unidos da América. United States Court of Appeals. Fourth Circuit. The Riggs National Bank of Washington D.C. v. Samuel A. Linch, Samuel A. Linch, Marcia Penny Linch and Albert C. Randolph. (36 F.3d 370 1994)

[397] Estados Unidos da América. United States Court of Appeals. Seventh Circuit Market Streets Associates Limited Partnership and William Orenstein v. Dale Frey. (941 F.2d 588 – 27 August 1991)

alavancagem de suas operações comerciais. Nesse contrato, estabeleceu-se uma cláusula de negociação de financiamentos futuros pela General Eletric para construção e melhorias dos imóveis alienados, sendo que a conduta das partes nessas negociações seria pautada segundo a boa-fé, conforme disposição contratual expressa. Caso essas negociações eventuais não prosperassem, a General Eletric concordava em revender os imóveis pelo preço pago no início do contrato, acrescido de 6% ao ano. Um desses leases foi o de um shopping em Milwaukee em 1987. No ano seguinte, uma rede de drogarias queria montar seu estabelecimento nesse shopping. A Market Streets, em vez de propor o financiamento do negócio para a General Eletric, procurou-a para recomprar o imóvel. No caso, a General Elétric pediu US$ 3 milhões para revendê-lo e a Market Streets considerou o valor muito elevado. No mês seguinte, a Market Streets enviou carta a General Eletric, solicitando financiamento de US$ 2 milhões para a instalação da loja. Houve recusa, porque esses negócios não se encaixavam mais nos critérios de investimento da General Eletric. A Market Streets ingressou com ação para tentar comprar os imóveis de volta. A United States Court of Appeals entendeu que a Market Streets agiu em desconformidade com a boa-fé, porque, na verdade, ela queria recomprar o imóvel a preço muito baixo ao do valor de mercado (valor inicial acrescido de 6% ao ano), ao ter descumprido o procedimento previsto na cláusula, por meio da qual a Market Streets deveria, em primeiro lugar, solicitar o investimento. Do mesmo modo, entendeu-se que a General Eletric não agiu corretamente, porque deveria ter solicitado em seus arquivos a sua via contratual para verificar qual o procedimento correto a ser tomado, que era primeiro o de aceitar ou não o financiamento do negócio e entabular negociações sobre a venda do imóvel somente se as negociações não tivessem prosperado. De qualquer modo, Posner fez algumas considerações sobre a boa-fé:

> Seria quixotesco e também presunçoso por parte dos juízes ter a pretensão de elevar padrões éticos dos homens de negócios por meio do direito contratual. Tanto o conceito de dever de boa-fé como de dever fiduciário, são estocadas na tentativa de aproximar as condições contratuais que as partes teriam negociado se tivessem previsto as circunstâncias que deram origem ao conflito. As partes, afinal, querem reduzir custos de execução. Na medida em que a teoria sobre a boa-fé atua para reduzir tais custos, trata-se

de uma medida razoável, interpolando-se no contrato de modo a fazer avançar as metas conjuntas das partes. (...) Mas é a mesma coisa dizer que um contrato deverá ser interpretado de modo que suas disposições façam sentido ou que o contrato obriga as partes a cooperar na sua execução segundo a boa-fé na medida necessária à realização dos seus efeitos. São maneiras diferentes de formular o objetivo primordial do direito contratual, que é o de atribuir às partes o que teria sido estipulado, se tivessem pleno conhecimento do futuro no ato de sua celebração e os custos de negociação [de transação], bem como dispositivos adicionais, fossem zero.

O quarto exemplo bastante citado nos Estados Unidos é caso *Sons of Thunder v. Borden*, de 1997.[398] Donald DeMusz era funcionário da empresa Snow Food Products Division, de propriedade de Borden Inc. Em 1983, esta última terceirizou a pesca de mexilhões e convidou DeMusz a deixar a empresa e adquirir barcos para atendê-la. DeMusz constituiu a companhia Sons of Thunder e, para tanto, financiou a aquisição desses equipamentos. No entanto, por mudanças internas na Borden, esta exerceu uma das cláusulas do contrato, pela qual se permitia a resilição do mesmo, mesmo sabendo que a Sons of Thunder necessitava do contrato para honrar o empréstimo feito para pagamento dos barcos. A Suprema Corte de New Jersey reconheceu a existência de um dever implícito de agir segundo a boa-fé no common law deste Estado, destinado à proteção das expectativas razoáveis das partes no contrato. Nesse sentido, é válida a cláusula de resilição do contrato, mas esta não foi executada segundo a boa-fé, ou, em outras palavras, a Borden não teria sido "honest in fact" em seu relacionamento contratual.

5.2.2. Canadá

No Québec, reconhecia-se a boa-fé, embora de forma tímida. Com o advento do Código Civil do Québec, de 1994, que revogou o Código Civil do Baixo-Canadá, inseriram-se diversas disposições sobre a matéria, a seguir: "Art. 6. Toda pessoa é obrigada a exercer seus direitos civis de boa-fé" e "Art. 7. Nenhum direito pode ser exercido com a intenção de causar dano a outrem ou de modo não razoável, de modo a contrariar os

[398] Estados Unidos da América. Supreme Court of New Jersey. Sons of Thunder Inc. V. Borden Inc. (690 A 2d 575 - 11 March 1997)

ditames da boa-fé". Nestes artigos 6º e 7º, nota-se a influência do desenvolvimento da doutrina e jurisprudência alemãs sobre a boa-fé, quando fez com que o § 242, restrito ao direito das obrigações, fosse aplicado em todo o direito alemão. E ao vir inserida esta ideia logo no início do Código Civil, faz lembrar a proposta de Volansky, de estabelecer uma ideia de direito com base na boa-fé.

O art. 1375 disciplina a boa-fé contratual, sem fazer menção à fase pré-contratual, mas dispondo expressamente sobre o período pós-contratual: "As partes devem conduzir-se de boa-fé desde o momento em que a obrigação é criada até o momento em que é cumprida ou extinta". Por fim, o art. 2545 dispõe sobre a *uberrima fides* nos contratos de seguros marítimos, tal como no direito inglês: "Um contrato de seguro marítimo é um contrato baseado na mais profunda boa-fé. Se esta mais profunda boa-fé não for observada por qualquer das partes, a parte contrária poderá requerer a anulação do contrato". Nos primeiros anos de vigência, o art. 1375 era considerada norma programática dentro do Código Civil, tendo em vista a ausência de sanção para o seu descumprimento, ou se teria eficácia própria. No entanto, com o passar dos anos, foi-se consolidando uma doutrina sobre a boa-fé e diversos casos, entre os quais *Hydro-Québec v. Construction Kiewit Cie*,[399] *Provigo Distribution Inc v. Supermarché ARG Inc*[400] e *Dunkin' Brands Canada Ltd v. Bertico Inc.*[401]

Já o *common law* do Canadá é influenciado pelo direito norte-americano. Em matéria de boa-fé, fazem-se muitas referências ao UCC e ao Restatement 2nd of Contracts. Desde a década de 1940 previa-se em Ontário a negociação de boa-fé em matéria de direito coletivo do trabalho, por meio da Regulação das Relações de Trabalho Wartime. Esta lei não teria sido eficaz, por falta de sanção contra a não negociação conforme a boa-fé, e também porque se entende ser inaceitável sua aplicação nesta matéria, já que na negociação, cada parte busca a satisfação de seu próprio interesse.[402] Em 1970, promulgou-se a Lei das Relações de Trabalho de Ontário, que reacendeu a discussão da aplicação da boa-fé. Porém, não se

[399] CANADÁ. Hydro-Québec v Construction Kiewit Cie. 2014 QCCA 947.

[400] CANADÁ. Provigo Distribution Inc v Supermarché ARG Inc. [1998] RJQ 47, 1997 CanLII 10209 (QCCA).

[401] CANADÁ. Dunkin' Brands Canada Ltd v. Bertico Inc. 2012 QCCS 2809.

[402] BENDEL, Michael. A rational process of persuasion: good faith bargaining in Ontario. University of Toronto Law Journal, v. XXX, p. 1-45, Winter 1980. p. 1.

desejava a adoção da boa-fé (cláusula geral), pois isso seria contraditório dentro de um sistema de *common law*.[403] A boa-fé seria uma tradução imperfeita do *standard* ético em ideologia e regras jurídicas. Na década de 1990, o caso *Gateway Realty Ltd. v. Arton Holdings Ltd*[404] gerou discussão a boa-fé no Canadá e continua sendo o leading case da matéria. Neste caso teve-se que discutir alguns pontos sobre esta, tais como se esta seria uma teoria que causaria incerteza no direito e imporia moralismo judicial às decisões; se colidiria com os princípios do direito contratual neoclássicos, que veem as partes como maximizadoras de suas vantagens pessoais; e se seria uma regra de procedimento ou uma regra de interpretação.[405] Nos últimos anos, o caso *Bhasin v. Hyrnew*, de 2014,[406] julgado pela Suprema Corte do Canadá, tem gerado discussões sobre o possível reconhecimento de um dever geral de boa-fé nos contratos, porque, com ampla referência ao direito do Québec, se reconheceu que, independentemente de existir ou não boa-fé no direito, a conduta esperada é a de honestidade que deve estar presente em todos os contratos.[407] Na opinião de Young,[408] esse reconhecimento de um novo dever contratual, a performance contratual honesta, representaria uma revolução incrivelmente radical no direito contratual canadense. Porque, a partir de *Bhasin v. Hyrnew*, tem-se debate no direito canadense sobre os "diálogos" entre o *common law* e o direito do Québec, ou em que medida este direito tem influenciado aquele. Na opinião de Jukier, tendo em vista a coexistência de duas tradições jurídicas no mesmo país, o caso *Bhasin v. Hyrnew*, nos termos em

[403] Bridge, Michael G. Does anglo-american Contract Law need a doctrine of good faith?. The Canadian Business Law Review, Revue Canadienne de Droit de Commerce. v. 9, n. 4, Dec. 1984. p. 416.

[404] Canadá. Nova Scotia Court of Appeals. (1991 – 106 N.S.R. (2d) 180).

[405] O'byrne, Shannon Kathleen. Good faith in contractual performance: recent developments. The Canadian Bar Review. La Revue du Barreau Canadien, v. LXXIV, p. 70-96, 1995. p. 75-77.

[406] Canadá. 2012 scc 71, [2014] 3 SCR 494 [82].

[407] Hunt, Christ D.L. Good faith performance in Canadian Contract Law. Cambridge Law Journal, v. 74, n. 1, p. 4-7, Mar. 2015. p. 6.

[408] Young, Jacob. Justice beneath the palms: Bhasin v. Hrynew and the role of good faith in Canadian Contract Law. Saskatchewan Law Review, v. 79, n. 1, p. 79-112, 2016.

que foi julgado, fez com que se introduzisse a boa-fé no *common law*, mas passou a reduzir, todavia, o alcance da boa-fé no direito do Québec.[409]

5.2.3. Peru

O direito peruano, embora pouco conhecido no Brasil, é moderno e avançado em diversas matérias, razão pela qual se justifica fazer-lhe referência, ainda que breve. O Código Civil de 1984 dispõe sobre o tema nos diversos institutos relacionados com a boa-fé subjetiva, também traz regras gerais sobre a boa-fé nos arts. 168 e 1362 em matéiria de interpretação, além da cláusula geral similiar a dos demais Códigos Civis.[410]

Os anteprojetos de Código Civil previam a responsabilidade por ruptura abusiva das negociações[411]. Porém, a Comissão Revisora teve receio de incluir tal disposição, por temer afetar a liberdade contratual que deve existir no período de negociações. De acordo com Puente y Lavalle,[412] preferiu-se dar ao art. 1362 uma redação similar ao art. 1337 do Código Civil italiano. De qualquer modo, segundo este último autor citado, esse artigo do Código Civil peruano é uma norma de caráter imperativo.[413]

A boa-fé também é reconhecida na jurisprudência peruana. Por exemplo, a Corte Superior de Lima[414] aplicou o dever de coerência ao interpretar situação de lesão contratual, em que o lesionante dolosamente não pagou o complemento do preço e depois, em juízo, sustenta o fluxo do prazo decadencial para a propositura da rescisão contratual, pois esse assunto deve "(...) coordenar-se com o critério da boa-fé que as partes devem ter em seus tratos e contratos (...)". No mesmo sentido, aplicou-se a boa-fé[415] para condenar quem recebeu produtos em excesso e recu-

[409] JUKIER, Rosalie. Good faith in contract: a judicial dialogue between common law Canada and Québec. Journal of Commonwealth Law, v. 1, p. 83-117, 2019.

[410] Art. 168. O ato jurídico deve ser interpretado de acordo com o que se tenha exprimido nele e segundo o princípio da boa-fé. // Art. 1.362. Os contratos devem negociar-se, celebrar-se e executar-se segundo as regras da boa-fé e comum intenção das partes.

[411] Redação do Anteprojeto: "A ruptura das negociações sem motivação legítima obriga a satisfazer os gastos e a indenizar pelos danos e prejuízos que resultarem".

[412] PUENTE Y LAVALLE, Manuel de la. op. cit. p. 22.

[413] PUENTE Y LAVALLE, Manuel de la. op. cit. p. 45.

[414] PERU. Corte Superior de Lima. Sala Civil Transitória. Expediente n. 3257-2011.

[415] PERU. Corte Superior de Lima. Sala Civil Transitória. Expediente n. 4566-2007.

sou-se ao pagamento alegando que recebeu coisa diversa. Noutro caso[416] afirmou-se a necessidade de aplicação do art. 168 do Código Civil para interpretar apólice de seguro de viagem de US$ 70,6 mil em que a beneficiária sofreu acidente e ficou com invalidez permanente. Ainda em matéria de interpretação objetiva, aplicou-se o art. 168 para aferir se foi correta ou não a invocação da exceção de contrato não cumprido em uma compra e venda de imóvel.[417]

5.2.4. Argentina

Na Argentina, o Código Civil foi elaborado em 1867 por Dalmácio Vélez Sarsfield, inspirado no Esboço de Código Civil, de Augusto Teixeira de Freitas. De acordo com Ferreira Rubio,[418] este Código Civil previa apenas a boa-fé subjetiva. Em matéria contratual, os autores tinham receio em tratá-la como norma vigente. No máximo havia a ideia de que era óbvio que todos os contratos deveriam ser cumpridos segundo a boa-fé. Durante boa parte do século XX, discutiu-se muito se a boa-fé existia ou não no ordenamento jurídico argentino.

Na década de 1930, Alsina Atienza[419] escreveu impressionante obra sobre a boa-fé, abrangendo com proficiência os institutos relacionados com a boa-fé subjetiva e com a aparência jurídica, bem como a estudou, relacionando-a com a teoria da imprevisão e a lealdade, não só na celebração dos negócios jurídicos, como também em relação ao abuso do direito. Porém, somente em 1968 a boa-fé foi positivada no Código Civil argentino com a Lei n. 17.711. O art. 1.071 foi alterado para abrigar o abuso do

[416] Peru. Corte Superior de Lima. Sala Civil Permanente. Expediente n. 5099-2009.

[417] Peru. Corte Superior de Arequipa. Sala Constitucional y Social Permanente. Expediente n. 1757-2009.

[418] Ferreira Rubio, Delia Matilde. op. cit. p. 306.

[419] Alsina Atienza, Dalmiro A. Efectos juridicos de la buena fe. En sus relaciones con las modernas tendencias juridicas: la apariencia, la imprevision, el abuso del derecho. Buenos Aires: Talleres Gráficos Argentinos L.J. Rosso, 1935.

direito, o que não existia até então.[420] Por sua vez, o art. 1.198,[421] que dispunha sobre a interpretação dos contratos, foi alterado,[422] juntando-se em um mesmo artigo a boa-fé na celebração e execução dos contratos, bem como na interpretação dos mesmos. Entendia-se que a interpretação contra quem estipula o contrato de adesão era decorrência da boa-fé, assim como a interpretação restritiva em casos de renúncia. Também se observava a íntima conexão do conceito de resolução por onerosidade excessiva com o princípio da boa-fé na Argentina.

A jurisprudência argentina aplicava constantemente os arts. 1.071 e 1.198 do Código Civil. Quanto a este primeiro artigo, vinha sendo aplicado para fundamentar a sanção ao abuso do direito nas suas diversas acepções, e, sobretudo, abundam julgados sobre a teoria dos atos próprios, que é a manifestação do dever de coerência, devido às referências expressas ao princípio da boa-fé, assim como por reconhecê-la como princípio geral de direito. Do mesmo modo, aplicava-se bastante o art. 1.198 em matéria de interpretação contratual e para reconhecer que as partes devem ser leais no cumprimento dos contratos. Vale destacar o acórdão da Câmara Civil, Comercial, Laboral y Mineria, de 9 de novembro de 2011, no qual o relator declara que o art. 1.198 é "uma espécie de sol no universo jurídico

[420] Código Civil argentino de 1867. Art. 1.071. O exercício regular de um direito próprio ou o cumprimento de uma obrigação legal não pode constituir como ilícito nenhum ato. A lei não ampara o exercício abusivo dos direitos. Considerar-se-á como tal, aquele ato que contrariar os fins que aquela teve em mira reconhecê-los, ou aquele que exceder os limites impostos pela boa-fé, pela moral e pelos bons costumes.

[421] Sua redação original era a seguinte: "Os contratos obrigam não só ao que está formalmente expresso neles, mas também a todas as consequências que se possam considerar tivessem sido virtualmente compreendidas neles".

[422] Art. 1.198. Os contratos devem celebrar-se, interpretar-se e executar-se de boa-fé e de acordo com o que de forma plausível as partes entenderam ou puderam entender, agindo com cuidado e previsão. Nos contratos bilaterais comutativos e nos unilaterais onerosos e comutativos de execução diferida ou continuada, se a prestação a cargo de uma das partes se torrnar excessivamente onerosa, por acontecimentos extraordinários e imprevisíveis, a parte prejudicada poderá demandar a resolução do contrato. O mesmo princípio se aplicará aos contratos aleatórios, quando a excessiva onerosidade se produzir por causas estranhas ao risco próprio do contrato. Nos contratos de execução continuada, a resolução não alcançará os efeitos já cumpridos. Não procederá a resolução, se o prejudicado tiver agido com culpa ou estiver em mora. A outra parte poderá impedir a resolução, oferecendo melhorar equitativamente os efeitos do contrato.

argentino, porque todas as demais normas são iluminadas por ela e sob seu império ninguém pode pretender fazer valer seus direitos de má-fé".[423]

Em 2014, a Argentina promulgou novo Código Civil e Comercial da Nação, o qual entrou em vigor em 2016. Houve, naquele país, modificações relativas às regras sobre o tema. Em primeiro lugar, cabe destacar que, em semelhança ao que se tem no Código Civil espanhol, a parte introdutória estabelece um princípio geral de exercício de direitos em conformidade com a boa-fé, ao lado do abuso do direito, com a mesma redação do código anterior, completada com dispositivo relativo às providências a serem tomadas pelo juiz no caso. Assim, o arts. 9º e 10 estabelecem o seguinte:

> Capítulo 3. Exercício dos direitos
>
> Artigo 9º. Princípio da boa-fé
> Os direitos devem ser exercidos de boa-fé.
>
> Artigo 10. Abuso do direito
> O exercício regular de um direito próprio ou o cumprimento de uma obrigação legal não pode constituir como ilícito nenhum ato. A lei não ampara o exercício abusivo dos direitos. Considera-se tal aquele que contraria os fins do ordenamento jurídico ou o que excede os limites impostos pela boa-fé, moral e bons costumes. O juiz deve ordenar o necessário para evitar os efeitos do exercício abusivo ou da situação jurídica abusiva e, se cabível, procurar o restabelecimento ao estado de fato anterior e fixar uma indenização.

Ademais, reconheceu-se a figura do abuso de posição dominante no mercado no artigo 11, ordenando-se a aplicação dos artigos 9º e 10, assim como se veda, no artigo 14, o exercício abusivo de direitos individuais quando este afetar o meio ambiente e os direitos de incidência coletiva em geral.

Em matéria contratual, inseriu-se no art. 729 regra similar à da *correttezza* do art. 1175 do Código Civil italiano, mas se usou o termo "boa-fé", com a seguinte redação: "Devedor e credor devem agir com cuidado, prudência e segundo as exigências da boa-fé". No mesmo sentido, inseriu-se

[423] ARGENTINA. Câmara Civil, Comercial, Laboral y Mineria. Sala A (Carlos Dante Ferrari Marcelo J. Lopez Mesa). Sumário Q0026517. Sentencia del 9 de noviembre de 2011.

regra geral de boa-fé nos contratos, similar a dos demais ordenamentos jurídicos no art. 961:

> Art. 961. Os contratos devem ser celerados, interpretados e executados segundo a boa-fé. Obrigam não só ao que está formalmente expresso, mas também a todas as consequências que possam ser consideradas como compreendidas neles, com os alcances que razoavelmente se teria obrigado um contratante cuidadoso e prudente.

Deu-se destaque à questão da integração contratual de acordo com a boa-fé, o que pode dar margem a inserções não previstas pelas partes, ainda que o julgador entenda que assim se poderia imaginar. Por fim, merecem destaque as regras sobre tratativas contratuais, previstas entre os arts. 990 a 993 do Código Civil argentino, que serão analisadas no capítulo relativo à boa-fé nas negociações.

Como o princípio da boa-fé já era reconhecido no direito argentino, não houve uma revolução no tocante à sua aplicação.[424] Por exemplo, na obra coordenada por Ricardo Luiz Lorenzetti, afirmou-se que "a boa-fé é um princípio geral que funciona como controle da sociabilidade no exercício dos direitos subjetivos. Esta cláusula contempla a aparência, isto é, as partes devem confiar nas situações tais como se apresentam, e a boa-fé como lealdade nas relações jurídicas".[425] Mais adiante, com fundamento em Wieacker, afirmou-se que, "[n]este Código Civil, [a boa-fé] é um princípio geral, porque constitui um mandato de otimização, enquanto ordena regras de comportamento cooperativo na maior medida possível no

[424] Por exemplo, na jurisprudência argentina, reconheceu-se como contrária a boa-fé (arts. 9º, 991 e 1061) a conduta do banco de reter dinheiro depositado na conta-corrente do cliente para pagamento de empréstimos com a instituição financeira (ARGENTINA. Camara Nacional de Apelaciones en lo Comercial. Expediente 1424/14/CA1, 31 Octubre 2017), como também contrárias aos arts. 9º e 961 a conduta de sociedade imobiliária e seu gerente que simularam e ocultaram ter habilitação para atuação como corretores em operação de venda de fundo de comércio de local sobre o qual não se tinha a propriedade (ARGENTINA. Camara Nacional de Apelaciones en lo Comercial. Expediente 12430/13/CA1, 6 de Abril de 2017).

[425] LORENZETTI, Ricardo Luiz (Director); DE LORENZO, Miguel Federico; LORENZETTI, Pablo (Coords.). Código Civil y Comercial de la Nación comentado. Tomo I. Arts. 1º a 256. Buenos Aires: Rubinzal-Culzoni, 2014. p. 50-51.

caso".[426] Curiosamente, com base em diversos autores brasileiros a seguir mencionados, retomou-se a dupla "faceta" da boa-fé: a boa-fé subjetiva e a boa-fé como comportamento leal e honesto no tráfico, retomando, a seguir, as funções tradicionalmente apontadas pela doutrina brasileira: regra de interpretação objetiva, fonte de deveres de conduta (informação, custódia, colaboração), critério de interpretação, e correção do exercício dos direitos.[427] Em relação ao abuso do direito do art. 9º, apontou-se que, agora, esse instituto jurídico não se limita mais ao exercício de direitos individuais, mas também a direitos coletivos e contratos de consumo.[428] Já na obra coletiva organizada por Marisa Herrera, Gustavo Caramelo e Sebastián Picasso, publicada pelo Ministério da Justiça e Direitos Humanos da Argentina, afirma-se que a boa-fé necessitava ter lugar de grande relevância dentro do Código Civil, não apenas por figurar no Título Preliminar, mas também ao longo do texto como um todo, posto não ser possível que um diploma legal desta natureza não levasse em conta a boa-fé, a honestidade e a lealdade na conduta das pessoas, sendo, pois um princípio geral de direito, ou mandato de otimização, na terminologia de Robert Alexy.[429] Quanto ao art. 961, afirmou-se que se trata de desdobramento do art. 9º em matéria contratual e regra geral em face dos arts. 990 a 993.[430]

5.2.5. Brasil

A boa-fé não é um tema recente no direito brasileiro, embora somente tenha recebido grande destaque a partir de 2002.

[426] LORENZETTI, Ricardo Luiz (Director); DE LORENZO, Miguel Federico; LORENZETTI, Pablo (Coords). op. cit. p. 53.

[427] LORENZETTI, Ricardo Luiz (Director); DE LORENZO, Miguel Federico; LORENZETTI, Pablo (Coords). op. cit. p. 55-56.

[428] LORENZETTI, Ricardo Luiz (Director); DE LORENZO, Miguel Federico; LORENZETTI, Pablo (Coords). op. cit. p. 60.

[429] HERRERA, Marisa; CARAMELO, Gustavo; PICASSO, Sebastián (Orgs). Código Civil y Comercial de la Nación comentado. Tomo I – Título Preliminar y Libro Primero. Artículos 1 a 400. Buenos Aires: Infojus, 2015. p. 34-35.

[430] HERRERA, Marisa; CARAMELO, Gustavo; PICASSO, Sebastián (Orgs). Código Civil y Comercial de la Nación comentado. Tomo III – Libro Tercero. Articulos 724 a 1250. Buenos Aires: Infojus, 2015. p. 340-341.

O Código Comercial de 1850 previa a interpretação conforme a boa-fé.[431] Porém isso não foi em consideração pela doutrina. Bento de Faria[432] entendia este dispositivo como aquele que manda levar em conta a vontade, em vez do sentido literal das palavras, bem como um reforçador do princípio do *pacta sunt servanda*, ao mandar que se cumpram os contratos em todas as suas consequências. Waldemar Ferreira[433] retomou em um parágrafo o pensamento de Bento de Faria. J.X. Carvalho de Mendonça,[434] por sua vez, também reafirmava entendimento daquele, ao explicar que este dispositivo significava que deveria prevalecer a declaração conforme a boa-fé e ao verdadeiro espírito e natureza do contrato, em vez da rigorosa e restrita significação das palavras. Contudo, Carvalho de Mendonça foi além, e afirmou que: "Referindo-se e dando especial realce à boa-fé ao espírito e natureza do contrato, quis o Cód. Comercial significar que os negócios jurídicos não se podem converter em instrumentos de insídia. É em uma atmosfera honesta e não viciada que se devem preparar, concluir e executar os contratos. A boa-fé não traduz mais do que o estado de ânimo de uma pessoa, que não conhece a verdade".[435]

A pouca aplicação do art. 131 do Código Comercial brasileiro deveu-se provavelmente ao fato de que na nossa tradição jurídica é dispensável a invocação de uma regra jurídica para determinar a interpretação de leis e contratos. O Esboço de Código Civil[436] de Teixeira de Freitas trazia disposições sobre a boa-fé em geral. Interessante notar que, em matéria

[431] Art. 131. Sendo necessário interpretar as cláusulas do contrato, a interpretação, além das regras sobreditas, será regulada sobre as seguintes bases:
1. a inteligência simples e adequada, que for mais conforme a boa-fé, e ao verdadeiro espírito e natureza do contrato, deverá sempre prevalecer à rigorosa e estrita significação das palavras.

[432] Faria, Antonio Bento de. Código Comercial brasileiro. 1º vol. 3. ed. Rio de Janeiro: Jacintho Ribeiro dos Santos Editor, 1920. p. 175.

[433] Ferreira, Waldemar. Tratado de direito comercial. v. 1. São Paulo: Saraiva, 1960. p. 451.

[434] Mendonça, J.X. Carvalho de. Tratado de direito comercial brasileiro. v. VI. Livro IV, Parte 1. Rio de Janeiro, São Paulo: Freitas Bastos, 1939. p. 211.

[435] Mendonça, J.X. Carvalho de. op. cit. p. 211.

[436] Art. 504. Haverá vício de substância nos atos jurídicos, quando seus agentes não os praticarem com intenção, ou liberdade; ou quando não os praticarem de boa-fé. // Art. 505. São vícios de substância, nos termos do artigo antecedente: 1º Por falta de intenção, a ignorância ou erro, e o dolo; 2º Por falta de liberdade, a violência (art. 451); 3º Por falta de boa-fé, a simulação e a fraude. // Art. 517. Consiste a boa-fé nos atos jurídicos na intenção de seus agentes relativamente a terceiros, quando procedem sem simulação ou fraude. //

de vícios do consentimento, a boa-fé não é sinônimo de dolo, mas sim, de fraude e simulação, consubstanciando os brocardos *Fraus Omnia Corrumpit* e *Fides Bona Contraria est Fraudi et Dolo*. Além disso, o art. 1.954 do Esboço de Código Civil reproduz em linhas gerais o art. 1135 do Código Civil francês.[437]

Já o Código Civil de 1916 não tinha uma cláusula geral sobre a boa-fé. Em matéria contratual, a doutrina sempre apontou o art. 1.443,[438] relativa a contrato de seguro, como o único que estabelecia o dever de informar à contraparte sobre os riscos a serem cobertos, por força da boa-fé.[439] Isso não significa, entretanto, que a boa-fé era um instituto ausente do direito brasileiro. O que houve foi a aproximação do direito brasileiro ao modelo clássico inglês de boa-fé, de "tudo-ou-nada": liberdade para a celebração dos contratos, sob o controle das regras sobre vícios do consentimento, e o reconhecimento expresso da boa-fé na sua maior intensidade, ao impor a *uberrima fides* no contrato de seguro (art. 1.443). Também havia outra disposição sobre a boa-fé como modelo de conduta, ao cuidar da fraude contra credores,[440] inspirada no brocardo *Non fraudantur creditores, cum quid non adquiritur a debitore, sed cum quid de bonis diminutur* (D,50,17,134)[441].

Art. 518. Reputar-se-á ter havido boa-fé nos atos jurídicos, ou nas suas disposições, enquanto não se provar que seus agentes procederam de má-fé, isto é, com um dos vícios do artigo antecedente (arts. 504 e 505, nº 3).

[437] Art. 1.954. Os contratos devem ser cumpridos de boa-fé, pena de responsabilidade pelas faltas (arts. 844 a 847), segundo as regras do art. 881. Eles obrigam não só ao que expressamente se tiver convencionado, como tudo a que, segundo a natureza do contrato, for de lei, equidade ou costume.

[438] Art. 1.443. O segurado e o segurador são obrigados a guardar no contrato a mais estrita boa-fé e veracidade, assim a respeito do objeto, como das circunstâncias e declarações a ele concernentes.

[439] Este art. 1.443 já vinha reproduzido no art. 933 do Projeto de Código Civil de Coelho Rodrigues: "Art. 933. O segurado e o segurador são obrigados a guardar no respectivo contrato a mais restricta sinceridade e boa-fé, tanto a respeito do objecto, como das circunstâncias e das declarações pertinentes".

[440] Art. 112. Presumem-se, porém, de boa-fé e valem, os negócios ordinários indispensáveis à manutenção de estabelecimento mercantil, agrícola, ou industrial do devedor.

[441] VELLOSO, Augusto Versiani. Textos de direito romano. Rio de Janeiro: Jacintho Ribeiro dos Santos, 1923. p. 114.

O art. 66 do Anteprojeto de Código das Obrigações, de 1941[442] e o art. 22 do Código das Obrigações (1963) previam a interpretação conforme a boa-fé.[443]

O Código de Defesa do Consumidor, de 11 de setembro de 1990, inaugurou o uso da boa-fé de forma generalizada. Embora a maior parte de suas disposições cuide de deveres de informação do fornecedor, que consistem um dos deveres decorrentes da boa-fé, há disposições que fazem menção expressa a esta. O primeiro deles é o emprego desta como meio de harmonização de interesses dos fornecedores e consumidores no art. 4º, III[444] e o art. 51 deste Código[445] também se socorre da boa-fé para a qualificação de uma cláusula contratual como abusiva, a qual, na prática, é a cláusula que aumenta excessivamente os custos de transação para o consumidor.

O Código Civil de 2002 foi elaborado na década de 1970, com inspiração nas legislações alemã, italiana e portuguesa. Inseriu-se a boa-fé por meio de cláusulas gerais, técnica adotada pelos redatores do texto para promover o avanço do direito por meio da jurisprudência. Com isso, chamou-se a atenção dos operadores do direito para a sua observância nas relações contratuais. Para tanto, foram inseridas três cláusulas sobre a boa-fé no Código Civil de 2002. A primeira delas é sobre a interpretação conforme a boa-fé; a segunda delas, a regra sobre abuso do direito e a terceira, a cláusula geral sobre a boa-fé nos contratos.

[442] Art. 66. As declarações devem ser interpretadas conforme a boa-fé e os usos dos negócios.

[443] Art. 22. As declarações de vontade devem ser interpretadas conforme a boa-fé e os usos dos negócios, presumindo-se, no silêncio ou ambiguidade das cláusulas, que se sujeitaram as partes ao que é usual no lugar do cumprimento da obrigação.

[444] Art. 4º. A Política Nacional das Relações de Consumo tem por objetivo o atendimento das necessidades dos consumidores, o respeito à sua dignidade, saúde e segurança, a proteção de seus interesses econômicos, a melhoria da sua qualidade de vida, bem como a transparência e harmonia das relações de consumo, atendidos os seguintes princípios: (...) III – harmonização dos interesses dos participantes das relações de consumo e compatibilização da proteção do consumidor com a necessidade de desenvolvimento econômico e tecnológico, de modo a viabilizar os princípios nos quais se funda a ordem econômica (art. 170 da Constituição Federal), sempre com base na boa-fé e equilíbrio nas relações entre consumidores e fornecedores.

[445] Art. 51. São nulas de pleno direito, entre outras, as cláusulas contratuais relativas ao fornecimento de produtos e serviços que: (...) IV – estabeleçam obrigações consideradas iníquas, abusivas, que coloquem o consumidor em desvantagem exagerada, ou sejam incompatíveis com a boa-fé ou a equidade;

Art. 113. Os negócios jurídicos devem ser interpretados conforme a boa-fé e os usos do lugar de sua celebração. (redação original de 2002)

Art. 187. Também comete ato ilícito o titular de um direito que, ao exercê-lo, excede manifestamente os limites impostos pelo seu fim econômico ou social, pela boa-fé ou pelos bons costumes.

Art. 422. Os contratantes são obrigados a guardar, assim na conclusão do contrato, como em sua execução, os princípios de probidade e boa-fé.

Manteve-se a regra sobre a *uberrima fides* no contrato de seguro no art. 765: "O segurado e o segurador são obrigados a guardar na conclusão e na execução do contrato, a mais estrita boa-fé e veracidade, tanto a respeito do objeto como das circunstâncias e declarações a ele concernentes".

Pouco tempo antes da promulgação do Código Civil de 2002, Antonio Junqueira de Azevedo[446] sustentava que o art. 422 do Código Civil seria insuficiente, deficiente e defasado ideologicamente, ao adotar o paradigma das cláusulas gerais. Também não esclareceria como disciplinar o grau de boa-fé, tendo em vista a impossibilidade de aplicação idêntica da boa-fé em casos diferentes: "[s]e um sujeito vai negociar no mercado de objetos usados, em feira de troca, a boa-fé exigida do vendedor não pode ser igual a de uma loja muito fina, de muito nome, ou a de outro negócio, em que há um pressuposto de cuidado".[447] Outra grande insuficiência do art. 422 é que se limitaria só à fase contratual, deixando de fora as fases pré-contratual e pós-contratual,[448] o que, de fato, acabou não acontecendo na prática.

Na jurisprudência brasileira anterior a 2002, o princípio da boa-fé era reconhecido em todos os casos em que se aplicou a "teoria da aparência" - aparência de representação, aquisição a *non domino*, pagamento a credor aparente, etc - isto é, problemas denominados de boa-fé subjetiva. No entanto, quando se tratava da necessidade de proteção contra o comportamento contraditório ou da violação de deveres de coerência, informação e de cooperação, havia dificuldades de sustentá-la como fun-

[446] Azevedo, Antonio Junqueira de. Insuficiências, deficiências e desatualização do Projeto de Código Civil na questão da boa-fé objetiva nos contratos. Revista Trimestral de Direito Civil, Rio de Janeiro, v. 1, n. 1, p. 3-12, jan./mar. 2000. p. 11.

[447] Azevedo, Antonio Junqueira de. op. cit. p. 12.

[448] Azevedo, Antonio Junqueira de. op. cit. p. 12.

damento jurídico de uma decisão judicial. Por exemplo, em se tratando de responsabilidade pré-contratual, a saída encontrada em 1979 em famoso caso julgado pelo Supremo Tribunal Federal foi a de qualificar ou não o fato jurídico como contrato preliminar, para que se aplicassem as regras inerentes aos contratos em período anterior à sua formação[449], ou no caso em que, por maioria de votos, decidiu-se pela não aplicação do princípio da boa-fé por quem era absolutamente incapaz para a realização de compra e venda de imóvel por demência senil e depois, por meio de seu filho, pediu-se o desfazimento do negócio, o qual foi desfeito pelo reconhecimento da violação do requisito do negócio jurídico relativo à capacidade do agente. No fundamento de um dos votos, afirmou-se a inaplicabilidade da proibição do comportamento contraditório com base no princípio da boa-fé, porque este não tinha previsão expressa no ordenamento jurídico brasileiro[450] e, portanto, não desejado pelo legislador. A mais famosa exceção foi a decisão do Tribunal de Justiça do Rio Grande do Sul em 1991, em que se reconheceu a proibição do comportamento contraditório em matéria contratual, pelo fato de indústria alimentícia ter distribuído sementes de tomates a agricultores e, posteriormente, ter-se recusado a comprar a safra deles.[451] De qualquer modo, pode-se afirmar que o princípio da boa-fé sempre esteve no direito brasileiro, embora de forma tímida e isolada durante o século XX. O principal trabalho sobre o assunto foi a obra "A obrigação como processo" de Clóvis do Couto e Silva.[452] Ademais, há que se reconhecer que pesquisas jurídicas a respeito da boa-fé despertavam certo "temor reverencial" entre os estudiosos, não pelo instituto em si, mas pela imagem criada a respeito do mesmo, por ser matéria árdua,

[449] Brasil. Supremo Tribunal Federal (2ª Turma). RE n. 88.716/RJ. Relator: Min. Moreira Alves, 11 de setembro de 1979.

[450] Brasil. Superior Tribunal de Justiça (3ª Turma). REsp n. 38.353/RJ. Relator: Min. Ari Parglender, 1º de março de 2001.

[451] Brasil. Tribunal de Justiça do Estado do Rio Grande do Sul (5ª Câmara Cível). Apelação Cível n. 591028295. Relator: Des. Ruy Rosado de Aguiar, 6 de junho de 1991.

[452] Silva, Clóvis Veríssimo do Couto e. A obrigação como processo. São Paulo: José Buts-chasky Editor, 1976.

discutida em profundidade em trabalhos de fôlego, como os de Meneses Cordeiro[453] e de Judith Martins-Costa.[454]

Diversamente, sobretudo a partir de 2006, o emprego do princípio da boa-fé aumentou consideravelmente, porque os tribunais brasileiros notadamente ampliaram o uso do princípio da boa-fé na solução de problemas jurídicos. Cabem três observações importantes sobre a aplicação da boa-fé pela jurisprudência. A primeira delas é que, em se tratando de referência aos dispositivos legais, indica-se com mais frequência o art. 422 do Código Civil, embora não seja incomum a referência conjunta com o art. 113, de modo a "cercar" a aplicação da boa-fé por todos os lados, seja na análise da conduta das partes, como também na interpretação judicial dos fatos.

Do ponto doutrinário, o discurso ainda gira em torno da antiga tríplice função da boa-fé –interpretativa, supletiva e corretiva – a qual serviu para solucionar problemas no direito alemão do século XX, mas que não guarda relações com o direito brasileiro, tendo em vista que a cláusula geral de responsabilidade civil existente desde o Código Civil de 1916 servia de fundamento jurídico para o que se considerava como violação do princípio da boa-fé em outros ordenamentos jurídicos. Por isso, lamentavelmente, a boa-fé ainda se encontra reduzida a essa visão antiga.

Antes limitada ao direito civil, a boa-fé também foi sendo incorporada ao direito público. O atual Código de Processo Civil (Lei nº 13.105, de 16 de março de 2015) erigiu a boa-fé a um princípio fundamental do processo no art. 5º: "Aquele que de qualquer forma participa do processo deve comportar-se de acordo com a boa-fé". Isso implica afirmar que as partes devem evitar resistências injustificadas para a boa solução das lides, em especial, a protelação por meio de recursos descabidos, tampouco terem comportamentos contraditórios, abusivos, devendo, ademais, expor os fatos em juízo conforme a verdade. No direito administrativo, a Lei nº 13.655, de 25 de abril de 2018, modificou a Lei de Introdução às Normas do Direito Brasileiro – LINDB, para estabelecer regras inspiradas na conduta de boa-fé do administrador em face dos administrados. Por exemplo, os

453 Cordeiro, Antonio Manuel da Rocha e Menezes. Da boa fé no direito civil. 2ª reimpressão. Coimbra: Almedina, 2001.

454 Martins-Costa, Judith. A boa-fé no direito privado. São Paulo: Revista dos Tribunais, 2000. Esta autora escreveu outro livro sobre a boa-fé com o mesmo título, o qual foi publicado pela Ed. Saraiva em 2018 e também é citado aqui.

arts. 23 e 24 estabelecem, respectivamente, a obrigatoriedade de proteção da confiança despertada anteriormente, caso se faça necessária a mudança de interpretação ou orientação sobre norma, bem como a necessidade de manutenção das situações plenamente constituídas anteriormente à revisão do ato, contrato, ajuste ou norma.

> Art. 23. A decisão administrativa, controladora ou judicial que estabelecer interpretação ou orientação nova sobre norma de conteúdo indeterminado, impondo novo dever ou novo condicionamento de direito, deverá prever regime de transição quando indispensável para que o novo dever ou condicionamento de direito seja cumprido de modo proporcional, equânime e eficiente e sem prejuízo aos interesses gerais.
>
> Art. 24. A revisão, nas esferas administrativa, controladora ou judicial, quanto à validade de ato, contrato, ajuste, processo ou norma administrativa cuja produção já se houver completado levará em conta as orientações gerais da época, sendo vedado que, com base em mudança posterior de orientação geral, se declarem inválidas situações plenamente constituídas.
> Parágrafo único. Consideram-se orientações gerais as interpretações e especificações contidas em atos públicos de caráter geral ou em jurisprudência judicial ou administrativa majoritária, e ainda as adotadas por prática administrativa reiterada e de amplo conhecimento público.

Por fim, a Lei nº 13.874, de 20 de setembro de 2019, advinda da conversão da Medida Provisória nº 881, que instituiu a Declaração de Direitos de Liberdade Econômica, retomou a importância da boa-fé nas relações privadas e públicas. Nesse sentido, estabeleceu-se, em primeiro lugar, a presunção de boa-fé na conduta do particular em face do Poder Público nos arts. 2º e 3º, V:

> Art. 2º São princípios que norteiam o disposto nesta Lei:
> II – a boa-fé do particular perante o poder público;
>
> Art. 3º São direitos de toda pessoa, natural ou jurídica, essenciais para o desenvolvimento e o crescimento econômicos do País, observado o disposto no parágrafo único do art. 170 da Constituição Federal:
> V – gozar de presunção de boa-fé nos atos praticados no exercício da atividade econômica, para os quais as dúvidas de interpretação do direito civil, empresarial, econômico e urbanístico serão resolvidas de forma a pre-

servar a autonomia privada, exceto se houver expressa disposição legal em contrário;

Isso significa que o Poder Público, a despeito de não conhecer o particular, isto é, por manifestar-se entre eles o estado de informação assimétrica sobre sua pessoa, não lhe pode impor custos de transação elevados no exercício de suas atividades econômicas. Aliás, a Lei meciona expressamente no art. 4º a proibição de aumento de custos de transação desnecessários, inclusive por meio de serviços cartoriais, registrários ou cadastrais:

> Art. 4º É dever da administração pública e das demais entidades que se vinculam a esta Lei, no exercício de regulamentação de norma pública pertencente à legislação sobre a qual esta Lei versa, exceto se em estrito cumprimento a previsão explícita em lei, evitar o abuso do poder regulatório de maneira a, indevidamente:
>
> V – aumentar os custos de transação sem demonstração de benefícios;
>
> VI – criar demanda artificial ou compulsória de produto, serviço ou atividade profissional, inclusive de uso de cartórios, registros ou cadastros;

Além disso, a Lei nº 13.874 procurou reforçar a aplicação da interpretação conforme a boa-fé. Nesse sentido, o art. 1º, § 2º, declara que "Interpretam-se em favor da liberdade econômica, da boa-fé e do respeito aos contratos, aos investimentos e à propriedade todas as normas de ordenação pública sobre atividades econômicas privadas". Ademais, alterou-se o art. 113, para inserir-lhe dois parágrafos:

> Art. 113. (...)
>
> § 1º A interpretação do negócio jurídico deve lhe atribuir o sentido que:
>
> I – for confirmado pelo comportamento das partes posterior à celebração do negócio;
>
> II – corresponder aos usos, costumes e práticas do mercado relativas ao tipo de negócio;
>
> III – corresponder à boa-fé;
>
> IV – for mais benéfico à parte que não redigiu o dispositivo, se identificável; e
>
> V – corresponder a qual seria a razoável negociação das partes sobre a questão discutida, inferida das demais disposições do negócio e da racionalidade econômica das partes, consideradas as informações disponíveis no momento de sua celebração.

§ 2º As partes poderão livremente pactuar regras de interpretação, de preenchimento de lacunas e de integração dos negócios jurídicos diversas daquelas previstas em lei."

De qualquer modo, foi com a promulgação do Código Civil de 2002 que o legislador conseguiu chamar a atenção dos operadores do direito para esse importante instituto jurídico, o que levou a uma maior aplicação na solução dos casos levados ao conhecimento do Poder Judiciário. Hoje em dia pode-se dizer que o princípio da boa-fé é importante instituto jurídico do direito brasileiro, capaz de solucionar diversos problemas relativos à falta de coerência, de informação e de cooperação.

Por outro lado, junto com o princípio da boa-fé, inseriu-se no direito brasileiro o princípio da função social do contrato, insculpido no art. 421 do Código Civil de 2002. Trata-se de um princípio de justiça contratual, o qual pode resultar na aplicação da equidade – tal como entendia Aristóteles na Ética a Nicômaco – para que o contrato produza os benefícios dele esperados por ambas as partes, assim como é meio de se evitar que o contrato ofenda os valores que a sociedade considera importantes quando as partes criam obrigações por meio desse negócio jurídico. Com efeito, vale destacar que, em muitos casos em que se poderia aplicar a boa-fé, aplicou-se a função social do contrato. Por exemplo, a recusa à cobertura do tratamento médico por operadora de plano de saúde poderia perfeitamente ser qualificada como violação à boa-fé contratual, por quebrar a expectativa da parte, ou por considerar-se tal atitude violação do dever de cooperação ou, como se entende na Alemanha, a violação do dever de consideração. No entanto, esse tema é considerado como violação da função social do contrato. Quiçá, nos primeiros dez anos de vigência do Código Civil no Brasil, a função social do contrato teria até mesmo eclipsado a boa-fé.[455] Contudo, observa-se que, quase vinte anos de vigência do Código Civil, a boa-fé coexiste com a função social do contrato, delineando-se os campos de aplicação de ambos os institutos.

***

[455] Cf. TOMASEVICIUS FILHO, Eduardo. Uma década de aplicação da função social do contrato: análise da doutrina e da jurisprudência brasileiras. Revista dos Tribunais, São Paulo, v. 103, n. 940, p. 49-85, fev. 2014.

Em síntese, pode-se dizer que a boa-fé é reconhecida nos países acima analisados, variando-se apenas a maior ou menor aplicação, por exemplo, entre o Código Civil alemão, cuja disposição do § 242 se irradiou para todo o direito privado, em comparação com o Código Civil do Québec, cuja disposição é mera norma programática, tal como o era a do Código Civil francês, mas que, nos últimos tempos, recuperou sua eficácia.

Dessa maneira, pode-se observar a existência de dois modelos. De um lado, um modelo do "tudo-ou-nada" ("all or nothing"), em que se reconhece ampla liberdade de contratar; excepcionalmente, impõe-se o dever de falar a verdade na sua maior amplitude nos contratos *uberrima fides*. Para a correção das distorções provocadas pela liberdade, invocam-se os vícios do consentimento para o desfazimento do negócio jurídico. O Código Civil brasileiro, o primeiro do Século XXI, com efeito, substituiu o modelo "tudo-ou-nada" para o modelo "contemporâneo" de boa-fé, que permeia as relações jurídicas de direito privado.

De outro lado, o modelo "contemporâneo" ou "preventivo", em que se reconhece a liberdade de contratar, mas simultaneamente impõe regras de como exercer esta liberdade, que, no nosso entender, implicam o cumprimento dos deveres de informação e cooperação. Inspirando-nos no modo de expressão francesa, seriam "*règles du savoir contracter*", como disposição geral sobre a sua observância no cumprimento dos contratos. Alguns países alargaram a hipótese de incidência desta disposição geral sobre a boa-fé, para proteger o período de formação dos contratos, como os casos da Itália, Portugal, Peru, Argentina, Alemanha e França, que incorporaram na própria disposição sobre a boa-fé a sua incidência no período pré-contratual. Observa-se o reconhecimento de que a boa-fé deve governar todas as relações jurídicas de direito privado, como na Alemanha e na Itália (sob a forma de *correttezza*), bem como na Espanha, no Canadá e, recentemente, na Argentina.

Parte II
Os Deveres Decorrentes da Boa-Fé

3. O Dever de Coerência

1. Introdução

A vida cotidiana apresenta riscos às pessoas. Doenças, desastres naturais e acidentes fazem parte da realidade e causam danos de toda natureza. Por mais que se tente evitar ou mitigar a ocorrência dessas situações, nem sempre se consegue escapar dessas vicissitudes, devido ao fato de que a percepção de uma pessoa tem limites, devido à racionalidade limitada, o que dificulta o processamento de informações que poderiam protegê-la desses males. Daí a complexidade e contingência do mundo afetarem decisivamente a existência humana. A complexidade consiste na inevitabilidade da pessoa ter que tomar uma entre várias decisões possíveis. A contingência, por sua vez, é o risco que cada pessoa corre de tomar a decisão errada, frente à complexidade do mundo.[456] Devido às dificuldades de percepção dos riscos, criam-se expectativas para a estruturação das condutas, mediante aprendizado obtido em experiências anteriores.[457]

Tendo em vista que a liberdade de comportamento também é fonte de risco para as expectativas humanas,[458] cada um precisa estar preparado para as mudanças de comportamento dos demais, o que requer ter expectativas não somente de seu ponto de vista, mas também procurar compreender as expectativas de terceiros. Este processo de expectativas de expectativas retroalimenta-se, mediante a criação de expectativas sobre

[456] LUHMANN, Niklas. Sociologia do direito. Tradução: Gustavo Bayer. Rio de Janeiro: Tempo Brasileiro, 1983. p. 45-46.

[457] LUHMANN, Niklas. op. cit. p. 48.

[458] LUHMANN, Niklas. op. cit. p. 47.

expectativas de expectativas, que, apesar do jogo de palavras, significa apenas que se agirá de acordo com as condutas esperadas da outra pessoa. Em uma sociedade em que se espera que o outro agirá com honestidade e lealdade, a tendência é a confiança recíproca; por outro lado, quando se espera que o outro agirá com desonestidade, deslealdade, mentiras, tentando levar vantagem em tudo, o comportamento será de cautela e de autoproteção.[459]

Ao tratar desse assunto, Luhmann[460] explicou que existem expectativas cognitivas e expectativas normativas. As expectativas cognitivas são aquelas que, quando quebradas, perdem muito de sua força, tornando-se desacreditadas ao se adaptarem à realidade; já as expectativas normativas são aquelas que, mesmo quebradas, ainda são válidas, mantendo-se de forma contrafática. Por exemplo, se uma pessoa mente para a outra, a tendência é não ter mais expectativas de que esta dirá a verdade no futuro; a expectativa de que dissesse a verdade torna-se a expectativa de que mentirá. Por outro lado, por meio da norma jurídica, a ocorrência de um furto não levará à crença de que sempre ocorrerão furtos, ou seja, a expectativa de que furtos não ocorrerão – ou em menor frequência – é mantida. O principal instrumento para forçar a manutenção da expectativa normativa é a sanção.[461]

Partindo-se dessas ideias, pode-se compreender a importância da confiança, por que motivo esta surge nas relações humanas e a necessidade de sua proteção pelo direito, inclusive pelo princípio da boa-fé, que é uma instituição jurídica. Como afirmou Mota Pinto,[462] uma das funções essenciais do direito é, sem dúvida, assegurar expectativas, para dar estabilidade e previsibilidade às ações. Daí surgir a necessidade de proteção da confiança despertada pela expectativa, pois esta reduz a complexidade social. Ao confiar, a pessoa não precisa buscar mais informações destinadas a reduzir os custos de transação na tomada de determinada decisão.

Embora existam situações em que uma pessoa volte atrás na sua conduta, ou queira voltar atrás, nem sempre esta possibilidade é desejável

459 LUHMANN, Niklas. op. cit. p. 54.

460 LUHMANN, Niklas. op. cit. p. 56.

461 LUHMANN, Niklas. op. cit. p. 73.

462 PINTO, Paulo Mota. Sobre a proibição do comportamento contraditório: *venire contra factum proprium* no direito civil. Boletim da Faculdade de Direito da Universidade de Coimbra, Coimbra. n. esp., p. 269-322, 2003. p. 272.

ou permitida. A ideia de não ser lícito vir contra os próprios atos está presente na cultura popular. Exemplos típicos são a história da Mulher de Ló, que foi transformada em estátua de sal por ter olhado para a destruição de Sodoma e Gomorra, e a expressão "quem lança mão do arado, não pode para trás olhar". Por isso, uma vez exercida a liberdade, não é possível voltar atrás sem levar em conta o interesse das demais pessoas, nem frustrar a confiança despertada nelas. Por isso, conforme asseverou Frada, construiu-se a responsabilidade civil pela confiança, decorrente da expectativa de cumprimento de determinados deveres de comportamento a serem observados no relacionamento interpessoal.[463]

A frustração de uma expectativa quanto à conduta de outrem denomina-se comportamento contraditório. Não se trata de uma proibição genérica, pois a regra é a liberdade de comportamento. Inclusive, segundo Mota Pinto,[464] nem sempre a constância é indesejável. Fora dos casos em que se assumiram compromissos negociais, é livre a mudança de opinião e de conduta. Ainda que a liberdade seja a regra, nem por isso se deve dela abusar, não sendo correto voltar atrás, quando esta decisão causa transtornos às demais pessoas, ou frustra expectativas que se criaram com a tomada da decisão. Todavia, o exercício da liberdade implica imputação de responsabilidade. Do ponto de vista moral, não é possível obrigar alguém a manter sua conduta inicial; no máximo, as demais pessoas provavelmente não confiarão mais na pessoa que voltou atrás. Do ponto de vista jurídico, diversos ordenamentos sancionam a pessoa que volta atrás na sua conduta, devido a um comportamento contraditório, incoerente, que provoca lesão à confiança alheia. Há regras que procuram proteger a confiança despertada. Se alguém se comporta de determinado modo, esta mesma pessoa pode ficar obrigada a manter este comportamento, ainda que posteriormente venha a se arrepender do mesmo. Por isso mesmo, o princípio da boa-fé, que se relaciona com os efeitos do estado de informação assimétrica e dos custos de transação, proíbe a frustração da confiança legítima despertada nas demais pessoas mediante o dever de coerência, como se verá a seguir.

[463] Frada, Manuel Antonio de Castro Portugal Carneiro da. Teoria da confiança e responsabilidade civil. Coimbra: Almedina, 2004. p. 79.
[464] Pinto, Paulo Mota. op. cit. p. 276-277.

2. A *Exceptio Doli*, *Estoppel* e *Promissory Estoppel*

A *exceptio* ou exceção é instituto jurídico que se faz presente até os dias atuais. Por meio desta, confere-se instrumento de defesa ao réu para impedir que a pretensão formulada pelo autor da ação produza seus regulares efeitos. Não tem por finalidade extinguir o direito do autor, mas apenas torná-lo oponível no caso concreto. Em outras palavras, exceção é o poder de uma pessoa impedir, mediante sua oposição, o exercício de um direito que se dirige contra ela, como espécie de contradireito que não o suprime, mas o torna ineficaz.[465] Existem exceções de direito material e exceções de direito processual. As primeiras tornam ineficaz o exercício do direito material. As segundas atacam a relação jurídica processual. Modernamente, ampliou-se a ideia de exceção, para permitir que seja empregada até mesmo pelo autor da ação, quando, rigorosamente, só poderia ser invocada pelo réu.

A *exceptio doli* foi exceção de direito material destinada a evitar que se obtivessem efeitos jurídicos decorrentes do exercício do direito, quando houvesse dolo. No Digesto, o Livro XLIV, título IV, cuidou da exceção de dolo mau e de medo (*de doli mali et metus exceptione*). No fragmento 1, 1, afirmou-se que "mas o pretor propôs essa exceção para que ninguém se aproveite de seu próprio dolo pelo direito civil contra a natural equidade". Nesse sentido, existem duas classes de *exceptio doli*, oriundas da Roma antiga:[466] a *exceptio doli praeteriti* ou *specialis*, por meio da qual se opõe à pretensão de valer direito obtido dolosamente; e a *exceptio doli praesens* ou *generalis*, segundo a qual a própria propositura da ação fere o sentimento jurídico e, portanto, viola a boa-fé.[467] Esta última era um remédio contra o abuso ao invocar-se a execução estrita de um contrato.[468] Complementou Menezes Cordeiro,[469] quando afirmou que a *exceptio doli* permitia ao réu

[465] Enneccerus, Ludwig; Kipp, Theodor; Wolff, Martin. Tratado de derecho civil. Primer tomo. Parte general. Volumen II. Barcelona: Bosch, 1944. p. 473.

[466] Justiniano (Imperador). Institutas do Imperador Justiniano. Manual didático para uso dos estudantes de direito de Constantinopla, elaborado por ordem do Imperador Justiniano, no ano de 533 d.C. Tradução: José Cretella Jr. e Agnes Cretella. 2. ed. São Paulo: Revista dos Tribunais, 2005. p. 265-266.

[467] Enneccerus, Ludwig; Kipp, Theodor; Wolff, Martin. op. cit. p. 480-481.

[468] Reynaud, Lucien Henri Camille. Abus du droit. Paris: s.e., 1904. p. 10.

[469] Cordeiro, Antonio Manuel da Rocha e Menezes. Da boa fé no direito civil. 2ª reimpressão. Coimbra: Almedina, 2001. p. 732.

opor-se a interpretações inadmissíveis do direito, ou a condutas fundadas na alegação rígida de preceitos meramente formais. Esta figura exerceu importante função no direito anterior ao Código Civil alemão. Inclusive se discutiu sua positivação, o que acabou não se concretizando naquela ocasião.[470] Porém, continuou sendo aplicada por meio do § 242 do Código Civil alemão, ao entender-se que a boa-fé é critério regulador de como se devem realizar as prestações devidas e como podem ser exigidas pelo credor.[471] Como se sabe, o § 242 foi aplicado não só para a disciplina das pretensões de direito das obrigações, sendo considerado um princípio geral de direito. Dessa maneira, definiu-se que era possível resistir ao exercício de qualquer direito subjetivo, quando o mesmo violasse a boa-fé.

Wieacker[472] explicou que a *exceptio doli* consistia na inadmissibilidade de uma conduta contrária à boa-fé, e da qual surgiram as proibições do comportamento contraditório. Da *exceptio doli* surgiram outras proposições:[473] considera-se violação da boa-fé quem exige imediatamente do devedor o que tem que restituir (*dolo facit, qui petit, quod redditurus est*) (D,44,4,4,8), a decadência excepcional de um direito pelo seu não exercício, a proibição da invocação de defeito de forma, quando com o mesmo concordou, e por fim, o princípio segundo o qual ninguém é lícito exigir um direito em contradição com sua conduta anterior. A *exceptio doli generalis*, com o passar do tempo, perdeu importância no direito alemão.[474]

Nos países de *common law* desenvolveu-se o instituto da *estoppel*. Não é um instituto existente nos países de direito codificado, embora esteja se tornando um pouco mais conhecido nos últimos anos.

Trata-se de uma regra de prova por meio da qual uma pessoa fica proibida de negar a existência de um estado de coisas que previamente reconheceu, ou na existência do qual convenceu outra pessoa a acreditar, seja por palavras ou conduta.[475] Desenvolveu-se a partir do Século XII para a proteção da confiança despertada nas relações jurídicas e dele surgiram

[470] Cordeiro, Antonio Manuel da Rocha e Menezes. op. cit. p. 723.

[471] Zimmermann, Reinhard. Roman Law, Contemporary Law, European Law. The Civilian Tradition Today. Oxford: Oxford University Press, 2001. p. 85.

[472] Wieacker, Franz. El principio general de la buena fé. Tradução: José Luis Carro. Prólogo de Luis Diez-Picazo. Madrid: Ed. Civitas, 1977. p. 20 e 59.

[473] Enneccerus, Ludwig; Kipp, Theodor; Wolff Martin. op. cit. p. 482.

[474] Cordeiro, Antonio Manuel da Rocha e Menezes. op. cit. p. 739.

[475] E.W.N. The doctrine of estoppel. The Law Coach. n. 3. p. 101-102, Dec. 1922. p. 101.

outros tipos de *estoppel* que pouco guardam relação com a estoppel primitivo. Lord Coke, três séculos atrás, dizia que o termo *estoppel* tem a mesma raiz da palavra francesa "estoupe" e da palavra inglesa "stopped", e faz com que a pessoa "*stoppeth his mouth*" (feche a boca).[476] Daí se pode obter a ideia que o fundamenta: o poder jurídico de uma pessoa impedir que se faça determinada declaração ou tenha determinada conduta.

A *estoppel* pode ser classificada em dois grupos principais: a *estoppel* de direito processual, mais antiga; e a *estoppel* de direito material, de desenvolvimento recente. Esta última, aliás, é aplicado, sobretudo, no direito contratual. Embora se justifique para a proteção da confiança despertada na outra parte, é uma doutrina aplicada para corrigir deficiências da formação dos contratos. Já aquele é conhecido como *estoppel* em sentido técnico ou formal, usado em matéria de prova (*rule of evidence*). O primeiro deles foi a *estoppel by record*, que se desenvolveu nas Cortes do Rei da Inglaterra. Consistia na impossibilidade de contestar a prova produzida a partir dos registros do rei. Depois se irradiou para a *equity* e para o *common law*.[477] A *estoppel by deed* significava que quem tivesse feitio declaração em um documento selado (*deed*) não podia negar a veracidade da mesma, permanecendo vinculado a sua declaração anterior.[478] Em geral, a *estoppel by record* e a *estoppel by deed* referiam-se à eficácia jurídica resultante do que estava publicamente registrado e cujo desconhecimento não se podia negar.[479] Durante a Idade Média, a *estoppel* cumpriu a função de *res judicata*, pois as partes de um processo no qual se deu trânsito em julgado ficam "estopped" para rediscutir o caso.[480]

Tempos depois, o objeto da *estoppel* desviou-se da materialidade da prova (registro do Rei ou aposição de selo em documento) para a conduta da parte que foi *estopped*, passando a ser chamado de *estoppel by conduct*

[476] D.Y.K Fung. Pre-contractual rights and remedies: restitution and promissory estoppel. Malaysia, Singapore, Hong-Kong: Sweet & Maxwell Asia, 1999. p. 75.

[477] Pitou, Michael Cameron. Equitable estoppel: its genesis, development and application in government contracting. Public Contract Law Journal, v. 19, n. 4, p. 606-647, Summer 1990. p. 608.

[478] Diez Picazo Ponce de León, Luis. La doctrina de los propios actos: un estudio crítico sobre la jurisprudencia del Tribunal Supremo. Barcelona: Bosch, 1963. p. 72.

[479] Puig Brutau, Jose. Estudios de derecho comparado. La doctrina de los actos propios. Barcelona: Ediciones Ariel, 1951. p. 110.

[480] Diez Picazo Ponce de León, Luis. op. cit. p. 72.

ou *estoppel in pais*.[481] Por meio desta *estoppel*, se uma pessoa com palavras ou conduta induzir outra a acreditar que certo conjunto de coisas existe, e a outra pessoa altera sua posição por agir de acordo com esta crença, o primeiro não pode negar a existência daquelas.

Com efeito, a *estoppel* é meio de redução de custos de transação decorrentes do estado de informação assimétrica. Este estado na *estoppel by record* está no desconhecimento da contestação aos registros do Rei; do mesmo modo, na *estoppel by deed*, é não saber que vai contestar o selo aposto. Se fosse possível contestar e retirar a eficácia do registro ou o selo, a parte que confiou, viria a sofrer prejuízos. Caso pudessem ser atacados, surgiriam custos de transação para evitar os danos causados pela perda da segurança jurídica. De uma forma ou de outra, reduzem-se esses custos, ao conferir-se segurança jurídica ao registro e ao selo.

Entre os tipos de estoppel, o principal deles é a *equitable estoppel* ou *promissory estoppel*. Todavia, nos Estados Unidos, usa-se mais este último termo. A *promissory estoppel* aplica-se ao caso em que o autor de uma promessa aparente não pode invocar sua ineficácia quando isso implicar a situação de vir contra seus próprios atos em prejuízo de quem confiou na validade da promessa. Trata-se de uma proteção concedida a quem sofresse prejuízos em consequência de sua boa-fé, se dito promitente não tivesse sido constituída a obrigação.[482] Dessa forma, tem-se que a sua importância está no fato de que a teoria de formação dos contratos é a da *consideration*, segundo a qual o contrato somente se forma quando houver bilateralidade nas promessas feitas – equivalente à declaração de vontade, isto é, só valem se feitas em troca por algo de valor da parte contrária. Todavia, em diversos casos, não se podia afirmar categoricamente que o contrato se formou por não ter comprovado a *consideration*, a despeito de a parte ter acreditado que o contrato havia sido formado. A ideia era o desenvolvimento de uma "teoria consensual dos contratos", a ser empregada quando as partes erraram nos procedimentos de formação dos mesmos.[483]

[481] PITOU, Michael Cameron. op. cit. p. 608.

[482] PUIG BRUTAU, Jose. op. cit. p. 124.

[483] GIBSON, Michael. Promissory estoppel, Article 2 of the U.C.C, and the Restatement (Third) of Contracts. Iowa Law Review, v. 73, n. 3, p. 659-717, Mar. 1988. p. 710.

Holmes[484] apesentou uma leitura sistemática sobre a *estoppel*. Em sua opinião, essas figuras devem ser reunidas sob a terminologia de *promissory estoppel*, cujas raízes estão na *equity* e funda-se na boa-fé necessária para promover a justiça corretiva no caso concreto, de modo que o exercício dos direitos não estivesse em desacordo com a equidade. Esse instituto teria desenvolvido-se em quatro fases. A primeira delas foi a fase defensiva, a qual era aplicada em temas relativos à prescrição e fraude. A segunda delas foi a fase contratual do instituto, usada como substituto à falta de consideration na formação dos contratos. A terceira fase manifestou-se como hipótese de responsabilidade civil, por ter-se despertado a confiança na contraparte. Por fim, a quarta fase seria na somatória das três fases anteriores.

De acordo com Treitel, os requisitos para a aplicação desse instituto no direito inglês consistem em ter uma promessa ou declaração "clara" ou "inequívoca"; a ocorrência de um silêncio ou inação; o despertar da confiança na outra parte, induzindo-a a agir de certo modo; a mudança de comportamento, o qual deve ser injusto.[485] No Reino Unido, o *leading case* é *Hughes v. Metropolitan Railway*,[486] de 1877, em que a locadora, companhia ferroviária, notificou o locatário para que fizesse reparos dentro de seis meses. Porém, nesse período, as partes negociaram a compra do imóvel. Como as negoaciaçoes não foram adiante, o locador reclamou os reparos não feitos pelo locatário. Rejeitou-se a demanda, sob o fundamento de que não havia ficado claro que ele deveria fazer os devidos reparos enquanto negociavam a compra do imóvel.

Por sua vez, nos Estados Unidos, o *leading case* sobre a *promissory estoppel* foi *Ricketts v. Scothorn*.[487] Em Maio de 1891 o Sr. J.C. Ricketts deu a Katie Scothorn, sua neta, uma nota promissória de $ 2.000 com juros de 6% ao ano, sob a condição de que ela deixasse de trabalhar. Ela deixou de trabalhar por ter confiado na promessa de seu avô. Porém, em setembro de 1892, com o conhecimento e ajuda de seu avô, voltou a trabalhar. O Sr. Ricketts chegou a pagar a Katie os juros correspondentes a um ano, e lhe

[484] Holmes, Eric Mills. The four phases of promissory estoppel. Seattle University Law Review, v. 20, p. 45-79, 1996-1997. p. 48-51-53-58.

[485] Treitel, G. H. The Law of Contract. 13. ed. London: Sweet and Maxwell, 2011. p. 112-115.

[486] Reino Unido. House of Lords. LR 2 App Cas 439 (1877).

[487] Estados Unidos. Ricketts v. Scothorn, 57 Neb. 51, 77 N.W. 365 (1898).

havia dito que pagaria a quantia de $ 2.000 assim que vendesse sua fazenda em Ohio. Em junho de 1894, o Sr. Ricketts morreu. O testamenteiro do Sr. Ricketts recusou-se ao pagamento da nota promissória, alegando que não havia suficiente *consideration* para torná-la exigível. Decidiu-se que a nota promissória deveria sim ser paga, porque a neta acreditou na promessa feita por seu avô. A inoponibilidade do pagamento fundou-se no reconhecimento de uma *promissory estoppel*. Este instituto voltou a ser empregado na década de 1920 por Willinston. Outros grandes juízes, como Cardozo e Hand, aplicaram essa doutrina para dar validade a condições incertas nos contratos.

Karl Llewellyn não era favorável à *promissory estoppel*, a despeito de ter consagrado a boa-fé de maneira intensa no seu trabalho de codificador do *Uniform Commercial Code*. Ele a teria afastado na redação do art. 2º do UCC, por acreditar que a confiança deveria desempenhar somente um papel mínimo na compra e venda e no direito contratual, pois, embora seja um valor importante em qualquer sociedade de crédito e em toda transação comercial, nem por isto deveria ter o condão de tornar exequível um contrato não formado. Outro problema que Llewellyn reconhecia era a dificuldade de prova do grau de confiança.[488] Ele sustentava que se deveriam encorajar as pessoas a colocarem seus negócios por escrito, o que reduziria fraudes e a litigância de boa-fé entre as partes que, honestamente, não se lembrariam dos termos exatos do contrato oral.[489] A saída de Llewellyn em reduzir a necessidade da *promissory estoppel* foi a eliminação de numerosas regras técnicas exigidas pela doutrina da *consideration*.[490] Apesar disso, a doutrina norte-americana interpreta o art. 2º do UCC como se a tivesse recepcionado. Ademais, a *promissory estoppel* está reconhecida no Restatement 2nd of Contracts:

> Restatement 2nd of Contracts:
>
> § 90 Uma promessa que o promitente deveria razoavelmente esperar induzir a ação ou tolerância de caráter definido e substancial na parte contrária e que induz tal ação ou tolerância, é vinculante, se a injustiça pudesse ser evitada somente com a execução da promessa.

[488] Gibson, Michael. op. cit. p. 673.
[489] Gibson, Michael. op. cit. p. 692.
[490] Gibson, Michael. op. cit. p. 674.

Na opinião de McEndrick, a *promissory estoppel* vem modificando a doutrina da *consideration*, ao dar validade às situações em que se confiou que a relação entre as partes seria exequível. Para ele, "permitir que a estoppel dê ensejo à ação, em uma análise tradicional, faz com que a doutrina da consideration seja minada".[491]

A descoberta de que o contrato não se formou pela inexistência da *consideration*, causa insegurança jurídica às partes, sobretudo para aquela que confiou na validade do mesmo. Nessa situação, geram-se custos de transação pela recusa do cumprimento do que foi prometido, ante a inexistência de vínculo jurídico entre as partes. A negação da validade decorre do estado de informação assimétrica entre as partes, porque uma delas – a que alegou a não formação – sabia desse fato; já a outra desconhecia esse mesmo fato. Antever a mudança de posição é situação de custos de transação proibitivos, pois a destinatária da declaração de que o contrato não se formou, não tinha absolutamente como saber que haveria esta mudança de conduta, nem por meio da mais rígida pesquisa de informações sobre este fato. Ao confiar na estabilidade do comportamento, resultante da confiança na validade do contrato, muito provavelmente houve despesas, orientando sua conduta como se tudo estivesse legalmente válido. A consequência imediata de questionar esse fato consiste na causação de prejuízos, decorrentes de despesas inutilmente feitas, que são também custos de transação. Para que estes diminuam, impede-se que a alegação de que o contrato não se formou, considerando-o formado pelo consenso. Por isso, por meio da *promissory estoppel*, reduzem-se esses elevados custos de transação, ao impedir que se alegue a inexistência de contrato por não se ter atendido aos requisitos da *consideration*, porque ambas as partes acreditam tê-lo formado, ainda que, de acordo com regras rígidas do direito contratual dos países de *common law*, apenas tenha sido um contrato aparente. Nesse sentido, há a confiança legítima de que se o cumprirá. Como visto, a raiz da palavra *estoppel* vem de "fechar a boca". E ao "fechar a boca", impede-se que a informação contraditória seja transmitida à parte contrária, aumentando-lhe os custos de transação.

[491] Mcendrick, Ewan. op. cit. p. 91.

3. *Venire Contra Factum Proprium*

3.1. Conceito

Venire contra factum proprium, vir contra seus próprios atos, ou voltar atrás, é a situação em que alguém age de determinado modo e, posteriormente, passa a agir de maneira oposta. Também é a situação em que alguém faz uma declaração e depois volta atrás no que disse, declarando novamente algo em sentido oposto. Surge em situações em que é necessário exercer a liberdade humana, escolhendo uma entre possíveis condutas, como, por exemplo, optar por A ou por B, ou entre agir e omitir-se. Esse comportamento contraditório provoca danos, pois quem, de forma expressa ou tácita, dá a entender que não quer mais exercitar um direito, ou que fez determinada opção, deve ficar vinculado à própria decisão, impedido de agir de modo diverso para não lesar terceiros com sua mudança de conduta.[492] É proibido *venire contra factum proprium* justamente para reduzirem-se os riscos nas relações jurídicas, isto é, para não aumentarem desnecessariamente custos de transação, protegendo-se a boa-fé das pessoas contra o abuso no exercício de sua liberdade. Também se proíbe a mudança de comportamento quando a mudança dá-se por mero oportunismo.[493]

Essa proibição de *venire contra factum proprium* teria sido formulada na Idade Média. Para Diez Picazo,[494] esta expressão não tem origem no direito romano, porque este povo não costumava formular expressões abstratas. É muito provável que tenha sido formulada pelo jurista Azo, na Rubrica X. Bártolo também teria cuidado do problema dos atos próprios ao comentar a glosa *Factuum Suum*.[495] No Século XVII, Schacher[496] escreveu a obra *De Impugnatione Facti Proprii*, na qual sustentava que o *venire contra factum proprium* teria fundamento na justiça, com o dever de observar aquilo que fielmente foi prometido. A partir dos institutos da *exceptio doli* e também do *estoppel* do direito inglês, a proibição do *venire contra factum*

[492] Wieling, Hans Josef. *Venire contra factum proprium* e colpa verso se stesso. Rassegna di Diritto Civile, Napoli, v. 2, p. 409-436, 1994. p. 411.

[493] Sicchiero, Gianluca. L'interpretazione del contratto ed il principio nemo contra factum proprium venire potest. Contratto e Impresa, Padova, v. 19, n. 2, p. 503-519, magg/ago 2003. p. 517.

[494] Diez Picazo Ponce de León, Luis. op. cit. p. 21.

[495] Diez Picazo Ponce de León, Luis. op. cit. p. 47.

[496] *Apud* Diez Picazo Ponce de León Luis. op. cit. p. 54.

proprium consolidou-se na Alemanha.[497] E deste país a teoria emigrou para os direitos espanhol e português. Posteriormente, esta teoria se irradiou para a América Latina por influência da obra de Diez Picazo. É fato que a doutrina espanhola teve a felicidade de contar com este grande civilista, que escreveu a obra clássica intitulada "La doctrina de los actos propios: un estudio crítico sobre la jurisprudencia del Tribunal Supremo".[498] Esse livro impressiona o leitor pela qualidade, abrangência e profundidade no tratamento desse assunto até a época em que foi editada, na década de 1960. Mesmo com a existência de textos similares escritos em outros países, a obra de Diez Picazo é daquelas que se destacam dentro da ciência jurídica universal. Não foi por acaso que seu conteúdo se difundiu pelos países latino-americanos de língua espanhola.

Pelo fato de não existir um princípio geral de proibição absoluta do comportamento contraditório no direito,[499] existe um "script" da conduta contraditória considerada inadmissível:[500]

a) Exercício de um direito ou de uma opção por uma pessoa em determinado sentido, ou realização de determinada conduta. Por exemplo, faz uma declaração a outrem, ou se comporta expressamente de um determinado modo (ação ou omissão);

b) O exercício do direito ou da opção, ou a conduta realizada, deve ser juridicamente relevante e eficaz;

c) A outra pessoa deve ter confiado na manutenção da conduta em que se exerceu o direito, ou se fez a escolha da opção, conforme à declaração ou conduta daquela primeira pessoa;

d) Deve haver mudança de conduta pela primeira pessoa, ao pretender revogar sua declaração, voltar atrás, ou mudar seu comportamento (se agiu, se omite; se houve omissão, age-se) e esta deve estar em contradição entre a conduta anterior e a conduta atual;

[497] Zimmernann, Reinhard; Wittaker, Simon. Good faith in European Contract Law: Surveying in the Legal Landscape. *In:* Zimmermann, Reinhard; Wittaker, Simon (Orgs). Good faith in European Contract Law. Cambridge: Cambridge University Press, 2000. p. 25.

[498] Diez Picazo Ponce de León, Luis. La doctrina de los propios actos: un estudio crítico sobre la jurisprudencia del Tribunal Supremo. Barcelona: Bosch, 1963.

[499] Pinto Paulo Mota. op. cit. p. 302.

[500] Diez Picazo Ponce de León, Luis. op. cit. p. 193-194.

e) Inexistência de norma que autorize a mudança de conduta, por exemplo, a possibilidade de denúncia ou retirada;

f) Que seja a mesma pessoa quem age em um sentido e depois vem contra seu próprio ato, ou que, em se tratando de pessoas diversas, exista unidade de situação jurídica, ou relação de representação, como o mandato, tutela, curatela.

Completando esta ideia, Mota Pinto[501] indicou outros elementos que configuram a proibição do comportamento contraditório: a situação concreta de confiança deve ter sido criada por dolo ou culpa; só se deve estabelecer responsabilidade objetiva se a parte que criou a confiança for mais forte.

Menezes Cordeiro[502] entendeu que a vedação ao *venire contra factum proprium* não pode ser independente de culpa do agente, pois não se pode dar maior proteção contra o comportamento contraditório, em comparação com o negócio jurídico. Acrescentou, ainda, que seria um exagero objetivar a responsabilidade pela violação da confiança. Além disso,[503] também seria preciso atentar para dois outros aspectos. O primeiro deles é que a pessoa que confiou na conduta anterior devia ignorar a instabilidade do comportamento da parte contrária, mesmo após ter agido com diligência no sentido de descobrir se tal comportamento poderia vir a se alterar futuramente. Com efeito, nos dias atuais, a culpabilidade do agente depende do regime jurídico a ser aplicado. Se for o regime geral do direito civil, a responsabilidade é subjetiva; em regimes específicos, como o direito do consumidor ou outro definido por lei especial, a responsabilidade costuma ser objetiva, porque assim se terá definido.

Não é preciso existir uma relação processual para invocar-se a proibição de *venire contra factum proprium*. Esta ideia, de acordo com Diez Picazo,[504] é influência inglesa da doutrina do *estoppel*. É proibido vir contra seus atos próprios mesmo antes de tê-la formado. Outra evidência da inexatidão da restrição do *venire contra factum proprium* é a sua própria invocação na relação processual. Pode ser usada tanto como matéria de defesa, quanto

[501] Pinto, Paulo Mota. op. cit. p. 303.

[502] Cordeiro, Antonio Manuel da Rocha e Menezes. op. cit. p. 761.

[503] Cordeiro, Antonio Manuel da Rocha e Menezes. op. cit. p. 759.

[504] Diez Picazo Ponce de León, Luis. op. cit. p. 108.

como causa de pedir, ao se exigir do réu a manutenção de sua conduta anterior, ou a ineficácia da conduta que a contradiz.

Os efeitos da proibição de vir contra os próprios fatos consistem na preclusão material do direito, isto é, proíbe-se o exercício do direito; também tornam inoponíveis os efeitos da mudança de conduta em face de quem confiou na sustentação da conduta anterior, ou, quando isso não é possível, qualifica-a como ilegítima, ensejando indenização por perdas e danos por frustração da confiança.[505]

Quanto à licitude ou não de vir contra seus próprios atos, Mota Pinto[506] explicou que se deveria rejeitar a aplicação automática do instituto. O recomendável é proceder à verificação no caso concreto, para afirmar-se com segurança sobre a necessidade de impedir a conduta contraditória, por exemplo, quando não se pode evitar ou remover o prejuízo sofrido por quem confiou, ou quando tal contradição se entende contrária à boa-fé. De acordo com Judith Martins-Costa,[507] a finalidade da proibição de *venire contra factum proprium* é coibir a deslealdade decorrente da contradição de condutas, que vem a lesar a confiança alheia. Porém, não se pode falar em deslealdade quando a parte lesada sabia ou devia saber que a parte podia voltar atrás em sua decisão anteriormente tomada, sobretudo quando há permissão legal para tanto, pois a confiança despertada não é suficiente para ser protegida por meio deste instituto jurídico.

Em se tratando da proibição de vir contra os próprios atos, podem-se observar os efeitos provocados pelo estado de informação assimétrica e pelos custos de transação, cabendo, por meio do princípio da boa-fé, reduzi-los ou eliminá-los. A situação de incerteza decorre do próprio contato social, o que gera incerteza e risco. Ao mesmo tempo em que há este risco, naturalmente instala-se o processo de comunicação, por meio do qual haverá troca de informações entre si acerca das condutas futuras, seja pelo diálogo ou pela interpretação do comportamento adotado, concluindo-se, portanto, que se agirá de determinada maneira. Com base nas declarações feitas e nos comportamentos realizados, a outra parte orien-

[505] PINTO, Paulo Mota. op. cit. p. 305.

[506] PINTO, Paulo Mota. op. cit. p. 304-305.

[507] MARTINS-COSTA, Judith. A ilicitude derivada do exercício contraditório de um direito: o renascer do *venire contra factum proprium*. Revista Forense, Rio de Janeiro, v. 100. n. 376, p. 109-129, nov/dez 2004. p. 120.

tará sua conduta, seja em reação ou em retroalimentação. Aqui se nota uma situação de simetria de informação – ou, talvez, mais propriamente, de simetria de desinformação – sobre o comportamento da parte contrária, e o natural processo de redução deste estado de informação assimétrica, com base no que concluiu ou no que lhe foi dito. Todavia, quando alguém muda de conduta ou de opinião, contradizendo-se, surgirá necessariamente um novo estado de informação assimétrica, pois a mudança fará com que se tornem obsoletas as informações induzidas a partir da conduta anterior.

O problema da proibição de vir contra seus próprios atos não decorre somente do estado informacional. Também deve haver o concurso dos efeitos dos elevados custos de transação. O fato de não ter como saber que haverá a alteração da conduta anteriormente realizada, implica dizer que são muito elevados os custos de obtenção desta informação relevante sobre a mudança de comportamento. Se fosse fácil suportar o fato da pessoa ter mudado sua conduta, contradizendo-se, isso significaria que os custos de transação seriam baixos e poderiam ser suportados pelo próprio ônus de viver em sociedade. Mas como o fato da mudança da conduta traz transtornos – vir contra seu próprio fato é um ato reprovável na maioria dos casos – isso significa que os custos de transação são muito elevados. Por exemplo, se tais despesas fossem internalizadas, os custos de transação para se precaver da insegurança decorrente da liberdade da parte poder vir contra seus próprios atos seriam bastante elevados. O próprio contato social seria altamente inseguro e obrigaria as pessoas a tomarem diversas precauções, o que significa ter elevados custos de transação, como de fato ocorre. O maior exemplo disso é o contrato: se não fosse a força obrigatória dos contratos para impedir que a parte desista de cumpri-lo, os custos de transação decorrentes do mesmo seriam insuportáveis para a vida social. Ao ter-se a certeza de que não haverá alterações de conduta, nem haverá surpresas, as pessoas poderão ser dispensadas de tomarem providências excessivas. A boa-fé sempre dá fundamento a esses institutos jurídicos, garantindo a estabilidade das relações jurídicas com a proibição da mudança de comportamento, quando esta causar danos a outrem.

Nos casos em que a mudança de conduta é previsível ou autorizada, sendo lícito vir contra o próprio fato, são justamente aqueles em que a parte tem a informação de que o comportamento poderá mudar. Tomando como exemplo o testamento, em que se permite vir contra os próprios atos, revogando-o, o beneficiário do testamento jamais poderá alegar confiança razoável de que outro testamento poderia vir a ser feito. Não se pode afirmar a existência do estado de informação assimétrica, tampouco sustentar que houve custos de transação por causa dessa mudança de comportamento. Outro exemplo dessa possibilidade de voltar atrás está no exercício de direitos indisponíveis: mesmo que se concorde com a renúncia ao seu exercício, pode-se voltar atrás sem maiores consequências jurídicas.

3.2. O *Venire Contra Factum Proprium* nos Ordenamentos Jurídicos

Quanto à vedação do *venire contra factum proprium*, fato é que foi na Espanha onde a teoria dos atos próprios mais se desenvolveu. Não se tem ao certo a sua origem no direito espanhol, mas se sabe que é anterior ao Código Civil, porque existem decisões do Tribunal Supremo sobre atos próprios promulgadas no Século XIX. Esta foi usada para a solução de típicos conflitos de interesse, para os quais não existia norma específica.[508] O Tribunal Supremo não aplicava a teoria dos atos próprios quando os atos anteriores eram expressamente proibidos, mas somente para atos anteriores juridicamente válidos ou eficazes. Os atos contraditórios deviam ter sido realizados por uma pessoa, e deviam ter significado e eficácia jurídica contrárias à ação contraditada. Também pressupunha uma relação jurídica entre a parte que contradissesse o ato e a parte afetada pela contradição.[509]

Diez Picazo reuniu todos os casos julgados pelo Tribunal Supremo relativos à matéria, até a ocasião da publicação de sua obra. Podem-se destacar alguns casos em que se proibiu o *venire contra factum proprium*: pretensão de exercício de direitos anteriormente renunciados (Sentenças de 27 de dezembro de 1894, 31 de março de 1911 e 14 de novembro de 1907), desconhecer ou negar representação que anteriormente havia reconhecido (Sentença de 20 de junho de 1932), pretender uma prestação periódica convencional em uma determinada quantia, depois de ter consentido por muitos anos com sua redução (Sentença de 21 de dezembro de 1897), pedir o cumprimento de um contrato cuja nulidade havia sustentado noutra ação (Sentença de 24 de janeiro de 1907), pedir a nulidade de uma venda que havia ratificado (Sentença de 19 de junho de 1899), impugnar um testamento que havia reconhecido como válido ao receber legado

[508] Diez Picazo Ponce de León, Luis. op. cit. p. 103-104.

[509] Diez Picazo Ponce de León, Luis. op. cit. p. 112-118.

por força do mesmo (Sentenças de 7 de janeiro de 1885, 1º de dezembro de 1886, e 8 de novembro de 1895). Atualmente, fundamenta-se a teoria dos atos próprios no art. 7.1 do Código Civil espanhol, reformado em 1974: "Os direitos devem ser exercidos conforme as exigências da boa-fé".

É certo que essa modificação legislativa foi importante dentro do direito espanhol, porque facilitou a aplicação dessa teoria, ao contrário do que aconteceu em outros países, nos quais foi necessário sustentá-la forçosamente em normas de redação parecida com a do art. 7.2 do Código Civil espanhol, que trata do abuso do direito, como se verá em seguida. No entanto, como a aplicação do direito se modifica com o passar do tempo, nota-se também que a teoria dos atos próprios vem sendo associada ao art. 1258 do Código Civil espanhol, à semelhança do que ocorreu no direito alemão com a aplicação do § 242 do BGB.

Analisando-se a jurisprudência recente do Tribunal Supremo, podem-se chegar a algumas conclusões. A primeira delas é a de que não restam dúvidas de que a teoria dos atos próprios tornou-se princípio geral do direito espanhol. À luz da boa-fé, por seu intermédio, impõe-se um dever de coerência de conduta, de modo a vincular determinado posicionamento quando este gerar certeza sobre determinada situação jurídica. A título de exemplo, tem-se o caso de arrendamento de propriedade rural ocorrido em 1970, a qual foi subarrendada em 1997 para uma cerâmica para extração de argila.[510] Nesse contrato, a cerâmica comprometia-se a restaurar a área escavada no mesmo nível original do terreno, por meio da colocação de terra fértil em substituição à terra argilosa dali extraída. Com a resolução desse contrato, a cerâmica recompôs parcialmente a área, ao ter deixado desnível de quatorze metros. O subarrendante pretendeu a condenação da subarrendatária para que concluísse o nivelamento da área e esta apontou que não era possível o nivelamento absoluto sob pena de erosão, bem como a exigência dessa tarefa era desproporcional, porque a área já vinha sendo explorada muito tempo antes do início das atividades da subarrendatária, o que tornava a obrigação desproporcional e extraordinária, portanto, inexigível, segundo a boa-fé. O Tribunal Supremo não aceitou esse argumento, porque essa obrigação estava muito clara no contrato

[510] ESPANHA. Tribunal Supremo. STS 8163/2012. Sala de lo Civil. Ponente: Francisco Javier Arroyo Fiestas, 13 Diciembre 2012.

e não constava que a subarrendatária, ao recuperar a área, tivesse apenas feito na parte que efetivamente havia explorado. Dentro desse julgado, o seguinte trecho recebeu destaque:

> O princípio geral de direito que sustenta a inadmissibilidade de vir contra os atos próprios, como consequência do princípio da boa-fé e da exigência de observar uma conduta coerente dentro do tráfico jurídico, exige que os atos próprios sejam inequívocos, no sentido de criar, definir, fixar, modificar, extinguir ou esclarecer, sem sombra de dúvida, uma situação jurídica que vincule seu autor e, também, que exista uma contradição ou incompatibilidade segundo o sentido da boa-fé que se deve atribuir à conduta precedente – sentenças, por citar tão-somente as recentes, de 18. jan. 1990, 5.mar.1991, 4.jun e 30.out. 1992, 12 e 13 abr. e 20 mai.1993, 17 dez.1994, 31.jan., 30 mai. e 30.out. 1995, 21.nov. 1996, 29 e 30.abr., 12 mai., 15.jul., 30.set. e 30.nov. 1998; 4.jan., 13.jul., 1º out. e 16.nov. 1999, 23 mai., 25 jul. e 25 out. 2000, 27 fev., 16 e 24.abr. e 7.mai.2001, e um largo et cetera.

A segunda proposição extraída da jurisprudência do Tribunal Supremo, formulada a partir de entendimentos antigos sobre a aplicação da teoria dos atos próprios no sentido de limitá-la aos casos em que a pessoa criou situação ou relação jurídica que a deixava obrigada a respeitá-la e, unilateralmente, modificava sua posição inicial. Trata-se da extensão da asserção para levar em conta os conceitos de aparência, confiança despertada e de expectativa razoável, pelo fato de que o comportamento contraditório, nesses casos, pode causar danos a terceiros. Como exemplo, tem-se o caso referente a condomínio edilício[511] ("propriedade horizontal"), no qual um dos moradores, em assembleia ("junta") de 8 de maio de 2006, solicitou autorização para fechamento de metade do terraço de seu apartamento, ressaltando que já havia sido aprovada autorização para fechamento do terraço com vidro na assembleia em 5 de março de 1998. Os condomínios, então, resolveram discutir esse assunto em nova assembleia em 3 de agosto de 2006. Nessa reunião, deliberou-se acerca da validade ou não daquela autorização dada em 1998, porque não constava na ordem do dia quando fora aprovada à época. A controvérsia consistiu em saber se a autorização de 1998 era mesmo válida e se o proprietário que sustentava a validade da

[511] ESPANHA. Tribunal Supremo. STS 1833/2013. Sala de lo Civil. Ponente: Juan Antonio Xiol Rios, 25 Febrero 2013.

mesma, podia questionar a validade da revogação daquela autorização. Nesse caso, o Tribunal Supremo afirmou:

> A doutrina dos atos próprios tem seu último fundamento na proteção da confiança e no princípio da boa-fé, que impõe um dever de coerência e limita a liberdade de atuação quando se criaram expectativas razoáveis" (STS de 9-12-10, RC 1433/2006). O princípio de que ninguém pode ir contra seus próprios atos só tem aplicação quando o ato realizado se opuser aos atos que previamente tiverem criado uma situação ou relação jurídica que não podia ser alterada unilateralmente por que se achava obrigado a respeitá-la (SSTS 9 de dezembro de 2010, RC nº 1433/2006, 7 de dezembro de 2010, RC nº 258/2007). Significa, definitivamente, que quem cria em uma pessoa uma confiança em uma determinada situação e a induz por isso a agir em determinado sentido, na base sobre a qual confiou, não pode pretender que aquela situação era fictícia e que o que deve prevalecer é a situação real.

O critério para aplicação da teoria dos atos próprios também foi enunciado pela jurisprudência espanhola. Na sentença STS 8013/2011, mencionada em sentenças posteriores, em que se julgou o inadimplemento contratual de contrato de parceria agrícola, sustentou-se o seguinte:[512]

> Destacou a sentença 292/2011, de 2 de maio, e também a 523/2010, de 22 de Julho, que, ao contrário de outros sistemas, como o artigo 111.8 do Livro I do Código Civil da Catalunha, segundo o qual "ninguém pode valer um direito ou faculdade que contradiga a própria conduta observada anteriormente, se essa tiver significado inequívoco do qual derivam consequências jurídicas incompatíveis com a pretensão atual" – o Código Civil espanhol não tem nenhuma disposição específica expressamente refere-se à proibição de agir contra seus próprios atos; não obstante, a doutrina e a jurisprudência entendem de forma unânime que a clássica regra *venire contra factum proprium non valet* é manifestação do princípio da boa-fé como limite ao exercício dos direitos subjetivos, nos termos do artigo 7º do Código Civil, de modo que "protege a confiança criada pela aparência,

[512] ESPANHA. Tribunal Supremo. Sala de lo Civil. STS 8013/2011. Ponente: Rafael Gimeno-Bayon Cobos, 18 Octubre 2011.

> impõe um dever de coerência e limita a liberdade de ação quando se criaram expectativas razoáveis, pois o comportamento pressupõe em tal caso a expressão inequívoca de determinada vontade em referência à relação jurídica ou situação de fato que impede a admissão como legítima de um posterior comportamento contraditório", sempre que concorrerem os seguintes requisitos: 1) Existência de conduta juridicamente relevante, prévia e consciente de suas consequências; 2) Que tal conduta tenha significado inequívoco e incompatível com a posterior; 3) Que as expectativas frustradas pela ação posterior sejam razoáveis.

Em síntese, essas proposições extraídas da jurisprudência do Tribunal Supremo não são novidades dentro desse ordenamento jurídico. Essas ideias já apareciam em sentenças antigas e, atualmente, continuam sendo reafirmadas, embora com acréscimos e aperfeiçoamentos decorrentes da práxis jurídica, o que comprova a atualidade dessa matéria no direito espanhol.

Na Alemanha, é ideia recorrente nas fundamentações dos acórdãos que o exercício excessivo ou abusivo do direito deve ser limitado pelo juiz, por meio do § 242 do BGB. Caso recente de aplicação do *venire contra factum proprium* foi o de veterinário contratado por um vendedor de cavalos para elaboração de laudos de inspeção para atestar a qualidade dos animais vendidos aos compradores. O exame realizado pelo veterinário foi feito pela arcada dental do animal, o que permitiria a atestar a idade e a saúde do mesmo. Um dos cavalos vendidos foi avaliado como se tivesse quatro anos de idade, quando, na verdade, o mesmo só tinha dois anos e meio de idade, em razão do veterinário não ter percebido que o cavalo ainda tinha todos os dentes incisivos de leite. O comprador sentiu-se prejudicado, porque jamais teria comprado um cavalo mais novo, porque não poderia usá-lo em montaria. O tribunal entendeu ser contrária à boa-fé como *venire contra factum proprium* a tentativa do vendedor de imputar a responsabilidade exclusivamente ao veterinário, uma vez que o laudo apresentado pelo vendedor teria criado a expectativa positiva para o comprador, razão pela qual seria comportamento contraditório a intenção de esquivar-se dessa situação.[513]

[513] ALEMANHA, OLG Hamm. AZ 21 L 143/12, 5 September 2013.

Na França, quanto à princípio da proibição do *venire contra factum proprium*, este costuma ser formulado sob a expressão *L'interdiction de se contredire au détriment d'autrui* (proibição de contradizer-se em detrimento das demais pessoas), usado sobretudo em direito do comércio internacional e associado ao *estoppel*. Isso porque o primeiro texto que discutiu essa matéria foi aquele escrito por Emmanuel Gaillard na década de 1980, o que teria feito despertar a atenção dos juristas pela matéria.[514] Em seguida, a maior integração dos países europeus em matéria obrigacional ampliou a curiosidade pelo instituto da *estoppel* e sua possível aplicação no direito francês com fundamento na boa-fé[515]. Apesar disso, ainda são muito poucos os acórdãos que aplicam essa proibição de comportamento. A maioria desses casos volta-se para a matéria processual, ao entender que os artigos 16 e 122 do Código de Processo Civil francês proíbem as partes de se contradizerem em juízo.[516] Outro caso nesta matéria foi aquele referente a acidente aéreo envolvendo a companhia aérea Flash Airlines, cuja aeronave caiu por problemas no piloto automático, resultando na morte de cento e trinta e cinco passageiros. Os familiares dos passageiros ingressaram com processos contra o fabricante do avião na Califórnia, Estados Unidos, e surgiu questão de competência internacional para julgamento da matéria. No caso, entendeu-se que não se poderia sustentar a incompetência do tribunal para julgamento da matéria e, posteriormente, negar a jurisdição do tribunal ao qual a matéria foi remetida.[517]

Dos poucos casos disponíveis na jurisprudência francesa em matéria de direito civil, destacam-se dois deles. O primeiro é de uma senhora que havia contratado um seguro profissional, o qual incluía o pagamento de despesas com honorários advocatícios. Em 2001, o seguro foi comunicado

[514] GAILLARD, Emmanuel. L'interdiction de se contredire au détriment d'autrui comme principe générlal du droit du commerce international. Revue de l'Arbitrage, p. 241-258, 1985.

[515] FRANÇA. Corte de Cassação. Rapport de M. Boval, Conseiller Rapporteur. Est-il interdit de se contredire au détriment d'autrui? Faut-il, ou non, consacrer en France, et les cas échéant, dans quelle mesure, sous quelles conditions, une notion de cette nature quí s'apparenterait au mécanisme de l'estoppel du droit anglo-américain?. Disponível em: http://www.courdecassation.fr/jurisprudence_2/assemblee_pleniere_22/boval_conseiller_12302.html. Acesso em: 21.ago.2019.

[516] FRANÇA. Cour de Cassation (Chambre Commerciale). Pourvoi n. 12-13306, 28 Mars 2013.

[517] FRANÇA. Cour de Cassation (Chambre Civile 2). Pourvois n.s. 08-14883, 08-15187, 08-15273, 08-15326, 30 Avril 2009.

sobre a ocorrência de sinistro por meio de carta com aviso de recebimento. Nessa carta, essa senhora comunicou que desejava ser defendida por seu advogado de confiança, o que era permitido pela apólice. Em um primeiro momento, a seguradora recusou-se a pagar tais honorários, mas, posteriormente, concordou com isso. No entanto, o pagamento não foi feito e, em sede judicial, a seguradora sustentou ambas as situações. A Corte de Cassação entendeu que o Tribunal de Aix-en-Provence, ao ter julgado que "as mudanças de posição da companhia de seguros quanto à recepção da declaração de sinistro e quanto à escolha de advogado pessoal no contexto do contrato de seguro, não traduziriam, por parte da seguradora, falta de coerência nem violação da obrigação de execução das convenções segundo a boa-fé, a corte acabou tomando decisão sem amparo legal, em desacordo com o [então] art. 1134, alínea 3, do Código Civil, bem como em face do princípio da proibição de se contradizer em detrimento de outrem".[518] O segundo caso foi de professor, que trabalhava em um laboratório farmacêutico transnacional e aposentou-se. Celebrou em 2001 um protocolo sobre os direitos de propriedade intelectual referentes à descoberta em coautoria do medicamento Ketek, explorado por essa indústria, o que, em tese, incluiria o pagamento de remuneração suplementar ao professor, na importância de doze milhões de Euros. O laboratório sustentou em juízo que o protocolo não compreendia esse pagamento vultoso, mas, em 2004, o laboratório, por meio de carta, reconhecia essa pretensão do professor. Assim, a Corte de Cassação entendeu que o laboratório se contradisse em detrimento do professor, ao ter reconhecido posteriormente a pretensão à remuneração, segundo os antigos artigos 1134 e 1135 do Código Civil, que estatuem o princípio da proibição de se contradizer em detrimento de outrem.[519]

No que compete à teoria dos atos próprios, esta era praticamente desconhecida no Brasil até 2002, até mesmo porque, nas raras vezes em que se tentou aplicá-la, foi rejeitada pelos tribunais pela inexigibilidade desse dever de coerência de conduta segundo a boa-fé.[520] Exceção foi a

[518] França. Cour de Cassation (Chambre Civile 2). Pourvoi n. 12-27000. Rapporteur: Mme. Aldigé, 24 Octobre 2013.

[519] França. Cour de Cassation (Chambre Civile 1). Pourvoi n. 09-72784, 17 Mars 2011.

[520] Brasil. Superior Tribunal de Justiça (3ª Turma). REsp n. 38.353/RJ. Relator: Min. Ari Parglender, 1º de março de 2001.

decisão do Tribunal de Justiça do Rio Grande do Sul em 1991, em que se reconheceu a proibição do comportamento contraditório em matéria contratual, pelo fato de indústria alimentícia ter distribuído sementes de tomates a agricultores e, posteriormente, ter-se recusado a comprar a safra deles.[521]

Atualmente, no Brasil, a jurisprudência adotou a proibição do comportamento contraditório não apenas no direito civil, o que torna impossível a sistematização, mas também no direito público, de modo que se tornou um princípio geral do direito como um todo. Inclusive a Lei de Introdução às Normas do Direito Brasileiro foi alterada em 2018 pela Lei nº 13.655, para estabelecer a proteção da confiança legítima do administrado, ao dispor, no art. 23, que mudanças de entendimento da administração devem prever regime de transição para o cumprimento do novo dever. Dessa forma, reduzem-se os custos de transação no exercício de atividades reguladas pelo Estado. Embora existam centenas de acórdãos que comprovam a aplicação do comportamento contraditório, pode-se destacar uma situação que merece análise: a impenhorabilidade do bem de família quando este é oferecido como garantia fidejussória. O art. 3º, VIII, da Lei nº 8.009, de 1990, previu a exceção à impenhorabilidade para essa hipótese, de modo que o fiador que oferecesse seu imóvel como garantia, não poderia valer-se desse benefício. Em 2000, fez-se a Emenda Constitucional nº 26, a qual inseriu no art. 6º, caput, a moradia como direito social. Desse modo, passou-se a alegar que a garantia era nula de pleno direito, por tratar-se de direito indisponível. Entretanto, o Superior Tribunal de Justiça tinha afirmado pela Súmula nº 549, que "é válida a penhora de bem de família pertencente a fiador de contrato de locação"[522] e o Supremo Tribunal Federal reconheceu a constitucionalidade do art. 3º, VII, da Lei nº 8.009/1990 nos RE nº 407.688[523] e RE 612.360.[524] Ocorre que, em 2018,

[521] BRASIL. Tribunal de Justiça do Estado do Rio Grande do Sul (5ª Câmara Cível). Apelação Cível n. 591028295. Relator: Des. Ruy Rosado de Aguiar, 6 de junho de 1991.

[522] BRASIL. Superior Tribunal de Justiça (2ª Seção). Súmula n. 549, 14 de fevereiro de 2015.

[523] BRASIL. Supremo Tribunal Federal (Tribunal Pleno). RE n. 407.688. Relator: Min. Cezar Peluso, 8 de fevereiro de 2006.

[524] BRASIL. Supremo Tribunal Federal (1ª Turma). RE n. 612.360. Relatora: Min. Ellen Gracie, 13 de agosto de 2010.

por maioria de votos, no RE 605.709,[525] voltou-se atrás, de forma parcial, nesse entendimento, para reconhecer a impenhorabilidade do bem de família oferecido como garantia fidejussória, quando se tratar de locação comercial.

O que existe de comum nesses acórdãos de todos esses países é que a mudança inesperada de comportamento, que alterou o estado informacional então existente entre as partes, que não sabiam nem tinham como saber que haveria essa alteração – surgindo entre elas o estado de informação assimétrica –, gera prejuízos efetivos, usualmente associados ao aumento dos custos de uma das partes. O cabimento do pagamento pelo nivelamento do terreno ou o fechamento do terraço com vidro nos acórdãos espanhóis, assim como no caso francês – aliás, similar ao que ocorre em qualquer jurisdição – sobre a invocação da exceção de incompetência para dificultar o exercício do direito de ação pelo elevado custo são exemplos disso. Por isso, o princípio da boa-fé, no caso, faz com que a pessoa prejudicada não tenha que suportar o aumento desses custos de transação. Considere-se, ainda, o entendimento sobre bem de família. Quando se celebra uma locação, o contrato tem custos de transação, os quais o de monitoramento do cumprimento dos contratos, o que se dá com o uso de garantias fidejussórias. Ao ter-se sustentado a invalidade dessas garantias, naturalmente os custos de transação aumentaram para as partes do contrato, porque foram necessárias outras garantias, entre as quais o seguro-fiança, cujo uso cresceu exponencialmente após esse entendimento. Ao pacificar-se que era válida essa garantia fidejussória, os custos de transação foram reduzidos. Ao voltar-se atrás com esse entendimento, os custos de transação voltam a subir, ao menos, em locação comercial. Embora a mudança de comportamento não seja das partes, mas, sim, do Estado, esse exemplo ilustra bem como esse fato interfere nos custos de transação das relações jurídicas.

3.3. Hipóteses Específicas de Aplicação do *Venire Contra Factum Proprium*

Além da regra geral da proibição de *venire contra factum proprium*, há hipóteses específicas em que se proíbe esse tipo de comportamento. A pri-

[525] Brasil. Supremo Tribunal Federal (1ª Turma). RE n. 605.709. Relator: Min. Dias Toffoli. Relatora p/ Acórdão: Min. Rosa Weber, 12 de junho de 2018.

meira delas é a negação do pedido de declaração de nulidade de atos ou negócios jurídicos previamente respeitados. As partes de um negócio jurídico podem invocar a nulidade sem que se considere violação da boa-fé.[526] Porém, há diversos casos em que o negócio jurídico celebrado é inválido e não se argui a nulidade, cumprindo-se as obrigações sem qualquer oposição como se válido fosse; posteriormente uma das partes alega a nulidade justamente para se aproveitar dessa situação. Se houve esta concordância tácita no cumprimento do negócio inválido, esta mesma parte não pode invocá-la quando este negócio não mais lhe interessar.[527] A despeito da invalidade, a parte criou a confiança legítima de que se não mais a arguiria, orientando suas ações a partir deste fato.[528] O problema está em saber se é aplicável a proibição de vir contra os próprios atos mesmo quando se trata de nulidade absoluta, a qual ocorre porque o legislador entende que não se devem produzir efeitos.

Em geral, sustenta-se a proibição de *venire contra factum proprium* em se tratando de nulidade relativa, mas não em caso de nulidade absoluta, pois esta é matéria de ordem pública. Exemplos disso estão no art. 180 do Código Civil brasileiro, quando trata de negócio celebrado com menor que oculta a sua incapacidade, ao dispor que "o menor, entre dezesseis e dezoito anos, não pode, para eximir-se de uma obrigação, invocar a sua idade se dolosamente a ocultou quando inquirido pela outra parte, ou se, no ato de obrigar-se, declarou-se maior"; no art. 181, quando estabeleceu que "ninguém pode reclamar o que, por uma obrigação anulada, pagou a um incapaz, se não provar que reverteu em proveito dele a importância paga". Como se observa, trata-se de hipótese de nulidade relativa, não de nulidade absoluta.

Muito tempo atrás, Aureliano Coutinho já havia cuidado desta matéria. Ele analisou o caso de uma pessoa que vendeu bens constituídos em usufruto, agindo em nome próprio sem avisar o proprietário dos bens alienados e indagou se o usufrutuário poderia contravir o fato da alienação, cuja invalidade foi instituída por lei para proteger-lhe. Para ele, não seria possível contravir o próprio fato em caso de nulidade absoluta e somente

[526] ENNECCERUS, Ludwig; KIPP, Theodor; WOLFF, Martin. Tratado de derecho civil. Primer tomo – Parte general, Volumen I. Barcelona: Bosch, 1943. p. 121.

[527] WIEACKER, Franz. op. cit. p. 22.

[528] PINTO, Paulo Mota. op. cit. p. 271.

se poderia impugná-lo no interesse de terceiro, quando a nulidade fosse relativa, portanto, renunciável.[529] No mesmo sentido, o Superior Tribunal de Justiça, na década de 1990,[530] por maioria de votos, decidiu pela não aplicação do princípio da boa-fé por quem era absolutamente incapaz para a realização de compra e venda de propriedade rural no interior do Estado do Rio de Janeiro por estar acometido de demência senil e depois, por meio de seu filho, pedia a decretação da nulidade absoluta do negócio. Com efeito, este negócio foi desfeito pelo reconhecimento da nulidade absoluta por violação do requisito do negócio jurídico relativo à capacidade do agente. No fundamento da decisão, afirmou-se a inaplicabilidade da proibição do comportamento contraditório com base no princípio da boa-fé, porque este não tinha previsão expressa no ordenamento jurídico brasileiro da época e, portanto, não era desejada pelo legislador.

No entender de Diez Picazo,[531] essa ideia seria inaplicável quando os atos fossem expressamente proibidos: existindo norma de ordem pública que impede a prática de determinado ato, e que o considera nulo, não se pode legalizar a uma conduta ilegal em homenagem ao princípio da boa-fé. Ao contrário, viola o princípio da boa-fé a alegação da própria torpeza. De acordo com Wieling,[532] uma resposta para este problema da nulidade por defeito de forma consiste em entender ser dolosa a recusa no cumprimento do direito nulo, não por causa da ineficácia do ato, mas sim, por causa da contradição dos comportamentos. Menezes Cordeiro[533] também admitiu a proibição do *venire contra factum proprium* no cumprimento dos negócios livremente celebrados, ainda que sem infração aos requisitos legais. Vale destacar entendimento do direito do trabalho alemão, para a solução de dúvidas decorrentes da extinção ou não do contrato de trabalho realizada verbalmente, sem ter atendido a formalidade requerida, a qual consiste na exigência de forma escrita. A título de exemplo, tem-se o acórdão do Tribunal Alemão do Trabalho (BAG), em que se decidiu que a falta da forma escrita exigida para a dispensa e dissolução de

[529] Coutinho, Aureliano. Quando se pode contravir o próprio facto?. Revista da Faculdade de Direito de São Paulo, São Paulo, v. 1, p. 42-43, 1893.

[530] Brasil. Superior Tribunal de Justiça (3ª Turma). REsp. n. 38.353/RJ. Relator: Min. Ari Parglender, 1º de março de 2001.

[531] Diez Picazo Ponce de León, Luis. op. cit. p. 111.

[532] Wieling, Hans Josef. op. cit. p. 414.

[533] Cordeiro, Antonio Manuel da Rocha e Menezes. op. cit. p. 771.

contratos nos termos do § 623 do BGB viola a boa-fé. Contudo, se a falta de exigência formal não tiver causado prejuízo, essa deficiência pode ser considerada irrelevante e superada excepcionalmente com fundamento no § 242 do BGB.[534]

É lícito e razoável afirmar que se deveria aplicar a proibição do comportamento contraditório inclusive em caso de nulidade absoluta, nos casos em que a parte expressamente desistiu da proteção que a nulidade absoluta lhe conferia, para posteriormente invocá-la para se beneficiar desta. A regra geral é a de que o princípio da boa-fé permite a superação da alegação de nulidades, salvo se houver lesão ao interesse público, justamente para não fazer com que a sociedade suporte estes custos, porque estas nulidades são instituídas para a proteção prévia das pessoas. Mas quando elas conscientemente agem em desacordo com a norma nulificante, sem afetar o interesse público ou a ordem pública, não se poderá alegá-la posteriormente por terem aquiescido com a mesma. Dessa maneira, se, surgirem custos de transação decorrentes da ausência de efeitos jurídicos do negócio jurídico eivado de nulidade, o princípio da boa-fé ao menos impede que estes aumentem ainda mais para quem confiou razoavelmente que o ato ou negócio jamais viria a ser contestado pela parte contrária. Em suma, a questão que subjaz a proibição da alegação das nulidades exige a análise do interesse público, da ordem pública e do prejuízo sofrido por quem alega: se a parte protegida pela nulidade foi realmente prejudicada, esta deve ser reconhecida e os efeitos regulares, extintos; mas se a parte quer tirar vantagem por meio da alegação de nulidade, aí é inadmissível, ou abusiva. Por exemplo, a compra e venda de coisas simples realizada por crianças. Se esta comprar um brinquedo com o dinheiro que ganhou de mesada, por exemplo, os pais não podem exigir da loja que o negócio se desfaça. O mesmo se diga de contrato de trabalho com uma criança ou adolescente, tal como no caso brasileiro, cuja idade mínima para celebrar contrato de trabalho é de dezesseis anos. Embora tais contratos sejam nulos de pleno direito, o empregador não pode recusar o pagamento do salário, com fundamento nesta nulidade, caso isso tenha ocorrido. No mesmo sentido, os contratos relativos à participação de pessoas nos programas do tipo *reality show*, cujo objeto é a comercialização da privacidade e, portanto, nulos de pleno direito nos termos do art. 11 do Código Civil.

[534] ALEMANHA. BAG. 2 AZR 659/03, 16 September 2004.

O art. 563 do Código de Processo Penal brasileiro também se aplica esta questão da alegação de nulidades formais por meio do princípio da prevalência dos impedimentos de declaração de nulidade, segundo o qual não há nulidade sem prejuízo (*pas de nullité sans grief*).[535] Todavia, se houve coação, estado de necessidade, ou hipossuficiência, não se pode falar em *venire contra factum proprium*, porque, nestes casos, a conduta contra a qual se volta não foi exercida com liberdade.

É o que se tem, por exemplo, nos últimos tempos, com o julgamento de caso em que empresário emitiu nota promissória (*pagaré*). Em vez de assiná-la de próprio punho, de acordo com a Convenção que estabelece uma Lei Uniforme para letras de câmbio e notas promissórias de 1930, ele colou uma assinatura digitalizada no título de crédito. Como a estrita formalidade é característica desses documentos, ele recusou-se a pagá-la, sustentando que uma exigência formal não foi cumprida: a sua assinatura de próprio punho no título de crédito. O Superior Tribunal de Justiça não aceitou essa alegação e condenou o devedor, porque a boa-fé proíbe-o de violar uma exigência formal para recusar o pagamento de sua dívida.[536]

A segunda hipótese de proibição do comportamento contraditório é a *surrectio*. São situações em que se pretende a obtenção da manutenção de uma relação jurídica em seus termos originais ou iniciais, depois de ter consentido com uma modificação, expressa ou tácita. Realizada alteração no objeto do negócio jurídico, ainda que de maneira informal, produz-se a novação. Porém, não se pode invocar a invalidade desta, exigindo-se o reconhecimento do negócio originário. Essa figura é inclusive reconhecida no art. 330 do Código Civil brasileiro, quando dispõe que "o pagamento reiteradamente feito em outro local faz presumir renúncia do credor relativamente ao previsto no contrato". Por exemplo, se em um contrato de locação foi fixado como data de pagamento o último dia do mês e o locatário tem pago o aluguel no décimo dia sem qualquer oposição do locador, não pode este alegar mora ou inadimplemento pelo fato de não se ter pago o aluguel no dia previsto no contrato. Tanto que, na prática, quando não se deseja este efeito, insere-se no contrato que fatos como este são meras tolerâncias e que não impedem o interessado de se voltar contra

[535] MIRABETE, Julio Fabbrini. Processo Penal. 8. ed. São Paulo: Atlas, 1998. p. 593.

[536] BRASIL. Superior Tribunal de Justiça (3ª Turma). REsp. n. 1.192.678/PR. Relator: Min. Paulo de Tarso Sanseverino, 13 de novembro de 2012.

este fato no futuro. Mas, em não havendo essa cláusula, se uma delas dá a entender que não se importa com a alteração dos termos iniciais da obrigação, não pode posteriormente declarar que com ela não concordava. A conduta correta é protestar pelo descumprimento da obrigação, em vez de calar-se. Neste caso, o silêncio equivale ao consentimento, e isto é uma informação relevante, com base na qual a parte contrária formará sua confiança legítima com esta concordância. Ao vir contra este fato muito tempo depois, alegando que não havia concordado, isto implica dizer que a parte que confiou, não tinha como saber que com esta alteração não se concordava, produzindo-se o estado de informação assimétrica entre elas. Desta surgirão elevados custos de transação, porque a parte que confiou, deverá reorganizar-se para que tudo volte aos termos iniciais, ou tenha que suportar figurar como ré em um processo judicial. Para que estes custos não a prejudiquem, o princípio da boa-fé os reduz, impedindo que a parte que tacitamente concordou, venha contra seu próprio fato, causando danos à confiança e, sobretudo, aumentando desnecessária e injustamente os custos de transação da parte contrária.

A terceira hipótese é conhecida como *tu quoque*. De acordo com Menezes Cordeiro,[537] consiste na situação em que uma pessoa desrespeita uma norma jurídica, ou viola um dever jurídico, mas exige que as demais pessoas o respeitem. Quem viola um contrato, não pode reclamar da violação da parte contrária. É abusiva a pretensão de exigir que a parte contrária cumpra com suas obrigações, quando ela mesma não as cumpriu. Tal conduta contraditória – para não referi-la como hipócrita – é considerada como violação da boa-fé. Neste sentido, há brocardos jurídicos que consubstanciam esta ideia, como o "ninguém pode alegar sua torpeza em juízo" e "*equity must come with clear hands*". Daí o principal exemplo de *tu quoque* ser instituto jurídico independente em razão de sua recorrência e importância: a *exceptio non adimpleti contractus*. Quem não cumpriu com suas obrigações contratuais, não pode exigir que a parte contrária o faça. No mesmo sentido, os efeitos punitivos do dolo recíproco, previstos no art. 150 do Código Civil, o qual dispõe que "se ambas as partes procederem com dolo, nenhuma pode alegá-lo para anular o negócio, ou reclamar indenização". No caso do *tu quoque*, os custos de transação surgem pelo próprio fato da parte descumprir suas obrigações. Aumentam-se ainda

[537] CORDEIRO, Antonio Manuel da Rocha e Menezes. op. cit. p. 837.

mais os custos de transação quando alguém, a despeito de não agir corretamente, exige, surpreendentemente, que a parte contrária cumpra suas obrigações. Já não bastasse suportar os custos decorrentes do inadimplemento, teria que suportar aqueles custos por não poder se defender por meio da recusa em cumprir com sua obrigação. Por isso, o princípio da boa-fé age no sentido de reduzi-los, ao impedir que se formule este tipo de pretensão.

A quarta hipótese é a *Verwirkung*. Nos ordenamentos jurídicos, a necessidade de segurança jurídica impõe a definição dos direitos das pessoas. Surgem problemas quando essa indefinição, como, por exemplo, pelo não uso de uma coisa por falta de titular, ou pela incerteza da continuidade do uso daquele bem, causa transtornos e só dificultam a circulação dos direitos. É inadmissível que alguém, ou até mesmo a sociedade, tenha que esperar indefinidamente a decisão de uma pessoa em exercê-los. Por isso, a necessidade de certeza e segurança faz com que se limite a proteção destes, quando não são exercidos por seu titular dentro de um prazo determinado pela lei. Pode-se considerar incompatível com a boa-fé, quando se pretende exercer um direito que anteriormente havia renunciado, sacrificando o interesse das demais pessoas que haviam confiado naquela renúncia. Viola-se o princípio da boa-fé ao deixar de exercer um direito sem deixar claro se pretende ou não vir a exercê-lo. As demais pessoas imaginam que, devido ao grande período de inércia, se poderia interpretar este fato como renúncia do direito. As regras sobre prescrição põem fim à indefinição de direitos, ao estabelecem limites para o não exercício dos mesmos. No Reino Unido, enquanto não havia uma lei sobre prescrição, os tribunais ingleses aplicavam a doutrina da *estoppel* para impedir que alguém se valesse de um direito que há muito tempo não era exercido.

Na Alemanha, desenvolveu-se muito tempo atrás essa figura da *Verwirkung*, que é a perda de um direito devido ao seu não exercício durante um longo período de tempo não previamente determinado, em circunstâncias em que se poderia acreditar que o direito não mais seria exercido. Consiste, em outras palavras, em exercer tardiamente um direito de forma contraditória com a situação que tacitamente havia admitido. Isto é, quem optou por não exercer o direito, pode vir a perder o direito de se arrepender, para a proteção da confiança legitimamente formada de que tal exercício jamais viria a ocorrer. Desenvolveu-se nos primeiros anos do pós-Primeira Guerra Mundial, em matéria de obrigações, ao considerar caduco o direito de pedir a reavaliação do crédito, caso este pedido fosse exercitado após longo decurso de tempo, e na certeza de que também este não mais seria exercido. De acordo com Diez Picazo:

> a lei permitia aos credores a proposição de ações dirigidas a revalorizar seus créditos. A jurisprudência entendeu que não era possível admitir que o devedor, sobretudo quando há tivesse pago a dívida, ficasse esperando por muito tempo se o credor pediria ou não a revalorização,e que o direito à revalorização não poderia ser exercitado quando o credor, com sua inatividade, havia permitido que o devedor acreditasse que a pretensão de revalorização não fosse exercitada.[538]

Em um primeiro momento, o fundamento da *Verwirkung* foi o § 826 do Código Civil alemão. Depois se entendeu suficiente fundamentá-la no § 242 do mesmo Código.

Esse instituto jurídico foi usado em matéria de direito de marcas, ao considerar caduco o direito de impedir o uso de uma marca idêntica, quando esta contrafação já se praticava há muitos anos. Neste caso, a "intolerância" quanto ao uso da marca por terceiros tinha por objetivo captar a clientela que o contrafator havia conseguido com o uso da marca.[539] No direito do trabalho, Diez Picazo[540] diz que era hipótese de *Verwirkung* o caso de dispensa por justa causa: se o empregado cometeu falta grave, o empregador tem que dispensá-lo logo; não pode muito tempo depois do fato, dispensá-lo com base naquele fundamento. Ademais, são também comuns os casos de dispensa considerada abusiva por ter sido decorrente da situação de *venire contra factum proprium* do empregador, por não ter dispensado o empregado por justa causa pela prática de ato que autorizasse tal medida e, posteriormente, dispensá-lo com base nesse fundamento. Considera-se essa dispensa contrária à boa-fé, porque o decurso do tempo dá a entender que o empregado havia sido perdoado pelo empregador.[541]

Menezes Cordeiro[542] referiu-se a *Verwirkung* sob a denominação de *supressio* como a situação do direito que, não tendo sido, em certas circuns-

538 Diez Picazo Ponce de León, Luis. op. cit. p. 94.

539 Patti, Salvatore. Verwirkung (verbete). *In*: Digesto delle Discipline Privatistiche. Sezione Civile. Tomo XIX. Torino: UTET. p. 723.

540 Diez Picazo Ponce de León, Luis. op. cit. p. 96.

541 Alemanha. LAG Hamm. AZ 14 AS 175/12, 24 April 2012.

542 Antonio Manuel da Rocha e Menezes Cordeiro. op. cit. p. 797.

tâncias, exercido durante um determinado lapso de tempo, não possa mais sê-lo, de outra forma, se contrariar a boa-fé. Este instituto ganhou força ao ser associado à proibição de *venire contra factum proprium*. Isto porque o titular do direito, ao não exercer seu direito por certo período, pode criar para terceiros a certeza de que não se o exercerá mais, a ponto de se considerar contraditório pretender exercê-lo após tanto tempo de inércia.[543] A diferença da *supressio* com a proibição do *venire contra factum proprium* está na ênfase no decurso de tempo.

Os requisitos da *Verwirkung* são os seguintes:

a) não exercício do direito por longo tempo;
b) confiança legítima de terceiros de que o direito não vai ser exercido;
c) mudança de comportamento, mediante a pretensão de seu exercício;
d) que esta mudança de comportamento seja incompatível com a boa-fé, por frustrar de maneira desleal a expectativa formada acerca do não exercício do direito.

O tempo decorrido necessário para a aplicação da *Verwirkung* decorre das circunstâncias de cada caso e que vão sendo apontadas pela jurisprudência. Como lembrou Menezes Cordeiro,[544] a pura inatividade não constitui, em termos claros, um *factum proprium*. Diez Picazo[545] afirmou corretamente que a omissão no exercício do direito não é um requisito suficiente. Tem que ser uma omissão desleal e intolerável, pois o que não se admite é a deslealdade no exercício do direito, e não o decurso do tempo em inércia. A doutrina alemã exige que o titular do direito conheça a existência deste. Não se pode aplicar a *Verwirkung* contra quem desconhecia a existência de seu direito.[546] No Brasil, Julio Neves[547] destacou, na estrutura desse instituto jurídico, que se deve ter presente a posição jurídica subjetiva conhecida e exercitável, em que se verifique ter o seu exercício ostensivamente marcado pela abstenção de seu titular, ou, em

[543] Antonio Manuel da Rocha e Menezes Cordeiro. op. cit. p. 808.

[544] Antonio Manuel da Rocha e Menezes Cordeiro. op. cit. p. 812.

[545] Diez Picazo Ponce de León, Luis. op. cit. p. 94.

[546] Patti, Salvatore. op. cit. p. 724.

[547] Neves, Julio Gonzaga Andrade. A supressio (Verwirkung) no direito civil. São Paulo: Almedina, 2016. p. 96-102-105-106-107-130-131.

outras palavras, uma "inércia ostensiva", e que esta venha a despertar a confiança de que não se sairá deste estado, tendo como critério uma regra simples: quanto maior o tempo da inércia, maior a confiança. Concluiu que este instituto se qualifica como modalidade de abuso do direito, e que este não teria o condão de atacar a existência do direito, mas apenas os seus efeitos jurídicos.

Figuras como a *Verwirkung* se manifestavam quando inexistiam regras sobre prescrição, ou quando os prazos prescricionais eram longos demais.[548] Seu desenvolvimento ocorreu pelo fato de que os prazos de prescrição do Código Civil alemão serem muito longos, e se entendia inadmissível que, após vinte e cinco, vinte e oito ou vinte e nove anos alguém desejasse interromper a prescrição, ainda que estivesse dentro do prazo para tanto. O que se fez foi considerar que, embora o direito positivo conceda um prazo muito longo, ter-se-ia, no entanto, ocorrido uma espécie de prescrição sociológica, devido ao "descompasso" da lei face à realidade, pois "O exercício tardio de um direito aparece como socialmente inconveniente e é o que a prescrição vem a abreviar".[549] Entretanto, quando os prazos prescricionais são bem estabelecidos, dificilmente há registros de aplicação da *Verwirkung* neste sentido. Em havendo clareza, menor o risco, a pessoa se prepara para sofrer interrupção de prescrição; por isso não há como se sustentar a ocorrência de confiança legítima quanto ao não exercício do direito. Assim, deve-se tomar imenso cuidado para que a *Verwirkung* não desvirtue as regras de prescrição. Por exemplo, o Código Civil de 1916 em sua redação originária, havia estabelecido prazos prescricionais de trinta anos para a defesa dos direitos. Em 1957, houve uma reforma dos prazos de prescrição no Código, baixando-os para vinte anos. O Código Civil de 2002 reduziu-os para dez anos. Se o legislador os fixou neste prazo, é preciso segui-los. Somente em casos excepcionais, em que o decorrer do tempo tornar a pretensão abusiva, é que se pode recorrer a esta figura. Isto é, somente seria possível invocá-la em caso de abuso no exercício da pretensão jurídica.

[548] PATTI, Salvatore. op. cit. p. 725.

[549] DIEZ PICAZO PONCE DE LEÓN. Luis. op. cit. p. 97.

Há acórdão em Portugal[550] que se relaciona com a aplicação da supressio em matéria prescricional. Trata-se de pretensão de dois funcionários contra o empregador, cobrando diferenças salariais antigas ainda no exercício do contrato de trabalho. Entendeu-se que tal pretensão era cabível, porque não se poderia confiar que eles não viriam a tomar essa medida. De qualquer modo, a ementa resume o entendimento da matéria:

> I – A inércia, omissão ou não exercício do direito por um período prolongado, sem que possa sê-lo tardiamente se contundir com os limites impostos pela boa fé, constitui uma expressão ou modalidade especial do '*venire contra factum proprium*', conhecida por *supressio* (ou '*Verwirkung*', no alemão original).
>
> II – À sua caracterização não basta, contudo, o mero não exercício e o decurso do tempo, impondo-se a verificação de outros elementos circunstanciais que melhor alicercem a justificada/legítima situação de confiança da contraparte.

Mas existem exemplos diversos do uso dessa figura em matéria prescricional. Por exemplo, trata-se de caso julgado pelo OLG de Saarländisches, em que um vizinho de uma academia propôs ação contra esta, por causa do barulho excessivo produzido pela sala de fitness e da quadra de squash. No entanto, o tribunal entendeu que o barulho produzido pela academia deveria ser tolerado segundo a boa-fé, enquanto o vizinho agiu em *venire contra factum proprium*, ao questionar a produção desse barulho muito tempo depois de a academia já estar instalada no local.[551]

Na jurisprudência espanhola, usa-se o termo atraso desleal. Na Sentença de 4 de julho de 1997, o Tribunal Supremo estabeleceu os seguintes requisitos: a) o uso de um direito objetivo e extremamente legal; b) dano a um interesse não protegido por uma específica prerrogativa jurídica; c) imoralidade ou antissocialidade deste dano, manifestada de forma subjetiva (intenção de causar dano), ou sob forma objetiva (anormalidade no exercício abusivo do direito). Segue a jurisprudência esclarecendo que o exercício abusivo do direito só existe quando se faz com intenção de causar dano, sem que resulte vantagem para quem o exercita, utilizando

[550] PORTUGAL. Supremo Tribunal de Justiça. Acórdão 629/10 9TTBRG.P2.S1, 11 de dezembro de 2013.

[551] ALEMANHA. OLG Saarländisches. AZ 4U 552/04-156, Mai 2006.

o direito de modo anormal e contrário à convivência; e por se tratar de um remédio extraordinário, só pode acudir-se a esta doutrina em casos patentes. No primeiro caso, não se reconheceu atraso desleal ao adquirir duas fotocopiadoras que não funcionavam e a todo momento exigiam assistência técnica. Pedir a resolução do contrato após certo tempo não é atraso desleal, pois o comprador não o fez com intenção de causar dano ao vendedor e os compradores nem sequer tiraram proveito deste fato. O Tribunal Supremo decidiu, noutro caso, que determinada deliberação assemblear era válida para autorizar obras, mas o proprietário foi condenado a desfazê-la até o limite do que se permitia realizar pela autorização concedida. Em terceiro caso envolvendo vizinhos, usou-se expressamente a rubrica de atraso desleal. Trata-se de ação movida contra proprietária de uma loja de churros ("churrería"),[552] com o intuito de condená-la ao desfazimento de alterações no edifício, as quais consistiram na instalação de chaminé para saída de fumaça, como também a abertura de janelas e colocação de aparato industrial de ar condicionado, por não serem previstas na convenção de condomínio ("escritura de propriedad horizontal"). Em sua defesa, a proprietária da loja sustentou a legalidade das obras, porque já as havia feito nove anos antes da ação movida contra ela. Nesse caso, o Tribunal Supremo entendeu ser improcedente a pretensão dos demais moradores, com o seguinte fundamento:

> A doutrina exposta tem acolhida na sentença de 21 de maio de 1982, de aplicação ao caso que tratamos e ainda que o suporte fático se refira a uma reclamação de quantidade, enquanto assinala que atua contra a boa-fé aquele que exerce um direito em contradição com sua conduta anterior, que fez despertar a confiança alheia (proibição de ir contra os atos próprios) e, especialmente, infringe o mesmo princípio aquele que exerce seu direito tão tardiamente que a outra parte pode efetivamente pensar que não ia exercê-lo (atraso desleal), vulnerando tanto ao contradição com os atos próprios, como o atraso desleal, as normas éticas que devem informar o exercício do direito, as que determinam que o direito se torne inadmissível, com a consequente possibilidade de considerá-lo antijurídico o amparo da disposição contida no artigo 7.1. do Código Civil.

[552] ESPANHA. Tribunal Supremo. Sala de lo Civil. STS 6146/2007. Ponente: Clemente Auger Liñan. Madrid, 5 Octubre 2007.

No Brasil, julgaram-se casos similares relativos a condomínio edilício. Por exemplo, protegeu-se, com referência expressa à *supressio*, o interesse de moradores que ocuparam por vinte anos corredor com exclusividade com a concordância dos demais moradores.[553] Também se protegeram moradores que usaram por mais de trinta anos de forma exclusiva áreas de uso comum com autorização da assembleia.[554] Outro caso foi de morador que ocupou corredor com exclusividade por longo tempo,[555] assim como outro litígio em que condôminos ocuparam áreas comuns com autorização da assembleia condominial e se usou a boa-fé para manter situações consolidadas no edifício.[556] Por fim, houve caso em que morador ocupou por trinta anos o terraço do edifício e a assembleia condominial aprovou a cobrança de "contribuição de ocupação". O Superior Tribunal de Justiça entendeu que não se poderia cobrar a referida taxa, porque estaria em contrariedade com a boa-fé nunca se ter cobrado nada e somente depois de muito tempo se ter decidido tomar essa medida.[557] Por outro lado, houve caso julgado pelo Tribunal de Justiça do Estado de Minas Gerais em que o incorporador de edifício, ao ter redigido a convenção condominial, reservou para si box privativo e o último pavimento e a caixa d'água para locação destinada à instalação de antena para telefonia celular. Após treze anos de redação da convenção, o condomínio insurgiu-se contra essa cláusula, pretendendo, ademais, assumir a locação do espaço. Apresentou-se como matéria de defesa a ocorrência da *supressio*, posto que se passou muito tempo e o condomínio jamais havia contestado o fato. Porém, reconheceu-se que esta não ocorreu, porque a relação condominial mitiga tais efeitos por prevalecer o princípio da solidariedade – o que, em outras

[553] Brasil. Superior Tribunal de Justiça (4ª Turma). REsp n. 214.680/SP. Relator: Min. Ruy Rosado de Aguiar, 16 de novembro de 1999.

[554] Brasil. Superior Tribunal de Justiça (3ª Turma). REsp n. 356.821/RJ. Relatora: Min. Nanci Andrighi, 5 de agosto de 2002.

[555] Brasil. Superior Tribunal de Justiça (3ª Turma). REsp n. 325.870/RJ. Relator: Min. Humberto Gomes de Barros, 20 de setembro de 2004.

[556] Brasil. Superior Tribunal de Justiça (4ª Turma). REsp n. 281.290/RJ. Relator: Min. Luis Felipe Salomão, 13 de outubro de 2008.

[557] Brasil. Superior Tribunal de Justiça (4ª Turma). REsp n. 1.035.778/SP. Relator: Min. Raul Araújo, 5 de dezembro de 2013.

palavras, não teria o condão de gerar expectativas – nem que seria correto subordinar indefinidamente os moradores à vontade do incorporador.[558]

De qualquer modo, não é qualquer atraso no exercício do direito que enseja a aplicação da *supressio*. Em caso relativo a adjudicação compulsória de imóvel adquirido por meio de compromisso de compra e venda, o promitente-vendedor quis se livrar da obrigação, alegando, entre outros fatos, a demora do consumidor em tomar providências para exigir a escritura após ter pago integralmente o valor devido. Nesse caso, decidiu o Tribunal de Justiça do Estado do Espírito Santo: "Não há dúvida de que os sujeitos das relações contratuais tenham compreensão dos deveres decorrentes da boa-fé objetiva, e por esta razão, quando as partes não exigem o imediato cumprimento de seus direitos deve ser interpretado como mera tolerância, não podendo uma das partes esperar de forma legítima que o direito não será mais exercido após certo lapso temporal".[559] Por outro lado, reconheceu-se a *supressio* – ainda que sem o uso dessa expressão – em ação negatória de paternidade em que o exame de DNA provava a inexistência de vínculo biológico, mas que, por ter-se transcorrido trinta anos, prevaleceu a socioafetividade.[560]

Os efeitos do estado de informação assimétrica e dos custos de transação também fizeram surgir a *Verwirkung* ou *supressio*. Ao formar-se a relação jurídica, surgem direitos e obrigações e deve-se tolerar certo tempo para que se exerça o direito, pois nem sempre é possível o seu exercício imediato. Enquanto não existir uma definição concreta sobre o período exato em que esse fato ocorrerá, a situação de incerteza causará o estado de informação assimétrica entre as partes, já que uma delas não sabe ao certo quando a outra parte o exercerá. Com o passar do tempo sem que se exerça o direito, naturalmente se produz a informação – a partir das circunstâncias – de que o direito não mais será exercido, aprofundando ainda mais esse estado de informação assimétrica. A mudança de conduta, no sentido de exercer um direito que, muito provavelmente se imaginava ter-se renunciado, sobretudo por exercê-lo nos últimos dias,

[558] Brasil. Tribunal de Justiça do Estado de Minas Gerais (12ª Câmara Cível). Apelação Cível n. 1.0000.18.090289-2/001. Relator: Des. Octávio de Almeida Neves, 7 de novembro de 2018.

[559] Brasil. Tribunal de Justiça do Estado do Espírito Santo (4ª Câmara Cível). Apelação n. 0018908-69.2017.8.08.0048. Relator: Des. Jaime Ferreira Abreu, 7 de outubro de 2019.

[560] Brasil. Superior Tribunal de Justiça (4ª Turma). REsp. n. 1.059.214/RS. Relator: Min. Luis Felipe Salomão, 16 de fevereiro de 2012.

quando se podia tê-lo exercido, faz com que se aumentem consideravelmente os custos de transação, por ter-se que suportar esta mudança de conduta inesperada. Por isso, o princípio da boa-fé impede que se aumentem estes custos de transação, ao impedir que se faça um atraso desleal no exercício do direito. No caso da *Verwirkung*, o que se condena não é o exercer determinado direito nos últimos momentos, mas sim, reprovar o abuso do direito. Todavia, há de se ter em mente que a limitação do exercício do direito em determinado tempo, ao contrário, reduz custos de transação, ao extinguir a pretensão do seu exercício se não feito durante determinado prazo. Dessa forma, transmite-se a informação de que é possível o exercício do direito até certo termo, impedindo-se a produção de confiança legítima quanto ao seu não exercício. Vencido o prazo, transmite-se, por outro lado, a informação de que não há mais como fazê-lo.

4. A Boa-Fé e o Abuso do Direito

4.1. Definições de Abuso do Direito

O princípio da boa-fé também tem relação com o abuso do direito em matéria de comportamento contraditório e de falta de cooperação. Todavia, a descrição desses institutos jurídicos como sinônimos por parte da doutrina deu-se pelo fato de que, na Alemanha, país em que o conceito de abuso do direito não se desenvolvera plenamente por se limitar a hipóteses muito restritas, a proibição do comportamento contraditório preencheu essa lacuna. Por meio de interpretações equivocadas, houve quem tenha afirmado que o conceito de abuso do direito fora substituído pela boa-fé. Concorreu para isso o fato de que, em diversos países, o abuso do direito foi relacionado com aquele princípio, tal como ocorre no Brasil por meio do art. 187 do Código Civil.

Para que se possa compreender a relação entre esses institutos jurídicos, é conveniente analisar o conceito de abuso do direito, que é também um conceito fortemente presente na consciência jurídica popular, como sendo o exercício excessivo e inadmissível de um direito subjetivo.[561]

Desde a Antiguidade há referências a abuso do direito, tanto em seu favor quanto em seu desfavor. Na Roma antiga já se percebia este fato.

[561] Na doutrina, entende-se que o abuso do direito refere-se ao abuso do direito subjetivo; abusar do direito objetivo constituiria fraude à lei.

São evidências as frases de Cícero[562] sobre a injustiça manifesta na aplicação rigorosa da lei, bem como a dos juristas Gaio[563] e Paulo[564] sobre a irresponsabilidade na prática de atos,[565] que foram repetidas nos Códigos Civis promulgados no século XIX. Instituto assemelhado ao abuso do direito era a *aemulatio*, que disciplinava o uso das águas, e depois foi ampliada pelo direito medieval para disciplinar as relações de vizinhança.[566]

Já as concepções contemporâneas do abuso do direito desenvolveram-se na França para solucionar problemas relativos aos efeitos produzidos pelo exercício dos direitos subjetivos e reequilibrar o interesse individual com o interesse social. Serviram de fundamento para a redefinição do conteúdo dos mesmos, mediante a imposição de limites ao seu exercício.[567] Nenhuma sociedade consegue suportar por muito tempo que seus membros gozem de direitos ilimitados, tal como naquela época da promulgação do Código Civil francês.[568] Se em um determinado momento era aceitável impor as demais pessoas o dever de suportar os efeitos decorrentes do exercício do direito subjetivo, em um momento posterior os valores mudam e não se admite mais tal situação, redefinindo-se o conteúdo do direito subjetivo.[569] Assim, os tribunais franceses começaram a receber casos em que se contestavam os limites do exercício dos direitos subjetivos consagrados naquele Código.

No fim do século XIX e início do século XX, diversas monografias indicam que a jurisprudência – sobretudo na França – não admitia o exercício abusivo dos direitos subjetivos em matéria de direito de propriedade,

[562] "Vou mais longe: muitas vezes se é injusto atendo-se muito à letra, interpretando a lei com tal agudeza que ela se torna artificiosa. De onde vem o provérbio "summum ius, summa iniuria". (Cícero, Marco Tulio. Dos deveres. Tradução: Alex Martins. São Paulo: Martin Claret, 2005)

[563] "Nullus videtur dolo facere, qui suo iure utitur" (D, 50,17,55)

[564] "Nemo damem um facit, nisi qui id fecit quod facere jus non habet" (D,50,17,151)

[565] Planiol, Marcel. Traité elémentaire de droit civil. T. 2. Paris: LGDJ, 1911. p. 293.

[566] Martins, Pedro Baptista. O abuso do direito e o ato ilícito. 3. ed. com "Considerações prelminares à guisa de atualização", de José da Silva Pacheco. Rio de Janeiro: Forense, 1997. p. 16.

[567] Calvo Sotelo, José. La doctrina del abuso del derecho como limitación del derecho subjetivo. Madrid: Suárez, 1917. p. 52.

[568] Campion, Lucien. La théorie de l'abus des droits. Bruxelles: Bruylant, 1925. p. 23.

[569] Martins, Pedro Baptista. op. cit. p. 7.

e também em diversas situações em que se verificava a inexistência de critérios de limitação no seu exercício nos diversos ramos do direito.[570] Durante a primeira metade do Século XX, a figura do abuso do direito foi tema de estudo de vários juristas. Contudo, ao invés de receber um aprimoramento científico, tornou-se objeto de críticas. Muitos não aceitavam essa figura, apesar do reconhecimento do abuso do direito pela jurisprudência francesa e Códigos Civis de vários países.

Ripert[571] entendia ser perigosa a teoria do abuso do direito. Para ele, esta levaria o conceito de direito subjetivo à destruição. No entender dele, a concepção de direito individual seria indispensável para a manutenção da civilização, ameaçada pelas ideias socialistas. O absolutismo do direito subjetivo não seria um mal em si; o que se tem de fazer é impedir que se provocassem danos a terceiros. Em outras palavras, a teoria do abuso do direito seria uma perigosa fantasia de controle social.

Planiol foi nesse aspecto o principal crítico da teoria sobre o abuso do direito. Em sua obra "Tratado Elementar de Direito Civil", na parte em que analisou a culpa, ele discutiu o princípio da irresponsabilidade dos atos lícitos, para, em seguida, comentar a teoria do abuso do direito. Na opinião dele,[572] o abuso do direito era um problema de linguagem jurídica, uma logomarquia, ou seja, um palavreado inútil, porque se alguém exerce um direito, seu ato só pode ser lícito, já que foi conferido legalmente. Se o direito subjetivo foi exercido em desconformidade com o direito objetivo, praticou-se ato ilícito, um ato sem direito. Por isso, a célebre expressão: "o direito cessa onde o abuso começa". Daí a conclusão de Planiol da impossibilidade de um ato ser, ao mesmo tempo, conforme e contrário ao direito. Os direitos não são absolutos; na maior parte das vezes, são limitados em sua extensão e submetidos por seu exercício a condições diversas. Quando não são observados estes limites, agiu-se sem direito. Por isso, a regra geral de responsabilidade civil, prevista no então art. 1382 (atual art. 1240) do Código Civil francês bastaria para corrigir os atos abusivos.

[570] Atribui-se a Laurent a primazia do uso do termo "abuso do direito". Tal afirmação não é exata, pois até a Constituição Brasileira de 1824 já se referia a abuso.

[571] Ripert, Georges. La règle morale dans les obligations civiles. 4. ed. Paris: LGDJ, 1949. p. 182.

[572] Planiol, Marcel. op. cit. p. 298.

Desserteaux,[573] criticando a posição de Planiol, sustentou que o ato abusivo consistiria no exercício de um direito por parte de quem abusa, porém contrário ao direito do lesado. Esse fato ocorria porque os direitos garantiam interesses irreconciliáveis entre si, causando um conflito entre direitos subjetivos. A vedação ao abuso do direito implicava escolher qual dos interesses deveria prevalecer: o de quem lesa, ou o de quem sofreu a lesão. O acerto desse jurista estava em ter vislumbrado o fenômeno do abuso como conflito entre o interesse individual e o interesse das demais pessoas e que a solução para o problema estava em decidir qual dos dois direitos deveria ser eficaz. Ele mencionou os critérios para a aferição do abuso do direito, embora não concordasse com os mesmos.[574] Ao não oferecer outros critérios de aferição, em substituição dos que criticou, fez com que na época dele apenas se avançasse pouco no entendimento do abuso do direito e deixou de dar uma solução para a sua própria teoria, isto é, decidir qual dos direitos em conflito deveria prevalecer no caso concreto. Calvo Sotelo[575] não concordava com Desserteaux, pois o abuso do direito não se trata de conflito entre direitos, mas sim, o conflito entre direito e interesse do seu titular.

Apesar de não ser frequentemente mencionada entre os estudiosos do abuso do direito, a opinião de Pontes de Miranda merece ser apresentada. Ele reconhecia a existência do abuso do direito e fez críticas parecidas com a de Desserteaux. Para ele, esta figura não era um corretivo indispensável ao direito subjetivo, mas sim, um corretivo da existência deles. A teoria do abuso do direito seria a teoria das relações entre os direitos individuais.[576] Por isso, era uma teoria individualista, pois, do contrário, implicaria a extinção dos direitos subjetivos, tal como fazia Duguit, mas não a harmonização entre eles. O estudo do abuso do direito consistiria na pesquisa dos encontros, dos ferimentos, que os direitos se fazem.[577] Além disso, não concordava com Planiol, quando disse que o direito cessa quando o abuso começa. O exercício abusivo do direito não extingue o direito – este

[573] Desserteaux, M. Marc. Abus de droit ou conflit de droits. Revue Trimestrielle de Droit Civil, Paris, p. 119-139, 1906. p. 124.

[574] Desserteaux, M. Marc. op. cit. p. 120.

[575] Calvo Sotelo, José. op. cit. p. 88.

[576] Miranda, Francisco Cavalcanti Pontes de. Tratado de direito civil. Tomo LIII. Rio de Janeiro: Borsói, 1972. p. 63.

[577] Miranda, Francisco Cavalcanti Pontes de. op. cit. p. 68.

continua a existir. O que enseja à reparação é a existência do dano provocado.[578]

Josserand também se destacou nos estudos sobre o abuso do direito. Para ele, existem três tipos de atos: ilegais, culposos e excessivos.[579] Os atos ilegais eram aqueles que violam disposição legal, ultrapassando os limites legais, dispensando-se a alegação de prejuízo. Os atos culposos eram atos injustos, cuja responsabilidade seria subjetiva. Os atos excessivos, apesar de terem fim legítimo, causam danos a terceiros. Para ele, o ato abusivo não seria um ato sem direito; seria um ato praticado dentro do direito, mas para o qual se deu uma direção diversa da aceitável pelo legislador.[580]

Pedro Baptista Martins e Paulo de Araújo Campos afirmavam que o ato abusivo representaria uma categoria autônoma em relação aos atos lícito e ilícito. Para Pedro Baptista Martins,[581] o ato abusivo é legal, mas assume esta qualidade quando causa um prejuízo apreciável. No entanto, não pode ser ato ilícito, porque este tipo de ato é realizado sem direito, enquanto o ato abusivo é realizado com direito. A ideia de culpa, que faria do ato abusivo um ato ilícito, não se adaptaria perfeitamente na explicação do fenômeno. Para Paulo de Araújo Campos,[582] o ato abusivo seria uma terceira categoria, uma zona cinzenta entre os atos lícito e ilícito.

Para Giorgianni,[583] o problema do abuso seria uma questão de interpretação do conteúdo da norma. Não era uma característica inerente, mas sim um ato não proibido previamente; por isso, só se deveria considerar um ato como abusivo mediante processo interpretativo, por meio do qual se confronta o ato com os valores ou interesses ambientais e culturais, pois, de fato, o que para um pode ser abusivo, para outro pode não sê-lo. Daí as críticas ao abuso do direito por também trazer insegurança jurídica, já que a licitude ou ilicitude do exercício do direito ficaria a cargo dos juízes, e não da lei. Contudo, a interpretação do ato é feita mediante o confronto

[578] MIRANDA, Francisco Cavalcanti Pontes de. op. cit. p. 75.

[579] JOSSERAND, Louis. De l'esprit des droits et leur relativité. Théorie dite de l'abus des droits. 2. ed. Paris: Dalloz, 1939. p. 34.

[580] JOSSERAND, Louis. op. cit. p. 335.

[581] MARTINS, Pedro Baptista. op. cit. p. 145, 157 e 168.

[582] CAMPOS, Paulo de Araújo. Abuso do Direito. São Paulo, 1982. Dissertação (Mestrado em Direito). Faculdade de Direito da Universidade de São Paulo. 1982. p. 20.

[583] GIORGIANNI, Virgilio. L'abuso del diritto nella teoria della norma giuridica. Milano: Giuffrè, 1963. p. 170.

do valor deste ato com os valores juridicamente reconhecidos como abusivos. Por isso, a ideia de que o abuso não se esgotaria no problema de interpretação.

De acordo com Stijns,[584] o abuso do direito é um corretivo para impedir o que a moral social reprova. Em trabalho em que sustenta que nem todo direito subjetivo pode ser abusado, ela explica que só se pode abusar dos direitos subjetivos em sentido estrito suficientemente definidos, pois direitos indefinidos ou as liberdades gerais (liberdade de ir e vir, livre iniciativa, e os poderes gerais) são excluídos do campo de aplicação da teoria do abuso do direito.

As observações são pertinentes na análise do tema, porque o ato abusivo se manifesta de forma diferente de um ato ilícito típico, devido ao fato do dano decorrer do exercício de um direito subjetivo, que é, em tese, um ato lícito. No entanto, a criação de uma terceira categoria de atos, intermediária entre o ato lícito e o ato ilícito, fez com que existissem duas categorias distintas cujas sanções sejam as mesmas – a obrigação de indenização pelo dano causado, nulidade, entre outros efeitos, o que parece indicar que sejam duas espécies de um mesmo gênero, ou que o ato abusivo seja espécie do gênero ato ilícito. Também se afirmou que existe uma categoria mais ampla que o direito subjetivo: a situação jurídica subjetiva, a qual compreende deveres que coexistem com os direitos subjetivos e o abuso do direito consistiria na violação de um destes deveres.[585] Esta posição se difere daquela de Planiol pelo fato de que o fundamento da responsabilização do ato abusivo seria intrínseco a cada direito subjetivo, em vez de fundamentar-se em uma cláusula geral de responsabilidade civil, como o então art. 1382 (atual art. 1240) do Código Civil francês, ou de vedação ao abuso do direito, como a do art. 187 do Código Civil brasileiro. Com efeito, verifica-se que o dever de não abusar do direito está presente nestas cláusulas gerais, e não em cada direito subjetivo.

Outras críticas decorrem, sobretudo, do momento histórico em que foram feitas. O mundo ainda vivia os traumas da Segunda Guerra Mundial e a possibilidade do juiz, ao considerar determinado exercício de direito

584 Stijns, Sophie. Abus, mais de quel(s) droit(s)?. Journal des Tribunaux, Bruxelles, 109e Année, nº 5533, 20 Janvier 1990. p. 39-40.

585 Fernández Sessarego, Carlos. Abuso del derecho. Buenos Aires: Editorial Astrea De Alfredo y Ricardo Depalma, 1992. p. 34-39.

como abusivo, era temida pela doutrina por possibilitar uma severa restrição à liberdade humana. Também foram feitas críticas de que o controle judicial não seria democrático, porque competiria somente aos parlamentos restringirem os direitos das pessoas. Outro argumento usado é o de que se provocaria instabilidade no direito, porque enquanto um juiz poderia entender que o ato praticado é abusivo e outro juiz poderia considerá-lo normal.[586] Desserteaux[587] afirmava a validade de sua teoria do abuso do direito como conflito entre direitos, para tentar escapar da arbitrariedade dos juízes no momento de aferição do abuso do ato. No entender dele, pensar em conflito de direitos faria com que o juiz fosse mais objetivo na decisão do caso concreto, ao escolher qual direito subjetivo seria mais valioso. A admissão da figura do abuso do direito implicaria admitir uma jurisprudência que sanciona licitudes.[588]

Com efeito, ambas as concepções sobre o abuso do direito se complementam. Em determinados casos, é mais fácil identificar o *animus nocendi* no exercício do direito subjetivo. Em outros casos, o resultado abusivo fica evidente, por ser socialmente indesejável, inadmissível, ou pela qual se obtenha uma vantagem anormal, excessiva, desproporcional. Por isso, os Códigos Civis justapõem ambas as concepções para fundamentar o abuso no exercício do direito.

Em síntese, o abuso do direito é uma modalidade de ato ilícito, ainda que realizado através do uso de uma das categorias principais do direito, que é o direito subjetivo. Para isso, dentro dos pressupostos da responsabilidade civil, é preciso que o agente tenha exercido o direito; que deste exercício tenha se provocado um dano, e exista um nexo de causalidade entre o ato e o dano. Não se pode falar em abuso se não houver dano, pois do contrário será caso de excessiva opressão por parte do direito, da jurisprudência, ou da doutrina, uma forte restrição à liberdade e criatividade humanas. Se o ato não causa nenhum transtorno, não há conflito; por isso, não há por que impedir que o direito seja exercido somente de um modo, e não de outro. Além disso, o ato abusivo é um ato reprovável, e não, um ato que necessariamente produz risco; daí ser mais adequado pensar que na sua configuração como ato ilícito, deva ser classificado com caso

[586] Condorelli, Epifanio J. El abuso del derecho. La Plata: Editora Platense, 1971. p. 44.

[587] Desserteaux, M.Marc. op. cit. p. 126.

[588] Condorelli, Epifanio J. op. cit. p. 161.

especial de responsabilidade civil subjetiva. No caso brasileiro, o abuso do direito será hipótese de responsabilidade civil objetiva quando praticado, por exemplo, em relação de consumo, regida pelo Código de Defesa do Consumidor, devido ao regime jurídico desse ramo do direito.

4.2. Critérios de Aferição do Abuso do Direito

A despeito das críticas feitas à teoria do abuso do direito, é inegável a sua aceitação nos diversos ordenamentos jurídicos. Em vista disso, foi necessário o estabelecimento de critérios para aferir se determinado exercício de um direito subjetivo é ou não abusivo. Existem dois tipos de critérios: os critérios subjetivos e os critérios objetivos.

Os critérios subjetivos são aqueles em que o elemento essencial da figura é a indagação da intencionalidade da pessoa no exercício do direito, ao fazer uso do mesmo para causar dano a terceiros. A doutrina identifica duas hipóteses em que a subjetividade é marca: o direito exercido com intenção de causar dano e a culpa no exercício de um direito.

O exercício de um direito subjetivo com o único intuito de causar dano a terceiros é a hipótese mais conhecida de abuso do direito. Josserand denominou-o de critério intencional.[589] Assim o faz o titular do direito, consciente de que o exercício deste poderá causar dano a outrem. Diferencia-se de um ato tipicamente ilícito praticado com dolo, pelo fato de que, neste caso, faz-se uso de um direito subjetivo para dissimular o *animus nocendi*.[590] Romain[591] denominou-o como critério da escolha, pois entre as várias possibilidades do exercício do direito, escolhe-se a mais onerosa para a outra parte. A segunda hipótese, entendida como critério técnico, é a culpa no exercício do direito.[592] Consiste no exercício do direito de forma negligente, de modo a causar danos desnecessariamente, sem que se tenham tomado as precauções necessárias. Não há a intenção, mas também não se faz nada para evitar o dano.

O grande problema da concepção subjetiva do abuso do direito – e que levou ao seu ocaso em alguns países e a utilização do princípio da boa-

[589] JOSSERAND, Louis. op. cit. p. 366.

[590] JOSSERAND, Louis. op. cit. p. 368.

[591] ROMAIN, Jean-François. Théorie critique du principe général de bonne foi en droit privé: des atteintes à la bonne foi, en général, et de la fraude, en particulier ("Fraus omnia corrumpit"). Bruxelas: Bruylant, 2000. p. 457.

[592] JOSSERAND, Louis. op. cit. p. 380.

-fé em seu lugar – é a possibilidade do autor do ato abusivo alegar que o praticou em exercício regular de direito, sendo o dano causado a outrem decorrência do exercício deste ato, restando ao lesado suportá-lo. Neste caso, a essência da argumentação é a de que o exercício de determinados direitos necessariamente provoca perturbações para as outras pessoas. Dessa forma, não seria possível evitar o dano na busca do interesse próprio, reconhecido pelo direito subjetivo.[593] Outro argumento contra a concepção subjetiva está na dificuldade de provar a intenção dolosa de quem exerceu abusivamente o direito.

Devido às dificuldades de aplicação dos critérios subjetivos para a configuração do abuso do direito, desenvolveram-se critérios objetivos, que analisam a situação de acordo com o resultado do ato. Partem do reconhecimento de que o direito subjetivo visa à proteção de determinados interesses e que somente estes podem ser buscados pelo interessado. Há valores a serem observados, estabelecidos pela jurisprudência, pela lei, pela doutrina, ou por princípios jurídicos, como o princípio da boa-fé. Fica evidente a limitação imposta ao titular do direito no atendimento de seu interesse. Pouco importa se o agente, no exercício do direito, quer ou não causar dano a outrem: este ato pode ser considerado abusivo, se, ainda que sem intenção, cause dano.

Três são as hipóteses para a ocorrência do abuso do direito, conforme a concepção objetiva: a falta de interesse legítimo, o desvio do direito de sua finalidade social e a desproporção entre prejuízo causado e vantagem alcançada.

A primeira delas é a ausência de legítimo interesse ou motivo, denominado por Josserand[594] de critério econômico. Consiste no exercício desnecessário de um direito, do qual não se obtém vantagem alguma. O direito subjetivo visa à satisfação de determinado interesse e não de todo e qualquer interesse. Por isso, não conta com a proteção da lei quem busca um interesse ilegítimo. Por exemplo, o exercício de direito de retenção sobre coisas inúteis ou exercício de servidão que se tornou inútil. Trata-se de um ato abusivo, porque este exercício inútil causa dano a outrem. A segunda delas, também conhecida como critério finalista, é o desvio do fim econômico e social do direito. De acordo com este critério, cada direito subje-

[593] Calvo Sotelo, José. op. cit. p. 104.

[594] Josserand, Louis. op. cit. p. 388.

tivo tem uma finalidade específica. Com a possibilidade do exercício de um direito subjetivo de diversos modos, é possível que a busca de outros fins daqueles não previstos pelo legislador possa ser considerado abusivo. Aqui não há a intenção de desviar a finalidade do direito para causar dano a outrem, mas apenas para obter vantagens em desconformidade com os valores do ordenamento jurídico. A terceira é a desproporção entre o prejuízo causado e a vantagem alcançada.[595] O principal exemplo de abuso em razão de desproporcionalidade é a disciplina das cláusulas abusivas, em que uma das partes predispõe-nas em determinado contrato, na qual se estabelecem vantagens excessivas ao predisponente, que, em situação normal, não se poderia obter, por serem obtidas com o sacrifício da parte contrária.

Na França a proibição ao abuso do direito prevaleceu sobre o dever de coerência. A institucionalização do abuso do direito deu-se pelo trabalho da jurisprudência, com o intuito de delimitar a extensão dos direitos subjetivos. No século XIX os casos mais famosos são o da Corte de Colmar (2 de maio de 1855), em que o proprietário de um imóvel havia construído uma falsa chaminé. A corte contestou o caráter absoluto da propriedade e mandou derrubá-la. Outros casos famosos são o acórdão da Corte de Lyon (18 de abril de 1856), que condenou o proprietário de um imóvel que secou a fonte do vizinho, bem como o acórdão da Corte de Amiens, que, em 19 de novembro de 1913, condenou o proprietário vizinho do engenheiro Clément-Bayard, que construía balões dirigíveis, por ter instalado pontas para perfurá-los.[596]

Os autores que se dedicaram ao estudo do abuso do direito indicavam que este era invocado para resolver diversos problemas jurídicos. Reynaud informou que a jurisprudência francesa aplicava a teoria do abuso em matéria trabalhista, como o direito de romper o contrato de trabalho ("locação de serviços"), direito de greve, direito de não intervenção na greve, bem como o direito de romper uma promessa de casamento e o direito de recorrer.[597] Anos mais tarde, Josserand apontou a aplicação da teoria do abuso do direito não só em casos de direito do trabalho,

[595] ROMAIN, Jean-François. op. cit. p. 457.

[596] RADULESCO, Dan-Georges. Abus des droits en matière contractuelle. Paris: L Rodstein, 1935. p. 14.

[597] REYNAUD, Lucien Henri Camille. op. cit. p. 15.

direito processual e direitos reais, mas também, entre outros, em matéria de direito das sociedades, em relação ao abuso nas deliberações sociais e na condução dos negócios;[598] direito da concorrência, por exemplo no *dumping*;[599] abusos em se tratando de direitos fundamentais, cometidos com a liberdade de manifestação do pensamento[600] Em matéria contratual, Josserand estudou os abusos cometidos no período pré-contratual, na conclusão e na execução do contrato, e no período pós-contratual. Na fase pré-contratual, apontou o problema da recusa em não contratar, o direito de retirada das negociações,[601] além dos casos dos defeitos do negócio, como o dolo, a coação e a lesão.[602] Na fase de execução do contrato, lembrou a possibilidade de revisão do contrato desequilibrado[603] e, na fase pós-contratual, mencionou a cláusula de não garantia.[604]

Ainda na primeira metade do Século XX, havia juristas franceses que chamavam a atenção para a relação entre o abuso do direito e a boa-fé. Radulesco[605] indicava que o fundamento do abuso do direito em matéria contratual seria a boa-fé. Campion[606] apontou que esse artigo impede o exercício excessivamente rigoroso dos direitos conferidos pela convenção. Esmein[607] afirmou que o abuso em relações contratuais é violação da obrigação de agir de boa-fé, sendo uma sanção particularmente justificada. Ripert também faz menção à boa-fé para tratar do abuso do direito em matéria contratual.

Houve duas tentativas de inserir como regra geral o abuso do direito na França. A primeira delas foi o Projeto Franco-Italiano de Direito das Obrigações previa no art. 74 uma norma sobre o abuso do direito, relacionando-o com a boa-fé: "Deve igualmente reparação aquele que causou um dano a outro excedendo no exercício de seu direito os limites fixados pela

598 Josserand, Louis. op. cit. p. 182-183.

599 Josserand, Louis. op. cit. p. 152.

600 Josserand, Louis. op. cit. p. 215.

601 Josserand, Louis. op. cit. p. 126-129.

602 Josserand, Louis. op. cit. p. 141-146.

603 Josserand, Louis. op. cit. p. 162.

604 Josserand, Louis. op. cit. p. 173.

605 Radulesco, Dan-Georges. op. cit. p. 107.

606 Campion, Lucien. op. cit. p. 23.

607 Esmein, Paul. Traité pratique de droit civil français. Organizado por Marcel Planiol e Georges Ripert. 2. ed. Tomo VI. Primeira Parte. Paris: LDGJ, 1952. p. 809.

boa-fé ou pelo fim em vista do qual esse direito lhe tenha sido conferido". Anos mais tarde, o anteprojeto de novo Código Civil francês continha no art. 147 a seguinte regra: "Todo ato ou fato, que exceda manifestamente, pela intenção do seu autor, pelo seu objeto ou pelas circunstâncias em que é realizado, o exercício normal de um direito não é protegido pela lei e acarreta eventualmente a responsabilidade do seu autor". De qualquer modo, a tradição do direito francês é a aplicação do então art. 1382 (atual art. 1240) do Código Civil como fundamento para a vedação ao abuso do direito, considerando-o uma nova categoria de ato ilícito, portanto, hipótese de responsabilidade civil subjetiva.[608]

Na jurisprudência francesa moderna nota-se que a figura do abuso do direito continua sendo usada pela quantidade de acórdãos sobre o tema. Em linhas gerais, comprova-se que o fundamento do abuso do direito continua sendo o então art. 1382 (atual art. 1240) do Código Civil, embora a maior quantidade de acórdãos verse sobre o exercício abusivo em matéria processual, sobretudo em se tratando de recursos protelatórios (*l'abus d'ester en justice*).

Na Espanha, no que concerne ao abuso do direito, o Código Civil, na sua versão original, não a consagrava. De acordo com Calvo Sotelo,[609] esse fato decorria do Código Civil espanhol ser inspirado no Código Civil francês. Porém, em 1942, o abuso do direito finalmente ingressou no direito espanhol. A sentença do Tribunal Supremo, de 14 de fevereiro de 1944, aplicava a teoria do abuso do direito, na qual se estabeleceram os critérios de aplicação:[610]

a) Uso de um direito objetivo ou externamente legal;
b) Dano a um interesse não protegido por uma específica prerrogativa jurídica;
c) Imoralidade ou anti-socialidade deste dano, manifestada em forma subjetiva – quando se exercita o direito com a intenção de prejudicar, ou, simplesmente, sem um fim sério ou legítimo – ou sob a

[608] Jaluzot, Béatrice. La bonne foi dans les contrats. Étude comparative de droit français, allemand et japonais. Paris: Dalloz, 2001. p. 434.

[609] Calvo Sotelo, José. op. cit. p. 156.

[610] *Apud* Martinez Calcerrada, Luis. La buena fe y el abuso de derecho – su respectiva caracterización como límites en el ejercicio de los derechos. Revista de Derecho Privado, Madrid, t. LXIII, Enero-Diciembre 1979. p. 443.

forma objetiva, quando o dano provém do excesso ou anormalidade no exercício do direito.

Devido à sua grande aplicação, na reforma do Código Civil em 1974, foi introduzida a figura do abuso do direito:

> 7.2. A lei não ampara o abuso do direito ou o exercício antissocial do mesmo. Todo ato ou omissão que, pela intenção do seu autor, ou por seu objeto, ou pelas circunstâncias em que se realize, ultrapasse manifestamente os limites normais do exercício de um direito, com dano para terceiro, dará lugar à correspondente indenização, e a adoção de medidas judiciais ou administrativas que impeçam a persistência no abuso.

Analisando-se a jurisprudência do Tribunal Supremo da Espanha, nota-se que o abuso do direito tem grande aceitação, sendo invocado em centenas de julgados. A título de ilustração, foram selecionados dois julgados que estipulam critérios para a aferição do abuso do direito. Na Sentença de 15 de março de 1996 repetiram-se *ipsis litteris* os requisitos elencados na Sentença de 14 de fevereiro de 1944 durante a solução de outro caso, o que comprova a força da teoria no ordenamento jurídico espanhol. Nesta mesma decisão, esclareceu-se que o exercício abusivo de um direito só existe quando se faz com intenção de causar dano, sem que resulte proveitoso para quem o exercita, ou utilizando o direito de modo anormal e contrário à convivência; e ao tratar-se de um remédio extraordinário, só pode se recorrer a esta figura em casos patentes.

Na Sentença de 14 de maio de 2002 julgou-se que os requisitos essenciais do abuso do direito são:

a) uma atuação aparentemente correta que indique uma extralimitação e que, por isso, a lei deve privar de proteção;
b) que esta atuação produza efeitos danosos;
c) que a dita ação produza uma reação do sujeito passivo concretada em que possa pleitear uma pretensão de cessação ou de indenização e, assim mesmo, definiu que o abuso do direito deve ficar claramente manifestado, tanto pela convergência de circunstâncias subjetivas e intencionais de prejudicar ou falta de interesse legítimo, como das objetivas de produção de prejuízo injustificado.

A despeito da redação dos critérios, notam-se poucas alterações, sendo a principal delas a de vislumbrar o fenômeno do abuso como o de um ato aparentemente lícito; permanecem, pois, consagradas, as concepções subjetiva e objetiva do abuso do direito.

Ao contrário da França e, sobretudo, na Espanha, a figura do abuso do direito na Alemanha não teve grande desenvolvimento. Pelo fato do Digesto ser fonte do direito naquela época, empregava-se a *exceptio doli* para solucionar estes problemas. Significa que, do ponto de vista jurídico, as dificuldades legislativas para solucionar este problema não existiam, porque a *exceptio doli* era o remédio. De qualquer modo, o legislador alemão inseriu um dispositivo sobre o abuso do direito no § 226: "Não se permitirá exercitar um direito quando o seu exercício se puder ter como único propósito causar prejuízo a outrem".

Este parágrafo, no entanto, era de difícil aplicação, por consagrar somente a concepção subjetiva do abuso do direito. A dificuldade de provar a intenção do dano fez com que a vedação ao abuso do direito fosse um grande problema, porque na maioria dos casos o titular do direito podia alegar que buscava uma vantagem pessoal ao exercer o direito, sendo uma das consequências deste ato lícito a existência de prejuízo a outrem. Calvo Sotelo[611] já chamava a atenção para este fato.

Com a aplicação extensiva da regra da boa-fé, prevista no § 242 do Código Civil alemão, o § 226 acabou sendo ofuscado por aquele. Por isso, sempre foi reduzido o número de decisões judiciais que envolvem a aplicação do abuso do direito na Alemanha.[612] O caso mais conhecido era o do pai que impedia o filho de visitar a sepultura da mãe, localizada dentro do castelo da família.[613] No entanto, a norma sobre abuso do direito foi aplicada em disputas por nomes de domínio na Internet, quando pessoas registravam nomes de domínio de marcas famosas para vendê-los posteriormente aos verdadeiros interessados. Trata-se de situação excepcional, porque era situação plenamente adequada à hipótese de incidência do artigo. Basta observar que, em julgamento de conflito de vizinhança entre moradores de área residencial e um estacionamento subterrâneo construído nas imediações, não se aplicou o § 226, porque

[611] Calvo Sotelo, José. op. cit. p. 146.

[612] Jaluzot, Béatrice. op. cit. p. 404.

[613] Cordeiro, Antonio Manuel da Rocha e Menezes. op. cit. p. 691.

o explorador do estacionamento não produzia os ruídos apenas com a intenção de causar dano a outrem.[614] Por isso, a proibição do comportamento contraditório ganhou destaque dentro do direito em razão da deficiência do instituto do abuso do direito naquele país, inclusive pelo próprio entendimento recorrente nos acórdãos de que comportamento contraditório é comportamento abusivo, quando este parecer ser conduta de má-fé.[615]

Em Portugal, o Código Civil de 1867 não consagrava a figura do abuso do direito. O art. 13 deste Código consagrava a irresponsabilidade do titular de um direito pelos prejuízos que do seu exercício em conformidade com a lei porventura resultasse para terceiros. De acordo com Fernando de Sá,[616] a jurisprudência sancionava tais condutas na primeira metade do Século XX. O jurista Vaz Serra chegou a elaborar regras sobre o tema para o então vigente código. A proposta dele trazia trinta e quatro itens, que sintetizam a teoria do abuso do direito. Tão completa era esta disciplina, que poderia ser considerado um projeto de "Código de Abuso do Direito". Posteriormente, durante os trabalhos de elaboração do Código Civil, este anteprojeto de Vaz Serra foi reduzido para três artigos, e finalmente, para um único artigo. De acordo com Sá, o legislador português, para dar a redação do artigo sobre o abuso do direito, teria se inspirado no Código Civil grego de 1940, que, provavelmente, inspirou-se no Projeto Franco-italiano. Assim, o art. 334º do Código Civil português tem a seguinte redação: "É ilegítimo o exercício de um direito, quando o titular exceda manifestamente os limites impostos pela boa fé, pelos bons costumes ou pelo fim social ou econômico desse direito".

No Brasil, ao longo do século XX, deu-se muito mais destaque ao abuso do direito do que à proibição do comportamento contraditório. Por exemplo, desde a Constituição do Império do Brasil de 1824 há menções expressas sobre o abuso do direito em matéria de liberdade de imprensa e manifestação do pensamento, e abuso de poder.[617] Antonio Joaquim

[614] ALEMANHA. VG Freiburg · Az 4 K 718/11, 7 Juni 2011. ·

[615] ALEMANHA. BGH. IX ZR 271/90, 12 Mai 1991; BGH, X ZR 73/95, 5 Juni 1997.

[616] SÁ, Fernando Augusto Cunha de. Abuso do direito. Lisboa: Centro de Estudos Fiscais da Direcção Geral das Contribuições e Impostos, Ministério das Finanças, 1973. p. 113.

[617] Art. 15, VI; Art. 37, I; Art. 133, III; Art. 156; Art. 179, IV; Art. 179, XXIX; Art. 179, XXXV.

Ribas[618] reconhecia a possibilidade do abuso do direito, quando cuidou da teoria dos direitos em seu Curso de Direito Civil brasileiro:

> O homem pode, pois, em geral exercer ou deixar de exercer os seus direitos, como lhe aprouver; e ainda quando deste exercício decorra prejuízo para terceiro. – Qui juir suo utitur, neminem ledit. Esta regra, porém, tem as seguintes limitações: (...) Não é lícito exercer um direito com o único fim de lesar a outrem, e sem que de seu exercício resulte para nós utilidade. Para que, porém, se possa opôr esta limitação ao direito, é preciso que se prove clara e concludentemente a intenção de prejudicar a terceiro e a não utilidade do titular do direito.

No entanto, não se consagrou expressamente a figura do abuso do direito Código Civil de 1916. Porém os juristas daquela época conheciam esta figura. O abuso do direito estava consagrado de forma negativa, por meio do art. 160, I, e considerado ato ilícito. No prefácio à obra de Jorge Americano, intitulada "Do Abuso do Direito no Exercício da Demanda", Clóvis Beviláqua afirmou: "Nosso Código Civil não podia deixar de referir a essa deformação intencional do direito (o abuso do direito) e o coloca entre os atos ilícitos, constituindo uma classe particular, que se caracteriza pelo uso irregular ou anormal do direito".[619]

A segunda fase, influenciada pela evolução do tema na França, a doutrina brasileira passou a entender que o ato abusivo pertencia a uma categoria especial. Para Alvino Lima,[620] o abuso do direito consistiria em limites sociais extralegais. Por isso, quem, obedecendo apenas os limites objetivos da lei, violar os princípios de finalidade econômica e social da instituição, da sua destinação, produzindo desequilíbrio entre o interesse individual e o da coletividade, abusa do seu direito. De acordo com Paulo de Araújo Campos,[621] predominava na jurisprudência brasileira o critério subjetivo, e que ato abusivo seria espécie de ato ilícito. A jurisprudência

[618] RIBAS, Antonio Joaquim. Curso de direito civil brasileiro. v. 2. Brasília: Senado Federal, Conselho Editorial, 2003. p. 6-7.

[619] BEVILÁQUA, Clóvis. Prefácio. *In:* AMERICANO, Jorge. Do abuso do direito no exercício da demanda. 2. ed. muito melhorada. São Paulo: Saraiva, 1932.

[620] LIMA, Alvino. Abuso do Direito (verbete). *In:* SANTOS, J.M. Carvalho. (Org). Repertório enciclopédico do direito brasileiro. v. 1. Rio de Janeiro: Borsói, 1947. p. 325.

[621] CAMPOS, Paulo de Araújo. op. cit. p. 115.

neste período foi farta, e deu-se em sua maior parte em questões relativas à liberdade de imprensa. Posteriormente, com o advento do Código de Defesa do Consumidor, que disciplinou a repressão às práticas abusivas no art. 39 e a vedação das cláusulas abusivas no art. 51, de modo a tornar ainda mais consagrado o instituto no direito brasileiro.

A terceira fase da doutrina do abuso do direito está no Código Civil de 2002. Em primeiro lugar, tem-se menção a essa situação no art. 50 do Código Civil, quando tratou da desconsideração de personalidade jurídica. Ademais, com inspiração notadamente no art. 334º do Código Civil português, recepcionou-o expressamente no art. 187 daquele Código: "Também comete ato ilícito o titular de um direito que, ao exercê-lo, excede manifestamente os limites impostos pelo seu fim econômico ou social, pela boa-fé ou pelos bons costumes". O legislador brasileiro quis, com efeito, adotar a concepção objetiva do abuso do direito, ao estabelecer como primeiro critério tão-somente o exceder manifestamente os limites impostos pelo seu fim econômico ou social. Já as duas últimas figuras (boa-fé e bons costumes) destinam-se à proibição do comportamento contraditório, embora não com a redação mais bem adequada para tanto. De qualquer modo, a expressão "abuso do direito" é consagrada no direito brasileiro e diversos acórdãos usam esse instituto jurídico. Apenas a título de exemplo, usa-se o abuso do direito para aferir a responsabilidade civil no exercício da liberdade de imprensa[622] e na liberdade de expressão por meio de obra literária.[623]

Entre os autores brasileiros,[624] defende-se em geral que o abuso do direito, tal como previsto no Código Civil de 2002, deve ser entendido em uma concepção objetiva, de acordo com a qual se prescinde da análise

[622] Cf. Brasil. Superior Tribunal de Justiça (4ª Turma). RESp. n. 738.793/PE. Relator: Min. Antonio Carlos Ferreira, 17 de dezembro de 2015; Brasil. Superior Tribunal de Justiça (4ª Turma). RESp. n. 1.594.695/RJ. Relator: Min. Luis Felipe Salomão, 20 de junho de 2017.

[623] Brasil. Superior Tribunal de Justiça (3ª Turma). REsp. n. 1.771.866/DF. Relator: Min. Marco Aurelio Bellizze, 12 de fevereiro de 2019.

[624] Martins-Costa, Judith. Da boa-fé no direito privado. 2. ed. São Paulo: Saraiva, 2018. p. 667; Miragem, Bruno. Abuso do direito: ilicitude objetiva e limite ao exercício de prerrogativas jurídicas no direito privado. 2. ed. São Paulo: Revista dos Tribunais, 2013. p. 42 e 77; Rodovalho, Thiago. Abuso do direito e direitos subjetivos. 2. ed. São Paulo: Revista dos Tribunais, 2012. p. 177; Ferreira, Keila Pacheco. Abuso do direito nas relações obrigacionais. Belo Horizonte: Del Rey, 2007. p. 141-142.

da culpa, sendo espécie de ilicitude objetiva, enquanto, por outro lado, o art. 186 do Código Civil seria espécie de ilicitude subjetiva, por exigir-se prova de culpa ou dolo do agente.

Embora o Código Civil tenha adotado somente as concepções objetivas sobre o abuso, isso não significa que a responsabilidade civil pelo ato abusivo seja objetiva. Muito pelo contrário, a responsabilidade é subjetiva. Não se devem, pois, confundir critérios objetivos com responsabilidade objetiva. Caso fosse intenção do legislador classificar o ato abusivo como hipótese de responsabilidade objetiva, deveria ter inserido a referência ao art. 187 no parágrafo único do art. 927 do Código Civil, de modo que houvesse correspondência entre os arts. 186 e 927, *caput*, e arts. 187 e 927, parágrafo único. Ou, ainda, poderia ter redigido o art. 927, parágrafo único com a seguinte redação: "Haverá obrigação de reparar o dano, independentemente de culpa: I – quando o titular de um direito, ao exercê-lo, excede manifestamente os limites impostos pelo seu fim econômico ou social, pela boa-fé ou pelos bons costumes; II – quando a atividade normalmente desenvolvida pelo autor do dano implicar, por sua natureza, risco para os direitos de outrem; III – nos casos especificados em lei". Como não o fez, a responsabilidade é, neste caso, subjetiva. Será objetiva a responsabilidade quando o ato praticado for regido pelo Código de Defesa do Consumidor e praticado por fornecedor que não seja profissional liberal, porque, neste caso, os danos sofridos pelo consumidor são amparados pelos arts. 12, *caput*, e 14, *caput*, deste Código. Outra situação é aquela prevista na Lei n. 12.414, de 9 de junho de 2011, sobre a formação do denominado "cadastro positivo". De acordo com o art. 16 desta Lei, é objetiva a responsabilidade do banco de dados, da fonte e do consulente por danos causados às pessoas, quando abusarem do direito de armazenarem ou consultarem informações sobre a pessoa. No entender do Superior Tribunal de Justiça, em acórdão de recurso repetitivo, admite-se a responsabilidade objetiva e solidária por abuso do direito com fundamento no art. 187, mas esta é objetiva por força do art. 16 da referida Lei.[625] Em suma, a natureza jurídica da responsabilidade civil por abuso do direito ser subjetiva

[625] Brasil. Superior Tribunal de Justiça (2ª Seção). REsp n. 1.419.697/RS. Relator: Min. Paulo de Tarso Sanseverino, 12 de novembro de 2014. Cf. Brasil. Superior Tribunal de Justiça (4ª Turma). EDcl no REsp n. 1.419.691/RS Relator: Min. Luis Felipe Salomão, 18 de dezembro de 2014.

ou objetiva não é inerente ao instituto jurídico: é uma opção legislativa. Nesse sentido, Guilherme Reinig e Daniel Carnaúba também perceberam isso, quando criticaram, corretamente, o equívoco da doutrina brasileira que teorizou sobre o abuso do direito no Brasil, em especial, a partir do entendimento definido na I Jornada de Direito Civil, organizada pelo Conselho de Justiça Federal, em que se afirmou ser independentemente de culpa a responsabilidade civil decorrente do abuso do direito, uma vez que seria "anacrônica" a prova de culpa. Todavia, conforme apontado por estes autores, houve desconhecimento por parte dos autores do enunciado acerca da variedade dos significados do termo culpa.[626]

4.3. Abuso do Direito é Comportamento Contraditório? Comportamento Contraditório é Abuso do Direito?

Aproximam-se, inclusive no Brasil, as figuras do abuso do direito e da proibição do comportamento contraditório por meio da limitação do exercício do direito de forma contrária à boa-fé, o que gera confusões sobre uma possível substituição de um instituto jurídico por outro. Enquanto o abuso do direito exige que se exceda no exercício de um direito subjetivo, a proibição do comportamento contraditório não precisa restringir-se somente aos casos em que tal contradição ocorra no exercício de direitos subjetivos. Nesse sentido, o comportamento contraditório é, em diversos, casos, abuso "sem" direito. Do mesmo modo, nem toda conduta praticada em abuso do direito é *venire contra factum proprium,* porque nem todo exagero, excesso ou desequilíbrio decorre rigorosamente de contradições comportamentais.

Valendo-se da teoria dos conjuntos, há uma intersecção entre boa-fé e abuso do direito: há casos de abuso do direito que não decorrem de violação do princípio da boa-fé, que são as hipóteses em que se abusa no exercício de um direito. Há, ainda, casos de violação do princípio da boa-fé que não decorrem de condutas abusivas e há casos – contidos na intersecção destes dois conjuntos – em que o abuso do direito é conduta contrária à boa-fé e casos em que a violação desta é abuso do direito, como

[626] Reinig, Guilherme Henrique Lima; Carnaúba, Daniel Amaral. Abuso de direito e responsabilidade por ato ilícito: críticas ao Enunciado 37 da 1.ª Jornada de Direito Civil. Revista de Direito Civil Contemporâneo, São Paulo, v. 7, abr./jun. 2016.

nos casos em que há comportamentos contraditórios, que, no fundo, são comportamentos abusivos.

Merece destaque a jurisprudência em Portugal sobre esse tema. Sobretudo a partir da década de 1980, a proibição do comportamento contraditório encontrou seu fundamento na regra sobre abuso do direito do art. 334º,[627] como se pode observar pela jurisprudência, época em que se encontram os primeiros acórdãos que aproximam as figuras de abuso do direito e do comportamento contraditório. Por exemplo, entendeu-se ser abuso de direito o comportamento contraditório de reconhecer a propriedade alheia e recusar a entregá-la.[628] Nesse mesmo ano, julgou-se caso relativo a contrato de arrendamento celebrado para habitação e comércio, mas, em acordo com o senhorio, usou-se o imóvel para fins exclusivamente comerciais. Entendeu-se que "declaração em contrário da anuência referida (...) constituiria para o seu autor "venire contra factum proprium" que constituiria abuso do direito".[629] Noutro caso referente à superação de nulidades formais, usou-se o conceito de abuso do direito, ao se ter afirmado que "é manifesto o abuso de direito quando o autor pretende fazer valer a nulidade resultante de vício de forma no contrato de cessão de direito ao arrendamento, depois de ter criado no réu a confiança na validade do mesmo contrato e de este último ter passado a proceder relativamente ao prédio arrendado de facto, acabando mesmo por comprar o local conjuntamente com outros".[630] O Supremo Tribunal de Justiça julgou um caso de *suppressio* sem usar essa terminologia, valendo-se do termo "neutralização do direito", em situação em que se pretendeu o exercício de pré-contrato de compra e venda de prédio seis anos após sua celebração, o que teria feito criar a legítima convicção de já não vir a exercer o direito de resolução do contrato preliminar.[631]

[627] Pinto, Paulo Mota. op. cit. p. 301.

[628] Portugal. Supremo Tribunal de Justiça. Acórdão SJ198806070754861. Relator: Brochado Brandão, 7 de junho de 1988.

[629] Portugal. Supremo Tribunal de Justiça. Acórdão SJ19881116076462X. 16 de novembro de 1988.

[630] Portugal. Supremo Tribunal de Justiça. Acórdão SJ199411220858791. 22 de novembro de 1994.

[631] Portugal. Supremo Tribunal de Justiça. Acórdão SJ199005030783711. Relator: Meneres Pimentel, 3 de maio de 1990.

Na década de 1990 houve a consolidação da proibição do comportamento contraditório e do abuso do direito. Por exemplo, em um conflito de vizinhança, afirmou-se que o "*venire contra factum proprium* é um caso típico de comportamento abusivo, considerado ilegítimo pelo artigo 334 do Código Civil de 1966. Radica ele em uma conduta contraditória da mesma pessoa, pois que pressupõe duas atitudes dela, espaçadas no tempo, sendo a primeira (o factum proprium) contrariada pela segunda".[632] E outro caso relativo à nulidade formal foi decidido da seguinte maneira: "Caso típico de abuso de direito, considerado ilegítimo pelo artigo 334 do Código citado é a proibição do *venire contra factum proprium*. Boa parte da doutrina e da jurisprudência é no sentido de que improcede a arguição de nulidade de um contrato quando esta arguição configura um abuso de direito, como sucederá nos casos em que a nulidade formal é arguida pelo contraente que a provocou ou levou dolosamente o autor a não formalizar o contrato ou procedeu de modo a criar nesse outro contraente a convicção de que não seria invocada a nulidade, procedendo, assim, de modo iníquo ou escandaloso".[633] No mesmo sentido, entendeu-se que "a argüição da nulidade do negócio por falta do formalismo legal, quando implicar *venire contra factum proprium*, pode ser "ilegítima" por abuso de direito, sobretudo se se tratar de formalidade 'ad probationem".[634] Em 2013, por exemplo, acórdão do Supremo Tribunal de Justiça considerou abusivo o exercício da pretensão de cobrança contra dois antigos sócios da sociedade que prestaram aval oito anos antes da data da ação, porque estes podiam, de boa-fé, acreditar que não seriam demandados após tanto tempo.[635] A ementa ilustra o entendimento do referido tribunal acerca da relação entre abuso do direito e comportamento contraditório:

> I – A proibição do comportamento contraditório configura actualmente um instituto jurídico autonomizado, que se enquadra na proibição do abuso

[632] PORTUGAL. Tribunal da Relação de Lisboa. Acórdão SJ19960416088403I. Relator: Vaz Gomes, 16 de abril de 1996.

[633] PORTUGAL. Supremo Tribunal de Justiça. Acórdão SJ199607020001361. Relator: Fernando Fabião, 2 de julho de 1996.

[634] PORTUGAL. Tribunal da Relação do Porto. Acórdão SJ200101300035351. 30 de janeiro de 2001.

[635] PORTUGAL. Supremo Tribunal de Justiça (6ª Seção). Acórdão 1464/11.2TBRGD-A.C1.S1. Relator: Nuno Cameira, 12 de novembro de 2013.

do direito (art. 334º do CC), nessa medida sendo de conhecimento oficioso; no entanto, não existe no direito civil um princípio geral de proibição do comportamento contraditório.

II – São pressupostos desta modalidade de abuso do direito – venire contra factum proprium – os seguintes: a existência dum comportamento anterior do agente susceptível de basear uma situação objectiva de confiança; a imputabilidade das duas condutas (anterior e actual) ao agente; a boa fé do lesado (confiante); a existência dum "investimento de confiança", traduzido no desenvolvimento duma actividade com base no factum proprium; o nexo causal entre a situação objectiva de confiança e o "investimento" que nela assentou.

III – O princípio da confiança é um princípio ético fundamental de que a ordem jurídica em momento algum se alheia; está presente, desde logo, na norma do art. 334º do CC, que, ao falar nos limites impostos pela boa fé ao exercício dos direitos, pretende por essa via assegurar a protecção da confiança legítima que o comportamento contraditório do titular do direito possa ter gerado na contraparte.

Assim, abusa-se sem direito quando se abusa da confiança, quebrando a expectativa gerada na outra parte. Situações de comportamento contraditório atendem a esse requisito, o que permite afirmar que *venire contra factum proprium* pode resultar em conduta abusiva ou desequilibrada. A romana figura da *exceptio doli* era o remédio contra esse tipo de conduta, ao tornar oponível a ação movida por quem estava de má-fé, apresentando-se perante o pretor como se estivesse de boa-fé, mas em desacordo com a equidade. Inclusive o comportamento contraditório pode ter sido praticado sem interesse legítimo, ou para a obtenção de vantagens econômicas ou sociais que normalmente seriam obtidas pelo comportamento coerente, ou ainda esse comportamento contraditório pode ser desproporcional entre o prejuízo causado com a mudança de conduta e a vantagem alcançada por quem agiu desse modo. Mas, como apontou de forma interessante Bruno Miragem,[636] a cláusula geral sobre abuso do direito poderia ser entendida como uma cláusula geral de proteção da confiança.

[636] MIRAGEM, Bruno. op. cit. p. 167.

4. O Dever de Informação

1. Introdução

A vontade humana tem papel fundamental na criação do direito. Por exemplo, a elaboração legislativa decorre de ato de vontade de quem participa de sua criação e os membros de um parlamento representam a vontade geral do povo. O mesmo ocorre na esfera privada: o negócio jurídico, entendido como o ato que tem por objetivo a criação, modificação, extinção de obrigações, tem seu suporte fático na manifestação de vontade. O contrato, principal espécie de negócio jurídico, forma-se pelo acordo das declarações de vontade das partes. Por isso, a autonomia da vontade ou autonomia privada é o princípio fundamental do direito dos contratos. Significa que a vontade humana livremente manifestada é fonte de obrigações e que as pessoas têm poder jurídico para regular assuntos de seu interesse. Basta observar que as diversas regras do direito dos contratos disciplinam a forma pela qual a manifestação da vontade humana é considerada suficiente para a criação de obrigações. Os demais princípios contratuais – entre eles a boa-fé – são instrumentais daquele princípio fundamental. Para que esta tenha aptidão de criar regras para quem a manifesta, esta precisa ser livre. Inspirando-se na concepção kantiana de obrigação, só é possível querer enquanto houver liberdade – somente surge a obrigação quando a pessoa manifesta livremente a decisão de criá-la.[637]

[637] KANT, Immanuel. Fundamentação da metafísica dos costumes e outros escritos. Tradução: Leopoldo Holzbach. São Paulo: Martin Claret, 2003. p. 71.

Em matéria contratual, a liberdade se desdobra em quatro aspectos. O primeiro deles é a liberdade de escolher o outro contratante. O segundo aspecto é a liberdade de contratar ou de não contratar, que consiste na possibilidade ou não da pessoa aceitar as obrigações que constituiriam o contrato; se o conteúdo das obrigações alinhavadas for de agrado das partes, elas entram em acordo e se obrigam; se não for do agrado de uma das partes, o contrato não se forma. O terceiro aspecto é a liberdade de estipular o conteúdo do contrato, que é a prerrogativa de estabelecer quais obrigações serão constituídas para as partes. O quarto aspecto desta liberdade é quanto à forma do contrato, sendo exceção a forma prescrita em lei.[638]

Nos países de tradição jurídica baseada no *civil law*, os contratos formam-se mediante acordo de vontades, obtido mediante a troca de informações e com a própria observação dos fatos e circunstâncias negociais.[639] Se as partes entenderem que o contrato é bom para si, manifestam a vontade livremente para que se constitua um contrato. Caso contrário, podem desistir de continuar a negociar e decidir não contratar, porque não existe obrigação sem vontade de obrigar-se.

Presume-se que a vontade será livre, quando manifestada por quem tenha capacidade para tanto. As legislações disciplinam a idade a partir da qual a pessoa supostamente tem discernimento suficiente para saber o que é melhor para si ou quando se definem em que casos a pessoa está impedida de realizar determinados negócios mesmo atingindo a maioridade civil, por meio das regras de legitimação. Em havendo algum problema, aplica-se um segundo tipo de regras de proteção à pessoa. São as regras sobre vícios do consentimento, como o erro, o dolo, a coação, a lesão, o estado de perigo e fraude. Em suma, a essência da teoria contratual funda-se no acordo de vontades entre duas ou mais pessoas que têm pleno discernimento e capacidade de se defenderem; remédios jurídicos são fornecidos para assegurar-lhe sua liberdade de contratar, se houver problemas na manifestação de vontade.

[638] GOMES, Orlando. Contratos. 18. ed. Atualização e notas de Humberto Theodoro Junior. Rio de Janeiro: Forense, 1998. p. 22.

[639] Vale lembrar que, no *common law*, a formação dos contratos dá-se quando houver *consideration*, ou bilateralidade das prestações, e não, com o mero acordo de vontades. Apesar disso, a vontade desempenha papel importante neste sistema, pois direito contratual nestes países significa conjunto de regras de acordo com os quais as quais se reconhecem a validade de promessas.

Decorre do liberalismo como filosofia econômica e social a ideia de que as pessoas são livres para contratar, porque são capazes de se defenderem e saberem o que é o melhor para si mesmas. Ao contrário, na Idade Média, o direito impunha o dever ao vendedor de se preocupar com os interesses do comprador. A pressão religiosa sobre o indivíduo fazia com que este devesse sempre buscar a conduta correta, o que lhe reduzia as oportunidades de enganar seus semelhantes.[640] O comércio, naquela época, era atividade condenada e devia ser exercida na medida indispensável para o bem da coletividade. A fabricação dos produtos era controlada e somente se desenvolvia nas guildas. Nenhuma mercadoria podia ser vendida sem que fosse previamente exibida a todos. Reprimiam-se todos os tipos de fraudes nos produtos, como, por exemplo, falsificar o peso dos pães e de outros produtos. Inspetores de pesos e medidas as aferiam.[641] Obrigavam-se os vendedores a manter distância de hotéis e casas privadas, a menos que fosse vender para um lorde ou barão. A partir de 1365, passou-se a exigir que o fabricante colocasse seu selo no produto, para que facilmente se pudesse identificar quem o tinha fabricado.[642]

Com o declínio do poder religioso e do feudalismo, as guildas foram substituídas pelas companhias e os comerciantes adquiriram maior poder na sociedade e no mercado. A visão sobre o comércio alterou-se: o que antes era exercido excepcionalmente, tornou-se um instrumento de satisfação das necessidades humanas.[643] Aos poucos, foi ocorrendo a desregulamentação da atividade comercial, o que deu margem para a prática de abusos e fraudes. Dessa forma, o risco da atividade negocial transferiu-se do vendedor para o comprador. As pessoas passaram a se sentir tão desprotegidas, a ponto de entenderem que seria melhor que cada um se defendesse como pudesse.[644]

Esta ideia da autotutela dos próprios interesses foi sendo absorvida, por exemplo, pelo *common law* em 1535 no julgamento de uma venda de um cavalo. O argumento suscitado para livrar o vendedor da responsabilidade

[640] HAMILTON, Walton H. The ancient maxim *caveat emptor*. Yale Law Journal, New Haven, v. XL, n. 8, p. 1133-1187, Jun. 1931. p. 1136.

[641] LEVINESS, Charles T. *Caveat emptor* versus *caveat venditor*. Maryland Law Review, v. 7, n. 3, p. 177-200, Apr. 1943. p. 179.

[642] LEVINESS, Charles T. op. cit. p. 180.

[643] HAMILTON, Walton H. op. cit. p. 1153-1156.

[644] LEVINESS, Charles T.. op. cit. p. 182.

era o de que não se podiam reduzir qualidades de cavalos a um modelo padrão.[645] Por isso, cabia ao comprador tomar cuidado, isto é, *caveat emptor* ("o comprador que se cuide"). Tal expressão latina não provém do direito romano nem do direito canônico. Foi uma criação das cortes inglesas para expressar esta nova "deontologia" do mercado. Foi estendida para outras situações. Os advogados ingleses daquela época passaram a sustentar que não era justo o vendedor responder pela coisa vendida, salvo em caso de fraude, se o comprador teve a oportunidade de examinar o que comprou. Caso não tivesse gostado, que não a comprasse.[646] Nos Estados Unidos, o brocardo *caveat emptor* tornou-se um valor patriótico no Século XIX. Ela era a conduta negocial correta, porque impunha a cautela e atenção que todo homem prudente deve observar ao fazer seus contratos.[647] No mesmo sentido, o Código Civil francês – notadamente um código burguês – consagrava a liberdade de contratar. Afinal, idealmente, os sujeitos das relações contratuais tinham condições de se defenderem dos riscos inerentes à contratação. Pressupunham-se as pessoas como iguais do ponto de vista formal.[648] Não só isso, também se considerava que as partes tinham igual acesso à informação.[649] Em suma, tratava-se do modelo neoclássico existente na teoria econômica, de que os agentes têm plena racionalidade, com igual poder de barganha e têm acesso livre à plena informação. Como explicou Stiglitz,[650] a equiparação formal das partes fez com que cada uma delas fosse guardiã de seus próprios interesses, devendo, portanto, informarem-se. Porém, a consagração do individualismo e igualdade formais provocou forte desequilíbrio de forças entre as pessoas. Aquelas economicamente mais fortes tendem a explorar as mais fracas. Isso acontecia nas relações de trabalho, nas quais se exigiam longas jornadas de trabalho

[645] HAMILTON, Walton H. op. cit. p. 1163.

[646] HAMILTON, Walton H. op. cit. p. 1176.

[647] LEVINESS, Charles T. op. cit. p. 184.

[648] ROMMEL, Guy. L'obligation de renseignement. *In:* BOURGOIGNE, Thierry; GILLARDIN, Jean. (Orgs). Droit des consommateurs. Clauses abusives, pratiques du commerce et réglementation des prix. Bruxelles: Facultés Universitaires Saint-Louis, 1982. p. 3.

[649] LEGRAND JR, Pierre. De l'obligation precontractuelle de renseignement: aspects d'une réfléxion métajuridique (et paraciviliste). Ottawa Law Review. Revue de Droit d'Ottawa. v. 21, n. 3, p. 585-629, 1989. p. 609.

[650] STIGLITZ, Ruben S. La obligacion precontractual y contractual de información. El deber de consejo. Revista de Direito do Consumidor, São Paulo, n. 22, p. 9-25, abr./jun. 1997. p. 12.

mediante baixos salários. No comércio, os contratos tornaram-se de adesão, não sendo mais possível a discussão de seu conteúdo com quem os impõe. Posteriormente, a evolução tecnológica, por exemplo, modificou os produtos e serviços adquiridos pelas pessoas.

Além do desequilíbrio provocado pela desigualdade de poder econômico entre as partes dos contratos, as assimetrias de informação sobre o objeto das prestações contratuais também afetavam a relação entre as partes. Os alimentos, antes comprados *in natura*, são processados, transformados, inseridos em embalagens cada vez mais sofisticadas. Muitos desses produtos são hoje em dia geneticamente modificados. Aos utensílios domésticos são incorporadas novas tecnologias. Novos equipamentos surgem a cada dia. Os serviços também se tornaram mais complexos. Até os próprios fabricantes podem desconhecer algum risco que seus produtos possam oferecer. Os cientistas, engenheiros e técnicos responsáveis pela elaboração de um produto podem até saber bem o que inventam e fabricam, mas são igualmente incapazes de conhecer os demais produtos. A complexidade social ampliou a desinformação. Em muitos casos observa-se que uma das partes detém toda a informação e a parte contrária, pouca ou nenhuma informação.[651] Faltam-lhe competência técnica e informação, mesmo que a pessoa queira discutir os termos do contrato com a parte contrária.[652]

Diante deste quadro, mesmo as pessoas juridicamente "capazes" estão vulneráveis aos riscos da vida moderna. Hoje em dia se fala em fraqueza cognitiva.[653] Alcides Tomasetti Junior[654] usou a expressão "anestesia da capacidade de seleção". Se antes era possível descobrir as qualidades dos produtos e serviços mediante inspeção, hoje em dia isso não é mais possí-

[651] FRADERA, Vera Maria Jacob de. A interpretação da proibição de publicidade enganosa e abusiva a luz do princípio da boa-fé: o dever de informar no Código. Revista de Direito do Consumidor, São Paulo, n. 4, p. 173-191, 1992. p. 173.

[652] ROMMEL, Guy. op. cit. p. 3.

[653] ATIYAH, P.S. Contract and fair exchange. The University of Toronto Law Journal. v. 35, n. 1, p. 1-24, Winter 1985. p. 2.

[654] TOMASETTI JUNIOR, Alcides. O objetivo de transparência e o regime jurídico dos deveres e riscos de informação nas declarações negociais para consumo. Revista de Direito do Consumidor, São Paulo, n. 4, p. 52-90, 1992. p. 57.

vel. Na opinião de Leyssac,[655] o "homem contratante" desapareceu, vítima do progresso técnico. Mais adiante, este sustentou que:[656]

> Enquanto depois de ter se engajado no liame do contrato, uma parte percebe que em razão de um déficit de informação, ela teve uma má representação do conteúdo do contrato, ela vai naturalmente tentar de fazer provar que teve um consentimento viciado e, portanto, sem efeito. Entretanto, ela só obterá a anulação se os elementos exigidos para a existência de um erro ou dolo estiverem presentes, e os tribunais não têm poder de inventar novos vícios do consentimento.[657]

A publicidade e propaganda também influenciam na racionalidade das pessoas, estimulando-as a consumir cada vez mais. Em muitos casos, as pessoas nem mesmo se importam com o conteúdo do contrato que estão celebrando, pois é maior o prazer de adquirir um produto ou serviço do que os dissabores de um contrato desfavorável a si.

O direito dos contratos do século XIX não era apto para solucionar problemas contratuais do século XX, o que obrigou o Estado a interferir nos contratos de forma incisiva por meio de leis de emergência ou por leis de proteção da economia popular. Tempos depois, desenvolveu-se de um novo ramo do direito: o direito do consumidor, para complementar o direito contratual de outrora. Até nos Estados Unidos o *caveat emptor* passou a ser combatido, porque o consumidor ficou vulnerável em face dos produtos à venda por incapacidade de aferir sua qualidade, ou pelas informações que recebe nos anúncios.[658] Como explicaram Eggers e Foss,[659] o princípio do *caveat emptor* funciona otimamente se o mercado for perfeito, isto é, com informação completa e facilidade na sua aquisição, isto

[655] LEYSSAC, C. Lucas de. L'obligation de renseignement dans les contrats. *In:* LOUSSOARN, Yvon ; LAGARDE, Pierre (Orgs). L'information en droit privé. Travaux de la Conférence d'Agrégation. Paris: LGDJ, 1978. p. 305.

[656] LEYSSAC, C. Lucas de. op. cit. p. 311.

[657] MUSY elencou novos vícios do consentimento, como a surpresa, a propaganda subliminar, e o abuso do poder econômico decorrente de monopólio e posição dominante. (MUSY, Alberto M. Informazioni e responsabilità precontrattuale. Rivista Critica del Diritto Privato, v. 16, n. 4, p. 611-624, 1998. p. 612)

[658] HAMILTON, Walton H. op. cit. p. 1133.

[659] EGGERS, Peter MacDonald; FOSS, Patrick. Good faith and insurance contracts. London: LLP, 1998. p. 2.

é, com baixos custos de transação; em mercados imperfeitos, como é na vida real, o princípio da boa-fé é necessário para suprir essa "defasagem do direito contratual" em face à nova realidade que permeia a formação das relações jurídicas.[660] De acordo com Grundmann,[661] a relação entre liberdade contratual e informação é um problema relativamente novo em matéria contratual.[662] Isto implica dizer que os problemas atuais relativos à matéria contratual exigem a disciplina jurídica da informação. Por isso mesmo Legrand[663] afirmou que essa matéria se tornou a chave para o estabelecimento de critérios sobre em medida o direito deve intervir nos processos de negociação de contratos. Por isso, estas dificuldades de informação durante o processo de contratação resultaram no resgate do *caveat venditor* ("o vendedor que se cuide") em matéria contratual, por meio do princípio da boa-fé, ao impor o dever de informação.[664] Este princípio desempenha papel fundamental na correção do estado de informa-

[660] Pode-se observar a coincidência entre os modelos econômicos e jurídicos clássicos sobre o acesso a informações. Em ambos se pressupõe plena igualdade entre as pessoas e acesso igual de informações, de maneira fácil e em grande quantidade. Porém, como se viu ao longo da história, tratam-se de modelos ideais, em geral, dissociados da realidade que pretendem descrever.

[661] Grundmann, Stefan. L'autonomia privata nel mercato interno: le regole d'informazione come strumento. Europa e Diritto Privato, Milano, n. 2, p. 257-304, 2001. p. 304.

[662] O item 3 (c) da Resolução 39/248 da ONU, de 16 de abril de 1985, sobre a proteção ao consumidor, estabelece como um dos princípios a serem observados na defesa do consumidor, o "acesso dos consumidores a informações adequadas e suficientes para escolhas informadas, de acordo com seus desejos e necessidades".

[663] Legrand Jr, Pierre. *Information in formation of contracts: a civilian perspective.* The Canadian Business Law Journal. Revue Canadienne de Droit de Commerce. v. 19, p. 319-348, 1991. p. 321.

[664] Para Charles LeViness, a tarefa das agências reguladoras norte-americanas é impor o caveat venditor. No mesmo sentido, o Código de Defesa do Consumidor é uma lei que impõe a fornecedor o *caveat venditor* (LeViness, Charles. op. cit. p. 200). De acordo com Luís Manuel Teles de Menezes Leitão, o direito a produtos de qualidade, imposto pelas leis de defesa do consumidor, é exemplo de *caveat venditor.* Além disso, a Diretiva 1999/44/CE teria realizado mudança de paradigma da garantia contra vícios da coisa ou do direito nas vendas de bens de consumo, do tradicional *caveat emptor* para o *caveat venditor.* (Leitão, Luís Manuel Teles de Menezes. Caveat Venditor? A Directiva 1999/44/CE do Conselho do Parlamento Europeu sobre a venda de bens de consumo e garantias associadas e suas implicações no regime jurídico da compra e venda. Revista do Direito do Consumidor, São Paulo, v. 11, n. 43, p. 21-56, jul./set. 2002. p. 21)

ção assimétrica entre as partes. Para Sinde Monteiro[665], do ponto de vista de política legislativa, o dever de informação é uma contribuição para a restauração da igualdade entre as partes, não somente do ponto de vista formal, mas também do ponto de vista material.

A imposição de um dever de informação tem repercussões em termos de eficiência. De acordo com Uda,[666] o dever de informar, entendido como um dever decorrente da boa-fé, procura dar a máxima eficácia ao contrato, ao transmitirem-se as informações que possam influir no funcionamento do contrato. Para Fabre-Magnan,[667] o dever de informar é eficiente porque reduz o custo global de procura de informações. Do ponto de vista da nova economia institucional, o princípio da boa-fé impõe o dever de informação para atenuar os efeitos do estado de informação assimétrica decorrentes dos custos de transação.

2. O Dever de Informação

Assim, a informação cumpre papel decisivo em matéria contratual. É com base nela que os acordos de vontade se formam; ela dá subsídios para que uma pessoa tome uma decisão sobre determinado negócio.[668] Quanto mais informação houver, menores as possibilidades de erro e de celebrarem-se contratos dos quais venham a se arrepender posteriormente. É natural que este modelo de formação de contratos preveja que as pessoas procurem informações para formar o seu convencimento sobre um futuro contrato. Parte destas informações são produzidas espontaneamente, mediante a cognição da própria pessoa dentro da sua realidade e que vão se acumulando e consolidando com a experiência de vida de cada um. Outras surgem espontaneamente a partir do próprio contato e diálogo entre as partes contratante, quando conversam, perguntam, examinam, experimentam.

Devido à dificuldade em sua obtenção e processamento, uma maneira pela qual se reduz este problema é obrigar que a parte mais informada

[665] MONTEIRO, Jorge Ferreira Sinde. Responsabilidade por conselhos, recomendações ou informações. Coimbra: Almedina, 1989. p. 371-372.

[666] UDA, Giovanni Maria. La buona fede nell'esecuzione del contratto. Torino: G. Giapicchelli (In Colaborazione con Unversità di Sassari – Facoltà di Giurisprudenza), 2004. p. 100.

[667] FABRE-MAGNAN, Muriel. De l'obligation d'information dans les contrats: essai d'une théorie. Paris: LGDJ, 1992. p. 100.

[668] PINNA, Andrea. The obligations to inform and to advise. Den Haag: Boom, 2003. p. 10.

informe a parte menos informada.[669] Quando houver dificuldades nesse processo, o princípio da boa-fé, que é uma instituição jurídica, impõe o dever de informação, que consiste em transmitir o que for relevante para a formação do consentimento no contrato, bem como outras necessárias a sua boa execução e que perduram, mesmo após seu total adimplemento e extinção. Ademais, criam-se condições ótimas entre as partes para que se possa assegurar a integridade, a exatidão e a liberdade do consentimento emitido, desprovido de vícios do consentimento.[670] A relação entre as partes torna-se mais transparente, ao comunicarem entre si as condições e alcance das obrigações que pretendem assumir, elucidando à parte contrária as condições reconhecíveis como importantes para a decisão que, de outra forma, permaneceriam ocultas.[671]

Durante a execução do contrato e também após o seu cumprimento, o dever de informação se faz necessário, para que se obtenha uma melhor e menos onerosa execução do mesmo, reduzindo os custos de transação. Além disso, também cumpre um papel de proteção da parte contrária contra riscos e danos que podem ser minorados ou eliminados. Dessa maneira, esse dever tem por objetivo deixar o adimplemento menos oneroso possível para o devedor. Quanto mais informação houver, mais fácil se torna a ação humana, porque se dará em bases seguras. Como explicou Leyssac,[672] passou-se a falar em dever de informar, justamente para fugir do caráter vago da boa-fé. Pelo fato do princípio da boa-fé manifestar-se sob a forma de cláusula geral, é consequência natural que esta fosse invocada para suprir a insuficiência dos vícios do consentimento para a solução destes problemas. Ghestin[673] viu harmonia entre as regras sobre os vícios do consentimento, garantia dos vícios ocultos e o princípio da boa-fé, pois apenas houve a mudança do ângulo de análise do problema. Em vez de enfatizar a vontade, acentua-se a responsabilidade na contratação. Para

[669] Monteiro, Jorge Ferreira Sinde. op. cit. p. 19.

[670] Llobet y Aguado, Josep. El deber de información en la formación de los contratos. Madrid: Marcial Pons, 1996. p. 11.

[671] Silva, Eva Sónia Moreira da. Da responsabilidade pré-contratual por violação dos deveres de informação. Coimbra: Almedina, 2003. p. 130.

[672] Leyssac, C. Lucas de. op. cit. p. 309.

[673] Ghestin, Jacques. Traité de droit civil. Les obligations. Le contrat: Formation. 2. ed. Paris: LGDJ, 1988. p. 532.

ele, o dever de informação, se não substitui a teoria dos vícios do consentimento, ao menos a complementa.

De qualquer modo, a boa-fé tem sido o fundamento jurídico apto a dar estas respostas jurídicas para a falta de informação, porque este princípio, ao longo dos tempos, impôs a lealdade a confiança recíprocas às partes, como exigências éticas nas relações jurídicas. Aliás é intuitiva a invocação da boa-fé como lealdade para suprir esta deficiência do direito contratual. Quando se agravaram os problemas contratuais decorrentes do estado de informação assimétrica e dos custos de transação, era preciso recorrer a uma instituição jurídica capaz de estimular ou de impor a revelação de informações à parte contrária, bem como lhe impor que se abstenha de criar dificuldades e armadilhas para a obtenção de maiores vantagens. É a ideia de boa-fé, como lealdade, que leva a este resultado. Quem é ético, não mente: fala a verdade, informa. Com facilidade de acesso a informações, há transparência. Onde esta houver, reduzem-se as margens de manobra para o comportamento oportunista. Os efeitos do aumento do nível de informação no caso concreto fazem com que se tenha a impressão de que se apelou à ética, que seria a situação em que alguém, de boa vontade, relevaria voluntariamente determinadas informações. O princípio da boa-fé atua, portanto, como um calibrador do nível de informação ao caso concreto: quando for necessário aumentar o nível de informação em determinada relação jurídica, apela-se à boa-fé, para que se produzam mais informações, em se comparando com as que o interessado possa descobrir por si mesmo.

Nos países, a disciplina sobre o dever de informação ocorreu por duas vias. A primeira delas foi pelo reconhecimento de um dever específico e a segunda delas, como desdobramento do dolo. De qualquer modo, atualmente se reconhece o dever de informação como dever autônomo do dolo, embora se relacione com a boa-fé em termos doutrinários.

Com o desenvolvimento do princípio da boa-fé a partir do § 242, o dever de informação ganhou sustentação jurídica dentro do direito alemão. Porém, era classificado como espécie dos deveres de proteção.[674]

[674] WIEACKER, Franz. El principio general de la buena fé. Tradução: José Luis Carro. Prólogo de Luis Diez-Picazo. Madrid: Ed. Civitas, 1977. p. 56.

No mesmo sentido, Fabian[675] explicou que no direito alemão se reconhece um dever de informar, como um dever lateral, com fundamento na boa-fé, para garantir a realização de um direito subjetivo. Com a Lei de Modernização do Direito das Obrigações alemão, os parágrafos 241,2 e 311 do Código Civil alemão inseriram os deveres de consideração, que abrangem deveres gerais de informação nos contratos. Além disso, instituíram-se deveres específicos de informar para a proteção dos consumidores, especialmente nos parágrafos 312c e 491a.

Na Itália, o art. 1338 não deixa dúvidas de que se trata de uma obrigação pré-contratual de informação.[676] Porém, assim como na Alemanha, trata-se de hipótese muito restrita de imposição de deveres de informação aos contratantes. Por isso, desenvolveu-se na Itália a responsabilidade por informações inexatas, com fundamento no art. 1337 do Código Civil italiano, que dispõe sobre a responsabilidade pré-contratual em geral,[677] relacionada com a boa-fé.[678] Não se trata de uma interpretação recente no direito italiano. Benattti,[679] provavelmente inspirado em Wieacker, por exemplo, falava que os deveres pré-contratuais derivados do art. 1337 seriam de três tipos: dever de informação, de segredo e de custódia. Tardia[680] explicou que o art. 1337 impõe o dever de comunicar as circunstâncias relacionadas à satisfação dos interesses que se pode razoavelmente pretender realizar por meio do negócio.

Em Portugal, também por influência alemã, o dever geral de informação encontra fundamentação jurídica no art. 227º do Código Civil português. Também por influência do Código Civil alemão, o art. 485º do Código Civil português impõe a irresponsabilidade em caso de informações, no sentido de que inclusive em caso de negligência. Somente haverá responsabilidade em caso de dolo ou quando o procedimento do agente constitua fato punível. Com efeito, esse dever é reconhecido de longa data

[675] Fabian, Christoph. O dever de informar no direito civil. São Paulo: Revista dos Tribunais, 2003. p. 106.

[676] Grisi, Giuseppe. L'obbligo precontrattuale di informazione. Napoli: Jovene, 1990. p. 57.

[677] Grisi, Giuseppe. op. cit. p. 7.

[678] Tardia, Ignazio. Buona fede ed obblighi di informazione tra responsabilità precontrattuale e responsabilità contrattuale. Rassegna di Diritto Civile, Napoli, n. 3, p. 724-776, 2004. p. 737.

[679] Benatti, Francesco. La responsabilità precontrattuale. Milano: Giuffrè, 1963. p. 42.

[680] Tardia, Ignazio. op. cit. p. 725.

pela jurisprudência. Por exemplo, o Supremo Tribunal de Justiça[681] condenara pessoa que vendeu prédio de sua propriedade por não ter informado ao comprador, antes da celebração do negócio, que pretendia modificar ou que já tinha modificado o contrato de arrendamento de loja nesse prédio, já que se tratava de informação relevante, que poderia ter conduzido à interrupção das negociações.

Por outro lado, na França, essa matéria estava contida na disciplina jurídica sobre os vícios do consentimento, porque a boa-fé no Código Civil francês limitava-se à execução do contrato, deixando-se livre a formação dos contratos. A despeito desta característica histórica, o dever de informação foi amplamente estudado pela doutrina francesa. Michel de Juglart em 1945 foi o primeiro a realizar estudo aprofundado sobre o tema. No fim da década de 1970, outros estudos substanciais foram realizados por Leyssac e Rommel. Percebeu-se que a doutrina sobre o dever de informação foi a precursora do direito do consumidor naquele país. Aos poucos, este desenvolvimento doutrinário sobre o dever de informação foi ganhando consistência dentro do direito francês.[682] De acordo com Legrand Jr.,[683] os tribunais franceses impuseram uma obrigação de informação sem qualquer referência aos vícios do consentimento. Em análise da jurisprudência francesa, encontram-se acórdãos antigos, como este de 1973, em que a Corte de Cassação julgou situações de dever de informar e dever de se informar. Trata-se de um cassino que contratou uma empresa para fazer a instalação de uma câmara frigorífica. A instalação foi realizada em conformidade com instruções de um funcionário do cassino, que era leigo, e, por isso, a câmara não funcionou corretamente. A empresa sustentou ter havido violação do dever de informação por parte do cassino, ao não ter transmitido as informações necessárias à instalação. Porém, a Corte de Cassação entendeu que a empresa era a culpada nesse caso, por não ter se informado corretamente sobre as expectativas do cliente para prestar o serviço corretamente.[684] Nas últimas décadas, prolataram-se diversos jul-

[681] PORTUGAL. Supremo Tribunal de Justiça. Acórdão nº SJ198610140740221. Relator: Joaquim Figueiredo, 14 de outubro de 1986.

[682] LEYSSAC, C. Lucas de. op. cit. p. 311.

[683] LEGRAND JR, Pierre. Information... op. cit. p. 335.

[684] FRANÇA. Cour de Cassation. Chambre Comercielle. Pourvoi n. 72-12225, 29 de outubro de 1973.

gados sobre dever de informação, a ponto de se poder afirmar que houve uma banalização quanto ao seu emprego.

Com a reforma do direito francês das obrigações, admitiu-se definitivamente o dever pré-contratual de informação. Como apontou Porchy-Simon, as regras sobre vícios do consentimento tornaram-se insuficientes para a proteção das partes nos últimos tempos, pois eram meras sanções "curativas e individuais" e o direito do consumidor, especialmente no art. L 111-1 do Code de la Consommation, deu contribuição no sentido de criar esse dever geral para garantir a manifestação de uma vontade livre e clara.[685] Assim, na opinião dessa jurista, o legislador francês reuniu no artigo o entendimento jurisprudencial de que a obrigação de informação não era somente uma informação objetiva, mas envolvia a obrigação de conselho e de alerta.

No atual art. 1112-1 do Code Civil, tem-se o dever geral de informação:

> Art. 1112-1. A parte que tem informação cuja importância é decisiva para o consentimento da outra deve informá-la quando esta legitimamente a ignora ou confia no seu co-contratante.
>
> No entanto, este dever de informação não diz respeito à estimativa do valor do serviço. Entretanto, as informações que têm uma conexão direta e necessária com o conteúdo do contrato ou a qualidade das partes são de importância decisiva.
>
> Compete à pessoa a quem lhe era devida a informação provar que a outra parte a devia, e a esta cabe provar que a forneceu.
>
> As partes não podem limitar nem excluir esse dever.
>
> Além da responsabilidade de quem foi detido, o não cumprimento deste dever de informação pode resultar no cancelamento do contrato nas condições previstas nos artigos 1130 e seguintes.

A Espanha segue o regime jurídico similar ao que havia na França. Bastavam as regras sobre o dolo, dos arts. 1269 e 1270 do Código Civil espanhol, ou a cláusula geral de responsabilidade civil do art. 1902. Por

[685] Porchy-Simon, Stéphanie. Droit civil. 2e annéé. Les obligations. 11. ed. Paris: Dalloz, 2018. p. 195-196.

exemplo, o Tribunal Supremo[686] condenou uma empresa de fornecimento de gás pela explosão de uma casa, devido à falta de informação sobre o sistema de gás encanado, com base no art. 1902 do Código Civil. De modo geral, existem duas hipóteses em que se vislumbra esse dever: na relação médico-paciente e em serviços financeiros.

No Brasil, a boa-fé não aparecia no direito brasileiro sob a forma de princípio geral, mas sim sob o modelo "tudo-ou-nada", na qual somente se reconhecia o dever de informar nos contratos de seguros, em conformidade com a mais estrita boa-fé (*uberrima fides*), cabendo às regras sobre os vícios do consentimento a solução para os problemas de falta de informação na formação dos contratos. Porém, nem por isso o direito brasileiro apresentava deficiências. O art. 94 do Código Civil de 1916 cuidava da omissão dolosa, aceito pela doutrina e reconhecido pela jurisprudência.[687] Em 1990, com o advento do Código de Defesa do Consumidor, estabeleceu-se um dever geral de informar no art. 6º, III,[688] e os arts. 8º e 9º estabeleceram deveres específicos de informar sobre os riscos dos produtos e serviços.[689] A sanção para a violação destes deveres de informar está nos

[686] Espanha. Tribunal Supremo. Roj: STS 2172/2006. Nº de Recurso: 3816/1999. Nº de Resolución: 303/2006. Ponente: Juan Antonio Xiol Rios, 29 de março de 2006.

[687] Código Civil de 1916

Art. 94. Nos atos bilaterais, o silêncio intencional de uma das partes a respeito de fato ou qualidade que a outra parte haja ignorado, constitui omissão dolosa, provando-se que sem ela se não teria celebrado o contrato.

[688] Código de Defesa do Consumidor

Art. 6º. São direitos básicos do consumidor:

(...)

III – a informação adequada e clara sobre os diferentes produtos e serviços, com especificação correta de quantidade, características, composição, qualidade e preço, bem como sobre os riscos que apresentem;

[689] Art. 8º. Os produtos e serviços colocados no mercado de consumo não acarretarão riscos à saúde ou segurança dos consumidores, exceto os considerados normais e previsíveis em decorrência de sua natureza e fruição, obrigando-se os fornecedores, em qualquer hipótese, a dar as informações necessárias e adequadas a seu respeito.

Parágrafo único. Em se tratando de produto industrial, ao fabricante cabe prestar as informações a que se refere este artigo, através de impressos apropriados que devam acompanhar o produto.

Art. 9º. O fornecedor de produtos e serviços potencialmente nocivos ou perigosos à saúde ou segurança, deverá informar, de maneira ostensiva e adequada, a respeito de sua nocividade ou periculosidade, sem prejuízo da adoção de outras medidas cabíveis em cada caso concreto.

arts. 12 e 14 deste Código, impondo-se a responsabilidade objetiva pela sua violação, pois se entende que informações insuficientes ou inadequadas sobre a utilização e riscos de produtos, ou pela fruição e riscos de serviços, são considerados defeitos do produto e do serviço, respectivamente. O art. 31 do Código disciplina as informações a serem prestadas nas ofertas contratuais.[690]

O Código Civil de 2002 manteve a redação do art. 94 do Código Civil de 1916 em linhas gerais no art. 147: "Art. 147. Nos negócios jurídicos bilaterais, o silêncio intencional de uma das partes a respeito de fato ou qualidade que a outra parte haja ignorado, constitui omissão dolosa, provando-se que quem sem ela o negócio não se teria celebrado". Porém, o art. 422 passou ser o fundamento jurídico ao dever geral de informação, ao exigir que se prestem espontaneamente informações, e não somente puna a omissão dolosa.

Observa-se o aumento significativo de casos relativos à aplicação desse dever pelos tribunais, o que permite chegar à conclusão do quanto as pessoas ainda são desrespeitadas e enganadas pela ausência ou omissão de informações no Brasil. Não se pretende dizer que tais violações sejam todas praticadas com dolo, mas, na maior parte dos casos, estas ocorrem por desinformação das empresas em geral sobre os direitos dos consumidores. É possível listar as situações mais frequentes de violação do dever de informação, notadamente advindas de relações de consumo, nas quais uma das partes está em situação de hipossuficiência em face da outra, como, por exemplo, as operadoras de planos de saúde que não informam a alteração dos médicos, hospitais e laboratórios de sua rede credenciada,[691] bem como os casos em que não esclarecem os critérios para imposição de períodos de carência ou para reajuste das mensalidades cobradas de seus

[690] Art. 31. A oferta e apresentação de produtos e serviços devem assegurar informações corretas, claras, precisas, ostensivas e em língua portuguesa sobre suas características, qualidades, quantidade, composição, preço, garantia, prazos de validade e origem, entre outros dados, bem como sobre os riscos que apresentam à saúde e segurança dos consumidores.

[691] Brasil. Tribunal de Justiça do Estado de São Paulo (7ª Câmara de direito Privado). Apelação Cível n. 1076173-15.2018.8.26.0100; Relatora: Des. Maria de Lourdes Lopez Gil, 21 de fevereiro de 2019; Brasil. Tribunal de Justiça do Estado de São Paulo (6ª Câmara de Direito Privado). Apelação Cível n. 1017413-10.2017.8.26.0100. Relator: Des. José Roberto Furquim Cabella, 26 de outubro de 2017.

clientes;[692] as operadoras de telefonia celular que não informam seus clientes acerca das características e restrições de seus planos de serviços;[693] as prestadoras de serviços de Internet que não informam sobre o uso excessivo de dados ou sobre possíveis restrições de ordem técnica no seu fornecimento aos consumidores;[694] as instituições de Ensino Superior que não informam os alunos que o curso frequentado não tem reconhecimento do MEC ou da CAPES e que, portanto, não poderão exercer a profissão ou usar o título de pós-graduação no Brasil, até que se obtenha tal reconhecimento pelas autoridades competentes;[695] e médicos que não alertam seus pacientes sobre os riscos das cirurgias a que serão submetidos em

[692] Brasil. Tribunal de Justiça do Estado do Rio de Janeiro (21ª Câmara Cível). Apelação n. 0002776-77.2011.8.19.0035. Relator: Des. André Emilio Ribeiro von Mellentovytch, 24 de setembro de 2019; Brasil. Tribunal de Justiça do Estado de São Paulo (1ª Câmara de Direito Privado). Apelação n. 0342592-74.2009.8.26.0000. Relator: Des. De Santi Ribeiro, 14 de agosto de 2012; Tribunal de Justiça do Estado de São Paulo (3ª Câmara de Direito Privado). Apelação n. 0036990-06.2007.8.26.0564. Relator: Des. Carlos Alberto Garbi, 22 de novembro de 2011; Tribunal de Justiça do Estado de São Paulo (4ª Câmara de Direito Privado). Apelação n. 0028938-75.2012.8.26.0554. Relator: Des. Milton Carvalho, 9 de maio de 2013.

[693] A título de exemplo, cf. Brasil. Tribunal de Justiça do Estado de São Paulo (38ª Câmara de Direito Privado). Apelação n. 0007949-20.2010.8.26.0004. Relator: Des. Flavio Cunha da Silva, 24 de outubro de 2012; Tribunal de Justiça do Estado de São Paulo (13ª Câmara de Direito Privado). Apelação n. 0003117-17.2008.8.26.0358. Relator: Des. Ana de Lourdes Coutinho Silva da Fonseca, 6 de junho de 2012; Tribunal de Justiça do Estado do Rio de Janeiro (6ª Câmara Cível). Apelação n. 0273323-66.2011.8.19.0001. Relator: Des. Teresa Andrade de Castro Neves, 8 de maio de 2013.

[694] Brasil. Tribunal de Justiça do Estado do Rio de Janeiro (6ª Câmara Cível). Apelação n. 0020639-17.2012.8.19.0001. Relator: Des. Teresa Andrade de Castro Neves, 6 de junho de 2013; Tribunal de Justiça do Estado do Rio Grande do Sul (10ª Câmara Cível). Apelação n. 0177101-63.2013.8.21.7000. Relator: Des. Paulo Roberto Lessa Franz, 31 de outubro de 2013.

[695] Brasil. Superior Tribunal de Justiça (3ª Turma). REsp n. 1.122.275/SP. Relatora: Min. Nancy Andrighi, 27 de março de 2012; Superior Tribunal de Justiça (4ª Turma). REsp n. 1.101.664/SP. Relator: Min. Marco Buzzi, 7 de fevereiro de 2013; Tribunal de Justiça do Estado do Rio de Janeiro (16ª Câmara Cível). Apelação n. 0335185-04.2012.8.19.0001. Relator: Des. Marco Aurélio Bezerra de Melo, 25 de junho de 2013; Tribunal de Justiça do Estado do Rio de Janeiro (3ª Câmara Cível). Apelação n. 0040170-26.2011.8.19.0001. Relator: Des. Mario Assis Gonçalves, 20 de março de 2013.

termos de opções de tratamento,[696] cicatrizações e deformidades,[697] como também da ineficácia de cirurgias de laqueadura pela regeneração natural do organismo.[698] Ademais são comuns as situações descritas por Akerlof em seu texto "Market for Lemons", no qual se formulou o conceito de informação assimétrica, em que vendedores de automóveis não informam sobre o fato de os veículos terem sido recuperados de acidentes. Nesses casos, condenam-se os vendedores por falha no dever de informação.[699] Por exemplo, o caso em que se pediu a resolução do contrato de compra e venda por adulteração do odômetro do veículo. Decidiu-se que houve violação do dever de informar do vendedor, bem como dos princípios da transparência e da boa-fé.[700] No mesmo sentido, o caso em que se resolveu a compra e venda de veículo cujo chassi tinha em numeração diversa da do motor, o que indicava adulteração omitida pelo vendedor para o cliente.[701] Um terceiro caso se refere a comprador de veículo que não foi informado do fato que este era proveniente de leilão, vindo a descobrir esse fato na oficina mecânica. Aqui, o comprador recebeu indenização por danos materiais e morais pela falha no dever de informação. Merece destaque trecho da ementa deste acórdão, em que se reconhece ser a boa-fé o fundamento desse dever e aplicável a todos, não somente aos fornecedores:

[696] BRASIL. Tribunal de Justiça do Estado do Rio de Janeiro (26ª Câmara Cível). Apelação n. 0186368-03.2009.8.19.0001. Relator: Des: Arthur Narciso de Oliveira Neto, 25 de julho de 2019.

[697] BRASIL. Tribunal de Justiça do Distrito Federal e Territórios (2ª Turma Cível). Apelação n. 20140510094609APC. Relatora: Des. Sandra Reves, 7 de fevereiro de 2018; BRASIL. Tribunal de Justiça do Estado do Rio de Janeiro (12ª Câmara Cível). Apelação n. 0000860-52.2008.8.19.0022. Relator: Des. Lucia Maria Miguel da Silva Lima, 12 de março de 2013.

[698] BRASIL. Tribunal de Justiça do Estado de São Paulo (10ª Câmara de Direito Privado). Apelação n. 0233831-08.2007.8.26.0100. Relator: Des. Márcia Regina Dalla Dea Barone, 13 de novembro de 2012; Tribunal de Justiça do Estado de São Paulo (1ª Câmara de Direito Privado). Apelação n. 0012917-51.2009.8.26.0482. Relator: Des. Paulo Eduardo Razuk, 14 de fevereiro de 2012.

[699] BRASIL. Tribunal de Justiça do Estado de São Paulo (30ª Câmara de Direito Privado). Apelação n. 9232313-33.2007.8.26.0000. Relator: Des. Edgard Rosa, 29 de setembro de 2010; BRASIL. Tribunal de Justiça do Estado do Rio de Janeiro (7ª Câmara Cível). Apelação n. 0013666-45.2012.8.19.0066. Relator: Des. Ricardo Couto de Castro, 22 de maio de 2013.

[700] BRASIL. Tribunal de Justiça do Estado de São Paulo (32ª Câmara de Direito Privado). Apelação n. 010913-32.2008.8.26.0006. Relator: Des. Ruy Coppola, 28 de junho de 2012.

[701] BRASIL. Tribunal de Justiça do Estado de Minas Gerais (14ª Câmara Cível). Apelação n. 1.0105.09.323306-9/001. Relator: Des. Valdez Leite Machado, 18 de julho de 2014.

> Clara a falha no dever de informar, dever que não se impõe apenas aos fornecedores, mas aos contratantes em geral, em decorrência da boa-fé objetiva. Iterativa jurisprudência do E. Tribunal de Justiça de São Paulo sobre o dever de rescisão contratual e de indenização pela falha no dever de informação referente à compra de veículo proveniente de leilão, considerando se tratar de vício oculto do produto.[702]

Existem ainda diversas situações específicas de aplicação do dever de informação no Brasil. Merece destaque o caso de uma pessoa assassinada e enterrada como indigente, ainda que seu corpo tivesse sido encontrado com os documentos pessoais. Entendeu-se ter ocorrido a violação do dever de informação à família acerca desse fato lamentável com fundamento nos arts. 1º e 3º, III, da Constituição Federal.[703]

Em geral, menciona-se nos acórdãos o dever de informação, o que permite afirmar a sua existência, mas não se faz o aprofundamento da tipologia relativa ao tema. Assim, faz-se necessária a apresentação das classificações para a compreensão dos efeitos da informação assimétrica e dos custos de transação e de que maneira a boa-fé, por meio desse dever, reduz esses efeitos indesejados nas relações obrigacionais.

3. Classificação do Dever de Informação

O dever de informação[704] é classificado tradicionalmente em diversas categorias, cada qual de forma autônoma, variando de autor para outro o significado de cada um dos deveres. A título de exemplo, Judith Martins-Costa classificou o dever de informar a partir de elementos fático-subjetivos, relacionados às partes envolvidas, como também a partir de elementos normativos, que correspondem à natureza contratual ou não desse dever de informar; e, por fim, os elementos fáticos objetivos, como, por exemplo,

[702] Brasil. Tribunal de Justiça do Estado de São Paulo (30ª Câmara de Direito Privado). Apelação Cível n. 1019019-02.2015.8.26.0114. Relator: Des. Maria Lúcia Pizzotti, 25 de setembro de 2019.

[703] Brasil. Tribunal de Justiça do Estado de São Paulo (9ª Câmara de Direito Público). Apelação n. 9059572-16.2009.8.26.0000. Relator: Oswaldo Luiz Palu, 15 de junho de 2011.

[704] Nesse trabalho, usa-se o termo "dever de informação" para indicar a categoria geral e "dever de informar" para especificá-lo, quando se fizer a classificação entre dever de informar, ônus de se informar, dever de informar para ser informado e dever de se informar para informar.

a natureza do negócio.[705] Neste trabalho, é classificado quanto à intensidade, finalidade e estrutura.

3.1. Quanto à Intensidade

Quanto à intensidade, o dever de informação pode ser classificado em dever de informação em sentido estrito, dever de esclarecimento e dever de conselho.

O dever de informação em sentido estrito é aquele que tem por objeto a transmissão objetiva de uma informação a comunicação de fatos. Uma das partes tem o dever de transmiti-la à parte contrária, que a processará e a utilizará em sua conveniência. Esse dever é, portanto, neutro. Para Leyssac,[706] no dever de informação em sentido estrito, essa é transmitida em seu estado bruto. Nos países de *civil law* se fala em dever de informação; nos de *common law*, fala-se em dever de revelação (*duty of disclosure*).

O dever de esclarecimento é o dever de informação em que há também o processamento da mesma por parte de seu devedor, para facilitar o seu entendimento pelo credor da mesma. Tem por objetivo não apenas transmiti-la, mas cooperar com o credor de modo que o transmissor proporcione ao receptor a compreensão do significado da mensagem transmitida. Valendo-se de uma terminologia da pedagogia, faz-se a transposição didática do conteúdo a ser transmitido. Não só informa, mas traduz em linguagem simples o que isso quer dizer. Clóvis do Couto e Silva,[707] quando analisou esse dever, afirmou que este se dirige ao outro participante da relação jurídica, para tornar clara certa circunstância de que a parte contrária tenha conhecimento imperfeito, ou errôneo, ou ainda ignore totalmente, quando este esclarecimento for relacionado com alguma circunstância relevante.

Em um terceiro grau há o dever de conselho ou de recomendação. De nada adiantaria informar, ainda que de forma clara, se faltarem pré-requisitos para o credor da informação usá-las em seu benefício. Há, nesse caso, um juízo de valor do devedor da mesma, indicando de que maneira a pessoa deve agir. O dever de conselho, que não deixa de ser uma forma

[705] Martins-Costa, Judith. A boa-fé no direito privado. 2. ed. São Paulo: Saraiva, 2018. p. 587.

[706] Leyssac, C. Lucas de. op. cit. p. 306.

[707] Silva, Clóvis Veríssimo do Couto e. A obrigação como processo. São Paulo: José Butschasky Editor, 1976. p. 115.

de cooperação com o credor, tem por objetivo, portanto, a orientação na tomada de decisão.[708] Ao receber-se um conselho, a pessoa terá mais segurança em suas ações.[709] Para Sinde Monteiro:

> [d]ar um conselho significa dar a conhecer a uma outra pessoa que, na sua situação, se considera melhor ou mais vantajoso e o próprio faria se estivesse no seu lugar, a que se liga a exortação (expressa ou implícita, mas de qualquer forma nunca vinculativa para o destinatário) no sentido de aquele que recebe o conselho agir (ou se abster) de forma correspondente; o conselho contém pois um juízo de valor acerca de um ato futuro do aconselhando, em regra ligado a uma explicação.[710]

Para Eva Sônia Moreira da Silva,[711] o dever de conselho consiste no dever de informação ao qual há juízo de valor sobre os fatos ou dados comunicados. O receptor da informação age se quiser, mas não é vinculado ao conselho. Já a recomendação seria uma exortação menos forte. Ghestin[712] exemplificou que, na obrigação de conselho, deve-se falar à parte contrária até mesmo acerca da oportunidade de concluir o contrato segundo o plano técnico ou pecuniário, como por exemplo, recusar prestar determinado serviço.

O dever de conselho, portanto, não consiste apenas em transmitir a informação objetivamente, mas sim em dar uma opinião. Não uma opinião qualquer, mas devido ao fato do opinante ter experiência em determinado assunto e estar em melhores condições para prever quais são as consequências de tomar determinada decisão. Para Rommel,[713] quando o devedor da informação tem conhecimento especializado, tende-se a transformar o dever de informação em dever de conselho.

A doutrina reconhece não ser fácil distinguir estas categorias de dever de informação.[714] Por exemplo, Stiglitz[715] explica que o devedor da infor-

[708] LLOBET Y AGUADO, Josep. op. cit. p. 34.
[709] LEYSSAC, C. Lucas de. op. cit. p. 306.
[710] MONTEIRO, Jorge Ferreira Sinde. op. cit. p. 14.
[711] SILVA, Eva Sónia Moreira da. op. cit. p. 68.
[712] GHESTIN, Jacques. op. cit. p. 503.
[713] ROMMEL, Guy. op. cit. p. 33.
[714] GHESTIN, Jacques. op. cit. p. 504.
[715] STIGLITZ, Ruben S. op. cit. p. 16.

mação, se for adimplir somente esse dever em sentido estrito, deve fornecê-la objetivamente, pois se transforma em conselho toda consideração que consista em uma opinião favorável ou adversa à tomada de uma decisão pelo credor da informação.

Nesta classificação se pode notar que a intensidade do dever de informação é diretamente proporcional aos custos de transação da parte credora da informação. O dever de informação em sentido estrito tem um objetivo limitado, que consiste apenas em reduzir a informação assimétrica entre as partes e os custos de transação do interessado em obtê-las, porque não precisará incorrer com despesas em sua obtenção. Contudo, a parte que recebeu a informação pode ter dificuldades em compreendê-la, surgindo custos de processamento das informações, devido ao fenômeno da racionalidade limitada. Para reduzir estes custos de transação, o princípio da boa-fé acentua a transmissão com o dever de esclarecimento, ao exigir do devedor desta a facilitação da compreensão do que foi transmitido. Em um terceiro momento, quando nem mesmo com informações claras se poderá tomar uma decisão, o que implica custos de transação, o princípio da boa-fé acentua ainda mais esse dever a fim de reduz estes custos – entendidos como custos de avaliação – mediante o dever de conselho ou recomendação.

3.2. Quanto à Finalidade

Quanto à finalidade do dever de informar, este pode destinar-se ao conteúdo do contrato, ou pode destinar-se para o controle do comportamento das partes.[716] Neste caso cabe a distinção criada por Pothier[717] sobre circunstâncias intrínsecas ao contrato, sobre as características da coisa vendida e circunstâncias extrínsecas ao contrato e sobre as razões que levam o vendedor ou o comprador a celebrar o negócio.[718] De acordo com Leyssac,[719] a qualidade da decisão de contratar depende de dois fatores: o conhecimento do conteúdo do contrato e a apreciação de sua oportunidade na perspectiva da necessidade que é destinada a satisfazer.

[716] JALUZOT, Béatrice. La bonne foi dans les contrats. Étude comparative de droit français, allemand et japonais. Paris: Dalloz, 2001. p. 386.

[717] POTHIER, Robert Joseph. Oeuvres de Pothier. Traité de la vente. Tome Troisième. Paris: M. Siffrein Editor, 1821. p. 148.

[718] FABRE-MAGNAN, Muriel. op. cit. p. 123.

[719] LEYSSAC, C. Lucas de. op. cit. p. 309-310.

Assim, há o dever de informar sobre o objeto do contrato; dever de informar as intenções no contrato; dever de aviso, cuidado e alerta; e dever de notificação.

O dever de informar sobre o objeto do contrato tem por objetivo transmitir informações necessárias a sua boa formação e deixar o seu conteúdo mais transparente entre as partes. Compreende o esclarecimento das obrigações que serão assumidas pelas partes, as informações sobre as características em termos de quantidade, qualidade, preço, dos objetos das prestações do contrato e todas aquelas que sejam decisivas para a decisão de contratar. Não é justo alguém assumir obrigações sem as querer, de modo que, se soubesse do conteúdo das obrigações assumidas, não as teria aceito ou as teria aceito em outras condições. Ademais, também se deve informar sobre eventuais questões relativas à validade ou à eficácia do negócio jurídico, podendo, inclusive, compreender informações sobre as regras jurídicas a serem observadas pelas partes.[720] Fabre-Magnan[721] lembrou que, em se tratando de dever de informar sobre o objeto do contrato, deve-se chamar a atenção da parte contrária a um aspecto negativo do objeto da prestação. Este dever de informar tem por fim a tutela da liberdade de estipular o seu conteúdo, sendo de fundamental importância para a redução do estado de informação assimétrica decorrente dos custos de transação. Em primeiro lugar, facilita-se a aquisição de informações, reduzindo-se os custos para sua aquisição, assim como serão reduzidos os custos de negociação dos contratos, tendo em vista que estas têm por objetivo a aquisição de informações. Em segundo lugar, com o maior número de informações, isto é, com aquelas que naturalmente se obtêm, somadas com aquelas transmitidas pela parte contrária, facilita-se a tomada de decisão sobre as vantagens de se contratar, reduzindo-se os custos da conclusão do contrato. Este mesmo dever de informação também exige que se prestem informações sobre o modo de usar a coisa objeto do negócio. O exemplo típico é o dever do fabricante de determinado produto ou o prestador de determinado serviço de informar sobre sua utilização, para que possa fazer o melhor uso possível o que se adquiriu. Também cabe este mesmo dever de informação, por exemplo, na utilização de determinada tecnologia adquirida em um contrato de *franchising*. Em ambos os

[720] Prata, Ana. Notas sobre responsabilidade pré-contratual. Lisboa, s.e. 1991. p. 61.
[721] Fabre-Magnan, Muriel. op. cit. p. 381.

casos, a falta de informações implica elevados custos de transação, porque caberá ao adquirente da coisa descobri-las, em geral, por meio de tentativa e erro, reduzindo-se as vantagens globais do negócio que celebrou, bem como o maior risco de danos à própria coisa ou a sua própria pessoa. Em suma, o dever de informação sobre o objeto do contrato engloba o dever de informação para o consentimento do contratante e o dever de informação para a execução do contrato.

O dever de informar as próprias intenções no contrato tem por objetivo combater os problemas de ruptura injustificada das negociações, decorrentes da liberdade das partes em assumir ou não as obrigações que resultarão no contrato. A parte não esclarece se apenas quer conhecer o produto ou serviço da parte contrária, ou se quer realmente contratar. Certamente, se houvesse o adimplemento deste dever, seriam evitados muitos casos entendidos como de ruptura injustificada de negociações. Com base neste dever de informação, disciplina-se a liberdade de contratar ou de não contratar. Este dever também abrange o período de execução do contrato, acerca das circunstâncias relativas a decisão sobre prorrogação, renovação, resilição e modificação deste. Com efeito, a ignorância da informação pode levar o credor desta a tomar determinada decisão contrária a seu interesse.[722]

O dever de aviso, cuidado e alerta (*mise en garde*) é uma especificação do dever geral de cuidado (*alterum non laedere*) ou, em outras palavras, dever de proteção por meio do dever de informação.[723] Costuma implicar a advertência de um perigo, material ou jurídico. Parte delas tem por objetivo proteger a própria pessoa, alertando-a de riscos para a vida, saúde e segurança da parte contrária. Quanto maior o perigo, mais acentuado deve ser o dever de informação. Pelo fato do dever geral de cuidado exigir que nenhum dano seja causado a outrem, a conduta diligente consiste na eliminação das fontes de riscos. Melhor que assegurar a reparação de danos, é evitar que os mesmos ocorram.[724] Porém, nem sempre é possível eliminar os perigos. Assim, de acordo com Sinde Monteiro,[725] "[o] meio mais simples de combater uma situação de perigo consiste no aviso face

[722] Fabre-Magnan, Muriel. op. cit. p. 257.

[723] Pinna, Andrea. op. cit. p. 101.

[724] Llobet y Aguado, Josep. op. cit. p. 34.

[725] Monteiro, Jorge Ferreira Sinde. op. cit. p. 322.

à sua existência. Este constitui a forma mais fraca de segurança, normalmente menos eficaz do que uma aceitação direta sobre o foco do perigo". Por exemplo, tem-se o caso de um portão instalado em condomínio, o qual causou acidente em morador. Considerou-se que houve falha no dever de informação, por não ter alertado sobre os riscos quanto ao seu uso.[726]

Além disso, o dever de aviso chama a atenção do usuário acerca de eventuais perigos decorrentes da má utilização do produto ou sobre a sua natureza, em se tratando de produto ou serviço perigoso, para que tome precauções.[727] No Brasil, o Código de Defesa do Consumidor considera defeituoso o produto ou serviço que não traz informações necessárias sobre sua utilização segura. Este dever de aviso pode dar-se somente à parte contrária, ou para toda a população, como no caso do *recall*. Quem conhece o perigo, deve alertar a parte contrária.[728] Llobet[729] comentou que a obrigação de informar sobre a coisa somente existiria naqueles casos em que a pessoa se encontrar impossibilitada de descobrir seus perigos por si mesma. O conteúdo da informação, portanto, deve ser fornecido em função do uso normal do produto.

É por uma questão ligada aos custos de transação que se impõe um dever de informação quanto à existência de perigos. Estes surgem da falta de informações sobre os danos que potencialmente podem ser causados à pessoa e que, por serem, em regra, imprevisíveis, a parte credora desta informação nem sequer tem consciência de como evitá-los. Não prestar informações nesse sentido implica custos de transação proibitivos, além dos custos de processamento das mesmas ser igualmente elevado. Com a ocorrência de danos, surgirão despesas provocadas pelo contrato, que são custos de transação. Dessa forma, o princípio da boa-fé os reduz, ao facilitar a aquisição das informações necessárias para que se evitem danos.

Por fim, o dever de notificação tem por finalidade transmitir informação relevante que, de qualquer modo, facilite o adimplemento e reduza custos de transação, como nos casos em que, se a soubesse, determinada

[726] BRASIL. Tribunal de Justiça do Estado de São Paulo (31ª Câmara de Direito Privado). Apelação Cível n. 0135152-94.2012.8.26.0100. Relator: Des. Paulo Ayrosa, 20 de setembro de 2016.

[727] FRADERA, Vera Maria Jacob de. O dever de informar do fabricante. Revista dos Tribunais, São Paulo, v. 79, n. 656, p. 53-71, jun. 1990. p. 54.

[728] CARUSI, Franco. Correttezza (Obblighi di) (verbete). *In:* ENCICLOPEDIA DEL DIRITTO. Vol. X. Contratto-Cor. Milano: Giuffrè, 1962. p. 712.

[729] LLOBET Y AGUADO, Josep. op. cit. p. 45.

conduta não precisaria ter sido praticada, ou despesa não seria necessária. São aqueles casos em que informar a parte contrária lhe evitaria uma despesa inútil, ou, sem qualquer prejuízo ao informante, a informação transmitida é uma dica ao informado, facilitando-lhe a conduta. Este dever de notificação também surge quando alguém administra assuntos de outrem ou lhe faz alguma tarefa.[730] Neste caso, o dever de informar tem por objeto o estado do negócio e a prestação de contas, tal como ocorre no contrato de mandato. Também a lei prevê este dever de notificação, quando determinado negócio jurídico pode afetar interesses de terceiros, como nos casos de venda de descendente a ascendente, notificação do devedor na cessão de crédito, nas operações em bolsa de valores, ou às autoridades, em casos de fusões, incorporações e aquisições de empresas. Este dever de notificação reduz os custos de transação, porque podem deixar de ser feitas despesas relativas ao contrato, por exemplo, aquelas decorrentes do seu cumprimento ou monitoramento.

3.3. Quanto à Estrutura

Quanto à estrutura, o dever de informação pode ser um dever geral ou deveres específicos; dever legal ou dever contratual; dever de informar como obrigação lateral ou dever de informação como objeto do contrato.

Na primeira dicotomia acima mencionada, trata-se de saber se o dever de informação incide pontualmente, ou se incide em toda e qualquer relação jurídica.

Com efeito, o dever de informação apareceu pontualmente, sendo o contrato de seguro o exemplo típico, ao impor ao contratante do seguro o dever de revelar as circunstâncias relevantes para o segurador conhecer qual risco irá segurar. Tanto que os contratos de seguros nos países de *common law* são classificados como contratos *uberrima fides*, por serem exceção à total liberdade das partes na fase pré-contratual. Outros exemplos de deveres pontuais de informação são aqueles nos contratos de sociedade, na cessão de crédito, no mandato, e na venda de ascendente a descendente. Eva Sônia Moreira da Silva[731] sustentou a inexistência de um dever pré-contratual geral de informação, existindo, sim, este dever somente em relação a determinados elementos e dentro de determinadas circuns-

[730] FABIAN, Christoph. op. cit. p. 89.

[731] SILVA, Eva Sónia Moreira da. op. cit. p. 79.

tâncias e que só existirá quando o princípio da boa-fé o impuser. Fabian[732] também sustentou que seria errado reconhecer a existência de regras abstratas sobre o dever de informar. Este deve ser elaborado sempre no caso singular, levando em consideração as relações entre as duas partes e o tipo de contrato. Por outro lado, há quem defenda a grande abrangência do dever de informação, podendo-se falar em dever geral, o qual estaria, ao menos, implícito nas regras sobre os vícios do consentimento, por exemplo, no dolo. Nos últimos anos, devido à extensão do princípio da boa-fé, pode-se afirmar a existência de um dever geral de informação, impondo-o em toda circunstância em que houver informação assimétrica entre as partes. De certa forma, este dever geral está presente nas regras sobre a oferta contratual, que constituem um meio de transmitir as informações necessárias à validade do contrato, que são os elementos essenciais de cada contrato.[733] Por exemplo, informar o preço, definir a coisa a ser vendida, bem como os prazos de reflexão para a parte decidir aceitar ou rejeitar a oferta, no período de tempo para que se processem as informações recebidas da parte contrária.

Para Leyssac,[734] o fato de não se conseguir visualizar um dever geral de informação não implica dizer que este não exista, tal como o astrônomo que deduz a existência de um planeta pela mera observação do comportamento dos astros conhecidos. O dever de informação teria tal alcance, por ser indispensável à justificação de certas soluções jurisprudenciais em matéria de erro e dolo. Inclusive se poderia sustentar, no entender de Leyssac, que a falta constitutiva do dolo só pode ser a violação da obrigação de informação. De acordo com Legrand,[735] não apenas se conseguiu provar que a obrigação pré-contratual de informação é ineficiente, como, ao contrário, provou-se que ela é sim eficiente e necessária.

De fato, existe sim um dever geral de informação, porque não se podem admitir situações das quais se possam tirar vantagens excessivas do estado de informação assimétrica entre as partes. Não se deve sustentar, por outro lado, a existência de uma *uberrima fides* incondicional. Porém, a inexistência de um dever geral de informação também é inaceitável. Pelo fato

[732] FABIAN, Christoph. op. cit. p. 112.

[733] ROMMEL, Guy. op. cit. p. 6.

[734] LEYSSAC, C. Lucas de. op. cit. p. 312.

[735] LEGRAND JR, Pierre. op. cit. p. 344.

desse dever ter desenvolvimento relativamente recente, isto faz com que os casos que, em tese, poderiam ser classificados como tais, sejam classificados como mera aplicação do princípio da boa-fé.

A segunda dicotomia refere-se às fontes do dever de informar, sendo as duas principais a lei e o contrato. A lei pode estabelecer deveres de informação, devido à frequência com que determinados problemas aparecem e que são solucionados mediante este dever imposto pela lei, mediante cláusula geral ou regras específicas ou típicas.[736] Porém, nada obsta que se forme um contrato que tenha a mesma finalidade dos deveres estabelecidos pela lei. Em outras palavras, a boa-fé teria o contrato por fonte. Neste caso, podem-se aumentar e especificar quais seriam estes deveres. É o que ocorre na prática contratual empresarial, em que acordos pré-contratuais são celebrados com a finalidade de disciplinar o procedimento de negociação.

Em relação à terceira dicotomia, o dever de informação pode constituir um dever lateral à obrigação principal, cuja finalidade é a de contribuir para o melhor adimplemento desta última,[737] como no caso dos deveres de informação sobre suas intenções na contratação, ou deveres de aviso e notificação, para se reduzirem os custos de transação entre as partes. Sinde Monteiro[738] lembrou que há diversos contratos que não têm por prestação principal o fornecimento de informações, mas preveem obrigações de informação a título de obrigações laterais, tais como a do advogado sobre a falta de expectativas de êxito em uma ação, ou a do vendedor de máquinas ou aparelhos complicados e perigosos sobre a utilização dos mesmos, entre outros casos. Também se incluem o dever de prestar contas no mandato e o dever de informação sobre a alteração do risco no seguro. Por outro lado, informar pode ser objeto do contrato, por exemplo, no contrato entre o paciente e o médico, no qual este último examinará o paciente para dizer-lhe qual a sua doença e também dará informações de como o tratamento deve ser feito. O mesmo se diga nos serviços de consultoria, profissão cujo objeto é informar.[739] Nestes casos, o objeto do contrato é a prestação de informações, porque estas são um bem, e são

[736] Llobet y Aguado, Josep. op. cit. p. 35.

[737] Pinna, Andrea. op. cit. p. 29.

[738] Monteiro, Jorge Ferreira Sinde. op. cit. p. 393.

[739] Pinna, Andrea. op. cit. p. 7.

vendidas por estes profissionais. Pinna,[740] ao comentar esta dicotomia, chamou a atenção para o fato de que o dever lateral é imposto pela lei ou pela responsabilidade civil sem correspondente remuneração. Já o dever principal de informação é remunerado, pois esta informação é intencionalmente comprada pelo interessado. No Brasil, questão polêmica por anos foi a cobrança de taxas de serviço de assessoria técnico-imobiliária ao adquirente de imóvel em estande de vendas, além da imposição do pagamento das taxas de corretagem. O Superior Tribunal de Justiça entendeu em acórdão de recurso repetitivo que a cobrança da referida taxa é ilegal, por ser mera prestação de serviço do vendedor, embora entenda ser devida a taxa de corretagem, desde que previamente informada, pois o corretor prestaria informações ao comprador.[741] Na nossa opinião, ambas as taxas são ilegais, pois os corretores não prospectaram imóveis aos clientes, mas, sim, os incorporadores que usam os serviços dos corretores para captar adquirentes.

Quanto a esta terceira dicotomia, pode-se notar que o critério utilizado decorre dos custos de transação. Nos casos em que o dever de informar surge lateralmente, a finalidade está em reduzir os custos de monitoramento dos contratos, porque o interessado nas informações não terá custos para descobrir tais informações; ao contrário, ele as receberá gratuitamente. Ou, ainda, ao informar sobre o modo de utilização do objeto da prestação, reduzem-se os custos de aquisição de informações sobre sua utilização. Logo, não será necessário arcar com custos para pesquisar como se faz para utilizar a coisa ou o serviço. Já em relação aos contratos que têm por objeto a transmissão de informação, busca-se a redução dos custos de aquisição e processamento das informações, porque o credor destas não precisará ingressar em um curso superior para descobri-las. Embora não sejam gratuitas estas informações, será grande a economia de recursos na sua obtenção.

3.4. Quanto ao Momento de Incidência

Por razões históricas, a boa-fé foi inicialmente restrita à execução do contrato, deixando-se os problemas informacionais para serem soluciona-

[740] Pinna, Andrea. op. cit. p. 23.

[741] Brasil. Superior Tribunal de Justiça (2ª Seção). REsp n. 1.599.511/SP. Relator: Min. Paulo de Tarso Sanseverino, 24 de agosto de 2016.

dos pela disciplina dos vícios do consentimento. Contudo, foi a partir da necessidade de aprimorar a proteção jurídica no período pré-contratual que levou ao surgimento do dever de informar para esta fase. Tendo em vista que transações geram custos, estes são produzidos em todas as fases do contrato. Como visto anteriormente, Williamson inclusive classificou os custos de transação em custos *ex ante contractus* e *custos ex post contractus*. Por isso mesmo, o dever de informar, decorrente do princípio da boa-fé, incide para a redução destes custos de transação em todos estes períodos.

Há casos em que o dever de informar é adimplido na fase pré-contratual e que, em caso de inadimplemento deste, os seus efeitos se produzirão somente após a total extinção do contrato, em decorrência de condutas ou negócios jurídicos que, embora não se relacionem com o contrato, possam vir a atingi-lo. Em outras palavras, consiste na não declaração na fase pré-contratual, da intenção de realizar conduta ou negócio jurídico com terceiros, que possam gerar externalidades no negócio anterior. São os casos das alienações de quotas, de ações, ou de estabelecimentos empresariais, em que o vendedor tem que informar o que fará após ter celebrado o contrato, ou no caso em que o vendedor de um apartamento com bela vista não declara que construirá na frente do prédio vendido uma edificação que a encobrirá. Estes casos são, na verdade, hipóteses de violação da boa-fé na fase pré-contratual, porque afetam o consentimento do contratante, e atacam os motivos determinantes do negócio jurídico, embora os danos sejam provocados após o término do contrato.

Durante a execução do contrato, também se faz necessário o dever de informação, para facilitar o adimplemento do mesmo e economizar tempo e recursos, assegurando a boa execução de uma obrigação contratual. Por exemplo, ao fornecerem-se informações sobre o modo de emprego da coisa, por meio de um sistema de atendimento ao cliente, ou também no contrato de mandato, no qual o mandatário tem que prestar contas sobre o desempenho de suas atividades, ou no caso do contrato de seguro, em que se faz necessário informar qualquer alteração do risco segurado, sob pena de estar-se segurando algo cujo risco aumentou. Admite-se a extensão do dever de informar até mesmo após a extinção dos contratos. A hipótese relevante de dever de informar na fase pós-contratual é o *recall*, em que o fabricante não sabia de determinados riscos na ocasião da colocação do produto no mercado e somente após este fato é que este é descoberto.

4. Características da Informação a ser Transmitida

Em matéria de dever de informação, não basta somente a sua transmissão. Esta deve ser completa, sob pena de inadimplemento. Além disso, é preciso critérios para saber quais as características das informações que devem ser transmitidas à parte contrária,[742] as quais devem ter três qualidades: veracidade, relevância e clareza.

4.1. Informação Verdadeira

Ser verdadeira é o primeiro requisito da informação a ser prestada em função de um dever dessa natureza. Trata-se de uma exigência lógica, pois se a informação é falsa, errada ou mentirosa, melhor que nem sequer essa fosse prestada, devido aos transtornos que informações erradas ou falsas provocariam para o credor da mesma.

De acordo com Piotet,[743] o dever de informação compreende, além da informação a ser transmitida, o dever de verdade, que consiste no dever negativo da parte sobre tudo que possa fazer crer que a situação é diferente do que é realmente. Para Stiglitz,[744] consiste em abster-se de afirmar absolutamente nada sem estar seguro do que se informa. Para Eva Sônia Moreira da Silva, somente "(...) faz sentido existir um dever de informação quando exista um dever de informar com verdade". [745]

A informação intencionalmente falsa é o dolo, defeito do negócio jurídico que é instituto jurídico independente. Por outro lado, a boa-fé supre a incidência restrita do dolo, ao abranger os casos em que se prestaram informações inexatas culposamente. Por exemplo, a parte não está absolutamente certa do que diz, e garante a parte contrária que sua informação é verdadeira, quando na verdade não o é. Neste caso há negligência. Como explicou Sinde Monteiro,[746] até mesmo quando não há nenhum dever de

[742] Como apontou Fabre-Magnan, no dever de informar compreende duas obrigações. A primeira delas é uma obrigação de resultado, que consiste na obrigação de transmitir a informação. A outra é uma obrigação de meios, que consiste em utilizar modalidades adequadas de transmissão e de informação, de sorte que seu destinatário a receba e a compreenda. (Fabre-Magnan, Muriel. op. cit. p. 423)

[743] Piotet, Paul. Culpa in contrahendo et responsabilité précontractuelle en droit privé suisse. Berne: Staempfli, 1963. p. 121.

[744] Stiglitz, Ruben S. op. cit. p. 12.

[745] Silva, Eva Sónia Moreira da. op. cit. p. 71.

[746] Monteiro, Jorge Ferreira Sinde. op. cit. p. 57.

informar, jamais se devem dar conselhos ou recomendações sem qualquer cuidado. Por isso, quando não há segurança no que se diz, o correto é dizer que não sabe. Em se tratando de dever de conselho, há que se deixar claro que possui conhecimento para aconselhar.[747] A declaração de que que não sabe, é uma informação relevante e verdadeira.

Por força de o dever de informação exigir que esta seja verdadeira, não se podem transmitir apenas os pontos positivos. Também há de se apresentar os pontos negativos, mesmo se significar prejuízo da busca do máximo interesse do devedor da informação. Tanto é verdade que a doutrina dos vícios redibitórios se assenta neste fato. Se o comprador soubesse da existência do vício, certamente o preço da mesma seria mais baixo ou, provavelmente, pediria abatimento no preço. Porém, assim que se descobre o problema, a consequência é o direito do comprador de redibir ou pedir redução do preço pago. Se o vendedor é obrigado a responder por vícios redibitórios ainda que não saiba da existência dos mesmos, com muito mais razão por eles responderá, caso deles tivesse conhecimento.

Caso que desperta interesse quanto à veracidade da informação foi aquele julgado pelo Superior Tribunal de Justiça relativo a prática de montadoras, em que se antecipa o lançamento de veículos do ano seguinte no mercado ainda no ano corrente. No caso, uma montadora colocou no mercado veículo anunciado como sendo modelo do ano subsequente e, meses depois, parar a fabricação e lançar no mercado o mesmo veículo com outras características, de modo que aqueles veículos não podiam mais ser considerados como os últimos fabricados. A montadora foi condenada ao pagamento de indenização e a questão foi considerada como violação do dever de informação.[748] Poderia ser considerado dolo ou, até mesmo, comportamento contraditório, violando o dever de coerência.

Ademais, a informação transmitida deve ser verdadeira também por causa do estado de informação assimétrica gerada pelos custos de transação. Tendo em vista que naturalmente há deste desequilíbrio informacional entre as partes, a transmissão de informações inexatas acentuaria ainda mais este desequilíbrio e, consequentemente, aumentaria os custos de transação, porque o contrato seria malformado ou a decisão tomada seria

[747] Pinna, Andrea. op. cit. p. 96.

[748] Brasil. Superior Tribunal de Justiça (3ª Turma). REsp n. 1.342.899/RS. Relator: Min. Sidnei Benetti, 20 de agosto de 2013.

errada, trazendo prejuízos ao credor da informação. Existindo um dever de falar a verdade, o devedor tem de retificar imediatamente a informação errada, para diminuir os riscos das ações tomadas. É semelhante ao dever do segurado de comunicar imediatamente ao segurador a alteração do risco da coisa segurada. De acordo com Sinde Monteiro[749], se o devedor da informação descobre ter prestado informação ou recomendação errada, existe um dever de retificação, em ordem de evitar a consumação de um prejuízo ou a sua diminuição. No direito do consumidor, há o problema do risco do desenvolvimento, situação na qual, posteriormente ao lançamento de determinado produto no mercado, descobre-se que o mesmo pode oferecer riscos à saúde dos consumidores. Neste caso, o fabricante deve informar aos usuários e às autoridades sobre o risco, mediante *recall*. Por meio deste dever de retificação, busca-se solucionar a informação assimétrica e atenuar os efeitos dos custos de transação.

Questiona-se também se publicidade é informação, no sentido de que não se trata de informações absolutamente isentas, tendo em vista que o seu objetivo é o convencimento.[750] A despeito desta, pela sua própria natureza, ser tendenciosa, isso não significa que possam anunciar informações falsas. No Brasil, ao contrário de outros países, o Código de Defesa do Consumidor solucionou este problema, ao reconhecer a publicidade como oferta, obrigando quem anunciou a suportar a inexatidão das informações. A exceção para o dever de falar a verdade é o caso em que o médico oculta o estado de saúde do doente, para evitar que, devido ao medo, o aparelho psíquico produza doenças psicossomáticas ou contribua para o próprio agravamento da doença já existente, podendo levar o paciente até mesmo à morte. Neste caso, o bem jurídico vida é mais importante do que o dever de informar e o conhecimento da situação real aumentará desnecessariamente o sofrimento da pessoa.

Impõe-se discutir se há o dever de falar a verdade em caso de expedição de carta de recomendação. Por um lado, é consequência do princípio da boa-fé pós-contratual, relacionada ao dever de cooperação, a concessão de carta de recomendação de empregado. Por outro lado, há envolvido o constrangimento do emitente em falar a verdade. Assim, não se pode esperar que em uma carta de recomendação somente contenha informa-

[749] Monteiro, Jorge Ferreira Sinde. op. cit. p. 389.
[750] Grisi, Giuseppe. op. cit. p. 401.

ções exatas sobre a pessoa recomendada. O credor da informação sabe ou deve saber que ocorrem estas situações de constrangimento. Por isso, não pode confiar cegamente no que está escrito na carta. Além disso, não haveria de se falar em responsabilidade pela inexatidão do conteúdo da carta de recomendação. Por ser um favor, configura-se obrigação gratuita e, nestes casos, só se responde por dolo. Aguirre trouxe o exemplo de alguém que dispensou funcionário por ter praticado pequeno furto, mas, ainda assim, concede a carta de recomendação. Para este autor, o emitente da carta responderia por culpa, nos termos do art. 186 do Código Civil brasileiro.[751] De fato, a questão aqui consiste em saber se essa culpa seria grave, para aplicar-se o brocardo *culpa lata dolo aequiparatur*.

Isso também se explica pela nova economia institucional. Considerando que a carta de recomendação costuma ser elaborada sob constrangimento do solicitante, no repertório de experiências das pessoas há a informação de que não se deve confiar cegamente nestas informações. Com isso, evitam-se custos de transação por se deixar de confiar nestas.

4.2. Informação Relevante

A informação relevante ou pertinente é aquela essencial ao credor da informação na decisão de contratar,[752] fazendo a diferença no convencimento da pessoa de tal modo que teria agido de outro modo, se o credor desta soubesse da mesma.

Quando prestadas pelo devedor da informação, podem ser as mais variadas possíveis. Todavia, pode ser que algumas delas sejam importantes para que o credor da informação tome a decisão de contratar, mas também pode acontecer de informações serem inúteis para o credor tomar sua decisão. A relevância ou não da informação difere de uma pessoa para outra. Por exemplo, em uma compra de imóvel, um pretenso comprador considerará a construção, outro pretenso comprador considerará a incidência de raios solares, um terceiro pensará na vizinhança e assim por diante.[753] Mas para que surja indenização por violação do dever de infor-

[751] Aguirre, João Ricardo Brandão. Responsabilidade e informação: efeitos jurídicos das informações, conselhos e recomendações entre particulares. São Paulo: Revista dos Tribunais, 2011. p. 197.

[752] Piotet, Paul. op. cit. p. 121.

[753] Leyssac, C. Lucas de. op. cit. p. 324.

mação, é preciso que deva ter sido determinante na formação do consentimento.

A reticência dolosa é o exemplo mais evidente de violação do dever de transmitir informação relevante. Para Romain,[754] esta significa a violação do dever de contratar segundo a boa-fé e consiste no silêncio circunstanciado de caráter doloso em que se supõe haver uma obrigação de falar.[755] Por não ter acesso a esta informação, celebra-se negócio jurídico que lhe é desfavorável ou que lhe causa dano. Porém, deve-se verificar se o devedor da informação sabia da importância desta informação para a parte contrária. No Brasil, a omissão de informação relevante é equiparada ao dolo. Na França, a reticência dolosa, consagrada pela jurisprudência, é o reconhecimento de uma obrigação de informação.[756] Outra situação é a perda de uma chance. Para Asúa Gonzalez,[757] a parte que conhecia ou deveria conhecer um fato de importância determinante para a outra parte, especialmente por motivo de sua qualificação profissional, está obrigado a informá-la se a esta for impossível informar-se por si ou podia confiar legitimamente em seu contratante em razão da natureza do contrato, das qualidades das partes, ou das informações inexatas que este último lhe havia proporcionado. Há neste caso o dever de mencionar alternativas.[758] No Brasil, tem-se caso lamentável, em que mulher se submeteu a procedimento de retirada de trompa por causa de gravidez ectópica, mas se retirou a outra saudável, omitindo-se esse fato. O Tribunal de Justiça do Estado de São Paulo considerou que houve violação do dever de informação.[759]

Por bastante tempo, considerou-se que a informação relevante, objeto do dever de informar, seria aquela indispensável para evitar um erro inven-

[754] ROMAIN, Jean-François. Théorie critique du principe général de bonne foi en droit privé: des atteintes à la bonne foi, en général, et de la fraude, en particulier ("Fraus omnia corrumpit"). Bruxelas: Bruylant, 2000. p. 277.

[755] ROMAIN, Jean-François. op. cit. p. 294.

[756] GHESTIN, Jacques. op. cit. p. 525.

[757] ASÚA GONZALEZ, Clara I. La culpa in contrahendo*:* tratamiento en el derecho alemán y presencia en otros ordenamientos. Erandio: Servicio ed. Univ. del País Vasco, 1989. p. 230.

[758] PINNA, Andrea. op. cit. p. 114.

[759] BRASIL. Tribunal de Justiça do Estado de São Paulo (5ª Câmara de Direito Privado). Apelação Cível n. 1017092-69.2017.8.26.0004. Relator: Des. A.C. Mathias Coltro, 4 de setembro de 2019.

cível da parte contrária.[760] Nos últimos tempos, é aquela a ser fornecida em quantidade suficiente para tomar a decisão de contratar, devendo ser completa e integral,[761] modificável conforme o caráter pessoal do informante e do informado, do tipo de contrato celebrado e da confiança que despertou na parte contrária.[762] Com efeito, o dever de informação transcende o mero alerta sobre um erro invencível, exigindo-se que se prestem todas as informações decisivas para a contratação, pois, do contrário, seria a negação do próprio princípio da boa-fé.

Alcides Tomasetti Junior[763] fez a classificação entre deficiência de informação, hipereficiência da informação e insuficiência da informação. Em outras palavras, pode haver falta ou insuficiência de informação por ausência de informação ou por inadequação (deficiência) de informações; e hipereficiência (excesso) de informações. A falta de informações é o caso em que não se produziu significado para o destinatário da mesma. Por outro lado, o excesso de informações implica deixar o credor da informação desinformado, por não lhe permitir separar as informações relevantes daquelas irrelevantes para a formação do seu consentimento. Por isso, o excesso de informações não é benéfico ao credor da informação, pois equivale a "jogar areia" nos olhos do credor da informação. A ilicitude da transmissão de informações em excesso é típico caso de abuso do direito. Do ponto de vista filosófico, basta lembrar da máxima *summum ius, summa iniuria*. Por isso o dever de informar não é nem a falta de informação ou informação incompleta, nem o excesso de informação. De acordo com Nelcina Marzagão,[764] excesso de informação seria espécie de vício do consentimento, pois o enfraquece.

Em se tratando de ausência ou inadequação de informações, haverá violação do dever de informar, porque não se cumpriu o que deveria ter

[760] ALSINA ATIENZA, Dalmiro A. Efectos juridicos de la buena fe. En sus relaciones con las modernas tendencias juridicas: la Apariencia, la imprevision, el abuso del derecho. Buenos Aires: Talleres Gráficos Argentinos L.J. Rosso, 1935. p. 272; PIOTET, Paul. op. cit. p. 122.

[761] LÔBO, Paulo Luiz Netto. A informação como direito fundamental do consumidor. Revista de Direito do Consumidor, São Paulo, n. 37, p. 59-76, jan./mar. 2001. p. 69.

[762] ASÚA GONZALEZ, Clara I. op. cit. p. 183.

[763] TOMASETTI JUNIOR, Alcides. op. cit. p. 58.

[764] MARZAGÃO, Nelcina C. de Oliveira Tropardi. Da informação e dos efeitos do excesso de informação no Código de Defesa do Consumidor. São Paulo, 2005. Tese (Doutorado em Direito). Faculdade de Direito da Universidade de São Paulo, 2005. p. 10.

sido feito, porque ainda será necessário ao credor da informação incorrer em custos de transação para sua aquisição. Também este é descumprido com excesso de informação. Haverá saturação do canal ao se transmitirem informações impertinentes e irrelevantes. O credor das mesmas terá o trabalho de selecionar o que é relevante daquilo que é irrelevante, aumentando-se os custos de transação, entendidos como custos de processamento das informações, lembrando que estes decorrem do fato do ser humano ter racionalidade limitada. Enfim, são custos de transação perfeitamente evitáveis.

4.3. Informação Clara e Inteligível

Enquanto o critério da relevância refere-se à quantidade de informações transmitidas e sua utilidade, a inteligibilidade da informação volta-se à aptidão de produção de sentido. Por isso, não basta a informação ser relevante e suficiente: ela tem que ser clara, inteligível e compreensível para a parte contrária.[765] Para referir-se a essas qualidades da informação, o conceito usado é o de transparência. Em razão do princípio da autonomia privada, não há como este princípio prevalecer em um cenário em que as partes não saibam o que estão contratando.

De acordo com Fabian,[766] transparência é um modo de informar que se caracteriza pela clareza. Permite-se que a parte saiba quais serão seus direitos e obrigações na relação contratual. Em se tratando de contratos de adesão, há o dever de redigir o contrato com clareza e precisão, sendo vedado redações ambíguas, porque nestes casos não há fase negocial; é da leitura é que o aderente obterá a maior parte das informações necessárias à formação de seu consentimento. Teresa Ancona Lopez[767] afirmou que a transparência é manifestação de conduta de boa-fé e chamou a atenção para o fato de que transparência é o oposto do escuro, do opaco. Assim, somente com informação haverá esclarecimento, entendimento e compreensão. Para Nelcina Marzagão,[768] as informações prestadas precisam ser cognoscíveis, para que a parte contrária saiba efetivamente compreender

[765] PINNA, Andrea. op. cit. p. 114.

[766] FABIAN, Christoph. op. cit. p. 68.

[767] LOPEZ, Teresa Ancona. Nexo causal e produtos potencialmente nocivos: a experiência do tabaco brasileiro. São Paulo, 2001. Tese (Livre-Docência). Faculdade de Direito da Universidade de São Paulo, 2001. p. 60-61.

[768] MARZAGÃO, Nelcina C. de Oliveira Tropardi. op. cit. p. 180.

o que está sendo informado. Paulo Lôbo[769] falou da necessidade de adequação da transmissão da informação no adimplemento do dever de informar. Para este, os meios devem ser compatíveis com o produto ou o serviço determinado e com o consumidor destinatário típico. Nesse aspecto, a transmissão de informação de forma clara e inteligível assemelha-se ao dever de esclarecimento. De acordo com Alcides Tomasetti Junior,[770] o princípio da transparência proporciona, entre outras coisas, a possibilidade ao leigo de comparar as qualidades e o preço de cada produto e serviço e o conhecimento das posições jurídicas subjetivas próprias e alheias decorrentes das infindáveis de situações de consumo. Ainda segundo esse autor, a regra é o princípio da irrelevância dos motivos. Porém, por força da transparência, predomina o princípio da relevância dos motivos, sob o controle de um modelo de informação eficiente.

Logo, transparência é o grau de facilidade de aquisição de informações, tanto no acesso quanto na sua inteligibilidade. Quanto mais informações estiverem disponíveis, maior a transparência e, nesse caso, menores serão os custos de transação. Afinal, a informação é o principal remédio contra o comportamento oportunista, que decorre da falta de transparência. A importância de a informação ser clara e transparente, é justamente para redução dos custos de transação na sua interpretação e compreensão. Também podem ser entendidas como desdobramentos do dever de cooperação, o qual decorre do princípio da boa-fé, no sentido de não se criarem resistências injustificadas à transmissão da informação, bem como procurar auxiliar o credor da informação quanto ao seu recebimento e compreensão.

5. Adimplemento do Dever de Informação

O dever de informação tem por objetivo corrigir distorções no momento da formação e execução dos contratos, quando informações necessárias não aparecem espontaneamente durante a formação da relação jurídica. Todavia, este fato por si mesmo não o justifica. É preciso, pois, que os custos de transação sejam elevados, o que, na prática, significa a grande dificuldade de obter razoavelmente as informações sozinho. Dessa forma, o adimplemento do dever de informação abrange também o ônus de se

[769] Lôbo, Paulo Luiz Netto. op. cit. p. 68.
[770] Tomasetti Junior, Alcides. op. cit. p. 57.

informar, o dever de informar para ser informado e dever de se informar para informar.

5.1. Ônus de se Informar

Pelo fato de ser natural a obtenção de informações pela própria cognição, pela transmissão espontânea de informações, ou mediante perguntas, a regra geral é o ônus de se informar, que consiste na busca por conta própria de informações necessárias ao esclarecimento das vantagens e desvantagens sobre o negócio que se pretende celebrar. Nesse sentido, continua válida a regra do *caveat emptor*. Cada qual tem um ônus de se informar, para tomar as decisões que julgar convenientes, sendo certo que quem não se informa, deve suportar o risco da sua própria ignorância. Rommel usou o termo "dever de verificação", em vez de ônus de se informar.[771]

Trata-se de um ônus, e não um dever, porque o ônus consiste no cumprimento de uma tarefa para que se obtenha determinada vantagem. Esta, no caso, consiste na obtenção de informações suficientes para a formação de seu consentimento necessário à formação do contrato e cuja obtenção seja fácil ou pouco custosa. Ou seja, a parte deve fazer tudo o que se encontra razoavelmente ao seu alcance para se auto informar.[772] Caso se descumpra o ônus de se informar, não há sanção: há apenas a assunção das consequências de não ter se informado, que é a impossibilidade de alegar os prejuízos que sofreu por sua negligência.[773] Para Llobet,[774] todo contratante deve agir com determinada diligência para que seus interesses não sejam prejudicados. No que concerne ao dever de informar, esta se manifesta em solicitar da parte contrária as precisões que julgue ser necessárias sobre as obrigações que venha a assumir. Se a parte interessada realiza seu ônus de se informar, colocando perguntas à parte contrária, a afirmação mentirosa ou a reticência dolosa da parte contrária ensejará responsabilidade desta última. Mas se for negligente, não poderá alegar seu próprio desconhecimento de tal ou qual ponto sobre o qual teve a possibilidade de informar-se. Tardia[775] afirmou que o direito de ser informado não justifica

[771] Rommel, Guy. op. cit. p. 34.
[772] Silva, Eva Sónia Moreira da. op. cit. p. 122.
[773] Silva, Eva Sónia Moreira da. op. cit. p. 122.
[774] Llobet y Aguado, Josep. op. cit. p. 110.
[775] Tardia, Ignazio. op. cit. p. 738.

a própria inércia na busca por informações, podendo, inclusive, excluir-se ou limitar-se a responsabilidade do devedor da informação, em função do grau de negligência do lesado. É o que ocorre em matéria de vícios do consentimento, tais como o erro e o dolo. Nota-se que não é qualquer tipo de erro ou de dolo que enseja a anulabilidade do contrato. O erro, por exemplo, tem que ser escusável. Deve ser de tal modo que até mesmo uma pessoa diligente – aquela que cumpriu o encargo de se informar de forma razoável – teria cometido. Quanto ao dolo, somente o *dolus malus* enseja a anulação. O *dolus bonus*, superável mediante conduta diligente, não tem este condão. Não se anulam em casos de erro escusável nem de *dolus bonus*, porque as informações necessárias para se evitar tais situações são de baixo custo de aquisição.

Ghestin[776] também relacionou o ônus de se informar com a questão da ignorância legítima, ao afirmar que o dever de se informar – que na nossa opinião é ônus de se informar – é o limite normal do dever de informar, que pesa sobre a outra parte, surgindo somente quando o credor da informação puder alegar ignorância. Para Llobet,[777] não é correto impor só a uma delas uma conduta leal e diligente, quando o comportamento da outra não for adequado a este mesmo padrão, isto é, sem que haja diligência da parte contrária em suprir o seu déficit informacional. Somente pode alegar o descumprimento do dever de informar aquele que cumpriu o ônus de se informar, porque a ignorância inescusável significa má-fé de quem a alega.

Informações obtidas facilmente, mediante a atividade cognitiva da pessoa, ou aquelas que recebe espontaneamente da parte contrária ou mediante perguntas feitas, são adquiridas com baixo custo ou até mesmo sem custo. Todavia, pelo fato de todo mundo estar sujeito a custos de transação, a imposição de mecanismos jurídicos para a sua redução, sem que haja critérios seguros, implica criar artificialmente desigualdades no processo de contratação, o que não seria compatível com o princípio da boa-fé. É natural e aceitável que haja certo grau de dificuldade na obtenção de informações. Dessa forma, a parte terá direito de ser informada tão-somente quando os custos de transação forem muito elevados para obtê-las, de tal sorte que nem mediante razoáveis esforços seria possível

[776] GHESTIN, Jacques. op. cit. p. 544.

[777] LLOBET Y AGUADO, Josep. op. cit. p. 110.

eliminar ou atenuar o déficit informacional que possui. Na opinião de Eva Sônia Moreira da Silva,[778] ninguém se esforçaria para obter informações se tal implicasse uma diligência fora do normal, sabendo da possibilidade, nada remota, de perder as vantagens que essa informação lhe poderia trazer.

No Brasil, a jurisprudência reconhece o ônus de se informar por parte do interessado, cuja inobservância impede a alegação de violação do dever de informação. Caso interessante em que se reconheceu o ônus de se informar com base na boa-fé foi julgado pelo Tribunal de Justiça do Estado de São Paulo, referente à venda de um posto de gasolina. O negócio de compra e venda foi concluído e o comprador, tempos depois, pretendeu anular a venda, alegando que o posto de gasolina já havia sido anteriormente interditado pela venda de combustível adulterado e que o vendedor, filho do famoso cantor, não teria respeitado o princípio da boa-fé ao não ter informado esse fato. O Tribunal não aceitou o desfazimento do negócio, alegando que a conduta de boa-fé do interessado consistia na realização de consulta gratuita à página da Agência Nacional do Petróleo na Internet para obtenção de informações sobre o estabelecimento que se desejava adquirir.[779] A decisão final foi pela manutenção do negócio.

Em Portugal, vale destacar o caso[780] em que sete pessoas se tornaram sócias de outras duas, em razão destas duas últimas terem colocado um anúncio em jornal, por meio do qual procuravam interessados em participar de um projeto de investimento em fazendas de camarão no Brasil. Inicialmente, estas celebraram pré-contrato (contrato-promessa) com uma sociedade brasileira, em que se comprometiam a adquiri-la por R$ 700 mil. Aquelas sete pessoas, convencidas da seriedade do projeto, concordaram, por meio de outro contrato-promessa, em ingressar em uma sociedade comercial. Constituída a sociedade, com capital social equivalente a 573 mil Euro, dividido em dez quotas de igual valor, o dinheiro integralizado seria usado na compra de terreno às margens do Rio Apodi, próximo

[778] Silva, Eva Sónia Moreira da. op. cit. p. 143.

[779] Brasil. Tribunal de Justiça do Estado de São Paulo (4ª Câmara de Direito Privado). Apelação Cível n. 388.495.4/3. Relator: Des. Maia da Cunha, 29 de junho de 2006.

[780] Portugal. Supremo Tribunal de Justiça. Acórdão 4068/06/8TBCSC.L1.S1. Relator: Nuno Cameira, 6 de novembro de 2012.

a Mossoró, cuja área tinha licença do IDEMA – Instituto de Desenvolvimento Econômico e Meio Ambiente do Rio Grande do Norte. A gestão do negócio seria explorada por uma terceira sociedade. O terreno foi comprado e a produção ocorreu meses depois do planejado por razões de chuvas e obras necessárias à captação de água doce para equilíbrio de salinidade. Os sócios portugueses desconfiavam do negócio e souberam que a fazenda vizinha estava abandonada, o que poderia indicar que o mesmo estaria acontecendo com a fazenda deles. Em outubro de 2004, dois dos sócios vieram ao Brasil e constataram que a fazenda já produzia camarões, tinha energia elétrica, água potável, tanques, aeradores e outros equipamentos. Em abril de 2005, os sócios portugueses tiveram notícia de que havia empregados da fazenda que não haviam recebido seus salários e ingressaram com ações na Justiça do Trabalho; que a contabilidade da sociedade estava desorganizada; que o empreiteiro que realizou obras nos tanques não havia sido pago e havia ingressado com ação de cobrança; a energia elétrica havia sido cortada por falta de pagamento e informações de não renovação da licença pelo IDEMA, bem como de que camarões eram furtados da fazenda e que os réus usavam dinheiro da sociedade em proveito próprio. Em agosto de 2005, a sociedade designada para exploração da fazenda, cobrou quantias a título de administração do negócio. Após terem ganhado a ação em primeira instância e terem a sentença reformada pelo Tribunal da Relação, o caso chegou ao Supremo Tribunal de Justiça. Entre as razões de recurso, alegou-se que teria ocorrido violação do dever de informação, pela prestação de informações incorretas que eram relevantes para a decisão de contratação. Com amplas citações de Menezes Cordeiro, Sinde Monteiro, Paulo Mota Pinto, Carlos Ferreira de Almeida e Eva Sonia Moreira da Silva, confirmou-se o entendimento da Relação de que não teria havido violação do dever de informação, porque, quando assinaram o contrato-promessa de constituição da sociedade, sabiam que a fazenda não estava devidamente instalada, porque requeria os investimentos necessários para tanto; também seria violação da boa-fé a alegação de que a participação dos sócios se resumiria a obtenção de lucros, sem se preocuparem com o andamento do negócio, e que não restou provado que os réus prometiam lucros fáceis aos autores. Por isso, não teriam celebrado contrato desvantajoso por violação de dever de esclarecimento, de informação e de lealdade, tampouco houve condutas contrárias à boa-fé por parte dos réus.

Sustenta-se que o ônus de se informar não se aplica em matéria de direito do consumidor. Para melhor compreensão do caso, podem-se usar dois acórdãos que tratam do mesmo tema. Tem-se caso interessante relativo a informação relevante, em que se considerou ter ocorrido violação do dever de informar no ato de venda de pacote turístico para esquiar em estação em que não havia neve em nenhuma das pistas e não apenas em parte delas, conforme fora informado pelo fornecedor.[781] Outro caso refere-se a fato ocorrido na Alemanha, em que pessoa, moradora em Hannover, que comprou um pacote turístico para si e sua família para a Bulgária. No ato do embarque, o filho não pode embarcar por falta de passaporte. A família conseguiu viajar posteriormente, mas teve despesas adicionais com a remarcação do voo. Foi proposta ação contra a operadora de turismo, mediante a alegação de que se deveria ter informado sobre a necessidade de passaporte para o embarque. O Tribunal entendeu que não houve violação do dever de informar, porque a obrigação da operadora de turismo é de orientar sobre os destinos, clima, atrações turísticas, hotéis, partidas, chegadas, entre outras coisas, mas não sobre a necessidade de passaporte, já que é de conhecimento geral que passaporte é documento necessário para viagens internacionais, sobretudo pelo fato de que a Bulgária não é membro da União Europeia.[782] Por outro lado, no Brasil, a solução foi diferente: uma senhora adquiriu pacote turístico para a Colômbia, cujo transporte aéreo seria feito por companhia sediada no Panamá. Enquanto para viajar pelo Mercosul não se faz necessário ter passaporte, sendo suficiente a apresentação de documento de identidade, isso não ocorre para ingresso no Panamá. Nesse caso, não se autorizou o embarque dela, perdendo a viagem. O Tribunal de Justiça do Estado de São Paulo entendeu que se violou o dever de informação existente no Código de Defesa do Consumidor, restituindo-se os valores pagos.[783]

A diferença entre um caso e outro está que cada tribunal entendeu a existência de custos de transação de modo diverso: enquanto, no caso

[781] Brasil. Tribunal de Justiça do Distrito Federal e Territórios (5ª Turma Cível). Apelação n. 20160110844869APC. Relatora: Des. Silvia Lemos, 31 de janeiro de 2018.

[782] Alemanha. BGH. AZ X ZR 198/04, 25 April 2006.

[783] Brasil. Tribunal de Justiça do Estado de São Paulo (25ª Câmara de Direito Privado). Apelação n. 1002450-78.2017.8.26.0073. Relator: Marcondes D'Angelo, 4 de abril de 2018.

alemão, pressupôs-se que os custos de aquisição dessa informação eram baixos, o tribunal paulista, por sua vez, entendeu que eram elevados. Sem dúvida que não deve exigir tarefa hercúlea do consumidor em descobrir as informações relevantes para a formação de seu convencimento, mas abstê-lo de procurá-las implica incentivar a má-fé em nome da boa-fé. Somente nos casos de o ônus de informar ser impossível de ser cumprido – situação em que há custos de transação proibitivos – a parte fica desobrigada de se informar. O descumprimento ou dispensa do ônus de se informar ajuda a entender por que excepcionalmente há a sensação de injustiça ao se proteger excessivamente a parte mais fraca. A não imposição do ônus de se informar para os casos em que houver baixos custos de transação é injusta, porque estes fazem parte do jogo das relações negociais às quais todos estão sujeitos.

Assim, o princípio da boa-fé, antes de impor um dever de informar, exige uma conduta diligente ao interessado nas informações, para que as obtenha por si mesmo. Quando forem obtidas facilmente, significa dizer que os custos de transação eram baixos. Se o interessado não as procura, o princípio da boa-fé jamais a protegerá, porque, neste caso, sua inércia configurará má-fé, e lhe será negada proteção jurídica. Nem o erro inescusável nem a vítima de *dolus bonus* são protegidos pelo princípio da boa-fé, porque é o caso em que seria possível evitá-lo com baixos custos de transação. O mecanismo do dever de informar não tem por finalidade zerar os custos de transação em todo e qualquer caso: ao contrário, tem por objetivo reduzi-los, quando estes forem elevados ou proibitivos.

5.2. Dever de Informar

A regra geral sobre informação impõe que cada um cuide dos seus interesses, buscando suprir o déficit das mesmas por meio de pesquisa. Quando os custos de transação forem reduzidos, a própria diligência do interessado na procura de informações lhe possibilitará a obtenção das mesmas e o negócio se desenvolverá da melhor forma possível. Não sendo legitimamente possível a obtenção destas por meio do adimplemento do ônus de se informar, ou quando a parte menos informada, conforme as circunstâncias, for dispensada de se informar, aí sim se faz necessário o dever de informar.

Como já visto, a doutrina em geral reconhece que uma das condições para que surja o dever de informar é a existência do estado de informação assimétrica. Fabre-Magnan[784] sustentou que o fundamento do dever de informar está na desigualdade de informação entre as partes. Para Llobet,[785] a obrigação de informação encontra sua razão de ser no desequilíbrio de conhecimentos entre os contratantes, que pode ter duas causas: a própria técnica da formação do contrato, ou as circunstâncias negociais. Mais adiante, Llobet[786] explicou que, com o dever de informar, busca-se o restabelecimento da igualdade entre as partes. De acordo com Eva Sônia Moreira da Silva,[787] para que o princípio da boa-fé imponha um dever pré-contratual de informação, é necessário haver estado de informação assimétrica entre os contraentes e, ainda, uma especial necessidade de proteção da parte menos informada, conhecida ou, pelo menos, cognoscível pela parte obrigada a informar-se.

Stiglitz[788] chamou a atenção para o fato de que o estado de informação assimétrica, decisivo para que se verifique o dever de informar, verse sobre fato que influa no consentimento da parte contrária, de tal sorte que o contrato não teria chegado a aperfeiçoar-se, ou o teria sido em condições mais favoráveis. Ou seja, não é sobre qualquer situação de informação assimétrica que surgirá o dever de informar. Somente haverá quando a informação for relevante para o consentimento da parte contrária. Além disso, o profissional não pode ignorar a importância que determinadas informações têm para seu potencial contratante. Por sua vez, Ghestin enunciou o conteúdo da obrigação pré-contratual de informação: "[a] parte que conhece, ou deva conhecer, em razão especialmente de sua qualificação profissional, um fato, o qual ele sabia da importância determinante para o outro contratante, deve informar, desde o instante que há a impossibilidade de se informar, ou que poderia legitimamente confiar na parte contrária, em razão da natureza do contrato, da qualidade das partes, ou nas informações inexatas que este último lhe forneceu".[789]

[784] FABRE-MAGNAN, Muriel. op. cit. p. 398.

[785] LLOBET Y AGUADO, Josep. op. cit. p. 40.

[786] LLOBET Y AGUADO, Josep. op. cit. p. 41.

[787] SILVA, Eva Sónia Moreira da. O dever pré-contratual de informação (algumas questões relativamente aos seus pressupostos). Scientia Iuridica, Braga, tomo LI, n. 294, p. 515-530, set/dez 2002. p. 526.

[788] STIGLITZ, Ruben S. op. cit. p. 14.

[789] GHESTIN, Jacques. op. cit. p. 566.

Todavia, não basta somente o estado de informação assimétrica para que se justifique este dever. É preciso que existam custos de transação na aquisição de informações. Do contrário, não seria possível obter critérios seguros para estabelecer em que casos há dever de informar. O fundamento deste dever está, pois, na existência de elevados custos de transação para pôr fim ao estado de informação assimétrica e não apenas nesta. Assim, é preciso analisar os custos de transação de ambas as partes.

Do ponto de vista do credor da informação, surgirá o dever de informar quando este estiver impossibilitado de se informar, tanto do ponto de vista subjetivo, ou de um ponto de vista objetivo.[790] A impossibilidade é subjetiva, quando decorre da inferioridade, inexperiência ou deficiência do credor da informação. São aquelas que se revelam excessivas para determinado grupo de pessoas, em razão da idade, fraqueza de espírito ou incapacidade e que se justificam pelo fato de que não se deve dar tratamento igual a pessoas desiguais. Já a impossibilidade objetiva impede a descoberta de maiores informações sobre a coisa que será objeto de determinado contrato, como, por exemplo, os vícios ocultos, mediante observação e experimentação

Os custos de transação são determinantes para a definição da impossibilidade subjetiva ou objetiva de se informar. No primeiro caso, surgem estes dos custos de transação proibitivos que este grupo de pessoas tem para obter as informações relevantes à formação do seu convencimento. Aliás, são totalmente incapazes de suprirem seu déficit informacional na grande maioria dos casos. Pela falta destas, muito provavelmente sempre seriam prejudicadas, encarecendo-lhes os custos de contratação. Por essa razão, o princípio da boa-fé as protege, reduzindo-lhes os custos de transação com o direito de serem informadas. Já a impossibilidade objetiva decorre, sobretudo, dos custos de processamento das informações, embora também haja custos de aquisição das mesmas. Do mesmo modo, o princípio da boa-fé reduz estes custos, franqueando-as.

Do ponto de vista do devedor da informação, existe dever de informar quando a parte menos informada adquire confiança nas informações prestadas pela parte mais informada, por inclusive ser esta última a fonte das mesmas. A confiança surge naturalmente, quando for muito difícil ou

[790] JUGLART, M. Michel de. L'obligation de renseignement dans les contrats. Revue Trimestrielle de Droit Civil, Paris, 1945. p. 9.

impossível para uma pessoa suprir seu déficit informacional por causa dos custos de transação proibitivos; neste caso só resta confiar nas informações vindas da parte contrária. Neste caso, pode-se dispensar o ônus de se informar, porque o devedor da informação assume o ônus do credor da informação. Com efeito, não se trata exclusivamente da proteção da confiança, mas também da tutela de uma situação de dependência da parte menos informada em face da parte mais informada, já que se presume que o profissional saiba mais que o leigo, e este espera ser informado por aquele.[791] A doutrina francesa notou que a existência de uma relação de confiança tem efeito direto sobre a obrigação de informação e a jurisprudência francesa faz suportar a certos cocontratantes um dever de conselho fundado na simples superioridade técnica. De acordo com Ghestin,[792] há presunção de conhecimento contra o fornecedor, em se tratando de relações de consumo. Esta presunção de conhecimento significa que o profissional, justamente por ter esta qualidade, deve ter mais informação que o leigo, sendo raros os casos em que ocorre a situação inversa. Os leigos são naturalmente credores da obrigação de informação. Logo, se um contratante está impossibilitado de se informar, a boa-fé obriga a outra parte a fornecer os fatos que conhece. Se surgir confiança, a boa-fé impõe que se comuniquem espontaneamente todas as informações necessárias para tanto.[793] No Brasil, Aguirre levantou a hipótese de um renomado economista recomendar a seu jardineiro que aplique seu dinheiro em determinado fundo de ações, o qual vem a sofrer posteriormente a intervenção do Banco Central por irregularidades divulgadas na imprensa.[794]

Logo, o dever de informar deve-se pautar na medida exata da capacidade de cada uma das partes em saber o que é ou não relevante para a parte contrária. O reconhecimento da desigualdade em uma relação jurídica não obrigatoriamente leva em conta de forma decisiva o caráter de profissional, mas sim, os custos de transação de ambas as partes. Profissionais autônomos ou sociedades empresárias, por exemplo, realizam suas transações reiteradamente. Acumulam informações, adquirem experiência sobre como lidar com as demais pessoas, aprendem a se defender das

[791] LEGRAND JR, Pierre. Information... op. cit. p. 337-338.

[792] GHESTIN, Jacques. op. cit. p. 536-537 e 548.

[793] ROMMEL, Guy. op. cit. p. 53.

[794] AGUIRRE, João Ricardo Brandão. op. cit. p. 199.

armadilhas. Além de já terem bastante informação, também têm maiores condições de consegui-las e processá-las em novas informações. Estão mais treinadas e habituadas para isso. Neste caso, é bem provável que com o mero adimplemento do ônus de se informar, obtenham informações relevantes para o fechamento do negócio. De acordo com Grundmann,[795] os profissionais têm custos de aquisição de informação menores que o dos não profissionais, que realizam determinada operação esporadicamente ou apenas uma vez. O dever de informar atua em intensidade mínima, na medida necessária para reduzirem-se os custos de transação proibitivos. No entanto, pode ocorrer desta mesma pessoa ser profissional em determinado assunto – o que levaria a ter grande repertório de informações e atuação com baixos custos de transação – e não necessariamente sê-lo em outra atividade, por ter pequeno repertório de informações e incorrer em elevados custos de transação na sua aquisição. Neste caso, devido a pouca habitualidade em realizar determinada operação, o dever de informar incide com relativa intensidade. Por exemplo, imagine-se um empresário do setor de cosméticos, que solicita os serviços de eletricidade. Se para a fabricação e comercialização de cosméticos pressupõe-se conhecimentos e habilidades, é evidente que esta tem maior facilidade para a aquisição de novas informações nesta atividade, isso sem falar das informações que já possui, devido ao acúmulo de experiência diária. No entanto, para a realização de serviço de eletricidade, este mesmo empresário terá maiores dificuldades na escolha de profissionais e estabelecer a diferença de qualidade de serviços entre vários profissionais de outro setor. Seria injusto exigir que o profissional em uma área também o seja noutra; por isso, nada impediria a atuação do direito para corrigir a informação assimétrica, reduzindo-lhe os custos de transação. É nesse sentido que se pode falar em pessoa jurídica consumidora.

Quando uma das partes é profissional e a outra, leiga, o dever de informar é mais acentuado, porque a parte devedora da informação tem baixos custos de transação para a obtenção de informações relevantes, enquanto a parte credora da informação tem custos de transação elevados ou proibitivos, conforme o caso, devido à dificuldade que tem em tentar obtê-las por si mesma. Em se tratando de relação de consumo, o fornecedor tem o dever de informar o consumidor, porque é profissional e tem

[795] Grundmann, Stefan. op. cit. p. 276.

facilidade de descobrir as informações relevantes, bem como sabe o que é relevante para o consumidor. Pode ocorrer ainda de o profissional ter maiores custos de transação do que o leigo, quando não for possível razoavelmente àquele obter informações relevantes para a formação do contrato, como no seguro, em que o segurador não tem como obtê-las facilmente sobre o objeto segurado. Neste caso, o leigo tem o dever de informar o profissional, justamente em função dos custos de transação que cada um deles suportará. Em negócios simples envolvendo não profissionais na celebração, é provável que necessitem de muitas informações relevantes, devido à inexperiência que têm naquele ato. Em tese, o dever de informar deveria ser acentuado, para que se produza grande quantidade de informações. Mas, justamente por serem leigas, é muito provável que não saibam tudo o que deve ser informado à parte contrária. Neste caso, os custos de transação serão os mesmos para ambas. Por isso, existe dever de informar, mas em menor grau, em se comparando com a relação profissional-leigo. Por exemplo, o vendedor de um automóvel usado não deve responder por aquelas informações que somente técnicos especializados teriam como prestar.[796] Quando o devedor da informação for profissional, aumenta-se o nível de exigibilidade no cumprimento da obrigação de informação, devendo ministrar todos os dados que, por razão de seu ofício ou profissão, conhece ou deveria conhecer. O devedor não profissional da informação recebe uma atenuação neste dever, justamente porque ele não tem como obter todas as informações que devam ser transmitidas ao credor das mesmas.

Na França, a Corte de Cassação julgou caso relativo a produto de revestimento de paredes que foi usado em ambiente marítimo, exposto a forte calor, revelando-se inadequado a esse ambiente. Decidiu-se que o fabricante de um produto novo, cuja utilização em determinadas condições pode apresentar problemas, deve informar o comprador sobre isso, ainda que seja um comprador profissional.[797] Outro caso é o de contrato de construção de casas de madeira, vinculado a financiamento dessa obra. De acordo com o art. 230 do Código francês de Construção e da Habitação, é dever do banco examinar o quadro contratual do projeto de constru-

[796] Llobet y Aguado, Josep. op. cit. p. 52.

[797] França. Cour de Cassation (Chambre Civile 3). Pourvoi: 02-17523. Rapporteur: M. Paloque, 18 Février 2004.

ção com seu cliente, por ser este desprovido de conhecimentos jurídicos, inclusive permitindo-se ao banco fazer os pagamentos na medida em que a obra avança. A Corte de Cassação condenou o banco por não ter cumprido o seu dever de informação e conselho, porque não poderia ter deixado de perceber que o contrato apresentado tinha outro título (contrato de reforma de casa), embora fosse para a construção de uma casa de madeira. Embora não possa interferir diretamente no negócio entre o fabricante e o cliente, o banco tem o dever de informar e alertar sobre o risco do negócio a ser celebrado.[798]

Na Espanha, o dever de informação em matéria financeira decorre da Diretiva 39/2004, da Comunidade Europeia, sobre serviços financeiros, cujos princípios foram internalizados no direito espanhol pela Lei 47/2007, de 19 de dezembro, que modificou a Lei 24/1988. Essa lei, que estatuiu deveres gerais de informação em favor dos investidores, também previu no art. 79bis que compete ao prestador de serviços financeiros o dever de se informar quanto ao conhecimento do investidor na aquisição do produto ou serviço, bem como sua situação financeira e os objetivos desse investimento a ser feito. Ademais, quando não for possível a obtenção dessas informações, compete ao prestador de serviços a não recomendação do produto ou serviço.[799] Outro aspecto interessante dessa lei é a

[798] França. Cour de Cassation (Chambre Civile 3) Pourvoi: 10-19714. Rapporteur: M. Maunand, 11 Janvier 2012.

[799] Lei 47/2007, de 19 de dezembro, que modifica a Lei 24/1988, de 28 de julho, do Mercado de Valores
Artigo 79bis.
5. As entidades que prestam serviços de investimento deverão atentar-se a todo momento sobre as informações necessárias de que dispõem sobre seus clientes nos termos seguintes:
6. Quando se prestarem serviços de assessoria em matéria de investimentos ou gestão de carteiras, a entidade obterá a informação necessária sobre os conhecimentos e experiência do cliente, incluídos neste caso os clientes potenciais, no âmbito do investimento correspondente ao tipo de produto ou serviço concreto de que se trate; sobre a situação financeira e os objetivos do investimento, com a finalidade de que a entidade possa recomendar os serviços de investimento e instrumentos financeiros mais convenientes. Quando a entidade não obtiver essa informação, não recomendará serviços de investimento ou instrumentos financeiros ao cliente ou cliente em potencial. Em caso de clientes profissionais, a entidade não terá que obter informações sobre os conhecimentos e experiência do cliente. Quando se prestarem serviços distintos dos previstos no item anterior, a empresa de serviços de investimento deverá solicitar ao cliente, incluindo neste caso os clientes potenciais, que forneça informação

desnecessidade do cumprimento do dever de informação, se o investidor for profissional, isto é, detentor de informações adquiridas por experiências passadas. Porém, se estiver adquirindo produtos ou serviços distintos, cabe ao prestador de serviços financeiros o dever de alertá-lo sobre potenciais riscos. Com isso, observa-se que essa lei levou em consideração diversos aspectos do dever de informação em termos dos custos de aquisição de informações sobre os serviços, em razão da maior ou menor assimetria de informações. Apesar de todas as proteções legais, milhares de contratos de *swap* foram oferecidos aos clientes dos bancos, como alternativa à fuga do aumento das taxas de juros nos financiamentos imobiliários. Por meio desses contratos, destinados à redução de riscos, seria possível minorar o impacto do aumento dos juros, com o intuito de evitar execuções hipotecárias. Entretanto, as taxas de juros no mercado espanhol, em vez de aumentarem sobremaneira, diminuíram sensivelmente, e esses contratos se tornaram altamente lucrativos para as instituições bancárias, em prejuízo dos consumidores, que, por força desses contratos, pagavam juros superiores aos cobrados no mercado. Assim, existem centenas de decisões em que se aplicou o art. 79bis da Lei de Mercado de Valores, reconhecendo que houve erro de consentimento por falta de informação suficiente prestada ao cliente.[800]

A título de exemplo, a decisão favorável ao dono de pequena vinícola, que contraiu empréstimo para ampliação de seu negócio por meio da indicação de complexos produtos financeiros, baseando-se na confiança que tinha no banco. O Tribunal Supremo entendeu que se tratava de erro escusável, já que não tinha conhecimentos suficientes para consentir com a operação proposta pelo banco.[801] Noutro caso julgado sobre a mesma situação, decidiu-se o seguinte: "A respeito, esse Tribunal pronunciou-se em múltiplas e reiteradas ocasiões, insistindo na impor-

sobre seus conhecimentos e experiência no âmbito do investimento correspondente ao tipo concreto de produto ou serviço oferecido ou solicitado, com a finalidade de que a entidade possa avaliar se o serviço ou produto de investimento é adequado ao cliente. Quando, com base nessa informação, a entidade considerar que o produto ou serviço de investimento não ser adequado para o cliente, deverá adverti-lo.

[800] Espanha. Tribunal Supremo. ROJ: SAP GR 78/2013. Recurso: 439/2013, Resolução 5/2013. Ponente: Moises Lazuen Alcon, 11 Enero 2013.

[801] Espanha. Tribunal Supremo. ROJ: SAP VA 1493/2013. Resolução 294/2013. Ponente: Angel Muniz Delgado, 17 Dicembre 2013.

tância da informação pré-contratual que o Banco deve proporcionar ao cliente bancário para que este adote a decisão de assinar o contrato de permuta com suficiente conhecimento de causa, sem dar margem ao erro de consentimento".[802] Em outro caso, em que o cliente apontou apenas terem sido prestadas informações gerais sobre o risco, as quais, no entender do Tribunal Supremo, eram óbvias, a decisão foi a seguinte:

> Naturalmente, não é exigível da entidade bancária um dever de fidelidade ao cliente, antepondo-se seu interesse ao seu ou fazendo-o próprio. Tratando-se de um contrato sinalagmático, regido pelo intercâmbio de prestações de pagamento, cada parte velará pela sua, mas isso não exime a entidade bancária do cumprimento de um dever de lealdade com seu cliente, conforme a boa-fé contratual (art. 7º do Código Civil), quando o dito contratante, quem, como aqui, toma a iniciativa da contratação, propondo um modelo de contrato com objetivos e propósitos traçados e consentidos previamente, por um ou outro contratante, singularmente enquanto à informação pré-contratual necessária para que o cliente bancário possa decidir pela conclusão do contrato com adequado e suficiente conhecimento de causa, como diz o precitado 79 bis da L.M.V.[803]

Noutro caso em que se julgou inválido o contrato de *swap*, cujo título era "contrato marco de compensação contratual para operações de derivativos", a Audiência Provincial de Oviedo julgou a possibilidade de alegação de erro por parte do cliente:

> As omissões da informação oferecida pelo banco sobre aspectos principais do contrato, tendo em vista que a informação transmitida era equívoca em muitos aspectos, teve de produzir no cliente um conhecimento equivocado sobre o verdadeiro risco que assumia, incorrendo, assim, em erro sobre a essência do contrato, de entidade suficiente para invalidar o consentimento, de acordo com o estabelecido nos arts. 1.225 e 1.226 do Código Civil. Em resumo, ofertou-se um produto financeiro para proteger o cliente dos custos de possíveis aumentos dos juros, quando, na realidade, eram ofereci-

[802] ESPANHA. Audiência Provincial. Oviedo. SAP. O 1848/2013. Recurso 260/2013. Ponente: José Luis Casero Alonso, 26 Junio 2013.

[803] ESPANHA. Tribunal Supremo. SAP O 1/2010. Recurso 508/2009. Ponente: José Luis Casero Alonso, 27 Enero 2010.

> dos contratos de elevado risco, que podiam comportar e comportaram vultosas perdas, que cobriam de modo muito diferente as flutuações dos juros, segundo a alta ou baixa dos mesmos, em claro prejuízo para o cliente, sendo que não se advertia sobre o custo que podia supor o exercício por sua parte do direito de cancelá-lo antecipadamente que ali se reocnhecia É certo que, segundo a jurisprudência, o erro, para ser invalidante, há de ser, além de essencial, escusável, segundo se deduz dos requisitos de autorresponsabilidade e boa-fé, esta última consagrada no art. 7º do Código Civil. O erro é inescusável quando podia ser evitado, empregando-se diligência média ou regular, mas essa diligência, segue assinalando a jurisprudência, deve ser apreciada mediante avaliação das circunstâncias de toda índole que concorram ao caso, incluindo as pessoais, e não só as de que sofreu com o erro, mas também as do outro contratante, pois a função básica do requisito da escusabilidade é impedir que o ordenamento proteja a quem sofreu o erro quando este não merece essa proteção por sua conduta negligente, transferindo-se então a proteção á outra parte contratante, que a merece por confiança infundia na declaração (sentenças, entre outras, de 4 de janeiro de 1982, 6 de fevereiro de 1998, 30 de setembro de 1999, 26 de julho e 20 de dezembro de 2000, 12 de julho de 2002, 24 de janeiro de 2003 e 17 de fevereiro de 2005).[804]

É certo que, na Europa, dá-se muita ênfase à proteção do investidor por meio da violação do dever de informação, enquanto no Brasil se enfatiza mais a ocorrência do dano sofrido, por conta da própria sistemática do Código de Defesa do Consumidor, sem que haja a necessidade de sustentar exaustivamente que o problema decorreu da falha do dever de informação.

Discute-se a existência de dever de informar quando da formulação de perguntas pela parte contrária, a fim de cumprir seu ônus de se informar. Sinde Monteiro[805] entendeu que, a despeito da existência do dever da parte mais bem informada ter que informar a parte menos informada, inclusive aconselhando-a, no entanto, em regime de liberdade contratual não existe um dever de responder às perguntas colocadas. De acordo com

[804] ESPANHA. Audiência Provincial. Oviedo. ROJ SAP O 188/2011. Recurso 27/2011, Ponente: Francisco Tuero Aller, 11 Febrero 2011.

[805] MONTEIRO, Jorge Ferreira Sinde. op. cit. p. 383.

Eva Sônia Moreira da Silva,[806] a parte pode recusar a responder, cabendo à parte contrária deduzir o que esta recusa significa.

Na nossa opinião, só seria lícito ficar em silêncio na inexistência de um dever geral de informar fundado no princípio da boa-fé. Se a parte indagada tinha o dever de informar, ela não poderá deixar de responder. Se esse dever existe sem que a parte credora da informação faça perguntas, com muito mais razão fica a parte credora obrigada a informar, caso lhe seja feita uma pergunta. Nos demais casos em que seja possível à parte não responder, deve-se ter em conta que, se decidir responder espontaneamente, a resposta deve ser verdadeira, para não criar transtornos para a parte que confiou na resposta dada. Isso também se explica do ponto de vista da nova economia institucional. Se a parte interessada na informação faz uma pergunta, está cumprindo com seu ônus de se informar. A recusa em responder fará com que incorra em custos de transação, em primeiro lugar, pelo obstáculo colocado ao recusar a transmitir a informação; em segundo lugar, porque obrigará a parte interessada a incorrer em custos de aquisição de informações desnecessariamente.

Importante ressaltar que o dever de informar não está condicionado ao ônus de se informar. Ambos coexistem, manifestam-se simultaneamente. Cabe ao credor da informação a descoberta das informações cuja aquisição seja fácil, porque cada qual deve cuidar dos seus interesses, buscando as informações relevantes para formar seu convencimento; ao devedor da informação, a transmissão das informações cuja aquisição pelo credor da informação seja muito custosa ou impossível. A despeito da parte contrária ser a fonte de informações, nem por isso a parte menos informada deve deixar de cumprir seu ônus de se informar, já que supõe que, inclusive o não especialista, dispõe de uma série de conhecimentos obtidos pela experiência diária.

Sabe-se que, em relações em que há interesses antagônicos, as partes procuram valorizar os pontos positivos e calam-se sobre os pontos negativos. Não pode ser cega a confiança que a parte menos informada tem na parte mais informada. Há de se ter boa-fé, mas jamais, fanatismo. A confiança há que ser razoável e justificável para que a parte se sinta desobrigada de cumprir seu ônus de se informar. Não se pode duvidar de toda informação transmitida, mas também não se pode acreditar sem críticas

[806] Silva, Eva Sónia Moreira da. op. cit. p. 71.

em tudo que se fala. Só deve ser dispensada totalmente do cumprimento do seu ônus, quando expressamente o devedor da informação assumir responsabilidade pelas informações que presta; neste caso responderá por inadimplemento obrigacional. Isto porque, se for criado um dever de informar mesmo quando o credor da informação pode obtê-la facilmente, ou com pequeno custo, criar-se-ia uma sociedade de fracos e indolentes, e até o *dolus bonus* seria causa de anulabilidade de todo e qualquer contrato.

De fato, este jogo da procura de informações é mais bem aceito em uma sociedade liberal, que reconhece a capacidade de cada ser humano em se defender, ou mesmo reconhecendo esta incapacidade, entende que cada qual deve buscar um desenvolvimento pessoal mediante esforço. A ideologia que o justifica, impõe que cada um que se defenda dos riscos que a informação assimétrica provoca. Já em uma sociedade em que o Estado é fortemente regulador das relações privadas, aí sim é muito provável que se não reconheça este jogo de procura de informações. Entretanto, se houver proteção excessiva incondicional à parte fraca, reduz-se a autonomia e fere-se a dignidade humana. O dever de informar não se destina a fazer com que a parte mais bem informada substitua a menos informada na tomada da decisão sobre a oportunidade e conveniência do contrato.[807]

5.3. Dever de Informar para Ser Informado – Dever de se Informar para Informar

Em que pese a existência de um dever geral de informar, não é razoável impor exclusivamente a quem recai esse dever a descoberta de quais são as informações das quais o credor da informação necessita. Logo, o credor da informação tem também um dever de informar o que necessita ao devedor da mesma, para que possa ser informado. Durante a fase de negociação, por exemplo, cada uma das partes deve explicitar aquilo que espera. Se uma das partes não informa, esta última poderá legitimamente alegar que ignorava a importância. Fabre-Magnan[808] deu o exemplo de um contrato de compra e venda de um terreno impróprio para a agricultura. Se o futuro comprador não falar que quer plantar, nada terá a reclamar.

[807] STIGLITZ, Ruben S. op. cit. p. 16.

[808] FABRE-MAGNAN, Muriel. op. cit. p. 185.

Porém, se o comprador comenta que vai usar para a agricultura, a omissão é dolosa. Este dever de informar notadamente tem por finalidade a redução dos custos de transação e também pode ser visto como um dever de cooperação, que também se funda no princípio da boa-fé. Com a imposição do dever de expor suas necessidades, o devedor da informação terá menores custos de transação para descobrir quais são as necessidades do credor da informação. Em consequência, terá menores custos de transação no adimplemento do dever de informar.

Por outro lado, ocorre que, em muitos casos, a parte credora da informação nem sequer sabe quais são suas necessidades. Em outras palavras, o credor da informação não tem condições de solicitar informações relevantes para a expressão de seu consentimento. Neste caso, surge o dever de se informar para informar. É a situação em que se procura outra pessoa para auxiliá-la no suprimento de informações. De acordo com Fabre-Magnan,[809] surge o dever de se informar para informar quando a informação tem uma qualidade especial do objeto do contrato, ou quando o devedor é profissional. De acordo com Pinna,[810] o dever de saber indagar as necessidades do cliente decorre do dever de cooperar, baseado na boa-fé. De acordo com Piotet,[811] o devedor da informação deve obter as informações relevantes que possam ser essenciais à parte contrária, bem como pesquisar se existem fatos, ainda desconhecidos do devedor, que podem ser essenciais para o credor. Legrand Jr. afirmou que este dever exige não somente informar o que se sabe, mas também o que deveria saber.[812]

Por exemplo, a consulta médica. Quem procura o médico, é porque não tem condições de obter informações relevantes sobre seu estado de saúde nem faz sentido cada um se formar em medicina para se curar. Quando a pessoa está na frente desse profissional, este também não sabe qual a doença. Este tem o dever de se informar para informar qual a doença e qual o tratamento, ao perguntar sobre os sintomas. Com as informações obtidas, surge o dever de informar sobre a doença. Mas como o paciente não tem condições de processar informações técnicas, o médico tem o dever de esclarecimento, traduzindo em linguagem simples o quadro

[809] Fabre-Magnan, Muriel. op. cit. p. 192.

[810] Pinna, Andrea. op. cit. p. 95.

[811] Piotet, Paul. op. cit. p. 121.

[812] Legrand Jr, Pierre. Information... op. cit. p. 340.

paciente e o dever de recomendação, prescrevendo o tratamento, já que este também não tem condições de elaborar um tratamento sozinho. O dever de se informar para informar surge porque há menores custos de transação para a parte devedora da informação em descobrir o que é relevante para o credor da informação, do que deixar a cargo desta o ônus de descobrir as informações de que necessita e pedi-las ao devedor da mesma.

Na Espanha, o Tribunal Supremo reconheceu, com fundamento no art. 1902, que o médico não cumpre com seu dever de informar, quando não proporciona o consentimento informado dos riscos à paciente. Por exemplo, tem-se o caso em que uma senhora de cinquenta e quatro anos se submeteu a drenagem linfática, tendo manifestado seu consentimento apenas por meio de formulário impresso, o que lhe resultou em sequelas por causa de seu tipo de pele, o Tribunal Supremo destacou a seguinte *ratio decidendi*:

> A informação deve ser transmitida de forma compreensível e adequada às necessidades do paciente para deixá-lo a par das possíveis consequências que podem decorrer da intervenção sobre seu particular estado e, em vista disso, escolher ou rejeitar uma determinada terapia por razão de seu risco e também pedir auxílio a outro especialista ou centro distinto. Por isso que, em nenhum caso, o consentimento prestado mediante documentos impressos, carentes de informações adequadas, servem para conformar como cumprido o dever nem que tenha sido transmitidas informações corretas (SSTS 27-4-2001, 29-5-2003). São documentos ética e juridicamente inválidos, que se limitam a obter a assinatura do paciente, pois, ainda quando pudessem proporcionar alguma informação, não é a que interessa; exige-se como norma razoável para que se conheça a transcendência e alcance de sua patologia, a finalidade da terapia proposta, com os riscos típicos do procedimento, que resultam de seu estado e de outras possíveis alternativas terapêuticas. É, em definitivo, uma informação básica e personalizada, a qual também o paciente adquire uma participação ativa para, em virtude da mesma, consentir ou negar a intervenção que se realiza no marco da atuação médica.[813]

[813] Espanha. Tribunal Supremo. Sentença Roj: SAP M 14354/2013 Nº de Recurso: 532/2013. Ponente: Jose Manuel Arias Rodriguez.

A jurisprudência recente na Itália sobre esse tema volta-se ao dever de informação do médico para com o paciente, de tal sorte que tem sido um dos temas mais importantes em se tratando de responsabilidade civil. O fundamento dessa responsabilidade encontra-se no art. 1337 do Código Civil. Houve um caso em que se julgou um médico pela prescrição equivocada de medicamento para os olhos, provocando danos à visão do paciente. Tendo em vista que a questão demandava o julgamento sobre o ônus da prova, a Corte de Cassação entendeu que o dever de informação do médico para o paciente é de natureza contratual, não de natureza pré-contratual, para impor ao profissional o ônus da ausência de nexo causal entre sua conduta e o dano sofrido pelo paciente.[814] Com isso, afastou-se a aplicação da regra geral do art. 1338 do Código Civil italiano, que estabelece a natureza pré-contratual do dever de informação nesse ordenamento jurídico. Outro caso refere-se à relação médico-paciente, no qual o paciente foi submetido a cirurgia oftalmológica em ambos os olhos. Este alegou que apenas recebeu do secretário do médico um formulário impresso, assinado na sala de espera momentos antes da cirurgia. O médico tirou férias durante o período pós-operatório, deixando-o a cargo de um jovem residente. Este receitou cortisol durante a recuperação, porém, sem sucesso. O paciente ingressou com ação contra o médico, alegando violação do dever de informar porque não se realizou corretamente o processo de consentimento livre e esclarecido para a cirurgia, em especial, quanto à possibilidade de realização de outros tratamentos e o risco envolvendo cada um dos mesmos. A Corte de Cassação entendeu que é irrelevante o nível cultural do paciente nessas situações para afirmar se houve ou não consentimento para o tratamento, porque é sempre dever do médico informá-lo corretamente sobre o procedimento e os riscos envolvidos.[815]

Por essas razões, sobretudo em casos envolvendo pesquisas com seres humanos, o profissional deve entregar ao paciente um termo de consentimento livre e esclarecido, conhecido como TCLE, por meio do qual se deve informar com clareza a natureza do procedimento, os benefícios e riscos, e esclarecer que o paciente pode desistir a qualquer momento e,

[814] ITALIA Corte di Cassazione (Sezione III Civile). Sentenza n. 11005, 19 Maggio 2011.

[815] ITALIA. Corte di Cassazione (Sezione III Civile). Sentenza n. 19220, 20 Agosto 2013.

em caso de intercorrência, será indenizado, além de ter um telefone para tirar dúvidas, se for necessário.[816]

6. Limites do Dever de Informação

O dever de informação comporta limites. Nem tudo pode ou deve ser revelado. O direito de ser informado em alguns casos entrechoca-se com outros direitos, sendo que, no sopesar dos interesses jurídicos envolvidos, podem prevalecer outros interesses que não o direito do credor da informação. Será o próprio princípio da boa-fé a norma jurídica apta a sopesar tais interesses em jogo.[817] Os casos em que não há esse dever são os que envolvem a proteção dos direitos fundamentais, o sigilo profissional, o prévio conhecimento da informação pelo credor da mesma e a conveniência de celebrar ou não o contrato.

A proteção aos direitos fundamentais, sobretudo o direito à privacidade, é a primeira hipótese de inexistência do dever de informação. O direito à privacidade justamente é o direito de terceiros não terem acesso a determinados espaços das pessoas humanas e das pessoas jurídicas, bem como o direito de não sofrer interferências na tomada de determinadas decisões ou formação de opiniões, e o direito de manter o controle de determinadas informações, para que terceiros não tenham acesso a elas.[818] Por exemplo, não se pode exigir que um empregado revele fatos de sua intimidade, tendo em vista que em geral são exigidos dos mesmos com o intuito de promover a discriminação, atentando-se contra a dignidade da pessoa humana. Esta é a opinião de Enéas Garcia,[819] ao afirmar que não se podem revelar fatos que guardem relação com os direitos da personalidade. O princípio da boa-fé, assim como o dever geral de cuidado, exige essa proteção. No mesmo sentido, o sigilo profissional. Trata-se do direito de determinados profissionais de não revelarem o que lhes foi dito de maneira confidencial. Enquanto o direito à privacidade se refere à prerrogativa do próprio interessado de evitar que terceiros obtenham infor-

[816] Tomasevicius Filho, Eduardo. O Código Civil brasileiro na disciplina da pesquisa com seres humanos. Revista de Direito Sanitário, v. 16, n. 2, p. 116-146, out. 2015.

[817] Silva, Eva Sónia Moreira da. op. cit. p. 247.

[818] Ferreira Rubio, Dela Matilde. El derecho a la intimidad. Editorial Universidad, 1982. p. 41.

[819] Garcia, Enéas Costa. Responsabilidade pré e pós-contratual à luz da boa-fé. São Paulo: Juarez de Oliveira, 2003. p. 236.

mações sobre determinados fatos, o sigilo profissional é o direito de não revelar aquilo que se sabe da intimidade de outrem. Assim, não se pode exigir que uma empresa se exponha a risco muito grande somente para o reconhecimento do dever de informação. Não é preciso revelar seus planos de negócios, que, se forem conhecidos, podem levá-la à ruína, salvo se isso for objeto da negociação. Abrange também os segredos comerciais. Fabian[820] lembrou da Lei das Sociedades por Ações, em que, a despeito do dever de informação dos administradores, estes não são obrigados a falar sobre os negócios da companhia e sobre a situação financeira.

O segundo limite é a desnecessidade de informar o que a outra parte já sabe ou deveria saber. A despeito do estado de informação assimétrica e dos custos de transação, não se pode impor um dever de informar, quando a própria parte tinha plenas condições de ter suprido seu déficit informacional, obtendo as informações relevantes para a formação do seu consentimento, já que toda e qualquer pessoa tem o ônus de se informar e desconhecimento de informação de fácil obtenção é hipótese de ignorância inescusável. Esse dever de informar pode acarretar custos de transação para o devedor da informação, ao prestá-los desnecessariamente. Por isso, o princípio da boa-fé o dispensa do cumprimento deste dever. Impor um dever de informação nestas condições tornaria a encorajar de forma abusiva o interesse do contratante de dispor dos meios de descobrir a informação que lhe interessa. Tampouco é necessário informar o que é de conhecimento do grande público.[821] Em se tratando de direito do consumidor, o fabricante de um produto deve alertar sobre os riscos que este pode causar, tendo por base um consumidor médio, mas não precisa informar sobre todo e qualquer risco provocado pelo uso indevido do mesmo.

Hipótese específica é aquela em que se desconhece a lei, a qual é a própria informação relevante atinente ao negócio. Gallo, ao ter analisado a questão do *caveat emptor* e da existência do dever de informar, levantou essa questão, entendendo-a como hipótese de inexistência de dever.[822]

[820] FABIAN, Christoph. op. cit. p. 89.

[821] ROMMEL, Guy. op. cit. p. 26.

[822] GALLO, Paolo. Asimmetrie informative e doveri di informazione. Rivista di Diritto Civile, Milano, v. 53. n. 5. p. 641-80. sett./ott. 2007. p. 678.

Houve caso ocorrido em São Paulo, [823]em que se fez permuta de apartamento por casa que fazia testada de fundo com córrego. A parte que se sentiu prejudicada, propôs ação de anulação do negócio jurídico por erro e dolo, alegando que a outra parte não informou que a casa estava em área definida pela Lei Municipal nº 9.458/1982, reservada à Prefeitura para a realização de futuras obras de abertura da via ao longo do referido córrego e havia lei municipal de vinte anos antes em que pretendia desapropriar a área por esse motivo. O Tribunal de Justiça do Estado de São Paulo anulou o negócio, mas esse caso permite maiores reflexões. A primeira delas é que há lei municipal informando que se trata de área de risco. Considerando que "ninguém pode alegar o desconhecimento da lei", tem-se a presunção da informação relevante sobre o negócio. Por outro lado, o art. 337 do Código de Processo Civil de 1973 (art. 376 do Código de Processo Civil de 2015) dispõe que "a parte que alegar direito municipal, estadual, estrangeiro ou consuetudinário provar-lhe-á o teor e a vigência, se assim o juiz determinar". Se o magistrado não é obrigado a conhecê-la, com mais razão se justifica o desconhecimento do particular. Ademais, esta lei foi promulgada mais de uma década antes de sua celebração. De qualquer modo, a análise sobre o estado de informação assimétrica e dos custos de transação tinham mesmo que ser analisados no caso concreto, mediante a averiguação da possibilidade de a parte prejudicada poder descobrir tal informação por conta própria ao visitar o imóvel e indagar aos vizinhos sobre a ocorrência de enchentes no local, por ser este ao lado de córrego em uma cidade cujos índices pluviométricos são elevados e é de conhecimento público a ocorrência desses eventos da natureza todos os anos.

Outra hipótese, comum no início do século XXI, discutiu-se o dever de informar do fabricante de cigarros sobre os males que o produto causa à saúde. Esta questão teve relevância em razão das ações judiciais propostas por fumantes ou associações, pleiteando indenizações pela falta de informação, cujo fundamento jurídico do pedido teria sido a violação do princípio da boa-fé. Os fabricantes de cigarros, em resumo, alegavam que o fumante assumira os riscos decorrentes do tabagismo, caracterizando

[823] BRASIL. Tribunal de Justiça do Estado de São Paulo (6ª Câmara de Direito Privado). Apelação Com Revisão n. 0071074-62.1996.8.26.0000. Relator: Ernani de Paiva, 4 de dezembro de 1997.

a culpa exclusiva da vítima, ou a alegação de ausência de nexo causal entre o ato de fumar e o evento morte.

Para Teresa Ancona Lopez,[824] "não há formação do nexo causal entre os danos possíveis do cigarro e a falta de conhecimento do fumante sobre o vício e os males do fumo, porque não há defeito de informação". Sustentou, ainda, que era fato notório os males do cigarro, pois a própria experiência de vida permite induzir que a aspiração de fumaça faz mal à saúde, e com muito mais gravidade a fumaça do cigarro.[825] Antonio Junqueira de Azevedo,[826] em parecer sobre este tema, sustentou que o fabricante realmente não tinha o dever de informação sobre os males do cigarro, tendo em vista tratar-se de um produto cuja comercialização é lícita; a pessoa, em decorrência da liberdade que goza, pode conduzir sua vida como desejar, dentro da esfera do lícito. Por outro lado, Claudia Lima Marques,[827] também em parecer sobre este tema, sustentou a existência de um dever de informação do fabricante de cigarros, pois não se poderia exigir do fumante exclusivamente o ônus de descobrir os males do cigarro. Lembrou que os fabricantes de cigarros sempre afirmaram que não havia estudos conclusivos de que o cigarro faz mal à saúde. No entender dela, seria um comportamento contraditório dos fabricantes ter alegado que o produto não faz mal à saúde e alegar que os males do cigarro são fatos notórios – que os dispensaria o fabricante de informar os fumantes. Concluiu sua opinião no sentido de que a publicidade criou expectativas legítimas nos fumantes; tendo em vista os males do tabagismo, houve *culpa in contrahendo* dos fabricantes de cigarros.[828]

[824] LOPEZ, Teresa Ancona. op. cit. p. 87.

[825] LOPEZ, Teresa Ancona. op. cit. p. 88.

[826] AZEVEDO, Antonio Junqueira de. (Parecer). O dever de informar no Código de Defesa do Consumidor e os males dos fumantes. A assunção voluntária de riscos. *In*: AZEVEDO, Antonio Junqueira de. Estudos e pareceres de direito privado. São Paulo: Saraiva, 2004. p. 195.

[827] MARQUES, Cláudia Lima. Violação do dever de boa-fé de informar corretamente, atos negociais omissivos afetando o direito/liberdade de escolha. Nexo causal entre a falha/defeito de informação e defeito de qualidade nos produtos de tabaco e o dano final morte. Responsabilidade do fabricante do produto, direito a ressarcimento dos danos materiais e morais, sejam preventivos, reparatórios ou satisfatórios. Revista dos Tribunais, São Paulo, Ano 94, v. 94, n. 835, p. 75-133, mai. 2005. p. 93-95.

[828] MARQUES, Cláudia Lima. op. cit. p. 117.

De qualquer modo, ao longo de vinte anos de discussão nos tribunais brasileiros, prevaleceu a tese de que não cabe indenização por esse fato. Cada acórdão, por sua vez, traz argumento diverso. Inicialmente, nos Recursos Especiais nº 304.724/RJ [829] nº 489.895/SP [830]e nº 782.433/MG,[831] reconheceu-se a prescrição para a pretensão à responsabilidade civil. No Recurso Especial nº 1.113.804/RS,[832] julgou-se que não era cabível tal responsabilidade, porque o cigarro é um produto de periculosidade e que não há comprovação do nexo causal entre tabagismo e câncer, tendo em vista as diversas concausas que levam a pessoa a óbito. Ademais, discutiu-se a questão do livre-arbítrio e da boa-fé no caso concreto:

> 6. Em realidade, afirmar que o homem não age segundo o seu livre-arbítrio em razão de suposta "contaminação propagandista" arquitetada pelas indústrias do fumo, é afirmar que nenhuma opção feita pelo homem é genuinamente livre, porquanto toda escolha da pessoa, desde a compra de um veículo a um eletrodoméstico, sofre os influxos do meio social e do marketing. É desarrazoado afirmar-se que nessas hipóteses a vontade não é livre.
>
> 7. A boa-fé não possui um conteúdo per se, a ela inerente, mas contextual, com significativa carga histórico-social. Com efeito, em mira os fatores legais, históricos e culturais vigentes nas décadas de cinquenta a oitenta, não há como se agitar o princípio da boa-fé de maneira fluida, sem conteúdo substancial e de forma contrária aos usos e aos costumes, os quais preexistiam de séculos, para se chegar à conclusão de que era exigível das indústrias do fumo um dever jurídico de informação aos fumantes. Não havia, de fato, nenhuma norma, quer advinda de lei, quer dos princípios gerais de direito, quer dos costumes, que lhes impusesse tal comportamento.

[829] BRASIL. Superior Tribunal de Justiça (3ª Turma). REsp n. 304.724/RJ. Relator: Min. Humberto Gomes de Barros, 24 de maio de 2005.

[830] BRASIL. Superior Tribunal de Justiça (2ª Seção). REsp n. 489.895/SP. Relator: Min. Fernando Gonçalves, 10 de março de 2010.

[831] BRASIL. Superior Tribunal de Justiça (3ª Turma). REsp n. 782.433/MG. Relatora: Min. Nancy Andrighi; Relatora para Acórdão: Min. Sidney Benetti, 4 de setembro de 2008.

[832] BRASIL. Superior Tribunal de Justiça (4ª Turma). REsp n. 1.113.804/RS. Relator: Min. Luis Felipe Salomão, 27 de abril de 2010.

Noutro acórdão do Superior Tribunal de Justiça, entendeu-se que, a despeito de se desconhecer inicialmente os malefícios do fumo, o autor da ação acabou naturalmente conhecendo os malefícios do cigarro por meio dos avisos contidos nos maços e, mesmo assim, optou por continuar com o vício.[833]

Nossa opinião desde o início sempre foi a de que não havia um dever de informação sobre os males do cigarro, pois, ainda que os fabricantes negassem a existência de efeitos nocivos, há pelo menos trinta anos se anuncia este fato pelos meios de comunicação. Ainda que nada fosse dito, qualquer pessoa – até a menos esclarecida – consegue notar que quem fuma, sofre de males que os não fumantes não sofrem. É uma informação que pode ser adquirida facilmente, o que indica baixos custos de transação. Por isso não caberia um dever de informar, tendo em vista que o princípio da boa-fé somente atua apenas para reduzir elevados custos de transação. Com efeito, o problema relativo ao cigarro não está no dever de informação, mas sim, no fato de ser um produto que vicia. Por mais que se informe sobre seus males, o viciado não consegue deixar de usá-lo. Diferentemente da aquisição de uma televisão ou de um automóvel, em que a informação faz diferença na questão da contratação ou não, a pessoa viciada, não tem forças suficientes para deixar de fumar ainda que lhe digam que cigarro faz mal ou que tenha plena consciência do fato. A informação, nesse caso, pouco contribui para impedir que as pessoas não fumem. Mesmo que os fabricantes de cigarros tivessem informado sobre os males desde o primeiro momento em que um maço de cigarros tivesse sido vendido, nada teria sido diferente. A causa do problema não estava no dever de informação, mas sim, no fato de que se estimulava o vício para que se obtivesse aceitação no meio social. Talvez o fundamento jurídico para pleitear indenizações contra os fabricantes de cigarros devesse ter sido a indução dolosa das pessoas a acreditarem que fumar traria felicidade, sucesso, fama e riqueza, quando esses anúncios de cigarros ainda eram permitidos no Brasil até o advento da por força da Lei nº 9.294, de 15 de julho de 1996. De qualquer modo, as pretensões teriam sido fulminadas pela prescrição. Atualmente, não há como alegar o descumprimento

[833] BRASIL. Superior Tribunal de Justiça (4ª Turma). REsp n. 886.347/RS. Relator: Min. Honorildo Amaral de Mello Castro (Desembargador Convocado do TJ/AP), 25 de maio de 2010.

do dever de informar, já que este é legal, por força desta Lei, e há pleno conhecimento da população sobre os males desse vício.

O terceiro limite do dever de informação é saber se este abrange a conveniência do negócio que está celebrando, ou suas circunstâncias extrínsecas. Esta dúvida desafia toda a sistemática do dever de informação e não se trata de uma questão recente. O filósofo Cícero[834] apresentou o caso em que na Ilha de Rodes havia grande fome e um honesto comerciante foi o primeiro a chegar com um carregamento de trigo de Alexandria. Este comerciante sabia que, em breve, muitos outros comerciantes chegariam com carregamentos semelhantes de trigo. Cícero indagou se o comerciante deveria revelar ou não esta informação de interesse da população.

Em sua opinião,[835] Diógenes da Babiliônia diria que o vendedor apenas deve revelar os defeitos da coisa, sem fraude; quanto ao resto, não é obrigado a falar, senão o ato de vender seria ilícito, e só seria lícito doar e Antipater, discípulo de Diógenes, falaria neste caso que o vendedor deve revelar tudo, pois se deveria sonhar com o bem comum e a utilidade individual deve ser a utilidade de todos. Assim, a opinião de Cícero é a de que o vendedor de trigo deveria revelar tal fato, pois, se oculta esta informação, é porque busca vantagem própria; quem oculta esta informação em tal circunstância, seria capaz de fazer coisas piores.[836]

São Tomás de Aquino,[837] ao tratar da fraude cometida na compra e venda, cuidou desta questão levantada por Cícero. Na perspectiva dele, a compra e venda serviria para uma utilidade comum e não deveria ser mais onerosa a uma das partes, pois seria violação da lei divina a desigualdade da justiça na compra e venda. Porém, ele fez duas exceções à venda acima do preço. A primeira delas era quando alguém precisasse muito da coisa e o seu proprietário sofresse um dano ao privar-se da mesma, ou quando o vendedor fosse comerciante. Neste último caso, o lucro, embora condenável, por estimular a cobiça e tender ao infinito, poderia ser honesto,

[834] CÍCERO, Marco Tulio. Dos deveres. Tradução: Alex Martins. São Paulo: Martin Claret, 2005. p. 127.

[835] CÍCERO, Marco Tulio. Ibid.

[836] CÍCERO, Marco Tulio. op. cit. p. 129.

[837] AQUINO, São Tomás de. Suma Teológica. 2ª Parte da 2ª Parte. Questões 1-79. Tradução: Alexandre Corrêa. 2. ed. Porto Alegre: Livraria Sulina, 1980. p. 2617-2618.

quando buscado por negociantes como a remuneração de seu trabalho.[838] Ao mencionar especificamente o caso levantado por Cícero, São Tomás de Aquino[839] opinou nas entrelinhas que o vendedor não estaria obrigado a revelar a chegada futura de outros carregamentos de trigo, que fariam baixar o preço médio do produto, mas não justificou por quê. Apenas disse "segundo parece", dando a entender que a *communis opinio* seria pela não revelação desta informação, tendo em vista o que ele sustentou sobre a possibilidade de cobrar mais caro por um produto, quando a pessoa fosse comerciante, São Tomás de Aquino admitia, portanto, que não se deveria revelar a chegada de novos carregamentos de trigo.

Pothier retomou a discussão. Na opinião dele,[840] a boa-fé deve reinar nos contratos, obrigando o vendedor a abster-se de toda mentira e de toda reticência sobre o que o comprador tivesse interesse em saber, pois a reticência fere a igualdade entre as partes.[841] Ao comentar o caso do comerciante da Ilha de Rodes, afirmou que informar a chegada futura de outros carregamentos de trigo era questão difícil de ser solucionada até mesmo no foro da consciência.[842] Seria ato de beneficência exigir que o vendedor informasse a chegada próxima de outros carregamentos de trigo. Explicou que exigir a revelação desta informação aos compradores seria injustiça com o vendedor, pois a prerrogativa de vender mais caro o trigo era justa recompensa para o vendedor que tivesse chegado primeiro, pois ele correu o risco de perder a mercadoria, se algum acidente o impedisse de chegar em tempo.[843]

Tentou-se, então, criar a remuneração pelo custo da informação. Kronman[844] partiu do pressuposto de que informação é o antídoto do erro e, ao cuidar das situações em que se deveria revelar ou não uma informação para evitá-los e reduzir custos de transação, sustentou a distinção entre aquela adquirida mediante pesquisa – mediante custos, portanto

[838] AQUINO, São Tomás de. op. cit. p. 2623.

[839] AQUINO, São Tomás de. op. cit..p. 2620.

[840] POTHIER, Robert Joseph. op. cit. p. 143.

[841] A reticência fere a igualdade entre as partes, pois haverá a situação de assimetria de informação.

[842] POTHIER, Robert Joseph. op. cit. p. 148.

[843] POTHIER, Robert Joseph. op. cit. p. 149.

[844] KRONMAN, Anthony T. Mistake, disclosure, information, and the Law of Contracts. The Journal of Legal Studies, Chicago, v. 7, n. 1, p. 1-34, Jan. 1978. p. 1-5.

– e aquela adquirida ao acaso, gratuitamente. Levando em consideração o raciocínio econômico da satisfação do autointeresse, o resultado seria que, se a informação é adquirida deliberadamente e se seu possuidor se vê impedido de usá-la, ele provavelmente reduziria a pesquisa de informações no futuro. Ao contrário, quando a informação for adquirida por acaso, ninguém se oporia ao reconhecimento de uma obrigação de transmitir informação.

A crítica que a doutrina faz a Kronman é saber como distinguir a informação casualmente adquirida da deliberadamente adquirida. De acordo com Legrand Jr.,[845] a tese de Kronman sobre a presença de informação pesquisada não seria suficiente para explicar por que certas decisões exigem a divulgação do segredo, e noutras, não. Na nossa opinião, o critério de que é informação adquirida sem custo ou adquirida com custo não é totalmente válido, pois há situações em que a informação é adquirida com custo – e não deveria ser revelada – mas tem que ser revelada, e informações adquiridas sem custo – que deveriam ser reveladas – podem ser mantidas em sigilo. Isto porque a informação relevante deve ser revelada em ambos os casos. Outra objeção é que esse modelo de Kronman pode até funcionar entre partes com igual poder; porém, quando se trata de relações de consumo, o direito de não revelar informações deliberadamente adquiridas, daria margem ao oportunismo, pois é certo que, em boa parte dos casos, as informações não são adquiridas ao acaso, mas, sim, onerosamente, mediante pesquisa. Dessa forma, quase nada seria revelado.

Cooter e Ulen sustentaram a distinção entre informação produtiva, que pode ser retida por ser custosa a sua aquisição, e informação redistributiva, que deve ser revelada, por ser facilmente adquirida.[846] A informação redistributiva deve ser revelada, porque vem a público rapidamente, e não haverá tempo para os benefícios da alocação de recursos. Porém, a facilidade da aquisição da informação não pode ser medida em relação a uma simples transação. O que em um primeiro momento pode parecer ter sido fácil de se adquirir, pode, contudo, ter sido mera aparência,

[845] Legrand Jr, Pierre. De l'obligation... op. cit. p. 618.

[846] *Apud* Kötz, Hein. Precontractual Duties of Disclosure. European Journal of Law and Economics, v. 9, n. 1, p. 5-19, Jan 2000. p. 15.

pois só se descobriu porque antes custou-se a descobrir o que estava errado.

Para Fabre-Magnan, o critério para não desencorajar as pessoas de pesquisar informações, consiste em impor, após a anulação do contrato, uma remuneração correspondente ao custo de aquisição da informação.[847] Ela sustentou que, se o único propósito de Kronman era não desencorajar os investimentos na produção de informação: bastaria garantir ao devedor desta a indenização dos danos que teve e não apenas conceder-lhe o reembolso dos gastos ocasionados com a sua descoberta. O fundamento do seu raciocínio é o enriquecimento sem causa. No caso do comprador, caso ele receba a informação de que o preço será menor no dia seguinte, ele obterá uma vantagem, mas terá que retribuí-la com o pagamento do preço elevado. Porém, na nossa opinião, apenas se transferiu o momento da remuneração. Tanto faz ao comprador saber ou não que o preço será menor no dia seguinte, pois a consequência será uma: pagar o preço maior, seja por desconhecer esta informação relevante, seja a título de remuneração pela aquisição da informação. Kötz[848] viu este caso como hipótese de atribuição de direito de propriedade da informação que ele descobre.

Neste caso que foi levantado por Cícero, há o estado de informação assimétrica entre o vendedor do trigo e os compradores. O vendedor sabe que o preço vai baixar no dia seguinte, com o aumento da oferta por outros comerciantes e os compradores não sabem disso. Aquele não é obrigado a informar as circunstâncias extrínsecas do negócio, porque o dever de informar existe para suprir a incapacidade do comprador em descobrir informações mediante conduta diligente. Em outras palavras, é do comprador o ônus de se informar se o preço vai cair ou não. O fato de o preço estar mais baixo no dia seguinte pode advir de diversos fatores, por exemplo, a própria oscilação de preços provocada pela lei da oferta e a procura, não só em relação ao vendedor para com o comprador, mas também do vendedor para com seus fornecedores.[849] Ou, como o próprio Pothier indi-

[847] FABRE-MAGNAN, Muriel. op. cit. p. 179.

[848] KÖTZ, Hein. op. cit. p. 12.

[849] Hoje em dia também é preciso analisar por que motivos o vendedor cobra mais barato ou mais caro, que pode ser resultado de uma série de fatores, como aluguéis, salários, recuperação de investimentos na atividade, entre outras coisas.

cou, o comerciante incorreu em elevados custos de transação para fruir da vantagem que auferiu por ser o primeiro a vender trigo em Rodes. Cobrar um valor elevado, nessa ótica, consiste em ter repassados aos compradores os custos de transação com os quais arcou. Se estes fossem baixos para o vendedor e elevados para o comprador, o princípio da boa-fé os reduz mediante o dever de informar. Mas se estes custos de transação forem elevados para ambos, isto é, o comprador tem elevados custos de transação para descobrir que o preço estará mais baixo no dia seguinte e o vendedor tem elevados custos de transação para ser o primeiro a vender, ou para procurar condições que lhe são vantajosas, a imposição de um dever de informação afetará o mercado.[850] Em outras palavras, aplica-se a regra, que, neste caso, é o ônus de se informar sobre a conveniência do negócio, pois ainda cabe ao comprador a iniciativa de descoberta dos menores preços. Sob outro ponto de vista, a remuneração do vendedor pela informação acerca da chegada de novos carregamentos seria o próprio direito de vender acima do preço.

De acordo com Eva Sônia Moreira da Silva,[851] ninguém é obrigado a informar tudo, sob pena de cercear as possibilidades das partes, autonomamente, competirem entre si. Para Grisi,[852] o respeito à boa-fé não pode justificar a imposição de um sacrifício da expectativa de lucro da parte. Em caso de necessidade de inserção de um dever de informação em uma relação jurídica, não basta a análise dos custos de transação individualmente. Estes devem ser analisados conjuntamente. Enquanto ambas as partes tiverem custos de transação equivalentes, não há por que interferir na redução artificial dos mesmos mediante o dever de informar. Porém, na medida em que houver custos de transação diferentes entre as pessoas, aí sim se deve atuar, corrigindo-se a distorção.

No caso do comprador estar mais bem informado que o vendedor, como no caso deste saber que a coisa é valiosa, e aquele, não, e por isso se pagou mais barato pela mesma, não cabe a anulação do negócio pelo fato

[850] Além disso, há aspectos de direito da concorrência envolvidos. É imprescindível ao funcionamento do mercado esta disparidade de informações. A consequência prática é que os vendedores, para se protegerem dos prejuízos que teriam ao serem obrigados a revelar quem vende mais barato, seria a formação de trustes e cartéis, uniformizando-se os preços entre todos os vendedores.

[851] Silva, Eva Sónia Moreira da. op. cit. p. 83.

[852] Grisi, Giuseppe. op. cit. p. 109.

do comprador não lhe ter transmitido estas informações. Em regra, o vendedor está mais bem informado que o comprador. Se ocorrer o contrário, a ignorância deste é inescusável na maior parte dos casos, pois não pode ser admissível que o vendedor não saiba o que vende. Somente quando o vendedor é leigo é que cabe ao comprador profissional a prestação da informação relevante, pois o vendedor tem elevados custos de transação e o comprador, baixos custos de transação.

No mercado de capitais, para que se assegure a igualdade de condições entre os participantes deste, impõe-se o dever de divulgar toda informação relevante sobre determinada companhia, para que os investidores possam formar o seu convencimento sobre a aquisição e venda de valores mobiliários. Quando determinada companhia disponibiliza as informações relevantes a todos, o risco da operação pertence ao interessado, pois ele dispunha de informações relevantes para a tomada de decisão. O *insider trading* é punido, porque a informação que ele adquire, não se dá pelo trabalho, mas sim pela distorção que causa no mercado, bem como pelo fato de que os custos de transação serão reduzidos drasticamente somente para uma pessoa, e não, para todos, tendo em vista que todos devem ter a mesma oportunidade para atuar no mercado financeiro. Pela regra, surge o dever de informar, quando há desigualdade de custos de transação. No caso, como há conflito de interesses do *insider trading* com o mercado, mais fácil é obrigar a companhia a divulgar estas informações, o que implica a redução do custo de aquisição de informações para todos, e não somente para uma pessoa.

Em sentido contrário, o problema da publicidade comparativa. Neste caso não há um dever de informar do vendedor sobre o preço dos seus concorrentes. Isto porque o comprador tem o ônus de se informar, no sentido de fazer as pesquisas sobre quem vende mais barato. Se um dos competidores realiza tarefa no lugar do comprador, suprindo-o de informações, trata-se de situação anormal, já que a finalidade de prestar informações ao comprador não é a de ajudar o cliente a adimplir o ônus de se informar, ou adimplir um aparente dever de informar para com o cliente para prejudicar os demais concorrentes. Tanto que o vendedor que pratica a publicidade comparativa obviamente não gostaria que a praticassem contra si, mostrando que, para outros produtos, seus preços são mais elevados que os dos concorrentes. A publicidade comparativa é conduta abusiva, consistente na falta de interesse legítimo, já que o vendedor só pratica esta conduta não para ajudar o cliente, mas sim, para prejudicar seus concorrentes. Trata-se, portanto, de ato ilícito concorrencial.

Em tese, seria possível que o direito exigisse de cada um que sempre dissesse a verdade em todas as situações, de tal modo que cada um agisse com um nível de correção tal que lhe fosse prejudicial. Por outro lado, ao contrário do que se possa imaginar, exigir a verdade em todos os casos poderia trazer vantagens abusivas a quem dela se aproveitar, bem como dificultar a circulação de direitos, pois se somente os direitos perfeitos circulariam.

7. O Dever de Informação na Máxima Intensidade: A *Uberrima Fides* no Contrato de Seguro

Seguro é um contrato por meio do qual uma das partes, mediante recebimento de certa importância em dinheiro, obriga-se a pagar indenização ou renda em caso de ocorrência de um evento danoso, futuro e incerto durante a vigência do contrato. Sua finalidade é a proteção contra o risco a que está exposto a pessoa a danos em sua integridade física ou patrimônio[853] pela transferência dos riscos para outrem dentro dos limites acordados entre as partes[854] e apoia-se na ideia de garantia de risco de lesão a um interesse jurídico[855]

Não é um contrato de origens romanas. Surgiu na Idade Média com os comerciantes. Como explicou M.I. Carvalho de Mendonça,[856] o contrato de seguro apareceu no Século XIII com os Julgamentos de Oberon; no Século XIV com o Consulado do Mar, e no Século XV com o *Guidon de la Mer*, todos relativos ao seguro marítimo. No século XVIII surgiram as companhias que assumiam riscos em favor de muitas pessoas ao mesmo tempo.

[853] Gomes, Orlando. op. cit. p. 411.

[854] Ghersi, Carlos Alberto. Contratos civiles y comerciales. Partes general y especial. Empresas. Negocios. Consumidores. Tomo 2. 4. ed. actualizada y ampliada. Buenos Aires: Editorial Astrea de Alfredo y Ricardo Depalma, 1998. p. 467.

[855] Franco, Vera Helena de Mello. Lições de direito securitário. Seguros Privados Terrestres. São Paulo: Maltese, 1993. p. 39.

[856] Mendonça, M.I. Carvalho de. Contratos no direito civil brasileiro. 3. ed posta em dia pelo juiz José de Aguiar Dias. Rio de Janeiro: Forense, 1955. p. 684.

A essência do contrato de seguro é a álea.[857] Se não há risco, o contrato é nulo, pois será condição impossível. Ademais, o segurador responde apenas pelos riscos de casos fortuitos e de força maior e não pelos danos oriundos dos vícios internos e do consumo natural das coisas, pois o desgaste das coisas não pode ser considerado incerto.[858]

O contrato de seguro pode ter por objeto um interesse sobre o patrimônio, a vida, ou à integridade física. Como explicou Vera Helena de Mello Franco,[859] não se deve confundir interesse, que é o objeto do seguro, com a pessoa ou coisa em que há interesse em segurá-la.

Trata-se de um contrato com terminologia própria. O evento danoso, futuro e incerto, denomina-se sinistro. O instrumento em que se consubstancia o acordo de vontades denomina-se apólice, a qual deve dispor sobre o risco, o prêmio, valor do objeto segurado e prazo de cobertura.[860] A importância paga ao segurador denomina-se prêmio ou cotização. Com o pagamento do prêmio, ocorre a transferência do risco ao segurador.[861] Pode ser pago de uma única vez, ou periodicamente.[862]

É contrato bilateral, tendo como partes o segurado, que busca se resguardar de um risco, e o segurador, que paga uma importância em dinheiro para indenizar os danos ocorridos, ou compensar as perdas que o segurado teria, se ocorrido o dano. Não é um contrato sinalagmático, porque as prestações do segurador e do segurado não são equivalentes. O valor pago pelo segurado, obviamente, é bem inferior ao valor a ser pago pelo segurador em caso de sinistro, ou sequer pode haver prestação por parte do segurador, caso o sinistro jamais ocorra. A inocorrência do sinistro não isenta o segurado do pagamento do prêmio, nem enseja a repetição da importância paga a este título.

Em se tratando de seguro de dano, tendo em vista que a finalidade é a reparação, o valor a ser recebido pelo segurado jamais pode extrapolar o necessário à reparação do dano, sob pena de enriquecimento sem causa.

[857] Miranda, Francisco Cavalcanti Pontes de. Tratado de direito privado. Vol. XLV. São Paulo: Revista dos Tribunais, 1984. p. 284.

[858] Mendonça, M.I. Carvalho de. op. cit. p. 699.

[859] Franco, Vera Helena de Mello. op. cit. p. 39.

[860] Gomes, Orlando. op. cit. p. 413.

[861] Mendonça, M.I. Carvalho de. op. cit. p. 701.

[862] Miranda, Francisco Cavalcanti Pontes de. op. cit. p. 312.

Este princípio denomina-se princípio indenitário,[863] segundo o qual não se pode segurar uma coisa por mais do que valha, nem pelo seu todo mais de uma vez, pois a finalidade do seguro é a reintegração do patrimônio do segurador. Como explicou Orlando Gomes,[864] há conflito de apólices, se o mesmo risco é coberto por inteiro por vários seguradores. Além disso, não se pode segurar uma coisa por valor maior do que aquele que ela realmente tem.[865]

O mecanismo de funcionamento dos seguros consiste na estruturação de garantias recíprocas entre pessoas submetidas aos mesmos riscos, pessoais ou em seu patrimônio, isto é, dilui-se o risco perante determinada comunidade de interesses, denominada mutualidade.[866] Por exemplo, se o seguro é contra acidentes de automóveis, não se pode colocar na mesma mutualidade seguros de vida, pois os interesses são diversos. Por isso o traço comum de uma seguradora é que esta opera com o capital que os segurados fornecem.[867] O segurador atua como um administrador destes recursos e, por isso, há interesse social nesta atividade. Somente companhias são autorizadas pelo Estado a funcionar como seguradoras.

Não basta apenas o agrupamento de segurados em uma mesma mutualidade. É preciso avaliar os riscos e sua chance de ocorrência,[868] o que é feito mediante cálculo atuarial, por meio do qual se levam em conta as estatísticas de probabilidade e intensidade de ocorrência de sinistros dentro de um grupo de interesses homogêneos. Este é fundamental na estipulação do prêmio do seguro, pois quanto maior a probabilidade do sinistro acontecer, maior o valor do prêmio a ser pago pelo segurado. Assim, em se tratando de seguro de vida, leva-se em conta a expectativa de vida da pessoa, o risco de determinadas doenças e se a atividade diária desta é mais ou menos arriscada. Já em se tratando de seguro contra acidentes de automóveis, por exemplo, há de se levar em conta o local onde o motorista costuma trafegar, sua idade, entre outros fatores. De acordo com Ghersi,[869] o risco deve ser delimitado, individualizado e precisado e a apólice deve

[863] Miranda, Francisco Cavalcanti Pontes de. op. cit. p. 290.

[864] Gomes, Orlando. op. cit. p. 414.

[865] Mendonça, M.I. Carvalho de. op. cit. p. 708.

[866] Franco, Vera Helena de Mello. op. cit. p. 50.

[867] Mendonça, M.I. Carvalho de. op. cit. p. 726.

[868] Franco, Vera Helena de Mello. op. cit. p. 53.

[869] Ghersi, Carlos Alberto. op. cit. p. 468.

especificar quais riscos são cobertos e quais riscos são excluídos da cobertura. Entende-se não segurado tudo aquilo que exceder o risco assumido.

O valor do prêmio é calculado com base no número de sinistros. Ademais, deve abranger a retribuição de todos os encargos da companhia seguradora, não só relativa às indenizações, como às suas despesas gerais, comissões e pessoal da administração.[870]

A formação do contrato de seguro é um momento crítico. Em se aplicando a regra geral, caberia ao segurador obter as informações relevantes para formar o contrato de seguro, definir a álea, e concluir se lhe convém ou não, como o prêmio de que se trata.[871]

Todavia, em razão do latente conflito de interesses entre segurador e segurado, posto que quanto menos informações o segurador tiver, menor pode vir a ser o prêmio estipulado a ser pago, bem como o dinamismo das transações, que impedem ao segurador conferir as circunstâncias em que o interesse a ser assegurado se insere, a boa-fé faz-se presente no contrato de seguro. Aliás é neste contrato que esta se manifesta com a sua maior intensidade, a ponto de dizer-se que os contratos de seguro são contratos de *utmost good faith* (máxima boa-fé), ou *uberrima fides* (boa-fé abundante, fértil).

Dessa maneira, em vez da seguradora ter que descobrir as informações relevantes para formar seu convencimento acerca da viabilidade de assegurar determinado interesse, ou no estipular o valor do prêmio a ser pago, transfere-se ao segurado o dever de informar ao segurador todas as informações relevantes sobre o interesse que pretende assegurar. O segurador vale-se das declarações do segurado para assumir o risco e regular o prêmio. Quando o segurado, nas suas declarações, não age segundo a boa-fé, fatalmente provocará alteração no equilíbrio da mutualidade, já que pagará menos por riscos maiores.[872] Não basta apenas a mera informação, mas sim o emprego de intensa diligência no cumprimento deste dever de agir em conformidade com a boa-fé. De acordo com Eggers e Foss,[873]

[870] Mendonça, M.I. Carvalho de. op. cit. p. 703-705.

[871] Miranda, Francisco Cavalcanti Pontes de. op. cit. p. 323.

[872] Franco, Vera Helena de Mello. op. cit. p. 49.

[873] Eggers, Peter MacDonald; FOSS, Patrick. op. cit. p. 44.

cumpre-se a *uberrima fides* quando se assegura que o desequilíbrio entre as partes será corrigido com a troca de informações entre as partes.

Esta ideia de agir com a mais estrita boa-fé desenvolveu-se no direito inglês, no qual a boa-fé é aparentemente rejeitada pela doutrina e jurisprudência. O *leading case* é *Carter v. Boehm*, de 1766,[874] em que se contratou de Boehm um seguro pelo prazo de um ano (16 de outubro de 1759 a 16 de outubro de 1760) em favor de George Carter, então governador do Forte Marlborough, na ilha de Sumatra (atual Indonésia), cujo risco era a tomada da ilha por um inimigo estrangeiro. O sinistro aconteceu, com a tomada do Forte pelo Conde D›Estaigne. O segurador recusou-se a pagar o prêmio, por não ter sido informado sobre a fraqueza do Forte e a possibilidade deste ser atacado por franceses. Lord Mansfield, neste caso, afirmou que o dever de informar se aplicava a todos os contratos de seguros: "A boa-fé proíbe as partes de esconderem o que intimamente sabem, conduzirem a parte contrária a um contrato, mantendo-a na ignorância de fatos, e sua crença no contrário. (...) A razão desta regra que obriga as partes a revelar, é para impedir a fraude e incentivar a boa-fé". Hasson[875] entendeu que a razão pela qual Lord Mansfield reconheceu um dever de boa-fé a ser cumprido pelo segurado, deve-se ao fato de que seria realmente difícil em 1766 o segurador obter informações extraoficiais sobre o risco do Forte ser atacado.

Tempos depois julgou-se o caso *Mayne v. Walter*[876] segundo o qual o segurado pretendia receber do segurador indenização pela perda da carga em razão da captura do navio por um navio de fiscalização francês. O segurador recusou-se ao pagamento porque o segurado não revelou que havia uma *Ordonnance* francesa dispondo que nenhum navio holandês deveria transportar cargas de um país em guerra com a França, o que ensejou a apreensão do navio segurado. Lord Mansfield sustentou neste caso que o segurador deve correr todos os riscos que ambas as partes ignoram. Mas se o segurador sabia da *Ordonnance*, era seu dever indagar sobre a carga a bordo.[877] Neste caso entendeu-se que somente uma reticência fraudu-

[874] Reino Unido. Queen's Bench. Carter v. Boehm. (1766) 3 Burr 1905, (1766) 97 ER 1162.

[875] Hasson, R.A. The doctrine of uberrima fides in insurance Law – a critical evaluation. The Modern Law Review, v. 32, p. 615-637, Nov. 1969. p. 617.

[876] Reino Unido. Mayne v. Walter, (1782) 99 Eng. Rep. 548.

[877] Hasson, R.A. op. cit. p. 617.

lenta viciaria a apólice. Fatos que não fossem de conhecimento do segurado, ou que fossem do conhecimento do segurador, não precisavam ser revelados.[878]

Porém, retomou-se a *ratio decidendi* do caso *Carter v. Boehm.*[879] Em 1906 promulgou-se o *Marine Insurance Act*, que incorporou estas ideias.[880] No direito inglês não se faz distinção entre seguros marítimos e não marítimos, e em todos deve ser celebrado em *uberrima fides*. Até uma não revelação inocente enseja a nulidade da apólice.

Já nos Estados Unidos,[881] o dever de agir segundo a máxima boa-fé só é exigido em seguros marítimos, tendo em vista a dificuldade do segurador em obter informações para a formação da apólice. Mas quando há simetria de informações entre segurador e segurado, não se exige o

[878] Achapong, Francis. *Uberrima fides* in English and American Insurance Law: a comparative analysis. International and Comparative Law Review, v. 36, p. 329-347, Apr. 1987. p. 331.
[879] Achapong, Francis. op. cit. p. 330.
[880] Marine Insurance Act UK (1906)
Revelações e Declarações
17. Seguro é *uberrima fides*
O contrato de seguro marítimo é baseado na *utmost good faith*, e se esta não for observada, o contrato pode ser recusado pela parte contrária.
18. Revelação pelo segurado
(1) Nos termos da disposição desta seção, o segurado deve revelar ao segurador, antes da conclusão do contrato, todas as circunstâncias materiais que seja de seu conhecimento, bem como todas as circunstâncias que, no curso ordinário dos negócios, deveria saber. Se o segurado não fizer tais revelações, o segurador pode recusar o contrato.
(2) Toda circunstância é material quando pode influenciar o julgamento de um segurador prudente na fixação do prêmio, ou na decisão de aceitar ou não o risco.
(3) Na falta de perguntas, as circunstâncias seguintes não precisam ser reveladas, a saber:
(a) qualquer circunstância que diminua o risco;
(b) qualquer circunstância que é ou deva ser de conhecimento do segurador. Presume-se que o segurador conheça fatos de notoriedade comum, e matérias que um segurador, no curso ordinário de seus negócios, devesse saber;
(c) quaisquer circunstâncias cuja informação tenha sido descartada pelo segurador;
(d) quaisquer circunstâncias que sejam supérfluas por razões de garantias expressas ou implícitas.
(4) Se qualquer circunstância particular, que não seja revelada, seja material ou não, em cada caso, seja uma questão de fato.
(5) O termo "circunstância" inclui quaisquer comunicações feitas ao segurado ou recebidas por este.
[881] Achapong, Francis. op. cit. p. 339-340.

cumprimento deste dever de maneira extrema. Isto porque, em regra, o segurador é *expert* e o segurado, não. Por isso, em seguros não marítimos, o segurado não precisa revelar todos os fatos, a menos que lhe seja perguntado; porém, se souber que determinado fato vai interferir no seguro, aí tem que revelar, pois nesse caso terá havido dolo.[882]

M. I Carvalho de Mendonça[883] e Ghersi,[884] ao comentarem o dever de informação dos fatos relevantes à formação do contrato de seguro, sustentaram que a não prestação de informações seria reticência dolosa. Ambos filiam-se à corrente criada no caso *Carter v. Boehm*, ao afirmarem que o contrato de seguro é nulo inclusive quando o segurado, de boa-fé, omite fatos relevantes, pois, a despeito da boa-fé, a falta destas informações afeta o equilíbrio da mutualidade dos segurados. Eggers e Foss[885] explicaram que atualmente o dever de informar abrange dois deveres distintos, embora relacionados: o dever de não mentir sobre fatos materiais, e o dever de revelar todas as informações relevantes de seu conhecimento. De acordo com Pontes de Miranda,[886] quanto à saúde, nos seguros de vida, ou de doenças, o exame pelo médico ou pelos médicos do segurador não exclui que possa haver informe inverídico ou incompleto do contraente. Mas o segurador tem de alegar e provar que houve dolo do interessado no seguro.

Para Eggers e Foss,[887] têm ocorrido modificações acerca do modo de cumprimento do dever de boa-fé por parte do segurado, porque o segurador é profissional e o segurado, leigo. Aquele tem maiores condições de decidir quais são as informações relevantes para o contrato de seguro, do que o próprio segurado. Por isso surge o dever do segurador de indagar o segurado sobre o que entende ser relevante, por meio de formulários para serem preenchidos pelo segurado.[888] E continua o dever do segurado de responder às perguntas do formulário com a mais estrita lealdade

[882] Achapong, Francis. op. cit. p. 344.

[883] Mendonça, M.I. Carvalho de. op. cit. p. 706.

[884] Ghersi, Carlos Alberto. op. cit. p. 472.

[885] Eggers, Peter MacDonald; Foss, Patrick. op. cit. p. 115.

[886] Miranda, Francisco Cavalcanti Pontes de. op. cit. p. 325.

[887] Eggers, Peter MacDonald; Foss, Patrick. op. cit. p. 197.

[888] Enéas Costa Garcia chama a atenção para o fato de que algumas companhias seguradoras, por meio de inúmeras perguntas – algumas ambíguas – induzem o segurado a erro, justamente para recusar o pagamento do prêmio, alegando que o segurado violou o princípio da

e boa-fé.[889] Achapong[890] sustentou que, com os avanços tecnológicos em comunicações, a disponibilidade de dados sobre os navios e navegação, o nível de sofisticação dos seguradores marítimos fez com que os princípios de *uberrima fides* nos contratos de seguros ficassem erodidos. Todavia, salvo as exceções relacionadas à dificuldade do segurado obter informações, a regra ainda continua sendo a do dever de revelar todos os fatos ao segurador, tanto os conhecidos, quanto os que deveria saber serem importantes para a formação correta do contrato de seguro.

Nos contratos de seguros, nota-se a necessidade do princípio da boa-fé para reduzirem-se o estado de informação assimétrica e os custos de transação. O segurador, em face do segurado, está em assimetria de informação, pois não conhece os riscos que se pretende segurar. Como visto, a disponibilidade de informações relevantes é fundamental no contrato de seguro, não só para que o segurador possa formar sua convicção acerca da conveniência ou não de celebrá-lo, mas também para evitar que o risco segurado seja erroneamente colocado em uma mutualidade inadequada, o que provocaria a distorção do cálculo atuarial. As consequências jurídicas não afetam somente o segurador, que terá que pagar por um risco para o qual não quis se obrigar, mas também afetará os demais segurados, que naturalmente terão que arcar com o aumento do prêmio a ser pago.

Os custos de transação aparecem evidenciados na dificuldade natural que o segurador tem para obter informações relevantes sobre o risco e que somente poderiam ser descobertas com base em investigação profunda, aumentando demasiadamente os custos de obtenção de informações, isso sem considerar o risco de poder violar direitos fundamentais do segurado, o que é ilegal. Por isso, foi com base na boa-fé a forma encontrada para reduzirem-se o estado de informação assimétrica os custos de transação, mediante o dever de informar com a máxima intensidade, transferindo ao segurado o dever de coletar as informações relevantes a baixos custos, já que ele tem maiores condições de obtê-las e transmiti-las.

Nos casos em que se atenua a exigência de *uberrima fides* por parte do segurado, a razão subjacente para tanto se deve ao estado de informação

boa-fé. Neste caso, evidentemente, foi a seguradora quem violou a boa-fé, ou com dolo, ao realizar manobras para prejudicar o segurado (GARCIA, Enéas Costa. op. cit. p. 167).

[889] EGGERS, Peter MacDonald; FOSS, Patrick. op. cit. p. 10.

[890] ACHAPONG, Francis. op. cit. p. 346.

assimétrica e aos custos de transação. Sendo o segurador profissional e o segurado, leigo, torna-se muito difícil a este último obter as informações relevantes, tendo em vista que este último não sabe o que é relevante para a formação do contrato de seguro, enquanto o segurador sabe quais informações são relevantes e sabe como encontrá-las. O segurado enfrenta elevados custos de transação na procura de informações, bem como os custos de processamento das mesmas. Dessa maneira, o dever de descobrir as informações é transferido ao segurador, pois este tem mais facilidade de obtê-las, indicando baixos custos de transação, reduzindo-os para o segurado, que não precisará fazer esforço hercúleo para informar ao segurador o que é relevante. Tudo aquilo que, com facilidade, puder ser informado ao segurador, o segurado deve fazer, de modo a contribuir com a redução dos custos de transação do segurador dentro do possível.

O segundo dever de informar no contrato de seguros relaciona-se à alteração do risco do interesse segurado. Como explicou Vera Helena de Mello Franco,[891] o contrato de seguro é de execução continuada e deve adaptar-se a quaisquer modificações que possam alterar o equilíbrio das prestações entre segurado e segurador. Dessa forma, evita-se que o segurado pague um prêmio menor pelo risco que venha a ser aumentado, ou um prêmio maior, pelo risco que diminuiu. É interessante notar que o dever de agir segundo a máxima boa-fé afeta não somente o segurador, mas também toda a mutualidade, isto é, todos os demais segurados que celebraram o contrato de seguro com o segurador contra determinado sinistro, pois a inexatidão nas informações relevantes ao estabelecimento da álea resultará na distorção dos resultados do cálculo atuarial, obrigando ao aumento do valor do prêmio para todos os segurados, já que a probabilidade de ocorrência de sinistro não será corretamente estipulada. Por isso, a boa-fé exige que o segurado comunique toda modificação do risco ao segurador. Quando ocorre a alteração, surge novamente o estado de informação assimétrica, pois o segurador não sabe do risco atual; além disso, há custos de transação proibitivos, pois seria extremamente difícil e custoso ao segurador monitorar incessantemente o que ocorre com o risco segurado. Assim, para se reduzirem os custos de transação, impõe-se o dever de boa-fé de comunicar as suas alterações.

[891] Franco, Vera Helena de Mello. op. cit. p. 47.

Na jurisprudência brasileira, a boa-fé aparece com bastante frequência associada a questões securitárias. Nesse sentido, o Superior Tribunal de Justiça editou súmulas sobre aspectos importantes desse contrato, no sentido de diminuir a exigência de *uberrima fides*. Por exemplo, de acordo com a Súmula nº 609,[892] "a recusa de cobertura securitária, sob a alegação de doença preexistente, é ilícita se não houve a exigência de exames médicos prévios à contratação ou a demonstração de má-fé do segurado". Rigorosamente, caberia ao segurado informar as doenças preexistentes e, em caso de omissão, perder o direito ao recebimento da cobertura. No entanto, devido à capacidade de o segurador saber do estado de saúde por meio de exames prévios para reduzir a assimetria de informação entre eles com reduzidos custos de transação, entende-se ser condizente com a boa-fé que, caso o segurador dispense o exame e resolva correr o risco de admissão do segurado, não poderá recusar-se posteriormente ao referido pagamento da indenização.

A segunda situação é aquela regulada pela Súmula n. 610,[893] nos seguintes termos: "o suicídio não é coberto nos dois primeiros anos de vigência do contrato de seguro de vida, ressalvado o direito do beneficiário à devolução do montante da reserva técnica formada". O ato de tirar a própria vida implicaria alteração da álea, pois a morte não seria mais evento futuro e incerto. Poder-se-ia premeditar o suicídio, celebrar contrato de seguro de vida e executar o ato planejado. Porém, devido à maior conscientização sobre depressão, o que inclui campanhas, conhecidas como "Setembro Amarelo", considera-se que, após dois anos de vigência da apólice, não houve premeditação e o segurado estava de boa-fé, quando celebrou o contrato. Logo, não se trata de situação decorrente do estado de informação assimétrica no início do contrato. De qualquer modo, importa lembrar que o Supremo Tribunal Federal editou a Súmula n. 105,[894] segundo a qual "salvo se tiver havido premeditação, o suicídio do segurado no período contratual de carência não exime o segurador do pagamento do seguro" e o Superior Tribunal de Justiça, a Súmula n. 61, atualmente cancelada: "o seguro de vida cobre o suicí-

[892] Brasil. Superior Tribunal de Justiça (2a Seção). Súmula n. 609, 11 de abril de 2018.

[893] Brasil. Superior Tribunla de Justiça (2ª Seção). Súmula n. 610, 25 de abril de 2018.

[894] Brasil. Supremo Tribunal Federal. Súmula n. 105, 13 de dezembro de 1963.

dio não premeditado".[895] Como se pode observar, procurou-se sopesar os interesses de segurador e segurado por meio da Súmula n. 610.

A terceira situação está regulada na Súmula n. 616,[896] de acordo com a qual "a indenização securitária é devida quando ausente a comunicação prévia do segurado acerca do atraso no pagamento do prêmio, por constituir requisito essencial para a suspensão ou resolução do contrato de seguro". No mesmo sentido, a aplicação estrita da boa-fé impõe o não pagamento da indenização em caso de inadimplemento do prêmio, pois tal atraso prejudicaria a mutualidade do contrato de seguro. No entanto, para equilibrar as relações de acordo com a boa-fé e reduzir os custos de transação para o segurado, impõe-se o dever de constituir o devedor em mora, para que só então este perca o direito à indenização.

Por fim, a Súmula n. 620[897] tem o seguinte teor: "a embriaguez do segurado não exime a seguradora do pagamento da indenização prevista em contrato de seguro de vida". Entende-se, neste caso, que não houve má-fé no sentido de desequilibrar a mutualidade, por ser o alcoolismo uma doença, deixando-se de pagar a indenização somente quando o condutor do veículo causou acidente por estar sob efeito de álcool.[898]

[895] Brasil. Superior Tribunal de Justiça (2ª Seção). Súmula n. 61, 14 de outubro de 1992.

[896] Brasil. Superior Tribunal de Justiça (2ª Seção). Súmula n. 616, 23 de maio de 2018.

[897] Brasil. Superior Tribunal de Justiça (2ª Seção). Súmula n. 620, 12 de dezembro de 2018.

[898] Brasil. Superior Tribunal de Justiça (3ª Turma). REsp n. 1.665.701/RS. Relator: Min. Ricardo Villas Bôas Cueva, 9 de maio de 2017.

5. Boa-Fé e Dever de Cooperação

1. Conceito de Cooperação

Cooperação não é um termo de fácil definição. Muito se fala dela, mas pouca atenção se dá ao seu significado. Pela etimologia, significa realizar uma obra junto com outra pessoa (co-operação), um trabalho em conjunto para a consecução de uma atividade comum. Também pode significar auxílio, ajuda, divisão de esforços, compartilhamento de recursos ou resultados. Seu traço comum é a facilitação, a simplificação. É o conseguir-se mais com menos esforço, obtendo-se conjuntamente o que, individualmente, não seria possível. Tornou-se valor importante para os contratos, manifestando-se como exemplo concreto de conduta segundo a boa-fé.

O cientista político Robert Axelrod dedicou-se a esse tema. Em seu livro "A Evolução da Cooperação", ele a discutiu sob dois aspectos. O primeiro deles foi estabelecer em que casos a cooperação pode emergir, tais como as situações em que a pessoa tem incentivos para ser egoísta; no segundo aspecto, nos casos se deveria agir de forma egoísta e em que situações se deveria cooperar. Por exemplo, se seria correto ajudar um amigo que nunca retribui o que recebe, ou fornecer serviços a uma empresa à beira da falência.[899] Para esse autor,[900] maiores são as chances de a cooperação emergir quanto maior for a interação entre as pessoas, ao aumentar-se a capacidade de reconhecerem-se, de lembrarem-se de interações passadas e de suas características relevantes, porque esta se sustenta nas

[899] Axelrod, Robert. The evolution of cooperation. Basic Books, 1984. p. 3.

[900] Axelrod, Robert. op. cit. p. 11.

informações adquiridas com as experiências anteriores[901] e torna-se difícil de ser obtida quando essa interação não ocorre com frequência. Embora a previsibilidade de comportamentos não seja imprescindível para a evolução da cooperação, esta certamente pode ser útil para a sua manifestação.[902] Importante meio de promovê-la é arranjar tudo de modo que duas pessoas se encontrem de novo, sejam capazes de se reconhecerem e possam recordar como se comportaram até o momento. Assim, a interação contínua é o que torna possível e estável a cooperação baseada na reciprocidade.[903] Também é possível que esta surja mesmo quando os participantes sejam antagonistas ou egoístas. Axelrod[904] explicou que houve cooperação entre os exércitos inimigos durante a Primeira Guerra Mundial. Os soldados perceberam que não haveria reação, se não atacassem o outro lado. Tacitamente, portanto, obtiveram um acordo de preservarem suas vidas. No Natal, saíam das trincheiras e celebravam a data juntos. Este comportamento estratégico de não atacar o inimigo para preservar a própria vida recebeu o nome de "viva e deixe viver", sendo prova de que a amizade é fundamental para o desenvolvimento da cooperação.[905] Este comportamento deixava os comandantes desesperados, pois as ordens de ataque não eram obedecidas.

A ideia de que a cooperação pode emergir quanto maior for a interação entre as pessoas, ou até mesmo quando há inimizade entre elas, é aplicável para situações em que não há uma autoridade central para estimular a cooperação. Esta conclusão enfatiza a importância do primeiro método de promovê-la: alargar a sombra do futuro, que significa a criação de mecanismos que assegurem às pessoas relativa certeza de que um dia poderão vir a se encontrar novamente. Para isso, basta manter as interações mais duráveis e frequentes.[906] Uma das formas para que isso ocorra dá-se mediante a criação de instituições, entre as quais, as instituições jurídicas.

Para explicar os casos em que vale a pena cooperar, Axelrod usou a teoria dos jogos, em especial, o dilema do prisioneiro. Este modelo carac-

[901] Axelrod, Robert. op. cit. p. 139.
[902] Axelrod, Robert. op. cit. p. 109.
[903] Axelrod, Robert. op. cit. p. 125.
[904] Axelrod, Robert. op. cit. p. 74.
[905] Axelrod, Robert. op. cit. p. 21.
[906] Axelrod, Robert. op. cit. p. 129.

teriza-se por ter um único lance e total estado de informação assimétrica entre os participantes, já que ambos não sabem qual será a decisão a ser tomada pelo outro jogador. Mediante simulação das possíveis estratégias que este jogo proporciona por meio de computadores, concluiu que, para um jogo de soma zero e com uma única jogada, a melhor estratégia é o "toma-lá-dá-cá", pois esta estratégia simples da pessoa dá chances da parte contrária compreender a conduta da outra, aumentando a previsibilidade do comportamento futuro.[907] Prosseguindo neste raciocínio, Axelrod cuidou do problema da cooperação incondicional.[908] Na opinião dele, nem sempre se deve cooperar, porque isto aumenta as chances da pessoa ser explorada, provocando frustração e acarretando ônus para a sociedade a fim de recuperar a autoestima da pessoa frustrada. Por isso, Axelrod recomendou a reciprocidade – e não a cooperação incondicional – como a melhor base para a moralidade.

Em suma, Axelrod extraiu do jogo do dilema do prisioneiro quatro dicas de comportamento.[909] A primeira delas é que ninguém seja invejoso, porque a inveja induz a pessoa a tentar anular a vantagem do seu oponente e, para isso, pode ser necessário ter um comportamento desleal, que leva a novos comportamentos desleais e à punição mútua. A segunda dica é que ninguém seja o primeiro a se comportar mal, salvo se a preservação do relacionamento não for importante.[910] A terceira dica é para ser recíproco tanto na cooperação quanto na falta de cooperação,[911] com o intuito de deixar claro ao outro lado de que não será possível tirar vantagens por não cooperar e também deixar claro que cooperar é o melhor caminho. Retribuindo-se a deslealdade do outro, isso repercutirá no comportamento futuro. Se houver perdão para a deslealdade, a imagem que se criará é de ser uma pessoa explorável. Por fim, a quarta dica é para que ninguém seja excessivamente esperto.

Delineadas as características da cooperação por Axelrod, pode-se compreender a finalidade do dever de cooperar em matéria contratual.

[907] Axelrod, Robert. op. cit. p. 122.
[908] Axelrod, Robert. op. cit. p. 136.
[909] Axelrod, Robert. op. cit. p. 110.
[910] Axelrod, Robert. op. cit. p. 114.
[911] Axelrod, Robert. op. cit. p. 117.

2. Boa-Fé e Dever de Cooperação

O dever de cooperação é um dos deveres advindos do princípio da boa-fé, porque justamente se espera cooperação de quem pretende agir segundo a boa-fé. Assenta-se no seguinte postulado: se é possível facilitar a vida da parte contrária sem que haja prejuízo ao seu próprio interesse, por que não fazê-lo? Os efeitos da cooperação no contrato podem ser simbolizados por dois navegantes em um mesmo barco, com remos em suas mãos, sendo que cada um quer ir para lados opostos. Se cada um deles remar em direção ao lugar para o qual deseja ir, vencerá quem tiver mais poder. Por outro lado, se cada um ajudar o outro a ir ao local pretendido e juntos remarem no mesmo sentido, é provável que cheguem mais rapidamente a qualquer dos lugares, pelo fato de a parte mais fraca contar com a ajuda da parte mais forte na satisfação do seu interesse. Dentro de suas possibilidades, o interesse da parte forte será atendido, que não terá a resistência da parte fraca. Com a cooperação, reduzem-se drasticamente as chances de deslealdade: afinal ambas as partes estão "no mesmo barco", prejudicar a parte contrária é prejudicar a si mesmo, porque a parte contrária perceberá a falta de cooperação e deixará de cooperar também. Quando se obriga juridicamente a cooperar, induz-se a agir corretamente.

Por meio deste dever, impõe-se a cada parte a obrigação de preocupar-se com a parte contrária, a fim de lhe facilitar o exercício de seus direitos e obrigações. Cumprindo-se a obrigação da melhor forma e colaborando para o devedor faça o mesmo, certamente se proporcionará a máxima satisfação possível a todos, contribuindo-se, portanto, para com a redução dos custos de transação decorrentes das dificuldades de obtenção de informações, omissão de informações relevantes, criação de empecilhos abusivos e quebra de expectativas. Quando não há cooperação, surgem entraves que dificultam o bom desenvolvimento das relações obrigacionais, sendo necessário ter custos para superá-los. Comparando-se os custos de transação aos "atritos" que dificultam o movimento dos corpos, dissipando energia em forma de calor, a falta de cooperação são custos de transação decorrentes da "força contrária produzida pelo atrito", que dificulta o normal desenvolvimento daquelas relações jurídicas. O dever de cooperação faz com que a "energia jurídica" seja dissipada em quantidades mínimas, possibilitando às partes a máxima satisfação que buscam por meio dos negócios jurídicos que realizam no cotidiano. Obtém-se redução adequada dos custos de transação, e não, a sua eliminação sem critério.

Assim como o atrito pode ser ruim, não se pode esquecer que sem atrito nem sequer se poderia caminhar. Esta pequena quantidade de "atrito" equivale a reduzidos custos de transação, os quais todos devem suportar, superáveis com a mera diligência das partes. Somente quando estes forem elevados ou proibitivos, surge o dever de cooperar. Isso porque, como visto acima, nem sempre se deve cooperar, por aumentar as chances de a pessoa ser explorada. É inconsistente com o princípio da boa-fé a exigência de cooperação quando era possível agir por si mesmo sem sacrifício algum. Logo, agir de forma cooperativa segundo a boa-fé não significa ser bonzinho, tolerar abusos ou deixar ser enganado. Apenas estimula as partes à tomada de iniciativa de facilitar a satisfação do interesse da contraparte e, pela reciprocidade de comportamento, o seu próprio interesse.

Dessa maneira, a observância do dever de cooperação facilita a formação, conclusão e execução dos contratos. Boa parte dos antagonismos contratuais pode ser superada. Se é possível a cooperação até mesmo entre inimigos em uma guerra, com muito mais razão é possível a harmonização dos interesses contratuais por meio do dever de cooperação. Ao impor a cooperação entre as partes, o princípio da boa-fé impede que ambas se comportem mal, preservando-se o bom relacionamento entre elas. Faz, portanto, com que pessoas não cooperativas sejam juridicamente obrigadas a sê-lo, por exigir condutas que naturalmente conduzem à cooperação. Considerando que, em diversas situações, não há a possibilidade de reiteração de contatos sociais e a formação de um repertório de experiências anteriores para saber se determinada pessoa é ou não digna de confiança, isto é, não há informações suficientes sobre suas estratégias de relacionamento social, o princípio da boa-fé – entendido como instituição jurídica – viabiliza a existência dos requisitos necessários ao surgimento da cooperação, por exemplo, mediante os deveres de coerência e de informação, o que aumenta a previsibilidade da conduta da parte contrária, conferindo maiores e melhores condições às pessoas na tomada de decisões.

Betti estendeu a ideia da cooperação para todo o direito das obrigações.[912] Na opinião dele, a cooperação seria o fio condutor deste ramo do direito. Tanto que ele diferenciava as relações jurídicas obrigacionais das

[912] Betti, Emilio. Teoria generale delle obbligazioni. v. 1. Prolegomeni, funzione economico-sociale dei rapporti d'obbligazione. Milano: Giuffrè, 1953. p. 10.

relações jurídicas reais, sendo que aquelas se voltavam para a cooperação, enquanto estas se voltavam para a atribuição dos bens. Esse mesmo autor[913] sustentou que o direito contratual tratava de casos patológicos de cooperação: a cooperação extorquida, relacionada com a coação ou dolo, em que há uma distorção da mesma; a cooperação chantageada, no sentido de pedir e impor uma contraprestação iníqua por necessidade da contraparte, como no caso da lesão ou estado de necessidade; a cooperação recusada, por falta desta imputável a uma parte, que consiste no inadimplemento, permitindo-se à parte resolver o contrato para se defender e ao mesmo tempo se restabelecer a condição de paridade existente ao seu início pela frustração da legítima expectativa no desenvolvimento da relação contratual. Neste último caso também se abrange a falta de cooperação por inobservância da boa-fé nos contratos; e a cooperação sub-rogada, por meio da qual o credor pode obter a satisfação do próprio interesse mediante pronúncia do órgão jurisdicional. Assim, de acordo com Betti,[914] a boa-fé seria o conceito fundamental necessário para entender qual problema de cooperação a cuja solução serve a relação obrigatória, porque consistia no empenho de cooperação devida no interesse alheio.[915] Por sua vez, no Brasil, Clóvis do Couto e Silva vislumbrava a obrigação como processo, isto é, em seu aspecto dinâmico, com algo que se encadeia e se desdobra em direção ao adimplemento, à satisfação dos interesses do credor.[916] Em vista disso, sustentava a obrigação como ordem de cooperação, na qual credor e devedor não ocupam mais posições antagônicas, dialéticas e polêmicas, tendo por consequência o dever do credor de colaborar com o adimplemento da obrigação.[917]

Uda sustentou o dever de cooperação como dever instrumental do princípio da boa-fé na execução do contrato.[918] Para ele, esta garante a realização do interesse creditório, porque impõe ao credor a realização de atos que facilitem ao devedor o cumprimento de sua prestação, superando

[913] Betti, Emilio. op. cit. p. 29.

[914] Betti, Emilio. op. cit. p. 65.

[915] Betti, Emilio. op. cit. p. 107.

[916] Silva, Clóvis Veríssimo do Couto e. A obrigação como processo. São Paulo: José Butschasky Editor, 1976. p. 5.

[917] Silva, Clóvis Veríssimo do Couto e. op. cit. p. 8.

[918] Uda, Giovanni Maria. La buona fede nell'esecuzione del contratto. Torino: G. Giapicchelli (in colaborazione con Unversità di Sassari – Facoltà di Giurisprudenza), 2004. p. 355.

o âmbito restrito da obrigação em si e estendendo o exame ao contrato inteiro, de modo a realizar o programa econômico contratual.[919] Dessa forma, o dever de cooperação é uma espécie de obrigação de boa-fé do credor.[920] No mesmo sentido, a falta de cooperação é o impedimento ao adimplemento, exigível para dar pleno efeito ao contrato.[921] Na visão dos autores italianos, a cooperação tem o sentido de atividade no interesse da parte contrária. Para Brownsword,[922] quando a boa-fé é um princípio excepcional dentro de determinado ordenamento jurídico, permite-se que os contratantes possam negociar de modo a buscar seu auto interesse, mas quando a boa-fé é um princípio diretor, esta impõe um modelo cooperativo de contrato. Em uma visão moderna de contrato, a boa-fé é o modelo ideal de cooperação.

De acordo com Diesse,[923] a cooperação nos contratos é uma diligência reforçada pelo dever de solidariedade, exprimindo a ideia de certa fraternidade contratual, ou *jus fraternitas*, no quadro de uma visão dinâmica do contrato. Cooperar é aceitar agir unido, é reconhecer que as partes em um contrato estão ligadas por interesses comuns ou convergentes. Não é mero dever de lealdade, de simplesmente não lesar os interesses da contraparte. Exige-se levar em conta seus interesses, respeitá-los e agir em vista de seu desenvolvimento.[924] O dever de cooperação, ao regular as relações contratuais, permite ao juiz harmonizar as relações entre devedores e credores de obrigações contratuais.[925] Cooperar, portanto, não significa cumprir

[919] UDA, Giovanni Maria. op. cit. p. 359-362.

[920] UDA, Giovanni Maria. op. cit. p. 356.

[921] CASTRONUOVO, Carlo. Principi di diritto europeo dei contratti. Parte I e II. (Versione italiana). Milano: Giuffrè, 2001. p. 123-124.

[922] BROWNSWORD, Roger. Two concepts of good faith. Journal of Contract Law, v. 7, p. 197-206, 1994. p. 200.

[923] DIESSE, François. La bonne foi, la coopération et le raisonnable dans la Convention des Nations Unies relative à la vente internationale de marchandises (CVIM). Journal du Droit International, Paris, v. 129, n. 1, p. 55-112, jan./mars. 2002. p. 67.

[924] DIESSE, François. op. cit. p. 69.

[925] Nesse sentido, vale lembrar o art. 4º do Código de Defesa do Consumidor brasileiro: Art. 4º A Política Nacional das Relações de Consumo tem por objetivo o atendimento das necessidades dos consumidores, o respeito à sua dignidade, saúde e segurança, a proteção de seus interesses econômicos, a melhoria da sua qualidade de vida, bem como a transparência e *harmonia* das relações de consumo, atendidos os seguintes princípios: (grifos nossos) (*omissis*)

a obrigação no lugar do devedor. Significa apenas não criar resistências desnecessárias no adimplemento das prestações. Não se requer dos contratantes que se sacrifiquem pela outra parte, renunciando abstratamente as vantagens que poderia obter do contrato. Apenas exige que se procurem alternativas diante dos entraves que naturalmente surgem de qualquer relação obrigacional, e analisem a possibilidade de agir em concerto, economizando recursos. Ainda, para Diesse,[926] o dever de cooperar não atende a uma finalidade filosófica de caridade. Apenas obriga às partes a adotarem um comportamento diligente, obtendo-se a satisfação de seus interesses a partir da realização normal do contrato. Para Judith Martins-Costa, "a cooperação devida não configura uma qualquer cooperação, ou uma cooperação ilimitada ou indefinida e, muito menos, uma 'cooperação sentimental': não há dever de ser ingênuo na relação negocial".[927] Além disso, cooperar não significa imolar-se pela parte contrária, nem impor às partes a solidariedade social, que competem à religião e ao Estado. Por meio da cooperação, emerge uma solidariedade contratual, que, de modo algum, pode implicar o trabalho de apenas uma das partes para o bom funcionamento do contrato, enquanto a outra nada faz para colaborar neste sentido. Por fim, Schunck apontou a importância da cooperação em contratos de longa duração e destacou que esta, entretanto, não deve impor um peso maior do que o esperado ao contratante, transformando obrigações laterais em novas prestações principais.[928]

A partir das regras sobre a cooperação, conclui-se que a boa-fé impõe a iniciativa de cooperar, proibindo comportamentos que dificultem o adimplemento da obrigação da parte contrária, contribuindo para a obtenção dos máximos efeitos e satisfação das utilidades que o negócio proporciona. Porém, quando houver falta de cooperação, deve-se reagir à deslealdade da parte contrária, o que prova que agir de boa-fé não significa ser caridoso nem bondoso. Em outras palavras, deixa-se claro que não há vantagens em não cooperar. A partir do momento que der o bom exemplo, ao

[926] DIESSE, François. Le devoir de coopération comme principe directeur du contrat. Archives de Philosophie du Droit, Paris, n. 43, p. 259-302, 1999. p. 284.

[927] MARTINS-COSTA, Judith. A boa-fé no direito privado. 2. ed. São Paulo: Saraiva, 2018. p. 575.

[928] SCHUNCK, Giovana Bonanno. Contratos de longo prazo e dever de cooperação. 2013. Dissertação (Mestrado em Direito). Universidade de São Paulo, Faculdade de Direito. São Paulo, 2013. p. 217.

cumprir suas obrigações, é legítimo exigir conduta semelhante. O próprio princípio da boa-fé autoriza que se suspenda a cooperação, quando uma das partes se recusa a agir deste modo. Exemplo disso é a *exceptio non adimpleti contractus*. Em seu mecanismo, a parte somente tem o direito de exigir a prestação da parte contrária, se primeiro tiver cumprido sua obrigação, isto é, quando ficar demonstrado que foi a primeira a tomar a iniciativa de cooperar. Por outro lado, a *exceptio* permite a qualquer das partes do contrato recusar a cumprir suas obrigações contratuais enquanto a parte contrária não cumprir com suas obrigações. Com isso, evidencia-se que o direito não tolera o comportamento desleal, ao exigir que alguém se comporte de determinada maneira, quando nem a própria pessoa o faz. Diesse,[929] nesse sentido, entendeu que o dever de cooperar, mais que uma necessidade sócio-econômica, pode ser um meio de educação ou endereçamento dos comportamentos dos contratantes, que devem conjugar seus esforços para proporcionarem a mútua satisfação contratual. A cooperação exigida no adimplemento deste dever é suscetível de gradação, podendo ser simples ou intensa. Por exemplo, pode-se exigir das partes apenas um *jus fraternitas* ou *affectio contractus*, ou que o contrato seja *intuitu personae* ou que se tenha *affectio societatis*. De acordo com Picod,[930] *affectio societatis* é um exemplo de dever de cooperação. Este mesmo autor[931] não viu no dever de cooperação a imposição de sacrifícios. Cooperar é apenas a expressão de um mínimo de lealdade entre as partes, que consiste em levar em consideração o interesse da parte contrária, de modo a facilitar-lhe as coisas. Peden,[932] ao tratar da incidência da cooperação nos contratos, concluiu que ou a cooperação deveria ser ou um princípio do direito contratual, ou um dever de cooperar, ou deveria fazer parte do conteúdo do contrato.

O dever de cooperação vem alcançando o mesmo patamar de desenvolvimento do dever de informação. Conforme explicou Jaluzot,[933] este foi admitido no início do século pela jurisprudência alemã, mas é frequen-

[929] Diesse, François. Le Devoir... op. cit. p. 296.

[930] Picod, Yves. Le devoir de loyauté dans l'exécution du contrat. Paris: LGDJ, 1989. p. 105.

[931] Picod, Yves. op. cit. p. 98.

[932] Peden, Elisabeth. Cooperation in English Contract Law – to construe or imply?. Journal of Contract Law, v. 16, n. 1-2, p. 56-67, Jun. 2000. p. 56.

[933] Jaluzot, Béatrice. La bonne foi dans les contrats. Étude comparative de droit français, allemand et japonais. Paris: Dalloz, 2001. p. 513.

temente apresentado pelos autores franceses como uma das principais concretizações da regra da boa-fé. Na jurisprudência francesa, por exemplo, tem-se acórdão de 1983, relativo à renovação da locação de espaço usado para atividades ilícitas, o que resultou na transferência do fundo de comércio para o Estado, em conformidade com as leis francesas. No caso, tangencialmente à decisão, afirmou-se que "os contratos devem ser executados de boa-fé, um dever de cooperação existe entre as partes".[934] Mestre[935] indagou se o contrato teria se tornado o instrumento jurídico da cooperação entre as partes e a conclusão a que chegou é que isso era possível por força da boa-fé, presente nos termos da redação original do art. 1134,3 do Código Civil francês. Porchy-Simon, por sua vez, relacionou, por um lado, a lealdade à obrigação de cooperação, ao apontar que "o contratante não pode procurar causar dano a outrem, ou adotar comportamento que torne mais difícil a execução da obrigação pela parte contrária. Assim, um motorista de táxi teria atitude contrária à boa-fé ao adotar sistematicamente itinerários mais longos".[936] Por outro lado, a nova redação do Code Civil impõe comportamentos positivos de cooperação, não sendo mais suficiente a mera execução da obrigação. Contudo, ela apontou que existe a dúvida sobre a existência ou não de uma "fraternidade contratual", decorrente do dever de solidariedade. Na opinião dela, tendo em vista que se pode ser excessivo tamanha exigência, que levaria à ineficácia da norma, é que se deve ter um "egoísmo temperado" dentro dos contratos.[937]

Na Alemanha, por força do § 242 do Código Civil alemão, o credor e o devedor já tinham que respeitar um dever de cooperação na execução de um contrato.[938] A partir de 2002, inseriu-se a figura dos deveres de consideração no § 241.2, que implicam o respeito para com a parte contrária na relação obrigacional e ainda continuam estritamente vinculados aos deveres de proteção, os quais se fundavam no § 242 e, agora, fundam-se

[934] França. Cour de Cassation (Chambre civile 3). 81-15.001, 9 mai 1983.

[935] Mestre, Jacques. D'une exigence de bonne foi à un esprit de collaboration. Revue Trimestrielle de Droit Civil, Paris, 1986. p. 100-101.

[936] Porchy-Simon, Stéphanie. Droit civil. 2e annéé. Les obligations. 11. ed. Paris: Dalloz, 2018. p. 212.

[937] Porchy-Simon, Stéphanie. op. cit. p. 214.

[938] Lamberterie, Isabelle de; Rouhette, Georges; Tallon, Denis. Les principes du droit européen du contrat (Version Française). Paris: La Documentation Française, 1997. p. 59.

no § 241, 2. Nesse particular, relacionam-se com os deveres de aviso e de não lesar o próximo, os quais são, com efeito, deveres de cooperação, pois se destinam a poupar sofrimentos e aborrecimentos da contraparte, caso esta tivesse consciência dos riscos que corria.[939] Por exemplo, tem-se acórdão relativo a contrato de locação no qual havia cláusula em que o locador obrigava o locatário a fazer reformas constantes no imóvel por conta própria, tais como a troca de papel de parede, pintura das paredes e do piso, como dos canos do sistema de aquecimento, prevendo-se, inclusive, que as reformas na cozinha e no banheiro deveriam acontecer a cada três anos e a dos demais cômodos, a cada cinco anos. O BGH entendeu que o descumprimento dessa cláusula não levava em consideração os interesses do locador, nos termos do § 241, 2, do BGB.[940] Outro caso é de pessoa que escorregou no gelo existente na plataforma de estação ferroviária. O BGH entendeu que a obrigação do transportador não se limitava ao transporte nos vagões, mas também a segurança na entrada e na saída das estações. Por isso, os §§ 280 e 241, 2, do Código Civil alemão foram violados ao se ter permitido, culposamente, a ocorrência desse acidente.[941]

No Brasil não há uma regra geral a esse respeito, embora este dever se fundamente na aplicação dos arts. 113, 187 e 422 do Código Civil. Por exemplo, a primeira situação típica consiste no dever dos bancos de fornecer cópias de contratos, valores quitados e extratos bancários a seus clientes como decorrência da correta execução dos contratos. Entende-se que a recusa na exibição ou no fornecimento desses documentos é violação do dever de cooperação.[942] Ademais, o dever de cooperação fundado na boa-fé está no art. 6º do atual Código de Processo Civil brasileiro.[943]

[939] Alemanha. BGH. VIII ZR 236/06; OLG Rostock, 13 Juni 2007.

[940] Alemanha. BGH. VIII ZR 302/07; LG Frankfurt, 27 Mai 2009.

[941] Alemanha. BGH. X ZR 59/11 OLG Dusseldorf, 17 Januar 2012.

[942] A título de exemplo, cf. BRASIL. Tribunal de Justiça do Estado de São Paulo (38ª Câmara de Direito Privado). Apelação n. 0006557-72.2012.8.26.0037. Relator: Des. Mauro Conti Machado, 12 de junho de 2013; Tribunal de Justiça do Estado de São Paulo (22ª Câmara de Direito Privado). Apelação n. 9108692-62.2008.8.26.0000. Relator: Des. Fernandes Lobo, 5 de julho de 2012.

[943] Art. 6º Todos os sujeitos do processo devem cooperar entre si para que se obtenha, em tempo razoável, decisão de mérito justa e efetiva.

Tal como se passa com o dever de informação, menciona-se o dever de cooperação em linhas gerais, subentendendo-se seu conteúdo, de modo a inferir que, no caso concreto, faltou cooperação a uma das partes para o bom desenvolvimento da relação jurídica entre elas. Requer-se, o aprofundamento e sistematização desse dever e também a análise de como e em que medida a informação assimétrica e, sobretudo, os custos de transação, estão por trás da existência desse dever decorrente do princípio da boa-fé.

3. Conteúdo do Dever de Cooperação

O dever de cooperação pode ser analisado de dois modos, de acordo com o ponto de vista do credor ou do devedor. O devedor tem que executar sua prestação, dando-lhe o máximo de utilidade em colaboração com o credor. Por sua vez, o credor deve facilitar o devedor na execução de suas obrigações, oferecendo-lhe a ajuda necessária. A boa-fé, neste caso, obriga-os a ultrapassar a simples execução das disposições contratuais. Não se confunde, no entanto, com a obrigação de tolerância, que se caracteriza por uma abstenção.[944] De acordo com Judith Martins-Costa, tem-se, aqui, uma "cooperação qualificada pela finalidade, que é alcançar o adimplemento satisfatório, desatando-se o vínculo com a obtenção das utilidades buscadas pelo contrato".[945]

Para que haja a máxima eficiência contratual, o dever de cooperação é exigível de ambas as partes do contrato. Afinal, cooperação é co-operação: ambas as partes estão sujeitas a este dever. De acordo com Jaluzot,[946] o conteúdo desse dever assenta-se em dois princípios: o fim do contrato e os interesses da outra parte.

3.1. Cooperação do Credor

3.1.1. Facilitar o Adimplemento da Obrigação

A cooperação tem por objetivo fazer com que a pessoa não crie resistências injustificadas ao cumprimento de determinada obrigação, o que significa evitar custos de transação desnecessários. Se todo credor espera receber a prestação que satisfaça seu crédito, a imposição de resistência é uma anormalidade, que provavelmente deve ser provocada por um motivo inadmissível, logo, oculto. Justamente por não saber, deve-se proteger a

[944] PICOD, Yves. op. cit. p. 104.
[945] MARTINS-COSTA, Judith. op. cit. p. 574.
[946] JALUZOT, Béatrice. op. cit. p. 516.

boa-fé do devedor, mediante conduta conforme a boa-fé, que consiste em desobstruir essa resistência anormal. O devedor é obrigado ao adimplemento da prestação, mas também cabe ao credor reconhecer que aquele tem o direito de adimpli-la.

No pagamento, por exemplo, o devedor tem despesas para fazê-lo, que são literalmente custos de transação. Por serem razoáveis e suportados por todo e qualquer devedor, é natural que o direito não interfira neste sentido. Todavia, nem por isso deve deixar que o devedor tenha despesas desnecessárias, que poderiam ser evitadas mediante postura cooperativa do credor para facilitar o recebimento da prestação. Quando este último não coopera, considera-se que incorre em mora *accipiendi*, que consiste na recusa no recebimento da prestação no tempo, lugar e forma convencionados, devido à falta de cooperação necessária do credor.[947]

Como apontou D'Amico,[948] há casos em que o adimplemento exige não só a atitude do credor em querer recebê-la, mas também a colaboração do credor de auxiliar na própria realização da prestação, tal como no contrato de trabalho. Se o empregador não oferece condições para o desempenho da atividade, não poderá, todavia, exigir produtividade do empregado. Ou então no caso em que o patrão não atribui serviços para o empregado, deixando-o livre o dia inteiro, para forçá-lo a demitir-se do serviço. Agostinho Alvim[949] exemplificou que um artista contratado para um espetáculo tem o dever de se apresentar, mas também tem o direito de se apresentar. Por isso, se o empresário que o contratou, não fez sua parte, no sentido de montar o espetáculo, este incorreu em mora do credor. D›Amico[950] reconheceu como violação do princípio da boa-fé na execução do contrato a falta de cooperação do credor em ajudar o devedor a adimplir sua prestação.

A punição para a mora do credor é exemplo de eliminação dos custos de transação, quando reduz a responsabilidade do devedor, fazendo surgir a obrigação de indenizá-lo pelas despesas que sofreu com a conservação da coisa, tais como aquelas para seu armazenamento, riscos da deterioração,

947 Alvim, Agostinho. Da inexecução das obrigações e suas consequências. Rio de Janeiro e São Paulo: Editora Jurídica Universitária Ltda, 1965. p. 79.

948 D'Amico, Giovanni. Mancata cooperazione del creditore e violazione contrattuale. Rivista di Diritto Civile, Milano, v. 50, n. 1, p. 77-106, genn./feb. 2004. p. 80.

949 Alvim, Agostinho. op. cit. p. 47.

950 D'Amico, Giovanni. op. cit. p. 91.

perecimento, furtos e roubos, e perda de tempo em procurar inutilmente o credor para que este recebesse a prestação. Estas despesas nada mais são que os custos de transação decorrentes do adimplemento da obrigação. A purgação da mora, em geral, consiste na conduta do credor em cooperar para o recebimento da prestação, bem como o ressarcimento das despesas decorridas do não recebimento, o que implica dizer, ressarcimento dos custos de transação inutilmente suportados.

Por outro lado, na França, houve caso que ilustra o descabimento do dever de cooperação com o devedor, porque isso implicaria elevados custos de transação injustamente impostos ao credor. As partes entraram em litígio quanto ao valor total do aluguel, por ter surgido a dúvida quanto à inclusão ou não do valor dos impostos prediais no montante a ser pago pelo inquilino. Embora o caso trate de vários aspectos, entre eles, o despejo do inquilino, a Corte de Cassação, ao apreciar determinada alegação, decidiu que o então art. 1134, 3, do Código Civil francês, impunha às partes o dever de cooperação, segundo o qual se deve levar em conta a situação financeira da contraparte. No entanto, isso não deveria significar a transformação da parte em sócia da outra, de modo a ter que suportar com ela as dificuldades econômicas por que uma delas atravessava.[951] Levando em consideração os critérios da existência de custos de transação, a cooperação, neste caso, resultaria em custos excessivos, os quais não deveriam ser suportados pelo credor.

Por outro viés, tem-se também a necessidade de procurar cumprir o prazo de entrega de imóveis adquiridos por consumidores, tendo em vista que a mora, ainda que decorrente de eventos causados por força maior, prejudica fortemente as expectativas deles. Por isso, a jurisprudência estabelecia que se deveria ter tolerância com o credor, ao suportar atrasos, mas, ao mesmo tempo, reconhecia a procedência de pedidos de indenização em caso de mora excessiva. Assim, no Brasil, a Lei nº 13.786, de 2018, passou a regular a matéria, impondo a cooperação do credor em caso de mora de até cento e oitenta dias corridos do termo final:

> Art. 43-A. A entrega do imóvel em até 180 (cento e oitenta) dias corridos da data estipulada contratualmente como data prevista para conclusão do empreendimento, desde que expressamente pactuado, de forma clara e

[951] FRANÇA. Cour de Cassation, civile (Chambre civile 3). 12-23.373, 13 Novembre 2013.

destacada, não dará causa à resolução do contrato por parte do adquirente nem ensejará o pagamento de qualquer penalidade pelo incorporador.

Porém, evidentemente, a despeito das dificuldades existentes na construção de um edifício, atrasos maiores que cento e oitenta dias são hipóteses de falta de cooperação do devedor no interesse do credor, posto que muitas expectativas surgem no cumprimento do contrato, que impactam na organização da vida pessoal ou até mesmo no início de um projeto pessoal de constituir família, por exemplo.

3.1.2. O Adimplemento Substancial

A cooperação do credor com o adimplemento da obrigação também ocorre na situação definida como adimplemento substancial, ou quase-cumprimento da prestação, em que a maior parte da prestação foi realizada, restando apenas uma pequena parte dela a ser cumprida, mas que pode ser razoavelmente desconsiderada. Como explicou Anelise Becker,[952] o inadimplemento da obrigação pode ser fundamental, situação em que a prestação perde o valor para o credor. Neste caso, este último pode recusar-se ao recebimento, e pleitear a resolução do contrato. Em uma obrigação bilateral, não se deve admitir que uma das partes cumpra parcialmente a sua obrigação, sob pena de promover o enriquecimento sem causa da parte inadimplente. Todavia, quando o inadimplemento não é fundamental, ou seja, houve um adimplemento substancial, o interesse do credor foi satisfeito, apesar da incompletude da prestação, e se deveria considerar a obrigação cumprida.

Lord Mansfield concebeu a ideia de que se devem ter condições construtivas de troca e que se faz necessário mitigar situações severas de regras tradicionalmente aplicadas. Assim, no caso *Boone y Eyre*,[953] relativo a venda de uma plantation nas Índias Ocidentais, em que se pediu a resolução do contrato por não haver ali a totalidade dos escravos declarados. Então, decidiu-se que não se podia formular tal pretensão por uma quebra não substancial (*insubstantial breach*) do vendedor. De acordo com Farnsworth,

[952] BECKER, Anelise. A doutrina do adimplemento substancial no direito brasileiro e em perspectiva comparativista. Revista da Faculdade de Direito da Universidade Federal do Rio Grande do Sul, Porto Alegre, v. 9, n. 1, p. 60-77, nov. 1993. p. 61.

[953] REINO UNIDO. Boone v Eyre (1777) 1 H Bl 273.

essa teoria passou a ser usada, sobretudo em contratos de construção, para evitar o abuso de se requerer prejuízos insignificantes, embora se deva decidir no caso concreto onde isso se manifesta.[954]

Na opinião de Picod,[955] o credor não pode rejeitar uma oferta que manifestamente lhe daria plena satisfação com o pretexto de não corresponder exatamente àquilo que era previsto no contrato. Por isso, entende-se que neste caso específico não é lícito ao credor recusar o recebimento da prestação, sob pena de infringir o princípio da boa-fé. Continuou Anelise Becker explicando que somente no caso concreto é possível definir se o adimplemento foi ou não substancial.[956] Porém, existem algumas diretrizes, como a proximidade entre a prestação exigível com aquela cumprida parcialmente, a necessidade de satisfação dos interesses do credor com esta prestação diversa, bem como a diligência do devedor em tentar adimpli-la integralmente. Dessa maneira, o credor deve manifestar uma atitude de tolerância diante da falha da parte contrária.[957]

Os arts. 1455 e 1460 do Código Civil italiano recepcionaram o adimplemento substancial:

> Código Civil italiano
> Art. 1455. Importância do inadimplemento.
> O contrato não pode ser resolvido, se o inadimplemento de uma das partes for de escassa importância, levando em conta o interesse da outra. (1522 e seguintes, 1564 e seguintes, 1668, 1901)
>
> Art. 1460. Exceção de inadimplemento
> Nos contratos com prestações correspectivas, qualquer dos contraentes pode recusar adimplir a sua obrigação, se a parte contrária não o adimplir ou não oferecer adimplir contemporaneamente a própria, salvo que termos diversos para o adimplemento tenham sido estabelecidos pelas partes ou resultar da natureza do contrato. Todavia, não se pode refutar a execução se, tendo levado em conta as circunstâncias, a recusa é contrária à boa-fé.

954 Farnsworth, E. Allan. Contracts. 4. ed. New York: Aspen, 2004. p. 547-549.
955 Picod, Yves. op. cit. p. 167.
956 Becker, Anelise. op. cit. p. 63.
957 Picod, Yves. op. cit. p. 163.

De acordo com Massimo Bianca,[958] a última figura do art. 1460 tem por objetivo evitar o abuso do direito de opor a *exceptio non adimpleti contractus*, pois, em algumas situações, pode causar ao devedor prejuízos excessivos e maiores do que aqueles que o credor sofreria com a suspensão da execução do contrato. Por exemplo, quando a recusa causar perigo à saúde ou incolumidade da pessoa nos casos de suspender o fornecimento de água e remédios ao devedor, ou recusar o recebimento de produtos perecíveis enviados.[959]

No mesmo sentido, o art. 802º do Código Civil português:

> Art. 802º. Impossibilidade parcial
>
> 1. Se a prestação se tornar parcialmente impossível, o credor tem a faculdade de resolver o negócio ou de exigir o cumprimento do que for possível, reduzindo neste caso a sua contraprestação, se for devida; em qualquer dos casos, o credor mantém o direito à indenização.
>
> 2. O credor não pode, todavia, resolver o negócio, se o cumprimento parcial, atendendo ao seu interesse, tiver escassa importância.

O parágrafo 320, II, do Código Civil alemão impedia a recusa total da prestação, quando tivesse sido parcialmente cumprida, conforme a boa-fé:

> § 320. Exceção de contrato não cumprido
>
> (2) Se for parcialmente satisfeita a prestação por um dos lados, não poderá ser recusada a contraprestação, desde que a recusa, de acordo com as circunstâncias, particularmente por causa da insignificância proporcional da parte restante, infrinja a boa-fé.

A nova redação do parágrafo 275 do Código Civil alemão também impõe a cooperação, sendo possível notar que a *ratio* do dispositivo volta-se aos custos de transação, e expressamente para o princípio da boa-fé, como critério para impor a redução destes custos de transação:

> § 275. Impossibilidade do Adimplemento da Prestação
>
> (1) A ação para exigir o adimplemento da prestação não pode ser proposta se for impossível ao devedor ou a outrem realizá-la.

[958] BIANCA, Massimo. Eccezzione d'adempimiento e buona fede. *In:* IL CONTRATTO. SILLOGE IN ONORE DI GIORGIO OPPO, I, Padova, 1992. p. 526.

[959] BIANCA, Massimo. op. cit. p. 530.

(2) O devedor pode recusar o adimplemento enquanto a execução exigir despesas que, tendo em vista o conteúdo da obrigação, e o princípio da boa-fé, forem manifestamente desproporcionais ao interesse do credor no adimplemento. Quando se determinar o que pode ser razoavelmente exigido do devedor, leva-se em conta se este foi responsável pela impossibilidade do adimplemento.

Nestes casos de adimplemento substancial da obrigação, o princípio da boa-fé atenua os custos de transação decorrentes da exigência de um cumprimento rigoroso da obrigação, quando este rigor não proporcionará qualquer vantagem à parte contrária.

A teoria do adimplemento substancial é aplicada no Brasil. A título de exemplo,[960] trata-se de contrato de leasing de cento e trinta e cinco carretas, no qual o devedor pagou trinta das trinta e seis prestações. Tanto o Tribunal de Justiça do Estado do Amazonas, quanto o Superior Tribunal de Justiça, entenderam ser incabível a pretensão de resolução do contrato, negando-se a reintegração de posse dos veículos ao credor.

> Uma das expressões do princípio da boa-fé objetiva na sua função de controle é a teoria do adimplemento substancial, que pode ser aplicada quando o adimplemento da obrigação pelo devedor é tão próximo do resultado final, que a resolução do contrato mostrar-se-ia uma demasia. Atualmente, o fundamento par aplicação da teoria do adimplemento substancial no Direto brasileiro é a cláusula geral do art. 187 do Código Civil de 2002, que permite a limitação do exercício de um direto subjetivo pelo seu titular quando se colocar em confronto com o princípio da boa-fé objetiva. (...) Naturalmente, fica preservado direto de crédito, limitando apenas forma com pode ser exigido pelo credor, que não pode escolher diretamente o modo mais gravoso para o devedor, que é a resolução do contrato. Poderá o credor optar pela exigência do seu crédito (ações de cumprimento da obrigação) ou postular o pagamento de uma indenização (perdas e danos), mas não a extinção do contrato.

Noutro caso também julgado pelo Superior Tribunal de Justiça, a questão cingia-se ao cabimento ou não do adimplemento substancial em um

[960] Brasil. Superior Tribunal de Justiça (3ª Turma). REsp n. 1.200.105/AM. Relator: Min. Paulo de Tarso Sanseverino, 19 de junho de 2012.

contrato de leasing de veículo em que se pagaram trinta e uma das trinta e seis prestações. Por maioria de votos, entendeu-se que não se poderia conceder a reintegração de posse do veículo ao credor nem a resolução do contrato. No voto do relator do caso, afirmou-se o seguinte:[961] "Não se está afirmar que a dívida não paga desaparece, o que seria um convite a toda sorte de fraudes. Apenas se afirma que o meio de realização do crédito por que optou a instituição financeira não se mostra consentâneo com a extensão do inadimplemento e, de resto, com os ventos do Código Civil de 2002".

Porém, crítica que se faz à teoria do adimplemento substancial, é que esta pode dar margem à injustiça ao credor, quando se pretende aliviar a responsabilidade do devedor por escassa importância. Ao longo dos anos, o que se observa no Brasil – e também nos Estados Unidos, conforme relato de Farnsworth[962] – é que o grau de substancialidade se altera com o passar dos anos, ora sendo os tribunais muito generosos com os devedores, ora sendo mais rigorosos, do mesmo modo que há muitas críticas quanto à sua aplicação. Um critério usado nos Estados Unidos foi o quanto o credor tinha de expectativas de que a prestação seria cumprida do modo prometido, assim como os custos que o devedor teria para cumprir o que falta em comparação com o os benefícios que o credor poderia obter com isso.[963] No voto-vencido do Min. João Otávio de Noronha relativo ao acórdão acima citado, observa-se o seguinte:

> Na espécie, entendo que uma inadimplência próxima de 14% do montante integral do contrato de arrendamento mercantil, ainda que pago o valor residual garantido, não pode ser considerada ínfima e de escassa importância, razão pela qual não se pode atribuir inaptidão à ação de reintegração de posse por não se mostrar o pedido inicial consentâneo com a extensão do inadimplemento do devedor. O caso em apreço não diz respeito a controvérsia sobre uma única parcela inadimplida, tampouco trata da reintegração de bem essencial à atividade do devedor, hipótese versada em precedentes colacionados neste feito. Diversamente, refere-se ao não pagamento consecutivo e reiterado de cinco prestações, fato que foi claramente reconhecido pelo devedor. Todavia, não se trata de adimplemento

[961] Brasil. Superior Tribunal de Justiça (4ª Turma). REsp n. 1.051.270/RS. Relator: Min. Luis Felipe Salomão, 4 de agosto de 2011.

[962] Farnsworth. E. Allan. op. cit. p. 549.

[963] Farnsworth. E. Allan. op. cit. p. 550.

> significativo a ponto de a fração descumprida ser inútil para o credor, de forma que arrefeça o seu direito de exigir correspondente satisfação e o impeça de buscar a tutela jurisdicional. Outra questão a considerar é a equidade de interesses e predisposição das partes para o positivo cumprimento do contrato, porquanto a boa-fé objetiva opera em duas direções e subsume-se na própria atuação dos contratantes, não se esgotando na conduta de confiança e lealdade do credor, pois também requer do devedor igual padrão de comportamento, da celebração à execução do contrato. (...) E, em se tratando de discussão sobre valores contratuais, certamente o réu poderia envidar esforços no sentido de quitar o débito por ele mesmo reconhecido, tornar explícita a pretensão de dispor de algum bem ou de bens passíveis de penhora ou ainda usar dos meios judiciais também hábeis à solução do litígio, tais como propor ação de consignação em pagamento da fração que julgue incontroversa. (...) Não havendo, na espécie, a demonstração seja do mínimo interesse do devedor em cumprir a integralidade das prestações, seja da inviabilidade de adoção de atos concretos para o adimplemento, seja de justo motivo que o impediu de pagar as parcelas sucessivas e vencidas do contrato, não é legítimo nem lícito que o credor seja obrigado a esperar indefinidamente o cumprimento da obrigação, ficando privado de receber seu crédito sem direito à resolução contratual, até mesmo diante do improvável alcance de resultado prático em futura ação de cobrança ou executória contra o devedor. Considerando o equilíbrio material do negócio jurídico em concreto, convém analisar se a parte devedora agiu, até o instante do inadimplemento, com boa-fé objetiva, passível de ser aferida com base no comportamento de zelo para com suas obrigações desde o nascedouro, na execução e preservação do contrato quanto aos deveres e direitos dele decorrentes.

No mesmo sentido, em caso julgado pelo Superior Tribunal de Justiça, relativo ao inadimplemento de contrato de alienação fiduciária de veículo, regido pelo Decreto-lei n. 911, de 1969, o qual eliminou a possibilidade de purgação da mora. Quando o devedor atrasou as quatro últimas parcelas, requereu o reconhecimento do adimplemento substancial, mas não se aceitou. Observe-se o disposto na ementa do acórdão:[964]

[964] Brasil. Superior Tribunal de Justiça (2ª seção). REsp n. 1.622.555/MG. Relator: Min. Marco Buzze; Relator para acórdão: Min. Marco Aurelio Bellizze, 22 de fevereiro de 2017.

4. A teoria do adimplemento substancial tem por objetivo precípuo impedir que o credor resolva a relação contratual em razão de inadimplemento de ínfima parcela da obrigação. A via judicial para esse fim é a ação de resolução contratual. Diversamente, o credor fiduciário, quando promove ação de busca e apreensão, de modo algum pretende extinguir a relação contratual. Vale-se da ação de busca e apreensão com o propósito imediato de dar cumprimento aos termos do contrato, na medida em que se utiliza da garantia fiduciária ajustada para compelir o devedor fiduciante a dar cumprimento às obrigações faltantes, assumidas contratualmente (e agora, por ele, reputadas ínfimas). A consolidação da propriedade fiduciária nas mãos do credor apresenta-se como consequência da renitência do devedor fiduciante de honrar seu dever contratual, e não como objetivo imediato da ação. E, note-se que, mesmo nesse caso, a extinção do contrato dá-se pelo cumprimento da obrigação, ainda que de modo compulsório, por meio da garantia fiduciária ajustada. 4.1 É questionável, se não inadequado, supor que a boa-fé contratual estaria ao lado de devedor fiduciante que deixa de pagar uma ou até algumas parcelas por ele reputadas ínfimas mas certamente de expressão considerável, na ótica do credor, que já cumpriu integralmente a sua obrigação, e, instado extra e judicialmente para honrar o seu dever contratual, deixa de fazê-lo, a despeito de ter a mais absoluta ciência dos gravosos consectários legais advindos da propriedade fiduciária. A aplicação da teoria do adimplemento substancial, para obstar a utilização da ação de busca e apreensão, nesse contexto, é um incentivo ao inadimplemento das últimas parcelas contratuais, com o nítido propósito de desestimular o credor – em uma avaliação de custo-benefício – de satisfazer seu crédito por outras vias judiciais, menos eficazes, o que, a toda evidência, aparta-se da boa-fé contratual propugnada. 4.2. A propriedade fiduciária, concebida pelo legislador justamente para conferir segurança jurídica às concessões de crédito, essencial ao desenvolvimento da economia nacional, resta comprometida pela aplicação deturpada da teoria do adimplemento substancial.

A verificação do adimplemento substancial também leva em conta os custos de transação. Intuitivamente, a análise volta-se à comparação dos valores que necessitam ser pagos para que a dívida seja totalmente adimplida e os custos de transação envolvidos para realizar esse completo adimplemento. Quando tais custos forem superiores aos valores que necessitam ser pagos, o julgador intuitivamente reconhece a existência de adimplemento substancial por falta de cooperação do credor; por outro lado, quando estes forem inferiores ao valor necessário ao adimplemento completo da dívida, entender-se-á que não houve adimplemento substancial.

3.1.3. Não Deixar Aumentar o Prejuízo do Devedor: o *Duty to Mitigate the Loss*

Também cabe ao credor não deixar que aumente o prejuízo do devedor, quando o credor puder minorá-lo, pois o fato de o devedor ter deixado de adimplir a obrigação não deve ensejar um "castigo" por parte do credor, ao permanecer inerte diante do aumento que o prejuízo causado pelo adimplemento. Cabe ao credor cooperar com o devedor, tomando providências para que os prejuízos causados não sejam aumentados desnecessariamente.

Esse é o caso do dever de mitigar o dano, ou *duty to mitigate the loss*. Vera Maria Jacob de Fradera[965] apontou que têm sido comuns os casos em que o credor se mantém inerte face ao descumprimento por parte do devedor, deixando ampliar o prejuízo causado pelo inadimplemento, sem fazer nada para evitá-lo ou minimizá-lo. No entender dela, existe um dever de cooperação por parte do credor de não deixar que o prejuízo aumente desnecessariamente. Este dever existe na medida em que for possível ao credor minorar o prejuízo sofrido. Por exemplo, se um transportador está carregando material perecível, e o tomador do frete não paga, não deveria o transportador deixar a mercadoria perecer até o momento do recebimento do pagamento. José Eduardo Figueiredo de Andrade Martins, em excelente monografia sobre o assunto, apontou que a essência desse instituto jurídico se refere à teoria das consequências evitáveis, no sentido de "alterar o rumo das consequências gravosas que está sofrendo ou sofrerá diante da inobservância do devedor de sua obrigação".[966]

É no contrato de seguro em que predomina o dever de cooperar segundo a boa-fé ao estabelecer o dever do segurado de não agravar o

[965] FRADERA, Vera Maria Jacob de. Pode o credor ser instado a diminuir o próprio prejuízo?. Revista Trimestral de Direito Civil, Rio de Janeiro, v. 5, n. 19, p. 109-119, jul./set. 2004. p. 110.

[966] MARTINS, José Eduardo Figueiredo de Andrade. Duty to mitigate the loss no direito civil brasileiro. São Paulo: Verbatim, 2015. p. 23 e 31.

risco. Como afirmou Ghersi,[967] não existe sinistro, quando houver risco agravado. O segundo destes deveres é o denominado dever de salvamento.[968] Cabe ao segurado agir com diligência e fazer o possível para evitar e diminuir os danos ocorridos pelo sinistro, com o direito de regresso contra o segurador pelas despesas que fez. Essa ideia teria vindo do direito alemão, pelo fato de que a seguradora não tinha como acionar o segurado por não ter mitigado o prejuízo, o que as levou a não pagar as indenizações aos segurados.[969] Então se passou a não conceder a indenização.

Na França, usa-se o termo "obrigação de minimizar o seu dano" (*l'obligation de minimiser son dommage*). Há onze acórdãos sobre o tema e o entendimento é o de que o credor não essa obrigação, quando este é vítima do inadimplemento contratual da outra parte.[970]

No direito brasileiro, o *duty to mitigate the loss* também está previsto no art. 77 da Convenção de Viena sobre Compra e Venda Internacional de Mercadorias, ratificada pelo Brasil pelo Decreto nº 8.327, de 2014:

> Artigo 77
>
> A parte que invocar o inadimplemento do contrato deverá tomar as medidas que forem razoáveis, de acordo com as circunstâncias, para diminuir os prejuízos resultantes do descumprimento, incluídos os lucros cessantes. Caso não adote estas medidas, a outra parte poderá pedir redução na indenização das perdas e danos, no montante da perda que deveria ter sido mitigada.

Existe dúvida sobre a natureza jurídica do *duty to mitigate the loss*. Zimmermann, em pergunta formulada por nós quando da ocasião da visita do jurista alemão à Faculdade de Direito da Universidade de São Paulo, sus-

967 Ghersi, Carlos Alberto. Contratos civiles y comerciales. Partes general y especial. Empresas. Negocios. Consumidores. Tomo 2. 4. ed. actualizada y ampliada. Buenos Aires: Editorial Astrea de Alfredo y Ricardo Depalma, 1998. p. 475.

968 Miranda, Francisco Cavalcanti Pontes de. Tratado de Direito Privado. Vol. XLV. São Paulo: Revista dos Tribunais, 1984. p. 339.

969 Martins, José Eduardo Figueiredo de Andrade. op. cit. p. 106.

970 França. Cour de Cassation (Chambre Civile 3). Pourvoi n. 17-19823. M. Chauvin (Président), 8 novembre 2018; França. Cour de Cassation (Chambre Civile 3). Pourvoi n. 15-28564. M. Chauvin (Président), 11 mai 2017.

tentou ser hipótese de dever decorrente da boa-fé.[971] Em sentido contrário, José Eduardo Figueiredo de Andrade Martins sustentou tratar-se de ônus do credor, por inexistir direito da parte que tem que indenizar o prejuízo.[972] Judith Martins-Costa, na segunda versão de seu livro sobre boa-fé, sustentou ser uma terceira via, ou "meio caminho entre as categorias do ônus jurídico (no sentido tradicional) e a do dever de proteção", razão pela qual ou se deveria admitir a categoria do encargo de direito material ou expressar a particularidade pela díade ônus/dever de proteção".[973]

Em nossa opinião, em uma primeira vista, o efeito jurídico de considerar-se como dever ou ônus seria o mesmo. No caso do ônus, a consequência é que o credor fica impossibilitado de reclamar do devedor que o indenize pelo prejuízo sofrido, o qual podia ter sido evitado por sua inércia. No caso do dever, a violação o impede de pleitear indenização por não ter evitado o prejuízo. Com efeito, pode ser mero ônus, quando a atitude esperada recai exclusivamente na esfera jurídica do interessado, por inexistir qualquer relação jurídica com a contraparte. Mas, quando existe relação jurídica entre eles, tem-se, pois, o dever de cooperação do credor, porque o devedor pode precisar que o credor tome providências em seu favor, para minorar ainda mais as consequências do dano. Tome-se por exemplo, o proprietário de um veículo que estaciona seu veículo em área suscetível a alagamentos. Caso ocorra o evento danoso – no caso, o alagamento – este arcará com o prejuízo, sendo ônus seu suportar o prejuízo, pois quem quer ter preservado o seu direito, deve ter esse tipo de atitude. Todavia, quando a situação envolver a contraparte ou a esfera jurídica alheia, por exemplo, pela existência de um contrato de seguro, esse fato, por si só, gera custos de transação para ela, porque surge um risco, o qual pode ser evitado. Por isso, nesse caso, não se pode dar a mesma solução: aplica-se o princípio da boa-fé e surge um dever de mitigar o próprio prejuízo, até para que o devedor tenha meios de reclamar uma ação do credor para que este prejuízo seja diminuído. Enfim, são também custos de transação que não precisavam ser produzidos, caso a atitude do credor tenha sido de deixar aumentar o prejuízo do devedor. Os prejuízos cau-

[971] I Ciclo de Estudos de Direito Civil Contemporâneo. 4 dez. 2014, São Paulo. Universidade de São Paulo. Faculdade de Direito. Departamento de Direito Civil.

[972] MARTINS, José Eduardo Figueiredo de Andrade. op. cit. p. 96 e 173.

[973] MARTINS-COSTA, Judith. op. cit. p. 610.

sados pelo inadimplemento do devedor, em si mesmos, já são custos de transação, tendo em vista que o inadimplemento consiste em patologia da obrigação, por não ter produzido os efeitos que se esperavam: a satisfação do credor. Deixar que os custos de transação aumentem ainda mais, quando se poderia evitar tal fato, é certamente algo com que o princípio da boa-fé não pode compactuar. Logo, com base na boa-fé, impõe-se o dever do credor em cooperar com o devedor para evitar que aumentem os prejuízos com o descumprimento da obrigação.

No Brasil, o *duty to mitigate the loss* já vinha sendo reconhecido na jurisprudência antes mesmo da ratificação da Convenção de Viena. No Superior Tribunal de Justiça, o primeiro acórdão que merece destaque é aquele relativo à demora na propositura da ação de reintegração de posse de imóvel em que o possuidor era promitente-comprador inadimplente. Ao julgar-se o caso, entendeu-se que o credor poderia ter mitigado o próprio prejuízo, ao ter proposto a ação com antecedência para minorar o problema de encontrar-se privado do uso da coisa até a sua retomada, o que afastava o pedido de pagamento de indenização por esse fato, relativo ao período em que o autor poderia ter tomado medidas para reaver a posse e não o fez.[974] Noutro caso, o Superior Tribunal de Justiça julgou ser descabida a alegação de que seria hipótese relativa ao *duty to mitigate the loss* quando a credora, instituição financeira, propôs ação de cobrança muito próxima do final do prazo prescricional, uma vez que o devedor alegou que a demora no exercício da pretensão ocorreu com o intuito de conseguir mais vantagens financeiras decorrentes da mora do devedor.[975] Conforme se observa deste caso, tentou-se dar uma nova vestimenta ao instituto da *Verwirkung* ou *supressio*, para alegar ser hipótese de comportamento contraditório a cobrança de dívidas em momento próximo ao termo final do prazo prescricional. Nos Tribunais de Justiça, tem-se a questão relativa à propositura de cobrança próxima ao fim do prazo prescricional, a qual segue a jurisprudência do Superior Tribunal de Justiça quanto ao reconhecimento do fato de que a demora na propositura da ação, por si

[974] Brasil. Superior Tribunal de Justiça (3ª Turma). REsp n. 758.518/PR. Relator: Min: Vasco Della Giustina (Desembargador convocado do Tribunal de Justiça do Estado do Rio Grande do Sul), 17 de junho de 2010.

[975] Brasil. Superior Tribunal de Justiça (4ª Turma). REsp n. 1201672/MS. Relator: Min. Lázaro Guimarães (Desembargador convidado com Tribunal Regional Federal da 5ª Região), 21 de novembro de 2017.

só, não permite ao devedor alegar que o credor violou a boa-fé, ou, simplesmente, se reconhece que é uma decisão do credor decidir quando efetuar a cobrança, quando esta estiver dentro do prazo prescricional.[976] Por exemplo, tem-se o caso em que aluno de instituição de ensino superior questionou a propositura da ação nessas circunstâncias. O Tribunal entendeu que o aluno não tinha razão, pois o credor pode cobrar dentro do prazo previsto em lei, inexistindo dever de fazê-lo antes.[977] Noutro caso relativo a ação de cobrança de taxa de valores criados por associação de moradores, também não se reconheceu o referido dever de mitigar o próprio prejuízo. Ademais, apontou-se, corretamente, que "no caso do exercício tardio do direito de cobrar, em regra, é falacioso considerar que ao credor cumpria o encargo de evitar o próprio dano, porque na situação o aumento substancial da prestação não é propriamente por fato do credor, mas do devedor".[978] Em um terceiro acórdão, em que se pleiteou a redução de cinquenta por cento do valor devido com fundamento no *duty to mitigate the loss*, teceram-se críticas ao uso desse instituto no Brasil, afirmando-se que a propositura da cobrança antes do fim do prazo prescricional não era garantia de que o débito não teria o montante que tem, posto que o devedor poderia não ter pago. Ademais, tratar-se-ia de um ônus do devedor evitar que a dívida tivesse esse aumento, não do credor, que aguarda o pagamento.[979]

Por outro lado, houve caso em que se reconheceu ter ocorrido violação do *duty to mitigate the loss*. Trata-se de ação de cobrança de tarifa d'água relativa a cinco parcelas inadimplidas pelo cliente, o qual alegou que os valores devidos eram muito elevados por defeito do hidrômetro. Enten-

[976] BRASIL. Tribunal de Justiça do Estado de São Paulo (20ª Câmara de Direito Privado). Apelação Cível n. 1006513-08.2015.8.26.0562. Relator: Des. Luis Carlos de Barros, 14 de dezembro de 2015.

[977] BRASIL. Tribunal de Justiça do Estado de São Paulo (37ª Câmara de Direito Privado). Apelação Cível n. 1048656-69.2017.8.26.0100. Relator: Des. Israel Góes dos Anjos, 20 de março de 2019.

[978] BRASIL. Tribunal de Justiça do Estado de São Paulo (5ª Câmara de Direito Privado). Apelação Cível n. 0000832-25.2013.8.26.0116. Relator: Des. Fernanda Gomes Camacho, 22 de fevereiro de 2017.

[979] BRASIL. Tribunal de Justiça do Estado de São Paulo (11ª Câmara de Direito Privado). Agravo de Instrumento n. 2100468-79.2016.8.26.0000. Relator: Des. Gilberto dos Santos, 20 de outubro de 2016.

deu-se que houve violação desse princípio, porque se deveria ter comunicado logo no primeiro mês para que o prejuízo sofrido com o valor elevado da conta não aumentasse.[980] Logo, nesse caso, reconheceu-se a existência de um dever, não apenas de um ônus, pois era necessária a ação para evitar o agravamento da situação. No mesmo sentido, houve caso envolvendo seguradora, cujos veículos que se envolveram em acidente foram encaminhados para reparos em oficina, mas foram considerados irrecuperáveis, razão pela qual se fez o pagamento dos danos aos interessados, abandonando os referidos veículos nas oficinas. Ao ser demandada pelo uso do espaço com esses automóveis, a seguradora não concordou com os valores cobrados. Porém, o tribunal entendeu que a seguradora deveria ter mitigado o próprio prejuízo, ao ter retirado os veículos da oficina o quanto antes para evitar que o valor cobrado fosse elevado.[981]

Ainda em relação a construções, julgou-se caso em que o imóvel tem vício redibitório decorrente de erro de projeto, o qual não levou em consideração que, por este se localizar na parte inferior de uma rua em declive, recebia volume elevado de águas pluviais, que causavam danos aos seus adquirentes. Fixou-se o pagamento de aluguel para os moradores, mas se entendeu que, a despeito da necessidade de obras corretivas, não era necessário que os moradores deixassem o local, porque estas ocorreriam do lado externo do imóvel. Assim, ao ter-se fixado aluguel a ser pago pelo responsável pela obra, entendeu-se que isso estava em desacordo com o dever de mitigar o próprio prejuízo.[982] Tendo em vista que deveriam permanecer no imóvel, trata-se de um dever do morador de permanecer no local, não apenas um ônus, porque tal conduta afeta a esfera jurídica alheia. Por outro lado, em acórdão do Tribunal de Justiça do Estado do Paraná, em que se afastou a tese de que houve violação do *duty to mitigate the loss* em face de adquirentes de imóvel com defeito de construção que, por terem baixo poder aquisitivo, não tinham condições de agir dessa

[980] Brasil. Tribunal de Justiça do Estado de São Paulo (18ª Câmara de Direito Privado). Apelação Cível n. 3000966-71.2013.8.26.0125 Relator: Des. Beatriz Braga, 9 de maio de 2019.

[981] Brasil. Tribunal de Justiça do Estado de São Paulo (28ª Câmara de Direito Privado). Apelação Cível n. 1002595-31.2017.8.26.0075. Relator: Des. Dimas Rubens Fonseca, 3 de abril de 2019.

[982] Brasil. Tribunal de Justiça do Estado de São Paulo (2ª Câmara de Direito Privado). Apelação Cível n. 0029307-56.2011.8.26.0602. Relatora: Des. Rosangela Telles, 3 de setembro de 2019.

maneira para impedir o aumento dos efeitos negativos que surgiram no imóvel.[983]

Outro caso interessante, julgado pelo Tribunal de Justiça do Estado de Minas Gerais, foi aquele em que uma pessoa adquiriu um caminhão financiado por um banco, com garantia por alienação fiduciária. O devedor pagou trinta e seis das quarenta e oito parcelas da dívida, quando este veículo sofreu perda total em um acidente. O devedor ingressou com ação para obrigar o credor a vender o veículo como carcaça, a fim de que se use o produto da venda no abatimento da dívida. Tendo em vista que o credor é o proprietário do veículo, nada, em tese, poderia obrigá-lo a vender, pois tal prerrogativa se insere nos poderes inerentes ao direito da propriedade. No entanto, o Tribunal entendeu que houve violação do dever de cooperação por parte do credor, porque, com a venda do veículo, poder-se-ia diminuir o prejuízo não apenas para o devedor, como também para o credor. No voto do relator, afirmou-se o seguinte: "É que sendo autorizada a venda do bem denominado como "carcaça" de caminhão, tal valor poderá ser compensado em fase de liquidação de sentença e evitar prejuízo para ambas as partes". No voto do revisor: "Entendo que a conduta do banco réu viola os deveres anexos à boa fé objetiva, notadamente a cooperação e lealdade. Nesse sentido, sua conduta (consistente em obstar a alienação da carcaça do veículo) nada contribui para o adimplemento da obrigação, onerando o devedor e contribuindo para o crescimento da dívida".[984]

Existem, ainda, situações em que não se reconheceu *o duty to mitigate the loss* sem ser em hipóteses de cobrança de dívidas pecuniárias. Por exemplo, trata-se de caso em que duas alunas do curso de pedagogia de instituição de ensino superior concluíram o curso em 2016. Uma delas nem mesmo requereu o diploma e a outra o fez em 2018. Como se demanda tempo para a elaboração do referido documento, o qual precisa ser registrado em outra universidade, entendeu-se ser indevido o pedido de indenização por danos morais, porque ambas as alunas não respeitaram o *duty to mitigate the loss*, já que poderiam tê-lo requerido antes, para evitar que fossem preju-

[983] BRASIL. Tribunal de Justiça do Estado do Paraná (18ª Câmara Cível). Apelação n. 0003339-50.2016.8.16.0077. Relator: Des. Marcelo Gobbo Dalla Dea, 10 de abril de 2019.

[984] BRASIL. Tribunal de Justiça do Estado de Minas Gerais (13ª Câmara Cível). Apelação n. 1.0024.11.312712-0/001. Relator: Des. Newton Teixeira Carvalho; Revisora: Des. Claudia Maia, 8 de maio de 2014.

dicadas pela impossibilidade de confecção imediata desse documento.[985] Aqui, todavia, poder-se-ia entender que se tratou de ônus, já que a ela se impôs suportar os efeitos de sua inércia e tal fato jamais produz efeitos na esfera jurídica da instituição de ensino superior. Com efeito, trata-se de ônus, porque a instituição não tinha o dever de fornecer o diploma independentemente do requerimento do aluno, inexistindo relação jurídica neste aspecto.

3.2. Cooperação do Devedor

O credor tem o direito de receber a prestação de tal sorte que lhe seja útil. De nada adiantaria receber uma prestação que não lhe servisse, ou que não lhe trouxesse uma vantagem. Por isso mesmo, o devedor deve esforçar-se para que isso ocorra. O direito não estaria cumprindo bem a sua finalidade, caso não houvesse mecanismos para assegurar a utilidade da prestação. De acordo com a teoria geral dos contratos, o devedor deve cumpri-la conforme àquilo que se obrigou, sob pena de responder por perdas e danos perante o credor. Em caso de descumprimento da obrigação por atraso, o devedor incorrerá em mora, agravando-se a sua responsabilidade. Porém, considera-se inadimplemento absoluto, ensejando perdas e danos, a entrega da prestação após o vencimento, quando esta era útil somente na data exata do pagamento. Nesse caso, o credor terá o direito de recusar o recebimento. O exemplo clássico é o pedido de encomenda de doces e salgados para uma festa. O devedor fica obrigado a entregar os produtos antes do início desta. Se entregar com atraso, terá descumprido sua obrigação e terá que indenizar o contratante por perdas e danos. Aqui se vê a necessidade do devedor de colaborar com a satisfação do interesse do credor. Não basta a entrega do objeto da prestação: é preciso que haja um esforço do devedor para satisfazer o credor. Do mesmo modo, o devedor viola o princípio da boa-fé ao deixar de informar qualquer mudança de seu domicílio, com o intuito de dificultar a sua localização para que possa ser cobrado em caso de inadimplemento. Fica evidenciado o aumento dos custos de transação do credor na localização do devedor, que poderiam ter sido evitados pela comunicação do novo endereço. Entende-se que a

[985] BRASIL. Tribunal de Justiça do Estado de São Paulo (28ª Câmara de Direito Privado). Apelação Cível n. 1017503-81.2018.8.26.0100. Relator: Des. Dimas Rubens Fonseca, 8 de agosto de 2018.

conduta conforme à boa-fé exige que, na execução dos contratos, mantenha-se o endereço atualizado para que o credor entre em contato com o devedor, sobretudo para constituí-lo em mora.[986]

Há casos em que a obrigação foi cumprida, mas não de forma adequada. Por exemplo, a aquisição de material para uma construção, cuja entrega deva ser realizada no local da obra. O vendedor, ao descarregar os tijolos, pode acomodá-los em local adequado, organizando-os com cuidado, ou pode simplesmente empilhá-los de qualquer maneira, podendo resultar inclusive na fissura de algumas unidades, ou deixá-los em local inseguro, permitindo o seu furto. Com a areia ocorre o mesmo: esta pode ser devidamente descarregada do caminhão, acomodada em um local abrigado da chuva e do vento, ou pode simplesmente despejar a areia na calçada, sem qualquer preocupação, possibilitando que a chuva ou o vento espalhem o material, ou até mesmo provocar um acidente pelo fato desta tornar o piso escorregadio. Não se pode falar em inadimplemento nos casos em que os tijolos foram empilhados de qualquer maneira, ou quando a areia tiver sido despejada na calçada, pois houve o cumprimento da prestação, mas certamente houve um mau adimplemento. Nestes casos dá-se o nome de violação positiva do contrato, ou cumprimento imperfeito ou defeituoso. De acordo com Manuel Carneiro da Frada,[987] trata-se da realização deficiente da prestação devida e desta decorrem danos para o credor ou lesão dos interesses da contraparte, provocadas por violações de deveres de cuidado no adimplemento. Para Jorge Cesa Ferreira da Silva,[988] é toda violação culposa da obrigação que não constitua mora ou impossibilidade.

Este instituto jurídico desenvolveu-se na Alemanha, porque os elaboradores do Código Civil alemão entendiam que as formas possíveis de descumprimento das obrigações eram tão-somente a impossibilidade da prestação e a mora. Como aponta Larenz,[989] esta ideia estava errada, pois o devedor, além de cumprir sua obrigação, deve fazê-la com diligência. Se

[986] Brasil. Tribunal de Justiça do Estado de São Paulo (36ª Câmara de Direito Privado). Agravo de Instrumento n. 0051605-34.2013.8.26.0000. Relator: Des. Renato Rangel Desinano, 11 de abril de 2013.

[987] Frada, Manuel A. Carneiro da. Contrato e deveres de proteção. Coimbra, 1994. p. 32.

[988] Silva, Jorge Cesa Ferreira da. A boa-fé e a violação positiva do contrato. Rio de Janeiro, São Paulo: Renovar, 2002. p. 3.

[989] Larenz, Karl. Derecho de obligaciones. Tomo I. Versão Espanhola e Notas de Jaime Santos Briz. Madrid: Editorial Revista de Derecho Privado, 1958. p. 362.

houver negligência no cumprimento da prestação, acarretando danos ao credor pela diminuição da satisfação no seu recebimento, o devedor responde pelas perdas e danos por este cumprimento defeituoso. Em 1902, Staub identificou a lacuna no Código Civil alemão para solucionar estes problemas, denominando-a de infração positiva. A solução dada por ele foi a aplicação analógica dos preceitos sobre a mora.[990] No Brasil, esta foi a solução desde o Código Civil de 1916. No Brasil, a mora abrange não só o atraso no cumprimento da obrigação, como também o cumprimento indevido da obrigação, isto é, o mau adimplemento em matéria de mau adimplemento das obrigações. De acordo com Jorge Cesa Ferreira da Silva,[991] Stoll não concordava com a figura da violação positiva do contrato. Escreveu artigo intitulado "Adeus à Violação Positiva do Contrato" e defendeu em seu lugar uma classificação dupla de deveres: os deveres da prestação, e deveres da proteção dos seus bens e pessoa, relacionados com os deveres de prestação.

Caso interessante a respeito do dever de cooperação ocorreu na Espanha, relativo a casal que comprou uma casa no litoral ainda na fase de lançamento do empreendimento. Tratava-se de um terreno inclinado no qual seriam construídas casas com vista para o mar, tanto na parte inferior quanto na parte superior do terreno. Esse casal adquiriu o imóvel situado na parte superior do terreno. Contudo, uma vez concluídas as obras, as casas da parte superior tinham as vistas encobertas para o mar pelas casas da parte inferior. O casal pediu a resolução do contrato e a construtora sustentou que o contrato não trazia qualquer obrigação de as casas terem vista para o mar. O Tribunal Supremo entendeu que ninguém compra uma casa nessas condições para ficar sem vista para o mar, reconhecendo, ademais, a violação do dever de cooperação da construtora nos seguintes termos:

> Para determinar o objeto do contrato, não somente se deve atentar-se ao expressamente pactuado (art. 1255 CC), mas também a todas as consequências que, segundo sua natureza, sejam conformes à boa-fé, aos usos e à lei (art. 1.258). Por norma geral, quando se compra uma casa unifamiliar ao lado do mar, quer-se tem vistas para o mar, inclusive no caso da casa ter sido construída na segunda linha, como no caso dos autos, em uma

[990] LARENZ, Karl. op. cit. cit. p. 366.

[991] SILVA, Jorge Cesa Ferreira da. op. cit. p. 19.

> zona que, ademais, é uma ladeira ao lado do mar. (...) Certamente, não há nenhuma correção contratual no contrato de compra e venda com vistas ao mar. Não obstante, poder-se-ia esperar que se tivesse alguma vista ao mar. (...) Certamente, os compradores receberam o projeto dois anos depois da celebração da compra e venda. Precisamente, por ser um plano preparatório, servia de base aos planos posteriores. Qualquer dos planos anteriores e posteriores, da natureza que foram, deveriam ser levados ao conhecimento dos compradores. É, ademais, um dever que tem a promotora, que tem deveres de informação e de cooperação com os compradores. Com apoio no art. 1258, enquanto não se demonstrar o contrário, o objeto do contrato de compra e venda deve ser valorado conforme a este projeto preparatório.[992]

O fato de exigir-se que a prestação seja interessante ao credor implica redução custos de transação. Quando alguém não recebe a prestação nestas condições, inevitavelmente terá custos para receber a indenização pelos prejuízos que tiver sofrido, além dos custos judiciais para com isso. Por não ser interessante, será obrigado a celebrar outro negócio com terceiro para obter o que deseja. Além disso, se o devedor que não se importa com o credor, não for compelido a adimplir para que a prestação seja interessante ao este, aumentará a incerteza em geral, obrigando a quem ocupar a posição jurídica de credor a tomar providências acautelatórias para preservar o seu interesse, que nada mais são que novos custos de transação. É o que se passou com o caso relativo ao apartamento vendido na Espanha: os custos pela perda da vista decorreram da falta de boa-fé do vendedor.

3.2.1. Fazer da Melhor Forma, da Forma mais Simples

O direito das obrigações não traz regras específicas sobre o modo de adimplir determinada obrigação, deixando a cargo das partes a estipulação de regras específicas sobre esse ponto. Caso não tenha sido realizado este tipo de detalhamento, o devedor pode escolher a forma que irá cumprir e, na maior parte dos casos, será da forma que melhor lhe convier.

[992] ESPANHA. Tribunal Supremo. Sentença. Id Cendoj: 18087370052010100163. Granada. Nº de Recurso: 666/2009. Nº de Resolución: 197/2010 Ponente: Klaus Jochen Albiez Dohrmann, 30 Abril 2010.

O Código de Defesa do Consumidor estabelece o direito dos consumidores de ter produtos e serviços de qualidade. Dessa forma, não basta fornecer ao consumidor qualquer produto ou serviço, para que se veja livre da obrigação. É preciso fazê-lo da melhor forma. Na compra de um produto pela Internet, por exemplo, o vendedor deve enviá-lo por meio do frete que ofereça o melhor custo-benefício, ou seja, o mais barato dentre os mais seguros, ou, para atender a diversos segmentos de consumidores, que se ofereçam diversas formas de frete. Adimplir a prestação da melhor forma e da forma mais simples consiste no dever de reduzir na medida do possível os custos de transação no cumprimento da obrigação em favor do credor.

O Superior Tribunal de Justiça julgou recursos de ações civis públicas movidas contra estes estabelecimentos, em cujos contratos se estipula multa pelo atraso no pagamento, mas não se faz o mesmo para atraso na entrega dos produtos ou na demora na cooperação com o exercício do arrependimento do consumidor dentro do prazo de reflexão previsto no art. 49 do Código de Defesa do Consumidor. Nesses casos, corrigiu-se o abuso decorrente de falta de cooperação, procedendo-se à integração contratual com fundamento na boa-fé:[993]

> 3. Possibilidade de intervenção judicial nos contratos padronizados de consumo de modo a restabelecer o sinalagma negocial, fazendo incidir a mesma multa prevista para a mora do consumidor nos casos de atraso na entrega dos produtos ou de devolução imediata dos valores pagos quando exercido o direito de arrependimento, com fundamento tanto no CDC, como no próprio Código Civil (arts. 395, 394 e 422) ao estatuir os efeitos da mora e a submissão dos contratantes à boa-fé objetiva. 4. Manifesta abusividade na estipulação de penalidade apenas para o descumprimento das obrigações imputadas ao consumidor aderente ao contrato sem nada estatuir acerca da mora do fornecedor. 5. Manutenção da decisão que, reequilibrando a relação de consumo, determina a integração dos contratos

[993] Brasil. Superior Tribunal de Justiça (3ª Turma). REsp n. 1.548.189/SP. Relator: Min. Paulo de Tarso Sanseverino, 13 de junho de 2017. No mesmo sentido, Brasil. Superior Tribunal de Justiça (4ª Turma). REsp n. 1.412.993/SP. Relator: Min: Luis Felipe Salomão; Relatora para Acórdão: Min. Maria Isabel Gallotti, 8 de maio de 2018; Brasil. Superior Tribunal de Justiça (3ª Turma). AgInt no REsp n. 1.568.293/SP. Relator: Min. Paulo de Tarso Sanseverino, 27 de fevereiro de 2018.

celebrados pela ré da previsão de multa de 2% sobre o valor do produto no caso de descumprimento do prazo de entrega ou de atraso na devolução dos valores pagos quando exercido o direito de arrependimento.

Outro exemplo seria aquele relativo a contrato de prestação de serviços, no qual o valor dos materiais a serem usados seja discriminado e cobrado em separado: o prestador de serviços não deve desperdiçá-los. Deve usar tão-somente a quantidade necessária para adimplir sua prestação.

3.3. Cooperação do Credor e do Devedor

3.3.1. Dever de Coerência como Dever de Cooperação

O dever de coerência também pode ser entendido como a manifestação do dever de cooperação. Basta observar que uma pessoa, ao fazer determinada afirmação ou sustentar determinado comportamento, indica a outra que esta pode pautar sua ação conforme essa expectativa despertada. Ambas terão a mesma ação no mesmo sentido. A mudança inesperada de comportamento – no caso, o comportamento contraditório – é ato de ruptura inesperada da cooperação. Leva em conta apenas os seus próprios interesses em detrimento dos interesses da outra parte. No cotidiano, são recorrentes tais mudanças de comportamento. Quem agiu dessa maneira, sustenta, egoisticamente, não ser problema seu os efeitos, as consequências, de sua atitude. No entanto, essa justificativa indica a consciência da pessoa de que se deve evitar o comportamento contraditório pelo fato de que este é incompatível com uma conduta cooperativa, porque sabe que, ao mudar de comportamento, interromperá a cooperação ou a prejudicará pela falta desta última. Exemplo é a *promissory estoppel*: se há, inclusive por parte do leigo, a ideia de que a conduta de negar a validade do contrato por falta de *consideration* prejudicará os interesses da outra parte, a intenção de agir dessa maneira, mudando seu comportamento – de alguém que acreditava na validade do contrato para sustentar a sua invalidade – é um ato não cooperativo. No mesmo sentido, o art. 231 do Código Civil brasileiro, sobre recusa na realização do exame necessário à descoberta da verdade dos fatos. Além disso, considerando-se a tentativa de usar o *duty to mitigate the loss* como substituto da *Verwirkung*, pode-se também considerar esta figura também se trata de uma situação de violação do dever de coerência.

3.3.2. Dever de Informação como Dever de Cooperação

A cooperação também se relaciona com a transmissão de informação de uma parte a outra do contrato. Em outras palavras, o dever de informação pode ser entendido como decorrência do dever de cooperação, já que se exige um mínimo de informações para a formação do contrato, bem como na sua execução. Além disso, o dever de cooperação facilita a obtenção das mesmas, ampliando a capacidade de cognição das pessoas. A postura cooperativa faz com que se procure se assegurar que a parte contrária entendeu bem o que foi dito ou o que precisa ser feito. Picod[994] comentou que, por meio do dever de cooperação, as partes ficam obrigadas a informar tudo que possa ser útil para aproveitar plenamente a prestação recebida e para facilitar o que deve ser executado, sendo esta obrigação de cooperar mediante informação mais acentuada em determinados contratos ou em certas circunstâncias que em outras. Quanto mais se coopera, maior o número de informações transmitidas com reduzidos custos de transação, atenuando-se os efeitos da informação assimétrica entre as partes. Outro efeito da cooperação é que menor número de contratos indesejados serão formados, ao proporcionar mais informações à parte contrária. O resultado global é a redução de custos de transação decorrentes da inexecução do contrato.

O dever de cooperação, que deve estar presente nas relações das partes, tanto na formação como na execução do contrato, impõe que cada qual se informe e informe à parte contrária sobre o seu conteúdo.[995] Se um dos contratantes estiver impossibilitado de informar-se, a boa-fé obriga o outro contratante a cooperar, informando os fatos que conhece. De acordo com Rommel,[996] o princípio da boa-fé exige cooperação no sentido de fornecer informações a parte contrária, enquanto houver desequilíbrio de informação. Por isso a boa-fé constitui o princípio e a medida da obrigação de informação. Para Alcides Tomasetti Junior,[997] há violação do

[994] Picod, Yves. op. cit. p. 115.

[995] Llobet y Aguado, Josep. El deber de información en la formación de los contratos. Madrid: Marcial Pons, 1996. p. 111.

[996] Rommel, Guy. L'Obligation de Renseignement. *In:* Bourgoigne, Thierry; Gillardin, Jean. (Orgs). Droit des Consommateurs. Clauses abusives, pratiques du commerce et réglementation des prix. Bruxelles: Facultés Universitaires Saint-Louis, 1982. p. 5.

[997] Tomasetti Junior, Alcides. O objetivo de transparência e o regime jurídico dos deveres e riscos de informação nas declarações negociais para consumo. Revista de Direito do Consumidor, São Paulo, n. 4, p. 52-90, 1992. p. 59.

dever de cooperação com a não difusão eficiente da informação adequada à obtenção de transparência nas declarações negociais para consumo e nas relações de consumo. Benatti[998] interpretou o art. 1337 do Código Civil italiano para reconhecer não só deveres de lealdade e honestidade, mas também a imposição de uma ativa cooperação voltada ao adimplemento da expectativa da outra parte, permitindo-a conhecer a real situação objeto da negociação. No mesmo sentido, Llobet entendeu que o princípio da boa-fé exige certa cooperação dos contratantes desde o início do intercâmbio dos consentimentos.[999]

Os deveres de aviso e notificação são expressões significativas do dever de cooperação, porque, ao se transmitirem estas informações, contribui-se para o bom andamento da relação obrigacional, uma vez que a parte contrária poderá reorientar sua conduta, facilitando o seu adimplemento. No mesmo sentido, os deveres de alertar dos perigos são exemplos de dever de cooperação. Quando se transmite este tipo de informação, coopera-se com a parte contrária, contribuindo para a manutenção da incolumidade física e psíquica, poupando-a de eventuais danos e, consequentemente, reduzindo-lhe custos de transação. Para Picod,[1000] o grau de cooperação será em função da importância do risco. Quanto maior este for, maior a cooperação exigida.

O dever de se informar para informar é mais um exemplo de cooperação do devedor para fazer com que a prestação seja útil ao devedor. É de conformidade com a boa-fé, em outras palavras, que o vendedor tenha o bom-senso de perguntar as necessidades do cliente para que o produto ou serviço seja útil a este último. Por exemplo, uma pessoa dirige-se a uma loja para comprar determinado produto. Este oferece-lhe o melhor, mas o valor é muito alto. O vendedor não se preocupa em saber qual a finalidade. O cliente, tomado pelo impulso, ou autoenganado pela sua inexperiência, ou convencido com a persuasão do vendedor, compra-o. Depois de fechado o negócio, vê-se que o produto ou serviço não é interessante ao credor. Assim como em outros casos vistos acima, a aplicação fria da lei pode se revelar injusta ou abusiva e este problema surge por falta de cooperação do credor em se preocupar apenas em fazer o melhor negócio,

[998] BENATTI, Francesco. La responsabilità precontrattuale. Milano: Giuffrè, 1963. p. 49.

[999] LLOBET Y AGUADO, Josep. op. cit. Madrid: Marcial Pons, 1996. p. 39.

[1000] PICOD, Yves. op. cit. p. 119.

sem ter-se preocupado com os interesses da parte contrária. Tanto que o bom vendedor é aquele que pergunta as necessidades do seu cliente, indaga as razões que o levam a formular determinada pretensão. Ele poderá inclusive oferecer um produto ou serviço melhor do que o desejado, e que o cliente sequer conhecia. Obviamente o comprador passará a confiar no vendedor e o procurará outras vezes. Nota-se aqui a aplicação dos princípios da cooperação elencados por Axelrod. Neste caso, o vendedor se preocupou com a preservação do relacionamento futuro e não se limitou a cumprir a prestação, que seria vender o que o cliente pediu, foi além e trabalhou pelos interesses do cliente. Não restam dúvidas que ambos saíram ganhando neste negócio, obtendo-se a máxima eficiência possível. O mercado seria capaz de selecionar os bons vendedores dos maus vendedores somente em situação de concorrência perfeita. Como isso não é possível, o vendedor pode aproveitar-se dessa situação e obter vantagens indevidas do comprador. Porém, com o princípio da boa-fé, que impõe a cooperação, forçam-se os não cooperativos a cooperar. Aliás esta é a função do direito: impor coercitivamente condutas humanas. No mesmo sentido, manuais de instruções, e prestação de assistência técnica, são outros exemplos de dever de cooperar que o direito do consumidor impõe ao devedor, perdurando até mesmo após a extinção do contrato.

Por exemplo, na Alemanha, o BGH julgou o caso em que cliente fez investimentos em um banco. Mesmo quando, contratualmente, o banco não tenha se obrigado a dar consultoria, mas apenas a executar ordens, isso não significa que não se devia ter perguntando sobre a experiência do cliente na área, uma vez que, quando se percebe a grande inexperiência da pessoa, o § 241, 2, do BGB impõe o dever de aconselhamento sobre os riscos da operação a ser feita.[1001] Outro caso foi o de venda de kit de aquecimento solar em um showroom em que constava na embalagem a informação de que esse equipamento é autoinstalável, embora o vendedor não concordasse com isso. Por essa razão, foi condenado por violação do dever pré-contratual de informação por não ter alertado o comprador para a necessidade de conhecimentos técnicos para tanto.

Na França, em 2013, julgou-se o caso de um contador, que não teria feito determinados lançamentos no balanço encomendado por seu cliente, por não ter comprovantes das operações, resultando em prejuízo de aproxi-

[1001] ALEMANHA. BGH. XI ZR 431/11; OLG Schleswig, 3 April 2013.

madamente 29 mil Euros. A Corte de Cassação entendeu que, na verdade, o cliente do contador violou os deveres de informação e de cooperação, fundados na boa-fé, ao não ter remetido a documentação solicitada ao contador para que ele fizesse corretamente os lançamentos corretos.[1002] Outro caso semelhante, julgado em 2013, foi aquele envolvendo auditores contratados para elaboração de relatório contábil para fins de aquisição de quotas de outra sociedade. O relatório apresentado trouxe falhas por ter-se baseado em algumas informações imprecisas, que, por desconhecimento da verdade, levaram à conclusão do negócio. No entanto, a atividade desenvolvida pela sociedade, de área de coleta de resíduos, não veio a não ser tão rentável quanto se esperava, o que ensejou a propositura de ação de indenização por perdas e danos com fundamento na responsabilidade contratual. A Corte de Cassação, por um lado, reconheceu a culpa da firma de auditoria, ao ter entregue o relatório com falhas, mas, por outro lado, o valor da indenização foi reduzido pela metade em razão da violação do dever de cooperação, fundamentado no então art. 1134 do Código Civil, de não se ter concorrido com a prestação de todas as informações necessárias aos auditores para que pudessem ter elaborado relatório sobre o negócio realizado com maior precisão.[1003]

4. O Abuso do Direito como Violação do Dever de Cooperação

Conforme visto em capítulo anterior, o abuso do direito costuma vir relacionado com o princípio da boa-fé em se tratando de violação do dever de coerência, pela prática de comportamentos contraditórios que prejudicam a outrem. Do mesmo modo, há situações em que o comportamento contraditório manifesta-se como abusivo, assim como nem toda situação de abuso do direito decorre de comportamento contraditório.

Existem outras situações de abuso do direito advindas da violação do princípio da boa-fé. São justamente estas que se manifestam em razão da violação do dever de cooperação entre as partes. Em outras palavras, a falta de cooperação manifesta-se como uma clara situação de abuso do direito. Consequentemente, acarreta danos e também gera custos de transação desnecessariamente.

[1002] FRANÇA. Cour de Cassation, civile (Chambre commerciale), 12-13.079, 3 Avril 2013.

[1003] FRANÇA. Cour de cassation, civile (Chambre commerciale), 11-22.188 11-22.712 11-25.432, 10 décembre 2013.

Tais casos são comuns na cobrança de dívidas. Por exemplo, em contas de consumo, cobradas de milhares de clientes, diversos problemas no processamento podem ocorrer, como, por exemplo, a não entrada do dinheiro na conta da prestadora de serviços por qualquer problema bancário, ou até mesmo em caso de inadimplemento de fatura por um cliente costumeiramente adimplente por um lapso qualquer. A providência a ser tomada é que, antes da interrupção da prestação dos serviços, que se procure confirmar com o cliente se a fatura em aberto foi devidamente paga ou que se dê a oportunidade de pagá-la imediatamente para evitar a sua interrupção. Quando a conduta tomada é não cooperativa, a interrupção ocorrerá sem qualquer comunicação, causando transtornos desnecessários ao cliente. A demora injustificada para a retomada da prestação dos serviços interrompidos também é abusiva, gerando custos de transação. Também são comuns problemas com a cobrança de tarifas e encargos bancários em contas-correntes inativas, em que os clientes não são alertados sobre a cobrança de tarifas e, após formação de saldo devedor, têm seus nomes inseridos em cadastros negativos de serviços de proteção ao crédito. No caso, a jurisprudência afirma ter havido violação do dever de informação. Porém, este dever manifesta como a concretização do dever de cooperação, já que esta surge do alerta acerca das consequências do não encerramento da conta-corrente, gerando custos de transação desnecessariamente.[1004]

Outra situação é aquela em que a *exceptio non adimpleti contractus* produz efeitos injustos. A boa-fé, neste caso excepcional, impõe um mínimo de solidariedade contratual, que consiste em não tirar um perfil egoísta do contrato nem sacrificar os interesses de seu cocontratante.[1005] Por exemplo, exigir que uma pessoa internada em Unidade de Tratamento Intensivo – UTI tenha que deixá-la porque o plano de saúde impõe limitação de internação. Neste caso, a operadora de plano de saúde tem que atuar sim no interesse do devedor, pois é a vida do devedor que está em risco.

[1004] A título de exemplo, cf. Brasil. Tribunal de Justiça do Estado de São Paulo (18ª Câmara de Direito Privado). Apelação n. 045741-84.2010.8.26.0000. Relator: Des. William Marinho, 19 de junho de 2013; Tribunal de Justiça do Estado de São Paulo (20ª Câmara de Direito Privado). Apelação n. 0421905-50.2010.8.26.00. Relator: Des. Álvaro Torres Junior, 26 de novembro de 2012 e Brasil. Superior Tribunal de Justiça (3ª Turma). REsp 1.337.002/RS. Relator: Min. Paulo de Tarso Sanseverino. 16 de dezembro de 2014.

[1005] Picod, Yves. op. cit. p. 163.

Evidentemente, a interrupção do tratamento intensivo implica elevados custos de transação para o paciente, porque seu quadro de saúde se agravará. Por essa razão, em 2005 o Superior Tribunal de Justiça editou a Súmula n. 302, que veda a limitação do período de internação hospitalar do segurado.[1006]

Há ainda mais um caso de abuso do direito como falta de cooperação, ainda que não seja em matéria contratual: é a recusa à realização de perícia médica, necessárias em ações de investigação de paternidade. Por essa razão, o Código Civil estabelece o seguinte no art. 232: "a recusa à perícia médica ordenada pelo juiz poderá suprir a prova que se pretendia obter com o exame". Afinal, quando o suposto pai se recusa a realização da perícia médica, esse processo torna-se prejudicado. Por isso, tem-se a Súmula n. 301 do Superior Tribunal de Justiça, com o seguinte teor: Em ação investigatória, a recusa do suposto pai a submeter-se ao exame de DNA induz presunção juris tantum de paternidade.[1007] No mesmo sentido, entende-se vir contra o próprio fato quando se reconhece voluntariamente a paternidade e, posteriormente, quer-se negá-la, admitindo-se, no melhor interesse do menor, que este não compareça para a realização do exame pericial.[1008]

Dessa forma, a falta de cooperação com a descoberta da verdade, que, na prática, consiste na falta de cooperação, gerando desnecessariamente "custos de transação" – aqui colocados entre aspas, porque não se pode avaliar patrimonialmente essa questão – faz com que o princípio da boa-fé imponha a solução da questão por meio da presunção de veracidade dos fatos alegados.

5. O *Hardship*

O *hardship* é a ocorrência de eventos que alteram o equilíbrio econômico do contrato de tal modo a sua execução se tornar muito onerosa para uma

[1006] Por exemplo, o Superior Tribunal de Justiça brasileiro proferiu a Súmula nº 302, de acordo com a qual "é abusiva a cláusula contratual de plano de saúde que limita a internação hospitalar do segurado". BRASIL. Superior Tribunal de Justiça (2ª Seção). Súmula n. 302, 18 de outubro de 2004.

[1007] BRASIL. Superior Tribunal de Justiça (2ª Seção). Súmula n. 301, 18 de outubro de 2004.

[1008] BRASIL. Superior Tribunal de Justiça (3ª Turma). REsp n. 1.272.691/SP. Relatora: Min. Nancy Andrighi, 5 de novembro de 2013.

das partes.[1009] Equivale, portanto, à imprevisão do direito francês, a alteração da base do negócio jurídico do direito alemão, à onerosidade excessiva dos direitos italiano e brasileiro, e à alteração das circunstâncias do direito português. Todavia, a diferença entre o *hardship* e seus equivalentes acima apontados, é que estes últimos caracterizam-se pelo recurso ao juiz para que o contrato readquira seu equilíbrio econômico, enquanto no *hardship* se desenvolveram cláusulas contratuais a serem inseridas nos contratos, obrigando às partes do mesmo a buscarem o reequilíbrio contratual, cabendo a atuação do juiz somente em caso de impossibilidade de acordo para a renegociação.

De acordo com Alterini,[1010] a cláusula de *hardship* ou de adaptação do contrato dispõe sobre a revisão do mesmo, quando sobrevierem circunstâncias que afetem ao que ele chama de equação econômica do contrato, cabendo também a sua adequação e revisão periódica diante das novas circunstâncias de ordem técnica e comercial. Por isso, Alterini considera a cláusula de *hardship* um aperfeiçoamento da *cláusula rebus sic stantibus*. Para Luis de Lima Pinheiro,[1011] estas podem ser de indexação ou de revisão de preços, que desencadeiam a modificação automática do contrato, caso se verifiquem determinadas circunstâncias, ou serem cláusulas de adaptação, que apenas impõem um dever de renegociar o contrato. O que importa acerca da cláusula de *hardship* é dela surgir um dever de cooperação, que é o dever de renegociar o contrato em ocorrendo o desequilíbrio econômico do mesmo. Para Picod,[1012] o dever de a parte renegociar o contrato em caso de alteração das circunstâncias é a mais alta expressão da lealdade contratual.

Como explicou Luis de Lima Pinheiro:[1013]

[1009] KONARSKI, Hubert. Force majeure and hardship clauses in international contractual practice. Revue de Droit des Affaires Internationales, Paris, n. 4, p. 405-428, 2003. p. 407.

[1010] ALTERINI, Atilio Aníbal. Teoría de la imprevisión y cláusula de hardship. Roma e America – Diritto Romano Comune: Rivista di Diritto dell'Integrazione e Unificazione del Diritto in Europa e in America Latina, Roma, n. 13, p. 53-69, 2002. p. 62.

[1011] PINHEIRO, Luís de Lima. Cláusulas típicas dos contratos do comércio internacional. Revista da Faculdade de Direito da Universidade de Lisboa, Lisboa. v. 44, n. 1/2, p. 83-108, 2003. p. 91.

[1012] PICOD, Yves. op. cit. p. 228.

[1013] PINHEIRO, Luís de Lima. op. cit. p. 94.

> Para a definição dos deveres de conduta na renegociação, encontram-se pontos de apoio nos princípios desenvolvidos em sede de responsabilidade pré-contratual, designadamente deveres de informação e de consideração dos interesses da contraparte. A esta luz, são de assinalar os deveres de participar nas negociações, de prestar as informações necessárias, de apresentar propostas e contrapropostas razoáveis de modificação do contrato, de examinar seriamente a contraproposta, de não retardar as negociações por forma contrária à boa-fé, nem criar durante as negociações fatos consumados que tornem impossível uma adaptação ao contrato. (...) O incumprimento destes deveres de negociação constitui violação positiva do contrato, que fundamenta uma obrigação de indenizar nos termos gerais. Algumas decisões arbitrais admitiram que o incumprimento dos deveres de negociação pode fundamentar a rescisão do contrato, mesmo que a cláusula de hardship seja omissa quanto às consequências da falta de acordo sobre a modificação do contrato.

Este modelo de cláusula de *hardship* é inspirado no art. 1467 do Código Civil italiano, o qual também inspirou o legislador brasileiro, ao dispor sobre a resolução por onerosidade excessiva. No art. 479 do Código Civil brasileiro há o dever de cooperar da parte contra a qual é pretendida a resolução do contrato, ao conferir-lhe exceção de resolução contratual, contanto que se disponha a renegociá-lo, como se pode observar abaixo:

> Código Civil brasileiro
> Art. 479. A resolução poderá ser evitada, oferecendo-se o réu a modificar equitativamente as condições do contrato.

De acordo com Guilherme Carneiro Monteiro Nitschke, o tema da renegociação de contratos de longa duração ainda foi pouco desenvolvido no Brasil e o art. 479 dá margem à dúvida sobre qual teria sido a opção do legislador: revisar ou resolver o contrato. Esse mesmo autor entende que, e acordo com o texto legal, o legislador teria optado pela resolução.[1014] Contudo, há de se considerar que o disposto no Código Civil de 2002 reflete o entendimento de meados do século XX, quando essas ideias eram

[1014] Nitschke, Guilherme Carneiro Monteiro. Revisão, resolução, reindexação, renegociação: o juiz e o desequilíbrio superveniente de contratos de duração. RTDC: Revista Trimestral de Direito Civil, Rio de Janeiro, v. 13, n. 50, p. 135-59, abr./jun. 2012. p. 136-138.

incipientes e apareciam no máximo como cláusulas de escala móvel. De qualquer modo, a invocação do princípio da boa-fé para reequilibrar o contrato é exemplo de dever de cooperação, porque não é postura cooperativa exigir o adimplemento do contrato, sabendo que isso poderá provocar a ruína da parte contrária, ou fazer com que esta receba uma prestação sem o mesmo valor e, portanto, sem a mesma utilidade. Renegociar é cooperar com a outra parte, ajudá-la a não sofrer tanto com a inversão da situação. Esta alteração das circunstâncias implica custos de transação, porque será mais difícil o seu adimplemento. A cláusula de *hardship*, portanto, tem por finalidade a redução destes custos, reequilibrando o contrato, para que o adimplemento das prestações volte a níveis equivalentes aos da ocasião da conclusão do negócio. Nesse sentido, defende Guilherme Nietschke que caberia a execução específica da cláusula de *hardship* quando prevista pelas partes, ainda que seja obrigação de meio.[1015]

Já o Código Civil francês pós-reforma adotou o entendimento mais atualizado da matéria no art. 1195:

> Art. 1195. Se uma alteração de circunstâncias imprevisíveis fora da conclusão do contrato torna a sua execução excessivamente onerosa para uma parte que não aceitou assumir esse risco, ela pode exigir a renegociação do contrato junto a seu cocontratante. Ela continua executando suas obrigações durante a renegociação. Em caso de recusa ou retirada da renegociação, as partes podem acordar a resolução do contrato, na data e nas condições que determinarem, ou exigir de comum acordo que o juiz proceda à adaptação. Em caso de impossibilidade de acordo em um prazo razoável, o juiz pode, a pedido da parte, revisar o contrato ou extingui-lo, na data e nas condições que fixar.

Como apontou Porchy-Simon na parte em que tratou da obrigação de cooperação decorrente da boa-fé, o Código Civil estabelece um processo em várias etapas para que esta se imponha. Em primeiro lugar, não basta ao devedor alegar a onerosidade excessiva: deve insistir no cumprimento do contrato durante o processo de renegociação, o que, no nosso entender, serve para respeitar os interesses do credor. Caso não se consiga tal

[1015] NITSCHKE, Guilherme Carneiro Monteiro. op.cit. p. 156.

ajuste, têm-se as sanções decorrentes da imprevisão, que consistem na revisão ou resolução do contrato pelo juiz, ou no pedido para que este assim o faça em nome das partes ou, por fim, que se faça o distrato, quando houver comum acordo entre as partes.[1016]

[1016] Porchy-Simon, Stéphanie. op. cit. p. 218.

Parte III
A Proteção da Boa-Fé Subjetiva

6. A Proteção da Boa-Fé Subjetiva

A proteção da crença e da aparência legítimas, entendidas como boa-fé subjetiva, é objeto de vasto grupo de regras específicas decorrentes do princípio da boa-fé. Assim, caso a pessoa tenha agido corretamente, isto é, segundo a boa-fé objetiva, atenuam-se os efeitos dos custos de transação na aquisição de informações, provocados, sobretudo por informação assimétrica. No mesmo sentido, com fundamento no dever de coerência, impede-se a alegação do desconhecimento da situação, quando esta podia ser conhecida facilmente, uma vez que tal alegação consiste em incoerência de comportamento. Os casos estudados foram os da posse de boa-fé, aparência no direito, aparência de representação, pagamento ao credor aparente, propriedade aparente e aquisição *a non domino* e herdeiro aparente.

1. Boa-Fé em Matéria Possessória

1.1. Conceito

Posse é relação de fato entre uma pessoa e uma coisa. Savigny, criador da teoria subjetiva da posse, definiu-a como a detenção da coisa (*corpus*) com o ânimo de tê-la como sendo de sua propriedade (*animus*). Já a teoria objetiva da posse, supostamente criada por Jhering por ter sido publicado *post mortem*,[1017] consiste na exteriorização do exercício do direito de propriedade, ou o modo pelo qual a propriedade é utilizada, pois onde a

[1017] Agradeço a informação do Prof. João Baptista Villela de que existem controvérsias sobre a autoria desta teoria.

propriedade não é possível, tampouco a posse não seria.[1018] O Código Civil brasileiro de 1916 adotou a teoria objetiva da posse,[1019] e o Código Civil de 2002 manteve esse posicionamento.

Classificada em determinadas categorias, a posse pode ser injusta, quando houver vício, ou justa, obtida a justo título, isto é, com fato jurídico hábil para conferir ou transmitir o direito à posse, como o contrato, a sucessão e a ocupação.[1020] O Código Civil brasileiro aponta três tipos de posse injusta: violenta, clandestina, e precária. A primeira delas é a posse adquirida mediante uso da força. Opõe-se à posse mansa, pacífica. A segunda é aquela que se estabelece às ocultas daqueles que têm interesse em conhecê-la, o que é contraditório, pois a posse regular costuma ser exercida publicamente.[1021] A terceira é aquela que se origina do abuso de confiança, por parte daquele que recebera a coisa para restituir e se recusa a fazê-lo.[1022]

Quem tem a posse injusta de um bem, pode estar ou não ciente desta circunstância. Por isso, também existe a classificação da posse de boa-fé e posse de má-fé. Essa classificação é o principal exemplo de proteção da boa-fé subjetiva em matéria de direitos reais. Tito Fulgêncio[1023] definiu-a como sendo aquela em que há um vício que impede a sua aquisição, o qual consiste na ignorância do possuidor quanto ao elemento material impeditivo da mesma. De acordo com Pontes de Miranda,[1024] a posse de boa-fé é aquela de quem se crê possuidor *ex iusta causa,* ainda que não o seja, e a posse de má-fé é aquela de quem realmente é possuidor *ex iniusta causa.* Se o possuidor tem a posse justa, pouco importa se aquele acredita estar de má-fé, porque, neste caso, a situação é regular e a boa-fé só é usada para justificar o erro cometido pelo possuidor. Trigeaud[1025] explicou que a

[1018] JHERING, Rudolf von. La posesión: teoria simplificada. Buenos Aires: Atalaya, 1947. p. 25.

[1019] BEVILÁQUA, Clóvis. Código Civil dos Estados Unidos do Brasil. v. 5. Rio de Janeiro: Livraria Francisco Alves, 1917. p. 15.

[1020] BEVILÁQUA, Clóvis. Ibid.

[1021] JHERING, Rudolf von. op. cit. p. 67.

[1022] BEVILÁQUA, Clóvis. op. cit. p. 15.

[1023] FULGÊNCIO, Tito. Da posse e das ações possessórias. v. 1. Teoria Legal-Prática. 5. ed. Rio de Janeiro: Forense, 1980. p. 39-40.

[1024] MIRANDA, Francisco Cavalcanti Pontes de. Tratado de direito privado. v. X. Rio de Janeiro: Borsói, 1955. p. 120.

[1025] TRIGEAUD, Jean-Marc. La possession de biens mobilières. Paris: Economica, 1981. p. 222.

posse de boa-fé consiste em um erro cometido pelo possuidor, que acreditou se tornar proprietário, por ter a representação inexata do justo título. Convenceu-se ser proprietário e não sabia do valor jurídico do título. Este, portanto, era putativo. A posse de má-fé, ao contrário, é ciência de que a posse é injusta, com a qual está violando direito alheio. O conhecimento do vício equivale ao conhecimento do direito alheio e, por consequência, a ciência do prejuízo que causa pela sua ilegitimidade.[1026]

Com efeito, a posse injusta é aquela posse indesejada pelo ordenamento jurídico, cabendo à pessoa agir de determinado modo para que sua posse seja justa. É a situação na qual o possuidor não quis transgredir a lei, prejudicar a outrem, mas, por ignorância, possui o que não deveria. Tem a posse injusta, mas acredita ter posse justa, nem imagina estar violando direito alheio. Aqui está implícito um modelo de comportamento, o que implica dizer que somente se poderá alegar boa-fé quem agiu segundo a boa-fé, procurando saber sobre a verdadeira situação de fato e tinha como fazê-lo. Assim, posse de boa-fé é aquela adquirida e exercida na ignorância da situação de posse injusta, provocada pela impossibilidade de acesso a informações sobre a verdadeira situação da relação real, isto é, há reduzidos custos de transação na aquisição de informações sobre a realidade de sua posse.

A finalidade da posse de boa-fé é a proteção do possuidor, para que não seja duplamente punido pelo fato de desconhecer a injustiça de sua posse. A partir do momento em que o possuidor tem as informações sobre o verdadeiro estado desta, se este vier a perdê-la, receberá proteção especial do direito, não recebendo o mesmo tratamento dispensado ao possuidor que sempre esteve de má-fé. Devido à boa-fé, poderá ser indenizado por benfeitorias, perceberá os frutos que obteve durante o período em que esteve na posse e correrá em seu favor prazo menor para a aquisição da propriedade por usucapião. Logo, quem está de boa-fé, levará vantagem em relação a quem está de má-fé.

1.2. Estrutura da Posse de Boa-Fé

As posses violenta e precária são as hipóteses mais remotas de posse de boa-fé. É difícil alegá-las quando se vale da força para entrar na posse do bem, ou quando há recusa a devolvê-lo. Dessa forma, a situação mais comum de posse de boa-fé decorre quando se faz a ocupação, hipótese

[1026] JAUBERT, Joseph. Des effets civils de la bonne foi. Paris: A. Pedone Éditeur, 1899. p. 269.

de aquisição da propriedade que consiste na entrada da posse do bem. Como a maior parte das coisas tem dono, não se pode ocupar todo e qualquer bem encontrado sem maiores preocupações. É preciso agir com diligência, para saber quem é seu proprietário ou possuidor. Se, com base nas informações obtidas, era razoável acreditar na licitude da ocupação, a posse será de boa-fé; do contrário, a posse será de má-fé.

Informar-se sobre o estado do bem do qual pretende adquirir ou ocupar, ou sobre a titularidade do mesmo, quando esta constar em registro público, é a principal conduta a ser observada para estar de boa-fé. Trata-se de um dever, porque todos devem respeitar a propriedade alheia. Nesse sentido, Trigeaud[1027] ressaltou que o possuidor tem o dever de se informar para saber a situação jurídica da coisa, pois a dúvida é incompatível com a boa-fé. Evidência de que a posse de boa-fé deve ser considerada do ponto de vista da boa-fé objetiva, é o fato de que não basta a alegação de que o possuidor estava de boa-fé. Esta será julgada conforme os padrões aceitos pela lei, jurisprudência ou doutrina, que consistem em averiguar se o possuidor tinha condições de saber se sua posse era justa ou injusta. Nos casos em que o possuidor não tinha como saber a verdade dos fatos, a posse é de boa-fé; nos casos em que era possível razoavelmente saber a verdade dos fatos, e não o fez, esta negligência configura má-fé. Daí a afirmação de Bessone[1028] de que a boa-fé é excluída se a entrada na posse foi por meio de culpa grave. Acrescentou ainda que a jurisprudência italiana exclui a boa-fé se o possuidor tinha dúvida ou suspeita sobre o direito alheio, ou sobre a condição jurídica da coisa.

No entanto, quem pretende entrar na posse, terá custos de aquisição de informações. O possuidor de boa-fé é aquele que não dispõe de informação sobre a injustiça de sua posse devido à dificuldade, ou até mesmo da impossibilidade de obtê-las. No caso em que não há como equilibrar o estado de informação assimétrica devido a elevados custos de transação, afirma-se que o possuidor está de boa-fé, porque podia se convencer da legitimidade da sua posse com a quantidade de informações de que dispunha, ante a dificuldade que tinha para obter uma informação adicional. Protege-se a posse de boa-fé, concedendo-lhe seus efeitos. Todavia, a boa-fé não o protege quando o acesso a informações é fácil, o que significa

[1027] Trigeaud, Jean-Marc. op. cit. p. 228.

[1028] Bessone, Mario. Istituzioni di diritto privato. Torino: G. Giappichelli, 1995. p. 408.

situação de reduzidos custos de transação. Daí em matéria possessória não ser meramente a simples convicção da legitimidade da posse, provocada pela falta de informação ou pelo estado de informação assimétrica, mas ser imprescindível a verificação da impossibilidade de obtenção de informações que permitam o esclarecimento da verdadeira situação da posse, devido aos custos transação elevados ou proibitivos. O princípio da boa-fé, que impõe uma conduta diligente para que o interessado primeiro obtenha informações sobre o estado da coisa que deseja possuir, confere ao possuidor, pelo menos, as vantagens que obteve durante o período no qual, por ignorância, manteve posse injusta da coisa.

1.3. Análise da Posse de Boa-Fé nos Códigos Civis

Pela leitura das regras sobre a posse de boa-fé nos Códigos Civis, nota-se que estão implícitas no raciocínio dos legisladores a aferição do estado de informação assimétrica e a grande dificuldade ou impossibilidade de acesso às informações, provocadas pelos custos de transação.

1.3.1. Definição de Posse de Boa-Fé

Em geral, os Códigos Civis definem a posse de boa-fé. Há três grupos de normas definidoras. O primeiro grupo é o que apenas faz menção à ignorância do possuidor. O art. 1.201 do Código Civil brasileiro diz que "é de boa-fé a posse, se o possuidor ignora o vício, ou o obstáculo que impede a aquisição da coisa". Com redação similar o art. 433 do Código Civil espanhol. O Código Civil francês dispõe no art. 550 que é possuidor de boa-fé aquele que possui como proprietário, em virtude de um título translativo da propriedade, do qual ignora o vício.

O segundo grupo é aquele que também inclui o erro de fato ou o erro de direito como critério para a ignorância do vício. O art. 906 do Código Civil peruano admite tanto o erro de fato como o erro de direito: "A posse ilegítima é de boa-fé, quando o possuidor acredita em sua legitimidade, por ignorância ou erro de fato ou de direito sobre o vício que invalida seu título". Contudo, vale dizer que a questão do erro de direito como critério é polêmica, tendo em vista o princípio de direito de que ninguém pode invocar o desconhecimento da lei.

O terceiro grupo de normas é aquele que estabelece como critério não só a ignorância, mas também a impossibilidade de conhecer o vício que inquinava a posse. Nesse sentido, o art. 1147 do Código Civil italiano:

"É possuidor de boa-fé aquele que possui, ignorando que lesava direito alheio. A boa-fé não produz efeitos se a ignorância depender de culpa grave". No mesmo sentido, o art. 1260º do Código Civil português. O art. 932 do Código Civil do Québec diz que "O possuidor é de boa-fé se, no início da posse, podia justificar que acreditava ser o titular de um direito real que exercia". Neste último grupo de normas, fica evidenciado aquilo que nos demais grupos de normas ficava implícito: a escusabilidade da ignorância ou do erro. Não basta ao possuidor acreditar convictamente que sua posse é de boa-fé. Exige-se certo grau de diligência do possuidor, para que este procure eliminar o estado de informação assimétrica em que se encontra, ao tentar obter informações sobre a situação do bem de que se tornou possuidor, provando-se que, para a alegação de boa-fé subjetiva, deve-se antes ter agido em conformidade com o princípio da boa-fé. Ademais, quando era possível a aquisição de informações com reduzidos custos de transação, o fato de não ter tomado esta cautela no sentido de obtê-las, é, certamente, culpa grave do possuidor; por isso, a lei não o protege.

1.3.2. Início da Posse

Para a qualificação da posse como de boa-fé ou de má-fé, os Códigos Civis estabelecem como critério o instante em que o possuidor toma posse do bem. Se havia boa-fé nesse momento, produzem-se efeitos favoráveis ao possuidor para compensar eventuais prejuízos que terá com a perda da mesma, como a aquisição de frutos, indenização por benfeitorias e prazos para usucapião. Se havia má-fé, não produz todos os efeitos jurídicos em seu favor.

O Código Civil brasileiro estabelece no art. 1.203 que "salvo prova em contrário, entende-se manter a posse o mesmo caráter com que foi adquirida". No mesmo sentido, o art. 436 do Código Civil espanhol. O art. 2269 do Código Civil francês estabelece que "[é] suficiente que a boa-fé tenha existido no momento da aquisição". Nestes Códigos Civis, há maior proteção a quem possui, pois não há como fazer a prova em contrário.

A justificativa para estas regras é o estado de informação assimétrica e a existência de custos de transação. Se o possuidor, na entrada da posse, já sabia do vício que a inquinava, isto é, já estava suficientemente informado acerca do estado de sua posse, não é possível que passe a desconhecer esta situação, salvo se excepcionalmente acreditava estar de má-fé, quando, na verdade, sua posse era justa. Por outro lado, se o possuidor desconhecia o vício que inquinava sua posse e não tinha como conhecer a verdade, devido à dificuldade de obtenção de informações – o que implica reconhecer a existência de elevados custos de transação – seus efeitos se produzem até que se adquira informação sobre a situação real daquela. Por isso se admite prova em contrário. Em se comprovando que o possuidor, na entrada da posse, sabia do seu caráter injusto, aplica-se a regra geral.

1.3.3. Perda do Caráter de Posse de Boa-Fé

Por ser regra geral a não proteção da posse injusta, a posse de boa-fé é exceção à regra: subsiste somente enquanto houver o estado de informação assimétrica do possuidor sobre a sua posse. Há casos, no entanto, que o possuidor pode adquirir, posteriormente, informações sobre o verdadeiro estado da posse ou que pelo menos o deixem com dúvidas sobre sua situação. A mudança do estado de posse de boa-fé para posse de má-fé decorre do acesso à informação, isto é, o possuidor vem a conhecer o estado verdadeiro de sua posse. Com isso, passa a ser de má-fé a posse que antes era de boa-fé.

O modo solene de provocar esta mudança de qualidade de posse é a citação do possuidor, por meio da qual se contesta a legitimidade de sua posse. A partir desse momento, o possuidor recebe a informação sobre a sua situação. Sem dúvida que somente se pode afirmar que o possuidor é ilegítimo ao final do processo, mas, com a citação, o possuidor passa a não mais ter a certeza absoluta da legitimidade da sua posse.

O Código Civil brasileiro não estabelece um modo específico pelo qual o possuidor de boa-fé passará a ser de má-fé. O art. 1.202 estabelece que "A posse de boa-fé só perde este caráter no caso e desde o momento em que as circunstâncias façam presumir que o possuidor não ignora que possui indevidamente". No mesmo sentido, o art. 435 do Código Civil espanhol. O Código Civil francês, no art. 550, segunda parte, dispõe que deixa de estar de boa-fé o possuidor desde o momento que conhece o vício. Com a descoberta da real situação da posse, com a obtenção desta informação relevante, o princípio da boa-fé não se aplica mais ao caso, porque, a partir deste momento, desapareceu um dos requisitos para sua incidência: o estado de informação assimétrica do possuidor.

1.3.4. Presunção da Boa-Fé

A presunção de boa-fé é indicação dos custos de transação, como custos de aquisição de informações. Presume-se que a posse é de boa-fé, porque seria injusto para quem não teve como obter informações sobre o estado de sua posse, ainda ter que provar que estava de boa-fé. Seria uma dupla punição ao possuidor de boa-fé. Aliás, a existência ou não de custos de transação interferirá na interpretação dessa presunção. Pode-se presumir a boa-fé do possuidor quando, no caso concreto, era razoavelmente difícil adquirir informações. Permite-se a prova em contrário, se era possível a obtenção de informações sobre a situação da coisa.

Os casos em que se presume a má-fé são aqueles em que o legislador, com base na experiência comum, sabe que o possuidor só não adquiriria informações caso agisse com negligência; se tivesse diligência – isto é, com reduzidos custos de aquisição de informações – descobriria a verdadeira situação de sua posse.

O primeiro grupo de normas é o que estabelece a presunção de boa-fé e admite prova em contrário, ou nos casos em que se não admite a presunção. O parágrafo único do art. 1.201 do Código Civil brasileiro diz que "[o] possuidor com justo título tem por si a presunção de boa-fé, salvo prova em contrário, ou quando a lei expressamente não admite esta presunção". No mesmo sentido, o art. 2268 do Código Civil francês e o art. 434 do Código Civil espanhol. Na Itália, o art. 1147 do Código Civil italiano também dispõe de forma parecida: "a boa-fé se presume e basta que exista ao tempo da aquisição". Porém, aponta-se que a redação deste artigo, ao não estabelecer prova em contrário, veio a causar transtornos naquele País. Com o tráfico de obras de arte, a impossibilidade da posse de boa-fé se tornar de má-fé por causa da informação superveniente da informação, faz com que se legitime a aquisição de obras de arte furtadas. Tendo em vista a Convenção UNIDROIT sobre o tráfico de obras de arte, alega-se que o art. 1147 estaria revogado ou seria inconstitucional.[1029] Aqui se nota claramente que, quando não se faz distinção entre a informação facilmente adquirida ou adquirível com baixos custos de transação, da informação adquirida com diligência extrema – com elevados custos de transação, ocorre a situação injusta, como no caso de aquisição de obras de arte furtadas. Não faz sentido dar a proteção ao possuidor, se, certo tempo após à

[1029] Bessone, Mario. op. cit. p. 411.

aquisição da obra de arte, era possível obter informações de maneira fácil, com baixos custos de transação.

Em última análise, as regras sobre a posse de boa-fé foram criadas no passado, devido às dificuldades para a obtenção das informações sobre a situação do bem do qual se tomou posse. Hoje em dia, a tendência é o declínio desse instituto. Os bens de maior valor econômico, como imóveis e automóveis, são submetidos a registro público, e estes têm presunção de publicidade. Como lembrou Pontes de Miranda,[1030] a questão de descobrir a verdade ou não é relevante, tendo em vista que, em matéria de imóveis, existem os registros públicos. Assim, a hipótese dos casos em que o possuidor pode alegar boa-fé é diminuta. No interior do Brasil, devido à vasta extensão territorial, certamente há áreas que não estão na posse de qualquer pessoa, nem há registro de propriedade das mesmas. Em outros países de pequena extensão territorial, será muito difícil a alegação de boa-fé. Assim, nossa opinião é de que a finalidade dos registros públicos é disponibilizar informações sobre a situação e titularidade dos imóveis com baixos custos de transação, que, na prática, consiste nas despesas para se dirigir ao Cartório de Registro de Imóveis e pagar pela certidão acerca do mesmo.

2. A Aparência no Direito

2.1. Conceito

A celebração dos negócios jurídicos requer o atendimento de determinados requisitos para a sua validade. Em linhas gerais, estes consistem na capacidade de agir, a licitude do objeto e a obediência à forma, quando esta for exigida pela lei. Além disso, também se deve observar outro requisito: a legitimação da parte para a realização do negócio.

De acordo com Landim,[1031] legitimação é a pertinência subjetiva à pessoa do transmitente do poder de dispor da coisa e tem por finalidade identificar quem pode ser parte e quem pode realizar atos que afetam o seu objeto em uma determinada relação jurídica. Parte legitimada em geral é o titular do direito, pois somente a este é concedido, dentro de sua posição

[1030] Miranda, Francisco Cavalcanti Pontes de. op. cit. p. 129.

[1031] Landim, Francisco Antonio Paes. A propriedade aparente (A aquisição a non domino da propriedade imóvel com eficácia translativa no Código Civil). 2 v. São Paulo, 1992. Tese (Doutorado em Direito). Faculdade de Direito da Universidade de São Paulo, 1992. p. 66.

jurídica, o poder de agir em face de seus interesses e exercer eficazmente as faculdades de sua posição jurídica. Por exemplo, todo maior de dezoito anos no Brasil é plenamente capaz de celebrar negócios jurídicos, mas não terá legitimidade para celebrar todo e qualquer negócio jurídico, como, por exemplo, na hipótese de doação de ascendente a descendente. Outro exemplo é o da pessoa absolutamente capaz, que não pode alienar efetivamente coisa pertencente a outrem, porque não tem legitimidade para vender o que não é seu. A exceção a esta regra dá-se no caso da representação, na qual o representante não é titular do direito, mas tem legitimidade para dispor da coisa.[1032] Fora esse caso, o negócio jurídico praticado por pessoa ilegítima pode ser inexistente ou inválido, conforme o caso. A consequência jurídica será a mesma: a ineficácia para quem acreditou na sua existência ou eficácia. A dificuldade nessa questão é que nem sempre é possível ou fácil averiguar a legitimidade da pessoa. Somente a partir das circunstâncias do negócio se pode induzir a existência desta, a qual pode ser real ou não. Neste último caso, as circunstâncias levam a pessoa a acreditar que os fatos, tais como se apresentam, são verdadeiros.

A proteção contra a aparência destina-se às pessoas que, de boa-fé – isto é, desconheciam a verdadeira situação, nem tinham como conhecê-la – celebraram negócios jurídicos, acreditando na legitimação da parte contrária para a celebração dos mesmos, quando, na verdade, não a tinham. Por meio desta, atribuem-se efeitos jurídicos extraordinários a negócios inexistentes ou nulos,[1033] equiparando a inexatidão ou falsidade à exatidão ou veracidade. Cria-se um direito subjetivo novo, mesmo à custa da própria realidade.[1034] Mediante a proteção da boa-fé subjetiva pelos efeitos da aparência, atribui-se maior segurança jurídica, reduzindo-se, assim, os riscos de pessoas de boa-fé serem surpreendidas com a descoberta da inexistência ou invalidade do negócio. Contudo, essa proteção somente é possível quando quem a alega, agiu em conformidade com a boa-fé objetiva, buscando superar os efeitos do estado de informação assimétrica. Quando estes custos forem reduzidos, a informação relevante será encon-

[1032] Landim, Francisco Antonio Paes. op. cit. p. 83.

[1033] Silveira, Alípio. A boa-fé no Código Civil. v. 1. São Paulo: Editora Universitária de Direito, 1972. p. 84.

[1034] Malheiros, Álvaro. Aparência de direito. Revista de Direito Civil, Imobiliário, Agrário e Empresarial, São Paulo, ano 2, out./dez. 1978. p. 46.

trada; quando forem proibitivos, a informação não será encontrada e a proteção será concedida pelo direito.

A questão da aparência é um problema causado pelo próprio funcionamento do sistema jurídico, pois a aplicação fria da lei pode provocar efeitos indesejados, ou contrários aos previstos pelo legislador. Em geral, terceiros de boa-fé são vítimas das aparências.[1035] Confiam em um ato o qual virá mais tarde a seus riscos e perigos demonstrar a inexistência.[1036] Para Calais-Auloy,[1037] a aparência tem por fim permitir a certas pessoas de serem titulares de um direito, porque creem nele realmente, embora erroneamente. A proteção contra os efeitos da aparência extrapola, portanto, o princípio do efeito relativo das convenções.[1038] Na opinião de Cano Martínez,[1039] isso atende a uma necessidade de ordem pública, ao impedir que fiquem afetados valores elementares, como a atribuição social de um estado civil, que não se deve modificar, bem como a proteção da circulação dos direitos. Ela protege a boa-fé não por efeito do dolo ou culpa, mas sim em virtude de crer em circunstâncias unívocas determinadas, já que a vítima terá sua boa-fé protegida sem necessidade de provocar aparência.

A regra geral não é confiar na aparência, mas sim agir corretamente neste caso, isto é, com diligência. Na prática, é princípio geral o dever de diligência média de não confiar nas aparências e descobrir a verdade, antes de celebrar negócios jurídicos. A negligência não condiz com a boa-fé. Por isso, a aparência somente protege a crença legítima, comprovada pela dificuldade de verificar a situação por meio de uma conduta diligente. Logo, a proteção contra a aparência aplica-se excepcionalmente. Também é preciso que alguém tenha dado causa à situação de aparência. Por exemplo, no mandato aparente, foi preciso que alguém tivesse escolhido determinada pessoa como mandatário. Não haverá, contudo, qualquer proteção, se determinada pessoa nem sequer conhecia quem se apresentou como seu mandatário. Do contrário, implicaria a total insegurança jurídica nos

1035 Cano Martínez de Velasco, Ignacio. La exteriorización de los actos juridicos: su forma y la proteción de su apariencia. Barcelona: Bosch, 1990. p. 56.

1036 Jaubert, Joseph. op. cit. p. 223.

1037 Calais-Auloy, Jean. Essai sur la notion d'apparence en droit commercial. Paris: LGDJ, 1959. p. 26.

1038 Léroux, Evelyne. Recherche sur l'évolution de la théorie de la propriété apparente dans la jurisprudence depuis 1945. Revue Trimmestrielle de Droit Civil, Paris, 1974. p. 514.

1039 Cano Martínez de Velasco, Ignacio. op. cit. p. 58-61.

negócios, quando, na verdade, a aparência tem por finalidade conferir segurança jurídica.

Os requisitos de aplicação da proteção contra a aparência, que, no Brasil, foram sintetizados por Vicente Ráo, são divididos em dois grupos: os requisitos objetivos e os requisitos subjetivos. Do ponto de vista objetivo, requer-se a existência uma situação de fato cercada de circunstâncias tais que manifestamente a apresentem como se fora uma segura situação de direito, e que possa ser considerada segundo a ordem geral e normal das coisas e que, nestas condições, o titular aparente se apresente como se fora titular legítimo, ou que o direito se apresente como se realmente tivesse existido.[1040] Estes requisitos objetivos consistem, em síntese, na existência de elementos ou circunstâncias que produzam situação de aparência de direito. Os requisitos subjetivos são a incidência em erro de quem, de boa-fé, considera a mencionada situação de fato como situação de direito, e a escusabilidade desse erro apreciada segundo a situação pessoal de quem nele incorreu.[1041] Aqui está o principal requisito da proteção contra os efeitos da aparência: a grande dificuldade de desvendar a situação jurídica aparente, posto que, se for simples a descoberta da verdade, não se protegerá quem acreditou sem demonstração do mínimo de diligência. Somente após ter razoavelmente procurado a verdade, se poderá arguir que podia confiar na situação jurídica aparente, mas que, para quem agiu, parecia real. Kümpel,[1042] com razão, reconheceu que a escusabilidade do erro só se justifica mediante conduta em conformidade com a boa-fé objetiva.

Para Álvaro Malheiros,[1043] basta que o erro seja escusável, e não, invencível. Seria suficiente uma ação normal, tal como qualquer pessoa faria na mesma situação, dentro das suas habilitações e conhecimentos normais. Não se exige sagacidade ou, menos ainda, astúcia para a vida dos negócios. No mesmo sentido Cano Martínez,[1044] ao falar que a boa-fé da aparência é um erro escusável, de acordo com a exigência de uma diligência média

[1040] Ráo, Vicente. Ato jurídico. São Paulo: Max Limonad, 1961. p. 243.

[1041] Ráo, Vicente. op. cit. p. 243.

[1042] Kümpel, Vitor Frederico. A teoria da aparência no novo Código Civil brasileiro. Lei n. 10.406, de 10 de janeiro de 2002. São Paulo, 2004. Tese (Doutorado em Direito). Faculdade de Direito da Universidade de São Paulo. p. 116.

[1043] Malheiros, Álvaro. op. cit. p. 71.

[1044] Cano Martínez de Velasco, Ignacio. op. cit. p. 65.

para sair daquele estado de ignorância. Não é igual à dúvida, pois quem duvida, está obrigado à diligência para sair da incerteza, de modo que exclui a boa-fé. Caso fosse erro invencível, seria necessária uma tarefa de pesquisa e averiguação extraordinárias para descobrir a verdade, incompatível, ademais, com o normal desenvolvimento dos negócios.[1045] Na opinião de Kümpel,[1046] a situação aparente pode ser tida como verdadeira, por pessoa diligente, que age com boa-fé objetiva (padronizada pelos costumes), e que então goza de proteção jurídica. Todavia, a rapidez dos negócios não justifica a negligência, pois, por exemplo, em se tratando de mandatário aparente de uma empresa, pode-se solicitar cópia de procuração ou dos estatutos. Bustos Pueche[1047] afirmou que deve haver consideração dos elementos subjetivos e objetivos, para chegar-se ao equilíbrio desejado: comprovar a eficácia enganadora (potencialidade enganosa) do elemento objetivo com a correta conduta da pessoa ou terceiro. Não é aparente o que não engana ninguém. Em complemento a esta classificação, ele também aponta um requisito negativo, que consiste na não exclusão expressa da proteção contra a aparência pela lei.[1048] No mesmo sentido, a opinião de Vicente Ráo,[1049] quando disse que a aparência de direito produz os mesmos efeitos da realidade de direito, salvo particulares restrições legais. A publicidade tem por fim informar terceiros, mas não o de criar um direito em seu favor.[1050] Pois a informação insuficiente, errada, gera situação de aparência.

Logo, a proteção contra a aparência tem por objetivo reduzir os custos de transação provocados pelo estado de informação assimétrica, que consiste no desconhecimento da verdade dos fatos em razão das informações às quais a parte lesada teve acesso. O princípio da boa-fé exige que a pessoa procure obtê-las para saber a realidade da situação jurídica, isto é, procure reduzir seu estado de informação assimétrica. Comprovando-se que não foi possível obter informações mediante conduta em conformidade

[1045] CALAIS-AULOY, Jean. op. cit. p. 40.

[1046] KÜMPEL, Vitor Frederico. op. cit. p. 49.

[1047] BUSTOS PUECHE, Jose Enrique. La doctrina de la apariencia juridica. (Una explicación unitaria de los Articulos 34 de la L.H. Y 464 del CC, y otros supuestos de apariencia). Madrid: Dykinson, 1999. p. 85.

[1048] BUSTOS PUECHE, Jose Enrique. op. cit. p. 68.

[1049] RÁO, Vicente. op. cit. p. 244.

[1050] CALAIS-AULOY, Jean. op. cit. p. 108.

com a boa-fé pelos elevados custos de transação, que torna muito difícil ou impossível ao interessado eliminar ou reduzir efeitos da informação assimétrica, o direito faz reputar a situação aparente como se fosse verdadeira. A divergência doutrinária sobre a qualidade do erro invencível, no sentido de que ou somente a parte lesada teria incorrido no mesmo, ou se toda a coletividade teria incorrido no mesmo erro, indica tão-somente a influência dos custos de transação no raciocínio do legislador. Nota-se a inadmissibilidade do mero erro escusável, porque, para superá-lo, os custos de transação, ainda que possam não sejam reduzidos, também não são proibitivos. Desse modo, a boa-fé está presente na análise destes problemas de aparência do direito, não só para resolvê-los, servindo de fundamento jurídico para a sua proteção, mas também para indicar a impossibilidade de obtenção de informações ou custos de transação proibitivos.

3. Aparência de Representação

A representação consiste na realização de atos e negócios jurídicos, cujos efeitos se produzem não para si, mas para outra pessoa em nome da qual se atua. Pode ocorrer em todos os negócios jurídicos, com exceção do testamento, e de outros atos personalíssimos, pois neste caso o caráter pessoal predomina sobre o patrimonial.[1051] É instituída por lei ou decorre da vontade das partes. No primeiro caso – hipóteses de representação legal, por exemplo – a lei transfere ao representante o poder jurídico para a realização do negócio por entender que determinada pessoa não tem aptidão suficiente para tanto. O legislador, por exemplo, poderia perfeitamente atribuir plena capacidade de agir a todo ser humano desde o nascimento, mas, por causa da inexperiência inerente às crianças, transfere a capacidade para seus responsáveis. Se, porventura, um menor tiver condições de praticar determinados atos da vida civil, os seus responsáveis podem "devolver-lhe" a capacidade mediante emancipação. O inverso pode ocorrer, tal como nos casos de curatela. A pessoa capaz, quando ficar comprovado em processo judicial que não tem condições de praticar determinados atos da vida civil, a decisão judicial retira a sua capacidade de agir, transferindo-a para o curador temporariamente. A representação voluntária, por sua vez, dá-se com a celebração de um contrato de man-

[1051] De-Mattia, Fabio Maria. Aparência de representação. São Paulo, 1984. Tese (Professor Titular). Universidade de São Paulo, Faculdade de Direito, 1984. p. 2.

dato com representação, por meio do qual o mandante atribui poderes para o mandatário atuar em seu nome na realização de um ato ou negócio jurídico.[1052] Nem sempre o mandato tem representação, como nos casos da comissão mercantil. Por ser voluntária a representação, o mandante deve declarar quais poderes outorga para o mandatário, para que o negócio praticado por este seja válido. Por isso o ato do representado de conferir poderes mediante outorga de poder chamar-se outorgante. Segundo Fabio Maria De-Mattia,[1053] a representação não é elemento essencial do mandato. O mandatário pode contratar em nome próprio e depois transferir para o mandante.

A representação é naturalmente fonte de problemas jurídicos ligados à aparência, porque é ilógico exigir da pessoa que contrata com representante a verificação da existência da representação com o próprio representado; neste caso, já poderia fazer o negócio diretamente com este último. A representação serve justamente para facilitar as transações, quando o próprio interessado não pode se fazer presente para tanto. Com os grandes centros urbanos e a facilidade de estabelecer relações com pessoas de lugares distantes, erros tornam-se inevitáveis e mais frequentes. Segundo De-Mattia,[1054] no giro diário dos negócios, muitas vezes não é possível a uma das partes declarantes certificarem-se da existência de procuração que investe de poderes o representante com quem ela contrata.

Os problemas mais comuns nesta matéria de representação são aqueles relacionados à outorga ou não dos poderes, sua extensão ou se estes foram revogados ou extintos. Caso as regras sobre a validade do contrato de mandato fossem seguidas rigorosamente em todo e qualquer caso, produzir-se-ia insegurança nos negócios jurídicos praticados por representantes, pois o representado poderia opor exceção ao terceiro de boa-fé que contratou com o representante. Por isso, sob certas condições, e por razões de segurança dos negócios, deve-se atribuir eficácia perante o representado do negócio realizado em nome e por conta do representado,[1055] de tal sorte que os efeitos jurídicos da representação aparente protejam a boa-fé das

[1052] Mendonça, M.I. Carvalho de. Contratos no direito civil brasileiro. 3. ed. posta em dia pelo juiz José de Aguiar Dias. Rio de Janeiro: Forense, 1955. p. 197.

[1053] De-Mattia, Fábio Maria. op. cit. p. 13.

[1054] De-Mattia, Fábio Maria. op. cit. p. 65.

[1055] De-Mattia, Fábio Maria. op. cit. p. 20.

vítimas da aparência. Os direitos destas pessoas, neste caos, são oponíveis ao verdadeiro titular do direito. Por exemplo, admite-se inclusive a figura do fornecedor aparente, que responde por defeitos em produto fabricado e colocado no mercado por terceiro que ostentava a sua marca.[1056]

3.1. Requisitos para a Proteção da Aparência de Representação

Para que haja aparência de representação, o primeiro requisito a ser verificado é se houve declaração de vontade do representado com o fim de outorga de poderes ao suposto representante. Caso não tenha havido tal declaração, é negócio jurídico inexistente. Não se pode falar em aparência de representação. A aparência tem por objetivo a proteção da boa-fé de terceiros, mas não de maneira absoluta. Não tem por objetivo sanar problemas decorrentes de estelionato, falsidade ideológica e falsidade documental. De-Mattia[1057] salientou que seria iníquo e incorreto se vinculasse o representado ao negócio que qualquer um realiza em seu nome, sem que disso nada saiba e talvez nem mesmo conheça quem o "representa". Neste caso o terceiro pode se voltar apenas contra o representante, sem poder de representação.

O segundo requisito a ser observado é a existência de elemento suficiente para gerar a situação de aparência. Por exemplo, uma procuração aparentemente regular, mas que na realidade é inválida, ou ainda a realização de atividade que permita concluir que a pessoa que a exerce é representante de outra. Não basta que o representante tivesse expressamente indicado que ele agia por conta do representado. É necessário, ainda, que o ato tenha sido normal. Os costumes delimitam o conteúdo normal dos poderes e o representado arrisca-se sempre a ser o responsável pelos atos efetuados, no âmbito deste conteúdo.[1058] Quando alguém exibe um documento pelo qual expressamente recebeu poderes de outra pessoa para concluir certo negócio jurídico, não se pode exigir do terceiro que confia no documento e quer realizar certo negócio jurídico com que o exibe, tenha ainda que se informar com o autor do documento se está correto o documento ou se a procuração já se extinguiu. Do mesmo

[1056] Brasil. Superior Tribunal de Justiça (4ª Turma). REsp n. 1.580.432/SP. Relator: Min. Marco Buzzi, 6 de junho de 2018.

[1057] De-Mattia, Fábio Maria. op. cit. p. 108.

[1058] De-Mattia, Fábio Maria. op. cit. p. 193.

modo, quando alguém é empregado ou trabalha como gerente, justifica-se, pela atividade desta pessoa, que possa realizar eficazmente para o seu empregador aqueles negócios que comumente competem a pessoas em tal posição. Por exemplo, não se tem admitido que documentos assinados por pessoas diversas dos sócios da empresa sejam desprovidos de validade, posto que se deve prestigiar a boa-fé de quem acreditou que tais pessoas tinham poderes suficientes para a prática desses atos,[1059] ou por pessoa que trabalhava no estabelecimento da parte.[1060] No direito processual civil, adotou-se no art. 242, caput e parágrafo 1º do Código de Processo Civil de 2015 o que se reconhecia na jurisprudência: a validade da citação da pessoa jurídica na pessoa do representante legal, mandatário, administrator, preposto ou gerente, o que é evidência da necessidade de redução de custos de transação para a localização do réu ou executado, conforme o caso.

O terceiro requisito para a proteção é que tenha ocorrido um erro escusável, legítimo, tornando verossímil a alegação de que estava de boa-fé ao negociar com o representante aparente. Não se admite a mera alegação de erro. É imprescindível a prova de que o terceiro de boa-fé tenha agido com a devida diligência, no sentido de descobrir a verdade dos fatos; que realmente não fosse possível ou inviável inteirar-se da situação e, com as informações de que dispunha, a conclusão só podia ser a de que o representante aparente era um representante real. A representação aparente, portanto, tem os seus limites no dever de diligência do terceiro de boa-fé; se este satisfez ao seu eventual dever de verificação ou se de modo geral justificava-se sua fé na existência de uma procuração, decorre da avaliação de circunstâncias do caso particular ou da importância do negócio.[1061]

[1059] Brasil. Supeior Tribunal de Justiça (4ª Turma). REsp n. 887.277/SC. Relator: Min. Luis Felipe Salomão, 4 de novembro de 2010; Brasil. Tribunal de Justiça do Estado do Espírito Santo (2ª Câmara Cível). Apelação n. 0014614-62.2016.8.08.0030. Relator: Des. Fernando EStevam Bravin Ruy, 15 de outubro de 2019; Brasil. Tribunal de Justiça do Estado de São Paulo (27ª Câmara de Direito Privado). Apelação Cível n. 0001315-37.2015.8.26.0358. Relator: Des. Mourão Neto, 22 de outubro de 2019.

[1060] Brasil. Tribunal de Justiça do Estado de São Paulo (15ª Câmara de Direito Privado). Agravo de Instrumento n. 2183145-64.2019.8.26.0000. Relator: Des. Mendes Pereira, 23 de outubro de 2019.

[1061] De-Mattia, Fábio Maria. op. cit. p. 117-118.

A aparência de representação é provocada por informação assimétrica e custos de transação e a proteção contra seus efeitos é a forma pela qual se protege aquele que não recebeu a informação relevante do devedor, seja porque esta foi negligenciada, seja porque o devedor não a tinha disponível. Se não há proteção a quem contrata com o representante da parte contrária, os custos de transação seriam muito elevados, pois seria necessário obter informações para descobrir se aquela pessoa é de fato representante, e se realmente foram aqueles os poderes conferidos a este. Havendo a necessidade de conferir com o representado a situação jurídica verdadeira, o instituto da representação ficaria inviabilizado, pois se é possível contatar o representado, então que com ele diretamente se celebre o negócio. Assim, somente nos casos em que se torna inviável a descoberta de informações relevantes, isto é, estado este provocado por custos de transação proibitivos, é que se confere a proteção pela aparência jurídica.

3.2. Hipóteses de Aparência de Representação

A aparência pode ser examinada tanto quanto à pessoa do representante quanto ao ato do representante. Os problemas que geram a aparência de representação são o de nomeação irregular e falta ou abuso de poderes do mandatário e aparecem nos casos de procurador aparente, órgão aparente de sociedade, e aparência de representação legal. Os Códigos Civis têm regras que modificam os princípios da representação, de modo a assegurar a confiança despertada em terceiros produzida pela informação assimétrica, a qual, neste caso, consiste no desconhecimento da real situação da relação jurídica entre mandante e mandatário, bem como a presença de custos de transação, que surgem diante da dificuldade de se obterem informações sobre esta relação jurídica.

3.2.1. Poderes Aparentemente Existentes e Extensão dos Poderes

O mandato é contrato consensual, mas exige a forma escrita para sua validade, sendo a procuração o instrumento desta relação jurídica, o que é mais um meio de reduzir custos de transação. Nesse particular, uma regra que aparece em alguns Códigos Civis é a de conferir o poder jurídico ao terceiro de exigir do mandatário a prova de seus poderes.

No Brasil, o art. 654, § 2º do Código Civil estabelece que "o terceiro com quem o mandatário tratar poderá exigir que a procuração traga a firma reconhecida", reproduzindo-se o que estava disposto na Lei nº 3.167, de 3 de junho de 1957, que acrescentou um parágrafo 3º ao art. 1.289 do Código Civil de 1916, impondo-se o reconhecimento de firma como requisito essencial de validade a terceiros, quando a procuração for por instrumento particular. Com este, torna-se muito difícil ao mandante alegar que não outorgou procuração ao mandatário, pois, do contrário, não teria aposto sua assinatura na procuração. Se, de um lado, pode parecer burocrático o reconhecimento de firma, fato este que poderia significar custos de transação para o mandante, por outro lado, reduzem-se os custos de transação para os terceiros que negociarem com o mandatário. Além disso, elimina-o estado de informação assimétrica entre o mandatário e o terceiro, no que concerne à informação sobre a outorga de poderes do mandante ao mandatário. No mesmo sentido, o art. 1393 do Código Civil italiano estabelece que "o terceiro que contrata com o representante pode sempre exigir que este justifique seus poderes e, se a representação resultar de ato escrito, que lhe forneça uma cópia assinada deste".

Dessa forma, com o poder jurídico conferido ao terceiro que negocia com o mandatário, reduzem-se os custos de transação, como custos de obtenção de informações. Pois se o mandatário se recusar a exibir o instrumento de procuração, pode ser sinal de que este não tem os poderes que declara ter. No entanto, pode-se proteger a boa-fé subjetiva do terceiro, quando o mandante não conhece o comportamento de seu pretenso mandatário, mas, com a devida diligência, poderia tê-lo conhecido e evitado, ou quando terceiro poderia admitir, segundo a boa-fé, que o mandante tolerava e aprovava a ação deste procurador aparente.[1062] Em se tratando da representação de incapazes, os poderes são definidos por força de lei. Por isso, só resta a prova do vínculo jurídico entre o representante e o representado. Já em relação à pessoa jurídica, deve-se verificar a existência de vínculo jurídico entre esta última e quem diz ser representante. Excepcionalmente, será conforme a boa-fé acreditar no representante com diligência abaixo da média, quando os atos praticados são reputados como normais, conforme a opinião geral.[1063]

As formas de redução dos custos de transação nesta matéria são a de exigir escritura pública para que se constitua representante, ou exigir

[1062] De-Mattia, Fábio Maria. op. cit. p. 128.
[1063] De-Mattia, Fábio Maria. op. cit. p. 191.

o reconhecimento da firma do representado. No primeiro caso, o notário deverá agir com diligência para assegurar que aquela pessoa que se apresenta como representada, realmente o é. No segundo caso, o reconhecimento da firma indica que a pessoa que figura como outorgante da procuração, existe e em tese concordou com o conteúdo da procuração. Em razão do princípio da boa-fé, dá-se mais valor à declaração do que à vontade interior. Todavia, não se trata de um sistema perfeito, já que é possível a falsificação de documentos e assinaturas. Neste caso, os custos de transação em que incorrerá a pessoa que trata com representante, serão transferidos ao notário, que não conseguiu detectar a fraude.

As regras de apresentação da procuração conferem segurança a pessoa que negocia com representante, de modo que o representado seja impedido de opor a não concessão de poderes suficientes para a celebração do negócio. Estando os poderes discriminados por escrito, reduzem-se os custos de transação. Também se torna fácil a obtenção das informações relevantes que, no caso concreto, consistem em saber qual a verdadeira extensão dos poderes outorgados.

Para evitar dúvidas se o mandatário dispunha ou não de poderes suficientes para a prática de determinados atos, os Códigos Civis têm uma regra geral semelhante a do art. 661, *caput*, do Código Civil brasileiro, de que "o mandato em termos gerais só confere poderes de administração". Os negócios jurídicos praticados pelo mandatário que exorbitem dos poderes conferidos pelo mandante, são ineficazes para o mandante, porque este não transferiu determinada capacidade de agir para o mandatário. Para evitar que terceiros tenham problemas com a oposição do mandante acerca da extensão dos poderes conferidos ao mandatário – fato este que implica custos de transação – a lei restringe os poderes outorgados somente para atos de administração. Assim, o mandatário somente terá poderes para a prática dos demais negócios jurídicos, se forem expressamente declarados, o que implica facilitar a descoberta destas informações, pois tudo o que for expressamente declarado, é mais fácil de se descobrir. Por exemplo, o art. 661, § 1º do Código Civil brasileiro diz que "para alienar, hipotecar, transigir, ou praticar outros quaisquer atos que exorbitem da administração ordinária, depende a procuração de poderes especiais e expressos". O art. 661, § 2º do mesmo Código diz: "O poder de transigir não importa o de firmar compromisso".

3.2.2. Revogação do Mandato e Morte do Mandante

Se o mandante pode transferir voluntariamente capacidade de agir para o mandatário, aquele também pode retomá-la, por meio da revogação, hipótese voluntária de extinção do mandato. Porém, este ato de vontade do mandante não pode prejudicar terceiros que não tinham como conhecer essa informação. Não sendo possível ao terceiro saber deste fato, é sinal de elevados custos de transação, que são reduzidos pelo direito, mediante a atribuição de eficácia aos negócios realizados nestas condições. Ainda que o mandatário saiba da revogação, o interesse de terceiros não pode ficar desprotegido. Quem outorga procuração, deve assumir os riscos inerentes a este negócio, entre eles, o de suportar os atos praticados pelo ex-mandatário.

O art. 686, caput, do Código Civil brasileiro traz a seguinte disposição: "[a] revogação do mandato, notificada somente ao mandatário, não se pode opor aos terceiros que, ignorando-a, de boa-fé com ele trataram; mas ficam salvas ao constituinte as ações que no caso lhe possam caber contra o procurador".[1064] Com redação semelhante à do Código Civil brasileiro, o art. 2005 do Código Civil francês, art. 1738 do Código Civil espanhol, art. 1170º, 2 do Código Civil português, art. 1802 do Código Civil peruano e art. 2152 do Código Civil do Québec.

Há casos em que ex-empregados que praticavam atos em nome do empregador, possam vir a continuar a praticá-los, mesmo após o término do contrato de trabalho. Não há uma regra fixa neste caso, pois a proteção a ser concedida, poderá variar conforme o estado de informação assimétrica e os custos de transação do caso concreto. Por exemplo, quando terceiro negocia com alguém que se diz empregado de determinada empresa, é atitude diligente requerer a prova da outorga de poderes para a realização do ato. Se terceiro não procurou reduzir seu estado de informação assimétrica quando isso era possível, restar-lhe-á assumir o risco. Mas se o empregador, neste mesmo caso, ratificava posteriormente e reiteradas vezes o ato do ex-empregado, aí o risco se transfere do terceiro para o empregador, cabendo a este o dever de informar sobre o seu desligamento.

[1064] BRASIL. Superior Tribunal de Justiça (3ª Turma). AgRg no REsp n. 881.023/MS. Relator. Min. Humberto Gomes de Barros, 19 de dezembro de 2007.

Neste caso de extinção do mandato por revogação também se verifica os efeitos da informação assimétrica. Embora a extinção do contrato opere por força de lei, isto é, no plano deontológico, o recebimento da informação está no plano ontológico. Tanto o representante quanto o terceiro que com este negocia, não têm como obter informações sobre esse fato até o momento em que o representado os comunica sobre sua intenção. Quando, em conformidade com o princípio da boa-fé, não é possível pôr fim a esta situação de informação assimétrica (extinção do mandato), confere-se validade ao mesmo, com o intuito de reduzirem-se os custos de transação. Do contrário, o terceiro de boa-fé que contrata com o mandatário, teria despesas desnecessárias, já que o negócio jamais poderia ser realizado. Estas despesas são custos de transação. Se, porventura, o terceiro que contrata com representante, sabia da extinção do mandato ou tinha como saber facilmente, aí sim não se concede proteção jurídica, pois neste caso não havia informação assimétrica.

Do mesmo modo, com a morte do mandante, extingue-se a personalidade jurídica; consequentemente, também se extinguem os poderes outorgados ao mandatário. Porém, nem sempre é possível ter acesso à informação da morte do mandante e a pessoa que negocia com o mandatário após à morte daquele, estaria lidando com um mandatário aparente, porque foi mandatário real e, por esta qualidade, também ostentava tal aparência. Com a extinção do mandato pela morte do mandante, haverá apenas a aparência de representação negocial. O desconhecimento da morte do mandante por terceiro que negocia com o mandatário, é hipótese de informação assimétrica. Haverá custos de transação, quando não for possível a obtenção de informações sobre a morte do mandante. A forma pela qual se atenuam estes efeitos é a de atribuir validade aos atos praticados pelo mandatário, como se o mandante fosse vivo. Enquanto não chegar a informação, o mandato continua eficaz. Nesse sentido, o Código Civil brasileiro dispõe no art. 689 que "São válidos, a respeito dos contratantes de boa-fé, os atos com estes ajustados em nome do mandante pelo mandatário, enquanto este ignorar a morte daquele ou a extinção do mandato, por qualquer outra causa". Com redação semelhante, o art. 2008 do Código Civil francês, o art. 1729 do Código Civil italiano, o art. 1738 do Código Civil espanhol, art. 1175º do Código Civil português, art. 1803 do Código Civil peruano e art. 2152 do Código Civil do Québec.

4. Pagamento ao Credor Aparente

O pagamento é o principal meio de extinção de uma obrigação. Consiste no cumprimento espontâneo da obrigação, mediante a realização exata da prestação no tempo, lugar e modo ao credor. Para que seja eficaz, o devedor precisa se assegurar de que está pagando realmente ao credor para que se livre da obrigação, pois este não tem por que suportar o risco do devedor de não ter conduta diligente para pagar-lhe. Por isso o princípio de que "quem paga mal, paga duas vezes". Todavia, em determinadas circunstâncias, pode ocorrer de o devedor pagar à pessoa que aparentava ser a verdadeira credora. A exigência de que se repita o pagamento ao verdadeiro credor pode se revelar injusta. Assim, desenvolveu-se o conceito do pagamento ao credor aparente. De acordo com Moschella,[1065] a teoria do credor aparente teve origem no Século XVII, quando surgiu a ideia de que era liberatório o pagamento feito a quem tivesse justo motivo para crer que se tratava do verdadeiro credor. Nesse sentido, em se verificando que o devedor podia razoavelmente acreditar que a pessoa que se apresentou como credor aparentava sê-lo, mesmo após ter agido com diligência para descobrir a realidade dos fatos, a consequência jurídica será a de que o devedor ficará liberado, extinguindo-se a obrigação e a pessoa que recebeu o crédito torna-se depositária do mesmo.[1066]

Os principais casos de pagamento ao credor aparente são aqueles realizados ao herdeiro ou mandatário aparentes, mas, sobretudo, aquele realizado ao antigo credor, em se tratando de cessão de crédito, tal como ocorre no comércio, em que o lojista cede o crédito a uma faturizadora ou a quem se dispõe a adquiri-los, comumente conhecido como "empresa de cobrança".

Estão envolvidas na disciplina do pagamento ao credor aparente as questões relativas à informação assimétrica e custos de transação. O devedor, ao cumprir com sua obrigação, naturalmente tem despesas para tanto, as quais são custos de transação, no sentido literal do termo. Todo devedor está sujeito a estes custos. Enquanto toleráveis, o direito não interfere na disciplina do pagamento. Na maior parte dos casos, o devedor sabe a qual credor deve efetuar o pagamento. Porém, pode acontecer

[1065] MOSCHELLA, Raffaele. Contributo alla teoria dell'apparenza giuridica. Milano: Giuffrè, 1973. p. 129-130.

[1066] CANO MARTÍNEZ DE VELASCO, Ignacio. op. cit. cit. p. 80.

de eventualmente não conhecer o credor. Cabe ao devedor assegurar-se de que adimplirá a prestação à pessoa certa, agindo com diligência para descobrir a verdade da situação. Se, apesar de toda diligência, não era possível saber se era aparente o credor a quem dirigiria a prestação, trata-se de um caso em que a descoberta da verdade implica elevados custos de transação. Nesse sentido, para que se reduzam os custos para o devedor, o direito considera válido o pagamento feito ao credor aparente. O estado de informação assimétrica verifica-se entre o devedor e o credor verdadeiro. Se aquele soubesse quem era o verdadeiro credor, lhe pagaria diretamente, posto que em matéria de pagamento, verifica-se a regra de "quem paga mal, paga duas vezes". Os custos de transação estão, portanto, na impossibilidade de saber quem é o verdadeiro credor. Assim, a boa-fé corrige os efeitos destes custos, que impediram que fosse adimplida a prestação ao verdadeiro credor, dando-lhe efeitos de quitação.

Os Códigos Civis também trazem regras sobre o efeito liberatório do pagamento dirigido ao credor aparente. O art. 309 do Código Civil brasileiro diz que "[o] pagamento feito de boa-fé ao credor putativo é válido, ainda provado depois que não era credor". O antigo art. 1240 do Código Civil francês dispunha que que "[o] pagamento feito de boa-fé a aquele que estava na posse do crédito, é válido, ainda que o possuidor tenha posteriormente sofrido evicção". Com a reforma do Direito francês das obrigações, tornou-se o atual art. 1342-3, com a redação simplificada, reconhecendo a teoria da aparência: "O pagamento feito de boa-fé a um credor aparente é válido". Tal entendimento já estava previsto no Código Civil italiano, cujo art. 1189 do Código Civil empregou o termo "aparente": "[o] devedor que faz o pagamento a quem aparenta ser legitimado a recebê-lo com base em circunstâncias unívocas, fica liberado se provar tê-lo feito de boa-fé. Quem recebeu o pagamento fica obrigado a restituí-lo ao credor verdadeiro, de acordo com as regras estabelecidas para a repetição do indébito". No mesmo sentido, o art. 1559 do Código Civil do Québec, de acordo com o qual "[o] pagamento feito de boa-fé ao credor aparente é válido, ainda que posteriormente se tenha descoberto que não se tratava do verdadeiro credor". O art. 1225 do Código Civil peruano dispõe que "[e]xtingue a obrigação o pagamento feito a pessoa que está na posse do direito de cobrar, ainda que depois se lhe retire a posse ou se declare que não a teve".

Na cessão de crédito, por exemplo, em que também surge a situação de credor aparente, exige-se a notificação ao devedor acerca do negócio celebrado entre o cedente e o cessionário, para que esta seja eficaz. A notificação tem por finalidade informar o devedor a quem se deverá dirigir a prestação, no sentido de que não será mais dirigida ao cedente, mas sim, ao cessionário. Não se requer a concordância do devedor com a cessão, porque este último tem que cumprir a obrigação, pouco importando a pessoa do credor neste caso. O art. 290 do Código Civil brasileiro dispõe que "[a] cessão do crédito não tem eficácia em relação ao devedor, senão quando a este notificada (...)". O art. 1691 do Código Civil francês estabelece que "[s]e antes que o cedente ou o cessionário tiverem notificado pessoalmente a transmissão ao devedor, este tiver pago ao cedente, ficará validamente liberado".

Em Portugal, na Itália e no Peru, tem-se uma possibilidade ao cedente e cessionário de fazerem valer a cessão em face do devedor, caso fique provado que este último sabia da cessão, pois, se sabia, não havia assimetria de informação. No Código Civil português, o art. 583º, 2 dispõe que "antes da notificação ou aceitação, o devedor pagar ao cedente ou celebrar com ele algum negócio jurídico relativo ao crédito, nem o pagamento nem o negócio é oponível ao cessionário, se este provar que o devedor tinha conhecimento da cessão". O Código Civil italiano estatui no art. 1264, que "(...) antes da notificação, o devedor que paga ao cedente antes da notificação não será liberado, se o cessionário provar que o devedor tinha conhecimento da cessão. O art. 1216 do Código Civil peruano ordena que "[o] devedor que antes da comunicação ou da aceitação, cumprir a prestação perante o cedente, não fica liberado perante o cessionário, se este provar que o devedor conhecia a cessão realizada.

Aqui – e com maior relevância e clareza – também há a questão de informação assimétrica e custos de transação. A primeira está no fato do devedor não ter como saber da cessão, já que a validade e eficácia do negócio independem da sua vontade. Todavia, esperar que o devedor tenha que descobrir por conta própria a cessão, implica impor-lhe extremo sacrifício na descoberta desta informação; em outras palavras, custos de transação proibitivos. Por isso, a forma mais simples de não lhe aumentarem estes custos, está no ônus de comunicar ao devedor sobre a cessão. Caso isso não ocorra, a consequência é considerar válido o pagamento, justamente para que não lhe aumentem os custos de transação decorrentes da perda de tempo de pagar para o credor errado, ou ainda, não sofrer os efeitos da mora do devedor. Aliás, é o que ocorre no comércio, em que o cedente recebe o pagamento e repassa o valor ao cessionário. Evidentemente, tal pagamento foi eficaz.

5. Propriedade Aparente e Aquisição a *Non Domino*

A propriedade é o direito de usar, fruir, dispor de determinada coisa, bem como de reivindicar de terceiros a quem injustamente a detenha. Usar a coisa consiste em empregá-la para a satisfação de uma necessidade; fruir significa obter novas coisas que dela provenha, sem, contudo, destruir-lhe a sua essência. Dispor da coisa significa transferir a propriedade da mesma a terceiros. No direito há regras sobre a utilização e fruição. Inclusive o princípio da função social da propriedade é solução de compromisso entre o direito de uma pessoa usar e fruir de determinada coisa em face do interesse social sobre este fato. Também há procedimentos para a disposição da propriedade, chamados de modos de aquisição de propriedade.

Existem modos em que a tradição da coisa se opera pela realização de atos-fatos, e noutros casos, mediante negócio jurídico entre o alienante e adquirente. O primeiro caso é de aquisição originária da propriedade; o segundo caso, aquisição derivada da propriedade. Naquela, adquire-se a propriedade na sua máxima plenitude; todavia, para esta última, vigora o princípio da continuidade, o qual significa que ninguém pode transferir mais direitos do que tem. Se a propriedade é plena, o adquirente recebe-a na sua plenitude, mas se a propriedade tem limitações, o adquirente a recebe nas mesmas condições do seu antecessor.

Para a aquisição da propriedade, requer-se a existência de ato-fato ou o negócio jurídico que dá causa a esta transferência de propriedade. Tanto o ato-fato quanto o negócio jurídico denominam-se título.[1067] Como a pessoa se torna proprietária por ter um título que justificasse a aquisição desta propriedade, diz-se que ela se torna titular do direito. O proprietário o é, porque tem título que justifica a propriedade da coisa. Por isso, Landim[1068] definiu título também como pertinência subjetiva a uma posição de direito a pessoa certa e determinada acerca de determinada coisa. De

[1067] Landim, Francisco Antonio Paes. op. cit. p. 44.

[1068] Landim, Francisco Antonio Paes. op. cit. p. 73.

acordo com o princípio da relatividade dos efeitos das obrigações, ninguém pode impor sua vontade a terceiros, no sentido de ter poder jurídico apto a alienar coisa de terceiro sem a concordância do seu proprietário. Em se tratando de coisas móveis, a posse vale título, pois aquela é exteriorização do exercício do direito de propriedade. Assim, o proprietário é titular do direito de propriedade por fato da posse da coisa. O principal modo derivado de transferência da propriedade móvel é a tradição da coisa do alienante para o adquirente. No caso dos imóveis, há maior rigor para a transferência do domínio para garantir segurança jurídica nas transações. Costuma-se exigir formalidade na elaboração do título por meio do qual o adquirente incorporará a propriedade ao seu patrimônio, mediante escritura pública para a validade do negócio.

Há ordenamentos jurídicos em que a mera celebração do título também é modo de aquisição da propriedade, implicando a transferência da propriedade imóvel. No entanto, há outros ordenamentos jurídicos em que a transferência somente se efetiva mediante o registro do título no Registro de Imóveis. De acordo com Landim,[1069] o princípio da inscrição estabelece que o registro, visando à obtenção de efeitos reais sobre imóveis, será condição de eficácia do negócio dispositivo imobiliário, declarado na compra e venda.

Nos casos em que a aquisição da propriedade dá-se somente com o registro do título, pode-se estabelecer presunção absoluta de titularidade a quem figurar como proprietário no Registro de Imóveis, como na Alemanha, ou presunção relativa de titularidade a quem figurar como proprietário no Registro de Imóveis, admitindo-se prova da inexatidão da situação jurídica constante na matrícula do imóvel noutros países, como no Brasil. Com o Registro de Imóveis, atribui-se maior certeza e segurança jurídica às transações, posto que, para descobrir a quem pertence determinado imóvel, basta consultar o Registro da circunscrição onde o mesmo se encontra. Nota-se, pois, maior formalismo na tradição dos bens imóveis para se atingir os ideais supracitados.

Porém, nem todo sistema consegue obter 100% de rendimento. Podem ocorrer problemas na alienação de imóveis e, por decisão legislativa, uma das partes perderá o imóvel. Isso pode advir de celebração de negócio jurídico de alienação de imóvel com problema de nulidade ou falta de titu-

[1069] LANDIM, Francisco Antonio Paes. op. cit. p. 128.

laridade ou de legitimação, cujo título inválido foi levado ao Registro de Imóveis, passando a figurar como novo proprietário uma pessoa que não recebeu o direito de propriedade do alienante. Também ocorre quando esta pessoa aliena a coisa a terceiros e o imóvel entra em circulação por ato de disposição de um não titular, contra a vontade do seu verdadeiro dono.[1070]

Por força do princípio da continuidade, a aquisição do imóvel pelo terceiro é ineficaz, seja pela inexistência ou pela invalidade do negócio de aquisição, porque o alienante não tinha o direito de propriedade e ninguém pode transferir mais direitos do que tem. Se o alienante não tem direitos, o terceiro adquirente também não os têm, permancendo com a última pessoa que adquiriu regularmente o imóvel. Como explicou Landim,[1071] por maior que seja a boa-fé do terceiro adquirente, e por mais que este transfira a propriedade a outrem na mais longa cadeia sucessória, o negócio é inexistente para o titular do domínio, que poderá reivindicar a coisa na posse de quem a encontre. A pessoa que figura no Registro de Imóveis como proprietário, quando, realmente, não o é, denomina-se proprietário aparente. A alienação feita pelo proprietário aparente intitula-se aquisição a *non domino.*[1072] E o terceiro de boa-fé adquire do *non domino* uma propriedade aparente.[1073]

Landim[1074] distinguiu aquisição a *non domino* em sentido amplo e aquisição a *non domino* em sentido técnico. A primeira seria aquela feita pura e simplesmente ao não titular do direito, ou que tem por objeto um direito imaginário ou inexistente. É inválida, ineficaz, inexistente. Já a segunda seria a aquisição da propriedade feita pelo terceiro adquirente de boa-fé ao titular aparente do domínio. É modo de aquisição da propriedade, que se coloca, pela sua eficácia translativa, ao lado das aquisições *a domino.*

Analisando-se o negócio celebrado entre o proprietário aparente e o terceiro de boa-fé, a declaração de vontade existe (plano da existência) e está revestida dos requisitos de validade (plano da validade), mas a falta de titularidade e legitimação para dispor do proprietário aparente o torna

[1070] Landim, Francisco Antonio Paes. op. cit. p. 37.

[1071] Landim, Francisco Antonio Paes. op. cit. p. 203.

[1072] Aquisição a *non domino* não se confunde com venda a *non domino* e venda de coisa alheia. Fraude contra credores é venda a domino, porque os bens adquiridos por terceiros pertenciam efetivamente ao seu verdadeiro proprietário.

[1073] Landim, Francisco Antonio Paes. op. cit. p. 279.

[1074] Landim, Francisco Antonio Paes. op. cit. p. 144.

ineficaz.[1075] Segundo Bustos Pueche,[1076] ao proprietário aparente, com o intuito de proteção da boa-fé de terceiros, atribuir-se-á legitimação extraordinária para dispor da coisa alheia, devido à aparência de titularidade de que está investido. Assim, o verdadeiro proprietário poderá perder a propriedade, caso o proprietário aparente aliene a coisa a terceiros que, de boa-fé, acreditavam no teor da certidão do Registro de Imóveis. A aquisição a *non domino* extinguiria os direitos do verdadeiro proprietário sobre o imóvel.[1077] Por isso, para Cano Martínez,[1078] a aquisição a *non domino* é aquisição originária embora do titular verdadeiro.

Na propriedade aparente e aquisição *a non domino*, as regras para corrigir este problema notadamente assentam-se nos problemas decorrentes de informação assimétrica e de custos de transação. É certo que esse problema é mais sensível no direito alemão, porque, devido à presunção absoluta de veracidade do registro imobiliário, ainda que se descubra a verdade, nada pode ser feito. No Brasil, a publicidade na transmissão da propriedade é o reconhecimento de que há elevados custos de transação na obtenção de informações acerca da real titularidade do vendedor e, automaticamente, reduzem-se significativamente os efeitos do estado de informação assimétrica e dos custos de transação por meio do registro.

Em termos legislativos, as regras do Código Civil de 1916 foram redigidas com inspiração no sistema alemão. Todavia, não atribuiu à transcrição eficácia constitutiva inatacável, estabelecendo-se presunção absoluta de propriedade, mas apenas a presunção relativa da propriedade a quem figurar no registro de imóveis como dono. O Código Civil de 1916 trazia uma seção acerca do registro de imóveis. No art. 859 estabelecia-se a presunção de pertencer o direito real à pessoa, em cujo nome se inscreveu ou transcreveu. O art. 860 permitia a retificação do registro pelo prejudicado, quando o seu teor não exprimisse a verdade. Já o Código Civil de 2002 estipulou regras adicionais sobre o registro do título. O art. 1.245, caput, estabelece que a transferência da propriedade entre vivos mediante o registro do título no Registro de Imóveis. O parágrafo 1º deste artigo dispõe que "[e]nquanto não se registrar o título translativo, o alienante

[1075] LANDIM, Francisco Antonio Paes. op. cit. p. 64.

[1076] BUSTOS PUECHE, Jose Enrique. op. cit. p. 36.

[1077] LANDIM, Francisco Antonio Paes. op. cit. p. 309.

[1078] CANO MARTÍNEZ DE VELASCO, Ignacio. op. cit. p. 157.

continua a ser havido como dono do imóvel. E o parágrafo 2º dispõe que "[e]nquanto não se promover, por meio de ação própria, a decretação de invalidade do registro, e o respectivo cancelamento, o adquirente continua a ser havido como dono do imóvel". O art. 1.247 estabelece que "se o teor do registro não exprimir a verdade, poderá o interessado reclamar que se retifique ou anule". Todavia, este mesmo art. 1.247 traz agora um parágrafo único, sem correspondência no Código Civil de 1916, segundo o qual "cancelado o registro, poderá o proprietário reivindicar o imóvel, independentemente de boa-fé ou do título do terceiro adquirente". No entanto, o legislador esqueceu de suprimir do texto do Código Civil o art. 879, segundo o qual "se aquele que indevidamente recebeu um imóvel o tiver alienado em boa-fé, por título oneroso, responde somente pela quantia recebida; mas, se agiu de má-fé, além do valor do imóvel, responde por perdas e danos. E o parágrafo único deste mesmo art. 879 dispõe que "se o imóvel foi alienado a título gratuito, ou, se alienado por título oneroso, o terceiro adquirente agiu de má-fé, cabe ao que pagou por erro o direito de reivindicação". Assim, tem-se uma antinomia, porque, se de um lado, o art. 1.247, parágrafo único, privilegia o verdadeiro proprietário; já o art. 879 ainda mantém o sistema de proteção da aparência. Por isso, na prática, convém solicitar-se a certidão completa da matrícula do imóvel, para que se possa acompanhar a cadeia de transmissão da propriedade, a fim de que, em último caso, o adquirente do proprietário aparente possa defender-se por meio da usucapião contra o proprietário reivindicante. Essa antinomia gerava problemas na prática, ainda que prevalecesse o art. 1.247. Ademais, a solução dada para a hipótese de herdeiro aparente é diversa, ainda que a causa do problema seja a mesma, como se verá a seguir.

Por isso, adotou-se no direito brasileiro o princípio da concentração dos atos registrais na matrículao do imóvel, por força do art. 54[1079] da Lei nº 13.097 de 19 de janeiro de 2015, de acordo com o qual se protege a boa-

[1079] Art. 54. Os negócios jurídicos que tenham por fim constituir, transferir ou modificar direitos reais sobre imóveis são eficazes em relação a atos jurídicos precedentes, nas hipóteses em que não tenham sido registradas ou averbadas na matrícula do imóvel as seguintes informações:
I – registro de citação de ações reais ou pessoais reipersecutórias;
II – averbação, por solicitação do interessado, de constrição judicial, do ajuizamento de ação de execução ou de fase de cumprimento de sentença, procedendo-se nos termos previstos do art. 615-A da Lei nº 5.869, de 11 de janeiro de 1973 – Código de Processo Civil;

-fé do adquirente do imóvel quando o interessdo não registrar ou averbar as inforamções relevantes de que haverá contestação do conteúdo na matrícula do imóvel.

Notadamente, o escopo do art. 54 é o de reduzir o estado de informação assimétrica e dos custos de transação no mercado imobiliário. Tendo em vista que o adquirente estava prejudicado por não ter as informações relevantes atinentes ao imóvel, os custos de transação eram elevados, seja com despesas decorrentes de certidões relativas ao vendedor, que é algo bastante complexo no Brasil por se terem vinte e seis Estados, além do Distrito Federal, bem como as jurisdições serem estaduais e federais, isso sem falar no risco da própria transação imobiliária vir a ser questionada posteriormente. Dessa forma, ao impor-se o ônus de informar sobre a existência de ações relativas ao imóvel, reduzem-se os custos de transação e protege-se a boa-fé do adquirente.

6. Herdeiro Aparente

Herdeiro aparente é aquele que sucedeu indevidamente o *de cujus*. São aqueles casos em que herdeiro mais remoto se habilita à herança em lugar do sucessor mais próximo, ou quando, depois de aberta a sucessão, se descobre testamento beneficiando terceira pessoa em vez do herdeiro ou legatário, ou que o testamento era falso ou viciado.[1080] Ou ainda os casos de nulidade na aceitação da herança ou no seu repúdio.[1081] Como explicou Marco Túlio Turano Garcia,[1082] o herdeiro aparente, ao tempo da abertura

III – averbação de restrição administrativa ou convencional ao gozo de direitos registrados, de indisponibilidade ou de outros ônus quando previstos em lei; e
IV – averbação, mediante decisão judicial, da existência de outro tipo de ação cujos resultados ou responsabilidade patrimonial possam reduzir seu proprietário à insolvência, nos termos do inciso II do art. 593 da Lei nº 5.869, de 11 de janeiro de 1973 – Código de Processo Civil.
Parágrafo único. Não poderão ser opostas situações jurídicas não constantes da matrícula no Registro de Imóveis, inclusive para fins de evicção, ao terceiro de boa-fé que adquirir ou receber em garantia direitos reais sobre o imóvel, ressalvados o disposto nos arts. 129 e 130 da Lei nº 11.101, de 9 de fevereiro de 2005, e as hipóteses de aquisição e extinção da propriedade que independam de registro de título de imóvel.

[1080] Garcia, Marco Tulio Murano. Herdeiro Aparente. Revista dos Tribunais, São Paulo, v. 88, n. 767, p. 725-734, set. 1999. p. 728.

[1081] Cano Martínez de Velasco, Ignacio. op. cit. p. 226.

[1082] Garcia, Marco Tulio Murano. op. cit. p. 728.

da sucessão, é reputado herdeiro e é chamado a suceder, atua como tal, mas, posteriormente, tem invalidada sua condição.

Quem figura como herdeiro aparente, pode desconhecer as causas que o fazem não ser legítimo herdeiro, podendo se enganar acerca da sua própria situação jurídica. Entra-se na posse de uma sucessão, aparece perante todos como titular verdadeiro, administra o espólio, inclusive vendendo-o ou gravando-o.[1083] Neste caso, o herdeiro aparente fica obrigado a restituir os bens que recebeu, pois se trata de enriquecimento sem causa.

O principal problema do herdeiro aparente não está na obrigação de restituir os bens aos legítimos herdeiros – o que se resolve pelas regras do enriquecimento sem causa – mas sim o de resolver o problema das alienações feitas dos bens recebidos por este a terceiros de boa-fé, pois foi alienação realizada por um herdeiro que transferiu mais direitos do que tinha. A aparência de herdeiro não decorre do fato de receber a herança, mas sim do fato de dispor da herança.[1084] Para que terceiros invoquem proteção jurídica por ter acreditado na legitimidade do herdeiro aparente, é imprescindível que este último tenha sido chamado a algum título, legal ou voluntário, mas que seja nulo ou ineficaz para conferir ao herdeiro aparente os direitos que aparenta ter.

A doutrina exclui do conceito de herdeiro aparente os bens recebidos em decorrência da ausência e a situação em que o herdeiro era indigno.[1085] Isto porque os herdeiros do ausente não são aparentes, mas sim, verdadeiros, ainda que provisórios, posto que não podem dispor a título oneroso os bens recebidos até que se possa abrir a sucessão definitiva. Quanto ao indigno, este não seria herdeiro aparente, pois foi herdeiro real, pelo fato dos efeitos da indignidade retroagirem à data da abertura da sucessão. Porém, esta opinião não parece ser a mais acertada, porque, para terceiros, pouco importa se o herdeiro era real ou não; o que importa é se havia ou não situação de aparência jurídica, a qual não pode prejudicar quem atua de boa-fé.

O conceito de herdeiro aparente foi introduzido na doutrina francesa do Século XIX em razão das necessidades de crédito e segurança jurídica

[1083] CRÉMIEU, Louis. De la Validité des Actes Accomplis par l'Héritier Apparent. Revue Trimmestrielle de Droit Civil, Paris. p. 39-78, 1910. p. 47.

[1084] CANO MARTÍNEZ DE VELASCO, Ignacio. op. cit. p. 227.

[1085] CANO MARTÍNEZ DE VELASCO, Ignacio. op. cit. p. 225.

indispensáveis à boa circulação dos bens, ainda que em detrimento do direito do verdadeiro proprietário.[1086] Segundo Moschella,[1087] a nova definição do herdeiro aparente nascia de fato incerto com intenção inovadora, mas unicamente como reinterpretação, em termos de proteção de terceiros, da antiga norma sobre a alienação do possuidor de boa-fé.

Os requisitos para a aplicação da aparência em matéria de alienação realizada pelo herdeiro aparente são semelhantes aos requisitos para a aquisição a *non domino*. O requisito objetivo é a existência da situação de aparência, na qual figure o herdeiro aparente como se fosse herdeiro real, bem como a alienação realizada por aquele ter sido a título oneroso. Se a alienação se deu a título gratuito, o terceiro adquirente de boa-fé não sofrerá prejuízo com a perda do bem. O critério subjetivo é a existência da boa-fé do terceiro adquirente, que, apesar da sua diligência, não tinha como saber da verdadeira posição jurídica do herdeiro aparente. Como diz Crémieu,[1088] o terceiro que se deixou enganar é culpado da sua negligência e não faz jus a qualquer proteção.

Do mesmo modo que na propriedade aparente, os custos de transação provocados pela informação assimétrica são elevados em se tratando de herdeiro aparente. Normalmente há riscos em fazer negócios com quem se apresenta como titular de um imóvel. Porém, quando o vendedor tiver recebido a coisa a título de herança, a consequência é o negócio ser mais arriscado ainda para o terceiro adquirente. Neste caso, o comprador teria que se preocupar também em saber se o vendedor pode vir a não ser herdeiro. Se em muitos casos nem mesmo o herdeiro tem como saber se é ou não herdeiro, com muito mais dificuldade o terceiro adquirente conseguirá obter esta informação. A obtenção de informações sobre a situação real se tornaria impossível, provocando certamente grande insegurança jurídica, e consequentemente, elevados custos de transação, tal como houve na França durante o Século XIX.

Para que se reduzam tais custos, a solução é tornar inoponível ao terceiro de boa-fé os defeitos que inquinam o direito do herdeiro aparente. Neste caso, este fica dispensado de descobrir se o herdeiro que se apresenta é real ou aparente. Ademais, exigir tamanha diligência do terceiro

[1086] Crémieu, Louis. op. cit. p. 52.
[1087] Moschella, Raffaele. op. cit. p. 104.
[1088] Crémieu, Louis. op. cit. p. 67.

adquirente de boa-fé seria fonte de problemas, porque teria que investigar assuntos de natureza familiar do vendedor. Apenas o terceiro de boa-fé fica protegido pela aparência. Se o terceiro sabe ou tinha como saber da situação jurídica do herdeiro aparente, não se poderá falar em elevados custos de transação, porque já teria obtido a informação relevante.

Na França, houve muitos problemas decorrentes da venda de bens efetuada pelo herdeiro aparente. O Código Civil francês silenciava sobre o tema, e os tribunais tiveram que decidir se deveria prevalecer o direito do verdadeiro proprietário, ou se deveria prevalecer o interesse do crédito, validando os atos do herdeiro aparente.[1089] Assim, desde 1833, a jurisprudência francesa valida os atos do herdeiro aparente.[1090] O fundamento jurídico usado para tanto foi a máxima *error communis facit ius.*[1091] Por conseguinte, o adquirente deveria ter cometido erro comum e invencível. Erro comum, por ser cometido por todo mundo; erro invencível, por ser impossível escapar do mesmo.[1092] Por sua vez, o Código Civil alemão não protege a aquisição feita pelo herdeiro aparente. O § 2030 dispõe que "quem adquirir, por contrato, a herança de um possuidor de herança, equiparar-se-á em relação ao herdeiro, a possuidor dela".

Ao contrário, o Código Civil brasileiro reconhece a figura do herdeiro aparente, inclusive, valendo-se da terminologia. O art. 1.817 dispõe que "[s]ão válidas as alienações onerosas de bens hereditários a terceiros de boa-fé, e os atos de administração legalmente praticados pelo herdeiro, antes da sentença de exclusão; mas aos herdeiros subsiste, quando prejudicados, o direito de demandar-lhe perdas e danos". O Código Civil brasileiro de 1916 tinha disposição semelhante no art. 1.600, mas não falava em herdeiro aparente, tal como o faz o Código Civil atual, mas sim, em herdeiro excluído. O art. 1.827, parágrafo único, do Código Civil de 2002, em acréscimo, dispõe que "[s]ão eficazes as alienações feitas, a título oneroso, pelo herdeiro aparente a terceiro de boa-fé". Todavia, devido à dinâmica da sociedade, que exige do direito a retomada de conceitos aparentemente em desuso, tem-se caso interessante relativo a herdeiro aparente. Trata-se de acórdão do Superior Tribunal de Justiça em que se fez o pagamento da

[1089] Crémieu, Louis. op. cit. p. 47-48.
[1090] Crémieu, Louis. op. cit. p. 52.
[1091] Crémieu, Louis. op. cit. p. 57.
[1092] Crémieu, Louis. op. cit. p. 65.

indenização pelo Seguro Obrigatório DPVAT não aos filhos do *de cujus*, mas aos pais dele, posto que estes apresentaram certidão de óbito no qual se constava que o falecido era solteiro e sem filhos.[1093]

O Código Civil italiano dispõe no art. 534 que "[o] herdeiro pode agir contra os que possuem a título de herdeiro ou sem título. Estão a salvo os direitos adquiridos, por efeito de convenções a título oneroso com o herdeiro aparente, dos terceiros os quais provarem ter contratado de boa-fé. Esta disposição não se aplica aos bens imóveis e móveis inscritos no registro público, se a aquisição a título de herdeiro e a aquisição do herdeiro aparente não tiverem sido transcrito anteriormente à transcrição da aquisição da parte do herdeiro ou do legatário verdadeiros, ou à transcrição da demanda judicial contra o herdeiro aparente". O art. 535 traz a definição de possuidor de boa-fé, com sendo aquele que adquiriu a posse dos bens hereditários, por força de erro de ser herdeiro e a boa-fé não desempenha se o erro for decorrente de culpa grave.

Em Portugal também se dispõe sobre o herdeiro aparente no art. 2.076º, ao estatuir que, se o possuidor de bens da herança tiver disposto dos bens que a compõem, no todo ou em parte, a favor de terceiro, a ação de petição pode ser também proposta contra o adquirente, sem prejuízo da responsabilidade do disponente pelo valor dos bens alienados, salvo contra terceiro que tenha adquirido do herdeiro aparente, por título oneroso e de boa fé, bens determinados ou quaisquer direitos sobre eles. Neste caso, estando também de boa fé, o alienante é apenas responsável segundo as regras do enriquecimento sem causa. Diz-se herdeiro aparente aquele que é reputado herdeiro por força de erro comum ou geral.

O Código Civil peruano mescla as ideias do Código Civil italiano com as do Código Civil português. No art. 665, dispõe que "[a] ação reivindicatória procede contra o terceiro que, sem boa-fé, adquire os bens hereditários por efeito de contratos a título oneroso celebrado pelo herdeiro aparente que entra na posse dela. Se se tratar de bens registrados, a boa-fé do adquirente se presume se, antes da celebração do contrato, tiver estado devidamente inscrito, no registro respectivo, o título que amparava o herdeiro aparente e a transmissão do domínio em seu favor, e não tiver anotada nenhuma medida de precaução que afete os direitos inscritos.

[1093] Brasil. Superior Tribunal de Justiça (3ª Turma). REsp n. 1.601.533/MG. Relator: Min. João Otávio de Noronha, 14 de junho de 2016.

Nos demais casos, o herdeiro verdadeiro tem o direito de reivindicar o bem hereditário contra quem o possua a título gratuito ou sem título". No art. 666, dispõe que "[o] possuidor de boa-fé que tiver alienado um bem hereditário está obrigado a restituir seu preço ao herdeiro, ou transmitir a este último o direito de cobrá-lo. Em todos os casos, o possuidor de má-fé está obrigado a ressarcir ao herdeiro o valor do bem e de seus frutos e a indenizar-lhe o prejuízo que lhe causou".

Parte IV
A Boa-Fé Pré-Contratual

7. Boa-Fé na Negociação dos Contratos

1. O que é Negociação?

A negociação dos contratos é um dos momentos em que mais se faz necessária a aplicação do princípio da boa-fé. Farnsworth[1094] observou que muito se escreveu sobre como negociar, mas pouco se produziu sobre a disciplina jurídica desse tema. Trata-se de questão importante, porque as regras sobre a formação dos contratos, que eram suficientes no Século XIX, não condizem mais com os processos que resultam nos contratos nos últimos tempos. Como destacou Santos Junior, "o clássico processo de formação do contrato, uma construção que nos vem do Século XIX, não satisfaz a criatividade nem oferece a ductibilidade requerida nos tempos de hoje, sempre que estejam em causa contratos de maior vulto e complexidade, como sucede, de regra, com os contratos internacionais e, por vezes mesmo, com alguns contratos internos".[1095]

Estabeleceram-se, na prática contratual, procedimentos a serem seguidos por quem almeja uma negociação segura, ainda que não resulte na formação do contrato. Nesse sentido, os advogados tornaram-se "engenheiros de custos de transação", ao desenvolverem roteiros que protegem as partes nesta fase, os quais, segundo a nova economia institucional, destinam-se à redução desses custos. Tradicionalmente, as regras sobre

[1094] Farnsworth, E. Allan. Precontractual liability and preliminary agreements: fair dealing and failed negotiations. Columbia Law Review, v. 87, n. 2, p. 217-294, Mar. 1987. p. 218.

[1095] Santos Junior, E. Acordos intermédios: entre o inicio e o termo das negociações para a celebração de um contrato. Revista da Ordem dos Advogados, Lisboa, v. 57, n. 2, p. 565-604, abr. 1997. p. 566.

formação de contratos em certos Códigos Civis, como o brasileiro, limitam-se apenas a estabelecer como momento inicial o oferecimento de uma proposta.[1096] A pessoa que a recebeu, deverá declarar se a aceita ou não. Caso não concorde com a mesma, poderá oferecer uma contraproposta, cabendo agora ao primeiro ofertante a tomada da decisão. Dessa maneira, o processo se repete até que uma das partes aceite uma proposta oferecida.

Este modelo de proposta e aceitação tem por objetivos não só estabelecer uma regra pela qual os contratos se formam, mas também conferir certeza e segurança jurídicas às partes sobre a partir de que momento o contrato foi concluído, além de impor seriedade na sua celebração.[1097] No entanto, na grande maioria dos casos, este processo não necessariamente se desenvolve da maneira acima descrita. Verifica-se maior complexidade e a obtenção do acordo de vontades requer negociação,[1098] que é o meio pelo qual pessoas comunicam suas intenções para a obtenção de determinado acordo, movendo-se de suas posições iniciais divergentes até um ponto no qual possam obtê-lo.[1099] Nesse processo, que pode ser de maior ou de menor complexidade, informações são produzidas e obtidas sobre os pontos essenciais de um possível contrato. Prestam-se esclarecimentos, fazem-se revelações, formulam-se perguntas, tudo com o objetivo de saber se vale a pena contratar. Examinam-se os bens que serão prestados no futuro contrato, as condições de pagamento e demais questões relativas à relação contratual, os quais permitem às partes conhecer o que preten-

[1096] Diez-Picazo elenca diversos modos de formação de contratos. Pode ser por meio de um concurso ou concorrência, ou por meio de hasta pública, ou por meio da adesão a condições preestabelecidas por outro contratante, sendo praticamente inexistente qualquer possibilidade de contraproposta, além da convergência entre proposta e aceitação, ou por meio de fase prévia de sondagens, deliberações e debates, que serão discutidas acima (Diez-Picazo, Luis. Fundamentos de derecho civil patrimonial. v. 2. Las relaciones obligatorias. Cuarta Edición. Madrid: Editorial Civitas, 1993. p. 270).

[1097] Roppo, Enzo. O contrato. Tradução: Ana Coimbra e M. Januário C. Gomes. Coimbra: Almedina, 1988. p. 85.

[1098] São sinônimos de negociação os termos tratative (italiano), pourparlers (francês), Verhandlungen (alemão), e bargain (inglês).

[1099] Martinelli, Dante P; Almeida, Ana Paula de. Negociação e solução de conflitos. Do impase ao ganha-gGanha através do melhor estilo. São Paulo: Atlas, 1998. p. 19. Fisher, Roger. Ury, William; Patton, Bruce. Como chegar ao sim. A negociação de acordos sem concessões. 2. ed. revista e ampliada. Rio de Janeiro: Imago, 1994. p. 18.

dem com o contrato. No mesmo sentido, Richter[1100] afirmou que negociar é discutir, falar, comunicar, é colocar-se em contato com outros sujeitos; é troca recíproca de ideias e proposições e avaliação das pretensões, a fim de projetar o negócio de que se trata. Para Stiglitz,[1101] as negociações têm por objetivo a melhora da posição dos participantes na formação do contrato.

Regis Fichtner Pereira lembrou que existem contratos cujo processo de negociação é excessivamente rápido e simples, de modo que nem sequer se dá conta de sua ocorrência, como no caso de pessoa que entra em um estabelecimento e compra um refrigerante. Porém, noutros casos, têm-se processos decisórios mais complexos, com sopesamento de diversos aspectos, sendo neste caso fundamental ter informações sobre o contrato que se pretende celebrar, tanto por investigação própria, quanto pela revelação delas pela parte contrária.[1102]

A fase de negociações é fluida e incerta, durante a qual há discussões, avaliam-se as intenções contrapostas e se projeta um contrato, elaborando as cláusulas mais adaptadas a exprimir a vontade interna e mais adequadas a dirimir os conflitos.[1103] Como explicou Fontaine,[1104] a negociação de contratos pode ser longa e difícil, porque da primeira elaboração dos objetivos comuns até a assinatura do mesmo, diversas providências devem ser tomadas, como a realização de estudos, a obtenção de recursos, entre os quais financiamentos, fianças, seguros, obtenção de autorizações, definição de especificações, preços, prazos, revisões, garantias e soluções de controvérsias.

As negociações iniciam-se com contatos iniciais entre as partes, mediante visitas, chamadas telefônicas, *e-mails* ou meios de comunicação semelhantes. Quando os temas a serem negociados são complexos,

[1100] Richter, Giorgio Stella. La responsabilità precontrattuale. Torino: Utet, 1996. p. 5.

[1101] Stiglitz, Ruben S. Aspectos modernos do contrato e da responsabilidade civil. Revista de Direito do Consumidor, São Paulo, n. 13, p. 5-11, jan./mar. 1995. p. 5.

[1102] Pereira, Regis Fichtner. A responsabilidade civil pré-contratual. Teoria geral e responsabilidade pela ruptura das negociações contratuais. Rio de Janeiro: Renovar, 2001. p. 45--46.

[1103] Del Fante, Anna. Buona fede prenegoziale e principio costituzionale di solidarietà. Rassegna di Diritto Civile, Napoli. Anno IV, 1983. p. 123.

[1104] Fontaine, Marcel. Les lettres d'intention dans la négotiation des contrats internationaux. Droit et Pratique du Commerce International. Tome 3, n. 2, Avril 1977. p. 76.

arriscados ou delicados, a prática contratual recomenda a celebração de acordos preparatórios ou intermédios. O primeiro desses acordos são as cartas de intenção (*letters of intent*),[1105] que consistem, em sentido amplo, em todos os documentos redigidos durante o período das negociações, com o objetivo de disciplená-las e consubstanciar o desenvolvimento das mesmas.[1106] Para Judith Martins-Costa,[1107] o termo "carta de intenção" não tem significado exato, pois abrange não só os documentos por meio dos quais se comunicam informações, como também disciplinam o processo de negociação, fixam pontos acertados entre as partes e, inclusive, podem ser já o próprio contrato perfeito e concluído, porém disfarçado sob a forma daquela. Este último caso dá-se quando as partes concordam em executar o que já foi acordado até determinado momento, prosseguindo a negociação acerca dos pontos restantes. Para Maristela Basso,[1108] são verdadeiros "contratos de negociação". Em geral, consistem em uma oferta para começar discussões, por meio das quais a parte garante a seriedade nas negociações, ou bilaterais, subscritas pelas partes.[1109] No mesmo sentido, também costumam ser meros acordos de princípio,[1110] por meio dos quais as partes se obrigam a negociar conforme a boa-fé, envidando os seus melhores esforços nesse sentido, ou, quando atingido determinado estágio de desenvolvimento das negociações, obrigam-se a prosseguí-las, a fim de tentar atingir um acordo final. Podem ser empregadas para documentar as várias intenções preliminares dos contraentes e o

[1105] Também são conhecidas como commitment letters, binders, agreements in pricniple, preliminary agreements, memorandum of understandings, heads of agreement. Também há os agreements to negotiate, contracts to bargain, agreement with open terms, lock-out agreemnts, stand-still agreements, stop-gap agreements, confidentiality agreements, open agreements. (Santos Junior, E. op. cit. p. 567-569)

[1106] Fontaine, Marcel. op. cit. p. 76.

[1107] Martins-Costa, Judith Hofmeister. As cartas de intenção no processo formativo da contratação internacional: os graus de eficácia dos contratos. Revista da Faculdade de Direito da Universidade Federal do Rio Grande do Sul, Porto Alegre, n. 10, p. 39-55, Jul. 1994. p. 42.

[1108] Basso, Maristela. As cartas de intenção ou contratos de negociação. Revista dos Tribunais, São Paulo, v. 88, n. 769, p. 28-47, nov. 1999. p. 28.

[1109] Picone, Luca. Contratto d'aquisto di partecipazioni azionarie. Redazione e clausole. Trattative precontrattuali. Due dilligence. Prezzo. Garantizie. Acquisizioni Parziali. OPA. Antitrust. Milano: Pirolla, 1995. p. 23.

[1110] Também são conhecidos por "agreement to negotiate", "agreement to agree", "contract to negotiate", ou "contract to bargain". (Santos Junior, E. op. cit. p. 592)

interesse deles nas negociações. Picone[1111] apontou ainda que, em caso de falta de aperfeiçoamento do contrato, as cartas de intenção são úteis para provar a legitimidade da expectativa de uma parte sobre a conclusão do contrato.

As cartas de intenção são obrigatórias para a finalidade para a qual foram elaboradas: a disciplina do processo de negociação. Podem não ser obrigatórias, seja por não estarem presentes os elementos essenciais necessários à formação de um contrato, ou pelo fato dos seus subscritores lhe retirarem expressamente a exequibilidade jurídica para esta finalidade. Na opinião de Ghestin,[1112] as cartas de intenção são difíceis de ser interpretadas segundo a boa-fé, pois em geral são escritas por não juristas e intencionalmente ambíguas para se vincularem o menos possível. No mesmo sentido, Draetta e Lake[1113] afirmaram que as cartas de intenção devidamente redigidas não têm qualquer efeito vinculante, salvo se as partes expressamente atribuírem este efeito. Mesmo quando usadas para consubstanciar entendimentos, é recomendável explicitar que não se trata de contrato preliminar e que as partes não pretendem se vincular necessariamente nos termos estabelecidos naquele documento. Quando se quer aprimorar a eficácia obrigacional à carta de intenção, recomenda-se a inserção de uma cláusula penal.[1114] Além disso, por meio delas, disciplina-se o acesso a documentos e instalações físicas, o tratamento de informações confidenciais transmitidas à parte contrária, bem como a repartição de despesas das negociações e ressarcimento de eventuais danos.[1115] De acordo com Leitão,[1116] as cartas de intenção servem apenas para justificar o tempo e as despesas empregues nas negociações, quando os negociadores forem questionados a esse respeito pelas respectivas administrações.

[1111] PICONE, Luca. op. cit. p. 27.

[1112] GHESTIN, Jacques. Traité de droit civil. Les obligations. Le contrat: formation. 2. ed. Paris: LGDJ, 1988. p. 269.

[1113] DRAETTA, Ugo; LAKE, Ralph. Letters of intent and precontractual liability. Revue de Droit des Affaires Internationales, Paris, n. 7, p. 835-868, 1993. p. 835.

[1114] PICONE, Luca. op. cit. p. 26.

[1115] LEITÃO, Luís Manuel Teles de Menezes. Negociações e responsabilidade pré-contratual nos contratos comerciais internacionais. Revista da Ordem dos Advogados, Lisboa, ano 60, p. 49-41, Jan. 2000. p. 64.

[1116] LEITÃO, Luís Manuel Teles de Menezes. op. cit. p. 58.

Mousseron[1117] complementou que estes acordos definem o idioma a ser usado, o calendário, a confidencialidade da discussão, o direito aplicável em caso de controvérsia, e o tratamento amigável ou arbitragem dos litígios. Maristela Basso também lembrou daquelas cartas que fixam prazos para que se conclua a negociação.[1118]

De acordo com Mary Grün,[1119] que elaborou aprofundada dissertação sobre a eficácia de documentos negociais, as cartas de intenção podem servir para indicar o início das negociações, como também podem organizar cronogramas e organogramas, a distribuição das despesas, a fixação de pontos superados na negociação, a ineficácia de determinados documentos produzidos pelas partes, ao inserir-se a cláusula "subject to contract", e a polêmica cláusula de exclusão de responsabilidade, o que não é bem aceita pela doutrina, por se aproximar à cláusula de não indenizar. Como conclusão, entendeu a autora que esses documentos têm eficácia mínima, suficiente apenas para a criação de vínculo jurídico entre as partes e uma eficácia própria, suficiente para a incidência dos deveres decorrentes da boa-fé, entre os quais o de informação.

Enfim, na prática contratual, é difícil uma carta de intenção será considerada proposta, por não conter os elementos essenciais do contrato. Embora não sejam obrigatórias em sua grande maioria, são, no entanto, juridicamente relevantes.

Outros dois documentos que costumam ser celebrados entre as partes. O primeiro deles é o acordo de confidencialidade (*confidentiality agreement*), por meio do qual as partes se obrigam a não divulgar a terceiros informações trocadas pelas partes durante as negociações, zelando pela proteção das mesmas, nem a usá-las em seu próprio proveito, salvo para a formação do convencimento necessário à formação do contrato, isto é, obrigam-se a não usá-las caso o contrato não seja assinado. De acordo com Picone, este acordo é um particular aspecto da obrigação geral de agir de

[1117] MOUSSERON, Pierre. Conduite des négociations contractuelles et responsabilité civile delictuelle. Revue Trimestrielle de Droit Commercial et de Droit Economique, Paris, v. 51, n. 2, p. 243-271, avr./juin. 1998. p. 248.

[1118] BASSO, Maristela. op. cit. p. 34.

[1119] GRÜN, Mary. A eficácia dos documentos pré-contratuais. 2006. Dissertação (Mestrado em Direito). Universidade de São Paulo, Faculdade de Direito. São Paulo, 2006. p. 68, 69, 70, 71, 75, 78 e 143.

boa-fé no curso das negociações contratuais[1120] e tem por objetivo reduzir ao máximo os efeitos nocivos decorrentes da contraposição de interesses existente nas negociações. Por exemplo, o comprador necessita do maior número possível de informações sobre o que pretende adquirir e o vendedor quer evitar que as informações relevantes fornecidas à parte contrária possam lhe causar danos em caso de não aperfeiçoamento da negociação, ao pôr fim a segredos empresariais, tecnologias, métodos de trabalho, situações patrimoniais, jurídicas, fiscais, contábeis e ambientais, entre outros.[1121]

A raiz desse problema contornado pelo acordo de confidencialidade é que a informação tem valor econômico e, por uma característica própria, não pode ser restituída a seu possuidor. Como explicou Rudden,[1122] a informação tem características próprias. A primeira delas é que não existe qualquer unidade de medida deste tipo de bem. Sua transferência é muito barata e seu exame já implica sua transferência. Transmitindo-se a informação, perde-se imediatamente a posse da mesma, já que esta pode se reproduzir indefinidamente. Uma vez conhecida, não é possível recuperá-la, nem é possível exigi-la de volta. Por isso, quando a informação é valiosa, se terceiros tomam contato com a mesma, há enriquecimento sem causa de atribuição patrimonial e dano ao patrimônio do proprietário da informação, porque o seu valor econômico diminuirá consideravelmente pelo seu compartilhamento.

Este problema aparece sobretudo na comercialização de tecnologia por *know-how* e por patentes de invenção. No primeiro caso, divulga-se a informação à parte contrária, mas se tenta impedir seu uso por meio da imposição de obrigação de abster-se de usar as informações recebidas, nem transmiti-la a terceiros, em caso de não conclusão do negócio de aquisição destas informações. Já o sistema de patentes tem por fundamento a divulgação da informação, impondo a quem usá-la a remuneração ao seu criador. Assim, o acordo de confidencialidade é imprescindível em negociações de transferência de tecnologia protegida por *know-how*. De um lado, o pretenso receptor da tecnologia precisa conhecê-la; por outro

[1120] PICONE, Luca. op. cit. p. 28.

[1121] PICONE, Luca. op. cit. p. 19.

[1122] RUDDEN, Bernard. Le juste et l'ineficace pour un non-devoir de renseignement. Revue Trimestrielle de Droit Civil, Paris, 1985. p. 95.

lado, uma vez conhecida, não há como "desconhecê-la". De acordo com Maurício Curvelo de Almeida Prado,[1123] o transferente de tecnologia não pode correr o risco de demonstrá-la a diversos pretensos receptores da mesma, pois o valor desta última é inversamente proporcional ao número de pessoas que a conhecem. O efeito nefasto é o risco do interessado em adquirir a tecnologia optar ao final pela não celebração do contrato, pois só com a possibilidade de ter tomado conhecimento de determinadas informações, pode ser possível reproduzir tecnologia semelhante por conta própria. Pelo fato de as tecnologias se tornarem obsoletas rapidamente, é suficiente a vigência destes acordos variar na prática contratual de três a cinco anos.[1124]

O segundo documento elaborado pelas partes é o que se chama de acordo de exclusividade (*stand-still agreement*). Este documento tem por objetivo impedir que a parte contrária não mantenha, por si mesma ou interposta pessoa, negociações paralelas concomitantes com terceiros para a estipulação de contrato com mesmo objeto, sem revelar a existência destas negociações paralelas.

Celebrados estes documentos, as partes podem iniciar reuniões de negociações, ou, se necessário, auditorias (*due dilligence*), nas quais se faz a análise de diversos aspectos do objeto do contrato, com o escopo de proporcionar informações suficientes para a formação do consentimento necessário para a formação daquele. Como diz Picone,[1125] a auditoria é uma atividade cognoscitiva de revisão e avaliação sobre o futuro contrato. Por exemplo, se o objeto do contrato for a aquisição de uma sociedade empresária, na fase de auditoria faz-se um atento exame analítico de toda documentação relativa à sociedade e cujas ações são objeto de contratação, a fim de determinar o valor e o estado de saúde da empresa.[1126]

Auditorias simples são aquelas em que o comprador leva consigo um engenheiro ao comprar um imóvel ou uma máquina, um mecânico para comprar um carro usado ou, em se tratando de atletas profissionais,

[1123] PRADO, Maurício Curvelo de Almeida. Contrato internacional de transferência de tecnologia. Patente e know-how. Porto Alegre: Livraria do Advogado, 1997. p. 39.

[1124] PICONE, Luca. op. cit. p. 29.

[1125] PICONE, Luca. op. cit. p. 34.

[1126] PICONE, Luca. op. cit. p. 34.

mediante a realização de exames médicos, para descobrir se este apresenta complicações de natureza ortopédica ou cardíaca. Já as auditorias complexas são de caráter legal, fiscal e financeira, e ambiental. Na auditoria legal analisa-se a situação de livros sociais, deliberações sociais, pactos parassociais, individuação de todas as procurações e poderes, contratos e eventuais inadimplementos contratuais e possíveis passivos futuros; a situação do pessoal, propriedades material e intelectual, bens móveis e maquinários; o estado de todos os processos em curso e possibilidade de ganho.[1127] Nas auditorias fiscal e financeira, são analisados os balanços e sua conformidade com as regras contábeis, os lucros e perdas; a regularidade da escrituração, e o recolhimento de tributos. Já a auditoria ambiental tem por objetivo a investigação de todos esses problemas que poderão afetar o interesse de ambas as partes.[1128] Estas duas auditorias são importantes, porque a reparação de danos ambientais é obrigação *propter rem.* Nesta fase de auditorias, necessariamente são feitas despesas com transportes, hotéis, e contratação de advogados, contadores e outros profissionais técnicos. Mário Júlio de Almeida Costa[1129] também apontou as entrevistas, estudos, consultas, redução a escrito de acordos particulares. Nos grandes projetos contratuais de empréstimo, de implantação de estabelecimento ou planta industrial, é possível que o curso das negociações seja concluído somente após terem sido feitas despesas em estudos, perguntas, constatações de elementos técnicos, indispensáveis para alcançar a concretização de uma proposta séria de um aceitável esquema contratual.[1130]

Na medida em que o objeto do contrato se torna mais claro durante as rodadas de negociações, as partes podem produzir minutas,[1131] que são meros projetos de contratos, sujeitos à discussão e alterações, sem efeitos vinculantes, que consubstanciam os resultados das negociações.[1132] Na

[1127] PICONE, Luca. op. cit. p. 35.

[1128] PICONE, Luca. op. cit. p. 35.

[1129] COSTA, Mário Júlio Brito de Almeida. Responsabilidade civil pela ruptura das negociações preparatórias de um contrato. Coimbra: Coimbra Editora, 1984. p. 46.

[1130] FAGGELLA, Gabrielle. Dei periodi precontrattuali e della loro vera ed esata costruzione scientifica. *In:* Studi giuridici in onore di Carlo Fadda pel XXV Anno del suo insegnamento. v. 3. Napoli: Luigi Pierro Tip. Editore, 1906. p. 300.

[1131] São sinônimos de minutas disegno (italiano), projet (francês) e draft (inglês).

[1132] Subject to contract ou not binding until final agreement is executed.

prática, costuma-se escrever no cabeçalho de todas as folhas da minuta que ali se trata de minuta, sujeita a discussão e alterações.

Como explicou Holmes,[1133] a liberdade de contratar vem junto com a correspondente liberdade de não contratar por uma questão de lógica. Se o substrato de formação do contrato é a promessa ou a declaração de vontade, conforme o ordenamento jurídico, esta pode ser anulada por declarações expressas de que não vinculam o declarante. Assim, quando a parte manifestar expressamente que não quer contratar, ela não pode ser obrigada a isso. Um documento que, em certo contexto, pode ser qualificado como contrato, noutro contexto pode ser transformado em acordo de cavalheiros (*gentlemen's agreement*). Conforme visto anteriormente, quando se pretende retirar a eficácia da carta de intenção para fins de proposta, usa-se a cláusula "subject to contract".[1134] Porém, quando as minutas vinculam a um futuro contrato, diz-se punctações, que são acordos sobre os quais já se chegou a entendimento, a serem recepcionados pelo contrato que se formará.[1135] O contrato em aberto (*agreement with open terms*) é um tipo especial de punctação, por meio do qual se consubstancia o que já foi acordado, vinculando as partes a estas disposições, e também as obriga a continuar a negociar os pontos deixados em aberto. Ghestin[1136] indicou a existência dos pactos de não retorno, por meio dos quais se faz acordo sobre os pontos já acertados, deixando os pontos complementares a negociações anexas e remetendo a solução de futuras divergências à arbitragem.

Discute-se a natureza jurídica das punctações. Em princípio, parece indicar ser um contrato preliminar, tendo em vista a sua obrigatoriedade em recepcionar seu conteúdo no futuro contrato a ser formado. Contudo, contesta-se esta posição, porque o contrato preliminar deve ter a essência do contrato a ser formado, o que não ocorre com a punctação, que pode ter apenas uma das cláusulas do futuro contrato.

[1133] Holmes, Wendell H. The freedom not to contract. Tulane Law Review, v. 60, p. 751-798, 1986. p. 752.

[1134] Fontaine, Marcel. Les lettres d'intention dans la négotiation des contrats internationaux. Droit et Pratique du Commerce International. Tome 3, n. 2, Avril 1977. p. 116.

[1135] Windscheid, Bernard. Diritto delle Pandette. Tradução: Carlo Fadda e Paolo Emilio Bensa. v. 2. Torino: UTET, 1925. p. 210.

[1136] Ghestin, Jacques. op. cit. p. 272.

A conclusão das negociações dá-se mediante a celebração de um documento intitulado *representations and warranties*, que, em tradução literal para a língua portuguesa, significa "declarações e garantias". Com efeito, são sinônimos em matéria contratual.[1137] Neste documento o vendedor e o comprador declaram e garantem toda uma série de elementos de fato e de direito inerentes ao objeto do contrato. Em se tratando de uma aquisição de ações ou de quotas, declara-se a plena titularidade e livre transferência destas, a correção na redação dos balanços, a assunção de responsabilidade pelo passivo oculto, a assunção de violações contratuais ou normativas de todo gênero.[1138]

Dessa maneira, as partes constroem juntas o futuro contrato. Somente ao acordarem sobre todas as suas cláusulas é que uma pergunta à outra se o resultado destas discussões pode ser um contrato entre as partes. Logo, quando ambas as partes declaram "sim", formou-se o contrato. Estabelecer se as partes ainda estão negociando ou se chegaram ao consentimento, é tanto mais difícil quando que não resulta fácil identificar a oferta e a aceitação. Conforme a cultura das pessoas que celebram o contrato, o momento de sua formalização é simbolizado de diversas formas. Pode ser mediante fios de bigode, ou como se faz hoje em dia, ao darem as mãos e perguntarem se o negócio está "fechado"[1139] ou ainda mediante a entrega de arras. Elaborada e concretizada a proposta e comunicada a sua aceitação, determina-se o momento decisivo, mediante a aceitação da proposta, ou de não aceitá-la. Conforme Saleilles, "a proposta indica que não há mais nada a ser feito; a hora das mudanças acabou".[1140] Por isso, nos contratos em que houve negociação prévia, podem-se distinguir dois tipos de vontade: uma vontade de discutir sobre o contrato e outra vontade de contratar.[1141] No entanto, não se pode, portanto, confundir negociações

[1137] HAMILTON, Walton H. The ancient naxim *caveat emptor.* Yale Law Journal, New Haven, v. XL, n. 8, p. 1133-1187, Jun. 1931. p. 1173.

[1138] PICONE, Luca. op. cit. p. 44.

[1139] AZEVEDO, Antonio Junqueira de. Negócio jurídico e declaração negocial. Noções gerais e formação da declaração negocial. São Paulo, 1986. Tese (Professor Titular). Faculdade de Direito da Universidade de São Paulo, 1986. p. 5.

[1140] SALEILLES, R. De la responsabilité précontractuelle à propos d'une étude nouvelle sur la matière. Revue Trimestrielle de Droit Civil, Paris, 1907. p. 701.

[1141] DEL FANTE, Anna. Buona fede prenegoziale e principio costituzionale di solidarietà. Rassegna di Diritto Civile, Napoli. Anno IV, 1983. p. 124.

com proposta. A proposta é elemento da formação da relação contratual, enquanto as negociações não o são; a proposta tem efeito jurídico específico, enquanto as negociações não o têm; na proposta, o proponente se vincula, o que não ocorre nas negociações.[1142]

O mesmo raciocínio acima vale para a renegociação de um contrato para que ocorra sua renovação ou alteração de algumas de suas cláusulas. Caso ocorra antes do término do contrato anterior, haverá novação. Se a renegociação se der após o término do contrato anterior, constituem-se novas obrigações tão-somente. Tanto no primeiro quanto no segundo caso, podem-se usar novamente cartas de intenção, acordos de confidencialidade e de exclusividade, como se podem refazer auditorias. Diz-se que há a possibilidade, porque, pelo fato de as partes já se conhecerem e terem informações recíprocas sobre o objeto do contrato e também sobre a conduta que tiveram durante a execução do mesmo, é mais interessante focar em outros aspectos, como, por exemplo, a revisão de obrigações que necessitam de aprimoramento, o preenchimento de eventuais lacunas que exigiriam interpretação por parte de um juiz e assim por diante. Certamente haverá algum comunicado – escrito ou verbal – de que se pretende renegociar ou renovar o relacionamento entre as partes e a fase da elaboração de minutas do futuro contrato.

2. Negociações Cooperativas

2.1. Conceito

As negociações cooperativas são um bom exemplo do negociar segundo a boa-fé. Sua intersecção com a boa-fé está no fato desta unir os deveres de coerência, informação e de cooperação, o que proporciona a formação de contratos com reduzidos custos de transação.

Em uma negociação, tal como se viu acima, o comportamento das partes pode ser afável ou áspero.[1143] No primeiro caso, a pessoa quer evitar conflitos com a parte contrária; por isso acaba aceitando qualquer de acordo. Por um lado, alivia o sofrimento de ter que negociar, mas por outro lado a pessoa se sente explorada e amargurada. No segundo caso, a pessoa procura impor sua vontade e resiste ao máximo ceder qualquer

[1142] Llobet y Aguado, Josep. El deber de información en la formación de los contratos. Madrid: Marcial Pons, 1996. p. 15.

[1143] Fisher, Roger. Ury, William; Patton, Bruce. op. cit. p. 16.

coisa à parte contrária. Podem-se obter vantagens, mas estas resultarão em prejuízos a longo prazo, pois a parte contrária muito provavelmente não voltará mais a desejar entabular novamente qualquer tipo de negócio. Já não bastasse este problema, as partes costumam conduzir as negociações por meio de posições. Por esse critério, formulam-se propostas ou contrapropostas, sem que se apresentem os critérios usados na sua elaboração e, com base nelas, as pessoas começam a discutir as cláusulas do contrato, informando sobre o que estão e o que não estão dispostas a aceitar.[1144] Para sair do impasse, um "leilão" de propostas e contrapropostas ocorre, nas quais são feitas pequenas concessões, até que se atinja um ponto de equilíbrio e ocorra o acordo de vontades. As pessoas imaginam que a negociação consiste em um jogo de soma-zero: para que um ganhe, a parte contrária tem que perder. Além disso, as pessoas negociam, debatem, tendo por pressuposto tão-somente o falar. Uma pessoa começa a falar; mal esta pessoa conseguiu concluir o seu raciocínio, as demais já começam a "borrifá-la", contestando o que supostamente foi dito. Diz-se "supostamente", porque, se a parte não ouviu a ideia da parte contrária na sua totalidade, a contestação só pode se dar sobre aquilo que se imagina que a pessoa teria a dizer. Em vez de prestar atenção ao que se diz, as pessoas ficam mais preocupadas em derrotar os argumentos da parte contrária e tomarem cuidado para não esquecer o que terão a dizer no próximo ataque verbal. Quando as negociações se baseiam em posições, as pessoas se fecham nelas, e quanto mais se insiste nela, mais comprometida com esta a pessoa fica, dificultando a obtenção de qualquer acordo ou se será possível ou não a sua obtenção.[1145] Ademais, as negociações se transformam em mera disputa de vontades, pois um quer fazer o outro aceitar a sua proposta, estimulando um clima de beligerância, o qual pode até resultar na destruição de relacionamentos entre as partes.[1146] De acordo com Bazermann e Neale,[1147] ocorrem os seguintes problemas durantes as negociações:

[1144] FISHER, Roger. URY, William; PATTON, Bruce. op. cit. p. 99.

[1145] FISHER, Roger. URY, William; PATTON, Bruce. op. cit. p. 22.

[1146] FISHER, Roger. URY, William; PATTON, Bruce. op. cit. p. 24.

[1147] BAZERMANN, Max H; NEALE, Margaret A. Negociando racionalmente. 2. ed. São Paulo: Atlas, 2000. p. 18.

a) aumentar irracionalmente seu compromisso com um curso inicial de ação, mesmo quando este curso deixa de ser a escolha mais benéfica, pois aqui surge o desejo de "vencer" a negociação a qualquer custo, cobrindo-se qualquer oferta;
b) presumir que seu ganho deva necessariamente sair às custas do outro e perder oportunidades de trocas e concessões benéficas para ambos os lados;
c) basear suas avaliações em informações irrelevantes, tais como uma oferta inicial;
d) ser demasiadamente afetado pelo modo como as informações são apresentadas;
e) depender demais de informações prontamente disponíveis e ignorar dados mais relevantes;
f) deixar de considerar o que pode ser aprendido ao colocar-se na perspectiva do outro lado da negociação;
g) ter confiança demais em obter resultados favoráveis.

Como alternativa ao estilo de negociação por posições, descrito acima, desenvolveu-se a técnica da negociação por princípios, também conhecidas por negociações cooperativas. Este método tem origem nos trabalhos da filosofa e administradora Mary Parker Follet, cujas ideias na área de administração eram revolucionárias para a época em que viveu. Follet sustentava que se deviam prestar atenção aos conflitos, pois estes decorrem de necessidades não atendidas.[1148] Ela propunha como forma ideal para a solução de conflitos entre pessoas o atendimento das suas necessidades. Para isso ser possível, dever-se-ia realizar o que ela chamou de integração, que consiste na busca de respostas para o mesmo por meio de inovações e atitudes criativas.

Na década de 1980 a Universidade de Harvard desenvolveu um programa de negociação, cujo método parte destes princípios elencados por Follet. Este "Método de Harvard" tornou-se mundialmente conhecido, usado na grande maioria dos cursos de negociação. Negociação tornou-se disciplina nos cursos de administração e nos últimos tempos, felizmente, nos cursos de direito. A ideia deste tipo de negociações está em buscar a satisfação dos interesses dos negociantes, tendo por base o princípio de

[1148] LODI, João Bosco. História da administração. 10. ed. São Paulo: Pioneira, 1993. p. 81.

que o processo de negociação não é um jogo de soma-zero, mas sim, um processo em que todos podem sair ganhando, pois fica difícil escapar dos efeitos da informação assimétrica e dos custos de transação elevados, caso as partes negociem sem qualquer critério, pois nem sempre se consegue estabelecer boa comunicação entre si. Às vezes é difícil falar tudo o que se sabe pela influência da emoção. Também pode ser difícil entender o que foi dito, pela má-percepção e pela racionalidade limitada. Também há o medo de revelar tudo, pois isso pode implicar redução das margens de manobra nas negociações. Devido às posições que as pessoas assumem nas negociações, acabam transmitindo informações que não são totalmente úteis para a tomada de decisões.

2.2. Procedimentos das Negociações Cooperativas

As negociações cooperativas levam em conta três aspectos: percepção, emoção e comunicação. Todos os diversos problemas das pessoas recaem em uma dessas três classes.[1149] Contudo, este método dá especial importância à comunicação, pois somente será possível investigar os interesses das pessoas quando esta se der com qualidade.[1150] Como dizem Fischer, Ury e Patton,[1151] sem comunicação, não há negociação. Também se estimula a cooperação entre as partes, pois elas têm que buscar diversas alternativas para identificar a alternativa mais favorável e que satisfaça aos interesses de todos.[1152] Assim, as partes não são adversárias: elas devem cooperar para juntas combaterem o problema. Cada qual passa a levar em conta não somente os seus próprios interesses, mas também os interesses da parte contrária.

[1149] Fisher, Roger. Ury, William; Patton, Bruce. op. cit. p. 40.

[1150] Fischer, Ury e Patton apontam alguns problemas na negociação. O primeiro deles é quando uma pessoa não consegue se expressar, ou não se esforça para ser bem entendido. O segundo deles é a pessoa desistir de comunicar, porque a parte contrária não ouve mesmo o que está sendo dito, a ponto de ser incapaz de repetir a mensagem, em geral por estar mais preocupado no que dizer logo em seguida. O terceiro problema são os mal-entendidos, fazendo com que a parte contrária se sinta ofendida (Fisher, Roger. Ury, William; Patton, Bruce. op. cit. p. 51).

[1151] Fisher, Roger. Ury, William; Patton, Bruce. op. cit. p. 51.

[1152] Martinelli, Dante P; Almeida, Ana Paula de. Negociação e solução de conflitos. Do impasse ao ganha-ganha através do melhor estilo. São Paulo: Atlas, 1998. p. 56.

As negociações cooperativas fundam-se em quatro princípios:[1153]

a) separar as pessoas dos problemas;
b) concentrar-se nos interesses, e não nas posições;
c) criar uma variedade de possibilidades antes de decidir o que fazer;
d) insistir para que o resultado tenha por base algum padrão objetivo.

O primeiro princípio consiste em compreender que a pessoa com quem se negocia não é o problema em si.[1154] A proposta do método é fazer com que o máximo de informação possa ser produzido, pois só com informação é que se pode dar início à formação de um acordo. Isto é, os negociantes devem cooperar na produção de informações. Para tanto, o dever de informação acaba naturalmente sendo adimplido, porque ambas as partes sabem da importância da sua transmissão para a obtenção de um bom acordo.

Como observaram Bazermann e Neale,[1155] as pessoas geralmente tendem a desconfiar do outro lado e pensam que a revelação de informações pode reduzir suas vantagens na dimensão distributiva da negociação. Todavia, somente por meio da troca de informações é que se pode analisar adequadamente os pontos a serem resolvidos. Além disso, compartilhar informações ajuda a criar um relacionamento positivo entre dois lados. Assim, em vez de cada uma das partes somente pensar em falar e não deixar que a parte contrária consiga, o método propõe que cada parte deixe a outra falar.[1156] Em primeiro lugar, trata-se de um ato de consideração.[1157] Em segundo lugar, a pessoa tende a ficar aliviada, facilitando o diá-

[1153] Fisher, Roger. Ury, William; Patton, Bruce. op. cit. p. 28.

[1154] As pessoas são confundidas como se elas fossem a encarnação do problema. Por exemplo, se uma negociação não avança, considera-se a pessoa um entrave no caminho dos demais, devendo ser eliminada. Nota-se na periferia das grandes cidades alto número de homicídios em bares resultantes de discussões que a princípio não têm importância, tais como fazer chacota sobre determinadas características da pessoa ou sobre futebol. Iniciado o conflito, a forma mais simples que estas pessoas encontram para resolver o conflito é mediante a eliminação da parte contrária: eliminando-a, o problema desaparece junto.

[1155] Bazermann, Max H; Neale, Margaret A. op. cit. p. 110.

[1156] Fisher, Roger. Ury, William; Patton, Bruce. op. cit. p. 37.

[1157] Romain, Jean-François. Théorie critique du principe général de bonne foi en droit privé: des atteintes à la bonne foi, en Général, et de la fraude, en particulier ("Fraus omnia corrumpit"). Bruxelas: Bruylant, 2000. p. 51.

logo, diminuindo os efeitos da emoção na percepção e raciocínio. Em terceiro lugar, se a pessoa tem a oportunidade de falar e de ser ouvida, as informações relevantes começam a ser produzidas. Ao estimular as pessoas a falar, permite-se que sejam obtidas facilmente as informações relevantes necessárias à obtenção de um acordo.

Complementando esta ideia, o método recomenda para que a pessoa se coloque no lugar da outra. Para Fischer, Ury e Patton,[1158] a capacidade de ver a situação tal como o outro lado a vê, é uma das habilidades mais importantes que um negociador pode ter, por mais difícil que esta tarefa possa ser. Isto ocorre porque as pessoas tendem a ver somente seus lados positivos e os aspectos negativos do outro lado, o que não significa que se deva sempre concordar com a parte contrária.[1159] O objetivo é apenas ampliar a compreensão do problema. Reduzem-se os custos de obtenção de informações, bem como os custos com o seu processamento, já que haverá a preocupação de saber se a parte contrária entendeu o que lhe foi dito.

O segundo princípio do método é a investigação dos interesses das pessoas. Pois se é o contrato surge do acordo de vontades, nada mais eficiente que investigar quais são os interesses das pessoas, para ver quais deles são em comum e disso resultar o melhor acordo possível para todos.

Os interesses são os motivos que levam as pessoas a negociar; são eles que estão por trás das posições – propostas e contrapropostas feitas – ou aquilo que fez decidir-se dessa forma. Já a posição é o que se decidiu comunicar, revelando-se à contraparte. Como explicaram Fischer, Ury e Patton,[1160] o problema básico da negociação não está nas posições conflitantes, mas sim no conflito entre as necessidades, desejos, interesses e temores de cada lado. Ou seja, os interesses definem o problema. A posição nas negociações esconde os interesses subjacentes e, sem a satisfação destes, nenhum acordo é duradouro.

A vantagem principal de investigarem-se os interesses é a possibilidade de descobrir que, em geral, por trás das posições opostas, podem existir muito mais coisas em comum do que podiam imaginar.[1161] Ade-

[1158] Fisher, Roger. Ury, William; Patton, Bruce. op. cit. p. 41.

[1159] Fisher, Roger. Ury, William; Patton, Bruce. op. cit. p. 43.

[1160] Fisher, Roger. Ury, William; Patton, Bruce. op. cit. p. 58-59.

[1161] Fisher, Roger. Ury, William; Patton, Bruce. op. cit. p. 60.

mais, cada pessoa tem vários interesses e não apenas um.[1162] A investigação dos interesses da parte contrária é atitude cooperativa, de fazer com que se procure satisfazer seus interesses, superando os custos de transação provocados pela falta de cooperação em revelar o que se realmente deseja.

Os interesses se identificam mediante perguntas à parte contrária e também que cada qual explique quais são os seus. A forma pela qual se quebram as resistências está na demonstração de que se procura compreendê-los, pois as pessoas prestam mais atenção, quando percebem que há consideração por elas.[1163]

Existem técnicas de formulação de perguntas para que se possam investigar os interesses: são as perguntas abertas, fechadas, circulares ou reflexivas e indutivas.[1164]

As perguntas abertas são usadas para que a pessoa do outro lado possa se abrir, por meio das quais se pedem esclarecimentos por meio de respostas detalhadas. Com base nestas perguntas é que se produzem informações relevantes. Em geral, caracterizam-se pelo uso das palavras "que", "quem", "quando", "onde", "como", "por que".

As perguntas fechadas são aquelas que têm como resposta apenas "sim" ou "não" da outra parte. São usadas quando não se estiver procurando informações e servem para obter confirmações.

As perguntas circulares ou reflexivas têm por objetivo fazer com que se descubram informações sobre a percepção que a pessoa do outro lado tem.

As perguntas indutivas são aquelas que indicam uma ação, por exemplo, qual é a melhor solução para o problema na opinião dela, ou o que deve ser feito a partir de determinado momento.

De acordo com Bazermann e Neale,[1165] a simples estratégia de fazer muitas perguntas pode render uma quantia significativa de informações, mesmo que a pessoa do outro lado não responda a todas elas. Caso exista pouca confiança entre os dois lados, ou se seu oponente não estiver res-

[1162] Fisher, Roger. Ury, William; Patton, Bruce. op. cit. p. 65.

[1163] Fisher, Roger. Ury, William; Patton, Bruce. op. cit. p. 69.

[1164] Kozicki, Stephen. Negociação criativa. Conselhos e técnicas para obter o melhor resultado em negociações. Tradução: Ralph J. Hofmann. São Paulo: Editora Futura, 1999. p. 151-154.

[1165] Bazermann, Max H; Neale, Margaret A. op. cit. p. 110-111.

pondendo a suas perguntas de maneira útil, fornecer algumas informações pode ajudar a quebrar o bloqueio do fluxo de informações. Os próprios Fischer, Ury e Patton[1166] sustentaram expressamente que, em comparação com o método de negociação posicional, a negociação baseada em princípios resulta em acordos sensatos, sem todos os custos de transação de aferrar-se a posições apenas para ter que "arrancar-se" delas depois. Deixar a outra pessoa falar livremente já é um avanço, pois com isso a informação aparecerá da própria fonte, e não mediante a suposição do interlocutor. Além disso, a formulação de perguntas estimula o aparecimento das informações relevantes. Justamente por se produzirem informações úteis, reduzem-se ainda mais os custos de celebrar determinado acordo com base em informações erradas, obtidas com base nas posições que as pessoas assumem durante as negociações.

O terceiro princípio do método é a criação de alternativas, denominada de opções de ganhos múltiplos. Em negociações, ninguém deseja admitir falhas. Todos gostam de aparentar coerência de comportamento, aumentando seu compromisso com ações anteriores.[1167] Quando alguém se compromete com determinado curso de ação, altera-se a percepção e avaliação da pessoa, forçando-a a tomar decisões irracionais para administrar as impressões dos outros e leva-o a entrar na espiral de escalada competitiva. Como explicaram Fischer, Ury e Patton,[1168] as pessoas costumam acreditar que a proposta que fazem é sempre melhor que a da parte contrária; portanto, sua opinião deveria prevalecer. Porém, trata-se de um erro, pois as pessoas agem como se tivessem que dividir um bolo entre si e na hora da divisão ninguém quer sair perdendo.

A solução para esse problema está em procurar ganhos múltiplos, isto é, parte-se do princípio de que todos podem ganhar.[1169] Para isso, devem-se verificar quais são os interesses comuns das partes, buscar a harmonização dos interesses antagônicos e facilitar a decisão da parte contrária. Se o sucesso de uma das partes é fazer com que outra tome uma decisão, deve-se fazer o possível para que isso seja fácil. Pensam-se em diversas alternativas de acordo, para que, posteriormente, com calma, se possa

[1166] FISHER, Roger. URY, William; PATTON, Bruce. op. cit. p. 31.
[1167] BAZERMANN, Max H; NEALE, Margaret A. op. cit. p. 30-31.
[1168] FISHER, Roger. URY, William; PATTON, Bruce. op. cit. p. 76.
[1169] FISHER, Roger. URY, William; PATTON, Bruce. op. cit. p. 89.

escolher qual é a melhor delas. Deixa-se de lado o pressuposto de que somente um tipo de acordo é possível. Em outras palavras, a negociação requer flexibilidade para que se criem maiores opções.[1170] Notadamente, a busca por ganhos múltiplos faz com que as partes cooperem, pois terão a certeza de que não sairão perdendo. Consequentemente, obtém-se a máxima eficiência do negócio celebrado.

Por fim, o quarto princípio do método está na construção das alternativas. Devem ser usados padrões justos e imparciais, também conhecidos por critérios objetivos. Quanto mais se aplicarem padrões de imparcialidade, eficiência ou mérito científico a seu problema específico, maior será sua probabilidade de produzir uma solução final sensata e justa.[1171] Por exemplo, na negociação da venda de um imóvel. É perda de tempo fazer o "leilão" de propostas, pois quem vende quer o maior valor e quem compra, quer o menor valor. Tudo isso implica custos de transação. As pessoas quase nunca discutem como cada uma delas chegou àquele valor. Em geral as pessoas encaram a venda como uma perda; por isso tendem a valorizar demais o valor das coisas.[1172] Por levar em consideração os interesses das pessoas, é possível que os acordos fechados tenham maior sucesso, pois de nada adianta celebrá-los e depois constatar que os mesmos não foram cumpridos. Isso já traz grande redução de custos de transação, relativos ao descumprimento de contratos, por exemplo. Além disso, a cooperação entre as partes na hora de produzirem-se as diversas opções de acordo também faz reduzir os custos de transação, porque se procurará formar e cumprir o contrato da melhor maneira possível e da forma mais fácil para ambas as partes. O uso de padrões justos reduz custos de transação por evitar discussões sobre critérios.

As negociações cooperativas também têm alguns "remédios" para lidar com situações em que uma das partes é mais forte, ou quando se prefere barganhar com posições ou agir em desconformidade com a boa-fé, tal como relatado por Draetta e Lake,[1173] quando uma das partes conduz todas as negociações e, ao final, exige que tudo seja aprovado, por exemplo, pelo

[1170] Martinelli, Dante P; Almeida, Ana Paula de. op. cit. p. 19.

[1171] Fisher, Roger. Ury, William; Patton, Bruce. op. cit. p. 103.

[1172] Bazermann, Max H; Neale, Margaret A. op. cit. p. 59.

[1173] Draetta, Ugo; Lake, Ralph. Letters of intent and precontractual liability. Revue de Droit des Affaires Internationales, Paris, n. 7, p. 835-868, 1993. p. 858.

conselho de administração para forçar a obtenção de maiores concessões da outra.

Enfim, as negociações cooperativas são eficientes, ainda que não haja acordo, porque ao menos cumprem com o seu objetivo de ter produzido informações relevantes para que se perceba a inviabilidade do negócio. Logo, este método reduz substancialmente os custos de transação na negociação decorrentes da violação do dever de cooperação e, certamente, evitam-se os custos decorrentes da discussão judicial dos contratos.

3. Problemas nas Negociações: a Ruptura Injustificada

Durante as negociações, quando as partes não procuram seguir padrões de comportamento segundo a boa-fé, tais como aqueles sugeridos pelo método de negociações cooperativas, diversos problemas surgem da falta de informações relevantes, que produzem o estado de informação assimétrica entre as partes, afetando o objeto do contrato, ensejando a sua anulação pelos defeitos do negócio jurídico (erro ou dolo), ou a resolução por inadimplemento intencionalmente praticado, ou a sua manutenção, mediante pagamento de indenização pelos danos sofridos pela parte que se sentiu prejudicada. Esse contrato malformado é fonte de custos de transação, evitáveis por meio da observância do dever de informação.

Do mesmo modo, pode haver falta de cooperação entre as partes em uma negociação, quando criam resistências injustificadas, as quais geram desnecessariamente custos de transação. Evitam-se tais problemas por meio da observância do dever de cooperação. Ademais, a incoerência de comportamento – o *venire contra factum proprium* – pode gerar problemas e transtornos. Aqui é um campo muito suscetível a esse tipo de problemas, porque as negociações são procedimentos realizados no âmbito da autonomia privada, cuja regra é a liberdade de celebração ou não do contrato.

Como consequência da não obrigatoriedade da sua celebração, o processo de negociação é o momento em que se tem a oportunidade de informar-se e refletir sobre a conveniência ou não de celebrar determinado contrato, pois ninguém pode ser obrigado a contratar contra a própria vontade.[1174] Por ser um período em que as pessoas buscam informações

[1174] Somente em casos especiais é que se pode impor o contrato a alguém, como os contratos coativos, que envolvem a prestação de serviços públicos, ou de outros bens dos quais as pessoas não podem ser privadas do acesso.

para se vincularem ou não uma a outra por meio do contrato, a regra é a liberdade para deixar as negociações: logo não há que se cogitar em contrato. Celebrá-lo, em última análise, é mera eventualidade.[1175] Tal como ensinou Ghestin,[1176] a fase negocial é livre e sujeita ao livre jogo da concorrência, essencial em uma economia de mercado, admitindo-se a desistência das negociações até mesmo em fases avançadas. De acordo com Pontes de Miranda, as negociações não são relações jurídicas contratuais, mas sim, relações jurídicas de tratos, não se admitindo pré-eficácia do contrato, porque o contrato ou não se concluiu, ou se concluiu e é nulo.[1177] Dessa maneira, há tanto a expectativa de que o contrato não se formará como essa mesma expectativa pode se alterar com o avançar das discussões.

Todavia, pode eclodir conflito de interesses entre aquele que deseja sair das negociações e aquele que confia na conclusão das mesmas[1178]. Por exemplo, o caso em que um empresário, querendo obter informações confidenciais, inicia um processo de negociação. Esta já sabe que as negociações não chegarão ao seu termo, isto é, à formação do contrato, porque não tem nenhum interesse em celebrá-lo: apenas quer usar a negociação como pretexto para a obtenção de informações. Ou nos casos em que uma das partes negocia com outras duas e não informa este fato a ambas. Também se pode pensar em casos em que uma das partes age de forma individualista, furtando-se a dar a devida consideração para com a contraparte ou, na hipótese comum da parte ter vontade de desistir, mas, por julgar desagradável dizer a verdade, conduz as negociações a contragosto até produzir uma situação insustentável, culminando na ruptura. Ainda quando a parte não revela o que a leva a negociar e depois desiste do negócio. Nestes casos fala-se em ruptura injustificada das negociações, que é a situação em que uma das partes retira-se das negociações de um contrato de forma anormal, inaceitável, inesperada. Por isso, duas foram as formas pelas quais se buscou a redução destes. A primeira delas consiste

[1175] RICHTER, Giorgio Stella. op. cit. p. 4.

[1176] GHESTIN, Jacques. op. cit. p. 268.

[1177] MIRANDA, Francisco Cavalcanti Pontes de. Tratado de direito privado. Parte especial. Tomo XXXVIII. 3. ed. São Paulo: Revista dos Tribunais, 1984. p. 321.

[1178] MANZANARES SECADES, Alberto. La responsabilidad precontractual en la hipotesis de ruptura injustificada de las negociaciones preliminares. Anuario de Derecho Civil, v. 37, n. 3, p. 687-748, jul/sept. 1984. p. 699.

na elaboração de cartas de intenção, desenvolvidas pelos "engenheiros de custos de transação". A segunda forma, pelo princípio da boa-fé, que serve de fundamento para a responsabilização civil do desistente.

Para Grisi,[1179] a ruptura injustificada é vedada quando constituir comportamento desrespeitoso aos interesses da parte contrária. No mesmo sentido, Mário Júlio de Almeida Costa[1180] afirmou que a responsabilidade pela ruptura "visa a proteger a confiança depositada por cada uma das partes na boa-fé da outra e consequentes expectativas que esta lhe cria durante as negociações, quanto à criteriosa condução das mesmas, à futura celebração do negócio ou à sua validade e eficácia".

Com efeito, nesta matéria, foi importante a contribuição de Faggella. Em trabalho publicado em 1906 sobre a formação dos contratos, ele praticamente delineou os problemas relativos à ruptura injustificada das negociações. As ideias e questões levantadas por ele, repetem-se até hoje nos diversos trabalhos jurídicos sobre esta matéria. Praticamente pouca coisa foi acrescentada desde então, o que mostra o seu pioneirismo. Ele denominava *iter voluntatis* o período entre o início das negociações até a formação definitiva do contrato, o qual podia ser dividido em duas partes. A primeira delas é a fase de discussão, na qual haveria a troca de ideias, projeto do contrato, concepção das cláusulas e análises. A segunda é o momento decisivo da oferta e aceitação.[1181]

Faggella já observava que os romanistas e civilistas só se importavam com a segunda fase, inexistindo regras sobre a negociação dos contratos. Na Roma Antiga, isso seria qualificado como *pacta nuda*, para os quais não havia ação. Dessa forma, na sociedade contemporânea, os contraentes se encontram na mais ampla liberdade de continuar ou não as discussões e elaborar o projeto do contrato e podiam interrompê-lo, modificá-lo a sua vontade, porque na primeira fase não se busca criar vínculos jurídicos, mas sim elaborar ou formular o projeto de contrato.[1182] Era unânime o consenso dos juristas que no período das negociações não se incorre em qualquer responsabilidade e a razão fundamental é que não existe a von-

[1179] Grisi, Giuseppe. L'obbligo precontrattuale di informazione. Napoli: Jovene, 1990. p. 68.

[1180] Costa, Mário Júlio Brito de Almeida. op. cit. p. 33.

[1181] Faggella, Gabrielle. Dei periodi precontrattuali e della loro vera ed esata costruzione scientifica. *In:* Studi giuridici in onore di Carlo Fadda pel XXV Anno del suo insegnamento. v. 3. Napoli: Luigi Pierro Tip. Editore, 1906. p. 271-272.

[1182] Faggella, Gabrielle. op. cit. p. 273-275.

tade de obrigar-se.[1183] Argumentava ainda que as negociações despertam a confiança de que a outra parte continuará até o fim, assinando o contrato, ou, devido à troca de ideias sobre pontos contratuais, não ser possível chegar a um acordo. No entanto, se uma das partes deixar as negociações sem motivo justo, esta parte incorrerá em responsabilidade, a qual ele denominou de responsabilidade pré-contratual,[1184] que se limitaria ao ressarcimento das despesas efetivas e ao custo real dos trabalhos preparatórios pré-contratuais, necessários ao desenvolvimento das negociações e à elaboração das minutas entre o período inicial das negociações até o dia em que houve a ruptura.[1185]

Para justificar esta responsabilidade pré-contratual, Faggella[1186] sustentou a tese de que a colocação em negociação implica um acordo tácito, revogável, por não ter força obrigatória, segundo o qual as partes buscam chegar a um acordo, quando possível; para a obtenção deste acordo, cada uma das partes dá a outra uma autorização para negociar e incorrer em despesas, que aumentam à medida da importância do contrato que está em vias de concluir. O recesso injustificado implicaria violação deste acordo tácito, fazendo surgir a obrigação de ressarcir estas despesas. Caso contrário, inexiste obrigação de indenizar. [1187]

O próprio Faggella sintetizou a teoria sobre a ruptura injustificada:[1188]

a) é possível uma responsabilidade do desistente também nos primeiros períodos pré-contratuais;
b) essa [responsabilidade] é fundada no consenso às negociações ou ao concurso a esta e, sob o fato da lesão de um valor da parte em face do que desiste, representado pelas despesas e pela obra realmente empregada na elaboração do projeto contratual;

[1183] Faggella, Gabrielle. op. cit. p. 297.

[1184] Faggella, Gabrielle. op. cit. p. 299-301.

[1185] Faggella, Gabrielle. op. cit. p. 304.

[1186] Faggella, Gabrielle. op. cit. p. 298-300.

[1187] Com efeito, este acordo tácito é uma teoria que não se sustenta na realidade, e por isso, não se desenvolveu. A ideia permanece hoje em dia, mas se a fundamenta no princípio da boa-fé.

[1188] Faggella, Gabrielle. op. cit. p. 304.

c) este consenso contém na sua essência a obrigação tácita de ressarcir o tratante pelas despesas efetivas e pelos custos do trabalho preparatório;
d) os limites do ressarcimento são delimitados pela necessidade das despesas e do trabalho preparatório ocorrente e dos limites do consenso a tratar da outra parte;
e) a responsabilidade não tem raiz em um vínculo contratual, nem na *culpa in contrahendo*, nem em uma assunção de garantia, nem no mandato, nem na *negotiorum gestio*;
f) o consenso que se mantém em um estado psicológico e jurídico de passividade, exclui a existência do primeiro elemento;
g) para integrar a responsabilidade deve concorrer a extinção da possibilidade ou da probabilidade do surgir de um direito esperado, fundado no consenso a tratar; a vontade das partes pode alargar ou restringir ou eliminar esta responsabilidade.

No ano seguinte, Saleilles escreveu artigo por meio do qual faz críticas à teoria de Faggella, mas que, na verdade, não comprometiam a essência das teses deste último. A primeira crítica que Saleilles faz à teoria é que Faggella atribuía valor jurídico à fase negocial.[1189] A argumentação parte do princípio de que existe uma liberdade de não contratar e que seria tirania jurídica a imposição de responsabilidade pela retirada das negociações. As partes, quando em negociação, desejam elaborar um eventual contrato; por isso mesmo estão conscientes de que pode existir a ruptura das negociações. Se a oferta é revogável, então esta é um direito. Só não o é se for caso de abuso do direito.[1190] Acrescentou ainda que, tendo em vista que a aquiescência às negociações seria causa eficiente do problema da ruptura destas, as partes ficariam obrigadas a conduzi-las até o seu final em homenagem aos princípios de equidade e boa-fé, somente podendo abandoná-las em caso de desacordo justificado pela divergência de interesses econômicos. A retirada arbitrária ensejaria responsabilidade.[1191] Por exemplo, a ruptura seria legítima se a parte se retirar por receber melhor proposta. Mas se a contraparte resolve cobrir a proposta, a ruptura é ile-

[1189] Saleilles, R. op. cit. p. 708-713.
[1190] Saleilles, R. op. cit. p. 700.
[1191] Saleilles, R. op. cit. p. 718.

gítima. Se a recusa é justificável, quando há divergências de interesses, impossibilidade de conciliação, a ruptura é lícita e nenhuma indenização será devida. Assim, ninguém seria absolutamente livre de se retirar sem provocar risco à parte contrária.[1192] Por isso, Saleilles reconhecia que a cada etapa sucessiva das negociações corresponderia um degrau mais intenso de responsabilidade.[1193] No início das negociações, é bem mais provável de que haverá a retirada, o que justifica a cada negociante arcar com os custos desta.[1194] Porém, aquele que, por uma declaração de vontade, faz a outrem ter confiança na existência de um contrato que só depende mais do que realizá-lo, deve indenizar por seu fato impeditivo da formação do contrato e pelas consequências danosas que essa confiança lhe causou.[1195]

A segunda crítica de Saleilles é quanto ao fundamento desta responsabilidade pela ruptura. Não se poderia falar em obrigação tácita, tal como sustentado por Faggella, porque só haveria obrigações legais quando previstas expressamente. Assim, Saleilles[1196] sustentou a responsabilidade em matéria de negociações independente de culpa e que deriva unicamente da aquiescência inicial às mesmas, porque não há como se retirar delas sem provocar risco à parte contrária.[1197] Esta posição decorria do fato que, no direito francês da época, culpa é situação particular, criada ou consentida por aquele cujo fato se encontrará produzir o dano; implica dizer que tanto a ruptura legítima quanto a ruptura abusiva, ensejariam responsabilidade.[1198]

Faggella, em resposta a Saleilles, replicou que a responsabilidade não é fundada em um vínculo contratual, nem na *culpa in contrahendo*, nem na assunção de garantia, nem no mandato, nem na gestão de negócios, tal como já afirmara. A coexistência do consenso a tratar ou a concorrer nas negociações, expresso ou tácito, e da lesão de um interesse da parte contrária, representada pelas despesas e pela obra realmente empregada na elaboração do projeto pré-contratual, constituem o fundamento jurídico

[1192] Saleilles, R. op. cit. p. 735.
[1193] Saleilles, R. op. cit. p. 728.
[1194] Saleilles, R. op. cit. p. 718.
[1195] Saleilles, R. op. cit. p. 703.
[1196] Saleilles, R. op. cit. p. 735.
[1197] Saleilles, R. op. cit. p. 739.
[1198] Saleilles, R. op. cit. p. 742.

da responsabilidade pré-contratual.[1199] Faggella não fundava a responsabilidade pela ruptura na boa-fé ou equidade, porque, para ele, seria um critério empírico, variável de caso a caso. Vale lembrar que boa-fé na Itália no início do Século XX não era um instituto jurídico bem desenvolvido do ponto de vista doutrinário e legal.

De qualquer modo, Faggella mostrou-se receptivo às críticas de Saleilles, ao afirmar que o exercício do direito se exaure com o recesso, mas o desistente deve suportar as consequências deste exercício, que causa dano e diminui o patrimônio alheio.[1200] O exercício do direito de recesso não justifica a lesão de um legítimo valor anteriormente adquirido ao patrimônio alheio ou a produção de um dano ou de uma simples perda. Assim, a pessoa que sai das negociações não pode ser obrigada a continuá-las, mas permanece obrigada a ressarcir as perdas causadas à parte contrária pelas próprias negociações, que a fizeram surgir ou manter-se.

Como observou Zanetti,[1201] que estudou detidamente esse assunto, a grande contribuição de Faggella foi a de considerar juridicamente relevante o período das negociações, não condicionando o dever de indenizar à existência do contrato, ainda que nulo, ou à revogação da oferta.

Embora nos últimos tempos a ideia de ruptura injustificada vem sendo aceita pela doutrina e jurisprudência, há também alguns pontos a serem observados. Um deles consiste no fato de que, se a negociação fosse legalmente vinculante, confundir-se-ia com a proposta e seria um procedimento inútil. Desiste-se da negociação pelo objeto do futuro contrato não ser o que se imaginava, ou porque não será possível cumprir o que a parte contrária deseja em troca, ou no caso da negociação chegar a um impasse. Ou quando os benefícios do contrato são inferiores aos encargos do mesmo, entre outros motivos. Para Diez Picazo,[1202] as conversações, projetos ou minutas não constituem de per si nenhum ato jurídico em

[1199] Faggella, Gabrielle. Fondamento giuridico della responsabilità in tema di trattattive contrattuali. Archivio Giuridico Filippo Serafini. Terza Serie – Vol XI (dell'intera collezione Vol. LXXXII). Roma, 1909. p. 130.

[1200] Faggella, Gabrielle. op. cit. p. 150.

[1201] Zanetti, Cristiano de Souza. Responsabilidade pela ruptura das negociações no direito civil brasileiro. São Paulo, 2003. Dissertação (Mestrado em Direito). Universidade de São Paulo, Faculdade de Direito. 2003. p. 42.

[1202] Diez-Picazo, Luis. Fundamentos de derecho civil patrimonial. v. 2. Las relaciones obligatorias. Cuarta Edición. Madrid: Editorial Civitas, 1993. p. 271.

sentido estrito, pois deles não derivam efeitos jurídicos de maneira imediata. Não há entre os interessados uma verdadeira relação jurídica, mas sim uma evidente relação social, ou contato social.

Iniciadas as negociações, nenhuma das partes pode ter a pretensão de que a contraparte vá obrigatoriamente celebrar o contrato. De acordo com Antonio Chaves, "as partes, ao entrarem em negociações, deveriam saber perfeitamente que ocorrem o risco das interrupções, que está na própria natureza das convenções. Se, apesar disso, efetuaram despesas, assumem pessoalmente o risco e a perda deveria ficar a seu cargo".[1203] De acordo com Del Fante,[1204] o princípio da boa-fé não impõe um dever de não revogar a proposta contratual. Bessone[1205] também defendeu a responsabilização de quem injustificadamente desiste das negociações. Para ele, o reconhecimento de um direito eminentemente potestativo, que excluísse toda possibilidade de um controle, é fruto de uma visão mística sobre a autonomia da vontade, que, em larga medida, é uma opção ideológica, ligada à estrutura jurídica do sistema de mercado. Continuou, afirmando ser infundado alegar que a responsabilidade por ruptura injustificada das negociações vai contra a finalidade econômico-social das mesmas, pois a total liberdade terminaria por privilegiar aqueles que no mercado agem de modo desleal ou pouco racional. Igualmente vale destacar a observação de Aguirre, de que a parte que contrata auditorias jurídicas, tem a liberdade de prosseguir ou não em direção à celebração do contrato, quando o relatório entregue apontar que se trata de mau negócio. Porém, esse autor apontou que pode ocorrer erro ou dolo do profissional, ensejando a responsabilidade pela ruptura, a qual seria de natureza contratual entre o contratante dos serviços e o profissional que elaborou o relatório de auditoria.[1206]

[1203] Chaves, Antonio. Responsabilidade pré-contratual. 2. ed. revista e ampliada. São Paulo: Lejus, 1997. p. 156.

[1204] Del Fante, Anna. op. cit. p. 172.

[1205] Bessone, Mario. Rapporto precontrattuale e doveri di correttezza (Osservazioni in tema di recesso dalla trattativa). Rivista Trimestrale di Diritto e Procedura Civile, Milano, Anno XXVI, n. 3, Sett. 1972. p. 971-973.

[1206] Aguirre, João Ricardo Brandão. Responsabilidade e informação: efeitos jurídicos das informações, conselhos e recomendações entre particulares. São Paulo: Revista dos Tribunais, 2011. p. 175 e 180.

4. Fundamento Jurídico para a Responsabilidade por Ruptura Injustificada das Negociações

O ponto principal desta matéria consiste na importância de reconhecer-se a liberdade de retirada das negociações sem qualquer receio de ter que indenizar à contraparte pelos transtornos e danos causados por este fato. A responsabilidade incondicional decorrente da ruptura, inviabilizaria diversos negócios, porque haveria poucas possibilidades de desistir das negociações, ainda que a conduta da parte seja conforme a boa-fé. Como apontou Regis Fichtner Pereira, a questão consiste em definir juridicamente o limite da malícia tolerado nas negociações.[1207] Dessa forma, quem negocia, teria que contabilizar o surgimento desta obrigação, bem como analisar o que é mais barato: celebrar um contrato a contragosto ou pagar indenização para se livrar das negociações. Além disso, privar a parte do direito de retirar-se das negociações implicaria o total desvirtuamento de uma negociação, que é o período em que se forma o consenso necessário para a formação ou não de um contrato.[1208] Neste caso, não haveria diferença entre negociar e contratar e a mera intenção de pôr-se em negociações, já seria suficiente para que se reconhecesse o contrato como formado. Com a tendência de não se conferirem liberdades absolutas às pessoas, impondo-se restrições no exercício dos direitos subjetivos, é natural que a parte que se retira de maneira anormal, injustificada ou abusiva, seja obrigada a indenizar os prejuízos causados decorrentes desta conduta, mantendo-se, todavia, a liberdade de retirar-se das negociações em situações socialmente aceitáveis, normais e justificadas. Por isso, a ruptura das negociações é injustificada se os motivos que o levam a desistir do negócio são reprováveis, e por tal, foram omitidos durante o processo de negociação; devido a esta omissão, conseguiu obter maiores vantagens ou informações da parte contrária, já que, se esta conhecesse os verdadeiros motivos, teria tomado determinadas precauções para não ver frustrada sua confiança na realização do negócio. Ou, ainda, é injustificada a ruptura quando uma das partes se aproveita do estado de informação assimétrica para obtenção de vantagens, gerando custos de transação desnecessários com sua saída da negociação.

[1207] Pereira, Regis Fichtner. op. cit. p. 89.
[1208] Farnsworth, E. Allan. op. cit. p. 222.

Quando as negociações são disciplinadas por meio das cartas de intenção, a ruptura injustificada das negociações é inadimplemento contratual. Como explicou Santos Junior,[1209] os acordos intermédios servem para a interpretação das condutas dos negociantes. Todavia, quando não há esta disciplina contratual, então se faz necessário buscar um fundamento jurídico para a responsabilidade por esse fato.

Existem diversas hipóteses de fundamentação jurídica para este problema. A primeira delas foi a existência de acordo tácito para negociar, tal como sugerido por Faggella, criticada pelo artificialismo do sustentar uma obrigação sem que tenha por fonte a lei ou a vontade das partes.

A segunda tese qualifica a ruptura injustificada como abuso do direito. Esta tese tem por foco a conduta da parte no exercício de sua liberdade de contratar. É exercício regular de direito desistir das negociações, mas quando este tem por intenção causar dano, ou decorre da falta de interesse legítimo ou de um desvio de finalidade, aí se trata de abuso de romper as negociações. Saleilles[1210] e Josserand[1211] defendiam esta tese. Esta também era a opinião de Orlando Gomes,[1212] embora também fizesse referência no mesmo parágrafo à violação do princípio da boa-fé e à responsabilidade extracontratual.

Outra hipótese seria defini-la como infração ao dever geral de cuidado (*alterum non laedere*), responsabilizando-se o desistente por meio da cláusula geral de responsabilidade civil, pois, em caso de dano, o nexo causal e a culpabilidade do agente, este ficará obrigado a indenizar o dano causado. Trata-se de uma tese respeitável, porque apenas se leva em consideração o dano causado a outrem, prescindindo da existência de um contrato. Como a ruptura injustificada causa dano justamente por não ter havido a celebração do contrato, a resposta jurídica é adequada para fundamentar o problema.

O princípio da boa-fé como fundamento jurídico para sancionar a ruptura injustificada decorre do fato de que não se deve suscitar confiança em alguém mediante a condução da negociação e, depois, lesar esta confiança

[1209] Santos Junior, E. op. cit. p. 598.

[1210] Saleilles, R. op. cit. p. 700.

[1211] Josserand, Louis. De l'esprit des droits et leur relativité. Théorie dite de l'abus des droits. 2. ed. Paris: Dalloz, 1939. p. 126.

[1212] Gomes, Orlando. Contratos. 18. ed. Rio de Janeiro: Forense, 1998. p. 61.

despertada, pois haverá contradição entre as condutas de negociar e de desistir de negociar.[1213] Bessone[1214] indicou a boa-fé como parâmetro útil para identificar tanto a causa da ruptura da negociação quanto o gênero de confiança suscitada na parte contrária. Jaluzot[1215] também indicou que a responsabilidade pré-contratual funda-se na boa-fé e decorre das despesas feitas durante as negociações rompidas por negligência da parte contrária, ou por falta de cooperação para a conclusão do contrato. Para Carlos Ferreira de Almeida,[1216] o dever de negociar segundo a boa-fé é exigível durante todo o *iter* formativo do contrato, independentemente da sua conclusão. Fontaine[1217] reconheceu que se exige um comportamento de boa-fé na negociação.

Com efeito, estas teses se inter-relacionam. Tanto a violação da boa-fé, como a prática de um ato abusivo, tem como consequência a obrigação de indenizar pelos prejuízos causados, ou seja, têm a mesma sanção das cláusulas gerais de responsabilidade civil. Analisando-se sob o aspecto da liberdade de contratar, o fundamento jurídico é o abuso do direito; mas se o foco da análise for deslocado para a questão do comportamento das partes, a tendência é a violação do princípio da boa-fé; se se atentar para o dano, o fundamento é a cláusula geral de responsabilidade civil.

5. Requisitos para Aferição da Ruptura Injustificada

Para que se possa falar em ruptura injustificada, é preciso ter havido negociações entre as partes.[1218] Porém, há casos em que não há negociação, mas o problema aparece na não formalização do contrato por instrumento

[1213] Medina Alcoz, María. La ruptura injustificada de los tratos preliminares: notas acerca de la naturaleza de la responsabilidad precontractual. Revista de Derecho Privado, Madrid, ano 89, mes 3, p. 79-106, mayo/junio 2005. p. 80.

[1214] Bessone, Mario. op. cit. p. 1007.

[1215] Jaluzot, Béatrice. La bonne foi dans les contrats. Étude comparative de droit français, allemand et japonais. Paris: Dalloz, 2001. p. 367.

[1216] Almeida, Carlos Ferreira de. Responsabilidade civil pré-contratual: reflexões de um jurista português (porventura) aplicáveis ao direito brasileiro". *In*: Cunha, Alexandre dos Santos (Org). O direito da empresa e das obrigações e o novo Código Civil brasileiro. Anais do Congresso Ítalo-Luso-Brasileiro de Direito Civil (2004). São Paulo: Quartier Latin, 2006. p. 163.

[1217] Fontaine, Marcel. op. cit. p. 108.

[1218] Nem todo negócio jurídico enseja responsabilidade pré-contratual, como no caso do testamento, por não ser negócio jurídico receptício (Del Fante, Ana. op. cit. p. 139).

público, como na compra e venda de imóveis, porque também se configura como ruptura injustificada a recusa em comparecer ao tabelião para lavrar a escritura de compra e venda. Do mesmo modo, pode-se falar em ruptura injustificada das renegociações contratuais, valendo-se dos mesmos requisitos.

A realização de despesas é um risco a ser suportado por quem deseja negociar; afinal é o preço que se paga para a obtenção de informações. Mas para configurar a responsabilidade civil pela ruptura injustificada das negociações, com o intuito de indenizar pelas despesas desnecessariamente feitas por uma das partes, é preciso estarem presentes determinados pressupostos, indicados a seguir:[1219]

a) Produção de confiança legítima;
b) Despesas realizadas durante a negociação – Despesas anteriormente feitas em caso de renegociação;
c) Ruptura inesperada, injustificada destas negociações;
d) Dano;
e) Nexo de causalidade entre o dano sofrido por um dos contraentes e o outro contraente que se retirou das negociações;
f) Culpabilidade.

Como visto acima, as partes naturalmente criam vínculos mais sólidos uma com a outra durante as negociações, na medida em que estas forem avançando em direção à celebração de um contrato. Assim, o primeiro requisito para configurar-se a ruptura injustificada é o comportamento do lesado, quando este, ao ter fornecido informações à parte contrária – expressa ou tacitamente – acreditou que o contrato iria realmente ser celebrado e que havia interesse na concretização do negócio. Não há como negar que a decisão de avançarem-se nas negociações, a realização de despesas com técnicos, peritos, viagens, reuniões, faz despertar a esperança de que o contrato vai ser celebrado. Afinal, confiança é algo que surge naturalmente em qualquer processo de negociação. A mera colocação das partes em contato para negociar, já faz despertá-la, ainda que em menor grau do que na véspera da assinatura do contrato. Ainda que se saiba que

[1219] CHAVES, Antonio. op. cit.; COSTA, Mário Júlio Brito de Almeida. op. cit.; RICHTER, Giorgio Stella. op.cit; DIEZ-PICAZO, Luis. *Fundamentos*... op. cit.; MANZANARES SECADES, Alberto. op. cit.

as negociações possam não resultar na celebração do contrato, a parte tem a esperança de concluí-lo, pois, na opinião de Manzanares,[1220] enquanto não houver confiança, não se poderá falar de motivo injustificado da ruptura. Acrescentou, ainda, que a confiança objeto de proteção, deve ser entendida de forma objetiva. Não se leva em conta a convicção pessoal de que a parte contrária celebraria o contrato, mas sim, a confiança produzida de tal maneira que, por meio da conduta da parte contrária, qualquer pessoa, na mesma situação, teria confiado no sucesso das negociações.[1221] O grau de desenvolvimento das negociações é índice probatório concorrente, mas não exclusivo, para a comprovação da confiança na conclusão do contrato.[1222] Quanto mais próxima da conclusão está, maior o risco que a parte se expõe de ter perdido tempo e dinheiro em uma negociação frustrada.[1223]

Dá-se muita ênfase na confiança frustrada como hipótese de responsabilidade por ruptura injustificada. Porém, na nossa opinião, a esperança de que o contrato vai ser celebrado não é em si mesmo o bem jurídico a ser protegido, tendo em vista que a regra é a liberdade de contratar ou de não contratar. Inclusive é plenamente possível e lícita a retirada das negociações a poucos instantes da celebração do contrato. Por exemplo, em negociações de veículos usados, admite-se a desistência sem imputação de responsabilidade.[1224] É permitido, pois, danos legítimos à confiança despertada. Porém, o que vai determinar a ilicitude do ato não é a existência de confiança, mas sim a justificativa dada para a desistência. Em se tratando de renegociações de contratos, por exemplo, a confiança muito provavelmente será maior, pois já existe o contrato formado e a expectativa de que será renovado é maior do que a expectativa de um contrato que nunca se formou, salvo se, desde o início, qualquer das partes tenha sinalizado a não intenção de renová-lo, como nos casos de renovação de contratos de locação de imóveis por prazo determinado ou aqueles contra-

[1220] Manzanares Secades, Alberto. op. cit. p. 698.

[1221] Manzanares, Alberto. op. cit. p. 699.

[1222] Pignataro, Gisella. Buona fede oggettiva e rapporto giuridico precontrattuale: gli ordinamenti italiano e francese. Napoli: Edizioni Scientifiche Italiane, 1999. p. 111.

[1223] Ferro-Luzzi, Federico. L'imputazione precontrattuale. Il preliminare, le trattattive. Padova: CEDAM, 1999. p. 85.

[1224] Brasil Tribunal de Justiça do Estado do Paraná (6ª Câmara Cível) Apelação Civil n. 797593-9. Relator: Des. Prestes Mattar, 13 de dezembro de 2011.

tos de distribuição de automóveis por concessionarias, regidos pela "Lei Ferrari" (Lei nº 6.729/79). Nesse sentido, o Código Civil brasileiro estabelece como sanção a prorrogação do contrato, conforme disposto no art. 473, parágrafo único. Na Itália, Paolo Gallo apontou que também se considera ruptura injustificada a hipótese em que se recusou a renegociação do contrato, quando uma das partes já havia feito investimentos consideráveis.[1225]

O segundo requisito para a configuração da ruptura injustificada é o fato de terem sido realizadas despesas relativas à condução das negociações, tendo em vista que se poderia confiar na seriedade das mesmas. É o caso em que, se a parte tivesse falado a verdade, ou fosse clara, comportando-se de maneira a não proporcionar razoavelmente interpretação de que realmente haveria sucesso no negócio, a contraparte não as teria feito.

O terceiro requisito é a ruptura tenha sido inesperada, injustificada, abusiva, violando a confiança despertada na parte contrária, em geral, pegando de surpresa a parte contrária. Como primeiro exemplo de ruptura[1226] é a recusa inexplicável de assinar o ato definitivo. A parte comporta-se de determinado modo, deixando a entender que celebraria o contrato, ou, pelo menos, prosseguiria até o fim, quando, de forma repentina, anuncia que está desistindo de prosseguir nas mesmas. Também pode consistir na apresentação de desculpas pouco convincentes, revelando-se uma contradição entre as condutas anteriores e a conduta atual de rompê-las, ou a recusa inexplicável de assinar o ato definitivo. Outro exemplo é a manutenção das negociações sem intenção de contratar ou de renovar o contrato.[1227] A parte, desde o princípio, já sabia que não celebraria o contrato, mas mantinha esta informação relevante em segredo, justamente para que a parte contrária continuasse nas tratativas. Pode-se também pensar na hipótese comum da parte ter vontade de desistir, mas, por achar desagradável dizer a verdade, conduz as negociações a contragosto até produzir uma situação insustentável, culminando na ruptura.

Vale indicar a situação comum de não se ter deixado claras quais eram as suas reais intenções na contratação e nada fez para evitar que a parte

[1225] GALLO, Paolo. Responsabilità precontrattuale: la fattispecie. Rivista di Diritto Civile, Milano. v. 50. n. 2. p. 295-325. mar./apr. 2004. p. 306.

[1226] JALUZOT, Béatrice. op. cit. p. 364.

[1227] JALUZOT, Béatrice. op. cit. p. 363.

contrária, mediante interpretação do comportamento, pudesse concluir de forma razoável que havia interesse sério na negociação. Tem-se ainda a condução de negociações paralelas em segredo.[1228] Neste caso, naturalmente diminuem-se as probabilidades de consecução do negócio. Se a parte empreende duas negociações simultaneamente, a probabilidade de concretizar-se qualquer dos negócios será de cinquenta por cento, e assim por diante. O problema não está em negociar simultaneamente, mas sim no fato de não se comunicar este fato à parte contrária. Por fim, a imposição de condições não razoáveis na negociação, para forçar a ruptura das mesmas.[1229] Em todos estes casos, o problema está no fato de que a ruptura injustificada evidencia falta de consideração para com os interesses da contraparte; por isso mesmo é que se responsabiliza quem age desta maneira. Gallo, ao ter sintetizado essa matéria, elencou hipóteses em que a jurisprudência italiana considerou como justificados os recessos das negociações: a) recesso para evitar o cometimento de ato ilícito; b) variações notáveis nos interesses envolvidos; c) prolongamento exagerado do tempo das negociações.[1230]

Bessone[1231] e Manzanares[1232] sustentaram ser difícil e perigoso trabalhar com critérios de justa causa para estabelecer se a ruptura das negociações enseja indenização à parte contrária, porque poderia inclusive implicar uma análise do procedimento de formação da decisão de retirar-se, inevitavelmente exposto aos inconvenientes de toda indagação sobre a psicologia dos operadores. Todavia, como visto acima, há critérios suficientes para estabelecer causas justas e causas injustas para a ruptura das negociações. Como a regra geral é a liberdade de desistir das negociações, todos devem ter consciência de que esta pode ocorrer a qualquer momento, devendo-se suportar o exercício desta liberdade, tampouco reclamar nesse caso. É natural e previsível que divergências possam surgir durante as negociações. Neste caso não há que se falar em responsabilidade civil.

[1228] Jaluzot, Béatrice. op. cit. p. 362.
[1229] Jaluzot, Béatrice. op. cit. p. 362.
[1230] Gallo, Paolo. op. cit. p. 307.
[1231] Bessone, Mario. op. cit. p. 1021.
[1232] Manzanares Secades, Alberto. op. cit. p. 689-692.

A ruptura por recebimento de oferta melhor não é injustificada se a parte que a recebe, age de forma transparente, indicando que pode receber outras ofertas, ou que está em contato com terceiros negociantes, e dá a oportunidade de cobri-la. Richter,[1233] por sua vez, apontou a reavaliação subjetiva da conveniência do contrato. Na maior parte dos casos é justa causa para a retirada das negociações, pois é para isso mesmo que elas servem, a fim de que se possa fazer uma melhor avaliação acerca da conveniência ou não de celebrar o contrato. A inserção da cláusula "salvo aprovação da casa" permite considerar a ruptura como justa, apenas porque avisou esta circunstância à parte contrária. Além disso, deve-se ressaltar que não necessariamente o desistente das negociações é o causador do dano. Na opinião de Ana Prata,[1234] se a parte que está sendo enganada pela outra, descobre tal fato, ela pode licitamente desistir das negociações e pleitear indenização pelos prejuízos sofridos. Por isso, como explicou Del Fante,[1235] a conduta justificada exige da pessoa que pretende desistir das negociações, a declaração de não somente deixar de negociar ou contratar, mas também a esforçar-se em comunicar tal fato o mais rápido possível, para evitar, ou ao menos limitar, eventuais danos que a parte contrária possa ter.

De acordo com Schmidt,[1236] quando um profissional rompe as negociações, a confiança criada na pessoa da parte contrária não profissional é, sem dúvida, maior que a ordinária. Assim, o profissional deve agir com maior rigor que um simples particular. Porém, se as negociações se desenvolvem entre dois profissionais, deve-se respeitar a segurança comercial e não aceitar facilmente a responsabilidade das partes. Já se um profissional é vítima da ruptura, este não pode razoavelmente esperar concluir todas as negociações com seus clientes. A confiança criada ao profissional nas negociações é, habitualmente, mais limitada, pois se trata do ônus da atividade. Basta pensar em uma loja de roupas. Nela entram dezenas de pessoas por dia, que solicitam ao vendedor que lhes mostrem os artigos à venda. Algumas pessoas provarão a roupa e a levarão; outras não.

[1233] RICHTER, Giorgio Stella. op. cit. p. 52.

[1234] PRATA, Ana. Notas sobre responsabilidade pré-contratual. Lisboa, s.e. 1991. p. 76.

[1235] DEL FANTE, Anna. op. cit. p. 173.

[1236] SCHMIDT, Joanna. La sanction de la faute precontractuelle. Revue Trimestrielle de Droit Civil, Paris, p. 46-73, 1974. p. 54.

Porém nunca ninguém ousou sustentar que o dono do estabelecimento pudesse exigir do cliente que leve toda a roupa experimentada, muito menos pedir indenização por não tê-la comprado, já que o vendedor poderia ter usado seu tempo para atender outros clientes. A razão é que é todos sabem que ninguém é obrigado a comprar aquilo que pede para provar. Para Mário Júlio de Almeida Costa,[1237] este risco da não concretização das vendas faz parte da atividade econômica a que se dedica e cujos valores são lançados como despesas operacionais. Neste caso, a confiança criada aos profissionais pelas negociações mostra-se normalmente mais reduzida. Com efeito, pode-se romper, porque, como se verá adiante, outro requisito é a existência de dano e, no caso de venda de roupas, não há que se falar em dano.

O quarto requisito – existência de dano – é imprescindível para a responsabilização civil, pelo fato de que não há responsabilidade sem dano, salvo em situações excepcionalíssimas. A responsabilidade civil tem por objetivo a volta ao *statu quo ante*. Assim, ainda que tenha havido ruptura injustificada, comportamento condenável, não há que se reparar dano, se este não aconteceu. Porém, quando houver danos, estes consistem na indenização das despesas da parte no desenrolar das negociações. Como explicou Mário Júlio de Almeida Costa,[1238] não haverá obrigação de indenizar a parte que, por sua conta e risco, fez despesas para tentar buscar o fechamento de um contrato e a contraparte recusa liminarmente iniciar as negociações. Vale dizer que não há impedimentos para que também se condene o desistente por danos morais, além dos danos patrimoniais. Deve existir, obviamente, nexo causal entre a conduta de romper as negociações de forma injustificada, com o dano que desta conduta surgiu no patrimônio da contraparte. Não há de se falar em indenização se a parte que rompeu as negociações foi quem exclusivamente arcou com as despesas de negociação. Questão mais sensível é a situação em que o contrato está sendo renegociado e qualquer das partes fez investimentos consideráveis durante a execução do contrato, além das eventuais despesas que teve durante esse processo de renegociação, que poderá prejudicar a parte contrária por não ter como destinar ou realocar fatores de produção em outra atividade. Vale recorrer ao disposto no art. 473, caput e parágrafo

[1237] Costa, Mário Júlio Brito de Almeida. op. cit. p. 68.

[1238] Costa, Mário Júlio Brito de Almeida. op. cit. p. 56.

único, do Código Civil brasileiro, segundo os quais: "Art. 473. A resilição unilateral, nos casos em que a lei expressa ou implicitamente o permita, opera mediante denúncia notificada à outra parte" e "Parágrafo único. Se, porém, dada a natureza do contrato, uma das partes houver feito investimentos consideráveis para a sua execução, a denúncia unilateral só produzirá efeito depois de transcorrido prazo compatível com a natureza e o vulto dos investimentos". Neste caso do art. 473, parágrafo único do Código Civil, não se trata de ruptura injustificada, porque, quando se autoriza a denúncia, esta é permitida, mas, mesmo assim, o legislador limita o exercício desse poder jurídico. Nesse sentido, Frada apontou que a boa-fé impõe que aquele que agiu de determinada forma por certo tempo, comunique com a devida antecedência, isto é, cumpra o dever de informação, para que a outra parte saiba que houve mudança de conduta. Não se proíbe a mudança de comportamento, mas apenas se impõe aviso prévio para que o outro contratante se adapte à situação, evitando de causar-lhe prejuízos.[1239]

Deve-se aferir a culpabilidade da parte que deu causa à ruptura, configurando-se, assim, responsabilidade subjetiva. De acordo com Regis Fichtner Pereira, não se poderia admitir a responsabilidade objetiva em matéria de ruptura de negociações, porque, do contrário, a indenização seria certa, frustrando-se a finalidade das negociações, que apenas exigem o respeito à boa-fé nesse procedimento.[1240] No nosso entender, não se pode falar de responsabilidade objetiva em caso de ruptura injustificada, porque a maior parte das rupturas pode causar danos, mas jamais ensejará reparação, pelo fato da retirada ter-se realizado de forma normal, justificada. Se a responsabilidade fosse objetiva, tanto na retirada lícita como na ilícita caberia indenização pelos prejuízos causados em decorrência da retirada, porque a possibilidade de ruptura seria um risco. Nesse caso, implicaria dizer que não há liberdade contratual e que o processo de negociação é atividade de risco. A responsabilidade melhor configura-se como subjetiva, pois a ruptura injustificada é conduta reprovável, por comportar-se com imprudência, ao declarar que fará determinada coisa, quando, na verdade, não poderá fazê-la, ou negligência, ao não se importar com os

[1239] FRADA, Manuel Antonio de Castro Portugal Carneiro da. Teoria da confiança e responsabilidade civil. Coimbra: Almedina, 2004. p. 568.

[1240] PEREIRA, Regis Fichnter. op. cit. p. 312-313.

interesses da contraparte. Para Antonio Chaves, "[a] verdade é uma só: a culpa é elemento caracterizador da responsabilidade pré-contratual. Esse reconhecimento não impede uma limitação razoável na condenação em perdas e danos, nem implica na admissão de uma reparação integral".[1241] Haveria, no nosso entender, responsabilidade objetiva, se as negociações ocorressem em sede de relações de consumo. No entanto, como nessas relações raramente ocorrerão negociações – razão pela qual a oferta, nos termos do art. 30 e 31 do Código de Defesa do Consumidor devem trazer todas as informações relevantes – essa possibilidade é, de fato, meramente teórica.

6. A Ruptura Injustificada de Acordo com a Nova Economia Institucional

No limite, todos esses requisitos poderiam ser resumidos a um: agir com transparência de acordo com a boa-fé. De fato, isso não é possível quando há más intenções, porque justamente se quer se aproveitar do estado de informação assimétrica, obtendo vantagens desse fato, gerando custos de transação desnecessários à contraparte. Mais precisamente, o problema surge pela não transmissão da informação relevante sobre as próprias intenções na negociação.

Podem-se identificar duas situações informacionais: uma situação de informação simétrica, e outra, de informação assimétrica. A primeira delas é aquela em que ambas as partes sabem que qualquer das partes pode desistir do processo de negociação. Tanto a parte contrária pode deixar de negociar, como também a própria parte, em um primeiro momento, poderia estar de boa-fé quando pretendia celebrar o contrato, mas depois, também de boa-fé, mudou de opinião e decidiu abandonar as negociações. Trata-se de um risco legítimo, natural.

Porém, no mesmo processo de negociação podem existir outros estados de informação assimétrica. Por exemplo, o desconhecimento das intenções da parte contrária: iniciam-se as negociações para obter de forma ilícita informações da parte contrária e que somente as obteria entrando nelas; ou se alguém está negociando com mais de uma pessoa sem revelar este fato; portanto, uma delas não resultará no contrato. Ou quando a

[1241] Chaves, Antonio. op. cit. p. 161.

parte não informa suas intenções, ou deixa-as subentendidas: se pretende apenas pesquisar, sondar sobre a viabilidade de contratar, ou se está decidida mesmo a concretizar determinado negócio, deixando tudo em suposições, entrelinhas, impressões e aparências.

Como visto, o processo de negociação tem por objetivo a obtenção de informações. Aqui há diversos custos de transação, por exemplo, despesas com viagens, advogados, peritos, entre outros. Além disso, há custos de aquisição de informações sobre as verdadeiras intenções da parte contrária. Existindo informação assimétrica e custos de transação, o princípio da boa-fé intervém para corrigir essa situação. Por isso, se houve simetria de informação, o princípio da boa-fé não intervém mesmo com a produção de custos de transação.

Se a retirada das negociações ocorrer por motivos legítimos, estes fazem parte das "regras do jogo"; por isso o princípio da boa-fé não impõe a indenização pelos custos de transação, tendo em vista que a ruptura se deu devido a fatos que são esperados por ambas as partes. Todos os negociantes devem suportá-los, pois o fato pelo qual se deu a ruptura é situação de informação simétrica, ou, ainda que não seja, esta informação pode ser obtida facilmente, isto é, com baixos custos de transação. Por outro lado, se a retirada das negociações tiver sido por motivos injustificados, estes não fazem parte das "regras do jogo" e o princípio da boa-fé impõe a indenização pelos custos de transação, tendo em vista que a ruptura se deu devido a fatos que não eram esperados por uma das partes. A parte contrária sofreu a lesão por desconhecer os motivos da parte por estar em assimetria de informações. Ademais, seria quase impossível à parte descobrir quais são as intenções da outra; o que vale dizer que são custos de transação muito elevados ou proibitivos. Por isso se impõe a indenização, tanto para ressarcir estes custos, entendidos como aqueles da negociação, bem como também para compensar a existência dos custos de transação proibitivos, resultantes da impossibilidade de descobrir fatos que dariam ensejo à ruptura.

Para evitar-se este problema, o princípio da boa-fé impõe o dever de coerência de comportamento e, sobretudo, o dever de informar sobre as próprias intenções na negociação. Com isso, o estado de informação assimétrica será reduzido, porque a parte adquire informações relevantes para se defender do comportamento oportunista da parte contrária, bem como se evitam desentendimentos entre as partes, por agirem com base em suposições.

A doutrina reconhece a existência de certos deveres decorrentes da boa-fé voltados às negociações. Fontaine[1242] sustentou que o dever de negociar de boa-fé implica os deveres de informar corretamente a parte dos elementos de apreciação pertinentes, abster-se de toda proposição manifestamente inaceitável e não prolongar a negociação se não tem interesse. Mário Júlio de Almeida Costa[1243] colocou o dever de exprimir-se com clareza e de evitar uma falsa interpretação do seu comportamento pela contraparte. Ana Prata[1244] apontou o dever de advertir a contraparte sobre a probabilidade de as negociações não chegarem a bom termo, bem como não exigir que a parte contrária realize gastos, se não tiver certeza da futura celebração do negócio.

A situação ideal seria a condução de negociações de acordo o modelo das negociações cooperativas, por serem, no nosso entender, o modelo de comportamento de quem age corretamente nesses casos. Do ponto de vista jurídico, com base na análise do problema da ruptura injustificada por meio dos conceitos da nova economia institucional, a solução deste problema está nos deveres decorrentes do princípio da boa-fé, pelo fato de que a ruptura injustificada resulta da violação dos deveres de coerência de comportamento, bem como pela falta de comportamento cooperativo, ao não levar em consideração, de maneira correta, os interesses da contraparte. Sobretudo, nessa matéria, até mesmo para evitarem-se os efeitos do estado de informação assimétrica e escapar de elevados custos de transação, bastaria o respeito ao dever de informar, o qual deve abranger:

a) Dever de informar quais são as suas intenções durante as negociações, e quais são as possibilidades da parte não pretender celebrar o contrato;
b) Dever de informar se negocia ou se não negocia com terceiros;
c) Dever de comunicar imediatamente a intenção de desistir das negociações, assim que formar a convicção de que não pretende contratar.

[1242] Fontaine, Marcel. op. cit. p. 108.

[1243] Costa, Mário Júlio Brito de Almeida. op. cit. p. 57.

[1244] Prata, Ana. op. cit. p. 72.

d) Dever de comunicar toda e qualquer informação relevante que possa ser do interesse da parte contrária, no que compete ao procedimento da negociação;
e) Dever de sigilo quanto às informações recebidas da parte contrária.

Em relação ao primeiro dever de informar sugerido, este tem a finalidade de conferir subsídios à parte contrária para esta se resguardar dos riscos de uma possível ruptura, porque se aumenta a possibilidade de prever a conduta futura, ao serem reveladas as intenções das partes. Como se trata de dever de informar, a informação deve ser verdadeira, sob pena de responder pela sua inexatidão. No mesmo sentido, quanto ao segundo dever de informar, consistente na comunicação à contraparte sobre a manutenção ou não de negociação com terceiros, este também possibilita à parte contrária se resguardar de uma futura ruptura. Pelo fato de ser uma informação relevante, possibilita inclusive à parte contrária fazer proposta mais competitiva para vencer a concorrência de terceiros.[1245] Note-se que não há o dever de não conduzir negociações paralelas; elas podem ocorrer, contanto que a parte contrária tenha ciência disso.

Quanto ao terceiro dever de informar, evitam-se despesas desnecessárias, pois serão inúteis, pelo fato de que o contrato jamais virá a se formar. Embora seja lícita a ruptura das negociações, nem por isso se devem aumentar os custos de transação da parte contrária, quando estes podiam ser evitados. É, pois, uma exigência do dever de cooperação entre as partes.[1246] Além disso, se a parte que pretende desistir das negociações, não informa a parte contrária sobre esta intenção, a consequência será o aumento constante da confiança de que o contrato será finalmente celebrado. Se for possível conhecer esta informação relevante o quanto antes, esta confiança, pelo menos, não aumentará desnecessariamente. Para o quarto dever de informar, deve-se comunicar toda e qualquer informação

[1245] FARNSWORTH, E. Allan. op. cit. p. 284.

[1246] Como explica Farnsworth, a boa-fé requer das partes que continuem negociações até que o impasse seja atingido, ou até que se rompam justificadamente as negociações. A razão é que, se negociar implica custos de transação, e estes custos são inevitáveis, então que pelo menos se tente obter algum proveito desta atividade. (FARNSWORTH, E. Allan. op. cit. p. 284)

relevante sobre o andamento das negociações, para que não se incorram desnecessariamente em custos de transação.

O dever de sigilo, decorrente do princípio da boa-fé como exemplo do dever de cooperação, tem por objeto a não revelação de informações obtidas por determinada pessoa em razão do adimplemento do dever de informar na formação dos contratos. Isso porque, se ambos devem transmitir informações, por outro lado, é preciso oferecer um mínimo de segurança ao devedor da informação de que esta não será usada indevidamente pelo credor da mesma. De acordo com Diesse,[1247] o dever de sigilo justifica-se em função do respeito ao interesse da parte contrária de que as informações não percam valor, nem cheguem ao conhecimento de terceiros, impondo-se um dever de cooperar para que se mantenha o sigilo.

Esse dever faz reduzir custos de transação nas negociações contratuais, porque, em não havendo segurança para a divulgação de informações, a tendência é que a parte não coopere com a outra, somente revelando na menor quantidade possível informações relevantes não apenas sobre o conteúdo do negócio, mas também sobre suas intenções e condutas na negociação, obrigando a parte contrária a suportar elevados custos de transação, pois terá que descobri-las de outro modo, ou nem sequer conseguir descobri-las, o que significa custos de transação proibitivos. E a parte que as revelar, também terá custos de transação para evitar o seu uso indevido. Maior grau de certeza de que as informações transmitidas permanecerão em sigilo, facilita as negociações. Em relação ao dever de não revelá-las a terceiros, este também decorre do dever de cooperação. Sendo a informação ser um bem diferenciado, a parte que as recebe, tem que agir no interesse da parte contrária, evitando o seu vazamento.

7. O Encaminhamento das Soluções nos Ordenamentos Jurídicos

Na França, usa-se o termo "ruptura abusiva" das negociações, embora não se fizesse referência ao abuso do direito como fundamento jurídico para a responsabilidade civil do recedente. Também frequentes os termos "ruptura brutal" e "ruptura culposa" para referir-se a esse fato. Para

[1247] Diesse, François. Le devoir de coopération comme principe directeur du contrat. Archives de Philosophie du Droit, Paris, n. 43, p. 259-302, 1999. p. 290.

Jaluzot,[1248] a previsibilidade da ruptura é um critério importante na análise do problema, porque a jurisprudência francesa atém-se à "brutalidade da ruptura", na qual os danos são criados porque uma das partes não podia prever a cessação da relação, o que implica violação do princípio da boa-fé. Por isso, leva-se em conta na responsabilização o grau de avanço das negociações, a relação entre as partes, a razão da ruptura, os acordos verbais e os documentos intermediários, tudo para determinar-se a surpresa causada pelo exercício da liberdade de não contratar.[1249] O entendimento pacífico da jurisprudência francesa é o de que se tratava de responsabilidade extracontratual, fundada na cláusula geral de responsabilidade civil, consubstanciada no então art. 1382 (atual art. 1240) do Código Civil francês, além de fazer-se menção à boa-fé nas negociações. Existem muitas decisões a respeito desse tema na jurisprudência francesa, sendo elevado o número delas em comparação com os demais países. A título de exemplo, mencionam-se dois deles.

O primeiro deles refere-se a um fabricante de airbags automotivos que negociava com uma empresa de autopeças o fornecimento desse equipamento para veículos para uma montadora. O fabricante alegou que transmitiu informações confidenciais de ordem técnica à empresa de autopeças e, tempos depois, quando só faltavam acertar os detalhes da etiqueta de código de barras no produto, esta última, que também negociava com terceiros, rompeu as negociações, alegando que a montadora havia decidido usar outro tipo de peça. Em sua defesa, a empresa alegou-se que não havia cláusula de exclusividade nas negociações. Dessa forma, a Corte de Cassação decidiu que o tribunal deveria ter enfrentado a questão se a condução de negociações paralelas sem exclusividade era ou não caso de ruptura injustificada.[1250]

Outro caso foi entre empresário que atua no comércio de roupas de marca famosa e um magazine. Eles iniciaram negociações em dezembro de 2005 para a abertura de uma butique daquela dentro das instalações deste último. O magazine teria pressionado o empresário a iniciar as atividades em março de 2006. Em julho de 2006, as partes ainda continu-

[1248] Jaluzot, Béatrice. op. cit. p. 88.

[1249] Jaluzot, Béatrice. op. cit. p. 366.

[1250] França. Cour de Cassation (Chambre Commercialle). Pourvoi n. 12-25043. 13 Novembre 2013.

avam a negociar até que, em novembro de 2006, o magazine declarou estarem interrompidas as negociações e pediu indenização por perda de uma chance de não ter alugado para terceiros, ao ter permanecido com o local fechado por vários meses por causa das negociações. Alegou ainda que o empresário usou o argumento de que já havia feito investimentos no espaço para tentar obter condições contratuais mais vantajosas. Por outro lado, o empresário alegou que o magazine também prolongava desnecessariamente as negociações e, com a ruptura, teve prejuízos com a encomenda de móveis e de decorações para esta loja. A Corte de Cassação apontou que ambas as partes deram causa à ruptura abusiva das negociações, com fundamento no então art. 1382 (atual art. 1240) do Código Civil, porque ambos postergavam as negociações para tentar forçar a obtenção de vantagens nas discussões contratuais.[1251]

Com a reforma do direito francês das obrigações, o Código Civil passou a ter regras específicas sobre negociações contratuais com fundamento na boa-fé, nos termos dos arts. 1112, 1112-1 e 1112-2:

> Art. 1112. A iniciativa, o desenvolvimento e a ruputura de negociações pré-contratuais são livres. Elas devem imperativamente satisfazer as exigências da boa-fé. Em caso de conduta culposa cometida nas negociações, a reparação do prejuízo não pode ter por objeto compensar nem as perdas das vanagens esperadas com o contrato não concluído, nem a perda da chanche de obtê-las.
>
> Art. 1112-1. Qualquer das partes que tem uma informação cuja importância é decisiva para o consentimento da outra parte, deve informá-la, na hipótese desta ignorar legitimamente essa informação ou quando confia na parte contrária. No entanto, este dever de informação não diz respeito à estimativa do valor da prestação. É de importância decisiva a informação que tem uma conexão direta e necessária com o conteúdo do contrato ou a qualidade das partes. Incumbe àquele que pretende que uma informação lhe era devida, provar que a outra parte lhe devia, cabendo à parte contrária provar que a transmitiu. As partes não podem limitar nem excluir este dever. Além da responsabilidade daquele que a devia, a violação deste dever de informação pode resultar na anulação do contrato, nas condições previstas nos artigos 1130 e seguintes.

[1251] França. Cour de Cassation (Chambre Commercialle). Pourvoi n. 12-17434. 9 Juillet 2013.

Art. 1112-2. Aquele que usa ou divulga sem autorização uma informação confidencial obtida durante as negociações, fica responsável nos termos do direito comum.

Como se pode observar, o direito francês incorporou praticamente o entendimento doutrinário sobre o tema, ao ter reconhecido a liberdade para negociar, desde que a conduta esteja pautada de acordo com a boa-fé, o que importa revelar as informações relevantes e abster-se de usá-las, quando estas forem confidenciais.

Na Alemanha, a questão da ruptura injustificada das negociações era caso de *culpa in contrahendo,* que se sustentava no princípio geral da boa-fé do § 242 do Código Civil alemão, cuja eficácia transcendia a fase de execução contratual.[1252] De acordo com Asúa Gonzalez,[1253] a responsabilidade era subjetiva, mas os parâmetros eram objetivos, por força do § 276, que trata da responsabilidade do devedor. A ilicitude do fato estava na violação da confiança despertada na parte contrária durante a celebração do contrato. Também se podia afirmar que era hipótese de *venire contra factum proprium*, também com fundamento no § 242 do Código Civil.[1254] Todavia, com as alterações do Código Civil alemão, o fundamento para a indenização pela ruptura das negociações assenta-se nos parágrafos 241.2 e 311, porque, a despeito da liberdade de retirada das negociações, evidentemente que estas permitem afetar os interesses juridicamente protegidos da parte contrária, não se podendo retirar sem consideração para com esta. De acordo com Karina Nunes-Fritz, no direito alemão se tem com as negociações a incidência de uma "gama de deveres específicos de conduta", denominados de deveres de consideração, nos termos do § 241, II, do Código Civil alemão, que se consubstanciam na lealdade e solidariedade entre as partes.[1255]

[1252] Manzanares Secades, Alberto. op. cit. p. 700.

[1253] Asúa Gonzalez, Clara I. La culpa in contrahendo: tratamiento en el derecho alemán y presencia en otros ordenamientos. Erandio: Servicio ed. Univ. del País Vasco, 1989. p. 161.

[1254] Zimmermann, Reinhard; Wittaker, Simon (Orgs). Good faith in European Contract Law. Cambridge: Cambridge University Press, 2000. p. 237.

[1255] Nunes-Fritz, Karina. Boa-fé objetiva na fase pré-contratual. A responsabilidade pré-contratual por ruptura das negociações. Curitiba: Juruá, 2008. p. 30.

Evidentemente, existem casos[1256] relativos à ruptura das negociações na jurisprudência alemã, entendidos como hipóteses típicas da denominada *culpa in contrahendo*. Destacam-se dois deles. O primeiro refere-se a uma companhia suíça que iniciou processo de negociação de compra de quotas de outra sociedade limitada alemã. Em maio de 2005, a companhia suíça enviou uma "oferta não vinculante" para adquirir as quotas pelo preço variável entre 10,1 a 11,3 milhões de Euro. Em junho de 2005, realizou-se *due dilligence* e, em julho de 2005, o Banco deu carta de financiamento para a aquisição das quotas. As negociações continuaram até novembro de 2005, quando as partes se reuniram em uma espécie de workshop para a discussão dos documentos finais do negócio. Porém, dias depois, a proprietária das quotas comunicou a desistência do negócio por e-mail, alegando que as minutas contratuais eram inaceitáveis do ponto de vista técnico e que, durante o workshop, não foi possível obter alternativas para a conclusão do negócio, salvo a de prosseguir com as negociações por mais dois meses. A parte interessada na aquisição das quotas protestou contra esse fato, dizendo que não havia motivos suficientes para a interrupção das negociações. Assim, propôs-se ação contra a proprietária das quotas por ruptura injustificada, a qual foi contestada pela apresentação dos motivos que levaram à desistência do negócio, que, no caso, foi a proposta de cláusula de não concorrência de termo muito longo. Também alegou que a ruptura não teria causado prejuízos, porque as minutas só estavam prontas na véspera da desistência das negociações, o que indicava que as negociações não estavam avançadas durante todo o tempo em que permaneceram em contato. O magistrado de primeira instância condenou a proprietária das quotas por ruptura injustificada das negociações com fundamento na boa-fé, ao reconhecer que a assinatura das minutas era mero detalhe, tamanho o estágio avançado do acordo obtido. O Tribunal de Stuttgart manteve a decisão, entendendo que, dentro da liberdade de contratar, as partes devem suportar prejuízos por participar das negociações, mas que, quando há confiança suficiente na conclusão do contrato, a parte prejudicada deve ser indenizada, conforme disposto nos parágrafos 311, 2; 280,1 e 241,2 do Código Civil alemão, uma vez que, nesse estágio, a parte deve levar em consideração os interesses da outra, não se

[1256] Cf. ALEMANHA. BGH. V ZR 216/81. 8 Oktober 1982; BGH. V ZR 332/94. 29 Marz 1996; BGH. XII ZR 48/03. 22 Februar 2006; OLG Hamm. 4 U 44/07. 14 August 2007.

aceitando a tese de que a exigência de formalização do negócio por atos notariais impedisse a produção dessa confiança.[1257]

Outro caso envolveu as negociações para a aquisição de um terreno, as quais resultaram na elaboração de uma minuta de contrato de compra e venda, a ser assinada ou não conforme os resultados de uma *due dilligence* paga pelo vendedor do imóvel. Embora o relatório dessa auditoria tenha sido satisfatório, o comprador desistiu do negócio, alegando que seu representante não tinha poderes para esse ato e, por isso, recusou-se a aprovar a operação. Pediu-se indenização pelos custos com a *due dilligence*, porque o contrato havia sido negociado por completo. O entendimento do BGH, que devolveu a matéria para nova análise pela instância inferior, foi a de que, em casos como estes, deve-se analisar não apenas a falta de poderes para a celebração do ato, mas todo o iter contratual, a fim de poder-se afirmar ou não, com base nos parágrafos 280, I; 311, II e 241, II, do Código Civil alemão, se ao término dos procedimentos negociais, a ruptura era ou não ilegítima, independentemente de um dos representantes ter ou não poderes para a assinatura dos instrumentos contratuais.[1258]

Na Itália, a disciplina da ruptura injustificada das negociações é regulada pela cláusula geral do art. 1337 do Código Civil italiano, pelo fato dessa questão ser historicamente importante dentro do direito italiano. Aliás, por muitos, anos, a principal aplicação deste artigo foi nesta matéria.[1259] De acordo com Picone,[1260] a jurisprudência foi quem restringiu o alcance deste artigo, ao invocá-lo somente nestes casos. Para Richter,[1261] continua sendo a principal e mais recorrente hipótese de *culpa in contrahendo* no atual panorama jurisprudencial. Para Ferro-Luzzi,[1262] o art. 1337 tem por objeto a tutela do permanecer em risco por causa das negociações e o limite do ressarcimento pela ruptura das mesmas. Nesse sentido, constitui violação da boa-fé a falta de justo motivo na ruptura, porque provoca

[1257] Alemanha. OLG Stuttgart. 5 U 177/06. 2 April 2007.

[1258] Alemanha. BGH. V ZE 182/11. 9 November 2012.

[1259] Alberici, Mariella. Il dovere precontrattuale di buona fede (Analisi della giurisprudenza). Rassegna di Diritto Civile, Napoli, Anno Terzo, 1982. p. 1055; Del Fante, Anna. op. cit. p. 148.

[1260] Picone, Luca. op. cit. p. 20.

[1261] Richter, Giorgio Stella. op. cit. p. 20.

[1262] Ferro-Luzzi, Federico. op. cit. p. 86.

a lesão na confiança da parte contrária.[1263] No caso, ocorre quando não se levam em conta os interesses da contraparte e a consistência da confiança e da expectativa que o próprio exterior estava suscitando.[1264] De acordo com Alberici,[1265] a partir de uma série numerosa de decisões, afirmou que se consolidaram os critérios para a ruptura injustificada das negociações. Em princípio, as negociações não são vinculantes, mas sua interrupção pode ensejar a aplicação do art. 1337 caso haja estes três requisitos: a confiança de um dos contraentes na conclusão de um contrato; o recesso injustificado da contraparte; e o correlativo dano à contraparte.

Entre os vários casos, selecionam-se dois para análise. O primeiro deles foi julgado pela Corte de Cassação[1266] e refere-se à responsabilidade pré-contratual envolvendo o Estado, situação que, nos últimos tempos, é bastante comum na jurisprudência italiana e também nas discussões doutrinárias. Tratava-se de um anúncio (*avviso di ricerca*) para que interessados oferecessem um imóvel a ser usado pelo Cartório de Registro de Imóveis de Trento. Um dos interessados fez a oferta, a qual foi declarada habilitada, dando-se início às negociações para a conclusão do contrato. Porém, tardiamente, isto é, após o encerramento do recebimento das ofertas, outro interessado apresentou seu imóvel. Nas negociações com o primeiro interessado, fez-se perícia e concluiu-se pela inadequação do imóvel, revogando-se a habilitação. Fez-se novo convite público e aquele segundo interessado, que havia feito a oferta tardiamente, fora do prazo, acabou sendo escolhido para a celebração do contrato de aquisição do imóvel. A empresa entendeu ser hipótese de responsabilidade pré-contratual por ter-se criado confiança legítima na conclusão do negócio. A Corte de Apelações entendeu não ser o caso, porque o processo de escolha tinha duas fases (o convite e as análises) e que a desistência do prosseguimento nas negociações com o primeiro interessado não foi injustificada. Nessa sentença, sintetizaram-se os elementos da responsabilidade pré-contratual por ruptura injustificada:

1263 Patti, Guido; Patti, Salvatore. Il Código Civile commentato. Artt. 1337-1342. Responsabilità precontrattuale e contratti standard. Milano: Giuffrè, 1993. p. 57-60.

1264 Alberici, Mariella. op. cit. p. 1067.

1265 Alberici, Mariella. op. cit. p. 1056.

1266 Italia. Corte di Cassazione (Sezione II Civile). Sentenza n. 477, 10 Gennaio 2013.

> Para surgir a responsabilidade pré-contratual, é necessário que entre as partes haja negociações em curso, que estejam em um estágio idôneo a produzir na parte prejudicada uma confiança razoável na conclusão só contrato; que a contraparte, a quem se imputa a responsabilidade, tenha interrompido as negociações sem motivo justificado; e que, por fim, pela diligência ordinária da parte prejudicada, não existam motivos idôneos a excluir a confiança legítima na conclusão do contrato. A verificação da recorrência de todos esses elementos no caso concreto deve ser feita pelo juiz e será considerado incensurado tal comportamento da parte se houve motivos legítimos para tal ato. (Cass. 7768, de 2007; Cass. n. 11.438, de 2004)

Nesse caso, a Corte de Cassação devolveu a matéria para a Corte de Brescia para que analisasse se a ruptura foi ou não justificada, em face das necessidades do Cartório e as vantagens de adquirir-se o imóvel oferecido pelo segundo interessado, em vez do imóvel oferecido pelo primeiro interessado.

Já o segundo caso, de 2012,[1267] refere-se a um corretor que trabalhava para uma corretora de seguros e que foi convidado para atuar como corretor para o concorrente. Para isso, em um acordo preliminar, estabeleceu-se que ele precisaria criar uma pessoa jurídica dentro do prazo de aproximadamente quinze dias. A sociedade não foi criada, mas, mesmo assim, o corretor desligou-se da corretora anterior e começou a trabalhar provisoriamente em nome próprio para o concorrente. Três meses depois, foi desligado dessa função. O corretor alegou que as negociações foram interrompidas de modo arbitrário e injustificado, sentindo-se prejudicado por ter-se desligado da corretora anterior. A Corte de Apelações de Veneza entendeu que não houve responsabilidade pré-contratual, porque o prazo fixado para a constituição da sociedade já havia expirado, quando o corretor desligou-se da corretora anterior. Ao analisar o caso, a Corte de Cassação registrou outros entendimentos acerca desse tema na jurisprudência italiana:

> Do ponto de vista jurídico, observa-se que, em geral, a faculdade que, se é verdade que na fase antecedente à conclusão do contrato, as partes têm,

[1267] Italia. Corte di Cassazione (Sezione II Civile). Sentenza n. 6.526, 26 Aprile 2012.

a qualquer tempo, plena faculdade de verificar a própria conveniência da estipulação e de exigir tudo o que for oportuno em relação ao conteúdo das obrigações futuras e recíprocas, com a consequente liberdade, para ambas as partes, de desistir das negociações independentemente da existência de um motivo justificado, é do mesmo modo verdadeiro (Cass. 29 maio de 1998, n. 5297) que a operatividade de tal princípio está sujeita ao respeito ao princípio da boa-fé e correttezza, compreendendo o dever de informação da contraparte acerca da real possibilidade de conclusão do contrato, sem omitir circunstâncias significativas a respeito da economia do mesmo. A jurisprudência mais recente desta Corte (v. em particular, Cass. n. 6526, de 2012; Cass. 5 agosto de 2004, n. 15040 e, mais recentemente, Cass. 8 de outubro de 2008, n. 24795, (...), posteriormente fixou que a regra do art. 1.337 do Código Civil não se refere apenas à hipótese da ruptura injustificada das negociações, mas que tem valor de cláusula geral, cujo conteúdo não pode ser predeterminado de modo preciso e implica o dever das partes de tratarem-se de modo leal, abstendo-se de comportamentos maliciosos ou reticentes, fornecendo à contraparte toda a informação relevante, adquirida ou adquirível com diligência ordinária, para fins de estipulação do contrato. A violação desta regra adicional de conduta a qual as partes devem se submeter em negociações contratuais, é, portanto, idônea para determinar (se aplicada adequadamente aos fatos em virtude de um congruente e lógico percurso argumentativo voltado à decisão de mérito) a configuração de uma responsabilidade pré-contratual independente daquela conduzível aos cânones fixados pela anterior jurisprudência de legitimidade em matéria de ruptura das negociações, a respeito de seu estágio evolutivo. (...) [a] responsabilidade prevista no art. 1337 do Código Civil, em caso de ruptura injustificada das negociações, pode derivar-se também da violação do dever de lealdade recíproca que se concretiza na necessidade de observar o dever de completude informativa acerca da real intenção de concluir o contrato, sem que qualquer mudança das circunstâncias possa ser idônea para legitimar a reticência ou a maliciosa omissão de informações relevantes no curso das negociações voltadas à estipulação do contrato.

A Corte de Cassação teve entendimento contrário, ao analisar a questão sob o ponto de vista do dever de informação das próprias intenções nas negociações, porque o que se protege nessa fase não é o acordo em si, mas a confiança despertada pelas informações transmitidas.

Na Espanha, há decisões referentes à *ruptura injustificada de los tratos preliminares* desde longa data.[1268] Esta é reconhecida, mas seu fundamento encontra-se no art. 1902 do Código Civil espanhol.[1269] Isto porque neste direito não há um preceito geral de que as relações pré-contratuais devam pautar-se na boa-fé, nem, por conseguinte, uma doutrina geral sobre este princípio.[1270] Manzanares[1271] também afirmou que é o princípio do *alterum non laedere* o fundamento jurídico para a indenização pela ruptura injustificada. Essa orientação mantém-se até os últimos anos. Em 1999[1272] julgou-se caso sobre negociações entre uma empresa e a prefeitura de Alagón para a construção de um matadouro de aves. A prefeitura forneceria o terreno e a empresa faria a construção do imóvel, desde que recebesse subsídios oficiais. Como esses subsídios não foram concedidos, a empresa não construiu o imóvel e a prefeitura propôs ação de indenização pela ruptura das negociações, a qual foi julgada procedente em instâncias inferiores. Nesse acórdão, o Tribunal Supremo fixou os critérios para a responsabilidade civil para essas situações:

> A partir da decisão impugnada, da ótica do indicado conceito do recurso de cassação, cabe assentar que, para a ocorrência de responsabilidade extracontratual, entre outros requisitos, há aquele concernente ao fato do agente a quem se imputa o dano, tenha realizado uma ação ou omissão contrária ao direito, corresponde analisar se nos encontramos ante essa situação, com a particularidade, ademais, de que, em matéria de responsabilidade pré-contratual, para que a ruptura dos tratos preliminares seja qualificada como conduta antijurídica, a doutrina científica exige a concorrência dos seguintes elementos: a) a suposição de uma razoável situação de confiança a respeito da formação do contrato; b) o caráter injustificado da

[1268] Na sentença do Tribunal Supremo de 15 de outubro de 2011 (STS 6635/2011. ID: 28079110012011100665. Ponente: José Ramon Ferrandiz Gabriel) afirmou-se que se reconheceu a responsabilidade extracontratual por ruptura das negociações nas setenças do Tribunal Supremo de 26 de outubro de 1981, 16 de maio de1988 e de 19 de julho de 1994).

[1269] Código Civil espanhol. Art. 1.902. "Aquele que por ação ou omissão causar dano a outrem, por culpa ou negligência, está obrigado a reparar o dano causado".

[1270] Llobet y Aguado, Josep. op. cit. p. 18-19.

[1271] Manzanares, Alberto. op. cit. p. 689.

[1272] Espanha. Tribunal Supremo. STS 4182/1999. 28079110011999102291. Ponente: Roman Garcia Varela, 14 de junho de 1999.

ruptura dos tratos; c) a efetividade de um resultado danoso para uma das partes; d) a relação de causalidade entre esse dano e a confiança suscitada.

Nesse caso concreto de 1999 o Tribunal Supremo, ao contrário da instância inferior, entendeu que não havia confiança legítima, porque se sabia que a construção do matadouro estava condicionada à concessão de subsídios oficiais, o que fazia disso um evento futuro e incerto.

De qualquer modo, observa-se na jurisprudência espanhola que as discussões relativas a esse tema giram em torno da qualificação jurídica do iter pré-contratual, de modo a qualificá-lo ou como meras negociações, que não obrigam as partes dentro do âmbito da autonomia privada, ou como pré-contratos, que obrigam à celebração do contrato definitivo. Por exemplo, o caso julgado pelo Tribunal Supremo em 25 de junho de 2014,[1273] referente à cessão de um contrato de aquisição de um avião a jato Falcon X em 2008. Discutiu-se se a *Letter of Intent* assinada pelas partes era um acordo de negociação ou um pré-contrato. Embora, no caso concreto, se tenha provado que a desistência do negócio ocorreu porque, dez dias antes da assinatura desse documento, o cedente já negociava com terceiro, o Tribunal Supremo entendeu que houve apenas negociações entre as partes. Ademais, a despeito da ruptura das negociações poder ensejar, em tese, a responsabilidade, não houve condenação, porque o dano sofrido não restou provado, afastando-se a tese de dano *in re ipsa*.

Em Portugal, a ruptura injustificada das negociações está disciplinada no art. 227º. Porém, a jurisprudência costuma invocar o art. 334º, que trata do abuso do direito. Existem vários casos, mas seguem os mais significativos do ponto de vista didático. O primeiro deles é o de uma construtora[1274] que estava erguendo um edifício na cidade de Grândola em cujo térreo se construiriam duas unidades residenciais. Por outro lado, uma policlínica dessa cidade, que precisava mudar-se para outro local, procurou a construtora, dizendo-se interessada em adquirir as duas unidades, pretendendo fundi-las em uma única unidade. A construtora, por sua vez, modificou o projeto inicial, promovendo modificações de paredes, janelas

[1273] Espanha. Tribunal Supremo. STS 3845/2014. 28079110012014100462. Ponente: Sebastián Sastre Papiol, 25 de junho de 2014.

[1274] Portugal. Supremo Tribunal de Justiça (6ª Seção). Recurso de Revista 44/07.1TBGDL.E1.S1. Relator: Silva Salazar, 16 de dezembro de 2010.

e portas, para que o imóvel a ser vendido já estivesse adaptado aos interesses da compradora. Porém, depois de iniciadas as alterações no imóvel, não houve acordo quanto ao preço, porque a compradora queria redução de preço e a construtora manteve-se irredutível quanto a isso e as negociações foram interrompidas. Nesse caso, entendeu-se que houve culpa concorrente, porque, se, de um lado, houve a ruptura das negociações ao não pretender seguir com o negócio, entendeu-se, de outro lado, que a construtora foi precipitada em realizar as obras de adaptação do imóvel para a futura compradora sem que o negócio tivesse sido concluído:

> Entende-se, porém, que na verdade existe culpa da autora, concorrente com a da ré, na produção dos danos que sofreu. Isto porque não pode deixar de se concluir que a autora actuou com certa precipitação ao lançar-se no empreendimento das obras de adaptação sem uma prévia averiguação, que se lhe impunha a fim de informar de modo mais completo a ré sobre os elementos com relevo para as negociações, do montante das despesas e demais custos que essas obras e o atraso na conclusão do edifício iriam provocar, retirando daí as necessárias conclusões quanto ao preço a praticar e dando de tal conhecimento oportuno à ora recorrente, pelo que igualmente se tem de considerar a conduta da autora digna de censura. Manifesto é, pois, que o facto da autora, consistente na realização das obras de adaptação sem o prévio apuramento dos respectivos e consequentes custos que acabariam por ter de sobrecarregar a ré, e sem a correspondente informação a esta, é também culposo, por digno de censura, e contribuiu para a produção dos danos indicados, justificando-se, perante a gravidade das respectivas condutas, – uma vez que dessa forma a própria autora acabou por violar o seu dever de cuidado e de informação –, e suas consequências, e à luz de um critério de equidade com base no disposto no art. 566º, nº 3, do Cód. Civil, a redução para metade do montante indenizatório fixado nas instâncias.

Outro caso consistiu em uma empresa ter procurado, em março de 2003, os proprietários de um imóvel rural a 40km de Lisboa no qual se cultivava tabaco, para que constituíssem uma sociedade de exploração agrícola, pecuária e florestal sob a denominação de Fundo Florestal Português. Esse fundo de investimento, na verdade, geraria lucros a partir da realização dessa atividade. Depois de diversas reuniões e trocas de mensagens, que duraram cerca de um ano, a empresa desistiu do negócio, fechando outro com terceiro em 2005, criando-se com este o tal Fundo Florestal Português. Nesse período de negociações, o imóvel rural ficou improdutivo, pois não se plantou tabaco enquanto não se fechava o acordo pela expectativa de realização desse investimento. No caso, entendeu-se que houve ruptura injustificada das negociações, porque era dever do investidor revelar a chegada de um terceiro interessado na constituição dessa sociedade.[1275]

Caso similar é o de uma sociedade que atuava no ramo imobiliário, e formulou proposta de compra de imóvel no qual estava instalado um conservatório musical. A intenção era a aquisição deste prédio e de seus vizinhos, para demoli-los e construir um edifício. A primeira proposta de compra deu-se em julho de 2004 e uma segunda proposta foi feita em novembro desse mesmo ano. Em dezembro o proprietário do imóvel fez contraproposta de venda, desde que a outorga da escritura fosse feita apenas no fim do ano de 2005, o que foi aceito pela sociedade interessada em adquirir o imóvel. O proprietário do imóvel tinha conhecimento de que a sociedade estava entabulando negócios com seus vizinhos para comprar vários prédios para a realização de seu empreendimento. No entanto, em março de 2005, o proprietário do imóvel vendeu-o a um terceiro. Entendeu-se ter havido ruptura injustificada.[1276]

Na Argentina, costuma-se citar um precedente de 1953[1277] a respeito do tema, em que Adolfo Litvak, funcionário da Olivetti, foi dispensado pela mesma, mas iria ser recontratado como representante comercial da mesma, inclusive prometendo ser fiadora dele no aluguel de imóvel e enviar máquinas em consignação. Sem justificativa prévia, após Litvak ter-se mudado de cidade para o exercício dessa atividade, a Olivetti desistiu de contratá-lo. Olivetti foi condenada a pagar os prejuízos sofridos por Litvak e a corte usou o texto de Faggella para sustentar essa responsabilidade. Os demais casos se voltam mais à qualificação jurídica das negociações como pré-contrato ou sobre ruptura de promessa de casamento.

[1275] PORTUGAL, Supremo Tribunal de Justiça (1ª Seção). Recurso de Revista n. 5523/05.2TVLSB. L1.S1. Relator: Gregório Silva Jesus, 11 de julho de 2013.

[1276] PORTUGAL, Supremo Tribunal de Justiça (2ª Seção). Recurso de Revista n. 3682/05. 3TVSLB.L1.S1. Relator: Fernando Bento, 31 de março de 2011.

[1277] ARGENTINA. Camara Nacional de Apelaciones en lo Comercial (Sala B) Litvak, Adolfo c. Olivetti Argentina S.A. 16 de setembro de 1953.

Ao longo das décadas, a jurisprudência argentina afirmou que a responsabilidade por ruptura injustificada é de natureza extracontratual e poder-se-ia considerar que esse ato seria abuso do direito, entendido como abuso da liberdade de não contratar, o que exigiria a prova da culpa ou dolo do agente.[1278] Também se afirmou que as negociações eram atos jurídicos lícitos, entendidos como atos reais, sem vincular qualquer das partes, contanto que atuem em conformidade com o princípio da boa-fé.[1279] Caso interessante foi aquele em que se reconheceu a quebra da promessa formulada por importante apresentador de televisão naquele país para que um jovem artista participasse de seu programa. Reconheceu-se, no caso, indenização por danos morais, devido à decepção que ele sentiu e a legítima confiança despertada, provada por jornais.[1280] Por fim, o novo Código Civil argentino trata da ruptura injustificada das negociações entre os artigos 990 a 993, de modo que também se incorporou praticamente todo o entendimento doutrinário sobre o tema:

> Seção 3ª. Tratativas contratuais
>
> Artigo 990. Liberdade de negociação
>
> As partes são livres para promover as tratativas dirigidas à formação do contrato e para abandoná-las a qualquer momento.
>
> Artigo 991. Dever de boa-fé
>
> Durante as tratativas preliminares, e ainda que não se tenha formulado uma oferta, as partes devem agir de boa-fé para não frustrá-las injustificadamente. O descumprimento deste dever gera a responsabilidade de ressarcir o dano que sofreu aquele que confiou, sem culpa, na celebração do contrato.
>
> Artigo 992. Dever de confidencialidade.

[1278] ARGENTINA. Camara Nacional de Apelaciones de lo Civil, Comercial, Federal (Sala 2). Id Infojus: FA89030022. Ponentes: Magistrados Guillermo R. Quintana Teran, Eduardo Vocos Conesa, Marina Marini de Vidal, 2 de maio de 1989.

[1279] ARGENTINA. Câmara Civil, Comercial, Laboral y Mineria (Sala Civil). Id Infojus: FA0050044. Ponentes: Magistrados Carlos Velasquez, Juan Manino, Carlos Ferrari, 25 de fevereiro de 2000.

[1280] ARGENTINA. Camara Nacional de Apelaciones de lo Civil (Sala M). Id. Infojus: FA07020204. Ponente: Magistrado De Los Santos, 13 de novembro de 2007.

Se, durante as negociações, uma das partes fornece a outra uma informação com caráter confidencial, aquele que a recebeu, tem o dever de não revelá-la e de não usá-la de modo inapropriado em seu próprio interesse. A parte que descumpre esse dever, fica obrigada a reparar o dano sofrido pela outra e a indenizá-la na medida do seu próprio enriquecimento.

Artigo 993. Cartas de intenção

Os instrumentos mediante os quais uma parte, ou todas elas, expressam um consentimento para negociar sobre certas bases, limitado a questões relativas a um futuro contrato, são de interpretação restritiva. Só têm força obrigatória de oferta quando cumprem aqueles requisitos.

No Brasil, a ruptura injustificada das negociações sustentava-se com base no art. 159 do Código Civil de 1916, tendo em vista que sua incidência exigia apenas o dano e a conduta praticada com dolo ou culpa. Antonio Chaves[1281] afirmava que, tendo em vista este fundamento jurídico, a indenização estava limitada, sendo medida, com efeito, pela extensão do dano, embora isso não significasse uma reparação integral. Este dano tinha por fonte o mau exercício da liberdade de contratar, a qual não podia lesar o interesse da parte contrária sem motivo justo.[1282] Existem casos relativos à ruptura injustificada das negociações. Deu-se bastante destaque ao caso ocorrido no Estado do Rio Grande do Sul, em que empresa do ramo alimentício forneceu sementes de tomates a agricultores, sob a promessa de adquirir o produto da colheita. No entanto, a empresa resolveu não adquirir a safra, causando prejuízos aos agricultores por não ter sido possível colocar toda a produção no mercado. Com efeito, trata-se de situação de violação do dever de coerência (*venire contra factum proprium*), porque houve contrato entre eles e não, a ruptura das negociações.[1283] Récio Eduardo Cappelari[1284] também sustentou que o fundamento da responsabilidade era o art. 159 do Código Civil de 1916.

[1281] CHAVES, Antonio. op. cit. p. 161.

[1282] CHAVES, Antonio. op. cit. p. 104.

[1283] BRASIL. Tribunal de Justiça do Estado do Rio Grande do Sul (5ª Câmara Cível). Apelação Cível n. 591028295. Relator: Des. Ruy Rosado de Aguiar, 6 de junho de 1991.

[1284] CAPPELARI, Récio Eduardo. Responsabilidade pré-contratual. Aplicabilidade ao direito brasileiro. Porto Alegre: Livraria do Advogado, 1995. p. 56.

A promulgação do Código Civil foi importante para que se reconhecesse a responsabilidade por ruptura injustificada das negociações. Desde então, há diversos acórdãos, incluindo casos envolvendo empresários ou sociedades empresárias. No mesmo sentido, situações como essas são comuns em procedimentos arbitrais, os quais, entretanto, permanecem em sigilo. De qualquer modo, o tema da responsabilidade pré-contratual tornou-se bastante aceito, com efeito, a partir de 2002, talvez, provavelmente, porque não se percebia na ruptura das negociações, por exemplo, uma situação ensejadora de responsabilidade civil. Por exemplo, o Superior Tribunal de Justiça tem sido bastante receptivo ao reconhecimento dessa situação, inclusive, pela citação direta das doutrinas brasileira e estrangeira sobre esse tema.

Caso relevante sobre a matéria logo após a entrada em vigor do Código Civil de 2002 foi aquele relativo a processo de seleção de novos concessionários de uma montadora de veículos. Em fevereiro de 1997 iniciaram-se as negociações entre as partes. Em agosto de 1997, o interessado adquiriu imóvel para a instalação da concessionária e recebeu financiamento para iniciar as atividades. Em outubro de 1997, as partes firmaram carta de intenção para a celebração do contrato de concessão mercantil. Pouco tempo depois, o interessado recebeu carta com os seguintes dizeres: "Apesar de toda simpatia com que recebemos sua proposta, lamentamos informar que, por razões internas, decidimos não aceitar sua proposta". Embora se tenha ventilado a conduta de manterem-se negociações paralelas como causa da ruptura, o Tribunal entendeu que isso era irrelevante, porque o bem jurídico protegido era a confiança despertada na conclusão do contrato, que, de fato, restou lesada. Porém, nesse acórdão houve divergência no valor do ressarcimento dos custos sofridos pelo interessado. Por maioria de votos, entendeu-se que não houve prejuízo na compra do imóvel, porque continua na propriedade da parte e poderia ser usado ou alienado por esta. Condenou-se ao pagamento dos juros correspondentes ao empréstimo tomado para a montagem da concessionária. Também por maioria de votos, entendeu-se que não houve lucros cessantes, porque o estabelecimento jamais existiu. Do mesmo modo, por maioria de votos, reconheceu-se o direito à indenização por danos morais pela não realização do negócio, porque o interessado participou de reunião na sede da montadora em Detroit, Estados Unidos, e lá foi autorizado a anunciar que seria um dos concessionários de seus veículos.[1285]

Pode mencionar-se o caso adotado como precedente no Superior Tribunal de Justiça[1286] aquele em que, em julho de 1997, uma montadora de veículos fez anúncio para a prospecção de interessados em tornarem-se concessionários da marca. Em setembro deste ano, certo interessado, pretendendo montar uma concessionária em Manaus, enviou material para análise, tendo sido aprovado em novembro. Em janeiro de 1998, o interessado foi convidado para participar em São Paulo de reunião geral de revendedores. Porém, em março de 1998, o interessado foi comunicado sobre a mudança dos planos da empresa, em que se agradecia o interesse até o momento. Meses depois foi noticiado pela empresa que tais convocações eram feitas de maneira fraudulenta pelo então presidente da empresa. Seu substituto pediu desculpas pelos transtornos, mas se recusou a devolver a taxa para análise de viabilidade da candidatura do interessado. Reconheceu-se a proteção da boa-fé subjetiva quanto à aparência, estendendo-se os efeitos da ilicitude à pessoa jurídica cujo administrador excedeu no exercício de seus poderes, como também se reconheceu que houve ilicitude não apenas por se ter rompido as tratativas, mas por ter-se criado expectativas legítimas, que não se concretizaram, gerando prejuízos materiais.

Tem-se, ainda, o caso de uma empresa brasileira proprietária de uma usina de moagem de soja no Estado de Ilinois, Estados Unidos, que entabulou negociações para vender essas instalações a uma empresa norte-americana com subsidiária no Brasil. As tratativas iniciaram-se entre o fim de 2004 e início de 2005, pela proposta inicial de US$ 80 milhões, tendo recebido contraproposta de US$ 52 milhões. A empresa norte-americana, na contraproposta, apresentou ressalva de que essas negociações não gerariam qualquer vínculo jurídico entre as partes e que o negócio somente poderia ser fechado mediante aprovação do Conselho de Administração, desde que os resultados da *due dilligence* fossem satisfatórios. As partes assinaram carta de intenção para prosseguimento nas negocia-

[1285] BRASIL. Primeiro Tribunal de Alçada Civil do Estado de São Paulo (4ª Câmara). Apelação n. 9075917-38.2001.8.26.0000. Relator: Des. Renato Gomes Correa, 10 de março de 2004.

[1286] BRASIL. Superior Tribunal de Justiça (3ª Turma). Recurso Especial n. 1.051.065-AM. Relator: Min. Ricardo Villas Boas Cueva, 21 de fevereiro de 2013.

ções, na qual se estabeleceu o dia 30 de abril como data provável para o encerramento do procedimento. Durante as negociações, a vendedora brasileira, em fevereiro de 2005, remeteu correspondência, indagando se poderia comunicar os empregados dela que, em breve, alguns permaneceriam e outros seriam dispensados por causa da conclusão do negócio. O representante da empresa norte-americana respondeu, alegando que essa comunicação era prematura, ante o estágio das negociações. Em 3 de março de 2005, concluída a *due dilligence,* a empresa norte-americana propôs o valor de US$ 36 milhões, o que não foi aceito pela vendedora, encerrando-se as negociações. A vendedora alegou prejuízos com o fim das negociações, porque já estaria com os armazéns vazios e limpos, a produção parada e os funcionários notificados da concretização da operação. No caso, entendeu-se pela improcedência da ação, porque o iter negocial foi corretamente conduzido pela compradora e que a vendedora teria sido apressada em forçar o fechamento do negócio.[1287]

Também se julgou caso em que importante companhia brasileira varejista, que entabulou negociações para a realização de grande evento mercadológico de vendas durante o ano de 2004, no qual uma das partes fez despesas vultosas para a contratação de pessoal para a sua realização. Houve a desistência de prosseguimento na realização do evento. Embora em instâncias inferiores se tenha entendido que não seria hipótese de responsabilidade pré-contratual pelo estágio em que as negociações se encontravam, o Superior Tribunal de Justiça reconheceu ter induvidosa expectativa na contratação.[1288] Outro caso, bastante interessante, em sentido oposto, foi também julgado pelo Superior Tribunal de Justiça, em que famoso empresário brasileiro redigiu manuscrito durante um voo, em prometendo ao autor da ação, que era um dos diretores de seu grupo econômico, a outorga de 1% das ações da holding e 0,5% de suas ações pessoais, tal como os seus demais diretores, tudo em retribuição à dedicação dele. Entendeu-se que tal manuscrito, de acordo com o princípio da boa-fé,

[1287] Brasil. Tribunal de Justiça do Estado de São Paulo (8ª Câmara de Direito Privado). Apelação n.. 9191408-83.2007.8.26.0000. Relator: Des. Pedro de Alcântara da Silva Leme Filho, 2 de outubro de 2013.

[1288] Brasil. Superior Tribunal de Justiça (3ª Turma). REsp n. 1.367.955/SP. Relator: Min. Paulo de Tarso Sanseverino, 18 de março de 2014.

era insuficiente para reconhecer que houve quebra de uma promessa de contrato.[1289]

Quanto à ruptura injustificada em termos de não renovação de contrato, o Superior Tribunal de Justiça reconhece, com fundamento na boa-fé, especialmente na proibição do comportamento contraditório, que esse artigo tem por finalidade impedir abusos por parte do denunciante, impondo-se comportamento responsável, como também para ajustar o valor da multa contratual por esse fato. Por exemplo, tem-se o caso em que um banco contratou empresa de cobrança, que investiu dinheiro na compra de software. Depois de onze meses, houve a denúncia do contrato. A despeito de o contrato prever a hipótese de ruptura por qualquer das partes, entendeu-se ser devido o ressarcimento dos investimentos, pelo fato de que não se respeitou o art. 473, parágrafo único, do Código Civil.[1290]

Existem situações em que não houve investimentos, mas os danos são similares. De um lado, tem-se acórdão em que se reconhece ser lícita a imposição de "cláusula de fidelidade" em contratos de assinatura de TV a cabo, para que a operadora possa recuperar os investimentos realizados, desde que se reduza proporcionalmente o tempo de contrato em que houve vigência.[1291] Por outro lado, merece destaque o acórdão relativo a ação civil pública em que se buscava coibir multas de 25% a 100% do valor de pacote de turismo, quando a desistência era realizada pelo consumidor. Nesse caso, afirmou-se o seguinte:[1292]

> 7. O valor correspondente ao exercício do direito à resilição unilateral do contrato fica submetido à autonomia da vontade dos contratantes, mas o exercício dessa liberdade contratual não é ilimitado, pois balizado pela boa-fé objetiva e a função social do contrato a ser resilido. 8. Os limites ao exercício da autonomia da vontade dos contratantes podem ser inferidos, por analogia, do parágrafo único do art. 473 do CC/02, ficando o valor da

[1289] Brasil. Superior Tribunal de Justiça (3ª Turma). REsp n. 1.505.002/RJ. Relator: Min: Paulo de Tarso Sanseverino, 27 de novembro de 2018.

[1290] Brasil. Superior Tribunal de Justiça (4ª Turma). REsp n. 1.555.202/SP. Relator: Min: Luis Felipe Salomão, 13 de dezembro de 2016.

[1291] Brasil. Superior Tribunal de Justiça (4ª Turma). REsp n. 1.362.084/RJ. Relator: Min. Luis Felipe Salomão, 16 de maio de 2017.

[1292] Brasil. Superior Tribunal de Justiça (3ª Turma). REsp n. 1.580.278/SP. Relatora: Min. Nancy Andrighi, 21 de agosto de 2018.

multa penitencial vinculado a: a) os investimentos irrecuperáveis – assim entendidos aqueles que não possam ser reavidos pela cessão do objeto do contrato a terceiros – realizados pelo contratante inocente; b) os prejuízos extraordinários, que não alcançam a expetativa de lucro e não envolvem a assunção dos riscos do negócio pelo contratante desistente, pois perdas financeiras fazem parte da própria álea negocial; e c) o prazo do exercício do direito potestativo – que deve ser hábil à recuperação dos citados valores pelo contratante subsistente. 8. O valor da multa contratual pode ser revisto em juízo, com vistas a reestabelecer o equilíbrio contratual entre as partes, evitando-se o enriquecimento sem causa do credor da quantia, por aplicação analógica do art. 413 do CC/02. Precedentes.

No mesmo sentido, tem-se como exemplo em matéria securitária, nos quais não se admite a ruptura de seguro de vida renovado ininterruptamente por longo período. Por exemplo, o Superior Tribunal de Justiça fixou entendimento nesse sentido, de que se deveria respeitar o dever de cooperação, o qual impõe o reconhecimento de que o cliente, que assim o foi por trinta anos, é um colaborador. Sendo necessário o ajuste do cálculo atuarial, deveria esta tê-lo procurado para renegociá-lo com a devida antecedência, permitindo-lhe planejar-se para suportar os futuros reajustes, mas jamais rompê-lo da forma como o fez.[1293]

[1293] BRASIL. Superior Tribunal de Justiça (2ª Seção). REsp n. 1.073.595/MG. Relatora: Min. Nancy Andrighi, 23 de março de 2011.

8. A Responsablidade Pré-Contratual

1. Introdução

Definida aqui a boa-fé como instituição jurídica destinada à redução dos custos de transação nas relações jurídicas por meio dos deveres de coerência, informação e de cooperação, a sanção relativa à violação desse princípio dá-se por meio do ressarcimento desses custos desnecessariamente provocados por quem os produziu.

Existem pelo menos quatro maneiras para isso. A primeira delas ocorre pela ineficácia do ato ou do negócio, mediante nulidade ou anulação do negócio jurídico malformado, retirando-se os efeitos, *ex tunc* ou *ex nunc*, respectivamente. Por exemplo, para Fabre-Magnan,[1294] a anulação do contrato por vícios do consentimento permite sancionar a violação de um dever de informação que incida sobre o consentimento do contratante, quando seu descumprimento tiver sido a sua causa. Ainda nesta categoria pode-se colocar a possibilidade de atribuição de efeitos jurídicos ao negócio nulo de pleno direito, como nos casos de ocultação da incapacidade, para que ninguém se aproveite indevidamente da ineficácia de determinado ato ou negócio. A nulidade ou anulabilidade dispensa alegação de prejuízo, mas só pode ser invocada nos casos previstos em lei e são aplicáveis somente quando o contrato tiver sido formado.

A segunda solução consiste na imposição de garantias à parte contrária, como nos casos de ocorrência de vícios redibitórios. Contudo, não entendemos ser um problema decorrente da infração à boa-fé, pois o ven-

[1294] Fabre-Magnan, Muriel. De l'obligation d'information dans les contrats: essai d'une théorie. Paris: LGDJ, 1992. p. 278.

dedor responde pelo defeito independentemente de seu conhecimento, isto é, por esse fato, ainda que tenha agido com correção e lealdade. Esta apenas pode não agravar ainda mais a responsabilidade do vendedor, porque pode ser impossível a este adimplir o dever de informação por não tê-la.

A terceira possibilidade funda-se na proibição do enriquecimento sem causa, quando, por violação da boa-fé, alguém obtém vantagem em detrimento da outra. Por fim, a quarta possibilidade dá-se mediante o pagamento de indenização por perdas e danos. Neste caso, exige-se a prova do prejuízo – pois a regra é de que não há indenização sem dano, e o negócio não necessariamente será desfeito. No nosso entender, essa indenização consiste no ressarcimento dos custos de transação.

A responsabilidade por infração ao princípio da boa-fé incide desde o momento em que as partes se põem em contato para iniciar negociações de um contrato e em momentos posteriores ao seu adimplemento. Todavia, o período contratual que doutrinariamente despertou mais interesse foi o anterior à formação do contrato, designado por responsabilidade pré-contratual ou *culpa in contrahendo*. Com efeito, a atenção da doutrina está na responsabilidade pré-contratual e na definição da extensão do dano a ser indenizado.

2. Rudolf von Jhering e a Culpa *In Contrahendo*

Rudolf von Jhering delineou doutrinariamente o problema da *culpa in contrahendo* em artigo publicado em 1861.[1295] Neste trabalho, ele discutiu a necessidade ou não do pagamento de indenização em caso de erro na formação do negócio jurídico. De acordo com a teoria contratual daquela época, seria nulo o contrato em que uma das partes tivesse cometido erro, porque, como decorrência da autonomia da vontade, uma pessoa ficaria obrigada somente quando livremente manifestasse essa intenção. Jhering questionou se esta deveria responder perante a outra pelos danos que causou, na hipótese de uma das partes de um contrato ter cometido

[1295] JHERING, Rudolf von. De la culpa in contrahendo ou des dommages-interêts dans les conventions nulles ou restées imparfaites. *In:* JHERING, Rudolf von. Oeuvres Choisis. Paris: A. Maresq, 1893. p. 3-4-67.

erro. Na opinião dele,[1296] a doutrina não havia chegado a uma resposta àquela época.

Ele deu exemplos do seu problema, como o caso de uma pessoa que, por meio de seu procurador, solicitou ¼ de caixa de charutos, mas, por engano, foram enviados quatro caixas, ou o da casa de Köln (Colônia), que manda para um banqueiro em Frankfurt, através de telégrafo, uma ordem para vender (*Verkaufen*) certo número de ações; por erro na transmissão telegráfica (não transmissão das letras V, E, R, do verbo *Verkaufen*), aquela ordem chega como se fosse uma ordem para comprá-las (*Kaufen*). Nesses casos, não seria possível falar em dolo, porque o principal problema observado por Jhering, era a dificuldade de atribuir um regime jurídico ao contrato nulo. Se houvesse contrato, aplicar-se-iam as regras sobre responsabilidade contratual; se não houvesse contrato, aplicar-se-iam as regras sobre responsabilidade extracontratual. Porém, no caso do contrato nulo, não era possível afirmar com exatidão se houve ou não houve contrato, já que, quando eivado por erro, não passaria de um contrato putativo, no entender da época. Assim, Jhering criou a expressão *culpa in contrahendo* para designar a culpa na formação dos contratos,[1297] a qual seria um tipo especial de culpa contratual,[1298] porque, no entender dele, a nulidade do contrato significaria a ausência de alguns dos seus efeitos, isto é, a impossibilidade do seu adimplemento, e não, a ausência de todos eles.[1299] Desse modo, dever-se-ia conferir proteção aos contratantes com a condenação em caso de culpa não somente nas relações contratuais existentes, mas também nas relações nascentes, a fim de que as relações contratuais não fossem afetadas e que cada contratante não considerasse estar autorizado a causar dano por adotar uma postura negligente.[1300] Não seria possível a alegação de erro, escusável ou inescusável, porque nin-

[1296] JHERING, Rudolf von. op. cit. p. 3-4-67.

[1297] JHERING, Rudolf von. op. cit. p. 8.

[1298] JHERING, Rudolf von. op. cit. p. 30.

[1299] Na opinião de Asúa Gonzalez e Hualde Sánchez (Codificación de la culpa in contrahendo en el derecho alemán. *In*: CABANILLA SANCHEZ, Antonio (Org.). Estudios juridicos en Homenaje al Profesor Luis Diez-Picazo. Tomo II – Derecho Civil, Derecho de Obligaciones. Madrid: Thompson Civitas, 2003. p. 1415), os danos causados por *culpa in contrahendo* são aqueles que não resultam do inadimplemento, mas da não contratação ou quando esta acontecer, mas for inválida.

[1300] JHERING, Rudolf von. op. cit. p. 39.

guém tem o direito de errar à custa da outra parte. Existiria um dever de diligência nas relações jurídicas tanto nas relações contratuais, como também nas que estão em vias de conclusão, sob pena de condenação ao pagamento de perdas e danos em caso de sua inobservância.[1301]

Para justificar a indenização em caso de erro na formação do contrato, Jhering usou uma classificação das indenizações feita por Mommsen, a qual também teria sido conhecida pelos romanos. O primeiro tipo de indenização, chamado de interesse positivo, relacionado à execução do contrato, corresponderia à importância em dinheiro que obteria em caso de validade do mesmo. O segundo tipo, chamado de interesse negativo, é o da não conclusão do contrato, o qual abrange o reembolso das despesas feitas durante o processo contratual inválido, isto é, no restabelecimento da situação patrimonial na qual se acharia, caso não tivesse contratado. Assim, o interesse da primeira espécie teria por base a validade do contrato, enquanto o da segunda espécie teria por base a nulidade do contrato.[1302] Para Jhering, o interesse negativo poderia, em certas circunstâncias, ser superior ao interesse positivo. Também não seria impossível que o interesse fosse nulo, sem direito à indenização.[1303] Os danos que poderiam ser cobrados seriam de dois tipos: perdas positivas e lucros cessantes. As perdas positivas – ou danos emergentes – são as despesas que o demandante fez para a conclusão e execução do contrato, como timbre, notário, registro, embalagem, expedição, entrepostos, aduanas. Os lucros cessantes seriam a perda da chance de concluir contrato com outrem, perda de tempo, entre outros.[1304]

Jhering indicou os três casos típicos de *culpa in contrahendo*: a incapacidade do sujeito, a incapacidade do objeto e a incerteza da vontade contratual quanto à declaração e quanto à própria vontade. O primeiro caso seria a proteção conferida ao contratante que desconhece o poder de alienar e de se obrigar, de forma absoluta, como no caso da tutela, ou de forma relativa, como na proibição da prática de determinados atos àquela época, como as mulheres e os filhos menores.[1305] O direito deveria proteger as

[1301] Jhering, Rudolf von. op. cit. p. 47.

[1302] Jhering, Rudolf von. op. cit. p. 16.

[1303] Jhering, Rudolf von. op. cit. p. 21.

[1304] Jhering, Rudolf von. op. cit. p. 19-20.

[1305] Jhering, Rudolf von. op. cit. p. 51.

pessoas da injustiça que o privilégio da incapacidade pudesse causar. Esta ideia manifesta-se na ineficácia da oposição da incapacidade por quem deseja obter a invalidade do negócio jurídico mediante omissão deste fato à contraparte.[1306] Assim, ainda que o incapaz conseguisse provar não ter agido com dolo, certamente não escaparia da condenação por culpa.[1307] O segundo caso não teria aplicação prática inclusive na Europa oitocentista por tratar-se da venda de um escravo, a qual seria hipótese de prestação juridicamente impossível. O terceiro caso é que todo contratante deve responder pela certeza e clareza de sua declaração de vontade. Se a outra parte tivesse confiado nesta declaração viciada, seria devida a reparação por perdas e danos por violação da confiança despertada.[1308] Porém, se as circunstâncias fossem de tal natureza que a outra parte devesse conhecer a ausência de vontade séria, ela seria culpada por se deixar enganar e nenhuma indenização lhe seria devida. Outros exemplos interessantes seriam a proibição da retratação da proposta contratual, a qual, em conformidade com Jhering, era uma precaução tomada pelos Códigos Civis para evitar a violação da confiança das partes.[1309] Também a retratação de promessa pública, que não encontrava regra no direito romano por ser um fenômeno dos tempos modernos. As soluções possíveis neste último caso seriam a proibição da retirada, como no *Landrecht* prussiano; a ineficácia da retirada para quem já aceitou, ou a admissão da retratação, mediante indenização por perdas e danos;[1310] a mudança da vontade na transmissão por terceiros, como o mandato excessivo; a morte do policitante antes da aceitação.

Jhering, portanto, definiu em um único trabalho boa parte do problema da responsabilidade pré-contratual. Tratou do *venire contra factum proprium*. Cuidou da indenização e o que deveria ser indenizável. Disse que o fundamento da culpa in *contrahendo* poderia ser autônomo, ou baseado em um princípio superior, como o da boa-fé, segundo o qual se protege a confiança. Definiu o termo *culpa in contrahendo* ao fato de uma das partes, por descumprir um dever de diligência na formação do seu próprio

[1306] Jhering, Rudolf von. op. cit. p. 52.
[1307] Jhering, Rudolf von. op. cit. p. 53.
[1308] Jhering, Rudolf von. op. cit. p. 66.
[1309] Jhering, Rudolf von. op. cit. p. 77.
[1310] Jhering, Rudolf von. op. cit. p. 91-93.

consentimento, ter causado a nulidade de um contrato, já que a volta ao *statu quo ante* implicaria despesas para a parte que acreditou na validade do contrato.

A *culpa in contrahendo* serviu de ponto de partida para a teoria da declaração, porque esta constitui a sua justificativa. Em outras palavras, Jhering teria escrito este texto para dar suporte à teoria da declaração.[1311] Esta teoria foi recepcionada no § 122 do Código Civil alemão, que estabeleceu à época a responsabilidade por falta de seriedade na declaração[1312]; § 179[1313], sobre a responsabilidade em caso de nulidade por falta de poder ou de representação, e também no § 307[1314], por meio do qual se responsabilizava a parte em caso de erro por impossibilidade objetiva da prestação. Percebe-se que o dever de informar foi, intuitivamente, a maneira pela

[1311] Patry, Robert. Le principe de la confiance et la formation du contrat en droit suisse. Genéve: Imprimière du Journal de Genève, 1953. p. 124.

[1312] Código Civil Alemão
§ 122 Obrigação de indenização do impugnante
Se uma declaração de vontade, de acordo com o § 118, for nula ou, com fundamento nos §§ 119 e 120, for impugnada, terá o declarante, se a declaração devia ser enunciada ante um outro, de indenizar a este ou, senão, a qualquer terceiro, o dano que o outro ou o terceiro sofreu pela circunstância de que confiou na validade da declaração, contudo, não além da importância do interesse que o outro, ou o terceiro, tinha na validade da declaração.

[1313] Código Civil alemão
§ 179 Responsabilidade pelo "falsus procurator"
Quem, como representante, tiver concluído um contrato, sempre que não comprove o seu poder de representação, estará obrigado, para com a outra parte, e à escolha desta, à execução ou à indenização do dano, se o representado recusar a ratificação do contrato.
Se o representante não conhecia a falta de poderes de representação, está obrigado somente à indenização daquele dano que a outra parte sofreu pela circunstância de que confiou nos poderes de representação, contudo não acima do total do interesse que a outra parte tinha na eficácia do contrato.
O representante não responde, se a outra parte conhecia ou devia conhecer a falta de poderes de representação. O representante também não responde se estava limitado na capacidade do negócio, a não ser que tenha precedido com assentimento de seu representante legal.

[1314] Código Civil alemão
§307 Interesse Negativo (artigo revogado pela Schuldmodernisierungsgesetz)
Quem, na conclusão de um contrato que esteja dirigido a uma prestação impossível, conhecer, ou deva conhecer a impossibilidade da prestação, estará obrigado à indenização do dano que a outra parte sofrer pela circunstância de que confiou na validade do contrato, contudo não além do interesse que a outra parte tinha na validade do mesmo. A obrigação de indenização não tem lugar quando a outra parte conhecia, ou devia conhecer, a impossibilidade.

qual se procurou a redução dos custos de transação apontados por Jhering. Essa é a nossa opinião: ele formulou o conceito de *culpa in contrahendo* pela injustiça de suportá-los desnecessariamente. Inclusive foram apontados pelo próprio Jhering, como sendo as despesas sofridas pela parte contra a qual se pediu a anulação do contrato, como as despesas de frete, embalagem, desembaraços, entre outras, as quais poderiam ser evitadas, caso fosse possível saber que o contrato se formaria com este vício. A maneira pela qual ele encontrou uma solução para a redução destes custos, foi mediante a imposição de restrições para a alegação de erro.

Esse texto teria influenciado Windscheid na elaboração do Código Civil alemão em termos de responsabilidade civil por nulidade do contrato, incapacidade de agir da parte e vícios redibitórios (§§ 307 e 309), assim como em casos em que o contrato foi válido, como nos casos dos parágrafos 443, 463 II, 523 I, 524 I, 546, 600, 637 e 694.[1315] Mais especificamente em relação ao dever de informar, reconhece-se que este surgiu propriamente com Jhering nesse texto sobre a *culpa in contrahendo*, posto que essa ideia foi recepcionada pelo Código Civil alemão no § 122. Todavia, este artigo teve pouca aplicação, porque a hipótese de incidência desta norma era muito restrita. Somente em 1910, a partir da monografia de Franz Leonhard intitulada *Verschuldem beim Vertragsschlusse*, o Tribunal do Reich adotou a tese de Leonhard, ao ter condenado em 24 de abril de 1912 a parte que, em um contrato de licenciamento de patente, não informou que esta era contestada judicialmente e que o dever de informar existe antes e depois de celebrado o negócio e que as negociações para a formação e a conclusão do contrato formam um todo indivisível, inexistindo razão para a divisão entre deveres pré-contratuais e deveres contratuais, devendo-se aplicar o regime da responsabilidade contratual, uma vez que esse entendimento se aplicaria somente quando houvesse efetivamente celebrado o contrato, ainda que malformado.[1316] Sieber, em 1914, também analisou a responsabilidade na formação do contrato, entendendo-a como derivada da violação dos deveres de informação pré-contratuais, existen-

Estas disposições encontram, analogamente, aplicação, quando a prestação for impossível parcialmente e o contrato, em relação a parte possível, for válido, ou quando for impossível uma das várias prestações prometidas alternativamente.

[1315] Pereira, Regis Fichtner. A responsabilidade civil pré-contratual. Teoria geral e responsabilidade pela ruptura das negociações contratuais. Rio de Janeiro: Renovar, 2001. p. 119-120.

[1316] Pereira, Regis Fichtner. op. cit. p. 122.

tes independentemente da celebração ou não de um contrato posteriormente válido.[1317] Stoll e Von Thur sustentaram que já existiriam deveres de proteção e de colaboração nas negociações.[1318] A partir de então, o direito alemão admitiu a existência de um dever de cuidado com a contraparte, o qual não se restringe à própria pessoa, mas também a terceiros e que o fundamento dessa indenização seria o § 823 do Código Civil alemão.

A investigação dos problemas relativos aos contratos iniciada por Jhering continuou no início do Século XX, mas em outra direção. De acordo com Zimmermann,[1319] pode-se sustentar a emergência de uma nova *culpa in contrahendo,* pelo fato de a teoria de Jhering ser estreita, por só se aplicar aos casos de contrato nulo. Havia sérias lacunas legislativas sobre o período de formação dos contratos, cujos danos, no direito alemão da época, eram resolvidos com apelo ao princípio do *alterum non laedere,*[1320] razão pela qual a *culpa in contrahendo* foi aprimorada com as questões relativas ao consentimento das partes na formação dos contratos desde a década de 1910. Só posteriormente que a *culpa in contrahendo* foi associada aos deveres de proteção. Nos Códigos Civis promulgados a partir de 1940, esta última foi recepcionada como reconhecimento da inadequação da teoria do contrato à prática contratual.[1321] No Código Civil italiano de 1942, inseriu-se o art. 1338, o qual consubstanciou totalmente a ideia de Jhering sobre a *culpa in contrahendo.* O artigo antecedente também cuidou da responsabilidade pré-contratual, com fundamento no princípio da boa-fé. Em Portugal, o art. 227º também estabeleceu a responsabilidade das partes durante as negociações bem como na sua conclusão, também com fundamento no princípio da boa-fé. O art. 1362 do Código Civil peruano também previu expressamente a responsabilidade na fase pré-contratual. Como já mencionado acima, a Lei de Reforma do Direito das Obrigações alemão consagrou a *culpa in contrahendo* naquele ordenamento. Em suma,

[1317] ASÚA GONZALEZ, Clara I. La culpa in contrahendo: tratamiento en el derecho alemán y presencia en otros ordenamientos. Erandio: Servicio ed. Univ. del País Vasco, 1989. p. 43.

[1318] PEREIRA, Regis Fichtner. op. cit. p. 124.

[1319] ZIMMERMANN, Reinhard. Roman Law, Contemporary Law, European Law. The civilian tradition today. Oxford: Oxford University Press, 2001. p. 88-89.

[1320] ASUA GONZALEZ, Clara I; HUALDE SANCHEZ, Jose Javier. op. cit. p. 1416.

[1321] KESSLER, Friedrich; FINE, Edith. Culpa in contrahendo, bargaining in good faith, and freedom of contract: a comparative study. Harvard Law Review, v. 77, n. 3, p. 401-449, Jan. 1964. p. 407.

atualmente a *culpa in contrahendo* não se restringe ao dever de comunicação de uma causa de invalidade do contrato, mas se alargou para tutelar os danos decorrentes do exercício da liberdade negocial em decorrência da violação dos deveres da boa-fé.[1322]

3. Fuller e Perdue Jr. e a *Reliance Interest*

A análise relativa a problemas na formação dos contratos, realizada por Jhering, despertou a atenção dos juristas para essa questão. Referências à *culpa in contrahendo* e ao criador desse conceito se tornaram frequentes, o que estimulou o uso da boa-fé ou a inserção de regras específicas para a fase antecedente à conclusão do contrato, considerada de menor importância naquele tempo. Preocupação similar também se manifestou no direito norte-americano na década de 1930. Lon Fuller e, à época, seu discípulo William Perdue Jr., escreveram um ensaio publicado em dois textos, que também impactou os juristas sobre a questão da formação dos contratos, ainda que na perspectiva desse ordenamento jurídico.

Fuller e Perdue Jr. discutiram a importância de indenização da quebra de um contrato, porque existem valores subjacentes que merecem ser protegidos, entre os quais a proteção ao crédito, a vontade enquanto poder jurígeno e, sobretudo, a confiança que deve existir entre as pessoas, protegendo-se as expectativas geradas pelas partes. Todavia, na estrutura tradicional do direito contratual do *common law*, o acordo de vontades não é suficiente para a formação do contrato, pois se requer a bilateralidade entre as promessas concretas, ou que as promessas tenham barganha, situação análoga aos contratos reais, em que a formação se confunde com a tradição da coisa, conforme apontado pelos autores. Enquanto, por exemplo, no direito continental, não há dificuldades para o reconhecimento de um contrato com prestações futuras, ter-se-iam dificuldades para tanto, no *common law*. Nesse sentido, foi necessária a *promissory estoppel*, prevista no parágrafo 90 do Restatement Second of Contracts.

[1322] PATTI, Guido; PATTI, Salvatore. Il Código Civile commentato. Artt. 1337-1342. Responsabilità precontrattuale e contratti standard. Milano: Giuffrè, 1993. p. 45; ALMEIDA, Carlos Ferreira de. Responsabilidade civil pré-contratual: reflexões de um jurista português (porventura) aplicáveis ao direito brasileiro. *In:* CUNHA, Alexandre dos Santos (Org). O direito da empresa e das obrigações e o novo Código Civil brasileiro. Anais do Congresso Ítalo-Luso-Brasileiro de Direito Civil (2004). São Paulo: Quartier Latin, 2006. p. 160.

Ao terem analisado a natureza da responsabilidade contratual e a extensão do dano, esses autores apontaram três problemas existentes nos contratos. O primeiro deles consiste naquela em que se confiou na promessa feita à outra e esta não a cumpriu. Nesse caso, haveria enriquecimento injustificado e a parte prejudicada poderia demandar a restituição ao estado anterior. Trata-se, pois, do interesse na restituição ou, em inglês, *restitution interest.* A segunda situação é a quebra da promessa feita por mudança de comportamento, a qual pode ter gerado despesas desnecessárias com a ruptura das negociações. Neste caso, deve colocar-se a parte prejudicada no mesmo status em que se encontrava anteriormente, ou, na terminologia dos autores, a indenização será baseada no interesse da confiança ou *reliance interest.* A terceira situação seria aquele em que há enriquecimento de quem fez a promessa, cabendo, assim, execução específica para que pague o valor equivalente ao da promessa feita, colocando-se a parte prejudicada na mesma posição em que se encontraria, caso tivesse ocorrido o cumprimento. Esta se denomina interesse na expectativa ou *expectation interest.* Em consequência, para esses autores, o valor da *restitution interest* deveria ser inferior ao da *reliance interest* e esta, por sua vez, seria inferior ao da *expectation interest.*

Vale destacar que estes autores analisaram o texto de Jhering sobre *culpa in contrahendo;* associaram esse conceito ao de *reliance interest* e apontaram a adoção da *culpa in contrahendo* nos parágrafos 122, 179 e 307 do Código Civil alemão, que também no entender deles, o alcance desses artigos era muito restrito. Ainda mencionaram a ideia de que o interesse negativo não poderia ser superior ao interesse positivo. Porém, ao cuidarem da relação entre os conceitos que propuseram, afirmaram que, em regra, o valor da *reliance interest* era menor do que o da *expectation interest,* mas admitiam que o valor pela *reliance interest* poderia ser superior ao da *expectation interest.*

Na segunda parte do ensaio, Fuller e Perdue Jr. discutiram em que casos caberia indenização por *reliance interest.* A regra geral seria aquela em que não há certeza na relação contratual, em que não há como avaliar o valor da prestação ou quando somente remota ou indiretamente se poderia obter pelo contrato. Ademais, caberia a indenização por *reliance interest* quando o inadimplemento fosse culposo, enquanto a *expectation interest* caberia na hipótese de inadimplemento doloso. Outra situação interessante é aquela em que o contrato não se cumpriu por circunstâncias externas, tais como o caso fortuito e a *frustration*, em que o valor da indenização não pode ser integral por uma questão de justiça.

4. A Responsabilidade Pré-Contratual

O tema da responsabilidade pré-contratual realmente despertou atenção dos juristas sobre o uso da boa-fé nestes casos. Curiosamente, Jhering, Faggella e Fuller/Perdue Jr. praticamente esgotaram o tema e o que se acrescentou desde então foi o fundamento legal de regulação dessa matéria, mencionando esse princípio, direta ou implicitamente. Em breve síntese, a ação das partes na formação dos contratos não é indiferente ao direito, porque as condutas geram expectativas, como aquelas decorrentes de informações erroneamente transmitidas, como no caso de Jhering, ou por mudanças de comportamento resultantes em ruptura de negociações ou contratos celebrados com informações inexatas, como apontadas por Fuller e Perdue Jr. Despesas podem ter sido feitas e não seria correto suportá-las desnecessariamente. O valor da indenização por despesas da não formação do contrato, definidas como interesse negativo ou *reliance interest*, costumam ser inferiores àquelas com base no inadimplemento contratual, definidas como interesse positivo ou *expectation interest*, embora tais autores não entendessem que deviam ser obrigatoriamente inferiores àquelas equivalentes ao contrato formado. Por isso, como apontou Gallo, essa discussão já estaria dando sinais de envelhecimento, no sentido de ser deletéria, substancialmente inútil e fonte de controvérsias.[1323] Para Asúa Gonzalez e Hualde Sánchez,[1324] a *culpa in contrahendo* doutrinária e jurisprudencial agora pertence à história do direito, porque os deveres outrora abrangidos por aquela, agora são denominados "deveres de consideração", assentados no § 241.2, com remissão ao § 311 (2) e (3).[1325] Frada, por sua vez, sugeriu que o tema da *culpa in contrahendo* foi associado pela doutrina como "campo de eleição" da responsabilidade pela confiança,[1326] porque se relaciona com a emissão de declarações destinadas à formação contratual, o que gera expectativas à contraparte, assim como também se levam

[1323] GALLO, Paolo. Responsabilità precontrattuale: la fattispecie. Rivista di Diritto Civile, Milano. v. 50. n. 2. p. 295-325. mar./apr. 2004. p. 299.

[1324] ASUA GONZALEZ, Clara I; HUALDE SANCHEZ, Jose Javier. op. cit. p. 1417.

[1325] ASUA GONZALEZ, Clara I; HUALDE SANCHEZ, Jose Javier. op. cit. p. 1427.

[1326] FRADA, Manuel Antonio de Castro Portugal Carneiro da. Teoria da confiança e responsabilidade civil. Coimbra: Almedina, 2004. p. 159.

em conta os comportamentos não comunicativos, associados às figuras do *venire contra factum proprium* e *Verwirkung*.[1327] Na visão de Franzoni, dois são os aspectos que sempre se quis definir sobre esse tema: natureza jurídica dessa ilicitude e o ressarcimento do dano.[1328]

4.1. Natureza Jurídica da Responsabilidade Pré-Contratual

De qualquer modo, o primeiro ponto acerca do qual a doutrina discute esse tema é quanto à sua natureza jurídica, pois esta determina o regime jurídico a ser aplicado no caso concreto.[1329] Sobre esta, há diversas correntes: a contratual, a extracontratual, uma *sui generis* (*tertium genus* ou terceira via), o enriquecimento sem causa e a legal.

A definição da responsabilidade pré-contratual como de natureza contratual, decorre pela simples razão de relacionar-se com um contrato, como também para superar a estreiteza que havia no sistema de responsabilidade civil do Código Civil alemão,[1330] baseado na tipicidade dos delitos civis, o que exigia um alargamento forçado dos efeitos contratuais para fases anteriores à sua própria existência. A tese de Jhering sobre a *culpa in contrahendo,* ainda que anterior ao Código, reflete esse entendimento. Para este último, seria contratual a natureza jurídica desta última, porque os deveres contratuais decorreriam do contrato projetado e a nulidade deste impedia que o mesmo produzisse seus efeitos quanto à sua execução.

A segunda corrente, aliás, predominante, é a de que se trata de responsabilidade extracontratual, por entender-se que não houve formação do contrato nem ser possível sustentá-la no contrato, ainda que o dano tenha surgido em virtude da não formação do mesmo. Nos países em que a cláusula geral de responsabilidade civil é bem desenvolvida, a tendência é o reconhecimento da responsabilidade extracontratual nesta matéria. Por

[1327] Frada, Manuel Antonio de Castro Portugal Carneiro da. op. cit. p. 216.

[1328] Franzoni, Massimo. La responsabilità precontrattuale è, dunque... "contratuale?. Contratto e Impresa, Padova, v. 29, n. 2, p. 283-298, mar./apr. 2013. p. 285.

[1329] Salvattore e Guid Patti apontaram que a natureza jurídica da responsabilidade pré-contratual implica efeitos sobre prazos de prescrição, ônus da prova, excludentes de responsabilidade civil, e escolha da lei aplicável ao contrato, em se tratando de contrato internacional (Patti, Guido; Patti, Salvatore. op. cit. p. 37-38).

[1330] Gallo, Paolo. op. cit. p. 298.

exemplo, na opinião dos irmãos Mazeud,[1331] seria ilógico falar de responsabilidade contratual sem um contrato formado. Por isso, a parte inocente deveria invocar a responsabilidade do então art. 1382 (atual art. 1240) do Código Civil francês. No mesmo sentido, Piotet[1332] e Schmidt.[1333] Na Itália, Benatti,[1334] Guido e Salvatore Patti.[1335] sustentavam que a violação do art. 1337 teria essa natureza extracontratual. Para Monateri,[1336] a violação da boa-fé estaria relacionada com o princípio do *alterum non laedere*, e não, ao inadimplemento contratual. Essa tendência permaneceu até os dias atuais, embora haja quem questione essa interpretação.[1337] A explicação para isso deve-se à ausência de sanção por violação daquele artigo. Assim, a jurisprudência foi forçada a sustentar a sanção para a violação da boa-fé pré-contratual no art. 2043 do Código Civil italiano, que corresponde à cláusula geral de responsabilidade civil. Na Espanha, a natureza jurídica da responsabilidade pré-contratual é extracontratual, com fundamento no art. 1902.[1338]

No Brasil, M.I. Carvalho de Mendonça[1339] em 1911 já mencionava a *culpa in contrahendo* como espécie particular de responsabilidade extracontratual durante a formação dos contratos. Dizia ser responsabilidade especial, porque os Códigos Civis da época dele somente cuidavam da culpa quando cometida na execução das obrigações. Ele afirmava ser culpa

[1331] MAZEUD, Henri; MAZEUD, Leon. Traité théorique et pratique de la responsabilité civile delituelle et contractuelle. t. 1. Paris: Sirey, 1934. p. 133-136.

[1332] PIOTET, Paul. Culpa in contrahendo et responsabilité précontractuelle en droit privé suisse. Berne: Staempfli, 1963. p. 28.

[1333] SCHMIDT, Joanna. La sanction de la faute precontractuelle. Revue Trimestrielle de Droit Civil, Paris, 1974. p. 51.

[1334] BENATTI, Francesco. La responsabilità precontrattuale. Milano: Giuffrè, 1963. p. 120.

[1335] PATTI, Guido; PATTI, Salvatore. op. cit.

[1336] MONATERI, Pier Giuseppe. La responsabilità contrattuale e precontrattuale. Torino: UTET, 1998. p. 369.

[1337] PIGNATARO, Gisella. Buona fede oggettiva e rapporto giuridico precontrattuale: gli ordinamenti italiano e francese. Napoli: Edizioni Scientifiche Italiane, 1999. p. 7; FRANZONI, Massimo. op. cit. p. 286.

[1338] VIGURI PEREA, Augustin. Analisis de derecho comparado sobre la culpa in contrahendo. *In*: ESPIAU ESPIAU, Santiago; VAQUER ALOY, Antoni. (Orgs). Bases de un derecho contractual europeo. Basis of a European Contract Law. Valencia: Tirant lo Blanch, 2003. p. 80.

[1339] MENDONÇA, M.I. Carvalho de. Doutrina e prática das obrigações ou tratado geral dos direitos de crédito. 2. ed. v. 2. Rio, Paris: Livraria Francisco Alves e Ailland Alves, 1911. p. 20.

extracontratual, porque não se discute o inadimplemento ocorrido por negligência, mas sim pela anulação ou inexistência do próprio contrato. Durante a vigência do Código Civil de 1916, entendia-se que se tratava de responsabilidade extracontratual, fundada no então art. 159 daquele texto legal. Com o advento do Código Civil de 2002, que passou a ter uma cláusula geral de boa-fé similar ao § 242 do Código Civil alemão, buscou-se, equivocadamente, recepcionar a doutrina de Jhering e as insuficiências do direito alemão à época, desprezando-se a estrutura do próprio direito brasileiro, em que a responsabilidade civil extracontratual é bastante desenvolvida. Ainda se pode afirmar que o entendimento predominante é de que se trata de responsabilidade extracontratual, embora se possa vislumbrar na recente jurisprudência brasileira a adoção da terceira teoria a seguir exposta.

A terceira teoria, tendo em vista a dúvida existente em afirmar que a responsabilidade pré-contratual seria contratual ou extracontratual, defende um *tertium genus* de responsabilidade civil. Dessa maneira, existiria ao lado daquelas, a chamada responsabilidade pré-contratual. Esta corrente decorria da ideia de que deveres pré-contratuais de comportamento têm como fonte uma relação obrigatória nascida das conversações contratuais. Enneccerus, Kipp e Wolf[1340] explicavam que, assim como a proposta ensejaria o direito potestativo do oblato de aceitá-la e dar nascimento a um contrato, por sua vez as negociações preliminares fariam surgir entre as partes uma relação obrigatória semelhante a uma relação contratual, da qual poderia resultar uma responsabilidade por *culpa in contrahendo*. Ademais, pelo fato de alguns danos não serem causados pelo início das negociações, sustentou-se também que o mero contato social seria fonte desta responsabilidade. Para Canaris,[1341] a *culpa in contrahendo* estaria entre a responsabilidade contratual e a responsabilidade extracontratual, embora se entendesse mais próxima da primeira, pois as consequências jurídicas mais gravosas seriam de natureza contratual. Por isso se afirmava que não seria responsabilidade pela confiança, mas sim responsabilidade pela

[1340] Enneccerus, Ludwig; Kipp, Theodor; Wolff, Martin. Tratado de derecho civil. Primer tomo. Parte general. Volumen II. Barcelona: Bosch, 1944. p. 158-159.

[1341] Canaris, Claus-Wilhelm. Autoria e participação na *culpa in contrahendo*. Revista de Direito e Economia, Coimbra, Anos XVI a XIX, p. 5-42, 1990-1993. p. 11.

confiança em virtude do contato negocial.[1342] Em Portugal, Frada também sustentou uma terceira via da responsabilidasde civil quando tratou do problema relativo aos danos causados a terceiros por auditores de sociedades, devido ao fato de que não haveria contrato entre auditores e terceiros, nem as regras gerais sobre responsabilidade civil se adequariam ao caso concreto naquele ordenamento.[1343] No Brasil, Regis Fichtner Pereira é o defensor da terceira via da responsabilidade civil, aplicável à fase pré-contratual,[1344] a qual parece ter sido adotada pelo Superior Tribunal de Justiça.[1345]

O quarto fundamento jurídico para a responsabilidade pré-contratual seria o enriquecimento sem causa, que ocorreria quando uma das partes tivesse enriquecimento injusto à custa da parte contrária. Farnsworth[1346] defendia essa possibilidade, porque haveria um dever de restituir os benefícios recebidos durante as negociações, sobretudo as ideias reveladas durante as mesmas. Porém Giliker[1347] informa que o enriquecimento sem causa vem crescendo no direito inglês para justificar a responsabilidade pré-contratual. Não há aferição de culpa em se tratando de responsabilidade com base no enriquecimento sem causa, mas a dificuldade está na comprovação do decréscimo patrimonial de quem a invoca, a o acréscimo patrimonial decorrente da violação à boa-fé. Todavia, na maior parte dos casos não há enriquecimento; só há um empobrecimento sem enriquecimento. Farnsworth[1348] já reconhecia a difícil aplicabilidade deste instituto jurídico, por ser difícil provar o enriquecimento.

[1342] Frada, Manuel A. Carneiro da. Contrato e deveres de proteção. Coimbra, 1994. p. 45.

[1343] Frada, Manuel A. Carneiro da. Uma "terceira via" no direito da responsabilidade civil? O problema da imputação dos danos causados a terceiros por auditores de sociedades. Coimbra: Almedina, 1997. p. 17 e 38.

[1344] Pereira, Regis Fichtner. op. cit. p. 2.

[1345] Brasil. Superior Tribunal de Justiça (4ª Turma). REsp 1.309.972/SP. Relator: Min. Luis Felipe Salomão, 27 de abril de 2017.

[1346] Farnsworth, E. Allan. Precontractual liability and preliminary agreements: fair dealing and failed negotiations. Columbia Law Review, v. 87, n. 2, p. 217-294, Mar. 1987. p. 229.

[1347] Giliker, Paula. Precontractual liability in English and Franch Law. The Hague/London/New York, Kluwer Law International. 2002. p. 166.

[1348] Farnsworth, E. Allan. op. cit. p. 233.

Por fim, existe ainda a tese de que a responsabilidade pré-contratual seria de natureza legal, fundada ou não na boa-fé. Para Colombo,[1349] seria obsoleto pensar se esta seria contratual ou extracontratual. O melhor seria classificá-la como um dever legal. Karina Nunes-Fritz, em análise das opiniões dos juristas brasileiros, que, majoritariamente, aderem à natureza extracontratual e, especialmente, por filiar-se ao entendimento decorrente da reforma do direito alemão das obrigações, sustentou que esse fato jurídico gera vínculo especial entre as partes, o qual impõe deveres de consideração entre as partes, embora se exija a prova da culpa do violador da norma.[1350]

Em nossa opinião, na fase pré-contratual o evento danoso, apesar de guardar relações com um contrato, trata-se de responsabilidade extracontratual. Isso é mais claro na hipótese de responsabilidade por ruptura injustificada, porque não houve contrato, devido ao fato de que uma das partes não quis celebrá-lo. Também é possível a existência de responsabilidade extracontratual mesmo havendo um contrato celebrado. Por exemplo, em caso de dolo incidental, hipótese de violação do dever de informar, a indenização conferida não é equivalente a do inadimplemento contratual, mas sim, uma indenização pelos danos causados pela prática do dolo. Mesmo no caso de o contrato ter sido formado, a responsabilidade pelo dano causado no período pré-contratual, continua a ser extracontratual. O fato de a conduta ilícita afetar contrato já formado, não faz transformar a responsabilidade extracontratual em responsabilidade contratual. Toda vez que se sustenta um direito *sui generis* para determinado fato jurídico, é porque o estágio da doutrina neste momento ainda não está suficientemente claro quanto à essência do problema, o que não nos parece ser o caso. A despeito dos argumentos de que seria responsabilidade pela confiança, esta, no nosso entender, é de natureza extracontratual, seguindo-se, pois esse regime jurídico. Com a criação de regras específicas para a responsabilidade pré-contratual, tal como há desde 1942 no Código Civil italiano e desde 2002 no Código Civil alemão, assim como se o fez na Argentina e na França, poder-se-ia pensar na existência de dever legal.

[1349] Colombo, Sylviane. The implications of good faith in culpa in contrahendo. 1990. Tese (Doutoado em Direito). Yale Law School. p. 126.

[1350] Nunes-Fritz, Karina. Boa-fé objetiva na fase pré-contratual. A responsabilidade pré-contratual por ruptura das negociações. Curitiba: Juruá, 2008. p. 263.

Mas, apesar disso, a violação desse dever legal é, em nosso entender, situação de responsabilidade extracontratual. Entretanto, quando as partes disciplinaram todos os problemas pré-contratuais por meio de cartas de intenção, a natureza jurídica se desloca para a responsabilidade contratual. Nesse sentido, já dizia Farnsworth,[1351] que o fundamento mais comum para a responsabilidade pré-contratual tem sido as obrigações específicas em que uma parte faz a outra durante as negociações, impedindo que a se descumpra impunemente o prometido antes da celebração do contrato. Neste caso, o princípio da boa-fé concretiza-se por força do contrato, fazendo lei entre as partes, cuja infração enseja a cobrança de cláusula penal ou pedido de indenização por perdas e danos pela parte inocente.

4.2. Responsabilidade Subjetiva ou Objetiva

Assumida a posição de que a responsabilidade por violação dos deveres decorrentes da boa-fé pré-contratual tem natureza extracontratual, o segundo problema está em saber se é hipótese de responsabilidade subjetiva ou objetiva.

Sendo hipótese de responsabilidade subjetiva, há de se fazer um juízo de reprovabilidade da conduta praticada pelo autor do dano. Para Romain,[1352] as vantagens de uma boa-fé com base na culpa seriam a de colocarem-se as pessoas em uma relação de igualdade e reciprocidade formais, tendo por base a tomada de consciência de identidade de personalidades ética e jurídica, exigindo-se delas um dever de respeito mútuo, que é a origem de uma verdadeira obrigação jurídica, norma primária da responsabilidade por culpa. A boa-fé sem culpa seria apenas nos casos em que há alteração da base do negócio por motivos imprevisíveis. No mesmo sentido, Clóvis do Couto e Silva[1353] afirmava que a lesão ao princípio da boa-fé aparece relacionada frequentemente com a culpa. Assim sucede do mandato, na gestão de negócios, nas obrigações de dar, de fazer, e nas

[1351] Farnsworth, E. Allan. op. cit. p. 236.

[1352] Romain, Jean-François. Théorie critique du principe général de bonne foi en droit privé: des atteintes à la bonne foi, en général, et de la fraude, en particulier ("Fraus omnia corrumpit"). Bruxelas: Bruylant, 2000. p. 799.

[1353] Silva, Clóvis Veríssimo do Couto e. A obrigação como processo. São Paulo: José Butschasky Editor, 1976. p. 37-38.

alternativas. Nas obrigações em espécie, o desaparecimento do objeto ou a sua deterioração pode ter origem em falta de atenção aos interesses do credor. Antonio Chaves[1354] também sustentou que a responsabilidade seria subjetiva, pois, embora sedutora a possibilidade de aplicação da responsabilidade objetiva a estes casos, justamente pela simplificação que traz ao dispensar a prova da culpa, não poderia ser acolhida em matéria de responsabilidade pré-contratual. Cossio y Corral[1355] também concordava com a ideia de que a responsabilidade pré-contratual seria subjetiva. Carlos Ferreira de Almeida[1356] afirmou que os pressupostos da responsabilidade civil pré-contratual correspondem, ponto a ponto, aos pressupostos gerais da responsabilidade civil subjetiva. Na opinião dele, quando se pensa em violação de deveres de lealdade e diligência, estes somente podem ser concebíveis com a culpabilidade de quem os viola. Mas em se tratando de violação de deveres de informação ou de sigilo, podem ser que no julgamento de sua violação, não se levem em consideração a culpabilidade do agente. Esta responsabilidade deveria ser subjetiva, mas com presunção de culpa.

Já a responsabilidade objetiva imporia a indenização independentemente de culpa, e a atividade negocial seria considerada de risco, já que no contato social é possível a ocorrência de danos à parte contrária. Neste caso, fica mais fácil a responsabilização da parte que violou a boa-fé. Em vez de se falar em *culpa in contrahendo*, falar-se-ia em *contrahendo sine culpa*. Essa ideia tem por origem o fato de que se teve de alargar a responsabilidade contratual para abranger o período pré-contratual. Como se sabe, na responsabilidade contratual há presunção de culpa, pois basta alegar o descumprimento do contrato para requerer a indenização. Ademais, o fato de se ter considerado a *culpa in contrahendo* como decorrente de uma relação jurídica preparatória, nascida do contato social, sendo a sua violação uma infração a uma obrigação, também contribuiu para que se imaginasse ser objetiva esta responsabilidade.

[1354] CHAVES, Antonio. Responsabilidade pré-contratual. 2. ed. revista e ampliada. São Paulo: Lejus, 1997. p. 158.

[1355] COSSIO Y CORRAL, Alfonso. El dolo en el derecho civil. Madrid: Editorial Revista de Derecho Privado, 1955. p. 280.

[1356] ALMEIDA, Carlos Ferreira de. op. cit. p. 160-161.

Como visto acima, a *culpa in contrahendo* de Jhering foi positivada na promulgação do Código Civil alemão. Porém, estes dispositivos não responderam a uma série de problemas relativos à liberdade de contratar, o que obrigou a doutrina e jurisprudência a desenvolver uma nova *culpa in contrahendo*, na qual se inseriram os deveres de informar e de proteger a parte contrária. Como afirmara Asúa Gonzalez,[1357] a *culpa in contrahendo* na Alemanha havia desnaturado-se, e com base naqueles desenvolvimentos, permitia-se rescindir contratos válidos, porém, malformados.

Assim, esta responsabilidade é subjetiva em regra. Para que haja responsabilidade objetiva, esta tem que ser prevista em lei, como nas hipóteses em que se configura relação de consumo, que é o regime aplicável às legislações, entre as quais, a brasileira. Por exemplo, poder-se-ia pensar em uma situação em que houve negociação entre fornecedor e consumidor e aquele tomou a iniciativa de desistir do negócio, mentiu ou omitiu informação relevante. Nesse caso, seriam aplicáveis os arts. 12 ou 14 do Código de Defesa do Consumidor, conforme o caso, como fundamento para a reparação dos danos. Excluída essa situação, seria equivocado afirmar que contatos sociais são atividades que, por sua natureza, impliquem risco para os direitos de outrem (CC, art. 927, parágrafo único). Por isso, sem qualquer disposição nesse sentido, é obrigatório aplicar-se a regra geral, que é a exigência da prova de culpa quando for hipótese de aplicação do Código Civil. Em suma, a responsabilização mais adequada é a subjetiva, pois a violação do princípio da boa-fé não decorre de uma atividade de risco, mas sim, de uma conduta reprovável.

4.3. Valor das Perdas e Danos: Interesse Positivo x Interesse Negativo

Em relação ao valor das perdas e danos, existe um dogma no direito civil: o valor do interesse negativo não pode ser superior ao interesse positivo. Em língua portuguesa, existem duas obras densas que cuidam essa questão. Tanto Paulo Mota Pinto, quanto Renata Campos Steiner, explicaram que o termo interesse decorre de "estar entre", o que indica participação, sendo o interesse do credor, por exemplo, aquilo que lhe cabe. Posteriormente, teria assumido significado de dano.[1358] Tal termo viria de "*id quod*

[1357] Asúa Gonzalez, Clara I. op. cit. p. 185.

[1358] Pinto, Paulo Mota. Interesse contratual negativo e interesse contratual positivo. v. 1. Coimbra Editora, 2008. p. 84 e 492.

interest" e decorre da teoria da diferença em reparação de danos, em que se faz a comparação entre a situação atual e a situação em que a pessoa se encontraria, caso o dano não tivesse ocorrido.[1359]

Como visto acima, Jhering desenvolveu a distinção entre interesse positivo e interesse negativo para a indenização decorrente do inadimplemento contratual e ressarcimento das despesas do contrato aparente, respectivamente.[1360] Com fundamento em Windscheid,[1361] doutrinadores sustentaram que o interesse negativo denomina-se interesse da confiança.[1362] Jhering teve que criar essa distinção entre interesse positivo e interesse negativo, porque, para ele, o fundamento da *culpa in contrahendo* seria a responsabilidade contratual e ele precisava modificar esta responsabilidade para os contratos que não se formaram. Além disso, no tempo de Jhering, não era clara a distinção entre nulidade e anulabilidade. Enquanto hoje em dia aqueles exemplos dados seriam hipóteses de anulabilidade por erro, o que levaria a considerar os contratos válidos até que se os anulassem, na época dele se pensava apenas em nulidade absoluta, cuja consequência inevitável seria considerar que os contratos jamais se formaram. De acordo com Turco,[1363] o problema do interesse negativo se enquadraria na problemática da redistribuição das despesas e custos relacionados às negociações contratuais interrompidas ou devido a problemas na conclusão de um contrato inválido.

Embora nem Jhering nem Fuller e Perdue Jr. defendessem a ideia de que o valor do interesse negativo não pode ser superior ao interesse positivo, parte dos doutrinadores[1364] sustenta o contrário, porque seria injusto conseguir-se, devido a não formação do contrato, obter vantagens supe-

[1359] Steiner, Renata Campos. Reparação de danos: interesse positivo e interesse negativo. São Paulo: Quartier Latin, 2018. p. 43.

[1360] M.I. Carvalho de Mendonça em 1911 já falava que quem oculta ou dissimula a impossibilidade de contratar, deve indenizar pela perda que a parte contrária sofreu, tendo por base o fato de não ter efetuado o contrato, ou perdas e danos negativos, chamados de interesse negativo (Mendonça, M.I. Carvalho de. op. cit. p. 21).

[1361] Pinto, Paulo Mota. op. cit. p. 183.

[1362] Enneccerus, Ludwig; Kipp, Theodor; Wolff, Martin. op. cit. p. 206.

[1363] Turco, Claudio. Interesse negativo e responsabilità precontrattuale. Milano: Giuffrè, 1990. p. 13-14.

[1364] Ravazzoni, Alberto. La formazione del contratto. Le regole di comportamento. Milano: Giuffrè, 1974. p. 217; Patti, Guido; Patti, Salvatore. op. cit.; Monateri, Pier Giuseppe. op. cit. p. 471.

riores àquelas que obteriam, se o contrato tivesse sido concluído. Não seria correto ser mais vantajoso a não celebração do contrato do que a sua celebração. Além disso, o interesse negativo nunca poderia ser superior ao interesse positivo, porque seria equiparação de ambas as figuras. Essa distinção tem por objetivo impedir o enriquecimento injusto de uma das partes por causa deste problema. Nesse sentido, o princípio subjacente aos conceitos de interesse positivo e interesse negativo é a extensão do dano.[1365] Em se tratando de interesse positivo, a extensão do dano corresponde à importância em dinheiro equivalente à vantagem que obteria se o contrato fosse perfeito. No caso de interesse negativo, a extensão do dano consiste no reembolso das despesas feitas durante o período pré-contratual, para restabelecer-se a situação patrimonial na qual se acharia, caso não tivesse contratado.

Todavia, de acordo com Mário Júlio de Almeida Costa,[1366] a distinção entre interesse positivo e negativo é insatisfatória, pois seria possível interesse positivo na fase pré-contratual. Brebbia[1367] afirmou que as noções de interesse positivo e negativo empregadas pela doutrina para fixar o alcance da indenização, não têm relação direta com os conceitos de dano emergente e de lucro cessante dos Códigos Civis, já que o lucro cessante pode compreender tanto os casos de interesse positivo quanto os de interesse negativo. Para Manzanares,[1368] apoiando-se em Benatti, a distinção entre interesse positivo e negativo não pode sustentar-se na validade ou invalidade dos contratos, porque pode aparecer a reparação do interesse negativo em contratos válidos. Giuseppe Grisi[1369] apontou a insuficiência desta classificação, porque não seria possível aplicá-la às hipóteses de violação do dever de informação, cujos danos produzidos aparecem com a conclusão do contrato. Para Fontaine,[1370] as perdas e

[1365] Chaves, Antonio. op. cit. p. 210.

[1366] Costa, Mário Júlio Brito de Almeida. Responsabilidade civil pela ruptura das negociações preparatórias de um contrato. Coimbra: Coimbra Editora, 1984. p. 74.

[1367] Brebbia, Roberto. Responsabilidad precontractual. Buenos Aires: Depalma, 1989. p. 220.

[1368] Manzanares Secades, Alberto. La responsabilidad precontractual en la hipotesis de ruptura injustificada de las negociaciones preliminares. Anuario de Derecho Civil, v. 37, n. 3, p. 687-748, jul/sept. 1984. p. 729.

[1369] Grisi, Giuseppe. L'obbligo precontrattuale di informazione. Napoli: Jovene, 1990. p. 348.

[1370] Fontaine, Marcel. Les lettres d'intention dans la négotiation des contrats internationaux. Droit et Pratique du Commerce International. Tome 3, n. 2, Avril 1977. p. 112-113.

danos a este título não necessariamente são inferiores às perdas e danos naquele caso. Regis Fichtner Pereira também admitiu que o valor do interesse negativo pode ser superior ao do interesse positivo.[1371] Paulo Mota Pinto, por sua vez, declarou, com razão, que não há correspondência biunívoca entre interesse negativo e responsabilidade pré-contratual. Esse autor também admite indenização pelo interesse negativo em valor superior ao interesse positivo, porque, como não há regra limitando o interesse negativo, nada obsta que esse valor seja elevado. Por exemplo, por excessivas despesas pré-contratuais por contrato rompido ou lucros cessantes elevados.[1372]

Cartwright e Hesselink,[1373] quando sintetizaram o tratamento desse tema nos ordenamentos jurídicos europeus, apontaram como chave de interpretação as expectativas envolvidas nas fases pré-contratual e contratual, as quais são substancialmente distintas em cada caso. Assim, a expectativa pré-contratual é a de um futuro contrato, enquanto, na hipótese de o contrato já estar formado, o ordenamento jurídico oferece remédios pela quebra da expectativa pelo seu descumprimento. Outra observação importante desses autores é que não se protege a expectativa em si, ou a expectativa de que o contrato viria a ser celebrado, mas sim, que a responsabilidade pré-contratual decorre de a outra parte ter induzido a outra a adotar essa expectativa, sendo que a dificuldade estaria em avaliar em que medida houve um desvio do risco normal de suportar a não celebração do contrato.

É muito conhecida na doutrina europeia a decisão da Suprema Corte da Holanda (Hoge Raad) em 18 de maio de 1982 (HR 18 June 1982 NJ, 1983, 723, Plas v. Valburg) sobre o valor da indenização a ser paga em caso de não formação dos contratos.[1374] Nesta decisão, afirmou-se que as

[1371] Pereira, Regis Fichtner. A responsabilidade civil pré-contratual. Teoria geral e responsabilidade pela ruptura das negociações contratuais. Rio de Janeiro: Renovar, 2001. p. 121.

[1372] Pinto, Paulo Mota. Interesse contratual negativo e interesse contratual positivo. v 1. Coimbra Editora, 2008. p. 896; Pinto, Paulo Mota. Interesse contratual negativo e interesse contratual positivo. v 2. Coimbra Editora, 2008. p. 1027 e 1056.

[1373] Cartwright, John; Hesselink, Martin. 5. Conclusions. *In:* Cartwright, John; Hesselink, Martin (Orgs). Precontractual liability in European Private Law. Cambridge: Cambridge University Press, 2010. p. 453-454-456.

[1374] *Apud* Mak, C. Comentário ao Art. 2:301 dos Princípios de Direito Europeu dos Contratos. *In:* Busch, Danny (Org). The Principles of European Contract Law and Dutch Law. A compartes são livres para interromper as negociações sem ter que compensar a outra parte por isso. Porém, a interrupção das negociações é contrária à boa-fé, quando a outra parte pudesse razoavelmente esperar no mesmo algum contrato que resultasse destas negociações. Neste caso, a parte faltosa é responsável pelas despesas incorridas pela parte contrária e em alguns casos pela perda dos lucros cessantes. Classificou-se o período pré-contratual em três estágios e o valor da indenização dependerá em qual deles negociação tiver sido interrompida. No primeiro estágio não há obrigação de compensar por qualquer perda. Quando as partes atingem o segundo estágio no processo de negociação, a parte pode interromper as negociações quando compensar o interesse negativo, que inclui oportunidades perdidas. O mesmo é verdadeiro para o terceiro estágio, mas com a possibilidade adicional do interesse da expectativa ser compensada.

Em nossa opinião, não se deve limitar a indenização pelo interesse negativo ao valor da indenização pelo interesse positivo, por se alegar que um contrato possa ser mais vantajoso do que celebrá-lo. Indenização não é vantagem, mas sim, retorno à situação anterior. Tal limitação da indenização não se sustenta à luz da responsabilidade extracontratual que caracteriza a *culpa in contrahendo*. Se, eventualmente, e desde que cabalmente comprovado, a não celebração de um contrato por ruptura das negociações representar um prejuízo maior do que em caso de celebração do contrato, o interesse negativo poderá ser superior ao interesse positivo, embora acreditemos que essa hipótese raramente possa ocorrer na prática. Inclusive, porque o art. 1338 do Código Civil italiano prevê sanção pelo interesse negativo, embora não faça referência a esta terminologia. Apenas fala em ressarcimento do dano por ter confiado, sem sua culpa, na validade do contrato. Já o art. 1337 não dispõe sobre a quantificação do dano ressarcível em consequência da interrupção injustificada das negociações.[1375] No direito argentino, sustenta-se expressamente, em referência ao art. 991 do Código Civil e Comercial, que "a norma sancio-

mentary. Nijmegen: Ars Aequi Libri e Kluwer Law International, 2002. p. 130. Cf. Gallo, Paolo. Responsabilità precontrattuale: il quantum. Rivista di Diritto Civile, Milano, v. 50, n. 3, p. 487-520, magg./giug. 2004. p. 498.

[1375] Patti, Guido; Patti, Salvatore. op. cit. p. 84.

nada não limita a responsabilidade ao dano ao interesse negativo, como fazia expressamente o projeto de 1998".[1376]

Paolo Gallo elencou as possibilidades de ressarcimento desses danos: a) não ressarcimento; b) indenização das despesas e das perdas pela execução inexata; c) ressarcimento pelo interesse negativo; d) ressarcimento integral em caso de dolo; e) ressarcimento do dano em qualquer caso; f) execução específica do contrato.[1377] Ademais, o atual art. 1112 do Código Civil francês, como o atual art. 991 do novo Código Civil argentino, igualmente adotaram o interesse negativo como limite à indenização.[1378] Esse também tem sido o entendimento do Superior Tribunal de Justiça. Além do caso adotado como precedente em matéria de responsabilidade pré-contratual naquele tribunal, mencionado acima, em que estabeleceu como valor da indenização as despesas efetivamente feitas pela parte que teve sua expectativa frustrada, tem-se outro acórdão relativo à não conclusão de contrato de distribuição de energia elétrica, no qual, expressamente, se revisou e citou-se a doutrina para afirmar que não se pode admitir indenização nesses casos no valor equivalente ao interesses positivo, devendo limitar-se ao interesse negativo.[1379] Por outro lado, merece referência acórdão do Tribunal de Justiça do Estado de Minas Gerais, em que se contratou verbalmente empresa para elaboração de jingle, o qual, entretanto, não foi aceito, alegando-se baixa qualidade do que se fez. Todavia, esse material foi enviado a outro estúdio, que fez pequenos ajustes e a canção foi usada na campanha publicitária. A despeito de se ter

[1376] Herrera, Marisa; Caramelo, Gustavo; Picasso, Sebastián (Orgs). Código Civil y Comercial de la Nación comentado. Tomo III – Libro Tercero. Articulos 724 a 1250. Buenos Aires: Infojus, 2015. p. 390.

[1377] Gallo, Paolo. Responsabilità precontrattuale: il quantum. op. cit. p. 500.

[1378] Art. 1112. A iniciativa, o desenvolvimento e a ruputura de negociações pré-contratuais são livres. Elas devem imperativamente satisfazer as exigências da boa-fé. Em caso de conduta culposa cometida nas negociações, a reparação do prejuízo não pode ter por objeto compensar nem as perdas das vanagens esperadas com o contrato não concluído, nem a perda da chanche de obtê-las.

Artigo 991. Dever de boa-fé. Durante as tratativas preliminares, e ainda que não se tenha formulado uma oferta, as partes devem agir de boa-fé para não frustrá-las injustificadamente. O descumprimento deste dever gera a responsabilidade de ressarcir o dano que sofreu aquele que confiou, sem culpa, na celebração do contrato.

[1379] Brasil. Superior Tribunal de Justiça (3ª Turma). REsp n. 1.641.868/SP. Relator: Min: Moura Ribeiro, 5 de junho de 2018.

alegado ser praxe a entrega de jingle ao cliente sem expectativa de que este vá adquirir os serviços, entendeu-se ter ocorrido plágio e, portanto, violação da boa-fé na fase pré-contratual. Porém, o valor fixado a título da indenização foi justamente aquele indicado no orçamento rejeitado, porque houve aproveitamento econômico da música elaborada pela empresa que fez o jingle.[1380]

Na sistemática do Código Civil de 2002, os danos devem ser reparados com base no art. 944, que manda a indenização ser equivalente à extensão do dano, abrangendo não apenas os danos materiais, como também sendo possível a reparação por danos morais, estéticos e perda de uma chance. Sobre o valor da indenização, a jurisprudência ora tem empregado a terminologia de interesse negativo, assim como o termo "ressarcimento das despesas" ao referir-se à indenização por danos materiais. Quando o contrato foi formado, a responsabilidade pré-contratual já está positivada desde o Código Civil de 1916 em matéria de dolo. Tomando por base o atual Código Civil de 2002, o art. 146 dispõe que "o dolo acidental só obriga à satisfação das perdas e danos, e é acidental quando, a seu despeito, o negócio seria realizado, embora por outro modo". Essa, aliás, é também a opinião de Franzoni,[1381] para quem nem sempre a responsabilidade será no interesse negativo, porque, em certos casos, como na violação do dever de informação, o valor desta deve ser medido pela diferença entre o que se conseguiria com o contrato e o que se conseguiria, caso o contrato não tivesse tido essa interferência indesejada.

5. Situações de Responsabilidade Pré-Contratual

Desde Stoll classificam-se as violações da boa-fé no período pré-contratual em três situações:[1382]

a) o contrato não se formou;
b) o contrato formou-se, mas é inválido ou ineficaz;

[1380] Brasil. Tribunal de Justiça do Estado de Minas Gerais (12ª Câmara Civel). Apelação Cível n. 1.0024.06.279373-2/001. Relator: Des. Domingos Coelho, 20 de março de 2019.

[1381] Franzoni, Massimo. op. cit. p. 284.

[1382] Costa, Mário Júlio Brito de Almeida. op. cit. p. 36; Asúa Gonzalez, Clara I. La culpa in contrahendo: tratamiento en el derecho alemán y presencia en otros ordenamientos. Erandio: Servicio ed. Univ. del País Vasco, 1989. p. 193; Grisi, Giuseppe. op. cit. p. 355; Romain, Jean-François. op. cit. p. 854-855.

c) o contrato formou-se, é válido e eficaz, mas não atende ao que dele se esperava.

5.1. Contrato não se Formou

Se as partes assinaram documentos pré-contratuais, por exemplo, cartas de intenção, a responsabilidade neste caso é contratual por inadimplemento desta última, e não do contrato que se planejava celebrar. Só haverá responsabilidade extracontratual em caso de inexistência desses documentos. A parte que violou a boa-fé, impedindo a formação do contrato, deve indenizar para recolocar a parte prejudicada na situação anterior em que se encontraria, caso não tivesse negociado. Com efeito, os danos a serem indenizados[1383] compreendem as despesas efetivadas nas negociações ou custos de transação na negociação, que abrangem o tempo perdido em face do desvio de seu trabalho, as despesas realizadas com estudos, viagens, redação de minutas, projetos, assistência de advogados, notários, a imobilização do capital, e como lucros cessantes a perda da oportunidade de negociar com outrem, assim como os custos para o uso de soluções de controvérsias. Além disso, pode compreender eventualmente a perda real da ocasião de concluir o contrato, bem como na perda da ocasião de concluir outro contrato de conteúdo diverso.[1384] Por exemplo, merece destaque outro caso relativo a negociações entre empresa fornecedora de softwares e instituição de ensino superior, em que as negociações eram conduzidas por e-mails. Embora se tenham registros dessas comunicações em que se afirmou ter-se o aceite para o negócio, entendeu-se que o contrato não se formou, porque restou provado que, em outros negócios similares, o contrato era formalizado por escrito, não por e-mail. Assim, afirmou-se o seguinte: "Por certo, o prejuízo não pode se equiparar ao do virtual inadimplemento, haja vista que, apesar de passível de responsabilização, a conduta daquele que desiste, sem estar vinculado contratualmente, não pode ser equiparada à daquele que assume em definitivo

[1383] Fontaine, Marcel. op. cit. p. 112; Cappelari, Récio Eduardo. Responsabilidade pré-contratual. Aplicabilidade ao direito brasileiro. Porto Alegre: Livraria do Advogado, 1995. p. 130-132; Sagna, Alberto. Il risarcimento del danno nella responsabilità precontrattuale. Milano: Giuffrè, 2004. p. 116.

[1384] Richter, Giorgio Stella. La responsabilità precontrattuale. Torino: Utet, 1996. p. 93-102.

compromissos de forma vinculada e depois descumpre aquilo a que se obrigou".[1385]

5.2. O Contrato Formou-se, mas é Inválido ou Ineficaz

A responsabilidade pela formação de um contrato inválido ou ineficaz é simultaneamente legal, porque não decorre do inadimplemento do mesmo, mas da malformação contratual devido a vício de consentimento, ou por qualquer outra causa de invalidade do contrato. Aplicam-se neste caso as regras específicas sobre essa matéria. Quando estas não forem suficientes ou inaplicáveis, por exemplo, em caso de nulidade por infração a norma de ordem pública, aí sim se invoca o princípio da boa-fé.[1386] Para Carlos Ferreira de Almeida,[1387] caso a parte lesada tenha optado pela anulação do contrato, ela estará buscando a situação anterior a que se encontrava antes do contrato, não a obtenção das vantagens que pretendia ter, caso aquele fosse válido e eficaz. Por isso, o valor da indenização corresponde ao interesse negativo, sob pena de os efeitos a anulação do contrato serem iguais aos de sua subsistência. Caso este seja mantido, a indenização equivale ao interesse positivo, pois o contrato não produzirá seus plenos efeitos. Como o contrato neste caso está desequilibrado, o valor da indenização deve, pelo menos, repor o equilíbrio, através da redução de sua prestação. Os custos de transação, portanto, equivalem ao dos casos em que o contrato não se formou.

5.3. O Contrato Formou-se, é Válido e Eficaz

O terceiro caso é a infração à boa-fé, na qual o contrato seja válido e eficaz, mas tenha sido malformado, não possibilitando à parte obter a máxima e regular satisfação que pretendia, por violação dos deveres de informação e de cooperação. Nesta situação, a responsabilidade é extracontratual, porque a violação do princípio da boa-fé deu-se antes da formação do contrato, já que este dever deve ser adimplido antes que o consentimento contratual seja emitido.[1388] Além disso, tal responsabilidade funda-se no

[1385] Brasil. Tribunal de Justiça do Estado do Rio de Janeiro (6ª Câmara Cível). Apelação Cível n. 0047357-75.2017.8.19.0001. Relatora: Des. Teresa de Andrade Castro Neves, 21 de agosto de 2019.

[1386] Asúa Gonzalez, Clara I. op. cit. p. 193.

[1387] Almeida, Carlos Ferreira de. op. cit. p. 184.

[1388] Fabre-Magnan, Muriel. op. cit. p. 272.

princípio da boa-fé, não no contrato celebrado. O interesse a ser indenizado só pode ser o interesse positivo, porque o contrato não produz seus regulares efeitos com o defeito, falta ou excesso de informação, ou com a falta de cooperação da parte contrária, o que equivale ao inadimplemento contratual. No caso, como o contrato subsiste, há de se descontar as vantagens já obtidas, indenizando-se, na prática, a diferença entre o que se poderia ter ganho e o que já se ganhou. Os custos de transação, pois, consistem nos prejuízos sofridos pela não produção dos efeitos contratuais, e correspondem à diferença do que se obteria da regularidade do contrato menos o valor obtido deste contrato prejudicado.[1389]

5.4. Violação da Boa-Fé durante o Contrato

Embora a maior parte dos casos de infração ao princípio da boa-fé ocorra no período pré-contratual, também é possível violações no período contratual. Em geral, decorrem das violações de deveres específicos de informação[1390] e, sobretudo, do dever de cooperação. Se o contrato tiver como elemento essencial um dever de informação, a responsabilidade é contratual, porque terá sido hipótese de descumprimento de obrigação principal. Porém, quando se tratar de deveres fundados no princípio da boa-fé, aplicáveis a todo e qualquer contrato, a responsabilidade será extracontratual, porque não se terá desrespeitado uma cláusula contratual, mas sim, uma obrigação legal. O valor da indenização, neste caso, será equivalente a do interesse positivo, porque se impediu a realização dos interesses econômicos próprios.[1391] Os custos de transação, assim, correspondem à perda das vantagens que se deixou de obter em razão da violação do princípio da boa-fé.

6. Violação da Boa-Fé após o Término do Contrato

A boa-fé também se manifesta após o término do contrato. Decorre da ideia de que se tem que fazer boa a coisa vendida ou cooperar para que a parte contrária fique satisfeita com o que obteve por meio do contrato. É o que se tem com a disciplina dos vícios redibitórios e da evicção, por

[1389] Almeida, Carlos Ferreira de. op. cit. p. 183.

[1390] Fabre-Magnan, Muriel. op. cit. p. 324.

[1391] Uda, Giovanni Maria. La buona fede nell'esecuzione del contratto. Torino: G. Giapicchelli (in colaborazione con Unversità di Sassari – Facoltà di Giurisprudenza), 2004. p. 321.

exemplo. Além disso, este tema aparece relacionado à boa-fé sob a terminologia de responsabilidade pós-contratual ou *culpa post factum finitum*.

Como apontou Rogério Ferraz Donnini, há pouca doutrina e jurisprudência não somente no Brasil, mas também no exterior sobre esse assunto.[1392] Apontou a origem do uso dessa expressão em 1925, quando o *Reichsgericht* decidiu que, em cessão de crédito, o cedente não podia mais colocar obstáculos ao cessionário. No ano seguinte, 1926, decidiu-se que os herdeiros do escritor Gustave Flaubert não podiam fazer concorrência ao editor, mesmo quando o contrato já tivesse terminado.[1393] Outro exemplo do início do século XX no Brasil foi o famoso caso da venda de uma empresa e o antigo dono continuar atuando no mesmo mercado como concorrente. Problemas como este resolviam-se com cláusulas de não concorrência. O art. 1.147 do Código Civil brasileiro de 2002 solucionou em definitivo essa questão.

No fundo, a responsabilidade pós-contratual é questão bastante antiga. Por exemplo, basta pensar nas regras sobre evicção e vícios redibitórios, em que se tem que fazer boa a coisa vendida. Por outro lado, voltou a ter importância quando inexistiam regras sobre a proteção dos consumidores. O Código Civil de 2002, por exemplo, cuja redação do projeto é da década de 1970, dispõe no art. 931 que "ressalvados outros casos previstos em lei especial, os empresários e as empresas respondem independentemente de culpa pelos danos causados pelos produtos postos em circulação" e o Código de Defesa do Consumidor de 1990 consagrou como princípio fundamental a efetiva reparação dos danos (art. 6º, VI), assim como adotou a cláusula geral de responsabilidade civil por fato do produto (art. 12) e do serviço (art. 14), ou de contratos coligados ao principal, como o caso do seguro habitacional em face da compra e venda de imóvel financiado. Por exemplo, o Superior Tribunal de Justiça entendeu que, em caso de defeito do imóvel adquirido, o seguro habitacional se prolonga no tempo, mesmo após a extinção do contrato, para indenizar o adquirente quando o vício, oculto, surgiu durante a vigência do mesmo.[1394] Há também caso

[1392] Donnini, Rogério Ferraz. Responsabilidade pós-contratual no novo Código Civil e no Código de Defesa do Consumidor. São Paulo: Saraiva, 2004. p. 85.

[1393] Donnini, Rogério Ferraz. op. cit. p. 86.

[1394] Brasil. Superior Tribunal de Justiça (3ª Turma). REsp 1.717.112/RN. Relatora: Min. Nancy Andrighi, 25 de setembro de 2018.

considerado como sendo de responsabilidade pós-contratual que consistiu no loteamento de área, cujo contrato de venda dos lotes proibia a sua futura subdivisão em área inferior a 5.000m² e o comprador assim o fez,[1395] embora seja discutível se era realmente tal hipótese, pois a obrigação, embora esteja no instrumento do compromisso de compra e venda, era independente, portanto, existente, válida e eficaz. Em outros acórdãos, menciona-se o termo "pós-contratual", mas não se trata exatamente dessa figura. Enfim, a quase totalidade dos casos já está abrangida pela incidência dessas normas jurídicas. Ademais, ainda se prevê o *recall,* instituto que impõe o dever de informar sobre os riscos que determinado produto ou serviço apresenta após ter sido lançado no mercado, bem como o dever de cooperar, que consiste na pronta correção do problema antes que danos sejam causados aos consumidores.

Ainda que exista algum caso específico não abrangido por essas regras, podem-se aplicar as regras gerais sobre responsabilidade civil. De qualquer modo, o valor da indenização corresponde ao interesse positivo, porque o contrato não produzirá a totalidade de seus efeitos por violação do princípio da boa-fé. Ao se realizarem atos posteriores à extinção do contrato, seus efeitos implicam custos de transação para a parte lesada, que sofrerá a perda das vantagens que o contrato lhe proporcionava.

[1395] Brasil. Tribunal de Justiça do Estado de São Paulo (10ª Câmara de Direito Privado). Apelação Cível n. 0051147-40.2010.8.26.0576. Relator: Des. Penna Machado, 27 de novembro de 2018.

Conclusão

No início do Digesto, há uma passagem de Ulpiano acerca dos preceitos do direito (D,1,1,10,1), ou, no limite, como o direito poderia ser definido em uma única frase: "viver honestamente, não lesar o próximo, dar a cada um o que é seu". Com efeito, esta máxima pode ser reescrita de modo a evidenciar que tudo se resume a agir de acordo com a boa-fé. É o agir corretamente, da melhor maneira possível, o que, na prática, assegura a máxima eficiência procedimental.

Independentemente do significado da boa-fé, este termo está associado a algo bom, positivo, enquanto isso não ocorre em relação ao seu oposto: a má-fé. Diversos problemas jurídicos foram resolvidos por meio desse instituto jurídico, relacionados com a necessidade de confiança no relacionamento interpessoal e na adequada formação e cumprimento dos negócios. Tendo em vista a vagueza semântica do termo, a boa-fé foi usada para solucionar problemas não necessariamente ligados à confiança, como no caso dos deveres de proteção na falta de regras eficazes sobre responsabilidade civil extracontratual, relacionadas à ideia do *alterum non laedere*; porém, como é difícil estar em desacordo com a boa-fé, aceitou-se esta como fundamento jurídico para a condenação ao pagamento de indenização de perdas e danos.

O princípio da boa-fé é reconhecido em diversos ordenamentos jurídicos. Tornou-se conhecido como cláusula geral, tal como aquela do § 242 do Código Civil alemão. Em regra, é um princípio festejado; excepcionalmente, um princípio indesejado. No Brasil, contudo, não se pode dizer que não havia a sua consagração. O que havia no Código Civil de 1916, era a adoção do modelo inglês de direito contratual, intitulado de "tudo-ou-nada", isto é: reconhecia-se liberdade para a celebração de contratos, tendo as regras sobre vícios do consentimento para tutelar a fase pré-contratual, mas se exigia a mais elevada boa-fé em determinados contratos, como nos seguros; agora se adotou o modelo contemporâneo, por meio dos arts. 113, 187 e, sobretudo, o art. 422 do Código Civil brasileiro, no qual a boa-fé é uma regra que permeia os contratos.

No século XXI, a boa-fé tornou-se um pouco diferente do que era no século XX. Em primeiro lugar, nota-se maior compreensão desse instituto jurídico por parte da doutrina. Isso levou ao aperfeiçoamento das regras sobre boa-fé. Tal movimento iniciou-se com a Reforma do Direito das Obrigações alemão em 2002, assim como a Reforma do Direito das Obrigações francês em 2016, incluindo o Código Civil argentino de 2014. Nesse ponto, o direito civil brasileiro já começou atrasado com o uso intensivo desse instituto jurídico, pois já deveria tê-lo concebido com maior precisão. No entanto, em sintonia com o que ocorre nos demais países, a boa-fé transcendeu o direito privado e foi bem recebida pelo direito público, sobretudo nos direitos processual e administrativo, como se observa no Código de Processo Civil de 2015 e na Lei de Introdução às Normas do Direito Brasileiro, com o advento da Lei nº 13.655, de 25 de abril de 2018. Outras situações, tais como a responsabilidade decorrente pelo fato do produto ou do serviço colocado no mercado, ou até mesmo os deveres de proteção em geral, que, em ordenamentos jurídicos como o brasileiro, em que se tem uma eficaz cláusula geral de responsabilidade civil, não precisam ser fundamentados em deveres laterais fundados na boa-fé, como se fazia no passado, especialmente na Alemanha. Atualmente, a jurisprudência é vasta e não há mais como sistematizar artesanalmente a matéria praticamente nos países que mais fazem uso desse instituto. Quiçá seja possível fazê-lo com o uso de inteligência artificial.

Para que se compreenda a importância da boa-fé nas relações jurídicas, a nova economia institucional é um ramo da ciência econômica que trouxe conceitos importantes para a realização desse tipo de análise, entre os quais os de informação assimétrica e custos de transação. Instituições, inclusive as instituições jurídicas, são responsáveis pela redução destes custos, bem como pela correção destes desequilíbrios informacionais. O princípio da boa-fé, que é um instituto jurídico, torna-se aquele capaz de realizar esta função.

A boa-fé tem diversas funções, algumas típicas e outras atípicas. Estas últimas decorriam da insuficiência de outros institutos jurídicos na resolução de problemas. Hoje em dia estão delineadas as funções típicas da boa-fé: a proteção da crença e confiança legítimas, em consideração à pessoa da contraparte; e a disciplina da boa formação e execução dos negócios jurídicos.

O princípio da boa-fé nos dias atuais impõe três deveres principais: dever de coerência, dever de informação e dever de cooperação. Estes se explicam justamente porque corrigem os efeitos do estado de informação assimétrica e as distorções causadas pelos custos de transação.

O primeiro dos deveres é o de coerência, por meio do qual se impõe a manutenção da expectativa gerada na outra parte pela declaração de intenção ou pelo comportamento expresso ou tácito. A expectativa decorre do fato de que se poderia razoavelmente acreditar que a parte agiria de determinado modo, mas, por não se saber – ou por ser impossível saber dessa subsequente mudança de postura, sofreu frustração e prejuízos. O comportamento contraditório decorre de problemas relativos à informação assimétrica e custos de transação, e essa situação pode dar margem ao oportunismo pela falta de informação e dificuldade para descobrir-se a verdade pelos custos de transação proibitivos. A boa-fé reduz custos de transação, ao proibir-se o comportamento contraditório, ou, quando ocorrer, sancioná-lo. Essa ideia é conhecida no *common law* inglês e estadunidense como estoppel; nos países europeus continentais, *venire contra factum prorium* ou teoria dos atos próprios.

O abuso do direito é um instituto autônomo, reconhecido e eficaz em diversos países. Apenas na Alemanha, por razões especiais de estreiteza de incidência da norma jurídica, teve que ser fundamentado na boa-fé. Por outro lado, esta deficiência permitiu que se desenvolvesse a proibição do comportamento contraditório como exemplo de abuso do direito. De qualquer modo, trata-se de figura autônoma, não tendo sido incorporado pela boa-fé. Ambos coexistem. Pode-se, todavia, afirmar em linhas gerais que o abuso do direito é associado à boa-fé, assim como esta está associada àquele instituto jurídico. Quando há excesso no exercício de um direito subjetivo, pode-se dizer que não se age de acordo com a boa-fé, como no caso da *exceptio doli*, por ser essa conduta exemplo de incoerência de comportamento. O comportamento contraditório também pode ser entendido como abuso de comportamento.

Já o dever de informação decorre do fato de que esta é matéria-prima para a formação dos contratos. Naturalmente, há informação assimétrica entre as partes e a obtenção de informações relevantes para o negócio costuma ser difícil. O princípio da boa-fé impõe o dever de informar para reduzir os custos de transação da parte contrária. Este dever pode ser contratual, em que as partes estipulam o nível de informação que trocarão entre si, ou, na hipótese mais comum, a situação em que se contrata uma pessoa para que esta lhe dê conselhos e recomendações. O dever legal de informação decorre da boa-fé. A intensidade deste dever varia conforme sejam os efeitos dos custos de transação: quando há forte desequilíbrio entre as pessoas, o dever é exigido mais incisivamente, porque a parte mais fraca terá maiores custos de transação que a parte mais bem informada. Quando as partes são iguais, ainda assim há dever de informar, mas em menor intensidade, porque as partes têm condições de obter informações por si mesmas, revelando somente aquilo que, apesar do seu ônus de se informar, não puder ser facilmente descoberto, ou no caso em que o devedor da informação não tem condições de saber o que pode ser relevante para a parte contrária.

A informação transmitida deve ser verdadeira, clara e relevante. Ademais, este dever só impõe a transmissão na medida necessária para reduzir custos de transação elevados. Logo, não há dever de informar quando o acesso à informação é de fácil obtenção, isto é, informação que pode ser obtida com reduzidos custos de transação, como, por exemplo, acerca da conveniência do contrato em um centro de compras, rua especializada ou pela Internet. Assim, há um ônus de se informar e um dever de informar que incidem simultaneamente. Para facilitar o cumprimento deste dever, existem ainda o dever de informar para ser informado e o dever de se informar para informar.

Existem ainda os contratos *uberrima fides*, como no caso do contrato de seguro, em que se exige a mais estrita boa-fé. Surgiram em um país que não costuma reconhecer a boa-fé de forma ampla. Sua finalidade é dispensar a parte contrária do ônus de se informar, com o único intuito de facilitar a circulação dos direitos, como no caso dos seguros marítimos. Porém, pode-se impor o ônus de se informar ao segurador, quando este tem a possiblidade de realizar exames acurados para adequação do risco à mutualidade e, de forma contraditória, violando a boa-fé, recusa o pagamento da indenização. Por outro lado, quando a parte credora da informação for profissional e a devedora da informação for leiga, pode-se atenuar a exigência de *uberrima fides*, porque aquela tem mais condições de saber o que é ou não relevante para a formação do contrato de seguro.

O dever de cooperação tem por objetivo reduzir custos de transação, facilitando o processo obrigacional, por meio da vedação de condutas desnecessárias ou exigindo que se procure a melhor solução para a situação, em vez de permanecer com a menos eficiente. São exemplos deste dever a renegociação contratual, o adimplemento substancial e o dever de mitigar o próprio prejuízo. Entretanto, ser cooperativo não significa que uma das partes deve substituir-se à outra no cumprimento de suas obrigações.

Não há distinções significativas entre boa-fé objetiva e boa-fé subjetiva; esta última é consequência de ter agido em conformidade com a boa-fé objetiva, já que não se admite a alegação de ignorância (aqui entendida como informação assimétrica) sem que se tenha agido corretamente na busca de informações quando isso era possível, pela existência de baixos custos de transação. Assim, nas questões tidas como boa-fé subjetiva, notou-se que os institutos são a mais pura aplicação da boa-fé objetiva, e têm como pano de fundo a redução dos custos de transação provocados pela informação assimétrica. Por isso, protege-se o possuidor de boa-fé na medida em que, realmente, era impossível saber que sua posse violava direito de terceiro. Também se protegem as situações de aparência, entre as quais a aparência de representação, o pagamento feito a credor aparente, a aquisição a non domino, bem como a do herdeiro aparente, quando, pela circunstância dos fatos, não era possível obter as informações relevantes para saber se o mandatário tinha poderes ou se o credor ainda o era, bem como se houve alguma irregularidade na cadeia de transmissão do direito de propriedade.

Por fim, tem-se a disciplina das negociações pré-contratuais, que podem se tornar complexas devido à grande quantidade de informações necessárias à formação do contrato. Cartas de intenção regem essa fase do contrato, assim como se estabelecem acordos de confidencialidade e de exclusividade, os quais já passam a ser reconhecidos em alguns Códigos Civis sob a forma de deveres pré-contratuais. Auditorias costumam ser realizadas, minutas são redigidas e existe a liberdade para desistir do negócio, quando este, razoavelmente, não for interessante à parte. Contudo, quando ocorrer a ruptura de forma inesperada, esta pode ser considerada injustificada. Evita-se essa situação com o reconhecimento do dever de informar as intenções no negócio. Entendida como limitação da liberdade de contratar, abuso do direito ou comportamento contraditório, trata-se, no fundo, de problema provocado por informação assimétrica sobre as reais intenções de cada uma das partes. Podem-se evitar essas situações por meio de negociações cooperativas.

No tocante à responsabilidade pré-contratual, Jhering foi o criador do conceito de *culpa in contrahendo* e lançou o conceito de interesse contratual negativo e interesse contratual positivo. Nos Estados Unidos, Fuller e Perdue Jr. propuseram o interesse pela confiança (*reliance interest*), que seria equivalente ao interesse negativo, enquanto o interesse positivo seria o interesse pela expectativa. Embora seja um dogma que o interesse negativo não possa ser superior ao interesse positivo, é certo que o melhor seria reconhecer que aquele pode ser superior a este, pois o que realmente importa, no caso concreto, é a condenação por perdas e danos na extensão do dano. Afinal, indenização não significa enriquecimento, mas sim, retorno à situação anterior à sua ocorrência, seja no âmbito de um contrato ou fora dele. Em última análise, a responsabilidade pré-contratual é o ressarcimento dos prejuízos causados pelos efeitos do estado de informação assimétrica e dos custos de transação.

Portanto, a boa-fé é una e única. Os deveres dela imanantes são apenas manifestações do mesmo fenômeno. Quem é coerente, não mente e demonstra consideração, ao cooperar com o interesse do outro. Quem informa, tem conduta coerente e também demonstra as mesmas consideração e cooperação. Quem coopera, é coerente e informa o que é preciso. De qualquer modo, é fundamental o estudo desse tema, pelo fato de que, por meio da boa-fé, se impõem comportamentos contrários ao interesse pessoal. Embora existam muitas pessoas que procuram agir corretamente, estas sofrem os efeitos daqueles que mostram desprezo por esse valor. Ainda há muitos que se orgulham de levar vantagem em tudo, passar por cima do outro, causar danos sem se preocupar em repará-los, lesar o próximo, mentir, fraudar, enfim, não ter qualquer consideração pelo ser humano. Devido a tamanha falta de boa-fé, requer-se exibição de documentos, comprovantes, declarações, pois a palavra dada perdeu muito de seu valor, nem se pode confiar sem as devidas cautelas, devido ao estado de informação assimétrica entre todos e os custos de transação que todos sofrem desnecessariamente pela conduta desonesta de parte das pessoas, evidenciando, em última análise, triste atraso civilizacional. Assim, tendo em vista que não se pode esperar o respeito espontâneo à boa-fé, resta impô-la por meio do direito.

Referências

a) Artigos

Achapong, Francis. *Uberrima fides* in English and American Insurance Law: a comparative analysis. International and Comparative Law Review, v. 36, p. 329-347, Apr. 1987.

Aguiar Junior, Ruy Rosado de. A boa-fé na relação de consumo. Revista de Direito do Consumidor, São Paulo, n. 14, p. 20-27, abr./jun. 1995.

Aivazian, Varouj A.; Callen, Jeffrey L. The Coase Theorem and the empty core. The Journal of Law and Economics, Chicago, v. 24, n. 1, p. 175-181, Apr. 1981.

Akerlof, George A. The market for 'Lemons': quality uncertainty and the market mechanism. The Quarterly Journal of Economics, v. 84, n. 3, p. 488-500, Aug. 1970.

Alberici, Mariella. Il dovere precontrattuale di buona fede (Analisi della giurisprudenza). Rassegna di Diritto Civile, Napoli, Anno Terzo, 1982.

Alchian, Armen A. Uncertainty, evolution and economic theory. The Journal of Political Economy, vol. 58, n. 3, p. 211-221,Jun. 1950.

Alferillo, Pascual Eduardo. Reflexiones sobre la vinculación de la 'mala fé' con los factores de atribuicción subjetivos. *In:* Cordoba, Marcos M. (Org). Tratado de la buena fe en el derecho. v. 1. Buenos Aires: La Ley, 2004.

Almeida, Carlos Ferreira de. Responsabilidade civil pré-contratual: reflexões de um jurista português (porventura) aplicáveis ao direito brasileiro. *In:* Cunha, Alexandre dos Santos (Org). O direito da empresa e das obrigações e o novo Código Civil brasileiro. Anais do Congresso Ítalo-Luso-Brasileiro de Direito Civil (2004). São Paulo: Quartier Latin, 2006.

Alterini, Atilio Aníbal. Teoría de la imprevisión y cláusula de hardship. Roma e America – Diritto Romano Comune: Rivista di Diritto dell'Integrazione e Unificazione del Diritto in Europa e in America Latina, Roma, n. 13, p. 53-69, 2002.

ALVES, José Carlos Moreira. A boa-fé objetiva no sistema contratual brasileiro. Roma e América – Diritto romano comune: Rivista di Diritto dell'Integrazione e Unificazione del Diritto in Europa e in America Latina. Roma n. 7, p. 187-204, 1999.

ASUA GONZALEZ, Clara I; HUALDE SANCHEZ, Jose Javier. Codificación de la culpa in contrahendo en el derecho alemán. *In*: CABANILLA SANCHEZ, Antonio (Org.). Estudios juridicos en Homenaje al Profesor Luis Diez-Picazo. Tomo II – Derecho Civil, Derecho de Obligaciones. Madrid: Thompson Civitas, 2003.

ATIYAH, P.S. Contract and fair exchange. The University of Toronto Law Journal. v. 35, n. 1, p. 1-24, Winter 1985.

AYRES, Clarence E. The co-ordinates of Institutionalism. The American Economic Review, v. 41, n. 2, p. 47-55, May 1951. p. 53.

AZEVEDO, Antonio Junqueira de. (Parecer). O dever de informar no Código de Defesa do Consumidor e os males dos fumantes. A assunção voluntária de riscos. *In*: AZEVEDO, Antonio Junqueira de. Estudos e pareceres de direito privado. São Paulo: Saraiva, 2004.

–. A boa-fé na formação dos contratos. Revista de Direito do Consumidor. São Paulo, n. 3, p. 78-87, set./dez. 1992.

–. Insuficiências, deficiências e desatualização do Projeto de Código Civil na questão da boa-fé objetiva nos contratos. Revista Trimestral de Direito Civil, Rio de Janeiro, v. 1, n. 1, p. 3-12, jan./mar. 2000.

BARZEL, Yoram. Some fallacies in the interpretation of information costs. The Journal of Law and Economics, v. XX, n. 2, p. 291-307, Oct. 1977.

BASSO, Maristela. As cartas de intenção ou contratos de negociação. Revista dos Tribunais, São Paulo, v. 88, n. 769, p. 28-47, nov. 1999.

BEATSON, Jack; FRIEDMAN, D. Introduction: from 'classical' to 'modern' contract Law. *In*: BEATSON, Jack; FRIEDMAN, D. (Orgs). Good faith and fault in Contract Law. Oxford: Clarendon Press, 1995.

BECKER, Anelise. A doutrina do adimplemento substancial no direito brasileiro e em perspectiva comparativista. Revista da Faculdade de Direito da Universidade Federal do Rio Grande do Sul, Porto Alegre, v. 9, n. 1, p. 60-77, nov. 1993.

BECKER, Gary. Law or Economics?. The Journal of Law and Economics, Chicago. v. XXXV, n. 2, p. 455-468, Oct. 1992.

BENDEL, Michael. A rational process of persuasion: good faith bargaining in Ontario. University of Toronto Law Journal, v. XXX, p. 1-45, Winter 1980.

BESSONE, Mario. Rapporto precontrattuale e doveri di correttezza (Osservazioni in tema di recesso dalla trattativa). Rivista Trimestrale di Diritto e Procedura Civile, Milano, Anno XXVI, n. 3, Sett. 1972.

BEVILÁQUA, Clóvis. Prefácio. *In:* AMERICANO, Jorge. Do abuso do direito no exercício da demanda. 2. ed.

muito melhorada. São Paulo: Saraiva, 1932.

BIANCA, Massimo. Eccezzione d'adempimiento e buona fede. *In:* IL CONTRATTO. SILLOGE IN ONORE DI GIORGIO OPPO, I, Padova, 1992.

BRANDÃO, Junito de Souza. Fidelidade (verbete). *In:* BRANDÃO, Junito de Souza. Dicionário mítico-etimológico da mitologia e da religião romana. Petrópolis: Ed. Vozes e Ed. UnB, 1993.

BRIDGE, Michael G. Does Anglo-American Contract Law need a doctrine of good faith?. The Canadian Business Law Review, Revue Canadienne de Droit de Commerce. v. 9, n. 4, Dec. 1984.

BROWNSWORD, Roger. Two concepts of good faith. Journal of Contract Law, v. 7, p. 197-206, 1994.

–; HIRD, Norma J.; HOWELLS, Geraint. Good faith in contract: concept and context. *In:* BROWNSWORD, Roger (Org). Good faith in contract: concept and context. Aldershot: Ashgate, 1999.

CALABRESI, Guido. The pointless of Pareto: carrying Coase further. The Yale Law Journal, New Haven, v. 100, n. 5, p. 1211-1237, Mar. 1991.

CANARIS, Claus-Wilhelm. Autoria e participação na *culpa in contrahendo.* Revista de Direito e Economia, Coimbra, Anos XVI a XIX, p. 5-42, 1990-1993.

–. Norme di protezione, obblighi del traffico, doveri di protezione (parte prima). Rivista Critica del Diritto Privato, anno I, n. 3, p. 567-617, Sett. 1983.

CARTWRIGHT, John; HESSELINK, Martin. 5. Conclusions. *In:* CARTWRIGHT, John; HESSELINK, Martin (Orgs). Precontractual liability in European Private Law. Cambridge: Cambridge University Press, 2010.

CARUSI, Franco. Correttezza (Obblighi di) (verbete). *In:* ENCICLOPEDIA DEL DIRITTO. Vol. X. Contratto-Cor. Milano: Giuffrè, 1962.

CAVALLI. Alessandro. Istituzioni. Processi e Tipologia. (verbete). *In:* ENCICLOPEDIA DELLE SCIENZE SOCIALI. v. 5. Roma: Istituto della Enciclopedia Italiana, 1996.

CHAN, Yuk-Shee; LELAND, Hayne. Prices and qualities in markets with costly information. The Review of Economic Studies, v. 49, n. 4, p. 499-516, Oct. 1982.

COASE, Ronald H. Economics and contiguous disciplines. The Journal of Legal Studies, v. VII, n. 2, p. 201-222, Jun. 1978.

–. La naturaleza de la empresa. *In:* WILLIAMSON, Oliver; WINTER, Sidney (orgs). La naturaleza de la empresa: Orígenes, Evolucion y Desarrollo. Ciudad de Mexico: Fondo de Cultura Economica, 1996.

–. La naturaleza de la empresa: influencia. *In:* WILLIAMSON, Oliver; WINTER, Sidney (Orgs). La naturaleza de la empresa: orígenes, evolucion y desarrollo. Ciudad de Mexico: Fondo de Cultura Economica, 1996.

–. La naturaleza de la empresa: origen. *In:* WILLIAMSON, Oliver; WINTER, Sidney (Orgs). La naturaleza de la empresa: orígenes, evolucion y desarrollo. Ciudad de Mexico: Fondo de Cultura Economica, 1996.

–. The firm, the market and the Law. *In*: Coase, Ronald H. The firm, the market and the Law. Chicago: University of Chicago Press, 1988.

–. The new institutional Economics. The American Economic Review, v. 88, n. 2, p. 72-74, May 1998.

–. The problem of social cost. The Journal of Law and Economics, Chicago, v. III, p. 1-44, Oct. 1960.

Coelho, Luiz Fernando. Teoria das instituições (verbete). *In:* França, Rubens Limongi (coord.). Enciclopédia Saraiva do Direit*o*. v. 44 (Indivisibilidade do Imóvel Rural – Instituições de Direito). São Paulo: Saraiva, 1977.

Commons, John R. Institutional Economics. The American Economic Review, v. 26, n. 1, p. 648-657, Mar. 1936.

–. Law and Economics. Yale Law Journal, New Haven. v. XXXIV, p. 371-382, 1924-1925.

Cooper, Russell; Ross, Thomas W. Prices, product qualities and asymmetric information: the competitive case. The Review of Economic Studies, v. 51, n. 2, p. 197-207, Apr. 1984.

Coutinho, Aureliano. Quando se pode contravir o próprio facto?. Revista da Faculdade de Direito de São Paulo, São Paulo, v. 1, p. 42-43, 1893.

Crémieu, Louis. De la validité des actes accomplis par l'héritier apparent. Revue Trimmestrielle de Droit Civil, Paris. p. 39-78, 1910.

D'Amico, Giovanni. Mancata cooperazione del creditore e violazione contrattuale. Rivista di Diritto Civile, Milano, v. 50, n. 1, p. 77-106, genn./feb. 2004.

Del Fante, Anna. Buona fede prenegoziale e principio costituzionale di solidarietà. Rassegna di Diritto Civile, Napoli. Anno IV, 1983.

Demsetz, Harold. The theory of firm revisited. Journal of Law, Economics and Organization, v. 4, n. 1, p. 141-161, Spring 1988.

Desserteaux, M. Marc. Abus de droit ou conflit de droits. Revue Trimestrielle de Droit Civil, Paris, p. 119-139, 1906.

Diesse, François. La bonne foi, la coopération et le raisonnable dans la Convention des Nations Unies relative à la vente internationale de marchandises (CVIM). Journal du Droit International, Paris, v. 129, n. 1, p. 55-112, jan./mars. 2002.

–. Le devoir de coopération comme principe directeur du contrat. Archives de Philosophie du Droit, Paris, n. 43, p. 259-302, 1999.

Douglas, Mary. Istituzioni. Problemi teorici. (verbete) *In:* Enciclopedia delle Scienze Sociali. v. 5. Roma: Istituto della Enciclopedia Italiana, 1996.

Draetta, Ugo; Lake, Ralph. Letters of intent and precontractual liability. Revue de Droit des Affaires Internationales, Paris, n. 7, p. 835-868, 1993.

E.W.N. The doctrine of estoppel. The Law Coach. n. 3. p. 101-102, Dec. 1922.

Eckl, Christian. Algunas observaciones alemanas acerca de la buena fe en el derecho contractual español:

de un princípio general de derecho a cláusula general. *In*: ESPIAU ESPIAU, Santiago; VAQUER ALOY Antoni (Orgs). Bases de un derecho contractual Europeo. Basis of a European Contract Law. Valencia: Tirant lo Blanch, 2003.

EINSENSTADT, Shmuel N. Instituciones sociales: concepto (verbete) *In*: SILLS, David L. (org). Enciclopedia Internacional de las Ciencias Sociales. v. 6. Edición Española. Madrid: Agullar, 1974.

ERICKSON, John R.; GOLDBERG, Victor P. Quantity and price adjustment in long-term contracts: a case study of petroleum coke. The Journal of Law and Economics, Chicago. v. XXX, n. 2, p. 369-398, Oct. 1987.

FAGGELLA, Gabrielle. Dei periodi precontrattuali e della loro vera ed esata costruzione scientifica. *In:* Studi giuridici in onore di Carlo Fadda pel XXV Anno del suo insegnamento. v. 3. Napoli: Luigi Pierro Tip. Editore, 1906.

–. Fondamento giuridico della responsabilità in tema di trattattive contrattuali. Archivio Giuridico Filippo Serafini. Terza Serie – Vol XI (dell'intera collezione Vol. LXXXII). Roma, 1909.

FARNSWORTH, E. Allan. Good faith performance and commercial reasonableness under the Uniform Commercial Code. The University of Chicago Law Review, v. 30, p. 666-679, 1962-1963.

–. Precontractual liability and preliminary agreements: fair dealing and failed negotiations. Columbia Law Review, v. 87, n. 2, p. 217-294, Mar. 1987.

FEBBRAJO, Tommaso. Good faith and pre-contractual liability in Italy: recent developments in the interpretation of Article 1337 od the Italian Civil Code. Italian Law Journal, v. 2, n. 2, p. 291-312, 2016.

FONTAINE, Marcel. Les lettres d'intention dans la négotiation des contrats internationaux. Droit et Pratique du Commerce International. Tome 3, n. 2, Avril 1977.

FRADERA, Vera Maria Jacob de. A interpretação da proibição de publicidade enganosa e abusiva a luz do principio da boa-fé: o dever de informar no Código. Revista de Direito do Consumidor, São Paulo, n. 4, p. 173-191, 1992.

–. Pode o credor ser instado a diminuir o próprio prejuízo?. Revista Trimestral de Direito Civil, Rio de Janeiro, v. 5, n. 19, p. 109-119, jul./set. 2004.

FRANÇA. Corte de Cassação. Rapport de M. Boval, Conseiller Rapporteur. Est-il interdit de se contredire au détriment d'autrui? Faut-il, ou non, consacrer en France, et les cas échéant, dans quelle mesure, sous quelles conditions, une notion de cette nature quí s'apparenterait au mécanisme de l'estoppel du droit anglo-américain?. Disponível em: http://www.courdecassation.fr/jurisprudence_2/assemblee_pleniere_22/boval_conseiller_12302.html. Acesso em: 21.ago.2019.

FRANZONI, Massimo. La responsabilità precontrattuale è, dunque...

"contratuale?. Contratto e Impresa, Padova, v. 29, n. 2, p. 283-298, mar./apr. 2013.

GAILLARD, Emmanuel. L'interdiction de se contredire au détriment d'autrui comme principe générlal du droit du commerce international. Revue de l'Arbitrage, p. 241-258, 1985.

GALLO, Paolo. Asimmetrie informative e doveri di informazione. Rivista di Diritto Civile, Milano. v. 53. n. 5. p. 641-80. sett./ott. 2007.

–. Responsabilità precontrattuale: il quantum. Rivista di Diritto Civile, Milano, v. 50, n. 3, p. 487-520, magg./giug. 2004. p. 498.

–. Responsabilità precontrattuale: la fattispecie. Rivista di Diritto Civile, Milano. v. 50. n. 2. p. 295-325. mar./apr. 2004.

GARCIA, Marco Tulio Murano. Herdeiro Aparente. Revista dos Tribunais, São Paulo, v. 88, n. 767, p. 725-734, set. 1999.

GIBSON, Michael. Promissory estoppel, Article 2 of the U.C.C, and the Restatement (Third) of Contracts. Iowa Law Review, v. 73, n. 3, p. 659-717, Mar. 1988.

GILSON, Ronald J. Value creation by business lawyers: legal skills and asset pricing. Yale Law Journal, New Haven. v. 94, n. 2, p. 239-313, Dec. 1984.

GOLDBERG, Victor P. Regulation and administered contracts. The Bell Journal of Economics, v. 7, n. 2, p. 426-448, Autumn 1976.

GOLDBERG, Victor P. The economics of product safety and imperfect information. The Bell Journal of Economics and Management Science, v. 5, n. 2, p. 683-688, Autumm 1974.

GRUNDMANN, Stefan. L'autonomia privata nel mercato interno: le regole d'informazione come strumento. Europa e Diritto Privato, Milano, n. 2, p. 257-304, 2001.

HAMILTON, Walton H. The ancient maxim *caveat emptor*. Yale Law Journal, New Haven, v. XL, n. 8, p. 1133--1187, Jun. 1931.

HASSON, R.A. The doctrine of uberrima fides in insurance Law – a critical evaluation. The Modern Law Review, v. 32, p. 615-637, Nov. 1969.

HEKATHORN, Douglas D.; MASER, Steven M. Bargaining and the sources of transaction costs: the case of Government Regulation. Journal of Law, Economics and Organization, v. 3, p. 69-98, Spring 1987.

HODGSON, Geoffrey M. The approach of Institutional Economics. Journal of Economic Litterature, v. 36, n. 1, p. 166-192, Mar. 1998.

HOFFMANN, Elizabeth; SPITZER, Matthew L. The Coase Theorem: some experimental tests. The Journal of Law and Economics, v. XXV, n. 1, p. 73-98, Apr. 1982.

HOLMES, Eric Mills. The four phases of promissory estoppel. Seattle University Law Review, v. 20, p. 45-79, 1996-1997.

HOLMES, Wendell H. The freedom not to contract. Tulane Law Review, v. 60, p. 751-798, 1986.

HOLMSTROM, Bengt. Moral hazard and observability. The Bell Journal of Economics, v. 10, n. 1, p. 79-91, Spring 1979.

HOWELLS, Geraint. Good faith in consumer contracting. *In:* BROWNSWORD, Roger (Org). Good faith in contract: concept and context. Aldershot: Ashgate, 1999.

HSIUNG, Bingyuang. Sailing toward the brave new world of zero transaction costs. European Journal of Law and Economics, v. 8, n. 2, p. 153-169, Sep. 1999.

HUNT, Christ D.L. Good faith performance in Canadian Contract Law. Cambridge Law Journal, v. 74, n. 1, p. 4-7, Mar. 2015.

JHERING, Rudolf von. De la culpa in contrahendo ou des dommages--interêts dans les conventions nulles ou restées imparfaites. *In:* JHERING, Rudolf von. Oeuvres Choisis. Paris : A. Maresq, 1893.

JUGLART, M. Michel de. L'obligation de renseignement dans les contrats. Revue Trimestrielle de Droit Civil, Paris, 1945.

JUKIER, Rosalie. Good faith in contract: a judicial dialogue between common law Canada and Québec. Journal of Commonwealth Law, v. 1, p. 83-117, 2019.

KÄHLER, Lorenz. Kommentierung von § 242. *In:* Beck'schen Großkommentar zum BGB. München: C.H. Beck, 2014.

KESSLER, Friedrich; FINE, Edith. Culpa in contrahendo, bargaining in good faith, and freedom of contract: a comparative study. Harvard Law Review, v. 77, n. 3, p. 401-449, Jan. 1964.

KIM, Jac-Cheol. The market for 'lemons' reconsidered: a model of the used car market with asymmetric information. The American Economic Review. v. 75, n. 4, p. 836-843, Sep. 1985.

KLEIN, Benjamin. Transaction cost determinants of 'unfair' contractual arrangements. The American Economic Review, v. 70, n. 2, p. 356-362, May 1980.

–; LEFFER, Keith B. The role of market forces in assuring contractual performance. Journal of Political Economy, v. 89, n. 4, p. 615-641, Aug. 1981.

KONARSKI, Hubert. Force majeure and hardship clauses in international contractual practice. Revue de Droit des Affaires Internationales, Paris, n. 4, p. 405-428, 2003.

KÖTZ, Hein. Precontractual duties of disclosure. European Journal of Law and Economics, v. 9, n. 1, p. 5-19, Jan 2000.

RONMAN, Anthony T. Mistake, disclosure, information, and the Law of Contracts. The Journal of Legal Studies, Chicago, v. 7, n. 1, p. 1-34, Jan. 1978.

LANE, W.J.; WIGGINS, Steven N. Quality unicertainty, search and advertising. The American Economic Review, v. 73, n. 5, p. 881-894, Dec. 1983.

LEGRAND JR, Pierre. De l'obligation precontractuelle de renseignement: aspects d'une réfléxion métajuridique (et paraciviliste). Ottawa Law Review. Revue de Droit d'Ottawa. v. 21, n. 3, p. 585-629, 1989.

LEGRAND JR, Pierre. Information in formation of contracts: a civilian perspective. The Canadian Business Law Journal. Revue Canadienne de Droit de Commerce. v. 19, p. 319-348, 1991.

Leitão, Luís Manuel Teles de Menezes. Caveat Venditor? A Directiva 1999/44/CE do Conselho do Parlamento Europeu sobre a venda de bens de consumo e garantias associadas e suas implicações no regime jurídico da compra e venda. Revista do Direito do Consumidor, São Paulo, v. 11, n. 43, p. 21-56, jul./set. 2002.

–. Negociações e responsabilidade pré-contratual nos contratos comerciais internacionais. Revista da Ordem dos Advogados, Lisboa, ano 60, p. 49-41, Jan. 2000.

Léroux, Evelyne. Recherche sur l'évolution de la théorie de la propriété apparente dans la jurisprudence depuis 1945. Revue Trimmestrielle de Droit Civil, Paris, 1974.

LeViness, Charles T. *Caveat emptor* versus *caveat venditor*. Maryland Law Review, v. 7, n. 3, p. 177-200, Apr. 1943.

Leyssac, C. Lucas de. L'obligation de renseignement dans les contrats. *In:* Loussoarn, Yvon ; Lagarde, Pierre (Orgs). L'information en droit privé. Travaux de la Conférence d'Agrégation. Paris: LGDJ, 1978.

Lima, Alvino. Abuso do direito (verbete). *In:* Santos, J.M. Carvalho. (Org). Repertório enciclopédico do direito brasileiro. v. 1. Rio de Janeiro: Borsói, 1947.

Lôbo, Paulo Luiz Netto. A informação como direito fundamental do consumidor. Revista de Direito do Consumidor, São Paulo, n. 37, p. 59-76, jan./mar. 2001.

Loussouarn, Yves. La bonne foi. Rapport de synthèse. *In:* Travaux de l'Association Henri Capitant des Amis de la Culture Juridique Française. La bonne foi: (journées louisianaises). Paris: Litec, 1994.

Macaulay, Stewart. Non-contractual relations in business: a preliminary study. American Sociological Review, v. 28, n. 1, p. 55-67, Feb. 1963.

Mak, C. Comentário ao Art. 2:301 dos Princípios de Direito Europeu dos Contratos. *In:* Busch, Danny (Org). The Principles of European Contract Law and Dutch Law. A commentary. Nijmegen: Ars Aequi Libri e Kluwer Law International, 2002.

Malheiros, Álvaro. Aparência de direito. Revista de Direito Civil, Imobiliário, Agrário e Empresarial, São Paulo, ano 2, out./dez. 1978.

Manzanares Secades, Alberto. La responsabilidad precontractual en la hipotesis de ruptura injustificada de las negociaciones preliminares. Anuario de Derecho Civil, v. 37, n. 3, p. 687-748, jul/sept. 1984.

Marques, Cláudia Lima. Violação do dever de boa-fé de informar corretamente, atos negociais omissivos afetando o direito/liberdade de escolha. Nexo causal entre a falha/defeito de informação e defeito de qualidade nos produtos de tabaco e o dano final morte. Responsabilidade do fabricante do produto, direito a ressarcimento dos danos materiais e morais, sejam preventivos, reparatórios ou satisfatórios. Revista dos Tribunais, São Paulo, Ano 94, v. 94, n. 835, p. 75-133, mai. 2005.

Martinez Calcerrada, Luis. La buena fe y el abuso de derecho – su respectiva caracterización como límites en el ejercicio de los derechos. Revista de Derecho Privado, Madrid, t. LXIII, Enero-Diciembre 1979.

Martins-Costa, Judith. A ilicitude derivada do exercício contraditório de um direito: o renascer do *venire contra factum proprium*. Revista Forense, Rio de Janeiro, v. 100. n. 376, p. 109-129, nov/dez 2004.

–. As cartas de intenção no processo formativo da contratação internacional: os graus de eficácia dos contratos. Revista da Faculdade de Direito da Universidade Federal do Rio Grande do Sul, Porto Alegre, n. 10, p. 39-55, Jul. 1994.

Martins-Costa, Judith. La buena fe objetiva y el cumplimiento de las obligaciones. *In*: Cordoba, Marcos M. (Org). Tratado de la buena fe en el derecho. v. 2. Buenos Aires: La Ley, 2004.

Medina Alcoz, María. La ruptura injustificada de los tratos preliminares: notas acerca de la naturaleza de la responsabilidad precontractual. Revista de Derecho Privado, Madrid, ano 89, mes 3, p. 79-106, mayo/junio 2005.

Mestre, Jacques. D'une exigence de bonne foi à un esprit de collaboration. Revue Trimestrielle de Droit Civil, Paris, 1986.

Milgrom, Paul; Roberts, John. Relying on the information of interested parties. The RAND Journal of Economics, v. 17, n. 1, p. 18-32, Spring 1986.

Miquel González, J.M. Buena fe (verbete). *In:* Enciclopedia Jurídica Básica. En Cuatro Volúmenes. I. ABA-COR. Madrid: Editorial Civitas, 1995.

Mitchell, Wesley C. Commons on Institutional Economics. The American Economic Review, v. 25, n. 4, p. 635-652, Dec. 1935.

Mousseron, Pierre. Conduite des négociations contractuelles et responsabilité civile delictuelle. Revue Trimestrielle de Droit Commercial et de Droit Economique, Paris, v. 51, n. 2, p. 243-271, avr./juin. 1998.

Musy, Alberto M. Informazioni e responsabilità precontrattuale. Rivista Critica del Diritto Privato, v. 16, n. 4, p. 611-624, 1998.

Nelson, Phillip. Information and consumer behavior. The Journal of Political Economy, v. 78, n. 2, p. 311-329, Mar/Apr. 1970.

Nitschke, Guilherme Carneiro Monteiro. Revisão, resolução, reindexação, renegociação: o juiz e o desequilíbrio superveniente de contratos de duração. RTDC: Revista Trimestral de Direito Civil, Rio de Janeiro, v. 13, n. 50, p. 135-59, abr./jun. 2012.

O'byrne, Shannon Kathleen. Good faith in contractual performance: recent developments. The Canadian Bar Review. La Revue du Barreau Canadien, v. LXXIV, p. 70-96, 1995.

PASA, Barbara. Strategie argomentative fondate sulla "buona fede" nella dottrina e nella giurisprudenza spagnole: riflessioni storico-comparatistiche. Rassegna di Diritto Civile, Napoli, n. 3/4, p. 741-820, 2002.

PATTERNSON, Dennis M. Wittgenstein and the Code: a theory of good faith performance and enforcement under Article Nine. University of Pennsylvania Law Review, v. 137, n. 2, p. 335-429, Dec. 1988.

PATTI, Salvatore. Verwirkung (verbete). *In*: DIGESTO DELLE DISCIPLINE PRIVATISTICHE. Sezione Civile. Tomo XIX. Torino: UTET.

PEDEN, Elisabeth. Cooperation in English Contract Law – to construe or imply?. Journal of Contract Law, v. 16, n. 1-2, p. 56-67, Jun. 2000.

PERRY, Christina. Good faith in English and US Contract Law: divergent theories, practical similarities. Business Law International, v. 17, n. 1. January 2016.

PINHEIRO, Luís de Lima. Cláusulas típicas dos contratos do comércio internacional. Revista da Faculdade de Direito da Universidade de Lisboa, Lisboa. v. 44, n. 1/2, p. 83-108, 2003.

PINTO, Paulo Mota. Sobre a proibição do comportamento contraditório: *venire contra factum proprium* no direito civil. Boletim da Faculdade de Direito da Universidade de Coimbra, Coimbra. n. esp., p. 269--322, 2003.

PITOU, Michael Cameron. Equitable estoppel: its genesis, development and application in government contracting. Public Contract Law Journal, v. 19, n. 4, p. 606-647, Summer 1990.

POSNER, Richard A. Nobel Laureate: Ronald Coase and methodology. The Journal of Economic Perspectives, v. 7, n. 4, p. 195-210, Autumm 1993. p. 195.

–. Some uses and abuses of Economics in Law. The University of Chicago Law Review, Chicago. v. 46, n. 2, p. 281-306, Winter 1979. p. 281.

–. The new Institutional Economics meets Law and Economics. The Journal of Institutional and Theoretical Economics, Tübingen, v. 149, n. 1, p. 73-87, Mar. 1993.

POVEDA VELASCO, Ignácio Maria. A boa-fé na formação dos contratos (direito romano). Revista de Direito Civil, Imobiliário, Agrário e Empresarial. São Paulo. v. 16. n. 61, p. 35-42, jul./set. 1992.

REIFNER, Udo. Good faith: interpretation or limitation of contracts? The power of german judges in financial services Law. *In:* BROWNSWORTH, Roger; HIRD, Norma J.; HOWELLS, Geraint (Orgs). Good faith in contract: concept and context. Ashgate, Darmouth, 1999.

REINIG, Guilherme Henrique Lima; CARNAÚBA, Daniel Amaral. Abuso de direito e responsabilidade por ato ilícito: críticas ao Enunciado 37 da 1.ª Jornada de Direito Civil. Revista de Direito Civil Contemporâneo, São Paulo, v. 7, abr./jun. 2016.

ROMMEL, Guy. L'obligation de renseignement. *In:* BOURGOIGNE, Thierry; GILLARDIN, Jean. (Orgs). Droit des consommateurs. Clauses abusives, pratiques du commerce et réglementation des prix. Bruxelles: Facultés Universitaires Saint-Louis, 1982.

RUDDEN, Bernard. Le juste et l'ineficace pour un non-devoir de renseignement. Revue Trimestrielle de Droit Civil, Paris, 1985.

SALEILLES, R. De la responsabilité précontractuelle à propos d'une étude nouvelle sur la matière. Revue Trimestrielle de Droit Civil, Paris, 1907.

SANTOS JUNIOR, E. Acordos intermédios: entre o inicio e o termo das negociações para a celebração de um contrato. Revista da Ordem dos Advogados, Lisboa, v. 57, n. 2, p. 565--604, abr. 1997.

SANZ, Fernando Martinez. Buena Fe. *In:* CAMARA LAPUENTE, Sergio (Coord). Derecho privado europeo. Editorial COLEX, 2003.

SCHMIDT, Joanna. La sanction de la faute precontractuelle. Revue Trimestrielle de Droit Civil, Paris, p. 46-73, 1974.

SCHWARTZ, Alan. Legal Implications of imperfect information in consumer markets. The Journal of Institutional and Theoretical Economics, Tübingen, v. 141, n. 1, p. 31-48, Mar. 1995.

SICCHIERO, Gianluca. L'interpretazione del contratto ed il principio nemo contra factum proprium venire potest. Contratto e Impresa, Padova, v. 19, n. 2, p. 503-519, magg/ago 2003.

SILVA, Eva Sónia Moreira da. O dever pré-contratual de informação (algumas questões relativamente aos seus pressupostos). Scientia Iuridica, Braga, tomo LI, n. 294, p. 515-530, set/dez 2002.

SIMON, Herbert A. A behavioral model of rational choice. The Quarterly Journal of Economics, v. 69, n. 1, p. 99-118, Feb. 1955.

SNYDERMAN, Mark. What's so good about good faith? The good faith performance obligation in commercial lending. The University of Chicago Law Review, v. 55. n. 4, p. 1335-1370, Fall 1988.

SPENCE, Michael. Consumer misperceptions, product failure and producer liability. The Review of Economic Studies, v. 44, n. 3, p. 561-572, Oct. 1977.

STIGLER, George. The Economics of information. The Journal of Political Economy, v. 69, n. 3, p. 213-225, Jun. 1961.

STIGLITZ, Ruben S. Aspectos modernos do contrato e da responsabilidade civil. Revista de Direito do Consumidor, São Paulo, n. 13, p. 5-11, jan./mar. 1995.

–. La obligacion precontractual y contractual de información. El deber de consejo. Revista de Direito do Consumidor, São Paulo, n. 22, p. 9-25, abr./jun. 1997.

STIJNS, Sophie. Abus, mais de quel(s) droit(s)?. Journal des Tribunaux, Bruxelles, 109e Année, nº 5533, 20 Janvier 1990.

STOLFI, Giuseppe. Il principio di buona fede. Rivista del Diritto Commerciale e del Diritto Generale delle Obbligazioni, Anno LXII. n. 5-6. Maio/Giugno 1964.

SUMMERS, Robert S. Good faith in general contract Law and the sales provision of the Uniform Commercial Code. Virginia Law Review, v. 54, n. 2, p. 195-267, Mar. 1968.

SUMMERS, Robert S.. The general duty of good faith – its recognition and conceptualization. Cornell Law Review, v. 67, n. 6, p. 810-840, Aug. 1982.

TARDIA, Ignazio. Buona fede ed obblighi di informazione tra responsabilità precontrattuale e responsabilità contrattuale. Rassegna di Diritto Civile, Napoli. n. 3, p. 724-776, 2004.

TEUBNER, Gunther. Legal irritants: good faith in British Law or how unifying Law ends up in new divergences. The Modern Law Review, v. 61, n. 1. p. 11-32, Jan. 1998.

TOMASETTI JUNIOR, Alcides. O objetivo de transparência e o regime jurídico dos deveres e riscos de informação nas declarações negociais para consumo. Revista de Direito do Consumidor, São Paulo, n. 4, p. 52-90, 1992.

TOMASEVICIUS FILHO, Eduardo. A natureza jurídica do software à luz da linguística. Revista da ABPI, Rio de Janeiro, n. 79. p. 46-59. nov./dez. 2005.

–. O Código Civil brasileiro na disciplina da pesquisa com seres humanos. Revista de Direito Sanitário, v. 16, n. 2, p. 116-146, out. 2015.

–. Uma década de aplicação da função social do contrato: análise da doutrina e da jurisprudência brasileiras. Revista dos Tribunais, São Paulo, v. 103, n. 940, p. 49-85, fev. 2014.

TRAZEGNIES GRANDA, Fernando de. Desacralizando la Buena Fé en el Derecho. *In:* CORDOBA, Marcos M. (Org). Tratado de la buena fe en el derecho. v. 2. Buenos Aires: La Ley, 2004.

VEBLEN, Thorstein B. The limitations of marginal utitliy. The Journal of Political Economy, v. 17, n. 9, p. 620-636, Nov. 1909.

VEBLEN, Thorstein B. The preconceptions of economic science. The Quarterly Journal of Economics, v. 14, n. 2, p. 396-426, Feb. 1900.

VIGURI PEREA, Augustin. Analisis de derecho comparado sobre la culpa in contrahendo. *In*: ESPIAU ESPIAU, Santiago; VAQUER ALOY, Antoni. (Orgs). Bases de un derecho contractual europeo. Basis of a European Contract Law. Valencia: Tirant lo Blanch, 2003.

VON TUHR, Andreas. La buena fe en el derecho romano y en el derecho actual. Revista de Derecho Privado, Madrid, Año XII, n. 145, 15 Noviembre 1925.

WIELING, Hans Josef. *Venire contra factum proprium* e colpa verso se stesso. Rassegna di Diritto Civile, Napoli, v. 2, p. 409-436, 1994.

WIGHTMAN, John. Good faith and pluralism in the Law of Contract. *In:* BROWNSWORD, Roger (Org). Good Faith in Contract: Concept and Context. Aldershot: Ashgate, 1999.

WILLIAMSON, Oliver E. Markets and hierarchies: some elementary considerations. The American Economic Review. v. 63, n. 2, p. 316-325, May 1973.

YOUNG, Jacob. Justice beneath the palms: Bhasin v. Hrynew and the role of good faith in Canadian Contract Law. Saskatchewan Law Review, v. 79, n. 1, p. 79-112, 2016.

ZIMMERNANN, Reinhard; WITTAKER, Simon. Good faith in European Contract Law: surveying in the legal landscape. *In:* ZIMMERMANN, Reinhard; WITTAKER, Simon (Orgs). Good faith in European Contract Law. Cambridge: Cambridge University Press, 2000.

b) Livros e Teses

AGUIRRE, João Ricardo Brandão. Responsabilidade e informação: efeitos jurídicos das informações, conselhos e recomendações entre particulares. São Paulo: Revista dos Tribunais, 2011.

ALSINA ATIENZA, Dalmiro A. Efectos juridicos de la buena fe. En sus rRelaciones con las modernas tendencias juridicas: la apariencia, la imprevision, el abuso del derecho. Buenos Aires: Talleres Gráficos Argentinos L.J. Rosso, 1935

ALVIM, Agostinho. Da inexecução das obrigações e suas consequências. Rio de Janeiro e São Paulo: Editora Jurídica Universitária Ltda, 1965.

AMERICAN LAW INSTITUTE. Restatement of the Law (Second) of Contracts. As adopted and promulgated. 17 May 1979, Vol. 2 – §§ 178-315. St. Paul: American Law Institute Publishers, 1981.

ANDERSON, Walfred A.; PARKER, Frederick B. Uma introdução à sociologia. Tradução: Álvaro Cabral. Rio de Janeiro: Zahar Editores, 1975.

AQUINO, São Tomás de. Suma Teológica. 2ª Parte da 2ª Parte. Questões 1-79. Tradução: Alexandre Corrêa. 2. ed. Porto Alegre: Livraria Sulina, 1980.

ASÚA GONZALEZ, Clara I. La culpa in contrahendo: tratamiento en el derecho alemán y presencia en otros ordenamientos. Erandio: Servicio ed. Univ. del País Vasco, 1989.

AXELROD, Robert. The evolution of cooperation. Basic Books, 1984.

AZEVEDO, Antonio Junqueira de. Negócio jurídico e declaração negocial. Noções gerais e formação da declaração negocial. São Paulo, 1986. Tese (Professor Titular). Faculdade de Direito da Universidade de São Paulo, 1986.

BAZERMANN, Max H; NEALE, Margaret A. Negociando racionalmente. 2. ed. São Paulo: Atlas, 2000. p. 18.

BENATTI, Francesco. La responsabilità precontrattuale. Milano: Giuffrè, 1963.

BERGER, Peter L.; LUCKMANN, Thomas. A construção social da realidade: tratado de sociologia do conhecimento. Tradução: Floriano de Souza Fernandes. 18. ed. Petrópolis: Vozes, 1985.

BESSONE, Mario. Istituzioni di diritto privato. Torino: G. Giappichelli, 1995.

BETTI, Emilio. Teoria generale delle obbligazioni. v. 1. Prolegomeni, funzione economico-sociale dei rapporti d'obbligazione. Milano: Giuffrè, 1953.

BEVILÁQUA, Clóvis. Código Civil dos Estados Unidos do Brasil. v. 5. Rio de Janeiro: Livraria Francisco Alves, 1917.

BOUDON, Raymond; BOURRICAUD, François. Dicionário crítico de sociologia. Tradução: Maria Letícia Guedes Alcoforado e Durval Ártico. 2. ed. São Paulo: Atica, 2001.

BREBBIA, Roberto. Responsabilidad precontractual. Buenos Aires: Depalma, 1989.

BRECCIA, Umberto. Diligenza e buona fede nell'attuazione del rapporto obbligatorio. Milano: Giuffrè, 1968.

CALAIS-AULOY, Jean. Essai sur la notion d'apparence en droit commercial. Paris: LGDJ, 1959.

CALVO SOTELO, José. La doctrina del abuso del derecho como limitación del derecho subjetivo. Madrid: Suárez, 1917.

CAMPION, Lucien. La théorie de l'abus des droits. Bruxelles: Bruylant, 1925.

CAMPOS, Paulo de Araújo. Abuso do Direito. São Paulo, 1982. Dissertação (Mestrado em Direito). Faculdade de Direito da Universidade de São Paulo. 1982.

CANO MARTÍNEZ DE VELASCO, Ignacio. La exteriorización de los actos juridicos: su forma y la proteción de su apariencia. Barcelona: Bosch, 1990.

CAPPELARI, Récio Eduardo. Responsabilidade pré-contratual. Aplicabilidade ao direito brasileiro. Porto Alegre: Livraria do Advogado, 1995.

CASTRONUOVO, Carlo. Principi di diritto europeo dei contratti. Parte I e II. (Versione italiana). Milano: Giuffrè, 2001.

CHAVES, Antonio. Responsabilidade pré-contratual. 2. ed. revista e ampliada. São Paulo: Lejus, 1997.

CÍCERO, Marco Tulio. Dos deveres. Tradução: Alex Martins. São Paulo: Martin Claret, 2005.

COELHO NETO, J. Teixeira. Semiótica, informação e comunicação. São Paulo: Perspectiva, 1980. p. 128.

COLOMBO, Sylviane. The implications of good faith in culpa in contrahendo. 1990. Tese (Doutoado em Direito). Yale Law School, 1990.

CONDORELLI, Epifanio J. El abuso del derecho. La Plata: Editora Platense, 1971.

CONSTANZA, Maria. Profili dell'interpretazione del contratto secondo buona fede. Milano: Giuffrè, 1989.

CORDEIRO, Antonio Manuel da Rocha e Menezes. Da boa fé no direito civil. 2. reimpressão. Coimbra: Almedina, 2001.

CORRADINI, Domenico. Il criterio della buona fede e la scienza del diritto privato: dal Codice Napoleonico al Codice Civile Italiano del 1942. Milano: Giuffrè, 1970.

COSSIO Y CORRAL, Alfonso. El dolo en el derecho civil. Madrid: Editorial Revista de Derecho Privado, 1955.

COSTA, Mário Júlio Brito de Almeida. Direito das obrigações. 7. ed. Coimbra: Almedina, 1999.

–. Responsabilidade civil pela ruptura das negociações preparatórias de um contrato. Coimbra: Coimbra Editora, 1984.

D.Y.K FUNG. Pre-contractual rights and remedies: restitution and promissory estoppel. Malaysia, Singapore, Hong-Kong: Sweet & Maxwell Asia, 1999.

DE LOS MOZOS, José Luis. El principio de la buena fé: sus aplicaciones prácticas en el Derecho Civil Español. Barcelona: Bosch, 1965.

DE-MATTIA, Fabio Maria. Aparência de representação. São Paulo, 1984. Tese (Professor Titular). Universidade de São Paulo, Faculdade de Direito, 1984.

D'EUFEMIA, Giuseppe. L'autonomia privata e suoi limiti nel diritto corporativo. Milano: Giuffrè, 1942.

DIEZ PICAZO PONCE DE LEÓN, Luis. La doctrina de los propios actos: un estudio crítico sobre la jurisprudencia del Tribunal Supremo. Barcelona: Bosch, 1963.

–. Fundamentos de derecho civil patrimonial. v. 2. Las relaciones obligatorias. Cuarta Edición. Madrid: Editorial Civitas, 1993.

DONNINI, Rogério Ferraz. Responsabilidade pós-contratual nzo novo Código Civil e no Código de Defesa do Consumidor. São Paulo: Saraiva, 2004.

EGGERS, Peter MacDonald; FOSS, Patrick. Good faith and insurance contracts. London: LLP, 1998.

EMANUEL, Steven. L. Contracts. New York: Aspen, 2006.

ENNECCERUS, Ludwig; KIPP, Theodor; WOLFF, Martin. Tratado de derecho civil. Primer tomo – Parte general, Volumen I. Barcelona: Bosch, 1943.

–. Tratado de derecho civil. Primer tomo. Parte general. Volumen II. Barcelona: Bosch, 1944.

ESMEIN, Paul. Traité pratique de droit civil français. Organizado por Marcel Planiol e Georges Ripert. 2. ed. Tomo VI. Primeira Parte. Paris: LDGJ, 1952.

FABIAN, Christoph. O dever de informar no direito civil. São Paulo: Revista dos Tribunais, 2003.

FABRE-MAGNAN, Muriel. De l'obligation d'information dans les contrats: essai d'une théorie. Paris: LGDJ, 1992.

FARIA, Antonio Bento de. Código Comercial brasileiro. 1º vol. 3. ed. Rio de Janeiro: Jacintho Ribeiro dos Santos Editor, 1920.

FARNSWORTH, E. Allan. Contracts. 4. ed. New York: Aspen, 2004.

–. Farnsworth on Contracts. 2. ed. V. II. Aspen Law & Business, 1998.

FENET, P.A. Recueil complet des travaux préparatoires du Code Civil. Tome treizieme. Paris: Au Depôt, 1828.

FERNÁNDEZ SESSAREGO, Carlos. Abuso del derecho. Buenos Aires: Editorial Astrea De Alfredo y Ricardo Depalma, 1992.

FERREIRA RUBIO, Dela Matilde. El derecho a la intimidad. Editorial Universidad, 1982.

–. La buena fe: el principio general en el derecho civil. Madrid: Montecorvo, 1984.

FERREIRA, Aurélio Buarque de Hollanda. Novo dicionário básico da língua portuguesa. Rio de Janeiro e São Paulo: Nova Fronteira e Folha de S. Paulo, 1996.

FERREIRA, Keila Pacheco. Abuso do direito nas relações obrigacionais. Belo Horizonte: Del Rey, 2007.

FERREIRA, Waldemar. Tratado de direito comercial. v. 1. São Paulo: Saraiva, 1960.

FERRO-LUZZI, Federico. L'imputazione precontrattuale. Il preliminare, le trattattive. Padova: CEDAM, 1999.

FISHER, Roger. Ury, William; PATTON, Bruce. Como chegar ao sim. A negociação de acordos sem concessões. 2. ed. revista e ampliada. Rio de Janeiro: Imago, 1994.

FRADA, Manuel A. Carneiro da. Contrato e deveres de proteção. Coimbra, 1994.

–. Uma "terceira via" no direito da responsabilidade civil? O problema da imputação dos danos causados a terceiros por auditores de sociedades. Coimbra: Almedina, 1997.

–. Teoria da confiança e responsabilidade civil. Coimbra: Almedina, 2004.

FRANCO, Vera Helena de Mello. Lições de direito securitário. Seguros Privados Terrestres. São Paulo: Maltese, 1993.

FREYRE, Gilberto. Sociologia: Introdução ao estudo dos seus princípios. Tomo 1. 4. ed. Rio de Janeiro: José Olympio, 1967.

FULGÊNCIO, Tito. Da posse e das ações possessórias. v. 1. Teoria Legal-Prática. 5. ed. Rio de Janeiro: Forense, 1980.

FURUBOTN, Eirik; RICHTER, Rudolf. Institutions and economic theory: the contribution of the New Institutional Economics. Ann Arbor: Michigan University Press, 2000.

GALBRAITH, John Kenneth. A era da incerteza. Tradução: F.R. Nickelsen Pellegrini. 7. ed. São Paulo: Pioneira, 1986.

–. A sociedade afluente. Tradução: Carlos Afonso Malferrari. São Paulo: Pioneira, 1987.

–. O novo Estado industrial. Tradução: Leônidas Gontijo de Carvalho. Revisão de Aldo Bocchini Neto sobre a 3. ed. do autor. São Paulo: Pioneira, 1983.

GARCIA, Enéas Costa. Responsabilidade pré e pós-contratual à luz da boa-fé. São Paulo: Juarez de Oliveira, 2003.

GHERSI, Carlos Alberto. Contratos civiles y comerciales. Partes general y especial. Empresas. Negocios. Consumidores. Tomo 2. 4. ed. actualizada y ampliada. Buenos Aires: Editorial Astrea de Alfredo y Ricardo Depalma, 1998.

GHESTIN, Jacques. Traité de droit civil. Les obligations. Le contrat: formation. 2. ed. Paris: LGDJ, 1988.

GILIKER, Paula. Precontractual liability in English and Franch Law. The Hague/London/New York, Kluwer Law International. 2002.

GIORGIANNI, Virgilio. L'abuso del diritto nella teoria della norma giuridica. Milano: Giuffrè, 1963.

GOMES, Orlando. Contratos. 18. ed. Atualização e notas de Humberto Theodoro Junior. Rio de Janeiro: Forense, 1998.

GONÇALVES, Camila de Jesus Mello. Princípio da boa-fé: perspectivas e aplicações. Rio de Janeiro: Elsevier, 2008.

GOODE, Roy. The concept of good faith in English Law. Roma: Centro di Studi e Ricerche di Diritto Comparato, 1992.

Gorphe, François. Le principe de la bonne foi. Paris: Dalloz, 1928.

Grisi, Giuseppe. L'obbligo precontrattuale di informazione. Napoli: Jovene, 1990.

Grün, Mary. A eficácia dos documentos pré-contratuais. 2006. Dissertação (Mestrado em Direito). Universidade de São Paulo, Faculdade de Direito. São Paulo, 2006.

Guimarães, Otávio Moreira. A boa-fé no direito civil brasileiro. São Paulo: Revista dos Tribunais, 1938.

Gusmão, Paulo Dourado de. Manual de sociologia. 6. ed. revista e aumentada. Rio de Janeiro: Forense Universitária, 1983.

Hauriou, Maurice. La teoría de la institución y de la fundación (Ensayo de vitalismo social). Tradução: Arturo Enrique Sampay. Buenos Aires: Abeledo-Perrot: 1968.

Herrera, Marisa; Caramelo, Gustavo; Picasso, Sebastián (Orgs). Código Civil y Comercial de la Nación comentado. Tomo I – Título Preliminar y Libro Primero. Artículos 1 a 400. Buenos Aires: Infojus, 2015.

–. Código Civil y Comercial de la Nación comentado. Tomo III – Libro Tercero. ARticulos 724 a 1250. Buenos Aires: Infojus, 2015.

Lorenzetti, Ricardo Luiz (Director); De Lorenzo, Miguel Federico; Lorenzetti, Pablo (Coords.). Código Civil y Comercial de la Nación comentado. Tomo I. Arts. 1º a 256. Buenos Aires: Rubinzal-Culzoni, 2014.

Jaluzot, Béatrice. La bonne foi dans les contrats. Étude comparative de droit français, allemand et japonais. Paris: Dalloz, 2001.

Jaubert, Joseph. Des effets civils de la bonne Foi. Paris: A. Pedone Éditeur, 1899.

Jevons, William Stanley. Teoria da economia política. Tradução: Cláudia Laversveiller. São Paulo: Abril Cultural, 1983.

Jhering, Rudolf von. La posesión: teoria simplificada. Buenos Aires: Atalaya, 1947.

Josserand, Louis. De l'esprit des droits et leur relativité. Théorie dite de l'abus des droits. 2. ed. Paris: Dalloz, 1939.

Justiniano (Imperador). Institutas do Imperador Justiniano. Manual didático para uso dos estudantes de direito de Constantinopla, elaborado por ordem do Imperador Justiniano, no ano de 533 d.C. Tradução: José Cretella Jr. e Agnes Cretella. 2. ed. São Paulo: Revista dos Tribunais, 2005.

Kant, Immanuel. Fundamentação da metafísica dos costumes e outros escritos. Tradução: Leopoldo Holzbach. São Paulo: Martin Claret, 2003.

Kozicki, Stephen. Negociação criativa. Conselhos e técnicas para obter o melhor resultado em negociações. Tradução: Ralph J. Hofmann. São Paulo: Editora Futura, 1999.

Kümpel, Vitor Frederico. A teoria da aparência no novo Código Civil brasileiro. Lei n. 10.406, de 10 de janeiro de 2002. São Paulo, 2004.

Tese (Doutorado em Direito). Faculdade de Direito da Universidade de São Paulo.

Lamberterie, Isabelle de; Rouhette, Georges; Tallon, Denis. Les principes du droit européen du contrat (Version Française). Paris: La Documentation Française, 1997.

Landim, Francisco Antonio Paes. A propriedade aparente (A aquisição a non domino da propriedade imóvel com eficácia translativa no Código Civil). 2 v. São Paulo, 1992. Tese (Doutorado em Direito). Faculdade de Direito da Universidade de São Paulo, 1992.

Larenz, Karl. Derecho Civil. Parte general. Tradução e Notas: Miguel Izquierdo y Macías-Picavea. Madrid: Editorial Revista de Derecho Privado e Editoriales de Derecho Reunidas, 1978.

–. Derecho de obligaciones. Tomo I. Versão espanhola e notas: Jaime Santos Briz. Madrid: Editorial Revista de Derecho Privado, 1958.

–. Metodologia da ciência do direito. Tradução: José Lamego. 3. ed. Lisboa: Fundação Calouste Gulbenkian, 1997.

Llobet y Aguado, Josep. El deber de información en la formación de los contratos. Madrid: Marcial Pons, 1996.

Lodi, João Bosco. História da administração. 10. ed. São Paulo: Pioneira, 1993.

Lopez, Teresa Ancona. Nexo causal e produtos potencialmente nocivos: a experiência do tabaco brasileiro. São Paulo, 2001. Tese (Livre-Docência). Faculdade de Direito da Universidade de São Paulo, 2001.

Luhmann, Niklas. Sociologia do direito. Tradução: Gustavo Bayer. Rio de Janeiro: Tempo Brasileiro, 1983.

Martinelli, Dante P; Almeida, Ana Paula de. Negociação e solução de conflitos. Do impase ao ganha-ganha através do melhor estilo. São Paulo: Atlas, 1998.

Martins, José Eduardo Figueiredo de Andrade. Duty to mitigate the loss no direito civil brasileiro. São Paulo: Verbatim, 2015.

Martins, Pedro Baptista. O abuso do direito e o ato ilícito. 3. ed. com "Considerações prelminares à guisa de atualização", de José da Silva Pacheco. Rio de Janeiro: Forense, 1997.

Martins-Costa, Judith. A boa-fé no direito privado. São Paulo: Revista dos Tribunais, 2000.

–. A boa-fé no direito privado. 2. ed. São Paulo : Saraiva, 2018.

Marzagão, Nelcina C. de Oliveira Tropardi. Da informação e dos efeitos do excesso de informação no Código de Defesa do Consumidor. São Paulo, 2005. Tese (Doutorado em Direito). Faculdade de Direito da Universidade de São Paulo, 2005.

Mazeud, Henri; Mazeud, Leon. Traité théorique et pratique de la responsabilité civile delituelle et contractuelle. t. 1. Paris: Sirey, 1934.

McEndrick, Ewan. Contract Law. 10. ed. London: Palgrave Macmillan, 2013.

Mendonça, J.X. Carvalho de. Tratado de direito comercial brasileiro. v. VI.

Livro IV, Parte 1. Rio de Janeiro, São Paulo: Freitas Bastos, 1939.

MENDONÇA, M.I. Carvalho de. Contratos no direito civil brasileiro. 3.ed posta em dia pelo juiz José de Aguiar Dias. Rio de Janeiro: Forense, 1955.

–. Doutrina e prática das obrigações ou tratado geral dos direitos de crédito. 2. ed. v. 2. Rio, Paris: Livraria Francisco Alves e Ailland Alves, 1911.

MENDRAS, Henri. Princípios de sociologia. Uma iniciação à análise sociológica. 4. ed. Rio de Janeiro: Zahar Editores, 1975.

MENGER, Carl. Princípios de economia política. Tradução: Luiz João Baraúna. São Paulo: Abril Cultural, 1983.

MIRABETE, Julio Fabbrini. Processo Penal. 8. ed. São Paulo: Atlas, 1998.

MIRAGEM, Bruno. Abuso do direito: ilicitude objetiva e limite ao exercício de prerrogativas jurídicas no direito privado. 2. ed. São Paulo: Revista dos Tribunais, 2013.

MIRANDA, Francisco Cavalcanti Pontes de. Tratado de direito privado. v. I. Rio de Janeiro: Borsói, 1954.

–. Tratado de direito privado. v. X. Rio de Janeiro: Borsói, 1955.

–. Tratado de direito privado. Parte especial. Tomo XXXVIII. 3. ed. São Paulo: Revista dos Tribunais, 1984.

–. Tratado de direito privado. Vol. XLV. São Paulo: Revista dos Tribunais, 1984.

–. Tratado de direito civil. Tomo LIII. Rio de Janeiro: Borsói, 1972.

MOLES, Abraham. Teoria da informação e percepção estética. Tradução: Helena Parente Cunha. Rio de Janeiro: Tempo Brasileiro; Brasília: Ed. da UnB, 1978.

MONATERI, Pier Giuseppe. La responsabilità contrattuale e precontrattuale. Torino: UTET, 1998.

MONTEIRO, Jorge Ferreira Sinde. Responsabilidade por conselhos, recomendações ou informações. Coimbra: Almedina, 1989.

MOSCHELLA, Raffaele. Contributo alla teoria dell'apparenza giuridica. Milano: Giuffrè, 1973.

NEGREIROS, Teresa Paiva de Abreu Trigo de. Fundamentos para uma interpretação constitucional do princípio da boa-fé. Rio de Janeiro: Renovar, 1998.

NEVES, Julio Gonzaga Andrade. A supressio (Verwirkung) no direito civil. São Paulo: Almedina, 2016.

NORTH, Douglass C. Instituciones, cambio institucional y desempeño economico. Tradução: Augustin Barcena. Ciudad de Mexico: Fondo de Cultura Economica, 1994.

NUNES-FRITZ, Karina. Boa-fé objetiva na fase pré-contratual. A responsabilidade pré-contratual por ruptura das negociações. Curitiba: Juruá, 2008.

O'CONNOR, Joseph F. Good faith in English Law. Aldershot: Dartmouth, 1990.

PATRY, Robert. Le principe de la confiance et la formation du contrat en droit suisse. Genéve: Imprimière du Journal de Genève, 1953.

PATTI, Guido; PATTI, Salvatore. Il Código Civile commentato. Artt. 1337-1342. Responsabilità precontrattuale e contratti standard. Milano: Giuffrè, 1993.

PEREIRA, Regis Fichtner. A responsabilidade civil pré-contratual. Teoria geral e responsabilidade pela ruptura das negociações contratuais. Rio de Janeiro: Renovar, 2001.

PICOD, Yves. Le devoir de loyauté dans l'exécution du contrat. Paris: LGDJ, 1989.

PICONE, Luca. Contratto d'aquisto di partecipazioni azionarie. Redazione e clausole. Trattative precontrattuali. Due dilligence. Prezzo. Garantizie. Acquisizioni Parziali. OPA. Antitrust. Milano: Pirolla, 1995.

PIGNATARO, Gisella. Buona fede oggettiva e rapporto giuridico precontrattuale: gli ordinamenti italiano e francese. Napoli: Edizioni Scientifiche Italiane, 1999.

PINNA, Andrea. The obligations to inform and to advise. Den Haag: Boom, 2003.

PINTO, Paulo Mota. Interesse contratual negativo e interesse contratual positivo. v 1. Coimbra Editora, 2008.

–. Interesse contratual negativo e interesse contratual positivo. v 2. Coimbra Editora, 2008.

PIOTET, Paul. Culpa in contrahendo et responsabilité précontractuelle en droit privé suisse. Berne: Staempfli, 1963.

PLANIOL, Marcel. Traité elémentaire de droit civil. T. 2. Paris: LGDJ, 1911.

PORCHY-SIMON, Stéphanie. Droit civil. 2e annéé. Les obligations. 11. ed. Paris: Dalloz, 2018.

POSNER, Richard A. Economic analysis of Law. 5. ed. New York: Aspen Law & Business, 1998.

POTHIER, Robert Joseph. Oeuvres de Pothier. Traité de la vente. Tome Troisième. Paris: M. Siffrein Editor, 1821.

POWELL, Raphael. Good faith in contracts: an inaugural lecture. London: Stevens, 1956.

PRADO, Maurício Curvelo de Almeida. Contrato internacional de transferência de tecnologia. Patente e know-how. Porto Alegre: Livraria do Advogado, 1997.

PRATA, Ana. Notas sobre responsabilidade pré-contratual. Lisboa, s.e. 1991.

PUENTE Y LAVALLE, Manuel de la. El contrato en general. Comentarios a la Sección Primera del Libro VII del Codigo Civil. Primera Parte (Artículos 1351 a 1413). Tomo II. Biblioteca Para leer el Codigo Civil. Vol. 11. S.L. Lima: Pontificia Universidad Catolica del Peru. Fondo Editorial, 1991.

PUIG BRUTAU, Jose. Estudios de derecho comparado. La doctrina de los actos propios. Barcelona: Ediciones Ariel, 1951.

RADULESCO, Dan-Georges. Abus des droits en matière contractuelle. Paris: L Rodstein, 1935.

RÁO, Vicente. Ato jurídico. São Paulo: Max Limonad, 1961.

RAVAZZONI, Alberto. La formazione del contratto. Le regole di comportamento. Milano: Giuffrè, 1974.

RECASENS SICHES, Luis. Tratado de sociologia. Tradução: Prof. João Baptista Coelho Aguiar. Porto Alegre: Globo, 1965.

REYNAUD, Lucien Henri Camille. Abus du droit. Paris: s.e., 1904.

RIBAS, Antonio Joaquim. Curso de direito civil brasileiro. v. 2. Brasília: Senado Federal, Conselho Editorial, 2003.

RICARDO, David. Princípios de economia e tributação. Tradução: Paulo Henrique Ribeiro Sandroni. São Paulo: Abril Cultura, 1982. p. 45

RICHTER, Giorgio Stella. La responsabilità precontrattuale. Torino: Utet, 1996.

RIPERT, Georges. La règle morale dans les obligations civiles. 4. ed. Paris: LGDJ, 1949.

RODOVALHO, Thiago. Abuso do direito e direitos subjetivos. 2. ed. São Paulo: Revista dos Tribunais, 2012.

ROMAIN, Jean-François. Théorie critique du principe général de bonne foi en droit privé: des atteintes à la bonne foi, en Général, et de la fraude, en particulier ("Fraus omnia corrumpit"). Bruxelas: Bruylant, 2000.

ROMANO, Santi. L'ordinamento giuridico: studi sul concetto, le fonti e i caratteri del diritto. Parte prima. Pisa: Tipografia Editrice Ca. Mariotti, 1917.

ROPPO, Enzo. O contrato. Tradução: Ana Coimbra e M. Januário C. Gomes. Coimbra: Almedina, 1988.

RUTHERFORD, Malcolm. Institutions in economics: the old and the new institutionalism. Cambridge: Cambridge University Press, 1994.

SÁ, Fernando Augusto Cunha de. Abuso do direito. Lisboa: Centro de Estudos Fiscais da Direcção Geral das Contribuições e Impostos, Ministério das Finanças, 1973.

SACCO, Rodolfo. La buona fede nella teoria dei fatti giuridici di diritto privato. Torino: G.Giapicchelli, 1949.

SAGNA, Alberto. Il risarcimento del danno nella responsabilità precontrattuale. Milano: Giuffrè, 2004.

SALANIÉ, Bernard. The economics of contracts. A primer. Cambridge, Massachussets; London, England: The MIT Press, 1997.

SCHLECHTRIEM, Peter. Good faith in German Law and in International Uniform Laws. Roma: Centro di Studi e Ricerche di Diritto Comparato, 1997.

SCHUNCK, Giovana Bonanno. Contratos de longo prazo e dever de cooperação. 2013. Dissertação (Mestrado em Direito). Universidade de São Paulo, Faculdade de Direito. São Paulo, 2013.

SILVA, Clóvis Veríssimo do Couto e. A obrigação como processo. São Paulo: José Butschasky Editor, 1976.

SILVA, Eva Sónia Moreira da. Da responsabilidade pré-contratual por violação dos deveres de informação. Coimbra: Almedina, 2003.

SILVA, Jorge Cesa Ferreira da. A boa-fé e a violação positiva do contrato. Rio de Janeiro, São Paulo: Renovar, 2002.

SILVEIRA, Alípio. A boa-fé no Código Civil. v. 1. São Paulo: Editora Universitária de Direito, 1972.

SMITH, Adam. Uma investigação sobre a natureza e causas da riqueza das nações. Tradução: Norberto de Paula Lima. São Paulo: Hemus Editora, 1981.

STEINER, Renata Campos. Reparação de danos: interesse positivo e interesse negativo. São Paulo: Quartier Latin, 2018.

TREITEL, G. H. The Law of Contract. 13. ed. London: Sweet and Maxwell, 2011.

TRIGEAUD, Jean-Marc. La possession de biens mobilières. Paris: Economica, 1981.

TURCO, Claudio. Interesse negativo e responsabilità precontrattuale. Milano: Giuffrè, 1990.

UDA, Giovanni Maria. La buona fede nell'esecuzione del contratto. Torino: G. Giapicchelli (In Colaborazione con Unversità di Sassari – Facoltà di Giurisprudenza), 2004.

VEBLEN, Thorstein B. Teoria da classe ociosa (Um Estudo Econômico das Instituições). Tradução: Olívia Krähenbühl. São Paulo: Livraria Pioneira Editora, 1965.

VELLOSO, Augusto Versiani. Textos de direito romano. Rio de Janeiro: Jacintho Ribeiro dos Santos, 1923.

VOLANSKY, Alexandre. Essai d'une définition expressive du droit basée sur l'idée de bonne foi. Paris: Librairie de Jurisprudence Ancienne e Moderne. Edouard Duchemin, L. Chauny e L. Quinsac, Sucesseurs, 1930.

VON HAYEK, Friedrich August. Individualism and economic order. Chicago University Press, 1949.

VOUIN, Robert. La bonne foi: notion et rôle actuels en droit privé français. Paris: LGDJ, 1939.

WALRAS, Léon. Compêndio dos elementos de economia política pura. Tradução: João Guilherme Vargas Netto. São Paulo: Abril Cultural, 1983.

WEBER, Max. Fundamentos da sociologia. 2. ed. Porto: Res, 1983.

WHINCUP, Michael. Contract law and practice: the English System and continental comparisons. 4. ed. Alphen: Kluver, 2001.

WIEACKER, Franz. El principio general de la buena fé. Tradução: José Luis Carro. Prólogo de Luis Diez-Picazo. Madrid: Civitas, 1977.

BROWNSWORD, Roger (Org). Good faith in contract: concept and context. Aldershot: Ashgate, 1999.

WILLIAMSON, Oliver E. Markets and hierarchies: some elementary considerations. The American Economic Review. v. 63, n. 2, p. 316-325, May 1973.

–. The economic institutions of capitalism. New York: Macmillian, 1986.

–; WINTER, Sidney (Orgs). La naturaleza de la empresa: orígenes, evolucion y desarrollo. Ciudad de Mexico: Fondo de Cultura Económica, 1996.

WINDSCHEID, Bernard. Diritto delle Pandette. Tradução: Carlo Fadda e Paolo Emilio Bensa. v. 2. Torino: UTET, 1925.

ZANETTI, Cristiano de Souza. Responsabilidade pela ruptura das negociações no direito civil brasileiro. São Paulo, 2003. Dissertação (Mestrado em Direito). Universidade de São Paulo, Faculdade de Direito. 2003.

Zimmermann, Reinhard. Roman Law, Contemporary Law, European Law. The Civilian Tradition Today. Oxford: Oxford University Press, 2001.

–; Wittaker, Simon (Orgs). Good faith in European Contract Law. Cambridge: Cambridge University Press, 2000.

c) Acórdãos

Alemanha. BAG. 2 AZR 659/03, 16 September 2004.

–. BGH. AZ X ZR 198/04, 25 April 2006.

–. BGH. I ZR 168/05 – OLG Hamburg, 17 Juli 2008.

–. BGH. III ZR 18/09 – OLG Karlsruhe, 1 Oktober 2009.

–. BGH. III ZR 296/11 – OLG München, 14 Marz 2013.

–. BGH. IX ZR 271/90, 12 Mai 1991.

–. BGH. V ZE 182/11, 9 November 2012.

–. BGH. V ZR 216/81, 8 Oktober 1982.

–. BGH. V ZR 332/94, 29 Marz 1996.

–. BGH. V ZR 62/06 – OLG München, 10 November 2006.

–. BGH. VII ZR 116 – OLG Hamm. 14 Marz 2013.

–. BGH. VIII ZR 236/06; OLG Rostock, 13 Juni 2007.

–. BGH. VIII ZR 302/07; LG Frankfurt, 27 Mai 2009.

–. BGH. VIII ZR 318/08 – LG Aurich, 25 November 2009.

–. BGH. X ZR 59/11 OLG Dusseldorf, 17 Januar 2012.

–. BGH. X ZR 73/95, 5 Juni 1997.

–. BGH. XI ZR 431/11; OLG Schleswig, 3 April 2013.

–. BGH. XII – ZR 129/10 – OLG Oldenburg, 31 Oktober 2012.

–. BGH. XII – ZR 165/04 – OLG Karlsruhe, 28 Februar 2007.

–. BGH. XII ZB 329/12 – OLG Karlsruhe, 17 April 2013.

–. BGH. XII ZR 24/04 – OLG Koblenz, 5 Juli 2006.

–. BGH. XII ZR 48/03, 22 Februar 2006.

–. LAG Hamm. AZ 14 AS 175/12, 24 April 2012.

–. OLG Hamm. AZ 21 L 143/12, 5 September 2013.

–. OLG Hamm. 4 U 44/07, 14 August 2007.

–. OLG Saarländisches. AZ 4U 552/04-156, 23 Mai 2006.

–. OLG Stuttgart. 5 U 177/06, 2 April 2007.

–. VG Freiburg.· Az 4 K 718/11, 7 Juni 2011. ·

Argentina. Câmara Civil, Comercial, Laboral y Mineria (Sala Civil). Id Infojus: FA0050044. Ponentes: Magistrados Carlos Velasquez, Juan Manino, Carlos Ferrari, 25 de fevereiro de 2000.

–. Câmara Civil, Comercial, Laboral y Mineria (Sala A) (Carlos Dante Ferrari Marcelo J. Lopez Mesa). Sumário Q0026517. Sentencia del 9 de noviembre de 2011.

–. Camara Nacional de Apelaciones de lo Civil (Sala M). Id. Infojus: FA07020204. Ponente: Magistrado

De Los Santos, 13 de novembro de 2007.
–. Camara Nacional de Apelaciones de lo Civil, Comercial, Federal (Sala 2). Id Infojus: FA89030022. Ponentes: Magistrados Guillermo R. Quintana Teran, Eduardo Vocos Conesa, Marina Marini de Vidal, 2 de maio de 1989.
–. Camara Nacional de Apelaciones en lo Comercial (Sala B) Litvak, Adolfo c. Olivetti Argentina S.A. 16 de setembro de 1953.
–. Camara Nacional de Apelaciones en lo Comercial. Expediente 1424/14/CA1, 31 de Octubre de 2017.
–. Camara Nacional de Apelaciones en lo Comercial. Expediente 12430/13/CA1, 6 de Abril de 2017.
Brasil. Primeiro Tribunal de Alçada Civil do Estado de São Paulo (4ª Câmara). Apelação n. 9075917-38.2001.8.26.0000. Relator: Des. Renato Gomes Correa, 10 de março de 2004.
Brasil. Superior Tribunal de Justiça (2ª Seção). REsp 489.895/SP. Relator: Min. Fernando Gonçalves, 10 de março de 2010.
–. Superior Tribunal de Justiça (2ª Seção). REsp n. 1.073.595/MG. Relatora: Min. Nancy Andrighi, 23 de março de 2011.
–. Superior Tribunal de Justiça (2ª Seção). REsp n. 1.419.697/RS. Relator: Min. Paulo de Tarso Sanseverino, 12 de novembro de 2014.
–. Superior Tribunal de Justiça (2ª Seção). REsp n. 1.599.511/SP. Relator: Min. Paulo de Tarso Sanseverino, 24 de agosto de 2016.
–. Superior Tribunal de Justiça (2ª seção). REsp n. 1.622.555/MG. Relator: Min. Marco Buzze; Relator para acórdão: Min. Marco Aurelio Bellizze, 22 de fevereiro de 2017.
–. Superior Tribunal de Justiça (2ª Seção). Súmula n. 61, 14 de outubro de 1992.
–. Superior Tribunal de Justiça (2ª Seção). Súmula n. 301, 18 de outubro de 2004.
–. Superior Tribunal de Justiça (2ª Seção). Súmula n. 302, 18 de outubro de 2004.
–. Superior Tribunal de Justiça (2ª Seção). Súmula n. 549, 14 de fevereiro de 2015.
–. Superior Tribunal de Justiça (2a Seção). Súmula n. 609, 11 de abril de 2018.
–. Superior Tribunal de Justiça (2ª Seção). Súmula n. 610, 25 de abril de 2018.
–. Superior Tribunal de Justiça (2ª Seção). Súmula n. 616, 23 de maio de 2018.
–. Superior Tribunal de Justiça (2ª Seção). Súmula n. 620. 12 de dezembro de 2018.
–. Superior Tribunal de Justiça (3ª Turma). AgRg no REsp n. 881.023/MS. Relator. Min. Humberto Gomes de Barros, 19 de dezembro de 2007.
–. Superior Tribunal de Justiça (3ª Turma). AgInt no REsp n. 1.568.293/SP. Relator: Min. Paulo de Tarso Sanseverino, 27 de fevereiro de 2018.
–. Superior Tribunal de Justiça (3ª Turma). REsp n. 38.353/RJ. Relator:

Min. Ari Parglender, 1º de março de 2001.
–. Superior Tribunal de Justiça (3ª Turma). REsp n. 304.724/RJ. Relator: Min. Humberto Gomes de Barros, 24 de maio de 2005.
–. Superior Tribunal de Justiça (3ª Turma). REsp n. 325.870/RJ. Relator: Min. Humberto Gomes de Barros, 20 de setembro de 2004.
–. Superior Tribunal de Justiça (3ª Turma). REsp n. 356.821/RJ. Relatora: Min. Nanci Andrighi, 5 de agosto de 2002.
–. Superior Tribunal de Justiça (3ª Turma). REsp n. 758.518/PR. Relator: Min: Vasco Della Giustina (Desembargador convocado do Tribunal de Justiça do Estado do Rio Grande do Sul), 17 de junho de 2010.
–. Superior Tribunal de Justiça (3ª Turma). REsp n. 782.433/MG. Relatora: Min. Nancy Andrighi; Relatora para Acórdão: Min. Sidney Benetti, 4 de setembro de 2008.
–. Superior Tribunal de Justiça (3ª Turma). Recurso Especial n. 1.051.065/AM. Relator: Min. Ricardo Villas Boas Cueva, 21 de fevereiro de 2013.
–. Superior Tribunal de Justiça (3ª Turma). REsp n. 1.122.275/SP. Relatora: Min. Nancy Andrighi, 27 de março de 2012.
–. Superior Tribunal de Justiça (3ª Turma). REsp. n. 1.192.678/PR., Relator: Min. Paulo de Tarso Sanseverino, 13 de novembro de 2012.
–. Superior Tribunal de Justiça (3ª Turma). REsp n. 1.200.105/AM. Relator: Min. Paulo de Tarso Sanseverino, 19 de junho de 2012.
–. Superior Tribunal de Justiça (3ª Turma). REsp n. 1.272.691/SP. Relatora: Min. Nancy Andrighi, 5 de novembro de 2013.
–. Superior Tribunal de Justiça (3ª Turma). REsp n. 1.337.002/RS. Relator: Min. Paulo de Tarso Sanseverino. 16 de dezembro de 2014.
–. Superior Tribunal de Justiça (3ª Turma). REsp n. 1.342.899/RS. Relator: Min. Sidnei Benetti, 20 de agosto de 2013.
–. Superior Tribunal de Justiça (3ª Turma). REsp n. 1.367.955/SP. Relator: Min. Paulo de Tarso Sanseverino, 18 de março de 2014.
–. Superior Tribunal de Justiça (3ª Turma). REsp n. 1.505.002/RJ. Relator: Min: Paulo de Tarso Sanseverino, 27 de novembro de 2018.
–. Superior Tribunal de Justiça (3ª Turma). REsp n. 1.548.189/SP. Relator: Min. Paulo de Tarso Sanseverino, 13 de junho de 2017.
–. Superior Tribunal de Justiça (3ª Turma). REsp n. 1.580.278/SP. Relatora: Min. Nancy Andrighi, 21 de agosto de 2018.
–. Superior Tribunal de Justiça (3ª Turma). REsp n. 1.601.533/MG. Relator: Min. João Otávio de Noronha, 14 de junho de 2016.
–. Superior Tribunal de Justiça (3ª Turma). REsp n. 1.641.868/SP. Relator: Min: Moura Ribeiro, 5 de junho de 2018.
–. Superior Tribunal de Justiça (3ª Turma). REsp n. 1.665.701/RS.

Relator: Min. Ricardo Villas Bôas Cueva, 9 de maio de 2017.
–. Superior Tribunal de Justiça (3ª Turma). REsp 1.717.112/RN. Relatora: Min. Nancy Andrighi, 25 de setembro de 2018.
–. Superior Tribunal de Justiça (3ª Turma). REsp. n. 1.771.866/DF. Relator: Min. Marco Aurelio Bellizze, 12 de fevereiro de 2019.
–. Superior Tribunal de Justiça (4ª Turma). EDcl no REsp n. 1.419.691/RS Relator: Min. Luis Felipe Salomão, 18 de dezembro de 2014.
–. Superior Tribunal de Justiça (4ª Turma). REsp n. 214.680/SP. Relator: Min. Ruy Rosado de Aguiar, 16 de novembro de 1999.
–. Superior Tribunal de Justiça (4ª Turma). REsp n. 281.290/RJ. Relator: Min. Luis Felipe Salomão, 13 de outubro de 2008.
–. Superior Tribunal de Justiça (4ª Turma). REsp. n. 738.793/PE. Relator: Min. Antonio Carlos Ferreira, 17 de dezembro de 2015.
–. Superior Tribunal de Justiça (4ª Turma). REsp 886.347/RS. Relator: Min. Honorildo Amaral de Mello Castro (Desembargador Convocado do TJ/AP), 25 de maio de 2010.
–. Superior Tribunal de Justiça (4ª Turma). REsp n. 887.277/SC. Relator: Min. Luis Felipe Salomão, 4 de novembro de 2010.
–. Superior Tribunal de Justiça (4ª Turma). REsp n. 1.035.778/SP. Relator: Min. Raul Araújo, 5 de dezembro de 2013.
–. Superior Tribunal de Justiça (4ª Turma). REsp n. 1.051.270/RS. Relator: Min. Luis Felipe Salomão, 4 de agosto de 2011.
–. Superior Tribunal de Justiça (4ª Turma). REsp. n. 1.059.214/RS. Relator: Min. Luis Felipe Salomão, 16 de fevereiro de 2012.
–. Superior Tribunal de Justiça (4ª Turma). REsp n. 1.101.664/SP. Relator: Min. Marco Buzzi, 7 de fevereiro de 2013.
–. Superior Tribunal de Justiça (4ª Turma). REsp 1.113.804/RS. Relator: Min. Luis Felipe Salomão, 27 de abril de 2010.
–. Superior Tribunal de Justiça (4ª Turma). REsp n. 1.201.672/MS. Relator: Min. Lázaro Guimarães (Desembargador convidado com Tribunal Regional Federal da 5ª Região), 21 de novembro de 2017.
–. Superior Tribunal de Justiça (4ª Turma). REsp 1.309.972/SP. Relator: Min. Luis Felipe Salomão, 27 de abril de 2017.
–. Superior Tribunal de Justiça (4ª Turma). REsp n. 1.362.084/RJ. Relator: Min. Luis Felipe Salomão, 16 de maio de 2017.
–. Superior Tribunal de Justiça (4ª Turma). REsp n. 1.412.993/SP. Relator: Min: Luis Felipe Salomão; Relatora para Acórdão: Min. Maria Isabel Gallotti, 8 de maio de 2018.
–. Superior Tribunal de Justiça (4ª Turma). REsp n. 1.555.202/SP. Relator: Min: Luis Felipe Salomão, 13 de dezembro de 2016.
–. Superior Tribunal de Justiça (4ª Turma). REsp n. 1.580.432/SP. Relator: Min. Marco Buzzi, 6 de junho de 2018.

–. Superior Tribunal de Justiça (4ª Turma). REsp. n. 1.594.695/RJ. Relator: Min. Luis Felipe Salomão, 20 de junho de 2017.

Brasil. Supremo Tribunal Federal (1ª Turma). RE n. 605.709. Relator: Min. Dias Toffoli. Relatora p/ Acórdão: Min. Rosa Weber, 12 de junho de 2018.

–. Supremo Tribunal Federal (1ª Turma). RE n. 612.360. Relatora: Min. Ellen Gracie, 13 de agosto de 2010.

–. Supremo Tribunal Federal (2ª Turma). RE n. 88.716/RJ. Relator: Min. Moreira Alves, 11 de setembro de 1979.

–. Supremo Tribunal Federal (Tribunal Pleno). RE 407688. Relator: Min. Cezar Peluso, 8 de fevereiro de 2006.

–. Supremo Tribunal Federal. Súmula n. 105, 13 de dezembro de 1963.

Brasil. Tribunal de Justiça do Distrito Federal e Territórios (2ª Turma Cível). Apelação n. 201405100 94609APC. Relatora: Des. Sandra Reves, 7 de fevereiro de 2018.

–. Tribunal de Justiça do Distrito Federal e Territórios (5ª Turma Cível). Apelação n. 20160110 844869APC. Relatora: Des. Silvia Lemos, 31 de janeiro de 2018.

Brasil. Tribunal de Justiça do Estado de Minas Gerais (12ª Câmara Cível). Apelação Cível 1.0000.18.090289-2/001. Relator: Des. Octávio de Almeida Neves, 7 de novembro de 2018.

–. Tribunal de Justiça do Estado de Minas Gerais (12ª Câmara Civel). Apelação Cível n. 1.0024.06.279373-2/001. Relator: Des. Domingos Coelho, 20 de março de 2019.

–. Tribunal de Justiça do Estado de Minas Gerais (13ª Câmara Cível). Apelação n. 1.0024.11.312712-0/001. Relator: Des. Newton Teixeira Carvalho; Revisor: Des. Claudia Maia, 8 de maio de 2014.

–. Tribunal de Justiça do Estado de Minas Gerais (14ª Câmara Cível). Apelação n. 1.0105.09.323306-9/001. Relator: Des. Valdez Leite Machado, 18 de julho de 2014.

Brasil. Tribunal de Justiça do Estado de São Paulo (1ª Câmara de Direito Privado). Apelação n. 0342592-74.2009.8.26.0000. Relator: Des. De Santi Ribeiro, 14 de agosto de 2012.

–. Tribunal de Justiça do Estado de São Paulo (1ª Câmara de Direito Privado). Apelação n. 0012917-51.2009.8.26.0482. Relator: Des. Paulo Eduardo Razuk, 14 de fevereiro de 2012.

–. Tribunal de Justiça do Estado de São Paulo (2ª Câmara de Direito Privado). Apelação Cível n. 0029307-56.2011.8.26.0602. Relator: Des. Rosangela Telles, 3 de setembro de 2019.

–. Tribunal de Justiça do Estado de São Paulo (3ª Câmara de Direito Privado). Apelação n. 0036990-06.2007.8.26.0564. Relator: Des. Carlos Alberto Garbi, 22 de novembro de 2011.

–. Tribunal de Justiça do Estado de São Paulo (4ª Câmara de Direito Privado). Apelação n. 0028938-75.2012.8.26.0554. Relator: Des. Milton Carvalho, 9 de maio de 2013.

–. Tribunal de Justiça do Estado de São Paulo (5ª Câmara de Direito Privado). Apelação Cível n. 0000832-25.2013.8.26.0116. Relator: Des. Fernanda Gomes Camacho, 22 de fevereiro de 2017.

–. Tribunal de Justiça do Estado de São Paulo (5ª Câmara de Direito Privado). Apelação Cível n. 1017092-69.2017.8.26.0004. Relator: Des. A.C.Mathias Coltro, 4 de setembro de 2019.

Brasil. Tribunal de Justiça do Estado de São Paulo (4ª Câmara de Direito Privado). Apelação Cível n. 388.495.4/3. Relator: Des. Maia da Cunha, 29 de junho de 2006.

–. Tribunal de Justiça do Estado de São Paulo (6ª Câmara de Direito Privado). Apelação Cível n. 1017413-10.2017.8.26.0100. Relator: Des. José Roberto Furquim Cabella, 26 de outubro de 2017.

–. Tribunal de Justiça do Estado de São Paulo (6ª Câmara de Direito Privado). Apelação Com Revisão n. 0071074-62.1996.8.26.0000. Relator: Ernani de Paiva, 4 de dezembro de 1997.

–. Tribunal de Justiça do Estado de São Paulo. (7ª Câmara de direito Privado). Apelação Cível n. 1076173-15.2018.8.26.0100. Relatora: Des. Maria de Lourdes Lopez Gil, 21 de fevereiro de 2019.

–. Tribunal de Justiça do Estado de São Paulo (8ª Câmara de Direito Privado). Apelação n.. 9191408-83.2007.8.26.0000. Relator: Des. Pedro de Alcântara da Silva Leme Filho, 2 de outubro de 2013.

–. Tribunal de Justiça do Estado de São Paulo (9ª Câmara de Direito Público). Apelação n. 9059572-16.2009.8.26.0000. Relator: Oswaldo Luiz Palu, 15 de junho de 2011.

–. Tribunal de Justiça do Estado de São Paulo (10ª Câmara de Direito Privado). Apelação n. 0233831-08.2007.8.26.0100. Relator: Des. Márcia Regina Dalla Dea Barone, 13 de novembro de 2012.

–. Tribunal de Justiça do Estado de São Paulo (10ª Câmara de Direito Privado). Apelação Cível n. 0051147-40.2010.8.26.0576. Relator: Des. Penna Machado, 27 de novembro de 2018.

–. Tribunal de Justiça do Estado de São Paulo (11ª Câmara de Direito Privado). Agravo de Instrumento n. 2100468-79.2016.8.26.0000. Relator: Des. Gilberto dos Santos, 20 de outubro de 2016.

–. Tribunal de Justiça do Estado de São Paulo (13ª Câmara de Direito Privado). Apelação n. 0003117-17.2008.8.26.0358. Relator: Des. Ana de Lourdes Coutinho Silva da Fonseca, 6 de junho de 2012.

–. Tribunal de Justiça do Estado de São Paulo (15ª Câmara de Direito Privado). Agravo de Instrumento n. 2183145-64.2019.8.26.0000. Rela-

tor: Des. Mendes Pereira, 23 de outubro de 2019.
–. Tribunal de Justiça do Estado de São Paulo (18ª Câmara de Direito Privado). Apelação Cível n. 3000966-71.2013.8.26.0125 Relator: Des. Beatriz Braga, 9 de maio de 2019.
–. Tribunal de Justiça do Estado de São Paulo (18ª Câmara de Direito Privado). Apelação n. 045741-84.2010.8.26.0000. Relator: Des. William Marinho, 19 de junho de 2013.
–. Tribunal de Justiça do Estado de São Paulo (20ª Câmara de Direito Privado). Apelação Cível n. 1006513-08.2015.8.26.0562. Relator: Des. Luis Carlos de Barros, 14 de dezembro de 2015.
–. Tribunal de Justiça do Estado de São Paulo (20ª Câmara de Direito Privado). Apelação n. 0421905-50.2010.8.26.00. Relator: Des. Álvaro Torres Junior, 26 de novembro de 2012.
–. Tribunal de Justiça do Estado de São Paulo (22ª Câmara de Direito Privado). Apelação n. 9108692-62.2008.8.26.0000. Relator: Des. Fernandes Lobo, 5 de julho de 2012.
–. Tribunal de Justiça do Estado de São Paulo (25ª Câmara de Direito Privado). Apelação n. 1002450-78.2017.8.26.0073. Relator: Marcondes D'Angelo, 4 de abril de 2018.
–. Tribunal de Justiça do Estado de São Paulo (27ª Câmara de Direito Privado). Apelação Cível n. 0001315-37.2015.8.26.0358. Relator: Des. Mourão Neto, 22 de outubro de 2019.
–. Tribunal de Justiça do Estado de São Paulo (28ª Câmara de Direito Privado). Apelação Cível n. 1002595-31.2017.8.26.0075. Relator: Des. Dimas Rubens Fonseca, 3 de abril de 2019.
–. Tribunal de Justiça do Estado de São Paulo (28ª Câmara de Direito Privado). Apelação Cível n. 1017503-81.2018.8.26.0100. Relator: Des. Dimas Rubens Fonseca, 8 de agosto de 2018.
–. Tribunal de Justiça do Estado de São Paulo (30ª Câmara de Direito Privado). Apelação n. 9232313-33.2007.8.26.0000. Relator: Des. Edgard Rosa, 29 de setembro de 2010.
–. Tribunal de Justiça do Estado de São Paulo (30ª Câmara de Direito Privado). Apelação Cível n. 1019019-02.2015.8.26.0114. Relator: Des. Maria Lúcia Pizzotti, 25 de setembro de 2019.
–. Tribunal de Justiça do Estado de São Paulo (31ª Câmara de Direito Privado). Apelação Cível n. 0135152-94.2012.8.26.0100. Relator: Des. Paulo Ayrosa, 20 de setembro de 2016.
–. Tribunal de Justiça do Estado de São Paulo (32ª Câmara de Direito Privado). Apelação n. 010913-32.2008.8.26.0006. Relator: Des. Ruy Coppola, 28 de junho de 2012.
–. Tribunal de Justiça do Estado de São Paulo (36ª Câmara de Direito Privado). Agravo de Instrumento n. 0051605-34.2013.8.26.0000. Relator: Des. Renato Rangel Desinano, 11 de abril de 2013.

–. Tribunal de Justiça do Estado de São Paulo (37ª Câmara de Direito Privado). Apelação Cível n. 1048656-69.2017.8.26.0100. Relator: Des. Israel Góes dos Anjos, 20 de março de 2019.

–. Tribunal de Justiça do Estado de São Paulo (38ª Câmara de Direito Privado). Apelação n. 0007949-20.2010.8.26.0004. Relator: Des. Flavio Cunha da Silva, 24 de outubro de 2012.

–. Tribunal de Justiça do Estado de São Paulo (38ª Câmara de Direito Privado). Apelação n.0006557-72.2012.8.26.0037. Relator: Des. Mauro Conti Machado, 12 de junho de 2013.

Brasil. Tribunal de Justiça do Estado do Espírito Santo (2ª Câmara Cível). Apelação n. 0014614-62.2016.8.08.0030. Relator: Des. Fernando Estevam Bravin Ruy, 15 de outubro de 2019.

–. Tribunal de Justiça do Estado do Espírito Santo (4ª Câmara Cível). Apelação n. 0018908-69.2017.8.08.0048. Relator: Des. Jaime Ferreira Abreu, 7 de outubro de 2019.

Brasil. Tribunal de Justiça do Estado do Paraná (6ª Câmara Cível) Apelação Civil n. 797593-9. Relator: Des. Prestes Mattar, 13 de dezembro de 2011.

–. Tribunal de Justiça do Estado do Paraná (18ª Câmara Cível). Apelação n. 0003339-50.2016.8.16.0077. Relator: Des. Marcelo Gobbo Dalla Dea, 10 de abril de 2019.

Brasil. Tribunal de Justiça do Estado do Rio de Janeiro (3ª Câmara Cível). Apelação n. 0040170-26.2011.8.19.0001. Relator: Des. Mario Assis Gonçalves, 20 de março de 2013.

–. Tribunal de Justiça do Estado do Rio de Janeiro (6ª Câmara Cível). Apelação n. 0273323-66.2011.8.19.0001. Relator: Des. Teresa Andrade de Castro Neves, 8 de maio de 2013.

–. Tribunal de Justiça do Estado do Rio de Janeiro (6ª Câmara Cível). Apelação n. 0020639-17.2012.8.19.0001. Relator: Des. Teresa Andrade de Castro Neves, 6 de junho de 2013.

–. Tribunal de Justiça do Estado do Rio de Janeiro (6ª Câmara Cível). Apelação Cível n. 0047357-75.2017.8.19.0001. Relatora: Des. Teresa de Andrade Castro Neves, 21 de agosto de 2019.

–. Tribunal de Justiça do Estado do Rio de Janeiro (7ª Câmara Cível). Apelação n. 0013666-45.2012.8.19.0066. Relator: Des. Ricardo Couto de Castro, 22 de maio de 2013.

–. Tribunal de Justiça do Estado do Rio de Janeiro (12ª Câmara Cível). Apelação n. 0000860-52.2008.8.19.0022. Relator: Des. Lucia Maria Miguel da Silva Lima, 12 de março de 2013.

–. Tribunal de Justiça do Estado do Rio de Janeiro (16ª Câmara Cível). Apelação n. 0335185-04.2012.8.19.0001. Relator: Des. Marco Aurélio Bezerra de Melo, 25 de junho de 2013.

–. Tribunal de Justiça do Estado do Rio de Janeiro (21ª Câmara

Cível). Apelação n. 0002776-77.2011.8.19.0035. Relator: Des. André Emilio Ribeiro von Mellentovytch, 24 de setembro de 2019.

–. Tribunal de Justiça do Estado do Rio de Janeiro (26ª Câmara Cível). Apelação n. 0186368-03.2009.8.19.0001. Relator: Des: Arthur Narciso de Oliveira Neto, 25 de julho de 2019.

Brasil. Tribunal de Justiça do Estado do Rio Grande do Sul (10ª Câmara Cível). Apelação n. 0177101-63.2013.8.21.7000. Relator: Des. Paulo Roberto Lessa Franz, 31 de outubro de 2013.

–. Tribunal de Justiça do Estado do Rio Grande do Sul (5ª Câmara Cível). Apelação Cível n. 591028295. Relator: Des. Ruy Rosado de Aguiar, 6 de junho de 1991.

Canadá. 2012 scc 71, [2014] 3 SCR 494 [82].

–. Dunkin' Brands Canada Ltd v. Bertico Inc. 2012 QCCS 2809.

–. Hydro-Québec v Construction Kiewit Cie. 2014 QCCA 947.

–. Nova Scotia Court of Appeals. (1991 – 106 N.S.R. (2d) 180).

–. Provigo Distribution Inc v Supermarché ARG Inc. [1998] RJQ 47, 1997 CanLII 10209 (QCCA).

Espanha. Audiência Provincial. Oviedo. ROJ SAP O 188/2011. Recurso 27/2011, Ponente: Francisco Tuero Aller, 11 Febrero 2011.

–. Audiência Provincial. Oviedo. SAP. O 1848/2013. Recurso 260/2013. Ponente: José Luis Casero Alonso, 26 Junio 2013.

Espanha. Tribunal Supremo. ROJ: SAP GR 78/2013. Recurso: 439/2013, Resolução 5/2013. Ponente: Moises Lazuen Alcon, 11 Enero 2013.

–. Tribunal Supremo. ROJ: SAP VA 1493/2013. Resolução 294/2013. Ponente: Angel Muniz Delgado, 17 Dicembre 2013.

–. Tribunal Supremo. Roj: STS 2172/2006. Nº de Recurso: 3816/1999. Nº de Resolución: 303/2006. Ponente: Juan Antonio Xiol Rios, 29 Marzo de 2006.

–. Tribunal Supremo. Sala de lo Cível. Roj STS 3047/2010. Sentença no Recurso de Cassação n. 1214/2006. Ponente: Antonio Salas Carceller, 10 Junio 2010.

–. Tribunal Supremo. Sala de lo Cível. Roj STS 5229/2002. Sentença no Recurso de Cassação nº 214/1997. Ponente: Jesus Eugenio Corbal Fernandez, 12 Julio 2002.

–. Tribunal Supremo. Sala de lo Cível. Roj STS 8055/2012. Sentença no Recurso de Cassação nº 1214/2006. Ponente: Francisco Javier Arroyo Fiestas, 29 Noviembre 2012.

–. Tribunal Supremo. Sala de lo Civil. STS 6146/2007. Ponente: Clemente Auger Liñan. Madrid, 5 Octubre 2007.

–. Tribunal Supremo. Sala de lo Civil. STS 8013/2011. Ponente: Rafael Gimeno-Bayon Cobos, 18 Octubre 2011.

–. Tribunal Supremo. SAP O 1/2010. Recurso 508/2009. Ponente: José Luis Casero Alonso, 27 Enero 2010.

–. Tribunal Supremo. Sentença Roj: SAP M 14354/2013 Nº de Recurso:

532/2013. Ponente: Jose Manuel Arias Rodriguez.
–. Tribunal Supremo. Sentença. Id Cendoj: 18087370052010100163. Granada. Nº de Recurso: 666/2009. Nº de Resolución: 197/2010 Ponente: Klaus Jochen Albiez Dohrmann, 30 Abril 2010.
–. Tribunal Supremo. STS 1833/2013. Sala de lo Civil. Ponente: Juan Antonio Xiol Rios, 25 Febrero 2013.
–. Tribunal Supremo. STS 3845/2014. 28079110012014100462. Ponente: Sebastián Sastre Papiol, 25 Junio 2014.
–. Tribunal Supremo. STS 4182/1999. 28079110011999102291. Ponente: Roman Garcia Varela, 14 Junio 1999.
–. Tribunal Supremo. STS 6635/2011. ID: 28079110012011100665. Ponente: José Ramon Ferrandiz Gabriel, 15 Octubre 2011.
–. Tribunal Supremo. STS 8163/2012. Sala de lo Civil. Ponente: Francisco Javier Arroyo Fiestas, 13 Diciembre 2012.
Estados Unidos da América. New York Court of Appeals. Kirke La Shelle Co. v. Paul Armstrong Co (263 N.Y. 79; 188 N.E. 163; 1933 N.Y).
–. Supreme Court of New Jersey. Sons of Thunder Inc. V. Borden Inc. (690 A 2d 575 – 11 March 1997).
–. Supreme Court of Utah. (618 P2d 497, 505 1980).
–. United States Court of Appeals. Fourth Circuit. The Riggs National Bank of Washington D.C. v. Samuel A. Linch, Samuel A. LINCH, Marcia Penny Linch and Albert C. Randolph. (36 F.3d 370 1994).
–. United States Court of Appeals. Seventh Circuit Market Streets Associates Limited Partnership and William Orenstein v. Dale Frey. (941 F.2d 588 – 27 August 1991).
–. United States Court of Appeals. Sixth Circuit. K.M.C. Co Inc. v. Irving Trust Co. (757 F.2d 752. 92 A.L.R.Fed. 661, 1 Fed.R.Serv. 3d 1095 – 4 March 1985).
–. United States Court of Appeals. Third Circuit. Duqnesne Light Company, The Cleveland Electric Illuminating Company, The Toledo Edison Company, Ohio Edison Company, and Pennsylvania Power Company v. The Westinghouse Elec. Co. (66 F.3d 604 33 Fed.R.Serv. 3d 773, 27 UCC Rep.Serv. 2d 823 – 12 September 1995).
–. United States District Court E.D. Louisiana. Brill v. Catfish Shaks of America, Inc. 727 F. Supp. 1035 (E.D. La. 1989) – 10 October 1989.
Estados Unidos. Ricketts v. Scothorn, 57 Neb. 51, 77 N.W. 365 (1898).
França. Cour de Cassation (Chambre Civile 1) Pourvoi n. 12-15.578, 20 Mars 2013.
–. Cour de Cassation (Chambre Civile 1). Pourvoi n. 09-72784, 17 Mars 2011.
–. Cour de Cassation (Chambre Civile 1). Pourvoi n. 11-19.104, 12 Juin 2012.
–. Cour de Cassation (Chambre Civile 2). Pourvoi n. 08-14883, 30 Avril 2009.
–. Cour de Cassation (Chambre Civile 2). Pourvoi n. 08-15187, 30 Avril 2009.

–. Cour de Cassation (Chambre Civile 2). Pourvoi n. 08-15273, 30 Avril 2009.
–. Cour de Cassation (Chambre Civile 2). Pourvoi n. 08-15326, 30 Avril 2009.
–. Cour de Cassation (Chambre Civile 2). Pourvoi n. 11-21.051, 28 Juin 2012.
–. Cour de Cassation (Chambre Civile 2). Pourvoi n. 12-27000. Rapporteur: Mme. Aldigé, 24 Octobre 2013.
–. Cour de Cassation (Chambre Civile 3) Pourvoi: 10-19714. Rapporteur : M. Maunand, 11 Janvier 2012.
–. Cour de Cassation (Chambre civile 3). Pourvoi n. 81-15.001, 9 Mai 1983.
–. Cour de Cassation (Chambre Civile 3). Pourvoi n. 10-11721, 18 Mai 2011.
–. Cour de Cassation (Chambre Civile 3). Pourvoi n. 10-25.451, 30 Novembre 2011.
–. Cour de Cassation (Chambre Civile 3). Pourvoi n. 10-26.203, 3 Novembre 2011.
–. Cour de Cassation (Chambre Civile 3). Pourvoi n. 11-20441, 30 Janvier 2013
–. Cour de Cassation (Chambre Civile 3). Pourvoi n. 11-21.045, 16 Janvier 2013.
–. Cour de Cassation (Chambre Civile 3). Pourvoi n. 11-25.978, 13 Fevrier 2013.
–. Cour de Cassation (Chambre Civile 3). Pourvoi n. 11-26.464, 30 Janvier 2013.
–. Cour de Cassation (Chambre Civile 3). Pourvoi n. 12-13.760, 12 Février 2013.
–. Cour de Cassation (Chambre Civile 3). Pourvoi n. 15-28564. M. Chauvin (Président), 11 Mai 2017.
–. Cour de Cassation (Chambre Civile 3). Pourvoi n. 17-19823. M. Chauvin (Président), 8 Novembre 2018.
–. Cour de Cassation (Chambre Civile 3). Pourvoi: 02-17523. Rapporteur: M. Paloque, 18 Février 2004.
–. Cour de Cassation (Chambre Commercial). Pourvoi n. 10-28.501, 10 Janvier 2012.
–. Cour de Cassation (Chambre Commercial). Pourvoi n. 11-24.205, 18 Decembre 2012.
–. Cour de Cassation (Chambre Commerciale). Pourvoi n 11-25.079. 12 Mars 2013.
–. Cour de Cassation (Chambre Commerciale). Pourvoi n. 09-66.852, 26 Mars 2013.
–. Cour de Cassation (Chambre Commerciale). Pourvoi n. 11-18.904, 22 Janvier 2013.
–. Cour de Cassation (Chambre Commerciale). Pourvoi n. 11-19.730, 12 Mars 2013.
–. Cour de Cassation (Chambre Commerciale). Pourvoi n. 12-11.709, 12 Fevrier 2013.
–. Cour de Cassation (Chambre Commerciale). Pourvoi n. 12-13306, 28 Mars 2013.
–. Cour de Cassation (Chambre Commercialle). Pourvoi n. 12-17434, 9 Juillet 2013.
–. Cour de Cassation (Chambre Commercialle). Pourvoi n. 12-25043. 13 Novembre 2013.

–. Cour de Cassation, civile (Chambre civile 3). 12-23.373, 13 Novembre 2013.
–. Cour de Cassation, civile (Chambre commerciale). Pourvoi n. 12-13.079, 3 Avril 2013.
–. Cour de Cassation, civile (Chambre commerciale). Pourvoi n. 11-22.188, 10 Décembre 2013.
–. Cour de Cassation, civile (Chambre commerciale). Pourvoi n. 11-22.712, 10 Décembre 2013.
–. Cour de Cassation, civile (Chambre commerciale). Pourvoi n. 11-25.432. 10 Décembre 2013.
–. Cour de Cassation. Chambre Comercialle. Pourvoi n. 72-12225, 29 Octobre de 1973.
ITALIA. Corte di Cassazione (Sezione II Civile). Sentenza n. 477, 10 Gennaio 2013.
–. Corte di Cassazione (Sezione II Civile). Sentenza n. 6.526, 26 Aprile 2012.
–. Corte di Cassazione (Sezione III Civile). Sentenza n. 11005, 19 Maggio 2011.
–. Corte di Cassazione (Sezione III Civile). Sentenza n. 19220, 20 Agosto 2013.
PERU. Corte Superior de Arequipa. Sala Constitucional y Social Permanente. Expediente n. 1757-2009.
–. Corte Superior de Lima. Sala Civil Permanente. Expediente n. 5099-2009.
–. Corte Superior de Lima. Sala Civil Transitória. Expediente n. 3257-2011.
–. Corte Superior de Lima. Sala Civil Transitória. Expediente n. 4566-2007.
PORTUGAL. Supremo Tribunal de Justiça (1ª Seção). Recurso de Revista n. 5523/05.2TVLSB.L1.S1. Relator: Gregório Silva Jesus, 11 de julho de 2013.
–. Supremo Tribunal de Justiça (2ª Seção). Recurso de Revista n. 3682/05.3TVSLB.L1.S1. Relator: Fernando Bento, 31 de março de 2011.
–. Supremo Tribunal de Justiça (2ª Seção). Acórdão n. 2271/07.2TBMTS-A.P1.S1. Relator: Min. Serra Baptista, 18 de novembro de 2010.
–. Supremo Tribunal de Justiça (6ª Seção). Acórdão 1464/11.2TBRGD-A.C1.S1. Relator: Nuno Cameira, 12 de novembro de 2013.
–. Supremo Tribunal de Justiça (6ª Seção). Recurso de Revista 44/07.1TBGDL.E1.S1. Relator: Silva Salazar, 16 de dezembro de 2010.
–. Supremo Tribunal de Justiça. Acórdão 4068/06/8TBCSC.L1.S1. Relator: Nuno Cameira, 6 de novembro de 2012.
–. Supremo Tribunal de Justiça. Acórdão 629/10 9TTBRG.P2.S1. 11 de dezembro de 2013.
–. Supremo Tribunal de Justiça. Acórdão n. 04B4166. SJ200501130041667. Relator: Min. Oliveira Barros, 13 de janeiro de 2005.
–. Supremo Tribunal de Justiça. Acórdão nº SJ198610140740221. Relator: Joaquim Figueiredo, 14 de outubro de 1986.
–. Supremo Tribunal de Justiça. Acórdão SJ198806070754861. Rela-

tor: Brochado Brandão, 7 de junho de 1988.
–. Supremo Tribunal de Justiça. Acórdão SJ19881116076462X. 16 de novembro de 1988.
–. Supremo Tribunal de Justiça. Acórdão SJ199005030783711. Relator: Meneres Pimentel, 3 de maio de 1990.
–. Supremo Tribunal de Justiça. Acórdão SJ199411220858791. 22 de novembro de 1994.
–. Supremo Tribunal de Justiça. Acórdão SJ199607020001361. Relator: Fernando Fabião, 2 de julho de 1996.
Portugal. Tribunal da Relação de Lisboa. Acórdão SJ199604160884031. Relator: Vaz Gomes, 16 de abril de 1996.
–. Tribunal da Relação do Porto. Acórdão SJ200101300035351. 30 de janeiro de 2001.
Reino Unido. Boone v Eyre (1777) 1 H Bl 273.
–. Court of Appeal (Civil Division). [2013] EWCA Civ 200.
–. High Court of Justice. Queen's Bench. [2013] EWHC 111 (QB).
–. House of Lords. LR 2 App Cas 439 (1877).
–. Interfoto Picture Library Ltd v. Stileto Visual Programmes Ltd. [1989] 2QB 433.
–. Mayne v. Walter, (1782) 99 Eng. Rep. 548.
–. Petromec Inc, Petro-deep Inc, Societa Armamento Navi Appoggio Spa v. Petróleo Brasileiro S.A. Petrobras, Braspetro Oil Services Company e Den Norske Bank ASA. [2005] EWCA Civ 891.
–. Queen's Bench. Carter v. Boehm. (1766) 3 Burr 1905, (1766) 97 ER 1162.
–. Walford v. Miles [1992] 2AC 128.